"十二五"普通高等教育本科国家级规划教材
首批国家级线上线下混合式一流本科课程教材
国家级精品课程　国家级精品资源共享课
东北财经大学会计学系列教材

吴大军 主编　牛彦秀 耿云江 副主编

管理会计

Management Accounting

第7版

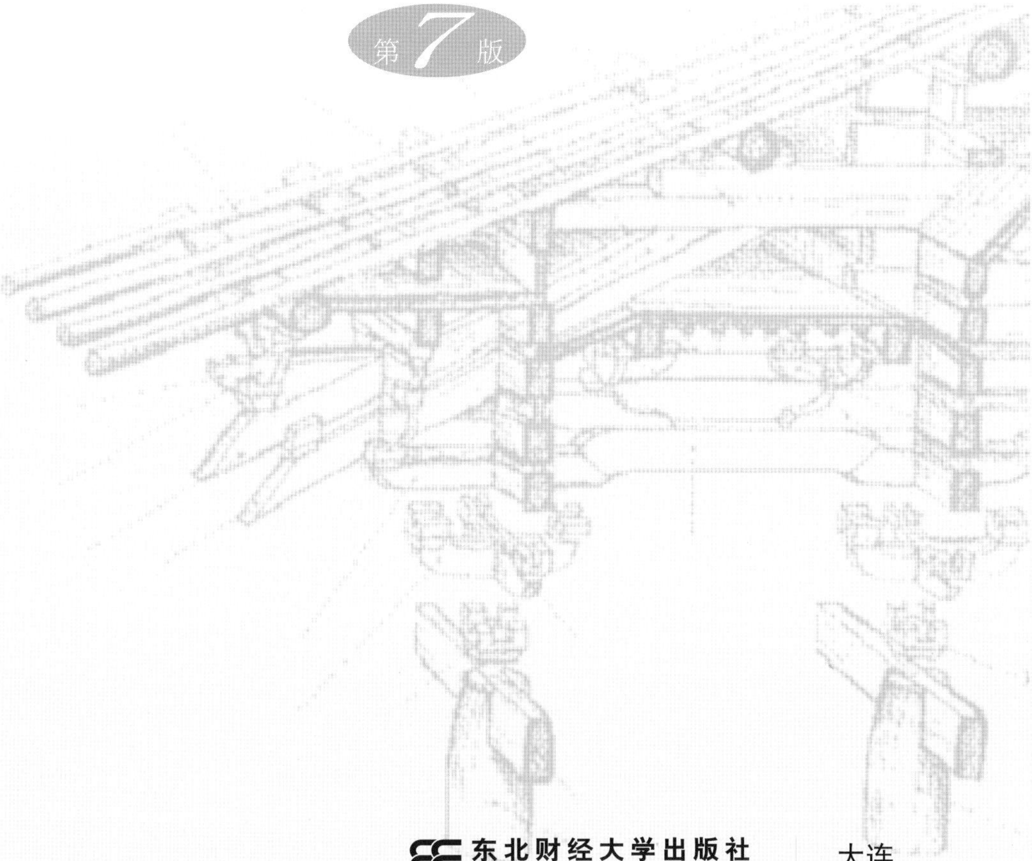

东北财经大学出版社
Dongbei University of Finance & Economics Press
大连

图书在版编目（CIP）数据

管理会计 / 吴大军主编．—7版．—大连：东北财经大学出版社，2023.7（2025.7重印）
（东北财经大学会计学系列教材）
ISBN 978-7-5654-4893-5

Ⅰ.管…　Ⅱ.吴…　Ⅲ.管理会计-高等学校-教材　Ⅳ.F234.3

中国国家版本馆CIP数据核字（2023）第133308号

东北财经大学出版社出版
（大连市黑石礁尖山街217号　邮政编码　116025）
网　址：http://www.dufep.cn
读者信箱：dufep@dufe.edu.cn
大连金华光彩色印刷有限公司印刷　　东北财经大学出版社发行

幅面尺寸：185mm×260mm　字数：779千字　印张：30.75　插页：1

2023年7月第7版　　2025年7月第5次印刷

责任编辑：田世忠　李　彬　王芃南　李　丹　　责任校对：那　欣
封面设计：原　皓　　版式设计：原　皓

定价：62.00元

卷首语

谁都不能否认，经济与会计的关系越来越密切，尤其是经济全球化的趋势让全世界的会计准则制定机构都走上了会计准则的国际趋同和等效之路；谁也不能否认，我国的会计改革紧跟了我国和世界经济发展的步伐，尤其是20世纪90年代初至今，会计改革经历了与国际接轨、趋同和等效的阶段；谁都必须承认，会计人才的培养要适应经济与社会的发展变化，尤其要适应建设社会主义市场经济的需要。另外，一整套优秀的系列教材对于培养会计人才的重要性是显而易见的，尤为重要的是教材必须紧跟时代进步的节奏，把握好经济与会计发展的脉搏。

纵观"东北财经大学会计学系列教材"的生命线会发现，她之所以能常青，正是上述认识指引的硕果。

20世纪90年代初，我们编写了东北财经大学第1套会计学系列教材，其奉行的理念是：积数十年教材编写之经验，融十几位教授之心血，编系列精品教材。我们一直坚持这样的原则，前后共出版过4套系列教材，每一套系列教材都修订过若干次，总销量近千万册，其"足迹"遍布祖国的大江南北。在30多年中，东北财经大学会计学系列教材伴随着一批又一批的大学生成长，并且以教材编写为契机，在高等学府中培养了一代又一代的教师精英。

从时间上来推算，本套会计学系列教材是30多年中的第5套。本套会计学系列教材的第1版诞生于2007年1月，正好踏着2006年财政部发布"企业会计准则"体系的节拍。在此期间，我们又掌握和理解了更新的会计准则与规范，积累和领会了更多的专业知识，尤其是对会计准则与会计教材之间的关系有了更深刻的认识。基于此，我们才有了这一次的修订，并以新版的形式呈现在读者面前。

东北财经大学会计学系列教材修订的主要依据是财政部最近几年来修订或发布的企业会计、行政事业会计、税收、财务管理、管理会计等方面的法规：

• 就企业会计准则而言，2017年以来，财政部发布修订后的《企业会计准则第22号——金融工具确认和计量》《企业会计准则第23号——金融资产转移》《企业会计准则第14号——收入》《企业会计准则第7号——非货币性资产交换》等，印发了《企业会计准则解释第16号》等，这些准则及其解释公告对财务会计类教材影响比较大；同时，我们根据2019年度一般企业财务报表格式对相关内容进行了调整。

• 从管理会计来看，财政部发布了《管理会计基本指引》，分3批发布了34项《管理会计应用指引》，不仅有利于加强管理会计指引体系建设，还将对制定案例示范起统领作用。

• 从成本会计来看，继《企业产品成本核算制度（试行）》发布后，财政部又发布了《企业产品成本核算制度——石油石化行业》《企业产品成本核算制度——钢铁行业》《企业产品成本核算制度——油气管网行业》等，对大中型石油化工企业等的成本核算业务进行规范。

• 从审计来看，中国会计准则、审计准则与国际会计准则和审计准则持续趋同；内部控制审计指引出台；会计师事务所组织形式不断创新；会计师事务所做大做强战略实施和注册会计师执业领域不断拓展；风险导向审计模式进一步推广；中国注册会计师协会借鉴国际审计准则研究的最新成果，修订并增加了相关准则。

• 财政部和国家档案局联合发布的新《会计档案管理办法》自2016年1月1日起施行。

• 财政部和国家税务总局发布《关于调整增值税税率的通知》，自2018年5月1日起执行。

这些对于会计学系列教材建设都提出了新的挑战。

在修订的过程中，我们更加注重提升同教材配套的平台建设质量：

• 关于习题与案例。按照修订后的教材内容体系，根据各章内容的安排重新进行习题与案例的修订。一是加大习题量，适当提高习题的难度。二是更换部分案例，使案例与实践更加贴近，学生通过案例的学习得到进一步启发。三是配置阶段性综合习题，根据内容模块设置习题，便于学生综合性地理解和掌握几个章节的内容，循序渐进，达到深入学习的效果。

• 关于电子课件。电子课件的制作摒弃了复制主教材各级标题的简单做法，由各主教材的作者亲自主持制作，这样能更好地把握授课内容，对各章节的内容进行更深入的讲解和逻辑勾勒，真正起到辅助和深化的作用。

• 关于教学大纲。本套教材配有电子版教学大纲，为教师提供课时分配、重难点提示、教学结构等参考信息，进一步方便教师教学。

• 关于慕课。《基础会计》《中级财务会计》《高级财务会计》《管理会计》等书的配套慕课在中国大学MOOK平台上播放。其中，《管理会计》获评“首批国家级线上线下混合式一流本科课程教材”。

• 关于在线组卷。东北财经大学出版社网站的“会员中心”提供“在线组卷”功能，本套书所有教材都可以在线组卷，所有题目都来自教材的配套习题。

• 关于课程思政。为了适应新时代会计教学改革的需要，本版教材尝试融入课程思政教学等相关知识，这既是对教材知识体系的必要补充，也进一步体现了教材应担负的立德树人使命，更是为人工智能环境下会计教学形式的创新创造条件。

为保证质量，我们陆续推出新版东北财经大学会计学系列教材，分别有：《基础会计》《中级财务会计》《高级财务会计》《成本会计》《管理会计》《财务管理》《内部控制》《财务分析》《会计学》《审计》《审计（精编版）》《会计信息系统》，共计12种。值得一提的是，截至目前：

• 入选“十二五”普通高等教育本科国家级规划教材的有7种，普通高等教育“十一五”国家级规划教材的有4种，“十二五”普通高等教育本科省级规划教材的有9种；

• 入选普通高等教育精品教材的有1种；

• 荣获全国优秀畅销书奖的有6种，省级优秀畅销书奖的有6种；

• 所支撑的课程获得国家级精品课程称号的有5种，所支撑的课程获得省级精品课程称号的有6种；

• 获得国家级精品资源共享课称号的有5种，获得省级精品资源共享课称号的有2种；

• 荣获2020年辽宁省普通高等教育本科优秀教材奖的有4种；

• 获评首届全国教材建设奖的有1种。

由于我们的时间和精力有限，教材中难免存在不足，我们恳请广大读者批评指正。

每次修订仅仅是一个新的起点，而不是终点，我们将随着经济的发展与会计环境的变化不断修订，使东北财经大学会计学系列教材紧随时代步伐，及时反映学科的最新进展。

东北财经大学会计学系列教材编委会

第7版前言

近年来，财政部陆续发布了一系列关于全面推进管理会计体系建设的指导意见，并出台了《管理会计基本指引》《管理会计应用指引第100号——战略管理》等文件，标志着管理会计在我国已经跨入了新的发展阶段。为适应形势的发展，反映管理会计理论研究成果和管理会计工作的最新动态，满足管理会计教学的需要，作为多年从事管理会计教学和理论研究的学者，编写一套高质量的管理会计教材是我们责无旁贷的神圣使命。

我们在参考全国会计专业技术资格考试指定用书：会计师资格考试《管理会计》（吴大军主编，1995年8月第1版）、教育部人才培养模式改革和开放教育试点教材《管理会计》（吴大军主编，1999年10月第1版）、普通高等教育"十五"国家级规划教材《管理会计》（吴大军主编，2004年10月第1版）、普通高等教育"十一五"国家级规划教材《管理会计》（吴大军主编，2013年8月第3版）、普通高等教育"十二五"国家级规划教材《管理会计》（吴大军主编，2017年3月第4版）、普通高等教育"十二五"国家级规划教材《管理会计》（吴大军主编，2018年5月第5版）、普通高等教育"十二五"国家级规划教材《管理会计》（吴大军主编，2021年2月第6版），以及三个国家级项目：国家级精品课程——管理会计（2005年，项目主持人：吴大军）、国家级精品资源共享课——管理会计（2013年，项目主持人：吴大军）和首批国家级线上线下混合式一流本科课程——管理会计（2020年，项目主持人：耿云江）的配套教材《管理会计》（吴大军主编）的基础上，编写了本部教材。

为深入地贯彻落实《中共中央关于认真学习宣传贯彻党的二十大精神的决定》，践行二十大精神进高校教材，本书构建了基于党的二十大精神引领的课程思政内容。本次修订将上版第十五章调整为第四章，对该章部分内容作了调整；第十六章新增了专题四；同时对其余各章进行了必要的删减或增补。

本书各章仍保留了若干知识拓展，通过扫描相应知识拓展的二维码，可实现在线查询相关内容，以方便读者自主学习，拓展专业领域。本书的知识拓展主要包括以下类型：背景资料介绍、部分外文术语译法译名辨析、重要公式推导、关键结论证明、典型例题等。

本书的写作以《财政部关于全面推进管理会计体系建设的指导意见》和《管理会计基本指引》为指导思想，充分考虑到国家尚未出台的有关整合会计学科（含财务学科）教材体系方针政策的实际情况，采取了"拾遗补缺"和"为我所用"的处理方式，力求避免管理会计与现有成本会计和财务管理课程内容的交叉与重复。

本书保持了作者的一贯写作风格和特色，即从中国实际出发，理论联系实际，避免生搬硬套国外管理会计教材的现成内容。无论在内容的组织、体系的安排，还是体例的设计等各方面都充分考虑到学生学习和掌握管理会计的基本理论、基本方法和基本操作技能的需要，真正突出了以学生为中心的特点。

为了确保教材质量，本书大量吸收了近年来国内外管理会计理论研究的最新成果，系统介绍了经实践证明具有可操作性的先进方法。为了便于读者学习，本书在讨论定量模型时，平行使用字母符号与汉字文字两套公式。所有公式均按章节排序编号；例题分章编号，并标明题目、已知、要求和解题过程。内容完整，层次和步骤清晰，逻辑关系突出，为学生日后准确完成作业和计算题考试答题提供了标准范例。在讨论利用现代计算机技术进行管理会计定量分析时，分析了现有财务函数与手工环境下相关指标处理方法上的差异和形成的原因。对于关键的理念或方法，进行了深入浅出的表述。此外，本着客观介绍、公正评价的原则，对目前尚无定论但书中又无法回避的有争议问题进行了妥善处理。

本书除了可作为高等院校管理类专业开设的管理会计课程教材外，还可作为在职财会人员、财经管理人员和其他对管理会计感兴趣的人们自学、复习和研究管理会计的参考用书。为了方便教师备课和学生自主学习，我们还另外编写了与本书配套的《管理会计习题与案例》，供选用。

本书以现代企业所处的社会经济环境为背景，明确阐明以企业为主体，密切联系现代会计的预测、决策、规划、控制、考核评价等职能，系统地介绍了现代管理会计的基本理论、基本方法和实用操作技术。全书包括十六章，其中，第一章交代了管理会计的基本原理；第二章讨论成本性态分析的程序与方法；第三、四章分别介绍变动成本法和作业成本法；第五章研究各种经济要素之间定量关系；第六章到第十四章分别讨论管理会计预测、决策和规划等各项职能在实践中的应用程序与具体操作方法；第十五章介绍了企业绩效评价体系的构成内容及方法；第十六章讨论了现代管理会计的相关专题。

本书由吴大军教授主编，由牛彦秀教授和耿云江教授任副主编，崔发婧讲师和金韵韵副教授参编。第一章至第三章、第五章至第十一章由吴大军编写；第四章、第十二章和第十三章由牛彦秀编写；第十四章和第十五章由耿云江编写；第十六章专题一和专题四由崔发婧编写；第十六章专题二和专题三由金韵韵编写。附表由吴大军教授提供。货币时间价值附录放在《管理会计习题与案例》中。

本书初稿完成后，由吴大军教授对全书进行了详细的修订、增补和总纂，撰写了全书所有的思政课堂内容，修改了前言，整理了章节和知识拓展的目录，并提炼整理了本书的创新点（见封底）。

本书在写作过程中，参阅了国内外许多管理会计专家学者的最新研究成果。他们睿智的思想火花曾多次为我们的探索指明了方向，在此一并表示感谢。

2007年，由本书主编主持的管理会计课程获得国家级精品课称号；2013年该课程又被教育部批准为国家级精品资源共享课。欢迎读者在学习管理会计课程的过程中登录教育部“爱课程”网站和东北财经大学网站，浏览管理会计课程教学资源，观看或下载相关的多媒体资源、教师教学资源、学生学习指南、学生实践指南或阅读参考资料。

限于作者水平，书中难免存在不足之处，恳请读者批评指正。

编　者

2025年7月

目录

知识拓展目录

第一章

管理会计概述

第一节　研究管理会计的假设

在讨论管理会计（management accounting）的本质、管理会计的时间与空间属性、管理会计的对象及其信息特征等一系列问题之前，必须先明确本书最基本的前提条件，即：

管理会计是一个属于特定时代会计实践的范畴。

范畴是逻辑学的最高概念[①]，它能够反映某类客观现象的基本性质和一般规律，并体现一个时代关于某类事物的科学理论思维。同一个范畴中包括若干不同的概念。

所谓实践，是指在特定的时空条件下，人们为达到特定目的，按照一定的程序和方法，所从事的生产活动、社会活动和科学试验等一系列行为的总称。也有人将实践理解为：人们通过发挥其主观能动性而影响或改造客观世界的活动过程。

简单地说，会计实践就是会计工作。

在现代会计实践的范畴中，除了包括管理会计，还应当包括财务会计、成本会计、预算会计等其他类型会计。

基于这个前提，我们提出以下有关管理会计的假设：

一、本质属性假设

本质属性假设简记为A，可以从以下三个维度去理解。

（一）应当从实践的维度去理解管理会计的本质（简记为A1）

A1：从实践的维度看，管理会计的本质就是特定的会计活动或某种会计工作。

不同类型会计之所以能够相互区别，就在于彼此工作的内容、目标、职能、程序、原则、方法等要素均存在特殊性。研究管理会计，不仅要掌握管理会计本身的特征，而且还要了解它与其他主要会计分支之间的区别。

（二）应当从理论的维度去看待管理会计学（简记为A2）

A2：从理论的维度看，管理会计学是有关管理会计实践的经验总结和知识体系。

①在逻辑学中，概念是用于揭示客观事物的内在本质（内涵）和描述外在形式（外延）的术语。

管理会计与管理会计学有本质的区别。前者是客观的，后者是主观的；前者是第一性的，后者随着前者的不断发展而完善。因此，研究管理会计理论绝不能脱离管理会计实践。当然，实践也离不开正确理论的指导，管理会计学的发展能够反作用于管理会计实践。另外，人们要了解和掌握管理会计知识，除了直接参加管理会计实践外，还可能通过学习相关理论，获得间接知识。

（三）应当从逻辑学的维度去认识管理会计的术语（简记为A3）

A3：从逻辑学的维度看，可以使用不同术语来指代管理会计。

在逻辑学中，术语是用于标注特定事物的标签或某一概念的外壳，同一个客观事物可以用不同的术语来表达。如“管理会计”、“管理的会计”和“内部会计”，是管理会计的不同中文术语；“管理会计”和“management accounting”，则是管理会计在不同语言环境下的术语。

二、时间属性假设（简记为B）

时间属性假设有以下三层含义。

（一）特定历史阶段产物假设（简记为B1）

B1：管理会计是会计发展到特定历史阶段的产物，而且仍处于不断发展和完善的过程中。

从历史的角度看，会计经历了从无到有、从简单到复杂的漫长发展过程。管理会计并不是从来就有的，到近现代才出现了管理会计的萌芽，后来经过近一个世纪的发展，管理会计才逐渐成熟与壮大起来。尽管当代的管理会计相比最初的管理会计已有了巨大的进步，但可以预见的是，未来管理会计还将发生新的变化。

这就需要研究导致管理会计产生与发展的根本原因，掌握管理会计不同发展阶段的特征，进而预测未来管理会计的发展趋势。

（二）面向未来假设（简记为B2）

B2：管理会计以面向未来作为其工作的第一要务。

从管理会计职能的时效属性看，已经完整地跨越了过去、现在和未来三个时态。管理会计不仅将经营决策和投资决策作为工作的长期重心，而且必然高度关注战略规划和未来价值创造等拓展领域。总之，从可以预见的发展趋势看，管理会计更看重未来的时间属性。

（三）合理预期假设（简记为B3）

B3：为了满足管理会计面向未来决策的要求，可以根据需要和可能，灵活地确定其工作的时间范围或进行会计分期，不必受财务会计会计年度、季度或月份的严格约束；在时态上可以跨越过去和现在，一直延伸到未来。B3亦可称为灵活分期假设。

为简化工作，可考虑以月份作为管理会计的主要会计期间。

三、空间属性假设（简记为C）

空间属性假设有以下两层含义。

（一）单位主体假设（简记为C1）

C1：管理会计的主体是由企业单位和部分事业单位（两者并称单位）共同形成的空间范围。

起初，管理会计的空间范围主要集中在企业单位。进入21世纪以来，管理会计的作用机制已经渗透到事业单位，使其工作环境更为复杂。

当代经济全球化、市场经济的繁荣、产业革命的浪潮和信息技术的迅猛发展、产品市场与资本市场并存、实体经济与虚拟经济两种经济形式的碰撞，这一切都给会计工作的空间带来了前所未有的环境改变。单位内部组织机构扁平化和各层级责任主体细分等内部环境因素的改变也给管理会计提出了诸多新课题和新要求。

（二）多层主体假设（简记为C2）

C2：就某个具体单位而言，管理会计主体不仅包括该单位整体，还包括该单位内部各个组织层次的所有责任中心。

特定单位的管理会计主体不属于单一主体。因为按照组织架构，可将单位划分为许多层次，形成不同的责任中心。每个责任中心都是管理会计主体的构成内容。

四、多种计量单位假设（简记为D）

D：衡量管理会计的信息，需要使用多种计量单位，既可使用财务指标（以货币计量的指标），也可使用非财务指标；其信息属性既可以是确定性的，也可以是不确定的。

无论是未来决策与战略规划的任务，还是单位主体所处的复杂外部环境，都使得管理会计面临海量的不确定信息；对单位主体内部进行业绩考核评价，必然涉及大量的非财务信息。这意味着当代管理会计的工作对象已经超出了单纯财务活动的界限，导致管理会计必须使用多种计量单位。

五、充分占有数据假设（简记为E）

E：在搜集数据①的过程中，管理会计能够保质保量地取得所需要的各种数据，为进一步按照科学程序与方法对数据进行处理，并确保信息的有用性奠定基础。

六、理性行为假设（简记为F）

F：无论是目标的提出还是方法的选择都出于理性的考虑，采取理性行为。

F有两个层面的含义：F1，为实现管理会计工作的总体目标，假定管理会计师总是能够自觉地按照科学的程序与方法办事，采取理性行为；F2，每一项管理会计具体目标的提出，完全出于理性或可操作性的考虑，能够从客观实际出发。既不将目标定得过高，也不至于含糊不清，无法操作。

F是对管理会计的实践者提出的要求，目的是避免在实践过程中，仅凭主观意志确定目标、随意滥用方法或程序，导致管理会计目标无法实现。

①严格地讲，数据是信息加工的对象，信息是处理数据所得到的结果。只有经过管理会计系统处理且有用的数据才能被称为管理会计信息。但有时人们并没有做如此严格的区分，如财务信息，有时是指管理会计加工的数据，有时则是指用货币计量的管理会计信息。

第二节 管理会计的基本概念框架

管理会计基本概念框架，是指管理会计的定义、目标、内容构成（要素或职能）、应用原则等相关概念的有机组合，是构建管理会计学的基础。

必须看到，由于人们的研究能力有限、探索理论的角度不同和管理会计实践本身的不断发展变化，会导致对管理会计基本概念框架结构的理解出现差异，甚至形成截然对立的观点，不可能形成或强求绝对正确的唯一结论。

从我国管理会计学界的情况看，构建管理会计基本概念框架的技术路线可大致概括为官方路线和管理职能路线两类。

一、按照官方路线构建的管理会计基本概念框架

（一）官方路线的含义

本书的官方路线，是指按照我国财政部2014年以来陆续颁发的《财政部关于全面推进管理会计体系建设的指导意见》（财会〔2014〕27号）、《管理会计基本指引》（财会〔2016〕10号）和《管理会计应用指引》（财会〔2017〕24号，财会〔2018〕22号和财会〔2018〕38号）等文件设计的思路，构建管理会计基本概念框架的技术路线。

（二）官方发布的管理会计定义

在财政部于2014年10月27日发布的《财政部关于全面推进管理会计体系建设的指导意见》中，界定的管理会计定义如下：

管理会计是会计的重要分支，主要服务于单位（包括企业和行政事业单位，下同）内部管理需要，是通过利用相关信息，有机融合财务与业务活动，在单位规划、决策、控制和评价等方面发挥重要作用的管理活动。管理会计工作是会计工作的重要组成部分。①

（三）官方发布的管理会计目标

在2016年6月22日发布的《管理会计基本指引》中，明确提出了管理会计的目标：通过运用管理会计工具方法，参与单位规划、决策、控制、评价活动并为之提供有用信息，推动单位实现战略规划。

（四）官方发布的管理会计要素

在《管理会计基本指引》中，将管理会计要素概括为应用环境、管理会计活动、工具方法、信息与报告等四项内容。

1.应用环境

管理会计应用环境是指单位在应用管理会计时必须面对的基础条件，包括内部和外部环境。内部环境主要包括与管理会计建设和实施相关的价值创造模式、组织架构、管理模式、资源保障、信息系统等；外部环境主要包括国内外经济、市场、法律、行业等因素。

①财政部发布的《关于全面深化管理会计应用的指导意见》（财会〔2024〕22号），将管理会计定义为：管理会计是会计的重要分支，主要服务于单位（包括企业和行政事业单位，下同）内部管理需要，是促进单位提升管理水平、增强价值创造能力、实现高质量发展的重要基础和手段。

2.管理会计活动

管理会计活动是指单位利用管理会计信息，运用管理会计工具方法，在规划、决策、控制、评价等方面服务于单位管理需要的相关活动。

3.工具方法

管理会计工具方法是指单位应用管理会计，实现管理会计目标的具体手段，包括与企业管理有关的战略管理、预算管理、成本管理、营运管理、投融资管理、绩效管理、风险管理等七大领域相对应的模型、技术、流程等内容（如战略地图、滚动预算、作业成本法、本量利分析、平衡计分卡等）。①

4.信息与报告

管理会计信息，包括开展管理会计活动过程中所使用和生成的财务信息和非财务信息，是管理会计报告的基本元素；管理会计报告，是管理会计活动成果的重要表现形式，旨在为报告使用者提供管理需要的信息，是管理会计活动开展情况和效果的具体呈现。

（五）官方发布的管理会计应用原则

在《管理会计基本指引》中，提出了单位应用管理会计应遵循以下四项原则。②

1.战略导向原则

管理会计的应用应以战略规划为导向，以持续创造价值为核心，促进单位可持续发展。

2.融合性原则

管理会计应嵌入单位相关领域、层次、环节，以业务流程为基础，利用管理会计工具方法，将财务和业务等有机融合。

3.适应性原则

管理会计的应用应与单位应用环境和自身特征相适应。单位自身特征包括单位性质、规模、发展阶段、管理模式、治理水平等。

4.成本效益原则

管理会计的应用应权衡实施成本和预期效益，合理、有效地推进管理会计应用。

（六）官方已发布的管理会计应用指引

官方发布的企业管理会计应用指引，是在总结提炼目前在我国企业普遍应用且较为成熟的部分管理会计实践的基础上，专门设计的针对企业开展管理会计特定工作的具体指导。

知识拓展1-1

各批管理会计应用指引的相关信息

2017年9月29日、2018年8月17日和2018年12月27日，财政部先后分3批共发布了34项管理会计应用指引，详见知识拓展1-1：各批管理会计应用指引的相关信息。这样标志着我国管理会计指引体系基本建成。

已发布的管理会计应用指引的目录包括：第100号战略管理和第101号战略地图；第200号预算管理、第201号滚动预算、第202号零基预算、第203号弹性预算和第204号作业预算；第300号成本管理、第301号目标成本法、第302号标准成本法、第303号变动成本法和第304号作业成本法；第400号营运管理、第401号本量利分析、第402号敏感性分析、第403号边际分析、第404号内部转移定价和第405号多维度盈利能力分析；第500号投融资管

①参见财政部会计司有关负责人就《管理会计应用指引第100号——战略管理》等22项管理会计应用指引答记者问（2017年10月19日）。

②美国会计学会提出的管理会计基本原则包括以下内容：相关性原则、可靠性原则、一贯性原则、客观性原则、灵活性原则、及时性原则、可理解性原则、重要性原则、效益大于成本原则和激励原则。

理、第501号贴现现金流法、第502号项目管理、第503号情景分析和第504号约束资源优化；第600号绩效管理、第601号关键绩效指标法、第602号经济增加值法、第603号平衡计分卡和第604号绩效棱柱模型；第700号风险管理、第701号风险矩阵、第702号风险清单；第801号企业管理会计报告、第802号管理会计信息系统和第803号行政事业单位。

上述应用指引可分为概括性指引（编号尾数为零）和具体应用指引（编号尾数不为零）两类。前者主要介绍该领域的相关管理程序，概括总结本领域内相关管理会计工具方法的共性内容，一般由总则、应用程序和附则等组成。后者一般由总则、应用环境、应用程序、工具方法评价和附则等组成。其中，总则主要介绍应用相关工具方法的目标、基本定义、原则等；应用环境主要介绍应用相关工具方法所需要的内、外部环境；应用程序主要介绍应用相关工具方法的应用流程；工具方法评价主要介绍应用相关工具方法的优缺点。

（七）官方路线的特征

该路线明确地将财务活动的主体范围限定为企事业单位，有助于克服当前学术界对财务、财务活动和财务管理等相关概念的解释不统一甚至自相矛盾的问题。所构建的管理会计基本概念框架，涵盖了成本会计和财务管理的基本概念框架的绝大部分内容，有助于正确划分管理会计与成本会计和财务管理的界限。

（八）推行官方路线面临的困难及对策

在当前形势下，建设管理会计学体系时，如果强行推行官方路线，必然面临以下两难选择：第一，重新划分学科，将财务管理学全盘纳入管理会计学体系；第二，维持会计学科与财务学科并行分立的现状，人为造成管理会计学与财务管理学的内容重复交叉。

为避免陷入以上困境，笔者建议采取迂回路线：在理论上，积极宣传官方路线，并不断完善相关概念；在具体组织管理会计学体系建设时，贯彻先易后难、拾遗补缺的原则，要求财务学删除原本属于管理会计学的独有内容；对两个学科均未形成统一认识，或同名不同义（如投资决策，因财务与会计的决策主体不同而存在差异），以及不需要强求一致的内容，可同时保留，各自表述，各说各话；对目前尚不成熟、不宜纳入本科教育的内容，以及本属于财务学的内容，先不纳入管理会计学，或者考虑纳入高级管理会计学。

（九）官方路线的最新发展

2024年12月16日，财政部发布《关于全面深化管理会计应用的指导意见》（财会〔2024〕22号），与十年前发布的《关于全面推进管理会计体系建设的指导意见》相比较，可发现以下变化：①

1.更为强调管理会计体系的全面深化应用，推动其在各行业的全面应用和推广，提升综合效用。

2.突出建设更加系统、全面、细致的应用指引体系（使应用领域更为宽泛、工具方法更为优化、应用指南更为系统、应用评价指引更为全面，形成常态化案例库建设机制等），为单位应用管理会计提供更具操作性和指导性的规范。

3.推动现代信息技术（如大数据、人工智能、区块链等）在管理会计各环节的深度应用，以实现管理会计从信息化向数字化、智能化的转型。

4.提出进一步构建中国自主管理会计知识体系，聚焦应用理论创新和成果转化；更注重

①内容参考了“财务数字化”微信公众号于2024年12月17日发表的文章，2024《指导意见》的十大关键变化——全面解读指导意见。

复合型、应用型人才的培养，强调产教融合，深化国际交流与合作，全方位提升管理会计人才的素质和能力，以满足不同单位和经济社会发展的多样化需求。

5.强调理论研究与实践应用的紧密结合，推动理论研究成果的转化。

6.更注重规范市场秩序，提高咨询服务质量，制定咨询服务指南和质量标准，鼓励软件公司和中介服务机构加强智能化管理会计软件研发，推动管理会计咨询与技术服务市场的健康发展。

7.强调积极搭建和拓展对外交流机制和平台，推动多领域、多层次的国际交流与合作，提升我国管理会计在国际上的话语权和影响力。

8.将管理会计的应用领域拓展到价值链管理、生命周期成本管理、标杆管理、资金管理、内部财会监督等多个应用领域，推动新质生产力发展等，与经济社会发展的新形势、新要求相适应。

9.详细阐述了管理会计应用的综合效用，包括推动单位实现战略规划、降本提质增效、提高风险防控能力、推动可持续发展等多个方面，明确了管理会计在单位全方位管理和经济社会多领域发展中的具体作用和价值，为单位深化管理会计应用提供了更明确的方向和目标。

10.进一步细化和强化了财政部门、会计团体和社会各单位三方的责任，以便形成更加紧密、协同的工作格局。

二、按照管理职能路线构建的管理会计基本概念框架

（一）管理职能路线的含义

本书的管理职能路线，是通过概括现代会计如何履行预测、决策、规划、控制和考核等企业管理功能的基础上，构建管理会计基本框架的技术路线。

某一事物的职能（function）是指客观存在于该事物内部，不以人的主观意志为转移的固有功能或属性。在现实生活中，不同的人对同一事物职能的表述往往有一定差别。这是因为：一方面，人们观察事物的角度和立场不同，或认识能力有差异；另一方面，客观事物本身处于不断的发展变化中，其职能会有所变化，导致不同时期人们对其职能的认识不同。

作为现代企业管理重要内容的管理会计，其职能必然受到企业管理职能的约束，但目前人们对企业管理的职能尚缺乏统一的认识，因而对管理会计职能的表述也存在一定差异。

多数意见认为，企业管理具有预测、决策、规划、控制和考核评价等五项职能。也有人认为企业管理的职能应当是以下四项：计划、组织、指导和考核。

（二）企业管理会计的定义

企业管理会计，又称微观管理会计，是指在当代市场经济条件下，以强化企业内部经营管理、实现最佳经济效益为最终目的，以现代企业经营活动及其价值表现为对象，通过对财务等信息的深加工和再利用，实现对经济过程的预测、决策、规划、控制、责任考核评价等职能的一个会计分支。

本书主要讨论企业管理会计（以下简称管理会计）问题，应当从以下几个方面去理解上述企业管理会计的定义：

（1）管理会计的工作主体是现代企业，而后者又处在现代市场经济条件下。从现代系统论的角度看，现代经济的变化不仅对管理会计的产生起到了积极的作用，而且还不断地提出新的要求，促进了管理会计的发展。

（2）管理会计的奋斗目标是确保企业实现最佳的经济效益。

（3）管理会计的对象是企业的经营活动及其价值表现。

（4）管理会计的手段是对财务信息等进行深加工和再利用。

（5）管理会计的职能必须充分体现现代企业管理的要求，面向未来创造价值。

（6）管理会计与企业管理的关系是部分与整体之间的从属关系。

（7）管理会计既是一种侧重于在现代企业内部经营管理中直接发挥作用的会计，同时又是企业管理的重要组成部分，因而也有人称其为“内部经营管理会计”，简称“内部会计”（internal accounting）。

（8）管理会计是现代企业会计系统中与传统的财务会计相对立的概念。

总之，被西方称为“管理会计”的那个客体，就其客观内容而言，不过是现代会计系统中区别于传统会计，能够更明显、更集中地体现会计预测经营前景、参与经营决策、规划经营方针、控制经济过程、考核评价责任业绩等内在功能的那部分工作内容。显然，将管理会计作为现代会计的范畴去考察，将其同现代经济环境、现代经济管理实践的特点联系起来，有助于一系列管理会计基本问题的圆满解决。

（三）管理会计的职能

管理会计的职能是指管理会计实践本身客观存在的必然性所决定的内在功能。按照管理五项职能的观点，可以将管理会计的主要职能概括为以下五个方面：预测经济前景、参与经济决策、规划经营目标、控制经济过程和考核评价经营业绩。

1.预测经济前景

预测是指采用科学的方法预计、推测客观事物未来发展必然性或可能性的行为。管理会计发挥预测经济前景的职能，就是按照企业未来的总目标和经营方针，充分考虑经济规律的作用和经济条件的约束，选择合理的量化模型，有目的地预计和推测未来企业销售、利润、成本及资金的变动趋势和水平，为企业经营决策提供第一手信息。

2.参与经济决策

决策是在充分考虑各种可能的前提下，按照客观规律的要求，通过一定程序对未来实践的方向、目标、原则和方法作出决定的过程。决策既是企业经营管理的核心，也是各级管理人员的主要工作。由于决策工作贯穿企业管理的各个方面和整个过程的始终，因而作为管理有机组成部分的会计（尤其是管理会计）必然具有决策职能。企业的重大决策都应该有会计部门参加，因此也有人将其称为参与决策。

管理会计参与经济决策的职能主要体现在根据企业决策目标搜集、整理有关信息资料，选择科学的方法计算有关长短期决策方案的评价指标，并作出正确的财务评价，最终筛选出最优的行动方案。

3.规划经营目标

管理会计的规划职能是通过编制各种计划和预算实现的。它要求在最终决策方案的基础上，将事先确定的有关经济目标分解落实到各有关预算中去，从而合理有效地组织协调供、产、销及人、财、物之间的关系，并为控制和责任考核创造条件。

4.控制经济过程

控制经济过程是管理会计的重要职能之一。这一职能的发挥要求将对经济过程的事前控制与事中控制有机地结合起来，即事前确定科学可行的各种标准，并对执行过程中的实际与计划发生的偏差进行原因分析，以便及时采取措施进行调整，改进工作，确保经济活动的正常进行。

5.考核评价经营业绩

现代管理十分注重充分调动人的积极性，贯彻落实责任制是企业管理的一项重要任务。管理会计履行考核评价经营业绩的职能，是通过建立责任会计制度来实现的。即在各部门各单位及每个人均明确各自责任的前提下，逐级考核责任指标的执行情况，找出成绩和不足，从而为奖惩制度的实施和未来工作改进措施的形成提供必要的依据。

（四）管理会计的基本内容

管理会计的基本内容是指与其职能相适应的工作内容，包括预测分析、决策分析、全面预算、成本控制、责任会计、企业绩效评价和若干其他专题等方面。其中，前两项内容合称为预测决策会计（accounting for forecasting & decision）；全面预算和成本控制合称为规划控制会计（accounting for planning & control）；责任会计与企业绩效评价合称为责任绩效评价会计。预测决策会计、规划控制会计、责任绩效评价会计和其他专题既相对独立，又相辅相成，共同构成了现代管理会计的基本内容。

1.预测决策会计

预测决策会计是指管理会计系统中侧重于发挥预测经济前景和实施经营决策职能的最具有能动作用的会计子系统。它处于现代管理会计的核心地位，又是现代管理会计形成的关键标志之一。

2.规划控制会计

规划控制会计是指在决策目标和经营方针已经明确的前提下，为执行既定的决策方案而进行有关规划和控制，以确保预期奋斗目标顺利实现的管理会计子系统。

3.责任绩效评价会计

责任绩效评价会计是指在按照分权管理的思想明确各个内部管理层次的相应职责、权限及所承担义务的基础上，通过考核各有关方面责任履行情况，全面准确评价企业真实经营绩效，从而调动企业全体职工积极性的管理会计子系统。

4.其他专题

为做到拾遗补缺，本部分收录了战略地图、环境管理会计、人力资源管理会计和管理会计信息系统等内容。

（五）管理会计的基本原则

管理会计基本原则的内容包括最优化原则、效益性原则、决策有用性原则、及时性原则、重要性原则、灵活性原则等。

1.最优化原则

该原则要求管理会计必须根据企业不同管理目标的特殊性，按照优化设计的要求，认真组织数据的搜集、筛选、加工和处理，以提供能满足科学决策需要的最优信息。

2.效益性原则

该原则包括两层含义。第一，是指信息质量应有助于管理会计总体目标的实现，即管理会计提供的信息必须能够体现管理会计为提高企业总体经济效益服务的要求；第二，是指坚持成本效益原则，即管理会计提供信息所获得的收益必须大于为取得或处理该信息所花费的成本。

3.决策有用性原则

现代管理会计的重要特征之一是面向未来决策，因此是否有助于管理者正确决策，是衡量管理会计信息质量高低的重要标志。决策有用性是指管理会计信息在质量上必须符合相关性和可信性的要求。

信息的相关性是指所提供的信息必须紧密围绕特定决策目标，与决策内容或决策方案直接联系，符合决策要求。对决策者来说，不具备相关性的信息不仅毫无使用价值，而且干扰决策过程，加大信息成本，必须予以剔除。由于不同决策方案的相关信息是不同的，这就要求具体问题具体分析，不能盲目追求所谓的全面完整。

信息的可信性又包括可靠性和可理解性两个方面，前者是指所提供的未来信息估计误差不宜过大，必须控制在决策者可以接受的一定区间内；后者是指信息的透明度必须达到一定标准，不至于导致决策者产生误解。前者规范的是管理会计信息内在质量的可信性；后者规范的是管理会计信息外在形式上的可信性。只有同时具备可靠性和可理解性的信息，才可以信赖并可能加以利用。

必须注意的是，不能将管理会计提供的未来信息应当具备的可靠性与财务会计提供的历史信息应具备的准确性、精确性或真实性混为一谈。

4.及时性原则

这个原则要求规范管理会计信息的提供时间，讲求时效，在尽可能短的时间内，迅速完成数据收集、处理和信息传递，确保有用的信息得以及时利用。不能及时发挥作用、过时的管理会计信息，从本质上看也是没有用处的。管理会计强调的及时性，其重要程度不亚于财务会计所看重的真实性、准确性。

5.重要性原则

虽然管理会计并不需要像财务会计那样，利用重要性原则来修订全面性原则，但也强调在进行信息处理时，应当突出重点，抓住主要矛盾。对关键的会计事项，认真对待，采取重点处理的方法，分项单独说明；对次要事项，可以简化处理，合并反映；对于无足轻重或不具有相关性的事项，甚至可以忽略不计。贯彻重要性原则，必须考虑到效益性原则和决策有用性原则的要求；同时它也是实现及时性的重要保证。

6.灵活性原则

尽管管理会计也十分讲求其工作的程序化和方法的规范化，但必须增强适应能力，根据不同任务的特点，主动采取灵活多变的方法，提供不同信息，以满足企业内部各方面管理的需要。这就是灵活性原则的要求。

三、关于管理会计定义的其他典型观点

（一）西方学者的观点

尽管管理会计的理论和实践最先起源于西方社会，但迄今为止在西方尚未形成一个统一的管理会计定义。有人将管理会计描述为“向企业管理当局提供信息以帮助其进行经营管理的会计分支”；也有人认为“管理会计就是会计与管理的直接融合”。

美国会计学会（American Accounting Association，AAA）于1958年和1966年先后两次为管理会计提出了如下定义：“管理会计是指在处理企业历史和未来的经济资料时，运用适当

的技巧和概念来协助经营管理人员拟订能达到合理经营目的的计划，并作出能达到上述目的的明智的决策。”[①]显然，他们将管理会计的活动领域限定于“微观”，即企业环境。

从20世纪70年代起，西方许多人将管理会计描述为“现代企业会计信息系统中区别于财务会计的另一个信息子系统”。

1981年，全美会计师协会（National Accountants Association，NAA）下设的管理会计实务委员会指出：管理会计是向管理当局提供用于企业内部计划、评价、控制，以及确保企业资源的合理使用和经管责任的履行所需财务信息的确认、计量、归集、分析、编报、解释和传递的过程。同时指出，管理会计同样适用于非营利的机关团体。这一定义扩大了管理会计的活动领域，指明管理会计的活动领域不应仅限于“微观”，还应扩展到“宏观”。

1988年4月，在国际会计师联合会（International Federation of Accountants，IFAC）下设的财务和管理会计师委员会发表的《论管理会计概念（征求意见稿）》一文中明确表示，“管理会计可定义为：在一个组织中，管理部门用于计划、评价和控制的（财务和经营）信息的确认、计量、收集、分析、编报、解释和传输的过程，以确保其资源的合理使用并履行相应的经营责任”。

1982年，英国成本与管理会计师协会（Institute of Cost and Management Accountants，ICMA）给管理会计下了一个范围更为广泛的定义，认为除了外部审计以外的所有会计分支（包括簿记系统、资金筹措、编制财务计划与预算、实施财务控制、财务会计和成本会计等）均属于管理会计的范畴。

（二）我国学者的观点

20世纪70年代末80年代初，西方管理会计学的理论被介绍到中国。我国会计学者在解释管理会计定义时，提出如下主要观点：

1.边缘学科论

管理会计是从传统的、单一的会计系统中分离出来，与财务会计并列的独立学科……（是）一门新兴的综合性的边缘科学。（余绪缨，1982年）

2.信息系统论

管理会计是通过一系列专门方法，利用财务会计、统计及其他有关资料进行整理、计算、对比和分析，是企业内部各级管理人员能据以对各个责任单位和整个企业日常和未来的经济活动及其发出的信息进行规划、控制、评价与考核，并帮助企业管理当局作出最优决策的一整套信息系统。（李天民，1995）

3.会计分支论

管理会计是西方企业为了加强内部经济管理，实现利润最大化这一企业经营的最终目的，灵活运用多种多样的方式方法，收集、储存、加工和阐明管理当局合理地计划和有效地控制经济过程所需要的信息，围绕成本、利润、资本三个中心，分析过去、控制现在、规划未来的一个会计分支。（汪家祐，1987）

4.融合论

管理会计是将现代化管理与会计融为一体，为企业的领导者和管理人员提供管理信息的会计，它是企业管理信息系统的一个子系统，是决策支持系统的重要组成部分。（余绪缨，1999）

①有人说：此观点是AAA下设的管理会计委员会在1988年提出的。

第三节 管理会计的产生与发展

管理会计自问世以来，已经有了一个多世纪的历史。在这个过程中，同其他任何新鲜事物一样，管理会计从无到有、从小到大，经历了由简单到复杂、从低级到高级的发展阶段。本节简单回顾管理会计的发展历史，并分析导致其产生发展的根本原因。

一、管理会计的历史沿革

从客观内容上看，管理会计的实践最初萌生于19世纪末20世纪初，其雏形产生于20世纪上半叶，正式形成和发展于第二次世界大战之后，20世纪70年代后在世界范围内得以迅速发展。

（一）从会计发展史的角度看，由传统近代会计向现代会计的过渡形成了管理会计产生的时代背景

在早期的资本主义社会中，由于近代会计与当时以经验和直觉为核心的传统管理方式相适应，对社会的经济发展起到了积极的促进作用。但随着社会生产力水平的进步、生产专业化和社会化程度的提高、商品经济的迅速发展，导致竞争日益激烈，传统的管理方式所无法克服的粗放经营、资源浪费严重、企业基层生产效率低等弊端与大机器工业生产的矛盾越来越尖锐。企业强烈地意识到，要想在竞争中生存和发展，必须加强内部管理，提高生产效率，以降低成本、费用，获取最大限度的利润。为适应该阶段社会经济发展的客观要求，泰罗的科学管理理论在19世纪末20世纪初应运而生。

在以美国的泰罗和法国的法约尔为代表人物的“古典管理理论”的指导下，企业管理实践中先后应用了以确定定额为目的的时间与动作研究技术、差别工资制和以计划职能与执行职能相分离为主要特征的预算管理和差异分析，以及日常成本控制等一系列标准化、制度化的新技术新方法。这一切对片面地强调事后反映职能的传统会计提出了严峻挑战和巨大冲击。这种情况下，企业会计必须突破单一事后核算的格局，采取对经济过程实施事前规划和事中控制的技术方法，更好地促进经营目标的实现。

伴随着企业管理方式的变革，会计开始了由近代会计向现代会计转变的进程，原始的管理会计也初见端倪。20世纪初，在美国企业会计实务中出现了以差异分析为主要内容的“标准成本计算制度”和“预算控制”。这标志着管理会计的原始雏形已经形成。

（二）从20世纪50年代起，管理会计首先在西方得到迅速发展

世界经济进入战后发展的新时期以来，技术革命的浪潮日益高涨，迅速推动社会生产力的进步。新装备、新工艺、新技术得到广泛采用，产品更新换代周期普遍缩短；新兴产业部门层出不穷，资本集中规模越来越大，跨国公司大批涌现；生产经营的社会化程度空前提高，企业内部各部门乃至职工个人之间的联系普遍增强。日益趋向全球化的市场经营环境瞬息万变，传统营销手段失灵，竞争愈演愈烈。

这种情况迫使人们必须考虑如何转变观念、适应市场需要的问题。无数实践证明：只有尽快实现管理现代化，将过去的以生产为中心的生产型管理模式调整转变为以开发市场、调动各方面积极性和取得最大可能经济效益为中心的经营决策型管理模式，实现市场经济条件下的良性循环，才能在强手如林的竞争中立于不败之地，从此世界进入了现代经济管理的崭新阶段。

在这个阶段中，管理会计适应现代经济管理的要求，不仅完善发展了规划控制会计的理论与实践，而且逐步充实了以“管理科学学派”为依据的预测决策会计和以“行为科学”为指导思想的责任会计等内容。

（三）从20世纪90年代起至今，管理会计进入了强调价值创造阶段

随着经济全球化和知识经济的发展，世界各国经济联系和依赖程度日益增强，企业之间分工合作日趋频繁，准确把握市场定位、客户需求等尤为重要。在此背景下，管理会计越来越容易受到外部信息以及非财务信息对决策相关性的冲击，企业内部组织结构的变化也迫使管理会计在管理控制方面要有新的突破，需要从战略、经营决策、商业运营等各个层面掌握并有效利用所需的管理信息，为此管理会计以强调价值创造为核心，发展了一系列新的决策工具和管理工具。一些国家也尝试将管理会计引入公共部门管理之中，并随着新公共管理运动的兴起在全世界推广。①

（四）专业管理会计团体的成立标志着现代管理会计进入了成熟期

在管理会计的发展历史中，不仅管理会计的实践内容及其特征发生了较大的变化，其应用范围日益扩大，作用越来越明显，越来越受到重视，而且一些国家还相继成立了专业的管理会计团体，这标志着现代管理会计进入了成熟期。

早在20世纪50年代，美国会计学会就设立了管理会计委员会。1969年，全美会计师协会成立了专门研究管理会计问题的高级委员会——管理会计实务委员会（Management Accounting Practice Committee，MAPC），陆续颁布了一系列指导管理会计实务的公告（Statements on Management Accounting，SMA），以“促进管理会计师的职业化和提高会计学的教学水平”，在这些公告中，涉及管理会计目标、术语、概念、惯例与方法、会计活动管理等诸多方面内容。这些团体大多出版专业性刊物，如《管理会计》月刊，并在全世界发行。现在已有许多国家出版发行管理会计专业杂志。

1972年，美国管理会计协会主持、举办了全美第一届执业管理会计师资格考试；几乎与此同时，英国也安排了类似的考试。从此，西方出现了有别于“注册会计师（CPA）”的“执业管理会计师（certified management accountant，CMA）”职业。

（五）管理会计实践的发展，大大促进了管理会计学理论研究的繁荣

在西方会计发展史上，“管理会计”术语第一次提出是在1922年，当时称“管理的会计（managerial accounting）”，是在美国会计学者奎因坦斯写的《管理的会计：财务管理入门》一书上出现的。曾在该年发表过《预算管理》的麦金西于1924年出版了名为《管理的会计》的专著。此外，布利斯也在同期发表过一本名为《通过会计进行管理》的著作。这些书被西方誉为早期管理会计学的代表作。其实它们只是介绍了会计如何应用标准成本法和实施预算控制的一些经验之谈。

会计学术界是1952年在伦敦举行的会计师国际代表大会上正式提出“管理会计（management accounting）”术语的。

①财政部．规划宏伟蓝图　开创历史先河——《财政部关于全面推进管理会计体系建设的指导意见》系列解读之一［J］．财务与会计，2014（10）．

此后，美英等发达国家陆续将管理会计学课程作为高等院校会计专业和其他财经管理专业的主干课程。西方的会计学者撰写了大量的管理会计教材、专著和论文，其内容广泛涉及预测决策会计、规划控制会计和责任会计。起初，西方学者只是把管理会计工作理解为各种专门管理技巧和方法在会计实务中的应用技巧，因此只强调其实用性的一面，而不大看重其理论研究的价值。但从20世纪80年代起，西方对管理会计的研究一度从偏重实务的角度转向了理论探讨，甚至一度出现盲目追求纯数理模型研究的倾向。

在现代管理会计学的理论研究中，数量经济分析、风险分析、数理统计推断、运筹学、管理工程学、现代决策论、控制论、信息论、系统论、现代心理学、行为科学以及电脑应用技术被广泛地应用，极大地丰富了管理会计学的内容。

（六）管理会计理论在我国的发展

我国是从20世纪70年代末80年代初开始向发达国家学习引进有关管理会计理论的。大致经历了以下发展阶段：

（1）宣传介绍阶段。这段时期为3～5年。在这个阶段，我国会计理论工作者积极从事外文管理会计教材的翻译、编译工作，1979年由机械工业部组织翻译出版了第一部《管理会计》；国家有关部门委托国内著名专家教授编写的分别用于各种类型财经院校教学使用的两部《管理会计》教材于1982年前后与读者见面；嗣后，又大量出版了有关管理会计的普及性读物；财政部、国家教委先后在厦门大学、上海财经学院和原大连工学院等院校举办全国性的管理会计师资培训班和有关讲座，聘请外国学者来华主讲“管理会计”课程。

（2）吸收消化阶段。大约从1983年起，我国会计学界多次掀起学习管理会计、应用管理会计、建立具有中国特色的管理会计体系的热潮。在全国范围内，许多会计工作者积极参与“洋为中用，吸收消化管理会计”的活动，有的单位成功地运用管理会计的方法解决了一些实际问题，初步尝到了甜头。但是，由于当时我国经济体制改革的许多措施尚未到位，尤其是我国财务会计管理体制仍旧沿用计划经济的那套办法，到后期，管理会计中国化的问题实际上难以取得重大突破，甚至出现了怀疑管理会计能否在中国行得通的思潮，管理会计的发展出现了滑坡。

（3）改革创新阶段。从党中央作出大力发展我国社会主义市场经济的决策，特别是1993年财务会计管理体制转轨变型，会计界开始走上与国际惯例接轨的道路以来，为管理会计在中国的发展创造了新的契机。迅速掌握能够适应市场经济发展需要的经济管理知识、借鉴发达国家管理会计的成功经验来指导新形势下的会计工作，不仅是广大会计工作者的迫切要求，而且已变成他们的自觉行动。社会主义市场经济的大环境、现代企业制度的建立健全，以及新的宏观会计管理机制，为管理会计开辟了前所未有的用武之地。有许多有识之士不再满足于照抄照搬外国书本上现成的结论，而是从我国实际出发，通过调查研究管理会计在我国企业应用的案例等方式，积极探索一条在实践中行之有效的中国式管理会计之路，以便切实加强企业内部管理机制，提高经济效益。从此，我国进入了管理会计改革创新和良性循环的新发展阶段。

（4）全面推进阶段。进入21世纪第二个10年，管理会计在我国得到全面推进，相关理论研究与推广进入了黄金期。党的十八届三中全会对全面深化改革作出了总体部署，在会计领域贯彻落实全面深化改革要求，非常重要的一项内容就是要大力加强管理会计工作，强化管理会计应用。财政部作为国家的会计主管部门为此做了大量工作，并取得丰硕成果。2012年2

月召开的全国会计管理工作会提出建设“会计强国”的宏伟目标。2013年《企业产品成本核算制度（试行）》的发布，拉开了管理会计体系建设的序幕。根据《会计改革与发展“十二五”规划纲要》，在总结我国管理会计理论发展与实践经验的基础上，2014年1月印发《财政部关于全面推进管理会计体系建设的指导意见（征求意见稿）》；经过广泛征求意见和修订，该指导意见于2014年10月正式印发，在全国范围部署推进。2014年3月，财政部启动了首届管理会计咨询专家选聘工作，2016年6月，又公开选聘第二届管理会计咨询专家。为指导单位管理会计实践应用和加强管理会计体系建设，制定发布《管理会计基本指引》的任务被纳入《财政部会计司2016年工作要点》。《管理会计基本指引》于2016年6月正式发布。2016年10月，财政部制定发布《会计改革与发展“十三五”规划纲要》，明确了推进管理会计广泛应用的具体任务并确立了“2018年年底前基本形成以管理会计基本指引为统领、以管理会计应用指引为具体指导、以管理会计案例示范为补充的管理会计指引体系”的目标。

2021年11月，财政部制定发布《会计改革与发展“十四五”规划纲要》，提出了“推动会计职能对内拓展”的主要任务，而全面深化管理会计应用，即是推动会计职能对内拓展的重要任务之一。《会计改革与发展“十四五”规划纲要》提出了全面深化管理会计应用的五项举措：①研究出台进一步深化管理会计应用的指导意见。②研究制定管理会计应用指南。③加大管理会计人才培养力度。④建立常态化案例库建设机制。⑤全面提升管理会计信息管理水平。

近年来，在全国范围内多次开展了应用推广管理会计最新研究成果的专题活动，编写完成了一大批具有示范效应的案例资料和高水平研究报告，并陆续编写出版了一批体现官方技术路线设计思路的管理会计教材。这些都标志着我国管理会计理论创新进入了新的发展阶段。

（七）管理会计实践在我国的发展①

在我国，虽然管理会计相关理论引入较晚，但相关实践早已有之，不乏成功探索和有益尝试。如，中华人民共和国成立之初，以成本为核心的内部责任会计，包括班组核算、经济活动分析和资金成本归口分级管理等；20世纪70年代末期到80年代末的以企业内部经济责任制为基础的责任会计体系；90年代后的成本性态分析、盈亏临界点与本量利依存关系、经营决策经济效益的分析评价等；河北邯郸钢铁公司实行的“模拟市场，成本否决”；宝钢集团于1993年起推行标准成本制度，这些都属于管理会计的实践内容。

如今，包括全面预算管理、平衡计分卡等绩效评价方法，作业成本法、标准成本法等成本管理方法在内的管理会计工具陆续在我国企业中运用，单位对管理会计的应用意识有所增强，应用水平有所提高。国家开发银行、中国电信、北汽福田、三一重工等一批企业专门设置了管理会计机构或岗位，积极开展管理会计工作，取得了较好成效。同时，管理会计在行政事业单位预算编制、执行、决算分析和评价等工作中也得到了一定应用。一些行政事业单位建立了适应单位内部财务和业务部门畅通联系的信息平台，及时掌控预算执行和项目进度，深入开展决算分析与评价，及时发现预算执行中存在的问题并提出改进意见和建议，财政财务管理水平和资金使用效益不断提高。

二、管理会计形成与发展的原因

通过回顾管理会计产生与发展的历史，我们不难得出以下结论：

---

①财政部．规划宏伟蓝图　开创历史先河——《财政部关于全面推进管理会计体系建设的指导意见》系列解读之一［J］．财务与会计，2014（10）．

（一）社会生产力的进步、市场经济的繁荣及其对经营管理的客观要求，是导致管理会计形成与发展的内在原因

管理会计作为企业会计的一个组成部分或是一个子系统，属于会计本身的进化和发展的结果，因此管理会计的产生和发展必然与会计发展相联系。

会计和管理都不是从来就有的，它们都是社会生产力发展到一定阶段的产物，并随着社会生产力的进步而不断发展。由于社会生产力的进步对经济管理不断提出新的要求，会计作为经济管理的组成部分，必然要适应这种要求，不断完善与进步。因此，从本质上看，生产力的进步是管理会计产生与发展的根本原因。

同时，管理会计的产生与发展又必然与一定时期的社会历史条件密切相关。进入21世纪以来，世界经济形势的变化，尤其是信息社会条件下的现代化大生产，为现代会计发挥预测、决策、规划、控制、责任考核评价职能创造了物质基础；高度繁荣的商品经济，特别是全球范围内市场经济的迅速发展为管理会计开辟了用武之地。但是社会制度并不是管理会计产生和发展的决定性因素。虽然管理会计最初诞生于西方资本主义社会，但它本身绝非西方资本主义制度或资本主义经济的必然产物。

（二）现代电子计算机技术的进步加速了管理会计的完善与发展

在现代经济条件下，通过管理会计进行企业内部价值管理，不借助电子计算机手段是根本无法想象的。现代科学技术的发展，尤其是现代电子计算机技术的进步加速了管理会计的完善与发展。

（三）在管理会计形成与发展的过程中，现代管理科学理论起到了促进作用

作为管理会计实践的理论总结和知识体系，管理会计学的形成与现代管理科学的完善过程密切相关。现代管理科学不仅奠定了管理会计学的理论基础，而且为其不断充实内容提供了理论依据，从而使管理会计学逐步成为一门较为科学的学问，能够更好地用于指导管理会计实践。因此，现代管理科学的发展为管理会计的形成与发展创造了有利的外部条件。但是，正如不能将管理会计同管理会计学混为一谈一样，我们也不能将管理会计说成是管理理论的产物，因为从客观内容上看，管理会计工作是一项实践活动，而并非纯粹的理论抽象。理论来源于实践又服务于实践，但实践绝对不会是理论的产物。

三、管理会计的发展趋势

如果说在20世纪70年代甚至更远的年代中，管理会计还只是在西方发达国家中流行的话，那么从80年代起，“管理会计热”就已风靡全球。1980年4月，在国际会计师联合会于巴黎召开的第一次欧洲会计专家会议上，与会者发出呼吁：“为了在当今复杂多变的世界上能够使企业生存下去并繁荣起来，一个战略性的问题就是应用和推广管理会计。”

进入21世纪以来，越来越多的国家加大了应用和推广管理会计的力度，越来越多的最新研究成果被迅速应用到企业的管理实践之中，一些国家成立了管理会计师职业管理机构，相继颁布了管理会计工作规范和执业标准。国际会计标准委员会和国际会计师联合会等国际性组织也成立了专门的机构，尝试制定国际管理会计准则，颁布了有关管理会计师的职业道德规范等文件。

总之，随着经济全球化和知识经济的不断发展，以计算机技术和现代网络技术为代表的信息革命向社会生活大范围、深层次渗透，科技在经济发展中的贡献大幅提高，管理会计作为管理中决策支持的一个重要组成部分，要不断拓展应用的深度与广度，进一步适应信息技术飞速发展、管理模式不断变革、外部环境不确定性增加的现实，在集成数据处理、长期与短期决策平衡、不确定性风险识别与规避等方面发挥作用，为单位提供更多财务信息系统所不能提供的、更高层次的信息支持，更好地发挥价值创造的作用。同时，随着新公共管理运动在世界范围内蓬勃发展，各国政府及非政府部门在管理过程中也要进一步运用管理会计的理念、技术与方法，提高管理效能。①

鉴于越来越多的人将关注点集中在管理会计工作系统化和规范化、管理会计职业化和社会化，以及国际管理会计和战略管理会计等课题上，说明管理会计具有系统化、规范化、职业化、社会化和国际化的发展趋势。

与管理会计职业化相联系的管理会计职业道德规范问题，也越来越受到各方关注。

第四节 管理会计与其他会计分支及财务管理之间的关系

为了准确理解管理会计的特征，必须明确管理会计与财务会计、成本会计，以及财务管理之间的关系。

一、需要明确的相关概念

特定事物之间的关系是由它们之间的联系与区别决定的。其中，联系是指不同事物共性特征的集合，代表矛盾普遍性的属性；区别是指不同事物个性特征的集合，代表矛盾特殊性的属性。通过分析管理会计与其他相关概念之间的联系及区别，可以帮助我们深刻理解管理会计的特点。

按照西方会计学的一般解释，管理会计从传统会计中被分离出去之后，企业会计中组织日常会计核算和期末对外报告的那部分内容就被称为财务会计（financial accounting），成为与管理会计相对立的概念。也有人将财务会计解释为“面向财务报告的会计（accounting for financial reporting）”，相应地将管理会计解释为“面向财务管理的会计”。本节我们要重点讨论管理会计与财务会计的关系。

成本会计是企业会计系统中专门用于核算成本的会计分支，目前已有许多国家将成本会计学的内容列入初级管理会计。

要明确财务管理的定义，必须首先了解什么是财务。在许多财务管理学中，将财务解释为“财务活动与财务关系的统称”或“财务就是财务活动”，犯了同义反复的逻辑错误。

所谓财务（finance），又称理财（即打理财富），是指有关主体为实现特定目的，通过取得、使用或调度资金所发生的相关活动（包括融资、投资、运营等）。显然，财务管理就是特定财务主体或受托人围绕上述活动开展的管理。

二、管理会计与财务会计的关系

（一）管理会计与财务会计的联系

管理会计与财务会计之间存在以下四点联系：

---

①楼继伟2014年7月31日讲话：加快发展中国特色管理会计 促进我国经济转型升级。

1.管理会计与财务会计同属于现代会计

从逻辑上看，在管理会计产生之前，也无从谈起财务会计，甚至连这个概念都没有。从结构关系看，管理会计与财务会计两者源于同一母体，都属于现代企业会计，共同构成了现代企业会计系统的有机整体。两者相互依存、相互制约、相互补充。

2.管理会计与财务会计的最终目标相同

从总的方面看，管理会计和财务会计所处的工作环境相同，都是现代经济条件下的企业；两者都以企业经营活动及其价值表现为对象；它们都必须服从现代企业会计的总体要求，共同为实现企业管理目标服务。因此，管理会计与财务会计的最终奋斗目标是一致的。

3.管理会计与财务会计相互分享部分信息

在实践中，管理会计所需要的许多资料来源于财务会计系统，它的主要工作内容是对财务会计信息进行深加工和再利用，因而受到财务会计工作质量的约束；同时，部分管理会计信息有时也列入对外公开发表的范围。如现金流量表，最初只是管理会计长期投资决策使用的一种内部报表，后来陆续被一些国家（包括我国）列作财务会计对外报告的内容。

4.财务会计的改革有助于促进管理会计的发展

目前我国开展的会计改革，其意义绝不仅仅限于在财务会计领域实现与国际惯例接轨，而且还在于这一改革能够将广大财会人员从过去那种单纯反映过去、算“死账”的会计模式下解放出来，开阔他们的眼界，使之能腾出更多的时间和精力去考虑如何适应社会主义市场经济条件下企业经营管理的新环境，解决面临的新问题，从而建立面向未来决策的、算“活账”的会计模式，开创管理会计工作的新局面。

（二）管理会计与财务会计的区别

管理会计与财务会计之间存在以下区别：①

1.工作主体（范围）的层次不同

管理会计的工作主体可分为多个层次，它既可以以整个企业（如投资中心、利润中心）为主体，又可以将企业内部的局部区域或个别部门甚至某一管理环节（如成本中心、费用中心）作为其工作的主体。事实上在多数情况下，管理会计主要以企业内部责任单位为主体。这样做，可以更为突出以人为中心的行为管理。

而财务会计的工作主体往往只有一个层次，即主要以整个企业为工作主体，从而能够适应财务会计所特别强调的完整反映和全面监督企业经营过程的要求。

2.服务对象不同

管理会计主要为强化单位内部经营管理、提高经济效益服务，属于“对内报告会计”；而财务会计主要侧重于对外部相关单位和人员提供财务信息，属于“对外报告会计”。

3.职能定位不同

管理会计的工作重点是“创造价值”，其职能是解析过去、控制现在与筹划未来的有机结合，摆在首位的是面向未来的决策职能，而分析过去是为了更好地指导未来和控制现在。因此，管理会计实质上属于算“活账”的“经营型会计”。

财务会计以“记录价值”为工作重点，通过确认、计量、记录和报告等程序来反映和报告过去实际已经发生的经济业务的历史信息。因此，财务会计实质上属于算“呆账”的“报账型会计”。

①有人将管理会计与财务会计的主要区别概括为服务对象不同、职能定位不同，以及程序与方法不同三个方面。

4.遵循的原则、标准和依据的基本概念框架结构不同

尽管管理会计也要在一定程度上考虑到“公认的会计原则”或企业会计准则的要求，利用一些传统的会计观念，但并不受它们的完全限制和严格约束，在工作中还可灵活应用预测学、控制论、信息理论、决策原理、目标管理原则和行为科学等现代管理理论作为指导，所依据的基本概念框架结构具有灵活性和超前性。它所使用的许多概念都超出了传统会计要素的基本概念框架。例如，在管理会计的长期投资决策中，可以不受权责发生制原则的限制而采用收付实现制；在短期经营决策中，可以不执行历史成本原则和客观性原则而充分考虑机会成本等因素；责任会计更是以人及其所承担的经济责任为管理对象，这大大突破了传统会计核算只注重物不考虑人的狭隘观念的限制。

财务会计工作必须严格遵守“公认的会计原则”(在我国则为企业会计准则和行业统一会计制度)，以保证其所提供的财务信息报表在时间上的前后期一致性和空间上的可比性；所依据的基本概念的框架结构具有超稳定性。

5.信息特征及信息载体不同

管理会计所提供的信息往往是为满足内部管理的特定要求的有选择的、部分的和不定期的管理信息。它们既包括定量资料，也包括定性资料；其计量单位既可以使用货币单位，又可以选择实物量单位、时间量单位和相对数单位。其中，凡涉及未来的信息不要求过于精确(无此必要和可能)，只要求满足及时性和相关性。由于它们往往不向社会公开发表，故不具有法律效能，只有参考价值。管理会计的信息载体大多为没有统一格式的各种内部报告，而且对这些报告的种类也没有统一的规定。

财务会计能定期地向与企业有利害关系的集团或个人提供较为全面的、系统的、连续的和综合的财务信息。这些信息主要是以价值尺度反映的定量资料，对精确度和真实性的要求较高，至少在形式上要绝对平衡。由于它们往往要向社会公开发表，故具有一定的法律效能。财务会计的信息载体为具有统一格式的凭证系统、账簿系统和报表系统，其中，社会往往要统一规定财务报告的种类。

6.方法体系不同

管理会计可选择灵活多样的方法对不同的问题进行分析处理，即使对相同的问题也可根据需要和可能而采用不同的方法进行处理，在信息处理过程中大量运用现代数学方法。

财务会计的方法比较稳定，核算时往往只需运用简单的算术方法。

7.工作程序不同

由于管理会计工作的程序性较差，没有固定的工作程序可以遵循，有较大的回旋余地，所以企业可根据自己的实际情况自行设计其管理会计工作流程。这必然导致不同企业间管理会计工作的较大差异性。

财务会计必须执行固定的会计循环程序。从凭证转换，到登记账簿，直至编报财务报告，都必须自觉地按既定的程序处理，而且在通常情况下不得随意变更其工作内容或颠倒工作顺序。因而，这项工作具有一定的强制性和程序性。在实务中，我们不难发现：尽管不同企业间的实际会计管理水平可能存在较大的差异，但如果仅从财务会计工作程序的角度看，同类企业的财务会计工作程序往往是大同小异的。

8.体系的完善程度不同

如前所述，目前管理会计体系尚不够完整，正处于继续发展和不断完善的过程中，因而它缺乏统一性和规范性。

尽管财务会计工作也需要进一步改革，但就其体系的完善程度而言，现在已经达到相对成熟和稳定的地步，形成了通用的会计规范和统一的会计模式。也正是在这个意义上，我们说财务会计具有统一性和规范性。

9.观念的取向不同

现代管理会计不仅看重实施管理行为的结果，而且更为关注管理的过程。在管理会计观念中，企业中的每一个人都是财富和效益的创造者，属于可开发的人力资源，绝不能仅将其看作被管制的对象，一味机械地实行“管、卡、压”。因此，一方面要注意合格人才的培养并核算人力资源成本；另一方面必须密切注意管理过程及其结果对企业内部各方面人员心理和行为的影响，千方百计地调动起他们的积极性和工作热情，设法充分发挥他们的主观能动性。

财务会计则将其着眼点放在如何真实准确地反映企业生产经营过程中人、财、物等要素在供、产、销各个阶段中分布、使用及消耗的情况，十分重视定期报告企业的财务状况和经营成果的质量。相对地，不大关心管理过程及其结果对企业内部各方面人员心理和行为的影响。

10.对会计人员素质的要求不同

鉴于管理会计的方法灵活多样，又没有固定的工作程序可以遵循，其体系缺乏统一性和规范性，这就决定了在很大程度上管理会计的水平取决于会计人员素质。同时，由于管理会计工作需要考虑的因素比较多，涉及的内容比较复杂，也要求从事这项工作的人员必须具备较广泛的知识面和较深厚的专业造诣，具有较强的分析问题、解决问题的能力和果断的应变能力。再加上管理会计所涉及的问题大多关系重大，尤其是决策工作绝不允许素质较低的人员“瞎参谋”、乱指挥。因此，管理会计工作需要由复合型高级会计人才来承担。可见管理会计对会计人员素质的要求起点比较高。

虽然会计人员的素质会影响到财务会计工作的质量，但相比之下，对财务会计人员素质的要求不如对管理会计人员的要求高，而且侧重点也不同。财务会计工作需要操作能力较强、工作细致的专门人才来承担。

三、管理会计与成本会计的关系

两者的主要区别有两点：

（1）对象不同。成本会计主要以成本作为核算对象，所有工作均围绕成本费用的归集和分配展开。管理会计的核算对象比较宽泛，不仅包括成本计算，而且包括收益确定等内容。

（2）时态不同。成本会计核算的成本主要是历史成本。管理会计计算的成本多为未来决策成本或预算成本。

两者联系在于：管理会计的外延能够完全包含成本会计的全部内容。因此，从学科建设的角度看，将成本会计学全部纳入管理会计学的内容，既是明智的选择，又是会计科学发展的归宿。

当然，也有人将成本会计与管理会计简单合并为“成本管理会计”或“成本与管理会计”，但这不是科学的做法。因为上述术语的使用，可能造成“管理会计就是面向成本管理的会计”的误解。

四、管理会计与财务管理的关系

（一）管理会计与财务管理的主要联系

在一定条件下，管理会计与财务管理存在以下共同点：

（1）同一单位的工作环境相同。

（2）主要工作对象（如投资决策）相同或相似，工作内容交叉。

（3）预算、决策和控制的职能相同。

（4）许多财务指标（如净现值）的计算口径与方法、评价标准相同。

（5）管理会计可以直接对财务管理信息进行深加工和再利用。

（二）管理会计与财务管理的主要区别

（1）工作主体的属性不同。财务管理的主体具有多样性，包括政府相关部门、金融机构、企业或个人。管理会计主体具有唯一性，只能是企业（这里暂不考虑事业单位）。

（2）某些同名的职能其工作的侧重点不同。财务管理的投资决策侧重于开展融资后投资，而企业管理会计的投资决策则优先考虑融资前投资。

（3）不同工作主体的同名指标计算依据不同。以投资决策使用的净现值指标计算所选的折现率为例，金融机构必须选择资金成本，企业则可选择行业基准折现率或设定折现率。

（4）信息计量单位不完全一致。财务管理的信息主要使用货币计量单位。管理会计使用的数据和提供的信息，既包括货币计量的财务信息，也包括按非货币计量的非财务信息。

□ 思政课堂

马克思主义是指导我们思想的理论基础

党的二十大报告指出："坚持和发展马克思主义，必须同中国具体实际相结合。我们坚持以马克思主义为指导，是要运用其科学的世界观和方法论解决中国的问题，而不是要背诵和重复其具体结论和词句，更不能把马克思主义当成一成不变的教条。我们必须坚持解放思想、实事求是、与时俱进、求真务实，一切从实际出发，着眼解决新时代改革开放和社会主义现代化建设的实际问题，不断回答中国之问、世界之问、人民之问、时代之问，作出符合中国实际和时代要求的正确回答，得出符合客观规律的科学认识，形成与时俱进的理论成果，更好指导中国实践。"

学习"管理会计"课程，必须以马克思主义为思想基础，坚持以马克思主义的立场、观点、方法指导我们的学习。

立场是行动的出发点或起点，马克思主义始终把人民的利益作为一切事业的核心利益，一切行动都必须从人民的立场出发。学习管理会计的目的，就是在熟悉、理解其基本理论、基本方法和应用技巧的基础上，掌握在未来的管理会计工作实践中更好地为人民服务的相关技能。

马克思主义的主要观点和方法集中体现在马克思主义的哲学、政治经济学和科学社会主义理论体系中。

马克思主义哲学包括辩证唯物主义和历史唯物主义。

辩证唯物主义首先明确阐述了物质与意识、存在与思维（思想）、实践与理论、客观与主观之间的辩证关系。

物质是不以人的意志为转移的客观存在，意识是人的大脑对物质世界的主观认识或反映。物质决定意识（思维或思想），意识（思维和思想）对物质（存在）具有能动作用。

时间和空间是处于不断运动中物质的客观存在形式。

实践属于物质的范畴，理论属于意识的范畴。实践是理论的基础，理论是实践的反映，可以反作用于实践；实践的持续发展能够促进理论的不断完善，理论的进步能加速实践的发展；正确的理论可以指导实践，促进实践的进步；错误的理论会阻碍实践正常发展。

请结合本章第一节和第三节的内容，分析提出相关假设的理论依据和解释导致管理会计产生发展的内在动因。

辩证唯物主义的认识论告诉我们：人的大脑可以认识物质的运动规律。对同样的事物，不同的人在同一时刻可能有不同的认识；同一个人，对同一个事物在不同时间阶段上可能产生不同的认识。不可能也不应该对所有的认识都强求一致。

请结合本章第二节的内容，分析两种技术路线设计的理论依据，并解释两套基本概念框架可以并行不悖，不必强求一致的理由。

唯物辩证法认为，事物是相互联系、相互依存的，我们要用联系的、发展的、全面的观点看待事物，把握事物的发展规律。

请结合本章第四节的内容，分析管理会计与其他会计分支及财务管理之间的关系。

资料来源：以上观点和术语均来源于百度。

□ 复习思考题

1. 本书提出管理会计假设基于什么基本前提？研究管理会计出于哪些假设？

2. 什么是管理会计？管理会计与管理会计学有什么关系？

3. 当代管理会计的时间属性假设包括哪些层次？管理会计的空间属性假设提出了哪些单位主体？

4. 为什么衡量管理会计的信息需要使用多种计量单位？

5. 按照官方路线，管理会计的目标是什么？管理会计的要素包括哪些？

6. 应用管理会计应遵循哪些原则？

7. 财政部发布的管理会计应用指引包括哪两大类？截至目前，财政部分几批共发布了多少项管理会计应用指引？

8. 什么是职能？管理会计包括哪些职能？

9. 管理会计的基本内容有哪些？

10. 管理职能路线所提出的管理会计基本原则包括哪些内容？

11. 请说明在西方管理会计发展史上，1922年、1952年和1972年发生了哪些与管理会计形成与发展有关的事件？

12. 结合管理会计理论和实践在我国发展的事实，说明“管理会计是西方资本主义的必然产物”这一说法的谬误所在。

13. 请谈谈你是怎样理解管理会计产生与发展的根本原因的。

14. 管理会计具有什么样的发展趋势？

15. 管理会计与财务会计之间存在哪些主要联系和主要区别？

16. 管理会计与成本会计之间存在什么关系？

17. 什么是财务？什么是财务管理？怎样理解管理会计与财务管理之间的关系？

第二章

成本性态分析

第一节 成本及其分类

在马克思主义经济学中，成本价格相当于商品价值（C+V+M）中的C+V，即物化劳动的转移价值（C）与相当于劳动者新创造价值中的劳动力价值（V）的合计。在管理会计学中，成本及其分类不仅属于最基本的概念，而且往往被赋予与传统的财务会计学和成本会计学截然不同的含义。

一、管理会计中的成本概念

从管理会计的角度看，成本（cost）是指企业在生产经营过程中对象化的，以货币表现的，为达到一定目的而应当或可能发生的各种经济资源的价值牺牲或代价。

这个定义特别重视形成成本的原因（目的性）和成本发生的必要性，因此对成本发生的时态没有做严格的规定。在管理会计的范畴中，成本的时态可以是过去时、现在完成时或将来时。这与财务会计十分强调的历史成本概念有较大的差异。①

二、成本的关键属性

传统成本会计教科书将成本属性概括为三点：消耗尺度、补偿尺度和计价基础。

本书的观点是成本的关键属性是补偿尺度。理由是：如果要反映消耗尺度，主要考虑费用就行了；在采用非成本基础计价方法时，成本不可能成为计价基础。

三、支出、费用与成本的关系

支出是最初与收入相对立的概念，传统会计为满足权衡利弊、比较得失、以收抵支的任务，将现实货币的使用作为支出。在现金收付制下，支出是确定盈余的重要指标。在持续经营假设下，按照资金使用的用途，将支出划分为用于长期投资的资本性支出和用于日常经营的收益性支出（作者建议将后者改称为经营性支出）。

在权责发生制和配比原则下，为了计量净收益，出现了费用的概念。费用是指在特定会

---

①现代西方财务会计学的理论认为成本是企业为了获取某项资产或达到一定目的而遭受的以货币测定的价值牺牲，成本的形成既可以通过直接牺牲一项资产来实现，也可以通过产生某项负债而导致未来付出价值牺牲的方式来实现。我国有关的财务会计教科书则把成本概括为在一定条件下企业为生产一定产品所发生的各种耗费的货币表现。

计期间，应与当期收益（注意：不是收入）进行配比的各种资源耗费。费用总是与期间联系在一起。

随着“为了实现再生产，需要对产品生产中消耗的各种资源进行价值和实物的双重补偿”理念的形成，导致成本概念的出现。成本是对象化的费用，只有物化于某具体对象的费用才能形成成本。

支出与费用之间具备单向转化的关系：当期发生的资本性支出先形成长期资产，然后分期转化为以后不同期间的费用；当期发生的经营性支出可转化为当期或下期费用；当前的支出不一定形成当期费用；以前发生的支出有可能形成当期费用。

成本与费用之间具备双向转化的关系：费用通过对象化可以转化为成本；已消耗的成本可以转化为费用。

在管理会计面向未来的预测与决策工作中，通常不需要精确区分成本与费用，可以将两者统称为一定期间的成本费用。有时可以将特定费用对象化于期间，作为期间成本对待。

四、成本可以按不同的标志进行分类

按照分类学的解释，分类标志是分类的依据或标准。任何一种事物都可能有若干种分类标志，按照不同的分类标志，可以将分类对象区分为不同的分类结果。成本也有许多分类标志，选择不同的标志可以将成本划分为不同的类型，而不同类型的成本可以分别满足企业管理的不同要求。

五、几种主要的成本分类

下面简要介绍本书以后几章将要涉及的几种主要成本分类。

（一）成本按其实际发生的时态分类

成本按其时态分类可分为历史成本（historical cost）和未来成本（future cost）两类。

历史成本是指以前期间已经发生或本期刚刚发生的成本，也是财务会计中的实际成本(actual cost)。

未来成本是指预先测算的成本，又称预计成本（predetermined cost），如估算成本（estimated cost）、计划成本（planned cost）、预算成本（budgeted cost）和标准成本（standard cost）等。未来成本实际上是一种目标成本和控制成本。

关于预算成本和标准成本的具体构成内容将分别在“全面预算”和“成本控制”的有关章节中详细讨论。

区分历史成本和未来成本有助于合理组织事前成本的决策，事中成本的控制和事后成本的计算、分析和考核。

（二）成本按其相关性分类

成本的相关性（relevancy）是指成本的发生与特定决策方案是否有关的性质。成本按此分类可分为相关成本（relevant cost）和无关成本（irrelevant cost）两类。

这种分类有助于成本预测和成本决策，有利于规划未来成本。

关于相关成本和无关成本的具体内容将在第七章“短期经营决策（上）”中详细讨论。

（三）成本按其可控性分类

成本的可控性（controllability）是指责任单位对其成本的发生是否可以在事先预计并落实责任、在事中施加影响以及在事后进行考核的性质。以此为标志，成本可分为可控成本（controllable cost）和不可控成本（uncontrollable cost）两类。

可控成本是指责任单位可以预计、计量、施加影响和落实责任的那部分成本。

关于可控成本和不可控成本的其他特性，将在第十四章“责任会计”中详细讨论。

利用这种分类可以分清各部门责任，确定其相应的责任成本，考核其工作业绩。

（四）成本按其可辨认性分类

成本的可辨认性（recognizability）是指成本的发生与特定的归集对象之间的联系，又称可追溯性（traceability），以此为标志可将成本分为直接成本（direct cost）和间接成本（indirect cost）两大类。直接成本是指那些与特定的归集对象有直接联系，能够明确判断其归宿的成本，又称可追溯成本（traceable cost）；间接成本是指那些与特定的归集对象并无直接联系或无法追踪其归宿的成本，又称不可追溯成本（untraceable cost）。

这种分类有助于确定如何将成本归集于或分配于其计算对象的具体方法。

（五）成本按其经济用途分类

这种分类实际上是西方财务会计学上的传统分类方法。在制造业单位中，成本按其经济用途分类可分为生产成本（production cost）和非生产成本（nonproductive cost）两类。

生产成本又称制造成本（manufacturing cost），是指在生产过程中为制造产品而发生的成本，包括直接材料（direct material）、燃料和动力、直接人工（direct labor）和制造费用（manufacturing overhead）等成本项目。

直接材料是指构成产品实体的原材料以及有助于产品形成的主要材料和辅助材料成本；燃料和动力是指直接用于产品生产的燃料和动力的成本；直接人工是指直接从事产品生产的工人的职工薪酬；制造费用是指企业为生产产品和提供劳务而发生的各项间接费用，包括企业生产部门（如生产车间）发生的水电费、固定资产折旧、无形资产摊销、管理人员的职工薪酬、劳动保护费、国家规定的有关环保费用、季节性和修理期间的停工损失等。

在生产成本中，直接材料与直接人工之和称为主要成本（prime cost）；直接人工与制造费用之和称为加工成本（conversion cost）。

非生产成本又称非制造成本，是指生产成本以外的成本。在西方财务会计中包括推销成本（market or selling cost）和一般及行政管理成本（general & administrative cost），二者常常合称为推销及行政管理成本（selling & administrative cost）。

推销成本是指在流通领域为推销产品而发生的各项成本，又称推销费用（它相当于我国工业企业的销售费用），包括广告宣传费、送货运杂费、销售佣金、销售人员工资以及销售部门的其他费用（办公费、差旅费、修理费）等；一般及行政管理成本是指企业行政部门为组织企业生产所发生的成本（它相当于我国工业企业的管理费用和财务费用之和）。

（六）成本按其可盘存性分类

成本的可盘存性是指在一定期间发生的成本是否有可能构成流动资产价值，是否可在期末进行盘点，能否在资产负债表中得以反映，并递延到下期的性质。按可盘存性进行分类，可将一定时期内发生的成本分为产品成本（product cost）和期间成本（period cost）；产品成本又称可盘存成本，期间成本又称不可盘存成本。

财务会计或传统的成本会计将产品成本视同生产成本①，将期间成本视同非生产成本，但管理会计则有不同的解释。既然财务会计、成本会计和管理会计都有产品成本和期间成本的范畴存在，它们的解释又不同，就要求我们必须摆脱传统观念的束缚，从大会计的角度重新定义这两个概念。

我们认为，产品成本是指那些随产品实体流动而流动的成本。这里的“产品”②，是指广义的生产产物，包括期末在产品、产成品和本期已实现销售的商品；所谓“随产品实体流动而流动”的特征是指构成产品成本的价值要素最终要在广义产品的各种实物形态中得到体现，即与广义产品的两种存在形态——销货和存货——相联系，表现为销售商品成本或存货成本（后者包括期末尚未加工完毕的在产品成本和本期尚未实现销售的库存产成品成本）。由于生产产品所发生的成本不一定在发生的当期全部转化为费用，只有在产品销售时才能实现这种转化，因此产品成本的归属期有两种可能：第一，是随已实现销售的商品以销货成本的形式计入当期利润表，与当期收入配比。第二，是随存货以期末存货成本的形式计入当期资产负债表中的流动资产价值递延到下期。如果这些存货在下期实现销售，则转化为下期销售成本计入下期利润表，与下期收入配比；否则继续递延。

期间成本是指那些不随产品实体的流动而流动，而是随企业生产经营持续期间的长短而增减，其效益随期间的推移而消逝，不能递延到下期的成本，它的归属期只有一个，即在发生的当期全额列入当期利润表，作为当期收入的抵减项目，而不计入存货成本。

成本按可盘存性分类的意义在于能够指导企业准确进行存货估价，正确计算损益。

第二节　成本按其性态分类

上节介绍了管理会计所涉及的部分成本分类概念。本节集中讨论管理会计学最重要的一种分类，即成本按其性态分类。

一、成本性态的含义

知识拓展2-1

cost behavior的各种译名及用法

成本性态（cost behavior）是指成本总额与特定业务量（volume）之间在数量方面的依存关系。也有人称其为成本习性，参见知识拓展2-1：cost behavior的各种译名及用法。

这里的业务量（以下用x表示）是指企业在一定的生产运营期内投入或完成的经营工作量的统称。业务量可以使用多种计量单位表现，包括绝对量和相对量两类。其中，绝对量具体又可细分为实物量（包括投入量、产出量和销量）、价值量（包括销售收入、产值和成本）和时间量（包括人工小时和机器小时）三种形式；相对量也可以用百分比或比率（如开工率或作业率）等形式反映。业务量的不同计量单位在一定条件下可以互相换算，具体使用什么计量单位应视管理要求和现实可能而定。在最简单的条件下，业务量通常是指生产量或销量。

①财政部2013年发布的《企业产品成本核算制度（试行）》中，将“产品成本”定义为：“企业在生产产品过程中所发生的材料费用、职工薪酬等，以及不能直接计入而按一定标准分配计入的各种间接费用。”

②《企业产品成本核算制度（试行）》中，将“产品”定义为：“企业日常生产经营活动中持有以备出售的产成品、商品、提供的劳务或服务。”

这里的成本总额主要是指为取得营业收入而发生的营业成本费用，包括全部生产成本和销售费用、管理费用及财务费用等非生产成本。

二、成本按其性态分类的结果

全部成本按其性态可分为固定成本（fixed cost）、变动成本（variable cost）和混合成本（mixed cost）三大类。我们必须掌握每类成本的定义、特点、构成内容和进一步分类的结果。

三、固定成本的定义、内容、特点、性态模型和分类

（一）固定成本的定义

固定成本是指在一定条件下，其总额不随业务量变动而发生任何数额变化的那部分成本。

（二）固定成本的内容

在西方会计实务中，固定成本一般包括下列内容：房屋设备租赁费、保险费、广告费、不动产税捐、管理人员薪酬和按使用年限法计提的固定资产折旧费等。

在我国工业企业中，可以作为固定成本看待的项目包括：生产成本中列入制造费用中不随产量变动的办公费、差旅费、折旧费、劳动保护费、管理人员薪酬和租赁费等；销售费用中不受销量影响的销售人员薪酬、广告费和折旧费等；管理费用中不受产量或销量影响的企业管理人员薪酬、折旧费、租赁费、保险费等；财务费用中不受产量或销量影响、各期发生额稳定的利息支出等。

（三）固定成本的特点及性态模型

固定成本具有以下两个特点：

（1）固定成本总额（用常数a表示）的不变性。这一特点是其概念的再现，在平面直角坐标图上，固定成本线就是一条平行于x轴的直线，其成本性态模型为y=a，如图2-1所示。

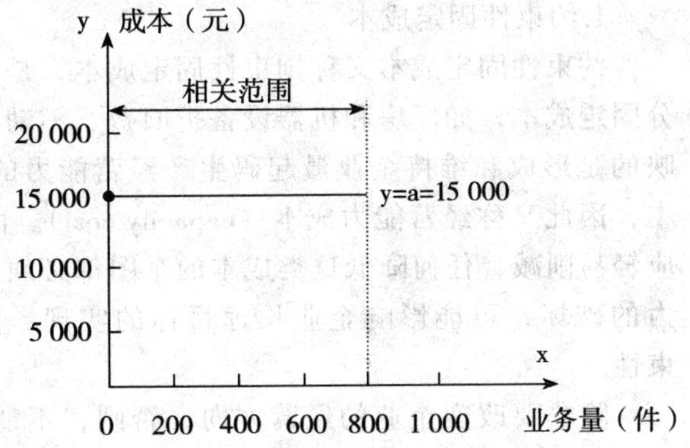

图2-1 固定成本总额性态模型

（2）单位固定成本（以下用a/x表示）的反比例变动性。由于上一个特点，单位产品负担的固定成本必然随着业务量的变动成反比例变动，其单位成本性态模型为y=a/x，反映在平面直角坐标图上是一条反比例曲线，如图2-2所示。

［例2-1］固定成本性态模型

已知：甲企业只生产一种A产品，原来一个月的最大生产能力是400件。为满足市场需求，企业决定从20×7年起将每月最大生产能力提高到800件。这需要向某租赁公司租入两台

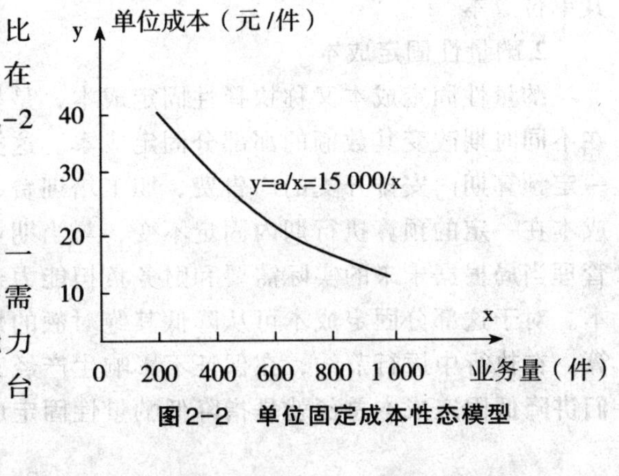

图2-2 单位固定成本性态模型

设备。每月租金15 000元，租期两年。20×7年上半年各月产量与租赁费用资料见表2-1。

表2-1 A产品产量与租赁费用资料

月份	产量（件）	租赁费用（元）	单位A产品负担的租金（元/件）
1	400	15 000	37.50
2	500	15 000	30.00
3	600	15 000	25.00
4	625	15 000	24.00
5	800	15 000	18.75
6	750	15 000	20.00

根据上述资料，可将20×7年上半年各月甲企业生产A产品的产量与设备租金总额及单位A产品负担租金的关系分别用图2-1和图2-2来表示。

由此可见，该企业每月发生的租金总额（15 000元）与A产品的产量多少毫无关系，但单位A产品负担的租金（15 000/x）却随产量的不断增长成反比例变动。

（四）固定成本的进一步分类

固定成本按其是否受企业管理当局短期决策行为的影响，又可进一步细分为约束性固定成本（committed fixed cost）和酌量性固定成本（discretionary fixed cost）两类。区分这两类成本的意义在于寻求降低固定成本的正确途径。

1.约束性固定成本

约束性固定成本又称拘束性固定成本，是指不受企业管理当局短期决策行为影响的那部分固定成本，如厂房和机器设备折旧费、不动产税、保险费、管理人员薪酬等。这类成本反映的是形成和维持企业最起码生产经营能力的成本，也是企业经营业务必须负担的最低成本，因此又称经营能力成本（capacity cost）。由于企业的经营能力一旦形成，在短期内就不应轻易削减，任何降低这类成本的企图都必须以缩减企业的生产能力为代价，意味着经营能力的破坏，可能影响企业长远目标的实现，降低盈利能力，因此这种成本具有很大的约束性。

除非要改变企业的经营方向，否则，不能试图在实务中采取降低这部分成本总额的措施，只能从合理充分地利用其创造的生产经营能力的角度着手，提高产品的产量，相对降低其单位成本。

2.酌量性固定成本

酌量性固定成本又称抉择性固定成本，是指受企业管理当局短期决策行为的影响，可以在不同时期改变其数额的那部分固定成本。这类成本包括：根据企业的经营方针确定的、在一定预算期内安排开支的广告费、职工培训费、新产品开发费和经营性租赁费等。由于这类成本在一定的预算执行期内固定不变，与当期业务量无关，而在编制下期预算时又可由企业管理当局根据未来的实际需要和财务负担能力进行调整，因此也有人将其称为可调整固定成本。对于这部分固定成本可从降低其绝对额的角度予以考虑，即在预算时认真决策、精打细算，在执行中厉行节约，在保证不影响生产经营的前提下尽量减少它们的支出总额。通常我们讲降低固定成本总额就是指降低酌量性固定成本。

（五）固定成本水平的表现形式

在管理会计中，固定成本的水平一般是以其总额表现的，这是因为在一定条件下固定成本总额不受业务量的变化影响。

应当注意的是，固定成本总是与特定的计算期间相联系，一个月的固定成本与一年的固定成本水平肯定不同，而且某些成本项目只是对某一特定业务量来说属于固定成本，对其他业务量来说则不属于固定成本，所以在研究固定成本问题时，必须以明确时间范围和业务量的具体形式为前提。

四、变动成本的定义、内容、特点、性态模型和分类

（一）变动成本的定义

变动成本是指在一定条件下，其总额随业务量变动成正比例变化的那部分成本，又称可变成本。

（二）变动成本的内容

在西方会计实务中，变动成本一般包括下列内容：生产成本中单耗稳定的直接材料，工资率稳定的直接人工和制造费用中随产量成正比例变动的物料用品费、燃料费和动力费等；销售费用中按销量支付的销售佣金、装运费和包装费等。

在我国工业企业中，可以作为变动成本看待的项目包括：生产成本中直接用于产品制造的、与产量成正比的原材料、燃料及动力、外部加工费、外购半成品，按产量法计提的折旧费和单纯计件工资形式下的生产工人工资；销售费用、管理费用和财务费用中那些与销量成正比例的费用项目。

（三）变动成本的特点及性态模型

变动成本具有以下两个特点：

（1）变动成本总额（用bx表示）的正比例变动性。这一特点已在其定义中得以反映。将其反映在平面直角坐标图上，变动成本是一条以单位变动成本为斜率的直线。单位变动成本越大，即斜率越大，图上体现的直线坡度越陡。其总成本模型为：y=bx，如图2-3所示。

（2）单位变动成本（用常数b表示）的不变性。由于变动成本总额的正比例变动性，决定了单位变动成本不受业务量增减变动的影响而保持不变。将此特点反映在平面直角坐标图上，单位变动成本是一条平行于横轴的直线，因此单位变动成本的性态模型为：y=b，如图2-4所示。

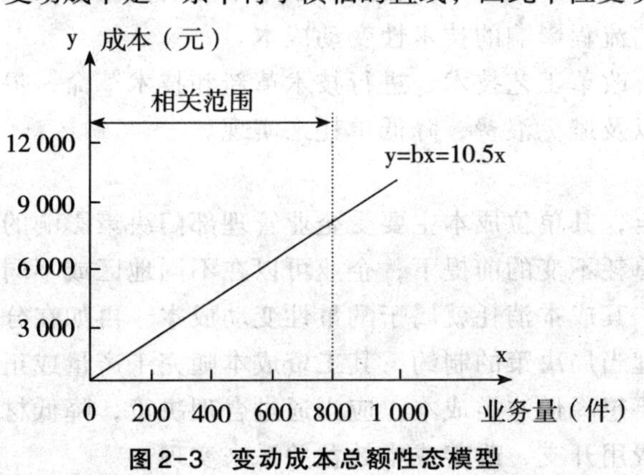

图2-3　变动成本总额性态模型

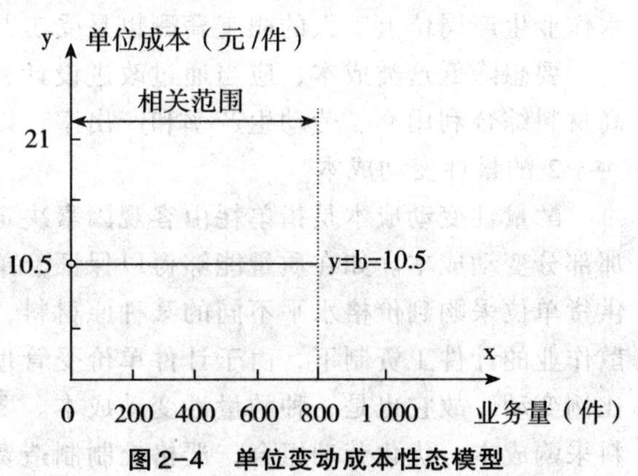

图2-4　单位变动成本性态模型

［例 2-2］变动成本性态模型

已知：仍按例 2-1 资料，甲企业每生产一件 A 产品需要消耗一个 B 配件。B 配件的外购单价为 10.50 元，20×7 年上半年各月 A 产品产量与 B 配件外购总成本及单位 A 产品消耗 B 配件成本的有关资料见表 2-2。

表2-2 A产品产量与B配件外购成本资料

月份	产量（件）	B配件外购总成本（元）	单位A产品消耗的B配件成本（元/件）
1	400	4 200.00	10.50
2	500	5 250.00	10.50
3	600	6 300.00	10.50
4	625	6 562.50	10.50
5	800	8 400.00	10.50
6	750	7 875.00	10.50

根据上述资料，可将 20×7 年上半年各月甲企业生产 A 产品的产量与为生产 A 产品发生的 B 配件外购总成本及单位 A 产品消耗 B 配件成本的关系分别用图 2-3 和图 2-4 来表示。

由此可见，该企业每月发生的 B 配件外购总成本（10.50x 元）与完成的 A 产品产量成现正比例变动趋势，但单位 A 产品消耗的 B 配件成本（10.50 元）却与产量的多少没有任何关系。

（四）变动成本的进一步分类

变动成本可根据其发生的原因进一步分为技术性变动成本（technical variable cost）和酌量性变动成本（discretionary variable cost）两类。区分这两类成本的意义在于寻求降低变动成本的正确途径。

1.技术性变动成本

技术性变动成本是指其单位成本由客观因素决定、消耗量由技术因素决定的那部分变动成本。例如，生产某型号柴油机需要外购配套的油嘴、油泵等部件，在外购价格一定的条件下其成本就属于受设计技术影响的、与柴油机产量成正比例关系的技术性变动成本。再如某热电厂的锅炉必须使用由某煤矿生产的燃烧值在一定千卡以上的精煤，在这种情况下，燃料成本就属于随发电量成正比例变动的技术性变动成本。另外，在工资水平不变的前提下，流水作业生产岗位上工人的职工薪酬也是受工艺流程影响的技术性变动成本。

要想降低这类成本，应当通过改进设计，改革工艺技术，进行技术革新和技术革命，提高材料综合利用率、劳动生产率和产出率，以及避免浪费、降低单耗来实现。

2.酌量性变动成本

酌量性变动成本是指单耗由客观因素决定，其单位成本主要受企业管理部门决策影响的那部分变动成本。如在质量能够得以保证、单耗不变的前提下，企业可以在不同地区或不同供货单位采购到价格水平不同的某种原材料，其成本消耗就属于酌量性变动成本。再如在分散作业的计件工资制下，由于计件单价受管理当局决策的制约，其工资成本随完工产量成正比例变动，故它也是一种酌量性变动成本。要想降低这类成本，应当通过合理决策，降低材料采购成本，优化劳动组合，严格控制制造费用开支，改善成本效益关系来实现。

总之，要降低变动成本就应从降低单位产品变动成本的消耗量着手。

（五）变动成本水平的表现形式

与固定成本不同，变动成本的水平一般用单位额表现比较好，因为在一定条件下，单位变动成本不受业务量变动的影响，并能直接反映主要材料、人工成本和变动性制造费用的消耗水平。

与固定成本相似，某些成本项目只是对某一特定业务量来说属于变动成本，而对其他业务量来说则不属于变动成本。所以，在研究变动成本问题时，必须了解有关业务量的具体形式。

五、混合成本的定义、必然性、分类和分解的数学依据

（一）混合成本的定义

混合成本是指介于固定成本和变动成本之间、既随业务量变动又不成正比例变化的那部分成本。

（二）混合成本的存在具有必然性

在实际工作中，常常有许多成本的明细项目属于这类成本。这是因为成本按其性态分类，采用了“是否变动”与“是否正比例变动”双重分类标志；不论哪个分类标志在前，分类的结果都必然产生既不属于固定成本也不是变动成本，游离于两者之间，既随业务量变动又不成正比例变动的混合成本。这表明混合成本的存在具有客观必然性。

（三）混合成本的进一步分类

混合成本与业务量之间的关系比较复杂，按照混合成本变动趋势的不同，又可分为阶梯式混合成本（step mixed cost）、标准式混合成本（standard mixed cost）、低坡式混合成本（slope mixed cost）和曲线式混合成本（curve mixed cost）四种类型。

1.阶梯式混合成本

阶梯式混合成本又称半固定成本（semi-fixed cost）。这类混合成本的特点是：在一定业务量范围内其成本不随业务量的变动而变动，类似固定成本，当业务量突破这一范围，成本就会跳跃上升，并在新的业务量变动范围内固定不变，直到出现另一个新的跳跃为止。将此变化反映在平面直角坐标图上，可以看到成本随业务量的增长呈现出阶梯状增长趋势。

企业化验员、保养工、质检员、运货员等人员的工资等就属于阶梯式混合成本。

阶梯式混合成本的数学模型可写成以下分段函数的形式：

$$y=f(x)=\begin{cases} a_1 & (0 \leqslant x \leqslant x_1) \\ a_2 & (x_1 < x \leqslant x_2) \\ a_3 & (x_2 < x \leqslant x_3) \end{cases} \quad (2.2.1式)$$

阶梯式混合成本性态模型如图2-5所示。

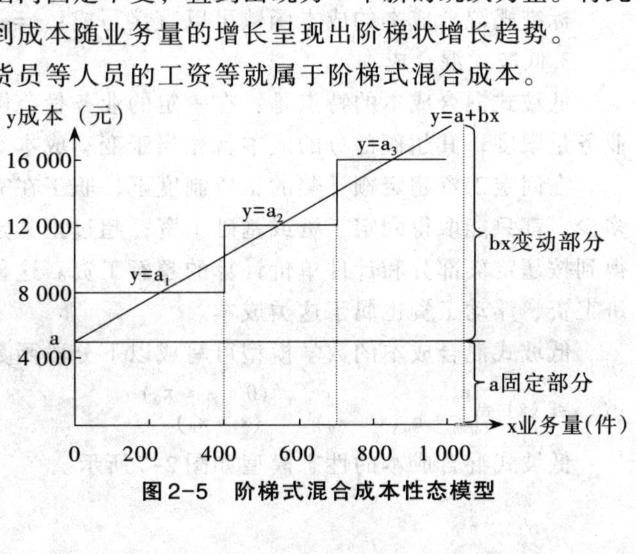

图2-5　阶梯式混合成本性态模型

［例2-3］阶梯式混合成本性态模型

已知：仍按例2-1资料，当甲企业每月生产的A产品产量在400件以内

时，需要两名化验员，每人月工资4 000元，工资成本为8 000元。以后产量每增加300件，就需在原有基础上增加一名化验员。

根据上述资料，可将20×7年上半年各月甲企业生产A产品的产量与该企业的化验员工资成本的关系用以下公式表示：

$$y=f(x)=\begin{cases}8\,000 & (0 \leqslant x \leqslant 400)\\ 12\,000 & (400 < x \leqslant 700)\\ 16\,000 & (700 < x \leqslant 1\,000)\end{cases}$$

将该企业化验员工资成本的性态模型绘制在平面直角坐标系上，就会发现该种成本呈阶梯状上升，如图2-5所示。

由于2.2.1式在进行数学处理时比较麻烦，可以设法用一个直线方程y=a+bx来模拟它。

2. 标准式混合成本

标准式混合成本又称半变动成本（semi-variable cost），它是由明显的固定和变动两部分成本合成的。其固定部分是不受业务量影响的基数成本；变动部分则是在基数成本的基础上随业务量的增长而成正比例增长的成本。

企业的电话费用就是由按固定数额计收的月租费和按通话时间及计价标准计算的通话费用两部分组成的，属于标准式混合成本；其他公用事业费（如水、电、煤气等费用）、机器设备的维修保养费及销售人员的薪金也大多属于这类成本。

标准式混合成本性态模型如图2-6所示。

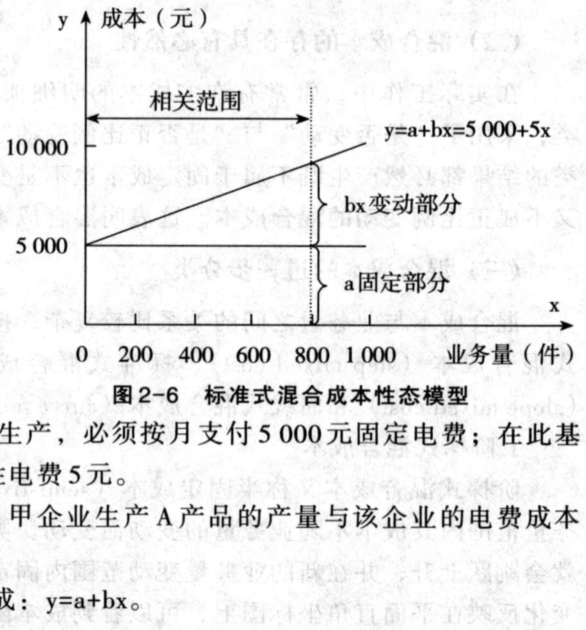

图2-6　标准式混合成本性态模型

［例2-4］标准式混合成本性态模型

已知：仍按例2-1资料，甲企业电费成本采用两部制电价计价，即不论当月是否生产，必须按月支付5 000元固定电费；在此基础上，每生产1件A产品，需要再支付变动性电费5元。

根据上述资料，可将20×7年上半年各月甲企业生产A产品的产量与该企业的电费成本的关系用图2-6来表示。

标准式混合成本的成本函数可以直接写成：y=a+bx。

3. 低坡式混合成本

低坡式混合成本的特点是：在一定的业务量范围内其总额保持固定不变，一旦突破这个业务量限度，其超额部分的成本就相当于变动成本。

在固定工资超定额计奖的工资制度下，职工在完成正常工作定额之前，无论业务量完成多少，都只能取得固定工资或基础工资；超过正常定额的职工除了可取得基础工资外，还会得到按超定额部分和计件单价计算的超额工资。这种工资就属于低坡式混合成本。此外，加班工资、浮动工资也属于这类成本。

低坡式混合成本的数学模型可写成以下分段函数的形式：

$$y=f(x)=\begin{cases}a_0 & (0 \leqslant x \leqslant x_0)\\ a_0+b_0(x-x_0) & (x > x_0)\end{cases} \qquad (2.2.2式)$$

低坡式混合成本的性态模型如图2-7所示。

［例2-5］低坡式混合成本性态模型

已知：仍按例2-1资料，甲企业的装配工人执行固定工资超定额计奖的工资制度。当每月生产A产品的定额产量在300件以下时，支付60 000元基础工资；在此基础上，每增产1件A产品，再奖励变动性工资100元。

根据上述资料，可将20×7年上半年各月甲企业生产A产品的产量与该企业的装配工人工资成本的关系用以下公式表示：

$$y=f(x)=\begin{cases}60\,000 & (0 \leqslant x \leqslant 300)\\ 60\,000+100\times(x-300) & (x>300)\end{cases}$$

将该企业装配工人工资成本的性态模型绘制在平面直角坐标图上，就会发现该种成本呈低坡形状，如图2-7所示。

当然，2.2.2式也可以用一个直线方程y=a+bx来模拟它。

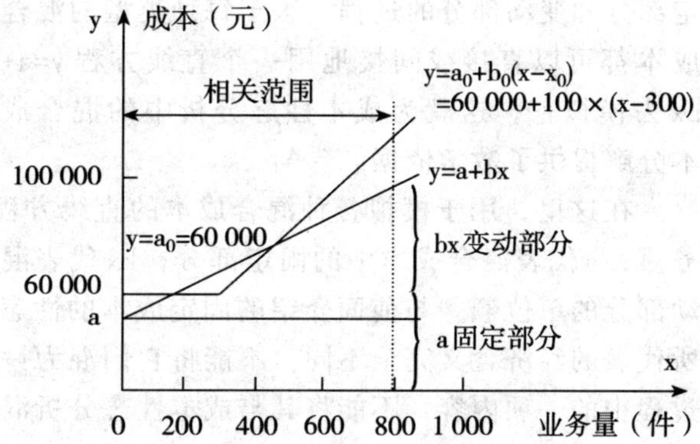

图2-7　低坡式混合成本性态模型

4.曲线式混合成本

曲线式混合成本通常有一个初始量，一般不变，相当于固定成本；在这个初始量的基础上，成本随业务量变动但并不存在线性关系，在平面直角坐标图上表现为一条抛物线。按照曲线斜率的不同变动趋势，这类混合成本可进一步分为以下两种类型：

（1）递减型混合成本

这类成本的特点是：成本的增长幅度小于业务量的增长幅度，成本的斜率随业务量递减，反映在平面直角坐标图上是一条凸形曲线。

递减型混合成本性态模型如图2-8所示。

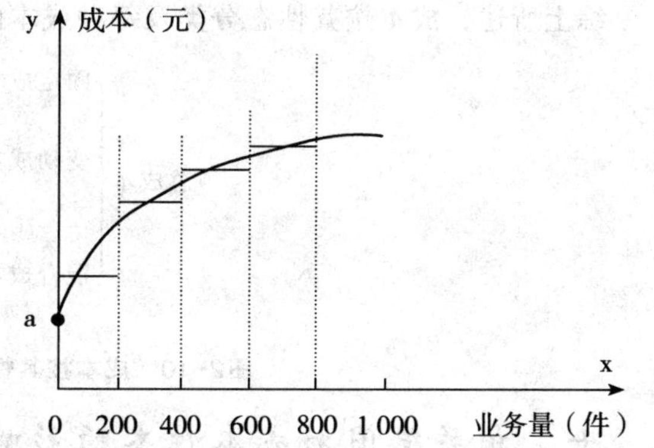

图2-8　递减型混合成本性态模型

［例2-6］递减型混合成本性态模型

已知：仍按例2-1资料，甲企业生产的A产品需要进行热处理。所使用的电炉设备每班都需要预热，因预热而耗用的成本（初始量）属于固定成本性质，而预热后对A产品进行热处理的耗电单位成本，随着A产品的热处理量增加而逐步下降（具体数据略）。

据此关系，可将20×7年上半年各月甲企业生产A产品的产量与该企业热处理成本的关系用图2-8来表示。

从图2-8可以看出，该企业每月的热处理成本表现为一条上凸抛物线，属于递减型混合成本。

（2）递增型混合成本

这类成本的特点是：成本的增长幅度随业务量的增长而呈更大幅度变化，成本的斜率呈递增趋势，在平面直角坐标图上表现为一条凹形曲线。

例如，各种违约金、罚金和累进计件工资等都属于这类成本。

递增型混合成本性态模型如图 2-9 所示。

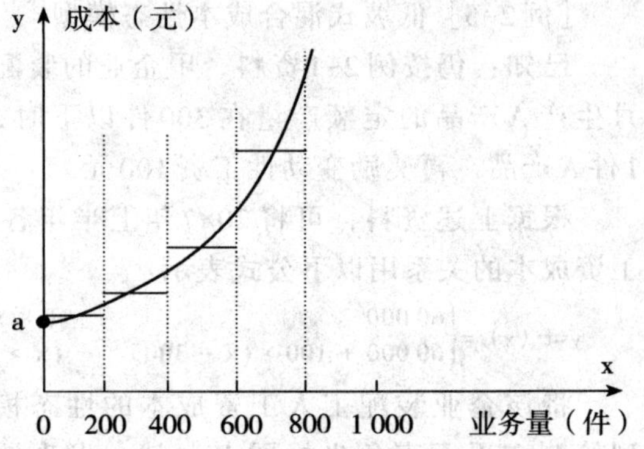

图 2-9　递增型混合成本性态模型

由于上述两种曲线式混合成本都可以用阶梯式混合成本来模拟，因此它们都可以用直线方程 y=a+bx 进行模拟。

（四）混合成本分解的数学依据

所谓混合成本分解（decomposition of mixed cost），是指按照一定方法将混合成本区分为固定部分和变动部分的过程。鉴于每种类型的混合成本都可以直接或间接地用一个直线方程 y=a+bx 去模拟它，这就为成本性态分析中的混合成本分解提供了数学依据。

在这里，用于模拟各种混合成本的直线方程 y=a+bx 中的字母 y 代表混合成本；x 代表业务量；a 代表混合成本中的固定部分；bx 代表混合成本中的变动部分；b 代表混合成本中变动部分的单位额。与前面介绍的固定成本的性态模型 y=a 和变动成本的性态模型 y=bx 中字母所代表的经济含义完全不同，不能将它们混为一谈。同理，混合成本分解只是成本性态分析过程中的一项内容，不能将其与成本性态分析混淆。

六、成本性态分类示意图

综上所述，成本按其性态分类及每种成本的细分结果可用图 2-10 表示。

- 总成本
  - 固定成本
    - 约束性固定成本
    - 酌量性固定成本
  - 变动成本
    - 技术性变动成本
    - 酌量性变动成本
  - 混合成本
    - 阶梯式混合成本
    - 标准式混合成本
    - 低坡式混合成本
    - 曲线式混合成本

图2-10　成本按其性态分类结果示意图

七、相关范围对成本性态的影响

（一）相关范围的定义

研究成本性态必须充分考虑相关范围的影响。前面在介绍固定成本和变动成本的定义时，总要加上“在一定的条件下”这个状语。这里的“条件”就是指“相关范围（relevant range）”。

在管理会计中，把不会改变固定成本和变动成本性态的有关期间、业务量的特定变动范围称为广义的相关范围，把业务量因素的特定变动范围称为狭义的相关范围。

正像我们前面所指出的那样，研究固定成本、变动成本必须与一定的时期和一定的业务量范围相联系。只要在相关范围内，不管时间多久、业务量增减变动幅度多大，固定成本总额的不变性和变动成本总额的正比例变动性都将存在。如果一旦超出这一范围，情况就会发生变化。因为不论是从较长时期看，还是从业务量的无限变动看，没有绝对不改变数额的成本，也不可能存在绝对正比例变动的成本。不仅固定成本和变动成本都只能存在于一定的相关范围内，而且每一类成本中的不同项目都可能具有不同的相关范围。

（二）固定成本的相关范围

在例2-1中，我们已经明确甲企业因租入两台设备而每月发生的租赁费用15 000元是固定成本。它是以0～800件的业务量变动范围和两年的租期为相关范围。只有在此前提下，设备月租金才保持不变。如果业务量或时间的变化突破了相关范围，设备租金就可能不再是固定成本了。

［例2-7］固定成本与业务量相关范围

已知：仍按例2-1资料，假定A产品为紧俏商品，甲企业决定从20×7年下半年起到20×7年年底（租期内）使月产量达到1 200件。在设备加工能力不变的条件下，必须追加租入两台设备，这样就需追加12 000元设备租赁费用的支出。

在这种情况下，甲企业20×7年上半年每月的最大生产能力为800件，设备租赁费用为15 000元；下半年每月的最大生产能力达到1 200件，设备租赁费用达到27 000元。从20×7年全年看，设备租赁费用就不再是固定成本，变成了阶梯式混合成本。

20×7年甲企业设备租赁费用与A产品产量之间的关系如图2-11所示。

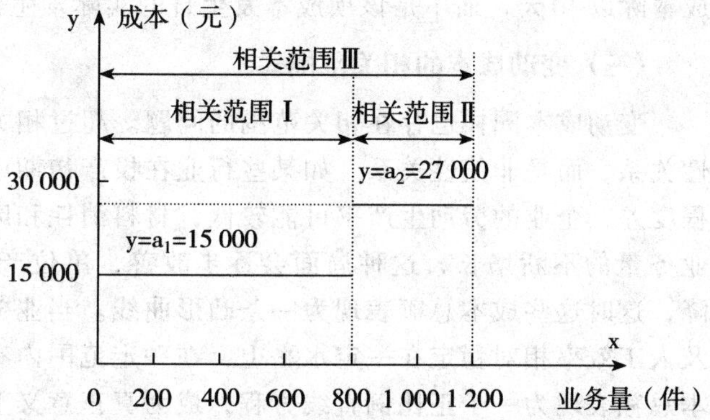

图2-11　固定成本与业务量相关范围

从表面上看，20×7年全年甲企业设备租赁费用有两个相关范围。相关范围Ⅰ是每月产量0～800件，每月租赁费用为15 000元；相关范围Ⅱ是每月产量800～1 200件，每月租赁费用为27 000元。

其实，这样看问题是片面的。因为没有考虑20×7年上半年和下半年两个时间相关范围因素。在20×7年上半年，甲企业A产品的月产量不可能突破800件的相关范围；而到了20×7年下半年，由于甲企业已经增租了两台设备，使A产品的月最大产量达到1 200件。在这种情况下，即使该企业实际生产产量小于800件甚至一件也没有生产出来，每月的租赁费用仍旧为27 000元。因此，从20×7年下半年起，甲企业的业务量相关范围是0～1 200件，而不是800～1 200件，称为相关范围Ⅲ。在这个相关范围内，甲企业的设备租赁费用仍然属于固定成本。

［例2-8］固定成本与时间相关范围

已知：仍按例2-1资料，如果两年租期期满后，甲企业有如下两个生产方案可供选择：

方案一：转产其他产品，不再安排A产品的生产，决定不再续租设备，则从20×9年起每月就不会发生15 000元租赁费用。

方案二：两年租期期满后，甲企业继续安排A产品的生产，需要续租设备，届时可能会由于技术进步使租金变得更便宜，每月租金为10 000元。

无论甲企业选择哪个方案，由于突破了时间的相关范围，从20×7—20×9+1年整个期间看，甲企业的设备租金成本都不再表现为固定成本。在续租设备的条件下，设备租金成本与时间的关系可用图2-12表示。

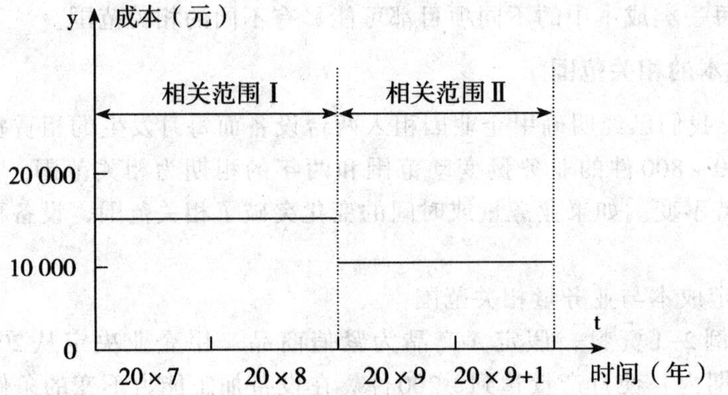

图2-12　固定成本与时间相关范围

注意：如果某企业在一年内，每个月的固定成本均不随业务量变动，则该年的固定成本应等于每月固定成本与12个月的乘积。这并不意味固定成本突破了相关范围。同理，如果固定成本始终处在相关范围内，那么当年的某个月中，平均每日的固定成本应当等于月固定成本除以30天，而不是该项成本发生日的实际发生额。

（三）变动成本的相关范围

变动成本同样也存在相关范围的问题。超过相关范围，变动成本也不再表现为完全的线性关系，而是非线性关系。如某些行业在投产初期或投产批量较小时，由于工人的劳动熟练程度差，企业的劳动生产率可能较低，材料消耗和废品也较多。随着工人生产经验的积累和业务量的不断增长，这种局面会逐步改善，单位产品中消耗的直接材料和人工成本逐渐下降，这时这些成本总额表现为一条凸形曲线。当业务量继续增加达到一定程度后，各项消耗及人工效率相对稳定在一定水平上，在一定范围内有关单位成本不再随业务量变动，有关成本总额表现为一个正比例直线方程，成为真正意义上的变动成本。我们将这一业务量变动范围称为变动成本的相关范围。当业务量突破相关范围继续增长时，则可能出现新的不经济因素，如轮班生产、加班加点、废品率上升等，使单位成本又逐渐上升，此时这些成本总额表现为一凹形曲线。另外，在相关范围内外，这些成本单位额的变化趋势也不同。这种成本随着业务量的变化而变化的情形可用图2-13表示。

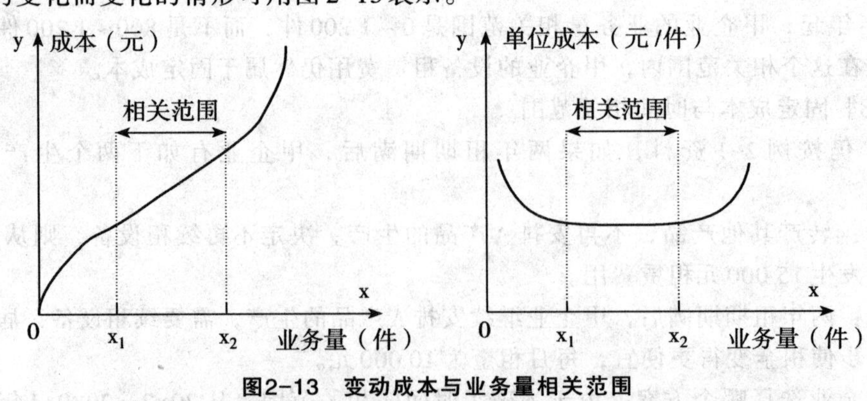

图2-13　变动成本与业务量相关范围

注意：假定某企业的单位变动成本在一年内始终不随业务量的变化而变化，则该企业在该年内任何一个月的单位变动成本也不随业务量变动，年单位变动成本、月均单位变动成本和日均单位变动成本均不变。不要将日均单位变动成本与变动成本发生当日的实际发生额与当日产量的商数相混淆。

（四）相关范围的意义

由于固定成本和变动成本相关范围的存在，使得各项成本的性态具有相对性、暂时性和可转化性的特点，因此不应该对成本性态作绝对的理解。

（1）成本性态的相对性是指在同一时期内，同一成本项目在不同企业之间可能具有不同的性态，因而不能盲目照抄别人现成的成本性态分析结论。

（2）成本性态的暂时性是指就同一企业而言，同一成本项目在不同时期可能有不同的性态。因此，企业必须根据变化情况，经常进行成本性态分析，不能机械地把过去的分析结论看成是一成不变的。

（3）成本性态的可转化性是指在同一时空条件下，某些成本项目可以在固定成本和变动成本之间实现互相转化。如空运公司支付的空运租金，在长期包租飞机时便是固定成本，而临时租用货位时则是变动成本，了解这一特性有助于灵活地分析成本性态。

第三节　成本性态分析的程序和方法

在明确了成本按其性态分类结果的基础上，接下来要熟悉和掌握成本性态分析的程序和方法。

一、成本性态分析的含义

成本性态分析（analysis of cost behavior）是指在明确各种成本性态的基础上，按照一定的程序和方法，最终将全部成本区分为固定成本和变动成本两大类，并建立相应成本函数模型 $y=a+bx$ 的过程。

成本性态分析是管理会计的一项最基本的工作。通过成本性态分析，可以从定性和定量两方面把握成本的各个组成部分与业务量之间的依存关系和变动规律，从而为应用变动成本法，开展本量利分析，进行短期决策、预测分析、全面预算、标准成本法的操作和落实责任会计奠定基础。

二、成本性态分析与成本按性态分类的关系

成本性态分析与成本按性态分类是管理会计中两个既有联系又有区别的范畴。

它们的联系是：第一，两者的对象相同。不论是分析还是分类，都以企业的总成本为对象。第二，开展成本性态分析要以明确成本按性态分类为前提。只有了解成本按性态分类的结果，掌握固定成本、变动成本和混合成本的特性，才有可能完成成本性态分析的任务。

它们的区别是：第一，两者的性质不同。成本性态分析包括定性和定量两个方面，成本按性态分类仅属于定性分析。第二，两者的最终结果不同。成本性态分析的最终结果是将全部成本区分为固定成本和变动成本两个部分，并建立相应成本模型，成本按性态分类的结果是将全部成本区分为固定成本、变动成本和混合成本三大类。

三、成本性态分析的基本假设

进行成本性态分析是以下列基本假设为前提条件的：

（一）相关范围假设

由于相关范围的存在，使得成本性态具有暂时性，因此在研究成本性态分析时，必须假定固定成本和变动成本总是处在相关范围之中，即假定时间和业务量因素总是在不改变成本性态的范围内变动。

（二）一元线性假设

如何建立反映成本与业务量之间关系的数学函数是进行成本性态分析的关键。成本可能受到多个业务量的影响，如果按实际情况分析，要花费很多的时间和精力，从成本效益分析的角度看不合算。另外，建立的模型也会因过分复杂而失去其实用价值。一个简便易行的办法是假定总成本只是一种业务量的函数。同时，为简化分析，假定总成本可以近似地用一元线性方程 $y=a+bx$ 来描述（其中，a代表固定成本总额，即真正意义上的固定成本与混合成本中的固定部分之和；bx代表变动成本总额，即真正意义上的变动成本与混合成本中的变动部分之和）。

四、成本性态分析的程序

成本性态分析的程序是指完成成本性态分析任务所经过的步骤。其共有以下两种程序：

（一）分步分析程序

分步分析程序又称多步骤分析程序，属于先定性分析后定量分析的程序。在该程序下，要先对全部成本按成本性态进行分类，即按定义分为单纯的固定成本（假定为 a_1）、单纯的变动成本（假定为 b_1x）和混合成本三大类；然后再进行混合成本分解，将混合成本的固定部分（假定为 a_2）与单纯的固定成本合并，求出固定成本总额（假定为a，$a=a_1+a_2$），将混合成本的变动部分（假定为 b_2x）与单纯的变动成本合并，求出变动成本总额（假定为bx，$bx=b_1x+b_2x$），最后建立有关成本模型 $y=a+bx$。

（二）同步分析程序

同步分析程序又称单步骤分析程序，属于定性分析与定量分析同步进行的程序。在该程序下，不需要分别进行成本按性态分类和混合成本分解，而是按一定方法将全部成本直接一次性地区分为固定成本总额（假定为a）和变动成本总额（假定为bx）两部分，并建立有关成本模型 $y=a+bx$。

这种程序不考虑混合成本的根据是：第一，按照一元线性假定，无论是总成本还是混合成本都是同一个业务量 x 的函数，因此按分步分析程序与同步分析程序进行成本性态分析的结果应当是相同的。第二，在混合成本本身的数额较少，前后期变动幅度较小，对企业影响十分有限的情况下，可以将其视为固定成本，以便简化分析过程。

五、成本性态分析的方法

成本性态分析的方法是指完成成本性态分析任务必须采取的技术手段。常用的成本性态分析的方法包括技术测定法（technical method）、直接分析法（direct method）和历史资料分析法（analysis of historical data）。在管理会计实践中，这些方法既可以应用于分步分析程序中的混合成本分解，又可以应用于同步分析程序对总成本所做的直接定量处理。

（一）技术测定法

技术测定法又称工程技术法（project method），是指利用经济工程项目财务评价技术方法所测定的企业正常生产过程中投入与产出的关系，分析确定在实际业务量基础上其固定成本和变动成本水平，并揭示其变动规律的一种方法。

在企业建设投产之前，必须进行项目的可行性研究，可行性研究报告中必须提供有关的工程设计说明书和成本费用估算表，规定在一定生产量条件下应耗用的材料、燃料、动力、人工小时（工时）及机器小时（台时）等消耗标准，这些数据通常可较为准确地反映在一定生产技术和管理水平条件下的投入产出规律。在企业投产初期，可以参照这种关系来进行成本性态分析，并可获得较为精确的结果。

但由于这种方法以建设前期的设计资料为依据，故只适用于投入量与产出量关系比较稳定的新企业及其主要成本的测算，对于已发生较大技术变革或生产能力有重大变动的老企业不太适用；同时，即使对新企业众多的间接成本也往往因为缺乏有关标准，而需结合其他方法进行成本性态分析。另外，此方法应用起来比较复杂，需要花费较多的时间和费用。

（二）直接分析法

直接分析法又称个别确认法（specific identification method），是指在事先已经掌握有关项目成本性态的基础上，在成本发生的当时对每项成本的具体性态进行直接分析，使其分别归属于变动成本或固定成本两大类的一种方法。

此法在很大程度上属于定性分析，需要逐一对成本明细项目加以鉴定，分别确认。掌握所有项目的成本性态是该法的关键。这要求事先已经了解决定成本性态构成的成本开支标准（如已知水电费等项目的收费标准）或进行过本企业的成本性态分析（如已经据此编制了成本费用预算手册）以及可以借鉴其他同类企业成本性态分析的结论。

这种方法简便易行，具有一定会计知识和业务能力的人都能掌握，属于典型的同步分析程序，适用于管理会计基础工作开展较好的企业。但由于此法要求掌握大量第一手资料，实际分析的工作量太大，因此不适用于规模较大的企业开展成本性态分析。

（三）历史资料分析法

历史资料分析法是指在占有若干期相关的成本（y）和业务量（x）历史资料的基础上，运用一定数学方法对其进行数据处理，从而确定常数a和b的数值，以完成成本性态分析任务的一种定量分析方法。

这里的成本y是分析对象，既可以代表总成本，又可以代表某项混合成本（这主要取决于选择哪一种成本分析程序）。由于分析对象y的不同，a可以分别代表固定成本总额或混合成本中的固定部分，b则可分别表示单位变动成本或混合成本中变动部分的单位额。

该法要求企业资料齐全，成本数据与业务量的资料要同期配套，具备相关性，并以企业的历史成本与未来成本具有相似性为前提。因此，此法适用于生产条件较为稳定、成本水平波动不大以及有关历史资料比较完备的老企业。

历史资料分析法的一般程序包括搜集资料、整理资料、处理资料和调整分析结果。

（1）搜集资料。这是该法的基础环节。在搜集资料时，为确保相关性，应当注意：既要保证提供足够的信息，又要防止将多年以前的无关数据掺和进来；既要保证成本与业务量的同期配套，又要考虑时间的连续性。

（2）整理资料。整理资料要求审查所有资料，将其分组排序，删除受偶然因素干扰的有关资料，避免假账真算。

（3）处理资料。这是该法的关键。应本着定性分析和定量分析相结合的原则，进行数据处理。这需要选择具体方法、明确各项假定条件、科学计算数据并输出分析结果。

（4）调整分析结果。成本性态分析的目的是建立能够揭示未来成本变动规律的模型，为此，应当充分考虑未来因素的变动情况，对完全按照历史资料处理得到的结果进行必要的调整，修正那些超出相关范围的项目。

历史资料分析法包括高低点法（high-low points method）、散布图法（scattered chart method）和一元直线回归法（linear regression method）三种具体应用形式。

1.高低点法

高低点法又称两点法，是指通过观察一定相关范围内的各期业务量与相关成本所构成的所有坐标点，从中选出高低两点坐标，并据此来推算固定成本总额（或混合成本中的固定部分）a和单位变动成本（或混合成本中变动部分的单位额）b的一种成本性态分析方法。

此法的基本原理是解析几何中的两点法。

高低点法的具体步骤是：

（1）确定高低点坐标。

从由各期业务量与相关成本所构成的所有坐标点中，找出由最高业务量（假设为$x_1$①）及同期成本（假设为y_1）组成的高点坐标（x_1，y_1）和由最低业务量（假设为$x_2$②）及同期成本（假设为y_2）组成的低点坐标（x_2，y_2）。

（2）计算b值。

根据高低点坐标值计算单位变动成本（或混合成本中变动部分的单位额）b。

b的计算公式为：

$$b=\frac{y_1-y_2}{x_1-x_2}=\frac{\text{高低点成本之差}}{\text{高低点业务量之差}} \qquad (2.3.1式)$$

（3）计算a值。

计算固定成本（或混合成本中的固定部分）a，应将低点或高点的坐标值和b值代入下式：

$a=y_i-bx_i$　（i=1或2）

$=$低点成本$-b\times$低点业务量$=y_2-bx_2$　（2.3.2式）

或　$=$高点成本$-b\times$高点业务量$=y_1-bx_1$　（2.3.3式）

（4）建立成本性态模型。

将a和b的值代入$y=a+bx$。

经过上述步骤，就可以完成成本性态分析的任务。

应用高低点法时，如果成本性态分析的对象是总成本，需要先计算出单位变动成本指标，然后将混合成本列为固定成本总额处理。

①x_1必须满足以下关系式：$x_1=\max\limits_{1\le i\le n}\{x_i\}$。
②x_2必须满足以下关系式：$x_2=\min\limits_{1\le i\le n}\{x_i\}$。

［例2-9］高低点法在成本性态分析中的应用

已知：甲企业20×7年各月的A产品产量、总成本及其成本构成的历史资料见表2-3。

表2-3 A产品产量与成本资料

月份	产量（x件）	总成本（y元）	固定成本（a_1）	变动成本（100x）	混合成本（a_2+b_2x）
（甲）	①	②	③	④	⑤=②-③-④
1	110	62 000	40 000	11 000	11 000
2	100	62 500	40 000	10 000	12 500
3	200	75 000	40 000	20 000	15 000
4	300	85 000	40 000	30 000	15 000
5	400	120 000	40 000	40 000	40 000
6	500	114 370	40 000	50 000	24 370
7	600	135 000	40 000	60 000	35 000
8	850	140 000	40 000	85 000	15 000
9	700	136 000	40 000	70 000	26 000
10	1 200	200 000	40 000	120 000	40 000
11	1 100	200 200	40 000	110 000	50 200
12	1 000	179 000	40 000	100 000	39 000

要求：（1）按照分步分析程序，用高低点法进行混合成本分解，并建立总成本性态模型。

（2）按照同步分析程序，用高低点法对总成本进行性态分析。

（3）比较两种程序的计算结果，并评价两种成本性态分析的程序。

解：（1）根据表2-3的资料可断定，按产量与混合成本所确定的高点坐标为（1 200，40 000）；低点坐标为（100，12 500）。

$$b_2=\frac{40\,000-12\,500}{1\,200-100}=25\text{（元/件）}$$

$a_2=12\,500-25\times100=10\,000$（元）

固定成本总额$a=40\,000+10\,000=50\,000$（元）

单位变动成本$b=100+25=125$（元/件）

据此建立的总成本性态模型为：

$y=50\,000+125x$

（2）按产量与总成本所确定的高点坐标为（1 200，200 000）；低点坐标为（100，62 500）。

$$\text{单位变动成本}b=\frac{200\,000-62\,500}{1\,200-100}=125\text{（元/件）}$$

固定成本总额$a=62\,500-125\times100=50\,000$（元）

据此建立的总成本性态模型为：

$y=50\,000+125x$

（3）通过分析结果，可以断定：按两种程序确定的总成本性态模型完全一致；相比较而言，同步分析程序更为简单。

值得注意的是，选择高低点坐标应按自变量（业务量）的高低为标准，而不是按因变量（成本）的高低来选择。因此，本例中11月的总成本虽然最高，但不能以该期数据作为最高点坐标。

高低点法的优点在于简便易行，便于理解。其缺点在于它只选择了诸多历史资料中的两组数据作为计算依据，使得建立起来的成本性态模型很可能不具有代表性，导致较大的计算误差。这种方法只适用于成本变化趋势比较稳定的企业。

利用Excel电子表格，在各月产量和成本数据的基础上，按产量排序（升序），利用MAX、MIN和VLOOKUP函数，可自动确定高点和低点坐标。以这两点的系列数据为基础，添加趋势线，在选项中选择显示公式，即可十分方便地读出a和b的值。

2.散布图法

散布图法又称布点图法或目测画线法，是指将若干期业务量和成本的历史数据标注在坐标图上，通过目测画一条尽可能接近所有坐标点的直线，并据此来推算固定成本（或混合成本中的固定部分）a和单位变动成本（或混合成本中变动部分的单位额）b的一种成本性态分析方法。

散布图法的具体步骤是：

（1）标出散布点。

将各期业务量与相应成本的历史资料作为点的坐标标注在平面直角坐标图上。

（2）画线。

目测画一条直线，使其尽可能通过或接近所有坐标点。

（3）读出a值。

在纵轴上读出该直线的截距值，即固定成本总额（或混合成本中的固定部分）a。

（4）任选一点。

在直线上任取一点P，假设其坐标值为（x_p，y_p）。

（5）求b。

计算单位变动成本（或混合成本中变动部分的单位额）b，将x_p和y_p的值代入下式：

$$b=\frac{y_p - a}{x_p} \quad (2.3.4式)$$

（6）建立成本性态模型。

将a和b的值代入y=a+bx。

经过上述步骤，就可以完成成本性态分析。

应用散布图法时，如果成本性态分析的对象是总成本，需要先计算出固定成本总额指标，然后将混合成本列为变动成本总额处理，进而计算出单位变动成本指标。

［例2–10］散布图法在成本性态分析中的应用

已知：仍按例2–9中的资料。

要求：用散布图法按同步程序对总成本进行成本性态分析。

解：将表2–3中12个月各月产量和总成本的坐标分别标在平面直角坐标图上，形成散布图，如图2–14所示。

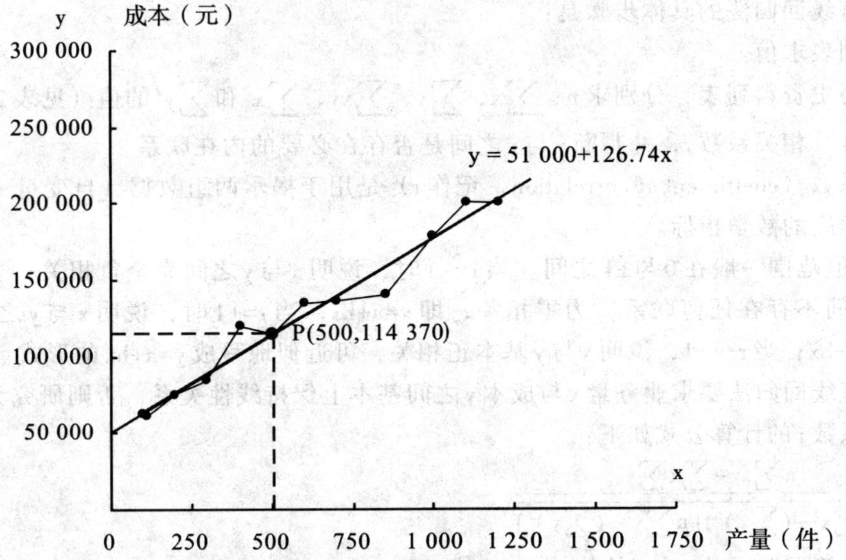

图2-14　散布图法示意图

图2-14所画直线截距a的读数值为51 000；任取直线所经过的P点，测出其坐标为（500，114 370），则有：

$$b=\frac{114\ 370-51\ 000}{500}=126.74\text{（元/件）}$$

据此建立的总成本性态模型为：

y=51 000+126.74x

如果按分步分析程序进行操作，依表2-3中12个月产量和混合成本的坐标绘制散布图，并绘制一条直线，假设截距数值为11 000，选取直线所经过的P点坐标为（500，24 370），据此计算的混合成本变动部分的单位额约为26.74。则据此建立的总成本性态模型为：

y=（40 000+11 000）+（100+26.74）x=51 000+126.74x

与按同步分析程序的结果一致（感兴趣的读者可自行计算验证）。

散布图法能够考虑所提供的全部历史资料，其图像可反映成本的变动趋势，比较形象直观，易于理解，较高低点法更为科学，其计算结果更为精确。但由于画直线完全靠目测，不同的人会有不同的画法，容易出现人为的误差，从而影响分析结果的客观性。

利用Excel电子表格，通过添加产量和成本坐标数据的系列，自动生成散布图；据此系列数据添加趋势线，在选项中自行设置截距a值，并显示公式，即可十分方便地读出b值。

3.一元直线回归法

一元直线回归法又称最小二乘法或最小平方法，是指利用微分极值原理对若干期全部业务量与成本的历史资料进行处理，并据此推算固定成本（或混合成本中的固定部分）a和单位变动成本（或混合成本中变动部分的单位额）b的一种成本性态分析方法。

其原理是从散布图中可以找到一条与全部观测值误差的平方和最小的直线，这条直线在数学上称为回归直线或回归方程：y=a+bx，按照数理统计的回归分析法可直接套公式计算出回归系数a和b的值。

所谓“一元”，是指在所建立的成本性态分析模型“y=f（x）”中，成本函数y只受到一个业务量x的影响；所谓“直线”又称“线性”，是指x自变量的次数（指数）为+1。

一元直线回归法的具体步骤是：

（1）列表求值。

根据历史资料列表，分别求n、$\sum x$、$\sum y$、$\sum xy$、$\sum x^2$和$\sum y^2$的值（见表2-4）。

（2）计算相关系数r，并判断y与x之间是否存在必要的内在联系。

相关系数（coefficient of correlation，记作r）是用于揭示两组数据（自变量x与因变量y）之间关联程度的数学指标。

r的取值范围一般在0与±1之间。当r=-1时，说明x与y之间完全负相关；当r=0时，说明x与y之间不存在任何联系，为零相关，即y≠a+bx；当r=+1时，说明x与y之间完全正相关，即y=a+bx；当r→+1，说明x与y基本正相关，可近似地写成y≈a+bx的形式。

一元直线回归法要求业务量x与成本y之间基本上保持线性关系，否则研究无意义。

相关系数r的计算公式如下：

$$r=\frac{n\sum xy-\sum x\sum y}{\sqrt{[n\sum x^2-(\sum x)^2][n\sum y^2-(\sum y)^2]}} \tag{2.3.5式}$$

（3）计算回归系数a和b的值。

a和b的计算公式如下：

$$b=\frac{n\sum xy-\sum x\sum y}{n\sum x^2-(\sum x)^2} \tag{2.3.6式}$$

$$a=\frac{\sum y-b\sum x}{n} \tag{2.3.7式}$$

$$=\frac{\sum x^2\sum y-\sum x\sum xy}{n\sum x^2-(\sum x)^2} \tag{2.3.8式}$$

（4）建立成本性态模型。

将a和b的值代入y=a+bx。

经过上述步骤，就可以完成成本性态分析的任务。

上述回归系数a和b的计算公式，需要在以下二元一次联立方程组的基础上进行推导：

$$\begin{cases}\sum y = na + b\sum x & (2.3.9式)\\ \sum xy = a\sum x + b\sum x^2 & (2.3.10式)\end{cases}$$

知识拓展2-2

一元直线回归法联立方程组的建立

该联立方程组之所以称其为“二元”，并不是指有两个自变量x，而是在相关等式中，n，$\sum x$，$\sum y$，$\sum xy$和$\sum x^2$均为已知常数，未知数则包含a和b两个。

2.3.9式和2.3.10式的生成，参见知识拓展2-2：一元直线回归法联立方程组的建立。

知识拓展2-3

一元回归系数计算公式的推导

在该联立方程组的基础上，可推导出2.3.6式、2.3.7式和2.3.8式。推导过程参见知识拓展2-3：一元回归系数计算公式的推导。

［例2-11］一元直线回归法在成本性态分析中的应用

已知：仍按例2-9中的资料。

要求：按同步分析程序，用一元直线回归法进行成本性态分析。

解：根据表2-3的资料加工整理，求得有关数据见表2-4。

表2-4 **计算表**

月份	产量（x件）	总成本（y元）	xy	x^2	y^2
1	110	62 000	6 820 000	12 100	3 844 000 000
2	100	62 500	6 250 000	10 000	3 906 250 000
3	200	75 000	15 000 000	40 000	5 625 000 000
4	300	85 000	25 500 000	90 000	7 225 000 000
5	400	120 000	48 000 000	160 000	14 400 000 000
6	500	114 370	57 185 000	250 000	13 080 496 900
7	600	135 000	81 000 000	360 000	18 225 000 000
8	850	140 000	119 000 000	722 500	19 600 000 000
9	700	136 000	95 200 000	490 000	18 496 000 000
10	1 200	200 000	240 000 000	1 440 000	40 000 000 000
11	1 100	200 200	220 220 000	1 210 000	40 080 040 000
12	1 000	179 000	179 000 000	1 000 000	32 041 000 000
合计	$\sum x=7\,060$	$\sum y=1\,509\,070$	$\sum xy=1\,093\,175\,000$	$\sum x^2=5\,784\,600$	$\sum y^2=216\,522\,786\,900$

$$\because\ r=\frac{12\times1\,093\,175\,000-7\,060\times1\,509\,070}{\sqrt{[12\times5\,784\,600-7\,060^2]\times[12\times216\,522\,786\,900-1\,509\,070^2]}}\approx0.9831\to+1$$

∴ x与y基本正相关

$$b=\frac{12\times1\,093\,175\,000-7\,060\times1\,509\,070}{12\times5\,784\,600-7\,060^2}=125.9\text{（元/件）}$$

$$a=\frac{1\,509\,070-125.90\times7\,060}{12}=51\,684.63\text{（元）}$$

据此建立的总成本性态模型为：

$y=51\,684.63+125.9x$

如果按分步分析程序进行操作，用一元直线回归法对混合成本进行分解，所建立的混合成本性态模型为：

$y=11\,684.63+25.9x$

据此建立的总成本性态模型为：

$y=(40\,000+11\,684.63)+(100+25.9)x=51\,684.63+125.9x$

与按同步分析程序的结果一致（感兴趣的读者可自行计算验证）。

一元直线回归法利用了微分极值原理，因此计算结果比前两种方法更为准确，但计算工作量较大，比较麻烦。如果能使用电子计算机，这种方法将会得到广泛应用。如可以在Excel环境下，利用已知的x_i和y_i历史数据，通过插入统计函数CORREL（或PEARSON）、INTERCEPT和SLOPE，就可以很方便地计算出相关系数r、回归系数a和b。

更简单的方法是，在Excel电子表格中，先根据产量和成本系列数据，自动生成坐标点（与散布图法相同），在添加趋势线的选项中，只选择显示公式和R^2，不设置截距a值，即可读出a、b和r的数值。其中，相关系数可按下式求得：$r=\sqrt{R^2}$。

思政课堂

形而上学还是教条主义

以下是现实中真实发生的事件。

1.20世纪90年代中期，财政部组织了一场全国会计专业技术资格考试指定教材的专家审稿会。会上，一位老教授对会计师资格考试指定教材《管理会计》（东北财经大学出版社1995年8月版）中有关成本按性态分类的结果，提出了异议。他义正词严地说："（当时）国外所有的管理会计教材和国内已出版的管理会计教材都公认：成本按性态分类的结果是固定成本和变动成本两类。这本书为什么要写成三类？写教材应该按公认的结论写，不能随意标新立异！"

2.近两年，一位知名教授在网上公开评论管理会计时说过一段话，大致意思是：你看目前公开出版的管理会计教材的内容，写什么的都有，五花八门，口径不一……这表明管理会计严重缺乏科学性，不如财务管理。

对这两位教授的说法，很多人不敢苟同。反对意见包括：上述说法犯了形而上学和教条主义的错误；违背了唯物辩证法的基本原理；公认的观点不等同于真理；千篇一律、万书一面的教材建设思路与新时期理论创新、实践创新的发展趋势背道而驰……

在尽可能避免人身攻击和无限上纲上线的前提下，你是否同意上述两种说法及由此产生的批评意见？请从思政课堂的角度阐述你的理论依据。

为便于开展分析，下面列出了一组通过百度搜索获得的相关概念。

1.唯物辩证法

唯物辩证法是马克思主义哲学的重要方法论。它以自然界、人类社会和思维发展的一般规律为研究对象，是辩证法思想发展的高级形态。唯物辩证法认为物质世界是普遍联系和不断运动变化的统一整体；辩证规律是物质世界自己运动的规律；主观辩证法或辩证的思维是客观辩证法在人类思维中的反映。唯物辩证法是最全面、最丰富、最深刻的发展学说。它包括三个基本规律（对立统一规律、质量互变规律和否定之否定规律）以及现象与本质、原因与结果、必然与偶然、可能与现实、形式与内容等一系列基本范畴，而对立统一规律是核心。它是宇宙观，又是认识论和方法论。

2.形而上学

形而上学是与唯物辩证法相对立的方法论，它反对用普遍联系和发展变化的观点看世界，而是用孤立的和静止不变的观点看世界。

3.教条主义

教条主义是主观主义的一种表现形式，它不分析事物的变化、发展，不研究事物矛盾的特殊性，只是生搬硬套现成的原则、概念来处理问题。其主要特点是，理论与实践相分离，主观与客观相脱离，轻视实践，轻视感性认识，夸大理性认识的作用。

复习思考题

1.管理会计是怎样给成本下定义的？成本的关键属性是什么？

2.怎样理解支出、费用与成本之间的关系？为什么管理会计不需要严格区分成本与费用？

3.管理会计中的成本按照企业管理的要求可以分为哪些不同的类型？各种分类的意义何在？

4.成本按其性态分类的结果究竟是两大类，还是三大类？

5.当成本按其性态进行分类时，为什么混合成本的存在具有必然性？

6.固定成本与变动成本水平的高低通常以什么形式来反映？

7.结合各种成本的细分情况说明降低固定成本和变动成本的正确途径。

8.相关范围对成本性态有何影响？怎样理解成本性态的相对性、暂时性和可转化性？

9.讨论成本性态分析与成本按其性态分类的异同。

10.成本性态分析有哪几种程序？其特点如何？

11.在成本性态分析中，是否一定要先按性态进行成本分类，然后再对混合成本进行分解？

12.成本性态分析的方法有哪些？各种方法的特点与适用范围如何？

13.在应用一元直线回归法时，如果利用插入计算机函数的方法计算相关系数和回归系数，其计算结果是否与手工计算的结果一致？

第三章

变动成本法

第一节 成本计算的含义及分类

在现代会计学术语中，“成本计算（costing）”具有丰富的含义。在它前面加上一定的限定词能组成多个会计专有名词。本节在交代成本计算含义的基础上，集中介绍几种主要的成本计算分类概念。

一、成本计算的含义

在现代会计学中，对“成本计算”有广义和狭义两种解释。狭义的成本计算是指一般意义上的成本核算，即归集和分配实际成本费用的过程；广义的成本计算是指现代意义上的成本管理系统，这个系统是由成本核算子系统、成本计划子系统、成本控制子系统和成本考核子系统有机结合而成的。管理会计学中使用的是广义成本计算概念。

二、成本计算的主要分类

广义成本计算可按不同标志进行多种分类。不同分类可分别满足管理的不同需要。

（一）按成本计算的演化进程分类

以此为标志分类，可将成本计算分为原始成本计算（original costing）、主要成本计算（prime costing）、加工转换成本计算（conversion costing）和传统成本计算（traditional costing）。

原始成本计算是指人类历史上只以原材料成本为核算内容的早期手工业成本计算。随着作坊经济雇用劳动力规模的扩大，人工成本也被纳入成本核算的内容，形成了主要成本计算。随着加工业的繁荣、产品品种的增加，间接费用越来越多，开始成为成本核算的重要内容，并形成了专门核算人工成本和制造费用的加工转换成本计算。随着企业规模的进一步扩大、市场形势的变化和资本市场的完善，专门归集的管理费用、销售费用和财务费用也被纳入广义成本计算的范畴，形成了完整的传统成本计算。

这种分类是财务会计最基本的分类。

（二）按成本计算流程的不同分类

成本计算的流程是指成本计算的时空特征，它主要取决于企业工艺技术和生产组织的特点，表现为成本归集对象及期末存货计价方法的不同。以此为标志可将成本计算分为按批量不定期进行的分批成本计算（job costing）和按加工步骤定期进行的分步成本计算（process costing）。它们简称为分批法和分步法。

进行这种分类有助于合理设计成本计算的流程。

（三）按成本计算时态的不同分类

以此为标志可将成本计算分为事先进行的估计成本计算（estimated costing）、事后进行的实际成本计算（actual costing）和介于两者之间的标准成本计算（standard costing）。

前者是指按照过去的经验对未来可能发生的成本进行预计和估算。它最早是为适应订货报价的要求而提出来的，后来被纳入预算体系，因而又称为预算成本制度（budget cost system）。实际成本计算是基于客观性和相关性的原则，为满足事后实际成本核算及分析而发展起来的，又称实际成本法。标准成本计算较好地集中了上述事先估算和事后核算两种方法的优点，可据以实现对成本的事中控制，使得全过程的成本管理成为可能，又称标准成本法或标准成本制度（standard cost system）。

（四）按成本计算规范性的不同分类

以此为标志可将成本计算分为常规成本计算（regular costing）和特殊成本计算（specific costing）。

常规成本计算是指程序相对稳定、规范性较强，可纳入日常核算体系的成本计算，它主要可用来提供满足一般管理的成本信息，如产品成本计算就属于这种类型。特殊成本计算则指程序比较灵活、缺乏规范性、纯属为满足管理的特殊需要而进行的成本计算，如决策成本计算、设计成本计算就属于特殊成本计算，也有人称其为专项成本计算。

（五）按成本计算手段的不同分类

以此为标志可将成本计算分为手工操作式成本计算（pen-and-ink costing）和电算化成本计算（computerized costing）。

传统成本计算的每一个成本数据的取得、处理、传递和报告，都完全依靠人的手工进行。这样做不但效率低、精度差，而且很难适应现代管理对成本信息日益膨胀的需求。电子计算机在会计中的广泛应用，尤其是复杂的成本计算被纳入电算化会计系统中，使得成本计算手段发生了质的飞跃。

这种分类也是区分传统成本计算和现代成本计算的重要标志之一。

第二节 变动成本法概述

在现代管理会计的常规成本计算过程中，还有一种十分重要的分类，这就是按产品成本期间成本的划分口径和损益确定程序的不同进行的成本计算分类。以此为标志，可将成本计算分为完全成本计算（absorption costing，即完全成本计算法，以下简称完全成本法）和变动成本计算（variable costing，即变动成本计算法，以下简称变动成本法）。这种分类其实与传统成本核算中的归集分配费用的方式方法毫无共同之处。它只是指出了在常规的产品成本计算中，区分产品成本期间成本的不同标准和确定损益的不同计量程序。

一、变动成本法和完全成本法的概念

（一）变动成本法

变动成本法是指在组织常规的产品成本计算过程中，以成本性态分析为前提，只将变动生产成本作为产品成本的构成内容，而将固定生产成本及非生产成本作为期间成本，按贡献式损益确定程序计量损益的一种成本计算模式。

变动成本法是管理会计为改革财务会计的传统成本计算模式而设计的新模式。

（二）完全成本法

完全成本法是指在组织常规的成本计算过程中，以成本按其经济用途分类为前提条件，将全部生产成本作为产品成本的构成内容，只将非生产成本作为期间成本，并按传统式损益确定程序计量损益的一种成本计算模式。

“完全成本法”这个词语是为了区别管理会计的“变动成本法”，专门用于概括西方长期沿用的传统成本计算模式而提出来的。在变动成本法出现之前，虽然早已存在完全成本法这种成本计算模式，但并没有这个概念存在。

完全成本法又被称为“吸收成本法”、“全部成本法”、“归纳成本法”或“兼收成本法”。1992年，我国会计制度改革时，为区别于旧的成本核算模式，财政部将其称为“制造成本法”。

二、变动成本法的历史沿革

变动成本法最初称为“直接成本法（direct costing，也称直接成本计算法）”，主要是由于当时的产品成本只包括与业务量关系比较明显的直接材料和直接人工。后来人们逐渐发现，有些间接的制造费用虽然不是直接成本但也随业务量的变动而成正比例变动，而有的直接成本虽然直接计入特定对象，但却并非变动成本。直接成本与变动成本之间、间接成本与固定成本之间并非两对完全对等的概念。因此，有人主张将直接成本法改称为变动成本法。直到目前，仍有一些美国管理会计文献使用“直接成本法”这一术语。但严格地讲，这种说法已经过时了。

知识拓展3-1

国外有关变动成本法的早期著述

由于变动成本法能够提供贡献边际，所以在英国该法也被称为边际成本法（marginal costing），或称边际成本计算法。

关于变动成本法的起源，早期国外会计专著的论述众说不一，详见知识拓展3-1：国外有关变动成本法的早期著述。

20世纪50年代，随着企业环境的改变、竞争的加剧、决策意识的增长，人们逐渐认识到传统的完全成本法提供的会计信息越来越不能满足企业内部管理的需要，必须重新认识变动成本法，充分发挥其积极作用。美国的一些会计师和经理又重新研究并开始在实务中试行变动成本法，并将变动成本法中的贡献边际这一概念用于本量利分析及其他方面。实践使人们认识到，变动成本法不仅有利于企业加强成本管理，而且对制订利润计划、组织科学的经营决策也十分有用。从此，变动成本法开始受到人们的普遍重视。到20世纪60年代，变动成本法风靡欧美。

我国企业长期执行国家统一的会计制度和成本计算模式，但从20世纪80年代开始，国内的个别城市或地区，经当地财政部门批准，曾在部分国有大型企业进行过变动成本法的应用尝试。财政部于2017年发布的《管理会计应用指引第303号——变动成本法》首次正式将变动成本法纳入企业成本核算方法。

三、变动成本法的理论前提

管理会计理论认为，在进行成本计算、界定产品成本与期间成本时，必须摆脱财务会计的传统思维定式束缚，重新认识产品成本和期间成本的本质。按照重新解释的产品成本和期间成本的定义，产品成本只应该包括变动生产成本，而不应包括固定生产成本，固定生产成本必须作为期间成本处理。这就构成了变动成本法的理论前提。

按照管理会计理论的解释，产品成本是指那些在生产过程中发生的，随着产品实体的流动而流动，随着产量的变动而变动，只有当产品实现销售收入时才能与相关收入实现配比、得到补偿的成本。期间成本是指那些不随产品实体的流动而流动，而是随着产品生产经营持续期间的长短而增减，其效益随着时间的推移而消逝，不能递延到下期，只能于发生的当期计入利润表由当期的销售收入补偿的费用。

作为特定环境下人们从事生产活动结果的物质产品，与产品成本之间存在着密切的依存关系。从定性的角度看：一方面，产品是产品成本的物质承担者，没有产品实体的存在，产品成本就失去了对象化的载体；另一方面，不消耗费用和发生成本，也不可能形成产品。从定量的角度看：在相关范围内，产品成本数额的多少必然与产品产量的大小密切相关，在生产工艺没有发生实质性变化、成本水平保持不变的条件下，产品成本总额应当随着产品的产量成正比例变动。因此，在变动成本法下，只有变动生产成本才能构成产品成本的内容。

显然，这比完全成本法仅从生产过程与产品之间的因果关系出发，得出“凡是在生产领域发生的成本都应列作产品成本”的结论更为合理。

尽管产品是在生产领域中形成的，但并非所有生产成本都应当构成产品成本的内容。因为生产成本中包括固定生产成本，在相关范围内，该项费用的发生与实际产品产量的多少或有无并没有因果关系。让我们设想一下，如果当期产品产量为零，就不会存在“产品”这个成本的物质承担者，也就不应当有“产品成本”存在。在变动成本法下，解释这种现象十分简单，事实也的确如此。如果同样情况发生在完全成本法下，就会发生一方面产品产量为零（这里暂不考虑季节性停产的原因），另一方面由于车间设备照提折旧而导致的固定生产成本不为零、产品成本同时不为零的奇特现象。

从这个意义上看，固定生产成本（即固定性制造费用）只是定期地创造了可供企业利用的生产能量，因而与期间的关系更为密切。在这一点上它与销售费用、管理费用和财务费用等非生产成本只是定期地创造了维持企业经营的必要条件一样具有时效性。不管这些能量和条件是否在当期被利用或被利用得是否有效，这种成本发生额都不会受到丝毫影响，其效益随着时间的推移而逐渐丧失，不能递延到下期。因此，在变动成本法下，固定生产成本应当与非生产成本一样均作为期间成本处理。

第三节 变动成本法与完全成本法的区别

为了深刻认识变动成本法的特点，应将其与传统的完全成本法加以比较。概括起来两种成本计算法大致有如下区别：应用的前提条件不同、产品成本及期间成本的构成内容不同、销货成本及存货成本的水平不同、销货成本的计算公式不完全相同、损益确定程序不同、所提供的信息用途不同。

一、应用的前提条件不同

变动成本法首先要求进行成本性态分析，把全部成本划分为变动成本和固定成本两大部分，尤其要把属于混合成本性质的制造费用按产量分解为变动性制造费用和固定性制造费用两部分。①

完全成本法首先要求把全部成本按其发生的领域或经济用途分为生产成本和非生产成本。凡在生产领域中为生产产品发生的成本就归于生产成本，发生在流通领域和服务领域的由于组织日常销售或进行日常行政管理而发生的成本则归属于非生产成本。

二、产品成本及期间成本的构成内容不同

在变动成本法模式下，产品成本只包括变动生产成本，固定生产成本和非生产成本则全部作为期间成本处理。

在完全成本法模式下，产品成本则包括全部生产成本，只有非生产成本才作为期间成本处理。

上述两点区别可以用列表的方式来反映，见表3–1。

表3–1 两种成本法在应用的前提条件和成本的构成内容方面的区别

<table>
<tr><th colspan="2">标志</th><th>变动成本法</th><th>完全成本法</th></tr>
<tr><td colspan="2">应用的前提条件</td><td>以成本性态分析为前提：
将全部成本（费用）区分为变动成本和固定成本两大类</td><td>以成本按经济用途分类为前提：
将全部成本（费用）区分为生产成本和非生产成本</td></tr>
<tr><td rowspan="3">成本的构成内容</td><td>产品成本</td><td>变动生产成本：
直接材料
直接人工
变动性制造费用</td><td>生产成本：
直接材料
直接人工
制造费用</td></tr>
<tr><td rowspan="2">期间成本</td><td>变动非生产成本：
变动性销售费用
变动性管理费用
变动性财务费用</td><td rowspan="2">非生产成本：
销售费用
管理费用
财务费用</td></tr>
<tr><td>固定成本：
固定生产成本（固定性制造费用）
固定性销售费用
固定性管理费用
固定性财务费用</td></tr>
</table>

［例3–1］两种成本法下产品成本和期间成本的计算

已知：乙企业只生产经营一种产品，投产后第2年有关的产销业务量、销售单价与成本资料见表3–2。

①如果要对混合成本性质的销售及管理费用进行分解，则必须按销量分解。

表3-2　资料　单位：件、万元/件、万元

存货及单价		成本项目	变动性	固定性	合　计
期初存货量	0	直接材料	24 000		24 000
本期投产完工量	4 000	直接人工	12 000		12 000
本期销量	3 000	制造费用	4 000	10 000	14 000
期末存货量	1 000	销售费用	600	1 000	1 600
销售单价	20	管理费用	300	2 500	2 800
		财务费用	0	600	600

要求：分别用变动成本法和完全成本法计算该企业当期的产品成本和期间成本。

解：依上述资料分别按变动成本法和完全成本法计算当期的产品成本和期间成本见表3-3。

表3-3　产品成本及期间成本计算表　金额单位：万元

成　本	项　目	变动成本法		完全成本法	
		总额	单位额	总额	单位额
产品成本（产量4 000件）	直接材料	24 000	6	24 000	6
	直接人工	12 000	3	12 000	3
	变动性制造费用	4 000	1	—	—
	制造费用	—	—	14 000	3.5
	合　计	40 000	10	50 000	12.5
期间成本	固定生产成本	10 000	—	—	—
	销售费用	1 600	—	1 600	—
	管理费用	2 800	—	2 800	—
	财务费用	600	—	600	—
	合　计	15 000	—	5 000	—

本例的计算结果表明，按变动成本法确定的产品总成本与单位成本要比按完全成本法确定的相应数值低，而它的期间成本却高于完全成本法。这种差异来自于两种成本计算法对固定性制造费用的不同处理方法，它们共同的期间成本是销售费用、管理费用和财务费用。

三、销货成本及存货成本的水平不同

广义的产品有销货和存货两种实物形态。在期末存货和本期销货均不为零的条件下，本期发生的产品成本最终要表现为销货成本和存货成本。

当期末存货量不为零时，在变动成本法下，固定生产成本被作为期间成本直接计入当期利润表，不可能转化为存货成本或销货成本；而在完全成本法下，固定生产成本被计入产品

成本，并要在存货和销货之间进行分配，使一部分固定生产成本被期末存货吸收递延到下期，另一部分固定生产成本作为销货成本被记入当期利润表，这必将导致分别按两种成本法所确定的期末存货成本及销货成本的水平不同。

［例3-2］两种成本法下存货成本和销货成本的计算

已知：例3-1的表3-2资料。

要求：分别按变动成本法和完全成本法确定产品的期末存货成本和本期销货成本，并分析造成差异的原因。

解：计算结果见表3-4。

表3-4 存货成本和销货成本的计算分析表 单位：万元、件

序　号	项　目	变动成本法	完全成本法	差　额
①	期初存货成本	0	0	0
②	本期产品成本	40 000	50 000	−10 000
③=①+②	可供销售商品成本合计	40 000	50 000	−10 000
④	单位产品成本	10	12.5	−2.5
⑤	期末存货量	1 000	1 000	0
⑥=④×⑤	期末存货成本	10 000	12 500	−2 500
⑦=③−⑥	本期销货成本	30 000	37 500	−7 500

在本例中，变动成本法下的期末存货成本全部由变动生产成本构成，为10 000万元。

在完全成本法下，期末存货成本为12 500万元，其中，除了包括10 000万元变动生产成本外，还包括2 500万元（2.5×1 000）固定生产成本，因而导致完全成本法下的期末存货成本比变动成本法下的期末存货成本多了2 500万元。

同理，变动成本法下的30 000万元本期销货成本完全是由变动生产成本所组成的，而完全成本法下的本期销货成本中包括了30 000万元变动生产成本和7 500万元固定生产成本，由此导致以变动成本法计算的本期销货成本比完全成本法少了7 500万元。

总之，上述两种差异的产生，都是因为在变动成本法下，10 000万元固定生产成本被全额计入了当期的期间成本，而在完全成本法下，这部分固定生产成本则被计入了产品成本（最终有2 500万元计入期末存货成本，7 500万元计入本期销货成本）。

四、销货成本的计算公式不完全相同

从理论上看，无论变动成本法还是完全成本法，都可以按以下公式计算销货成本，即：

本期销货成本=期初存货成本+本期发生的产品生产成本−期末存货成本 （3.3.1式）

采用3.3.1式，就意味着必须先计算出期末存货成本后，才能计算本期销货成本。

但是由于变动成本法的销货成本全部是由变动生产成本构成的，所以在以下两种情况下，可以在不计算期末存货成本的情况下，直接按下式计算出销货成本：

本期销货成本=单位变动生产成本×本期销量 （3.3.2式）

第一种情况要求期初存货量为零（见例3-2）。在这种情况下，单位期末存货成本、本期单位产品成本和本期单位销货成本这三个指标相等，可以用单位变动生产成本指标来表示，因此可以利用简化公式。

第二种情况要求期初期末存货量均不为零，且前后期单位变动生产成本水平不变。因为

在这种情况下，单位期初存货成本、单位期末存货成本、本期单位产品成本和本期单位销货成本这四个指标可以用统一的单位变动生产成本指标来表示。

在完全成本法下，在期初存货量等于零的情况下（见例3-2），由于单位期末存货成本、本期单位产品成本和本期单位销货成本这三个指标等于单位生产成本指标，因此可以直接利用下式计算本期销货成本：

本期销货成本=单位生产成本×本期销量　（3.3.3式）

但如果期初存货量不为零时，即使在前后期成本水平不变，亦即各期固定成本总额和单位变动生产成本均不变的情况下，除非产量也不变，否则不能直接套用3.3.3式。这是因为产品成本中包括了固定生产成本。不同期间单位产品所负担的固定生产成本可能因为各期产量不同而发生变化。

总之，在完全成本法下，如果期初存货量不为零，往往不容易直接确定单位产品成本，必须应用3.3.1式计算其销货成本。

五、损益确定程序不同

两种成本计算法的区别不仅限于成本方面，它们还会影响到营业利润的计量程序。如在变动成本法下，只能按贡献式损益确定程序计量营业损益；而在完全成本法下则必须按传统式损益确定程序计量营业损益。

所谓贡献式损益确定程序，是指在损益计量过程中，首先用营业收入补偿本期实现销售产品的变动成本，从而确定贡献边际①，然后再用贡献边际补偿固定成本以确定当期营业利润的过程。传统式损益确定程序则是指在损益计量过程中，首先用营业收入补偿本期实现销售产品的营业成本，从而确定营业毛利，然后再用营业毛利补偿营业费用以确定当期营业利润的过程。

由于两种成本计算法的损益确定程序不同，又派生出如下三点区别：

（一）营业利润的计算方法不同

在变动成本法的贡献式损益确定程序下，营业利润应按下列步骤和公式计算：

营业收入-变动成本=贡献边际　（3.3.4式）

贡献边际-固定成本=营业利润　（3.3.5式）

在3.3.4式中：

变动成本=按销量计算的变动生产成本+按销量计算的变动非生产成本

=单位变动生产成本×本期销量+单位变动非生产成本×本期销量　（3.3.6式）

在3.3.5式中：

固定成本=本期固定生产成本+本期固定非生产成本

$$=\frac{\text{本期固定}}{\text{生产成本}}+\left(\frac{\text{本期固定性}}{\text{销售费用}}+\frac{\text{本期固定性}}{\text{管理费用}}+\frac{\text{本期固定性}}{\text{财务费用}}\right)\quad（3.3.7式）$$

在完全成本法的传统式损益确定程序下，营业利润应按下列步骤和公式计算：

营业收入-营业成本=营业毛利　（3.3.8式）

营业毛利-营业费用=营业利润　（3.3.9式）

假定按先进先出法计算销货成本，在3.3.8式中：

营业成本=本期销货成本

=期初存货成本+本期发生的生产成本-期末存货成本　（3.3.10式）

①本节暂不考虑税金及附加、资产减值和投资收益等因素，关于贡献边际的问题将在第四章详细讨论。

在3.3.9式中：

营业费用=本期非生产成本=销售费用+管理费用+财务费用 (3.3.11式)

［例3-3］两种成本法下营业利润的计算

已知：例3-1的表3-2资料。

要求：分别按贡献式损益确定程序和传统式损益确定程序计算当期营业利润。

解：在贡献式损益确定程序下：

营业收入=20×3 000=60 000（万元）

销货中的变动生产成本=10×3 000=30 000（万元）

变动成本=30 000+600+300=30 900（万元）

贡献边际=60 000-30 900=29 100（万元）

固定成本=10 000+1 000+2 500+600=14 100（万元）

营业利润=29 100-14 100=15 000（万元）

在传统式损益确定程序下：

营业收入=20×3 000=60 000（万元）

营业成本=0+50 000-12 500=37 500（万元）

营业毛利=60 000-37 500=22 500（万元）

营业费用=1 600+2 800+600=5 000（万元）

营业利润=22 500-5 000=17 500（万元）

（二）编制的利润表格式及提供的中间指标有所不同

由于两种成本法的损益确定程序不同，使得它们使用的利润表格式存在一定的区别。变动成本法使用贡献式利润表（包括标准式、变通式和简捷式三种格式）；完全成本法使用传统式利润表。这两种利润表的格式见表3-5。

［例3-4］两种成本法下利润表的格式

已知：例3-1的表3-2资料。

要求：（1）分别按变动成本法和完全成本法编制当期利润表（其中贡献式利润表应按三种格式编制）。

（2）结合本例比较三种格式的贡献式利润表的异同。

（3）结合本例比较贡献式利润表（简捷式）与传统式利润表在格式上的异同。

解：（1）编表结果见表3-5。

（2）从表3-5中，可以看出变动成本法的贡献式利润表三种格式之间的异同：

① 对销售费用、管理费用的补偿顺序不同。在标准式利润表中，属于混合成本的销售费用和管理费用是按其性态分别处理的。其中，变动部分作为变动成本的一个组成部分，在计算贡献边际前被扣除，固定部分则在计算贡献边际后被扣除；在变通式利润表中，按销量计算的变动生产成本与变动性非生产成本分开了，这样可以分别计算出生产阶段和销售阶段的贡献边际；在简捷式利润表中，只计算生产阶段的贡献边际，而将属于混合成本的销售费用、管理费用、财务费用与固定生产成本合并为管理会计的期间成本。

② 尽管非生产成本在贡献式利润表中被扣除的位置不同，却丝毫改变不了它们属于期间成本的性质。

③ 不论哪种格式，都能够反映“贡献边际”这个中间指标。

④ 不论哪种格式，计算出来的当期营业利润数额都相同。

表3-5　**两种成本法的利润表格式**　单位：万元

贡献式利润表						传统式利润表	
标准式		变通式		简捷式			
营业收入	60 000	营业收入	60 000	营业收入	60 000	营业收入	60 000
减：变动成本		减：变动生产成本	30 000	减：变动生产成本	30 000	减：营业成本	
变动生产成本	30 000	生产阶段贡献边际	30 000	生产阶段贡献边际	30 000	期初存货成本	0
变动销售费用	600	减：变动非生产成本	900	减：期间成本		本期生产成本	50 000
变动管理费用	300	销售阶段贡献边际	29 100	固定生产成本	10 000	可供销售的商品生产成本	50 000
变动成本合计	30 900	减：固定成本		销售费用	1 600	期末存货成本	12 500
贡献边际	29 100	固定生产成本	10 000	管理费用	2 800	营业成本合计	37 500
减：固定成本		固定销售费用	1 000	财务费用	600	营业毛利	22 500
固定生产成本	10 000	固定管理费用	2 500	期间成本合计	15 000	减：营业费用	
固定销售费用	1 000	固定财务费用	600			销售费用	1 600
固定管理费用	2 500	固定成本合计	14 100			管理费用	2 800
固定财务费用	600					财务费用	600
固定成本合计	14 100					营业费用合计	5 000
营业利润	15 000	营业利润	15 000	营业利润	15 000	营业利润	17 500

（3）从表3-5中，可以看出贡献式利润表（简捷式）与传统式利润表在格式上的异同：

① 两种成本法利润表中的营业收入相同。

② 本期发生的销售费用、管理费用和财务费用都被全额计入当期的利润表，但在计入两种利润表的位置和补偿的途径方面存在形式上的区别。

③ 两种成本法的利润表所提供的中间指标不同。如贡献式利润表的中间指标是“贡献边际”；传统式利润表的中间指标是“营业毛利”。这两个指标的意义和作用是完全不同的。[①]

（三）计算出来的营业利润有可能不同

表3-5的计算结果表明，乙企业贡献式利润表中的营业利润为15 000万元，传统式利润表中的营业利润为17 500万元，两者相差2 500万元。这是因为在变动成本法下，本期发生的10 000万元固定生产成本被作为期间成本全部计入了利润表；而在完全成本法下，本期发生的固定生产成本中，只有7 500万元通过营业成本计入了利润表，其余2 500万元被期末存货吸收并结转下期。由于计入完全成本法利润表的固定生产成本比计入变动成本法利润表的固定生产成本少了2 500万元，导致前者的营业利润比后者的营业利润多了2 500万元。

那么是否可以认为按完全成本法确定的营业利润总是大于或者不等于变动成本法的营业利润呢？回答是否定的。如果我们从动态的角度观察一个较长时期内分别按两种成本法确定的营业利润水平，就会发现这两种成本计算法之间出现不为零的营业利润差异只有可能性，而没有必然性。

［例3-5］两种成本法下多期营业利润的比较

已知：乙企业投产后连续6年的有关产销业务量、销售单价与成本资料见表3-6。假定：该企业各期的单价、单位变动成本、固定成本均不变，各期投产量等于当期产出量（没有在产品存货），当期产量大于或等于期末存货量，存货成本计价采用先进先出法（上述假定适

①引入“中间指标”的概念之后，则不论哪种成本法均可按以下统一公式计算营业利润，即：“某成本法下的营业利润=该成本法下的中间指标-该成本法下的期间成本”。

用于本章的所有例题）。

表3-6 资料

项目 \ 期间		一	二	三	四	五	六
1.产销量与存货量（件）	期初存货量Q_1	0	0	1 000	1 000	900	1 800
	本期产量x_1	3 100	4 000	4 000	4 000	5 000	2 400
	本期销量x_2	3 100	3 000	4 000	4 100	4 100	4 200
	期末存货量Q_2	0	1 000	1 000	900	1 800	0
2.成本和销售单价水平（1~6期）		单位变动生产成本b_1=10万元/件 单位变动非生产成本b_2=0.3万元/件 每期固定性制造费用a_1=10 000万元 每期固定性非生产成本a_2=4 100万元 销售单价p=20万元/件					
3.每期生产成本（万元） $y_1=a_1+b_1x_1$		41 000	50 000	50 000	50 000	60 000	34 000
4.每期非生产成本（万元） （营业费用） $y_2=a_2+b_2x_2$		5 030	5 000	5 300	5 330	5 330	5 360
5.每期销售收入px_2（万元）		62 000	60 000	80 000	82 000	82 000	84 000

要求：（1）分别编制各年贡献式利润表（简捷式）和传统式利润表。

（2）据此分析产销量与两种成本法分期营业利润之间的关系。

解：（1）根据相关资料按两种成本法编制的利润表见表3-7。

表3-7 利润表 单位：万元

项目 \ 期间	一	二	三	四	五	六
贡献式						
营业收入	62 000	60 000	80 000	82 000	82 000	84 000
减：变动生产成本	31 000	30 000	40 000	41 000	41 000	42 000
生产阶段贡献边际	31 000	30 000	40 000	41 000	41 000	42 000
减：期间成本						
固定生产成本	10 000	10 000	10 000	10 000	10 000	10 000
非生产成本	5 030	5 000	5 300	5 330	5 330	5 360
期间成本合计	15 030	15 000	15 300	15 330	15 330	15 360
营业利润	15 970	15 000	24 700	25 670	25 670	26 640
传统式						
营业收入	62 000	60 000	80 000	82 000	82 000	84 000
减：营业成本						
期初存货成本	0	0	12 500	12 500	11 250	21 600
本期生产成本	41 000	50 000	50 000	50 000	60 000	34 000
可供销售的商品生产成本	41 000	50 000	62 500	62 500	71 250	55 600
期末存货成本	0	12 500	12 500	11 250	21 600	0
营业成本合计	41 000	37 500	50 000	51 250	49 650	55 600
营业毛利	21 000	22 500	30 000	30 750	32 350	28 400
减：营业费用	5 030	5 000	5 300	5 330	5 330	5 360
营业利润	15 970	17 500	24 700	25 420	27 020	23 040

（2）根据相关资料编制的综合分析表见表3-8。

表3-8　**综合分析表**　单位：万元、件

项目	期间	一	二	三	四	五	六	合计
产销量	产量 x_1	3 100	4 000	4 000	4 000	5 000	2 400	22 500
	销量 x_2	3 100	3 000	4 000	4 100	4 100	4 200	22 500
	产销关系	产销平衡	产大于销	产销平衡	产小于销	产大于销	产小于销	$\sum$产 = $\sum$销
利润额	完全成本法 P_1	15 970	17 500	24 700	25 420	27 020	23 040	133 650
	变动成本法 P_2	15 970	15 000	24 700	25 670	25 670	26 640	133 650
	差额 $\Delta P=P_1-P_2$	0	+2 500	0	−250	+1 350	−3 600	0
完全成本法下存货与利润差额的关系	期末单位存货中的固定生产成本 u_2	0	2.50	2.50	2.50	2.00	0	①
	期末存货量 Q_2	0	1 000	1 000	900	1 800	0	②
	期末存货吸收的固定生产成本 u_2Q_2	0	2 500	2 500	2 250	3 600	0	③=①×②
	期初单位存货中的固定生产成本 u_1	0	0	2.50	2.50	2.50	2.00	④
	期初存货量 Q_1	0	0	1 000	1 000	900	1 800	⑤
	期初存货释放的固定生产成本 u_1Q_1	0	0	2 500	2 500	2 250	3 600	⑥=④×⑤
	存货吸收、释放的固定生产成本差额 $u_2Q_2-u_1Q_1=\Delta P$	0	+2 500	0	−250	+1 350	−3 600	⑦=③-⑥

从这个例子中不难发现两个问题：第一，即使前后期成本水平、价格和存货计价方法等都不变，两种成本法出现不为零的营业利润差异也只有可能性，而没有必然性；第二，产销平衡关系与分期营业利润差异的性质之间似乎存在着某种规律性的联系。

六、所提供的信息用途不同

变动成本法是为满足面向未来决策，强化企业内部管理的要求而产生的。由于它能够提供科学反映成本与业务量之间、利润与销量之间量的变化规律的信息，因此有助于加强成本管理，强化预测、决策、计划、控制和业绩考核等职能，促进以销定产，减少或避免因盲目生产而带来的损失。因为在不考虑其他因素的情况下，企业的营业利润从理论上说是单价、成本和销量这三个要素的函数，所以当单价和成本水平不变时，营业利润额直接与销量挂钩，营业利润额的变动趋势应该直接与销量的变动趋势相联系，而这一规律只有在变动成本法下才能得到充分体现。

表3-8上半部分分析资料表明，变动成本法销量与营业利润之间存在以下规律性联系：

（1）当某期销量比上期增加（如第三期、第四期和第六期）时，该期按变动成本法确定的营业利润将比上期增加。

（2）当某期销量比上期减少（如第二期）时，该期按变动成本法确定的营业利润将比上期减少。

（3）在一个较长的时期内，当某期销量最高（如第六期）时，该期按变动成本法确定的营业利润一定最高；当某期销量最低（如第二期）时，该期按变动成本法确定的营业利润也一定最低。

（4）在一个较长的时期内，当任意两期销量相同（如第四期与第五期）时，这两期按变动成本法确定的营业利润相同。

可见，在变动成本法下，营业利润真正成了反映企业销量的晴雨表。利用这一规律，不仅有助于促使企业重视市场销售，而且还可以大大简化营业利润的计算。

［例3-6］利用变动成本法销量与营业利润之间的规律，直接判断某期利润水平

已知：仍按例3-5的资料及结果，假定其他条件均不变，未来某期的销量为4 000件（不论该期产量是多少）。

要求：根据表3-8的资料，直接判断该期变动成本法下的营业利润（不用计算），并说明理由。

解：根据变动成本法销量与利润的关系，可以断定该期变动成本法下的营业利润为24 700万元，因为该期的销量与第三期相等，在其他条件不变的情况下，该期按变动成本法计算的营业利润也必然等于第三期的营业利润。

典型的完全成本法形成于19世纪，它是适应企业内部事后将间接成本分配给各种产品，反映生产产品发生的全部资金耗费，确定产品实际成本和损益，满足对外提供报表的需要而产生的。由于它提供的信息能够揭示外界公认的成本与产品在质的方面的归属关系，按该法提供的成本信息有助于促进企业扩大生产，能激发增产的积极性，因而能广泛地被外界所接受。在完全成本法下，只要增加产量，就可以降低产品成本，如第二期的产量从第一期的3 100件增加到4 000件，单位生产成本就从13.23元降低到12.5元；再如第五期产量再度从第四期的4 000件增加到5 000件，单位生产成本就从12.5元降低到12元。与此相反，减产则意味着单位成本上升，第六期产量由上期的5 000件猛降到2 400件，单位生产成本就从12元猛增至14.17元。

第二次世界大战后，由于西方企业迅速增加固定资产投资规模，使固定生产成本在产品成本中的比重大大提高；而产量越高，单位产品负担的固定成本越低。这种局面就决定了在西方会计领域中完全成本法仍是应用十分广泛的模式。以美国为例，美国注册会计师协会（AICPA）、美国证券交易委员会（SEC）和美国国税局都主张继续采用完全成本法。

在表3-8中，似乎看不出按完全成本法确定的营业利润指标与产销量之间存在什么规律性的联系。

同样是在单价和成本水平不变的条件下，当某期销量比上期增加时，该期按完全成本法确定的营业利润可能比上期增加（如第三期和第四期），但也可能下降（如第六期）。

当某期销量比上期减少（如第二期）时，按完全成本法确定的营业利润可能不随之下降，反而比上期增加。

在一个较长的时期内，当某期销量最高（如第六期）时，该期按完全成本法确定的营业利润并不是最高的（第五期最高）；当某期销量最低（如第二期）时，该期按完全成本法确定的营业利润也不是最低的（第一期最低）。

当两期销量相同（如第四期和第五期）时，按完全成本法确定的营业利润也可能不相同。

更令人无法接受的是，当前后期产量与销量都不变时，按完全成本法确定的营业利润却可能发生变化，从而导致按完全成本法确定的营业利润指标往往难于被管理者理解，不便于进行决策。

［例3-7］完全成本法的销量与营业利润之间缺乏规律性联系

已知：仍按例3-5的表3-6资料及结果，假定预计第七期的产销量与第五期完全相同，即产量为5 000件，销量为4 100件，当期销售收入为82 000万元，生产成本为60 000万元，

当期营业费用为5 330万元，其他条件均不变。

要求：按完全成本法测算第七期的营业利润，并与第五期进行比较。

解：依题意

∵第七期的期初存货量=0

第七期的期末存货量=0+5 000−4 100=900（件）

单位期末存货成本=$\frac{60\ 000}{5\ 000}$=12（万元/件）

期末存货成本=12×900=10 800（万元）

本期营业成本=0+60 000−10 800=49 200（万元）

∴第七期的营业利润=82 000−49 200−5 330=27 470（万元）

按完全成本法确定的第七期营业利润为27 470万元，比第五期的营业利润27 020万元多了450万元。

在本例中，除了期初期末存货量不同外，第七期的产销量、成本水平及销售单价同第五期完全一样，但按完全成本法确定的两期营业利润却不一样。这种计算结果必然会使管理者大为困惑。

另外，由于变动成本法要求区分变动成本与固定成本，可将其分解落实到有关责任单位，便于开展业绩考核评价，调动各有关单位降低成本的积极性；而完全成本法则可能歪曲各部门努力降低成本的真实业绩。

［例3-8］两种成本法对降低成本方案的评价结论不同

已知：乙企业生产的单位产品所消耗的直接材料成本为6万元，直接人工成本为3万元，变动性制造费用为1万元，每期发生固定生产成本10 000万元。基期的产量为4 000件。报告期有两套生产方案可供选择：第一套方案是生产5 000件产品，其他条件均不变；第二套方案是维持基期产量，但设法使本期的直接材料成本降低5%，其他条件均不变。

要求：（1）按变动成本法计算以下指标：①基期的单位产品成本；②报告期实施第一套方案后的单位产品成本、成本变动额和变动率；③报告期实施第二套方案后的单位产品成本、成本变动额和变动率；④从降低成本的角度评价两个方案的优劣。

（2）按完全成本法计算以下指标：①基期的单位产品成本；②报告期实施第一套方案后的单位产品成本、成本变动额和变动率；③报告期实施第二套方案后的单位产品成本、成本变动额和变动率；④从降低成本的角度评价两个方案的优劣。

解：（1）在变动成本法下：

①基期的单位产品成本=6+3+1=10（万元/件）

②实施第一套方案时：

报告期的单位产品成本=6+3+1=10（万元/件）

报告期的成本变动额和变动率均为零。

③实施第二套方案时：

报告期的单位产品成本=6×（1−5%）+3+1=9.7（万元/件）

报告期的单位成本变动额=9.7−10=−0.3（万元/件）

报告期的成本变动率=$\frac{-0.3}{10}$×100%=−3%

④∵0>−3%

∴第一套方案不如第二套方案，应实施第二套方案。

（2）在完全成本法下：

①基期的单位产品成本=6+3+1+$\frac{10\,000}{4\,000}$=12.5（万元/件）

②实施第一套方案时：

报告期的单位产品成本=6+3+1+$\frac{10\,000}{5\,000}$=12（万元/件）

报告期的单位成本变动额=12−12.5=−0.5（万元/件）

报告期的成本变动率=$\frac{-0.5}{12.5}$×100%=−4%

③实施第二套方案时：

报告期的单位产品成本=6×（1−5%）+3+1+$\frac{10\,000}{4\,000}$=12.2（万元/件）

报告期的单位成本变动额=12.2−12.5=−0.3（万元/件）

报告期的成本变动率=$\frac{-0.3}{12.5}$×100%=−2.4%

∵ −4%<−2.4%

∴第一套方案优于第二套方案，应实施第一套方案①。

由上例可见，对同样的方案分别按两种成本法进行评价，会得出完全相悖的结论。从降低成本的角度看，可能挫伤有关部门降低成本的积极性。另外，在市场销量萎缩的情况下，按完全成本法的评价结论（即实施第二方案）组织生产，还会形成更多产品积压的现象，这显然是不合理的。

第四节 两种成本法营业利润差额的定性推断与简化计算

究竟是什么原因导致两种成本法会出现不为零的营业利润差额？在什么条件下两种成本法营业利润差额分别等于零、大于零或小于零？能否按照一定标准直接对利润差额的性质进行推断？能否用更简单的方法直接计算出这种差额？这些不仅是管理会计学十分重要的理论问题，同时，也是意见分歧较大的学术问题。本节将逐一讨论这些问题。

一、两种成本法分期营业利润差额的含义

从例3-5的表3-8数据中可以看到，完全成本法下的营业利润可能大于，也可能小于或者等于变动成本法下的营业利润。我们将某期分别按两种成本计算法确定的营业利润之差称为该期两种成本法营业利润广义差额（以下简称利润广义差额）。用公式表示就是：

某期利润广义差额（ΔP）=该期完全成本法的营业利润−该期变动成本法的营业利润=P_1-P_2 （3.4.1式）

显然，不同期间利润广义差额可能大于，也可能小于或者等于零。其中，不等于零的利润差额称为两种成本法营业利润狭义差额（以下简称利润狭义差额）。

二、导致出现利润狭义差额的原因分析

因为营业利润是收入与费用进行配比的结果，所以分析两种成本法出现不同利润的原因，必须从影响收入和计入当期利润表的成本费用因素入手，主要需要考虑单价、销量、销

①尽管第一套方案仅靠单纯增加产量，没有真正采取任何降低成本的措施，其成本降低幅度却远远高于积极采取降低成本措施的第二套方案。

货成本和期间成本等因素。

结合上节实例，分析比较两种成本法营业利润的计算公式和利润表，就会发现：

第一，无论在哪种成本法下，单价和销量均为已知常数，计算出来的销售收入是完全相同的，不会导致营业利润出现狭义差额。

第二，无论在哪种成本法下，全部非生产成本（包括全部销售费用、管理费用和财务费用）都属于期间成本，只是在计入利润表的位置和补偿途径方面有形式上的区别，所以也不会对两种成本法分期营业利润是否出现狭义差额产生影响。

第三，无论在哪种成本法下，变动生产成本均属于其产品成本的组成部分，没有什么区别，因而也不可能导致出现利润狭义差额。

以上我们排除了单价、销量、全部非生产成本和变动生产成本四个因素，只剩下固定生产成本①（在上节的例子中就是固定性制造费用）因素。看来，分析导致利润狭义差额出现的原因，必须从分析固定生产成本入手。

有人将导致利润狭义差额出现的根本原因，说成是对固定生产成本的处理方法不同，这是不确切的。因为这个理由无法解释以下现象：在一段较长的时期内（如例3-5），尽管两种成本法始终采取不同的方式处理固定生产成本——变动成本法始终将固定生产成本作为期间成本处理，完全成本法始终将其作为产品成本处理，但并非每期都出现利润狭义差额，有时其差额为零（如第一期和第三期）。

事实上，导致出现利润狭义差额的根本原因在于两种成本计算法计入当期利润表的固定生产成本的水平出现了差异，这种差异又具体表现为完全成本法下期末存货吸收的固定生产成本与期初存货释放的固定生产成本之间的差异。因为在变动成本法下，计入当期利润表的是当期发生的全部固定生产成本；而在完全成本法下，计入当期利润表的固定生产成本的数额，不仅受到当期发生的全部固定生产成本水平的影响，而且要受到可能存在的期末存货和期初存货成本中所包含的固定生产成本水平的影响。

在其他条件不变的前提下，只要某期完全成本法下期末存货吸收带走的固定生产成本与期初存货释放带来的固定生产成本的水平不同，就意味着两种成本法计入当期利润表的固定生产成本的数额不同，一定会使两种成本法的当期营业利润不相等；如果某期完全成本法下期末存货吸收的固定生产成本与期初存货释放的固定生产成本的水平相同，就意味着两种成本法计入当期利润表的固定生产成本的数额相同，两种成本法的当期营业利润必然相等。

［例3-9］分析两种成本法下分期营业利润差额的形成原因

已知：例3-5的表3-8。

要求：通过观察表3-8所反映的两种成本法分期营业利润差额与完全成本法下期末、期初存货吸收、释放的固定生产成本差额之间的关系，分析两种成本计算法下分期营业利润差额的形成原因。

分析过程如下：

（1）第一期。由于期初存货和期末存货均为0，不存在完全成本法存货释放或吸收固定生产成本的问题，因此，两种成本法计入当期利润表的固定生产成本都是10 000万元，从而导致两者当期的营业利润没有差异。

（2）第二期。变动成本法将当期发生的10 000万元固定生产成本全部计入了利润表，而

①在例3-5中，只有固定性制造费用属于固定生产成本，在实务中还可能包括其他内容，因此在揭示两种成本法分期营业利润差额的形成原因时，使用外延更广的“固定生产成本”来代替“固定性制造费用”，可能更为准确。

完全成本法下只有7 500万元的固定生产成本计入了当期利润表，比变动成本法少了2 500万元，原因是1 000件期末存货吸收了2 500万元的固定生产成本，并结转到第三期；第二期的期初存货为0，没有释放出固定生产成本，这导致了该期完全成本法下的营业利润比变动成本法多了2 500万元（等于两种成本法营业利润17 500万元与15 000万元之差）。

同样道理，在第五期，因为完全成本法期末存货吸收的固定生产成本3 600万元大于其期初存货释放的固定生产成本2 250万元，导致完全成本法的营业利润大于当期的变动成本法的营业利润。

（3）第三期。变动成本法计入利润表的固定生产成本仍为本期发生额10 000万元，而按完全成本法计算的期初存货成本中释放了2 500万元由第二期带来的固定生产成本，加上本期发生的10 000万元固定生产成本，再减去被期末存货吸收的2 500万元固定生产成本，最终使完全成本法计入当期利润表的固定生产成本也达到10 000万元。这导致两种成本法当期的营业利润相等。

（4）第四期。因为完全成本法期末存货吸收的固定生产成本2 250万元小于其期初存货释放的固定生产成本2 500万元，导致完全成本法下的营业利润小于当期的变动成本法下的营业利润。

同样道理，在第六期，因为完全成本法期末存货量为0，没有吸收固定生产成本，而期初存货却释放了3 600万元固定生产成本，导致完全成本法下的营业利润小于当期的变动成本法下的营业利润。

两种成本法分期营业利润差额与两种成本法计入当期利润表的固定生产成本之差额，以及与完全成本法下期末期初存货吸收释放的固定生产成本差额三者之间的关系，可用以下公式来表示：

$$\begin{matrix}\text{两种成本法分期}\\\text{营业利润差额}\end{matrix}=-\left(\begin{matrix}\text{完全成本法计入当期}\\\text{利润表的固定生产成本}\end{matrix}-\begin{matrix}\text{变动成本法计入当期}\\\text{利润表的固定生产成本}\end{matrix}\right)\quad(3.4.2式)$$

$$=\begin{matrix}\text{完全成本法期末存货}\\\text{吸收的固定生产成本}\end{matrix}-\begin{matrix}\text{完全成本法期初存货}\\\text{释放的固定生产成本}\end{matrix}\quad(3.4.3式)$$

知识拓展 3-2

利润狭义差额形成原因的证明

3.4.2式表明：导致两种成本法出现利润狭义差额的根本原因，在于两种成本法计入当期利润表的固定生产成本的水平出现了差异。

3.4.3式表明：两种成本法的营业利润差额，等于完全成本法期末存货吸收与期初存货释放的固定生产成本之间的差额。

3.4.2式和3.4.3式的推导过程，参见知识拓展3-2：利润狭义差额形成原因的证明。

三、利润广义差额的定性推断标准

利润广义差额的性质是指特定时期该差额等于零、大于零或小于零的数量特性。

（一）利润广义差额性质的含义

根据3.4.3式，可以概括出利润广义差额有如下三种性质：

第一，若完全成本法下期末存货吸收的固定生产成本等于期初存货释放的固定生产成本，则两种成本计算法确定的营业利润差额必然为零，即它们的营业利润相等。

第二，若完全成本法下期末存货吸收的固定生产成本大于期初存货释放的固定生产成本，则两种成本计算法确定的营业利润差额必然大于零，即按完全成本法确定的营业利润一定大于按变动成本法确定的营业利润。

第三，若完全成本法下期末存货吸收的固定生产成本小于期初存货释放的固定生产成本，则两种成本计算法确定的营业利润差额必然小于零，即按完全成本法确定的营业利润一定小于按变动成本法确定的营业利润。

知识拓展3-3

利润广义差额三种数量特性的验证推导

知识拓展3-3：利润广义差额三种数量特性的验证推导。

（二）学术界长期流行的一种错误说法

如果不需要进行复杂的成本和利润的计算，能否根据某些标准对利润广义差额的性质作出推断呢？

中西方许多管理会计学者通过列举例题的方式发现：当产等于销时，利润差额等于零（见例3-5的表3-8中的第一期和第三期的相应信息）；当产大于销时，利润差额大于零（见例3-5的表3-8中的第二期和第五期的相应信息）；当产小于销时，利润差额小于零（见例3-5的表3-8中的第四期和第六期的相应信息）。

于是，就此推导出以下结论：各期产量与销量之间的关系是直接推断利润广义差额性质的唯一标准。其实这种说法是经不起推敲的。

如果将例3-5的原第六期的产销量分别改为4 000件和4 100件，该期的产销关系仍为“产小于销”。根据上述推论，“产小于销时，当期利润广义差额小于零”；但事实恰恰相反，通过计算，我们发现，该期按完全成本法和变动成本法计算的营业利润分别为26 320万元和25 670万元，利润广义差额为+650万元（见表3-9第六期数据），与上述推论完全不符。显然，通过列举例题的方法，把特殊条件下得出的结论看成普遍规律，当作“放之四海而皆准的真理”，不是科学严谨的做法。

（三）利润广义差额的直接定性推断标准

利润广义差额的直接定性推断，是指根据特定条件下产销之间的三种关系直接作出利润广义差额性质判断的方法，该法适用于在特定条件下形成的各种特殊产销关系或各种特殊组合产销关系。

1.特殊产销关系是指在特定期间内，当期末存货量和期初存货量两个因素中至少有一个为零时所形成的产销关系。具体包括以下三种情况：

（1）当特殊产销平衡（即期末存货量和期初存货量均为零，如例3-5的第一期）时，两种成本法确定的营业利润必然相等，即营业利润广义差额恒等于零。

（2）当特殊产大于销（即期末存货量不为零，期初存货量为零，如例3-5的第二期）时，完全成本法确定的营业利润必然大于变动成本法确定的营业利润，即营业利润广义差额大于零。

（3）当特殊产小于销（即期末存货量为零，期初存货量不为零，如例3-5的第六期）时，完全成本法确定的营业利润必然小于变动成本法确定的营业利润，即营业利润广义差额小于零。

2.特殊组合产销关系是指在特定期间内，当期末存货量和期初存货量均不为零，本期与前期产量相等（按完全成本法计算的单位期末存货中的固定生产成本与单位期初存货中的固定生产成本相等）时所形成的产销关系。具体包括以下三种情况：

（1）当特殊组合产销平衡（如例3-5的第三期）时，两种成本计算法确定的营业利润相等，即营业利润广义差额为零。

（2）当特殊组合产大于销时，完全成本法确定的营业利润大于变动成本法确定的营业利润，即营业利润广义差额大于零。

（3）当特殊组合产小于销（如例3-5的第四期）时，完全成本法确定的营业利润小于变动成本法确定的营业利润，即营业利润广义差额小于零。

知识拓展3-4

利润广义差额的直接定性推断标准的验证

上述推断标准的正确性，可参见知识拓展3-4：利润广义差额的直接定性推断标准的验证。

［例3-10］利润广义差额的直接定性推断标准的应用

已知：乙企业投产后连续12期的销售单价、成本水平与例3-5的表3-6完全相同，已知的各期产销业务量和存货量见表3-9，按两种成本法计算的营业利润及其差额和产销关系等资料编制的分析表见表3-9。

要求：（1）根据表3-9中各期产销关系的类型，对符合条件的期间，按照直接定性推断标准对利润广义差额的性质作出判断。

（2）说明在其他期间，能否根据直接定性推断标准对利润广义差额的性质作出相应判断。

解：（1）从表3-9中可以发现，第一期的产销关系为“特殊产销平衡”，可以直接断定利润广义差额等于零；第二期的产销关系为“特殊产大于销”，可以直接断定利润广义差额大于零；第三期的产销关系为“特殊组合产销平衡”，可以直接断定利润广义差额等于零；第四期的产销关系为“特殊组合产小于销”，可以直接断定利润广义差额小于零；第十二期的产销关系为“特殊产小于销”，可以直接断定利润广义差额小于零。

（2）在本例的其他七期中，都不属于特殊情况，无论是“一般产销平衡”（如第八期和第九期）①，还是“一般产大于销”（如第五期、第七期和第十一期），或是“一般产小于销”（如第六期和第十期），都有可能出现利润广义差额等于零、大于零和小于零的情况。结论是，在多数情况下，无法直接根据产销关系的类型作出利润广义差额的定性推断。

（四）利润广义差额的间接定性推断标准

利润广义差额的间接定性推断，是指根据特定期间内，期初存货量和上期产量均不等于零时所形成的Q_2/Q_1与x_1/x_0之间的各种关系，间接作出利润广义差额性质判断的方法，该法适用于除特殊产销平衡和特殊产大于销以外的各种情况，包括一般产销平衡、一般产大于销和一般产小于销。当Q_2/Q_1等于x_1/x_0（标记为Ⅰ）时，ΔP等于零；当Q_2/Q_1大于x_1/x_0（标记为Ⅱ）时，ΔP大于零；当Q_2/Q_1小于x_1/x_0（标记为Ⅲ）时，ΔP小于零。

知识拓展3-5

利润广义差额的间接定性推断标准的验证

上述推断标准的正确性，可参见知识拓展3-5：利润广义差额的间接定性推断标准的验证。

［例3-11］营业利润广义差额的间接定性推断标准的应用

已知：例3-10的计算结果，其他条件不变。

要求：（1）计算表3-9中各年期末存货量与期初存货量之比（Q_2/Q_1）和当前产量与上期产量之比（x_1/x_0），并比较两者关系，据此作出营业利润广义差额性质的判定，最后与表3-9的计算结果进行比较。

（2）比较特定期间根据间接定性推断标准所确定的利润广义差额性质，与根据直接定性推断标准所确定的利润广义差额性质之间的异同。

解：（1）依题意，相关的计算数据见表3-9。

①第三期的产销关系具有双重属性，既为“特殊组合产销平衡”，又为“一般产销平衡”。

表3-9 **分析表** 单位：万元、件

项目 \ 期间	一	二	三	四	五	六	七	八	九	十	十一	十二
期初存货量Q_1	0	0	1 000	1 000	900	1 800	1 700	1 900	1 900	1 900	1 710	2 052
产量x_1	2 550	4 000	4 000	4 000	5 000	4 000	5 000	2 500	5 000	4 500	5 400	3 048
销量x_2	2 550	3 000	4 000	4 100	4 100	4 100	4 800	2 500	5 000	4 690	5 058	5 100
期末存货量Q_2	0	1 000	1 000	900	1 800	1 700	1 900	1 900	1 900	1 710	2 052	0
直接定性推断标准：产销关系	特殊产销平衡	特殊产大于销	特殊组合产销平衡	特殊组合产小于销	产大于销	产小于销	产大于销	产销平衡	产销平衡	产小于销	产大于销	特殊产小于销
完全成本法利润P_1	10 635	17 500	24 700	25 420	27 020	26 320	32 010	13 950	30 600	31 393	34 963	31 570
变动成本法利润P_2	10 635	15 000	24 700	25 670	25 670	25 670	32 460	10 150	34 400	31 393	34 963	35 370
$\Delta P=P_1-P_2$	0	2 500	0	-250	1 350	650	-450	3 800	-3 800	0	0	-3 800
直接推断ΔP性质	$\Delta P=0$	$\Delta P>0$	$\Delta P=0$	$\Delta P<0$	无法判定	无法判定	无法判定	无法判定	无法判定	无法判定	无法判定	$\Delta P<0$
细分的产销平衡关系	特殊产销平衡	特殊产大于销	一般产销平衡Ⅰ	一般产小于销Ⅲ	一般产大于销Ⅱ	一般产小于销Ⅱ	一般产大于销Ⅲ	一般产销平衡Ⅱ	一般产销平衡Ⅲ	一般产小于销Ⅰ	一般产大于销Ⅰ	特殊产小于销
Q_2/Q_1=①	不存在	不存在	1.00	0.90	2.00	0.94	1.12	1.00	1.00	0.90	1.20	0.00
x_1/x_0=②	不存在	1.57	1.00	1.00	1.25	0.80	1.25	0.50	2.00	0.90	1.20	0.56
间接定性推断标准：Q_2/Q_1与x_1/x_0的关系	不可比	不可比	①=②	①<②	①>②	①>②	①<②	①>②	①<②	①=②	①=②	①<②
间接推断ΔP性质	无法判定	无法判定	$\Delta P=0$	$\Delta P<0$	$\Delta P>0$	$\Delta P>0$	$\Delta P<0$	$\Delta P>0$	$\Delta P<0$	$\Delta P=0$	$\Delta P=0$	$\Delta P<0$

注：读者可参照例3-5的计算过程自行验证本表中各项数据计算的正确性。

由本例可见，按间接定性推断标准所断定的△P性质与通过计算确定的△P性质完全相同。

（2）本例中，第三期、第四期和第十二期根据间接定性推断标准所确定的利润差额性质，与根据直接定性推断标准所确定的利润差额性质完全相同。由此可见，间接定性推断标准比直接定性推断标准更有应用价值。

四、营业利润广义差额简算法及其应用

在管理会计实践中，有时要求在不分别按两种成本计算法确定营业利润的情况下就直接得到营业利润广义差额的数据。这就涉及两种成本计算法下营业利润广义差额的简单算法（以下简称营业利润广义差额简算法）的问题。

整理3.4.3式，可得到营业利润广义差额的简算法公式，即：

$$\text{两种成本法分期营业利润差额}=\text{完全成本法单位期末存货中的固定生产成本}\times\text{期末存货量}-\text{完全成本法单位期初存货中的固定生产成本}\times\text{期初存货量}=u_2Q_2-u_1Q_1 \quad (3.4.4\text{式})$$

$$=\text{完全成本法单位期末存货中的固定生产成本}\times\text{期末存货量}-\text{完全成本法期初存货释放的固定生产成本} \quad (3.4.5\text{式})$$

利用3.4.4式，就可以很方便地从理论上对前面介绍的营业利润广义差额三种数量特性、利润广义差额的直接定性推断标准和利润广义差额的间接定性推断标准的科学性进行验证。

利用3.4.5式有助于简化实务计算，因为完全成本法期初存货释放的固定生产成本就是其期初存货成本中的固定生产成本，等于上期期末存货吸收的固定生产成本，通常这是已知指标，不必计算。

计算营业利润广义差额的关键是计算完全成本法下期末存货吸收的固定生产成本。

在先进先出法下，如果本期产量大于或等于期末存货量，可按下式计算完全成本法下期末存货吸收成本中的固定生产成本：

$$\text{完全成本法期末存货吸收的固定生产成本}=\frac{\text{本期固定生产成本}}{\text{本期产量}}\times\text{期末存货量} \quad (3.4.6\text{式})$$

如果本期产量小于期末存货量，则应按下式计算完全成本法下期末存货吸收的固定生产成本：

$$\text{完全成本法期末存货吸收的固定生产成本}=\text{本期固定生产成本}+\text{完全成本法单位期初存货中的固定生产成本}\times(\text{期末存货量}-\text{本期产量}) \quad (3.4.7\text{式})$$

［例3-12］按简算法计算营业利润广义差额

已知：例3-10的资料及结果。

假定乙企业第十三期至第十八期的产量分别为5 000件、5 000件、4 000件、10 000件、2 000件和2 000件，各期销量分别为5 000件、4 000件、4 000件、4 000件、5 000件和6 000件。在此期间的成本水平、单价水平和存货计价方法以及其他条件假定均不变。

要求：（1）计算各期期末存货量。

（2）计算完全成本法各期期末存货吸收的固定生产成本。

（3）指出完全成本法各期期初存货释放的固定生产成本。

（4）按简算法计算两种成本法各期营业利润的差额。

解：（1）第十三期的期末存货量=0+5 000-5 000=0

同样道理，第十四期至第十八期的相应指标分别为1 000件、1 000件、7 000件、4 000

件和0（计算过程略）。

（2）完全成本法第十三期期末存货吸收的固定生产成本为零。

第十四期的相应指标=$\frac{10\ 000}{5\ 000}$×1 000=2 000（万元）

同理，第十五期至第十八期的相应指标分别为2 500万元、7 000万元、12 000万元和0（计算过程略）。

（3）完全成本法第十三期和第十四期期初存货释放的固定生产成本均为零。

第十五期的相应指标=$\frac{10\ 000}{5\ 000}$×1 000=2 000（万元）

同理，第十六期至第十八期的相应指标分别为2 500万元、7 000万元和12 000万元（计算过程略）。

（4）第十三期按简算法公式计算的两种成本法营业利润广义差额=0-0=0。

第十四期的相应指标=2 000-0=2 000（万元）

同理，第十五期至第十八期的相应指标分别为500万元、4 500万元、5 000万元和-12 000万元。

第五节 变动成本法的优缺点及应用

从变动成本法和完全成本法的比较分析中，可以很清楚地看出变动成本法在确定成本和损益方面的特点，与完全成本法相比，它在理论和计算方面均有一定管理优势，可以更有效地应用于企业的内部管理，因此应当在实践中应用推广。

一、变动成本法的优缺点

（一）变动成本法的优点

1.变动成本法能够揭示利润和业务量之间的正常关系，有利于促使企业重视销售工作

如前所述，变动成本法能够如实地反映利润和销量之间的正常关系，使利润真正成为反映企业经营状况的晴雨表，有助于促使企业管理者重视市场销售，认真研究市场动态，实现以销定产，防止因盲目生产带来的产品大量积压，提高企业的经济效益。

2.变动成本法可以提供有用的成本信息，便于进行科学的成本分析和成本控制

首先，按变动成本法计算的单位产品成本，不包括固定生产成本，使产品成本不受固定成本和产量的影响，这就便于采用更为科学的方法开展成本预测和成本控制。

其次，变动成本法以成本性态分析为前提，将全部成本划分为固定成本和变动成本，揭示了成本总额和业务量之间的依存关系，为分清成本升降的原因提供了条件。一般情况下，产销量的变化和成本控制工作的好坏，是引起成本升降的两个主要因素。在变动成本法下，产品的单位成本只包括变动生产成本，单位变动成本和固定成本总额一般不受产销量变动的影响，其数额的变动往往是成本控制工作的原因引起的，这就能将产销量变动引起的成本升降与成本控制工作好坏导致的成本升降更清晰地区分开来，有利于进行科学的成本分析。

再次，变动成本法分别提供了变动生产成本、固定生产成本、变动非生产成本和固定非生产成本的资料，便于确定成本责任的归属。通常，变动生产成本发生在生产过程中，其成

本责任应归属于生产部门；固定生产成本的发生和生产过程没有直接的联系，其数额的高低也不应由生产部门负责，而应由管理部门负责；变动非生产成本通常应由负责销售工作的部门负责；固定非生产成本则应由管理部门负责。

最后，变动成本法提供的成本信息，有利于采用科学的成本控制方法。一般地，固定成本的发生和产量之间没有直接的因果关系，其成本控制应以总额控制为目标，一般采用固定预算控制；而变动成本总额随产销量的变动而变动，其成本控制的方向应该是单位成本的消耗水平，一般通过制定标准成本和弹性预算来控制。

3.变动成本法提供的成本和损益资料，便于企业进行短期经营决策

变动成本法所提供的变动成本、固定成本、贡献边际和营业利润等资料，有助于揭示成本与业务量之间的依存关系，能反映出生产、销售和利润之间的内在关系，从而可以为正确地进行经济预测和经营决策提供科学依据。

4.采用变动成本法可以简化成本核算工作

变动成本法将固定生产成本列入期间成本，大大简化了将固定生产成本计入产品成本时的成本分摊工作，从而减少了由分摊标准的多样性带来的主观随意性，简化了成本核算，增强了会计信息的客观性和准确性，也使会计人员从繁重的成本核算工作中解脱出来。

（二）变动成本法的缺点

变动成本法对企业的内部管理有着十分重要的意义，但仍然存在以下缺点：

1.变动成本法计算出来的单位产品成本，不符合传统的成本观念的要求

按传统成本观念的理解，生产成本是产品在生产过程中发生的全部耗费，既应该包括变动生产成本，也应该包括固定生产成本，这种观点在全世界范围内得到了广泛的认可。很显然，变动成本法不符合这一观念的要求。

2.变动成本法不能适应长期决策的需要

变动成本法以成本性态分析为基础，以相关范围内固定成本和单位变动成本固定不变为前提条件，这在短期内是成立的。但成本性态受许多因素影响，不可能长期不变。而长期决策要解决的是生产能力的增减和经营规模的扩大或缩小的问题，涉及时间长，必然要突破相关范围的限制。因此，变动成本法不能适应长期决策的需要。

3.采用变动成本法会对所得税产生一定的影响

由于目前国内外的财务会计都采用完全成本法，因此，产品存货的计价都包括了变动生产成本和固定生产成本。如果从某一年开始改用变动成本法，势必要在年初存货成本计价不变的情况下降低年末存货成本的计价，使该年计入利润表的销售成本增加，从而降低该年的营业利润，影响到国家的税收及投资者及时获得收益。从另外一个角度说，如果期末期初存货成本水平不等，也会造成其营业利润不同于完全成本法的结果，进而导致所得税上的时间性差异。这是妨碍变动成本法应用的很现实的原因。

二、变动成本法的应用

（一）关于变动成本法应用的不同设想

从以上分析中，我们可以清楚地看出，变动成本法在加强企业内部管理方面，确实能起到完全成本法无法比拟的重要作用，并且已经成为企业规划、控制经济活动，制定经营决策的重要手段。因此，如何处理变动成本法与完全成本法的关系，如何应用变动成本法，已经

成为各界关心的热点问题。到目前为止，关于变动成本法的应用，有三种不同的观点：

第一种观点是采用“双轨制”。在完全成本法的核算资料之外，另外设置一套变动成本法的核算系统，提供两套平行的成本核算资料，以分别满足不同的需要。

第二种观点是采用“单轨制”。以变动成本法完全取代完全成本法，最大限度地发挥变动成本法的优点。

第三种观点是采用“结合制”。将变动成本法与完全成本法结合使用，日常核算建立在变动成本法的基础之上，以满足企业内部经营管理的需要；期末对需要按完全成本反映的有关项目进行调整，以满足对外报告的需要。

以上三种观点中，按第一种观点的做法，技术上比较简单，但工作量较大，并且重复设账，会造成人、财、物和时间上的极大浪费。第二种观点要求以变动成本法取代完全成本法，显然不符合现行会计制度的统一要求。按照现行会计制度，编制定期的会计报表、存货的计价和损益的确定均应采用完全成本法。

第三种观点主张，在应用变动成本法时，应当既充分发挥变动成本法的优点，又兼顾现行会计制度的统一要求。用变动成本法组织日常核算，对产品成本、存货成本、贡献边际和营业利润，都按变动成本法计算，以满足企业内部管理的需要；在编制会计报表时，对变动成本法计算的期间成本进行调整，计算符合完全成本法的营业利润。这种方法可以最有效地兼顾对内和对外两方面的需要，所以我们认为第三种观点最为合理。下面介绍按照“结合制”的思路应用变动成本法的程序。

（二）变动成本法的应用程序

1.将日常核算建立在变动成本法的基础之上

首先，以成本性态分析为前提条件，将发生的制造费用项目，划分为固定成本和变动成本两类，为用不同的账户分别核算变动成本和固定成本奠定基础；其次，对生产成本和产成品均按变动成本核算，同时取消“制造费用”账户，另设“变动性制造费用”和“固定性制造费用”两个账户，以分别核算生产过程中发生的各种变动性制造费用和固定性制造费用。其他账户按会计制度的要求进行设置，同时要求按照变动成本法计算营业利润指标。

2.期末调整

期末，将“固定性制造费用”的本期发生额按本期在产品、已销产品和期末库存产品的数量比例进行分配和结转，使生产成本、销售成本和期末库存产成品都按完全成本法反映，以满足期末编制会计报表的需要。此外，还需要利用利润差额简算法确定两种成本法的营业利润差额，最后将变动成本法的营业利润调整为完全成本法的营业利润。

相关的调整公式为：

$$\text{某期完全成本法的期末存货成本}=\text{该期变动成本法的营业利润}+\text{某期完全成本法期末应吸收的固定生产成本} \quad (3.5.1式)$$

$$\text{某期完全成本法的营业利润}=\text{该期变动成本法的营业利润}+\text{该期两种成本法的营业利润差额} \quad (3.5.2式)$$

［例3-13］按调整公式计算完全成本法的营业利润和期末存货成本

已知：例3-5的价格和成本资料、例3-11的产销量和利润资料以及例3-12的产销量资料和相关指标计算结果。

要求：（1）按变动成本法确定或计算第十三期至第十八期的营业利润。

（2）利用调整公式计算各期完全成本法的营业利润。

（3）计算各期变动成本法的期末存货成本。

（4）利用调整公式计算各期完全成本法的期末存货成本。

（5）试用本例的结果验证按完全成本法确定的利润与销量之间存在着不正常的关系。

解：（1）根据变动成本法下的利润与销量之间的依存关系，结合表3-8，可直接断定：

第十三期和第十七期按变动成本法计算的营业利润都是34 400万元（因为销量都与第九期相同）；第十四期、第十五期、第十六期按变动成本法计算的营业利润都是24 700万元（因为销量都与第三期相同）。

第十八期按变动成本法计算的营业利润 =［20-（10 + 0.3）］×6 000 -（10 000 + 4 100）
= 44 100（万元）

（2）利用调整公式计算的第十三期完全成本法营业利润=34 400+0=34 400（万元）。

第十四期的相应指标=24 700+2 000=26 700（万元）

同理，第十五期至第十八期的相应指标分别为25 200万元、29 200万元、39 400万元和32 100万元（计算过程略）。

（3）变动成本法第十三期期末存货成本为零。

第十四期的相应指标=10×1 000=10 000（万元）

同理，第十五期至第十八期的相应指标分别为10 000万元、70 000万元、40 000万元和0。

（4）利用调整公式计算的第十三期完全成本法期末存货成本=0+0=0

同理，第十四期至第十八期的相应指标分别为12 000万元、12 500万元、77 000万元、52 000万元和0。

（5）由本例可见，按完全成本法计算的营业利润无法反映销量水平的变化情况。如第十四期、第十五期、第十六期虽然销量相同，但利润水平却有高有低；最令人不解的是第十八期，该期产量与上期相同，销售量比上期多了1 000件，而利润反而下降了7 300万元。这表明按完全成本法计算的营业利润很有可能歪曲企业的真实业绩。

□ 思政课堂

偶然性和必然性

唯物辩证法指出：偶然性和必然性是揭示客观事物发生、发展和灭亡的不同趋势的一对范畴。事物发展过程中一定要发生的趋势是必然性；事物发展过程中可能出现，也可能不出现，或可能以多种多样的不同方式出现的趋势是偶然性。

唯物辩证法认为偶然性和必然性存在以下对立统一的辩证关系。

偶然性和必然性是对立的：其一，两者地位不同，必然性居于决定地位，偶然性居于从属地位；其二，两者的根源不同，必然性是由事物内部的根本矛盾决定的，偶然性是由事物内部的非根本矛盾或外部矛盾造成的；其三，两者作用不同，必然性决定事物发展的基本方向，偶然性则使事物发展过程变得丰富多彩（或说不好预料）。

同时，偶然性和必然性又是统一的：其一，必然性不能离开偶然性，一切必然性终归要以某种偶然性的形式表现出来；其二，偶然性也不能离开必然性，一切偶然性都受必然性的制约，也总是以某种形式表现着相应的必然性；其三，必然性和偶然性在一定条件下可以相互转化，在一定条件下为必然的东西，在另外的条件下可以转化为偶然；反之亦然。

请结合唯物辩证法的原理，解释在变动成本法与完全成本法之间存在诸多区别的前提下，两者之间出现不为零的营业利润差额只有可能性，而没有必然性的理论根据。

资料来源：百度百科。

□ 复习思考题

1.管理会计中的成本计算可以分为哪些不同的类型？各种分类所依据的标志是什么？

2.在变动成本法下，为什么产品成本中只包括变动生产成本？

3.在变动成本法下，为什么固定生产成本必须作为期间成本处理？

4.变动成本法与完全成本法相比有哪些主要区别？其中最本质的区别是什么？

5.怎样理解变动成本法三种贡献式利润表格式之间的异同？

6.无论非生产成本的性态是固定性，还是变动性，最终都不能改变其属于期间成本的性质，这是为什么？

7.为什么说两种成本法出现不为零的营业利润差额只有可能性，没有必然性？

8.为什么说只有在变动成本法下，利润才真正成为反映企业经营好坏的晴雨表？

9.为什么说对固定性制造费用的处理方法不同，并不是导致两种成本法出现不为零的营业利润差额的根本原因？造成利润狭义差额的根本原因究竟是什么？

10.两种成本法的营业利润广义差额的性质有几种数量特性？

11.请说明利润广义差额的直接定性推断标准是什么？利润广义差额性质的间接定性推断标准是什么？

12.请分别从理论和实践的角度说明营业利润差额简算法的意义何在。

13.为什么说按照利润差额简算法计算营业利润广义差额的关键是计算完全成本法下期末存货吸收的固定生产成本？

14.变动成本法有哪些优点和局限性？我国应用变动成本法都采取了哪些方案？

第四章

作业成本法

第一节 作业成本法概述

2013年8月，财政部颁布《企业产品成本核算制度（试行）》，自此作业成本法被我国政府认可，成为制度允许的一种产品成本核算方法。此法与传统成本核算方法不同，将成本分配对象嵌入作业层面，通过建立作业中心核算产品成本。本节介绍作业成本法产生的原因及相关概念。

一、作业成本法产生的原因

为满足提高产品成本计算精度的要求，作业成本法最初产生于20世纪80年代中后期的西方。经过多年来的不断发展完善，它已在全球范围内得到广泛应用，且达到炙手可热的程度。与其他新生事物一样，作业成本法的产生，既是生产力发展的直接结果，也是用于克服传统成本核算局限性的一种创新方法。

（一）生产力发展导致企业内外部环境变化

20世纪70年代以后，世界经济形势发生了比较大的变化，表现在企业生产条件方面尤为明显。从企业的外部环境看，以计算机技术为代表的高科技广泛应用于企业，如计算机辅助设计技术、计算机辅助制造技术和计算机一体化制造系统等的推广，使得企业的生产日益自动化和程序化，制造环境和制造工艺发生明显变化，从而促使企业的生产环境由传统劳动密集型生产逐渐向技术密集型生产转化。与此同时，随着社会生产力的极大提高，人们可支配收入不断增长，社会呈现富裕状态，市场消费明显改变，产品由卖方市场完全转为买方市场，顾客的行为变得更具选择性，对产品的要求突出个性化，追求时尚。

从企业内部环境看，随着高新技术的蓬勃发展，企业生产条件显著变动，使得产品成本结构明显改变。一方面产品成本中的制造费用比重急剧增长，而直接人工比重则相对下降。从西方的许多企业来看，1970年以前制造费用比重仅为直接人工成本的50%～60%，到了1970年以后，很多企业的制造费用已达到直接人工成本的400%～500%，而直接人工成本在产品成本中的比重仅为10%～20%。与此同时，为了适应顾客的多样化需求，企业的生产组织体系更多地出现了单件小批式的生产，进而导致常规式生产与柔性制造的有机结合。

企业内外环境的变化导致制造费用的构成更加繁杂，从我国目前规定来看，制造费用的明细项目就有十几项。制造费用属于间接成本，需要分配计入产品成本。详细分析这些费用发生的原因也是多种多样的，而这些项目的分配必须具有合理性，基于此，人们开始关注间接费用分配的准确性，作业成本法由此诞生。

（二）传统间接成本（制造费用）的分配方法有缺陷

20世纪70年代前，多数发达国家的制造业企业的生产总体上属于劳动密集型生产，制造费用占成本比重不大。在这种情况下，企业管理层在对生产成本中的直接成本和间接成本进行分类时，往往只关注主要成本（即直接材料和直接人工）的确认、计量和控制，将其余生产成本简单归并为间接成本，统统列入制造费用项目，缺乏必要的关注。在处理制造费用时，往往以直接人工工时、机器工时或直接人工成本作为分配标准，只选择一个或几个少得可怜的简单分配率，在各种产品之间进行分配。伴随着企业内外环境的显著改变，人们逐渐发现这种粗放的间接成本处理方法既不准确，又不科学，存在明显的缺陷。

随着企业生产条件和工艺的明显改观，以及制造费用比重的明显增长，仍以单一数量为基础分配制造费用就显得不适宜。在高度自动化的生产条件下，只有个别制造费用项目与产品产量的关系较为紧密，而大部分的制造费用项目与产量没有必然的联系。在这种情况下，仍采用单一的分配率，容易导致产品成本扭曲，很难确保制造费用分配结果的准确性。

另外，在过去劳动密集型生产条件下，企业追求规模经济效益，产品品种较少，常常进行大批大量生产；而在技术密集型生产条件下，生产较为灵活，产品品种呈多样化趋势，生产变为小批量生产。如果按照传统制造费用分配方法来分配费用，会使生产数量多的产品承担较多的制造费用，而生产数量少的产品则承担较少的制造费用，这与事实不符。事实上，在技术密集型生产条件下，大批量生产产品的设计和加工程序一般较为简单，容易生产；而小批量生产产品的设计和加工程序通常较为复杂，不容易生产。在这种情况下，如果分配制造费用，前者应少些而后者应相对较多，但按传统的费用分配方法结果刚好与此相反。

从上述两方面分析可以看出，如果采用传统的制造费用分配方法进行分配，无论从费用分配率来看，还是从费用分配过程来看，都会由于制造费用分配不准确而使其失去真实性，从而造成成本信息严重失真，这不利于企业进行正确的价格决策。为了克服传统成本核算的弊端，较为准确地核算产品成本，作业成本法应运而生。

关于作业成本法产生发展的阶段，详见知识拓展4-1：作业成本法产生发展的阶段划分。

知识拓展4-1

作业成本法产生发展的阶段划分

二、作业成本法的相关概念

经过会计界多年来的研究和探索，已基本形成一套较为完整的作业成本法相关概念体系，虽然诸多概念的界定尚有争议，但这些概念中体现的基本思想大致相近。

（一）作业成本法的概念

作业成本法是指以作业为中间桥梁，以作业中心作为间接费用归集和分配的对象，结合直接费用计算产品成本的一种成本核算方法。早期的作业成本法仅仅探讨如何深入作业层面核算产品成本问题，但发展中的作业成本法实际上已将其触角延伸到损益层面，探讨如何从满足内部管理角度核算税前利润问题，也就是说作业成本法不仅是一种产品成本核算方法，也是一种损益核算方法。然而从目前来看，2014年年初试行的《企业产品成本核算制度（试行）》，从制度的角度肯定了作业成本法的产品成本核算功能，其核算结果可以用于外部报表的编制，但对于损益核算没有明确规定，这意味着作业成本法下的损益核算只能用于内部管理。

（二）与作业成本法核算相关的概念

与作业成本法核算相关的概念比较多。它们具有广泛适用性，不仅可以应用于作业成本法下的产品成本核算，也可以应用于基于作业的全方位管理，包括盈利分析、作业控制、作业决策和作业规划等方面。

1.作业与作业链

作业（activity）是指企业生产经营过程中各项独立并相互联系的最基本的活动。作业贯穿产品生产经营的全过程，从产品设计开始，经过物料供应、生产工艺的各个环节，直至产品的发运销售。在这一过程中，每个环节、每道工序的基本活动都可以视为一项作业，如产品设计、订单处理、采购、储存等。

作业链（activity chain）是指企业中特定对象的一系列前后有序的作业的集合体。企业的作业链不是唯一的，依据选取的研究对象不同，会出现不同的作业链，如产品作业链、生产线作业链、项目作业链等。作业链的设计与建立以分析顾客价值为出发点，通过优化作业链可以消除不增加企业价值的作业，进而达到降低成本的目的。

2.资源与成本

资源是指企业生产经营过程中，初始形态上的各种劳动耗费。它是作业成本、费用的来源，也可以视为一定期间内为了生产产品或提供服务而发生的各类成本、费用的具体项目耗费，或者是作业执行过程中需要花费的代价。企业的资源可能包括时间、材料、占地面积、设备、技术和其他有价值的物力。通常在企业财务部门编制的预算中可以比较清楚地得到各种资源项目的耗费值。例如，发出订单是采购部门的一项作业，那么相应办公场地的折旧、采购人员的工资、电话费、办公费等都是订货作业的资源耗费。制造行业中典型的资源项目一般有：原材料、辅助材料、燃料和动力费用、工资及福利费、折旧、办公费、修理费、运输费等。

作业成本法中的成本是指由作业引发的资源消耗。此概念与传统概念最大的不同在于明确了消耗的对象。对每一个企业而言，各类资源是有限的，明确消耗对象的目的是计量资源耗费的水平，而不仅仅强调支出水平的增减变动情况。这种界定有助于管理人员分析资源的利用状况，也有助于管理人员作出正确决策。

3.成本动因与战术成本动因

成本动因亦称成本驱动因素（cost driver），是指导致成本发生的事项或活动。从企业的角度看，可将成本动因划分为战略成本动因和战术成本动因两大类。作业成本法属于成本核算工具，它仅仅涉及技术层面的战术成本动因。

战术成本动因是指与生产经营活动相关的成本驱动因素。此类成本动因的发生会导致资源的耗费以及产品成本的形成，它是资源或作业成本分配的标志。战术成本动因具有隐蔽性，它深藏在成本发生的过程中而不易被识别，凡战术成本动因必须与资源或成本的发生具有相关性，另外战术成本动因本身还应具有可计量性。

4.资源动因与作业动因

战术成本动因根据其在作业成本核算中体现的分配性质不同，可以进一步分为资源动因和作业动因两类。

资源动因是指作业发生导致资源消耗的原因。它反映作业量与资源耗费之间的因果关系。这类成本动因发生在各种资源耗费向相应作业中心分配的过程中，它是将资源费用分配给作业中心所依据的分配标准，资源动因与最终产品的产量没有直接的关系。

作业动因是指产品生产等发生导致作业成本计入的原因。它反映产品产量等与作业成本之间的因果关系。这类成本动因发生在各作业中心将归集的作业成本向各产品分配的过程中，是作业成本计入产品成本的分配标准。

5.成本库、作业中心与作业成本

成本库（cost pool）是指各种资源耗费项目归集在一起的成本类别，该成本类别具有同样的作业动因，即相同作业动因的资源成本集。成本库的建立将制造费用的分配与产生这些费用的动因联系起来，不同的成本库常常选择不同的成本动因，成本库中汇集的成本可以以相同的作业动因为标准，将成本分配给各产品或劳务。

作业中心是指一系列相互联系，能够实现某种特定功能的作业集合，该作业集合具有相同的作业动因。例如，在原材料采购作业中，材料采购、材料检验、材料入库、材料仓储保管等都是最基本的作业，但它们都与采购订单有关，因此都可以归类于材料处理作业中心。

作业成本是指特定作业中心归集的成本。此类成本可以以作业动因为标志，将其分配给各产品。

作业中心与成本库密不可分，成本库归集的成本实际上就是作业中心的成本，因此部分人认为，成本库亦称为作业中心。本教材也将这两个概念等同看待。作业中心属于责任单位，其归集的成本则为该中心的作业成本。

6.作业层次类型及其成本

作业按其等级不同可以分为单位层作业、批量层作业、产品层作业和维持层作业四种类型，由此形成的成本称为单位层作业成本、批量层作业成本、产品层作业成本和维持层作业成本。在作业成本核算中，需要区分作业的类型，类型不同确定的成本动因就不同。

单位层作业（unit level activity）是指随产品数量变动而成正比例变动的作业。属于此类作业的有领料、加工等。由单位层作业形成的成本称为单位层作业成本，如直接材料、直接人工等。对此类成本分配的作业动因常常是业务量，如机器小时、人工工时等。

批量层作业（batch level activity）是指随批别的变动而成正比例变动的作业。属于此类作业的有机器调整、产品检验等。由批量层作业形成的成本称为批量层作业成本。对此类成本分配的作业动因是生产批次、检验次数等，它们与产品的产量变动无关。

产品层作业（product level activity）是指随特定产品种类的变动而成正比例变动的作业。这类作业常常为了满足客户的要求而发生，属于此类作业的有产品设计、产品介绍等。由产品层作业形成的成本称为产品层作业成本。对此类成本分配的作业动因通常与正在生产的产品产量、生产批量无关，而与企业总体规划中的特定产品相联系。

维持层作业（facility level activity）是指为车间或企业整体服务，与车间或企业整体管理水平有关的作业。属于此类作业的有人事管理、财务管理等。由维持层作业形成的成本称为维持层作业成本。此类成本通常与企业的整体能力有关，故有人将其称为生产能力层作业，其成本动因常常具有综合性，较难确定。

第二节　作业成本法下的产品成本核算

作业成本法的产生源于准确计算产品成本的需要，因此该法必然应以计算产品成本为核心。本节分别介绍作业成本法核算的理论依据、成本核算对象、核算程序、账务处理及适用范围等。

一、作业成本法核算的理论依据

企业生产各种产品，需要组织不同作业；组织各种作业需要消耗不同资源；消耗任何资源都会发生相应成本。概括地说，作业成本法的理论依据就是：产品消耗作业，作业耗用资源，消耗资源会发生成本。组织作业成本法核算的重点是：围绕具体的作业中心，组织间接成本的核算。

二、作业成本法的成本核算对象

作业成本法的成本核算对象有两个：一个是产品，另一个是作业中心。既然作业成本法是一种计算产品成本的方法，那么它的核算对象必然涉及产品，因直接消耗资源而发生的直接成本可直接计入产品；因消耗间接资源而发生的间接成本则不能直接计入产品，必须为其选择一个中间过渡性质的核算对象，即作业中心，最后再分配计入相关产品。作业中心作为作业成本核算体系的基本单位，既可以是单个作业，也可以是多项作业的集合。

三、作业成本法的核算程序及应用

应用作业成本法核算产品成本，既要体现作业成本法的理论依据，又必须遵循一定的核算程序。

（一）作业成本法的核算程序

作业成本法的具体核算程序如下：

1.划分作业并建立作业中心

企业的生产经营活动是由一系列作业构成的，而作业中心是归集间接成本与分配间接成本的单元，作业成本计算由此形成了以产品、作业中心为双核心的账户体系。

一个企业的生产经营范围越大，复杂程度越高，形成的作业数量就越多。属于服务行业的DHL在实施作业成本法时曾经划分了50多个作业。属于制造业的德国西门子公司，在实施作业成本法时曾经划分了2 000多个作业。在实务中，应对众多作业进行细致筛选，针对业务流程进行设计，充分考虑是否具备归并及改善的可能。在识别作业时，尽量保留不能删减的主要作业，对于那些非常细小且性质相近的作业，则可考虑适当加以合并。

作业中心是同质作业的集合体，它是间接成本的归集单元和分配单元，确认作业中心时必须坚持成本效益原则。划分过粗，不便于落实责任；划分过细，虽然可以提供较为准确的核算信息，但可能造成不必要的麻烦，浪费时间，增加管理成本。作业中心必须与作业动因密切相关，一个作业中心归集的作业成本必须按同一作业动因进行分配；每个作业中心必须明确划分各自的权责范围，有清晰的考核指标。设立作业中心必须体现灵活性，没有统一的规律可循。作业中心可以小到一项作业，大到多项作业的集合。企业应结合实际确定，但总体来说不宜建立太多作业中心。

2.细分制造费用项目中的直接成本和间接成本

在作业成本法下，所有构成生产成本的料工费项目均需按资源消耗的直接或间接程度区分为直接和间接两部分。直接材料直接计入产品成本，直接人工需具体分析。与计件工资相联系的部分可直接计入产品成本。与计时工资相联系的部分，可按以下两种方式处理：其一将其仍作为直接成本，直接计入产品成本；其二将其视为间接成本，按其他间接费用进行处理。其他费用（即制造费用）也必须按具体项目细分为直接和间接两个部分，前者直接计入产品成本，后者计入事先确认的各个作业中心。

3.确认并计量各作业中心的作业成本

在正确区分料工费各成本项目的直接成本与间接成本的基础上，对所有间接性质的成本按其消耗的具体间接资源流向分别计入相应的作业中心。特定作业中心计量并汇集的间接成本即为该中心的作业成本。间接资源是指企业扣除特定产品直接消耗的材料资源、人力资源和其他费用中按项目细分确定的直接资源后剩余的，从事各项作业所必需的经济要素，包括货币资源、材料资源、人力资源、动力资源和厂房设备资源等。

4.计算作业成本分配率

各作业中心的作业动因，是分配各该中心作业成本的唯一标准，作业中心的作业成本分配率的计算公式如下：

$$\text{某作业中心的作业成本分配率}=\frac{\text{该作业中心归集的资源成本总额}}{\text{该作业中心的作业动因总数}} \quad (4.2.1\text{式})$$

5.计算产品成本

根据各产品记录的作业动因数，按照作业成本分配率将各项作业成本分配到每一个产品并进行汇总，加上直接成本后，就可以确定每一种产品的成本。相关的计算公式如下：

$$\text{某产品成本}=\text{该产品的直接成本}+\sum\text{某作业中心的作业成本分配率}\times\text{该产品在该作业中心的成本动因量} \quad (4.2.2\text{式})$$

（二）作业成本法核算应用

从作业成本法核算程序可以看出，作业成本法最终核算的是产品成本，直接成本直接计入产品成本，而间接成本则按照“资源—作业中心—产品”这一顺序进行确认、计量和分配。

1.基本的作业成本法核算

作业成本法是为了克服间接成本单一分配方式的弊端而设计的，下面通过一个简单案例，来说明作业成本法如何把作业成本分配给产品的核算过程。假定资源到作业中心的耗费已归集完成。

[例4-1] 基本的作业成本法核算案例

案例资料：ST公司生产A、B两种产品，两种产品都属于订单式生产，没有在产品。该公司拟实施作业成本法。某期A、B两种产品的产量分别是20 000件和2 000件，单位产品直接工人工时分别是4小时和5小时，单位产品机器小时数分别是4.2小时和8小时。当期两种产品发生的直接材料成本分别是250 000元和30 000元，直接人工成本分别是150 000元和72 000元，制造费用共发生987 250元。

该公司通过对作业的归并，共设立以下五个作业中心：订单处理、生产准备、机器运行、设备维护、质量检验。各作业中心的资源耗费已分配完毕，各作业中心归集的作业成本及成本动因资料见表4-1。

表4-1 作业中心相关资料

作业中心	作业动因	作业动因数量		作业成本（元）
		A产品	B产品	
订单处理	订单份数（份）	10	16	52 000
生产准备	生产调整次数（次）	2 000	500	34 000
机器运行	机器小时（小时）	20 000	5 000	697 000
设备维护	直接人工工时（小时）	40 000	10 000	95 500
质量检验	检验次数（次）	20	30	108 750

案例要求：（1）按照作业中心计算A、B两种产品应分配的间接成本；

（2）分别作业成本法和完全成本法计算A、B两种产品的单位产品成本。

案例分析：依据所给资料进行定量处理

（1）直接材料和直接人工属于直接成本，制造费用属于间接成本。按照作业中心分配间接成本时需要计算各作业中心的作业成本分配率并分配作业成本，相关的计算见表4-2。

表4-2 作业成本分配表

作业中心	作业动因数			作业成本（元）	分配率	分配作业成本(元）	
	A产品	B产品	合计			A产品	B产品
①	②	③	④=②+③	⑤	⑥=⑤/④	⑦=②×⑥	⑧=③×⑥
订单处理（份）	10	16	26	52 000	2 000	20 000	32 000
生产准备（次）	2 000	500	2 500	34 000	13.6	27 200	6 800
机器运行（小时）	20 000	5 000	25 000	697 000	27.88	557 600	139 400
设备维护（小时）	40 000	10 000	50 000	95 500	1.91	76 400	19 100
质量检验（次）	20	30	50	108 750	2 175	43 500	65 250
合计	—	—	—	987 250		724 700	262 550

（2）在作业成本法下：

$$A产品单位产品成本=\frac{250\ 000}{20\ 000}+\frac{150\ 000}{20\ 000}+\frac{724\ 700}{20\ 000}=56.235（元/件）$$

$$B产品单位产品成本=\frac{30\ 000}{2\ 000}+\frac{72\ 000}{2\ 000}+\frac{262\ 550}{2\ 000}=182.275（元/件）$$

在完全成本法下：

首先以机器小时为标准分配制造费用：

制造费用分配率=987 250÷100 000=9.8725（元/小时）

A产品分摊的制造费用=84 000×9.8725=829 290（元）

B产品分摊的制造费用=16 000×9.8725=157 960（元）

然后分别计算A、B两种产品的单位产品成本：

$$A产品的单位产品成本=\frac{250\ 000}{20\ 000}+\frac{150\ 000}{20\ 000}+\frac{829\ 290}{20\ 000}=61.4645（元/件）$$

$$B产品的单位产品成本=\frac{30\ 000}{2\ 000}+\frac{72\ 000}{2\ 000}+\frac{157\ 960}{2\ 000}=129.98（元/件）$$

计算结果表明，在两种不同的成本计算方法下，单位产品成本计算结果相差较大。比较而言，A产品属于大批量生产类型产品，而B产品属于小批量生产类型产品，作业成本法下的A产品单位产品成本是56.235元，较完全成本法下的计算结果要低5.2295元（61.4645–56.235）；而B产品的单位产品成本为182.275元，较完全成本法下的计算结果高了52.295元（182.275–129.98）。应该说，作业成本法下的计算结果更加接近实际，原因在于A产品的产量高、生产过程相对简单，说明产品技术含量低，而B产品的产量低、生产过程复杂，说明产品技术含量高，在这种情况下，对于技术含量较高的B产品依据不同的成本动因分摊较多的制造费用是正确而合理的。如果采用传统的单一业务量为标准进行分配，会使技术含量较低的A产品由于机器小时高而多分摊制造费用，这种计算结果与事实不符。

2.完整的作业成本法核算

按照作业成本法的计算法则，完整的间接成本计算应涉及资源向作业中心的归集问题。如果忽略例4–1的假设，便可以进行完整的作业成本法核算。

［例4–2］完整的作业成本法核算案例

案例资料：假定某制造加工企业生产加工甲、乙两种产品，采用作业成本法计算产品成本。20×7年某月份的具体资料如下：

（1）本月该企业生产甲产品8批，共计25 000件；生产乙产品160批，共计1 500件。

（2）甲产品每件消耗直接材料3元；乙产品每件消耗直接材料4元。

（3）甲、乙产品的生产工艺过程基本相同，甲为标准产品，每批产量高；乙为非标准产品，每批产量低。经过分析，该企业确认的作业中心为以下7个：产品设计、订单处理、粗加工、精加工、精加工机器调整、产品检验和一般管理。

（4）产品设计作业是由计算机辅助设计系统完成的，该系统能提供850个机时。本月用于甲产品设计机时数为400机时；用于乙产品设计机时数为320机时。

（5）本月有能力处理订单1 000份，实际处理订单850份，其中处理甲产品订单600份；处理乙产品订单250份。

（6）粗加工机器共6台，每月全部机器可以运转1 000机器小时，本月实际运转了840机器小时，其中加工甲产品每件需要1.8分钟，共计750机器小时（1.8×25 000/60）；加工乙产品每件需要3.6分钟，共计90机器小时（3.6×1 500/60）。由于该类机器调整十分简单，所需时间很短，因此不必作为一项单独的作业处理。

（7）精加工共有机器6台，每月全部机器可以运转1 250机器小时。由于精加工要求的精度很高，因此调整机器所需时间较长，本月生产甲产品调整了60次，每次调整需要12.5分钟，共用了12.5机器小时（12.5×60/60）；生产乙产品调整了200次，每次调整需要15分钟，共用了50机器小时（15×200/60）。除此之外，加工甲产品每件需要2.4分钟，共用了1 000机器小时（2.4×25 000/60）；加工乙产品每件需要1.5分钟，共用了37.5机器小时（1.5×1 500/60）。

（8）每月产品检验能力为900件，本月实际每批检验甲产品15件，共检验了120件；乙产品每批检验4件，共检验了640件。

（9）本月生产的甲、乙两种产品耗费5种资源成本（均为间接成本）如下：工资46 900元、水费6 420元、电费9 450元、折旧费70 100元和办公费4 990元。各作业中心与资源消耗分配有关的相关资料见表4-3。

表4-3 **各作业中心资源耗费相关资料**

作业中心	产品设计	订单处理	粗加工	精加工和精加工机器调整	产品检验	一般管理
职工人数	5	2	9	7	4	3
每人平均工资（元）	2 500	1 100	1 400	1 600	1 200	1 200
用水吨数（吨）	400	150	500	450	380	260
用电度数（千瓦时）	4 000	800	5 000	6 400	1 200	1 500
折旧费（元）	14 500	5 000	17 000	21 000	7 000	5 600
办公费（元）	900	700	540	700	950	1 200

需要说明的是，由于精加工和精加工机器调整发生在同一车间，资源耗费不能分开，因此归集资源耗费时将其先合并反映。

（10）根据相关规定，每吨水的价格是3元；每用一度电的价格是0.5元。

（11）本月的一般管理事项发生额为11 930元。

案例要求：（1）归集各作业中心的作业成本；

（2）分别计算甲、乙两种产品的单位产品成本。

案例分析：依据所给资料进行定量处理

（1）本例中，直接材料属于直接成本，工资成本和制造费用都属于间接性质，需要归集到作业中心。各作业中心归集的5项资源所形成的作业成本见表4-4。

表4-4 **作业中心作业成本计算表**

资源 \ 作业中心	产品设计	订单处理	粗加工	精加工和精加工机器调整	产品检验	一般管理	合计
①工资成本（元）	12 500	2 200	12 600	11 200	4 800	3 600	46 900
职工人数（人）	5	2	9	7	4	3	
每人平均工资（元）	2 500	1 100	1 400	1 600	1 200	1 200	
②水费（元）	1200	450	1500	1 350	1 140	780	6 420
用水吨数（吨）	400	150	500	450	380	260	

续表

资源＼作业中心	产品设计	订单处理	粗加工	精加工和精加工机器调整	产品检验	一般管理	合计
每吨水价格（元）	3	3	3	3	3	3	
③电费（元）	2 000	400	2 500	3 200	600	750	9 450
用电度数（千瓦时）	4 000	800	5 000	6 400	1 200	1 500	
每度电价格（元）	0.5	0.5	0.5	0.5	0.5	0.5	
④折旧费（元）	14 500	5 000	17 000	21 000	7 000	5 600	70 100
⑤办公费（元）	900	700	540	700	950	1 200	4 990
作业成本合计（元）	31 100	8 750	34 140	37 450	14 490	11 930	137 860

（2）两种产品的单位产品成本的计算过程较为复杂，需要分步骤列示。

第一步，依据发生的机器小时数，确定精加工和精加工机器调整两项作业的作业成本。本月实际发生精加工机器调整时数共计62.5机器小时（12.5+50），占可供利用时数的5%（62.5/1 250）；则精加工时数占95%。作业成本分配计算见表4-5。

表4-5　**精加工和精加工机器调整作业成本分配表**　金额单位：元

作业	比重	工资	水费	电费	折旧费	办公费	合计
成本	100%	11 200	1 350	3 200	21 000	700	37 450
精加工	95%	10 640	1 282.5	3 040	19 950	665	35 577.5
精加工机器调整	5%	560	67.5	160	1 050	35	1 872.5

第二步，确定各作业中心的作业动因。产品设计的作业动因是计算机时；订单处理的作业动因是订单处理的份数；粗加工和精加工的作业动因都是开动机器时数；精加工机器调整的作业动因是机器调整次数；产品检验的作业动因是检验产品的件数；一般管理作业为企业整体服务，成本动因较难确定，假定该企业为确保核算的准确性，决定以前几项作业中心分入的作业成本合计值为动因对其进行分配。

第三步，根据作业动因分配作业成本。将表4-4和表4-5计算的作业成本，以其作业动因为分配依据，分配给甲产品和乙产品，所编制的作业中心成本（不含一般管理）分配表见表4-6。

表4-6　**作业中心成本（不含一般管理）分配表**

作业	作业成本（元）	实际耗用成本动因数			分配率	分配成本（元）	
		甲产品	乙产品	合计		甲产品	乙产品*
	①	②	③	④=②+③	⑤=①÷④	⑥=②×⑤	⑦=③×⑤
产品设计（机时）	31 100	400	320	720	43.19	17 276	13 824
订单处理（份）	8 750	600	250	850	10.29	6 174	2 576
粗加工（机器小时）	34 140	750	90	840	40.64	30 480	3 660
精加工（机器小时）	35 577.5	1 000	37.5	1 037.5	34.29	34 290	1 287.5
精加工机器调整（次）	1 872.5	12.5	50	62.5	29.96	374.5	1 498
产品检验（件）	14 490	120	640	760	19.07	2 288.4	12 201.6
合计	125 930	—	—	—	—	90 882.9	35 047.1

注：由于分配率除不尽，为保持⑥栏+⑦栏=①栏的结果，具体计算时⑦栏=①栏-⑥栏。

第四步，分配一般管理成本。企业决定，按一般管理成本占甲乙产品分入的其他作业成本合计的比例作为分配率。由表4-6可知，甲产品分入的作业成本为90 882.9元，乙产品分入的作业成本为35 047.1元，两者合计为125 930元。

一般管理成本分配率=11 930÷125 930≈0.0947352

甲产品分摊一般管理成本=90 882.9×0.0947352≈8 609.81（元）

乙产品分摊一般管理成本=35 047.1×0.0947352≈3 320.19（元）

在实务中，除按上述方法分配外，还可以选择其他标准（如销售收入的比重）进行分配。

第五步，计算甲乙产品各自的作业成本合计。

甲产品作业成本合计=90 882.9+8 609.81=99 492.71（元）

乙产品单位产品成本合计=35 047.1+3 320.19=38 367.29（元）

第六步，计算甲乙产品的单位成本。

甲产品单位产品成本=$3+\frac{99\ 492.71}{25\ 000}\approx 6.98$（元/件）

乙产品单位产品成本=$4+\frac{38\ 367.29}{1\ 500}\approx 29.58$（元/件）

从甲和乙的单位产品成本计算过程来看，作业成本法的计算比完全成本法的计算要复杂得多。虽然前者的计算结果相对精确一些，但不可能确保绝对精确，因为只要存在费用分摊问题，就会受到人为因素的影响，况且作业中心的建立本身也会受到诸多人为因素的干扰。

根据上述两个例题的核算程序，可以将作业成本法的成本核算流程用图4-1来反映。

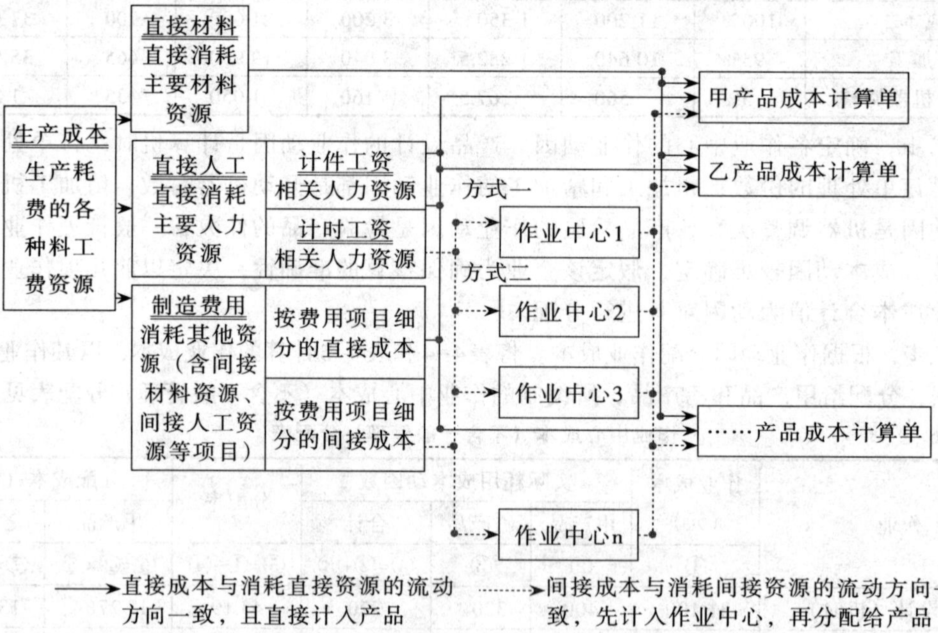

图4-1　作业成本法成本核算流程示意图

四、作业成本法的账务处理

采用作业成本法核算产品成本时，应在建立作业中心的基础上，按不同的作业中心设立总账科目，用于核算应归属于该作业中心的直接计时人工和间接制造费用，然后分别依据不同的作业动因将其分配计入各产品成本计算单。在核算中应当注意以下几点：一是传统的制造费用是按车间归集的，作业成本法下无须打破原有生产布局，可以在不同的车间依据工序等建立作业中心并核算其成本。也就是说，不同车间的作业中心成本相加应等于各车间的制造费用。二是如果需要按传统方式分别反映料工费项目的成本水平，可继续保留过去的“直接人工”和“制造费用”科目，所不同的是，无论直接人工是计时工资还是计件工资，都需要单独反映在产品成本计算单中；而对于制造费用，无论是直接计入产品成本计算单的直接制造费用，还是通过作业中心分配计入产品成本计算单的间接制造费用，都应列在“制造费用”科目下，相应增设“直接制造费用”“作业中心”等若干明细科目。

五、作业成本法的适用范围

作业成本法细化了间接成本的核算，使得产品成本的计算结果更加准确。但作业中心建立得越多，核算复杂程度就越大，在作业成本法实施过程中必然会遇到阻力。我国《企业产品成本核算制度（试行）》中指出：“制造企业可以根据自身经营管理特点和条件，利用现代信息技术，采用作业成本法对不能直接归属于成本核算对象的成本进行归集和分配。”注意此处的用词是“可以”而不是“必须”，这意味着在这类企业实施作业成本法，并不具有强制性。实际上，也不是所有的企业都可以实施作业成本法。判断一个企业是否符合作业成本法的适用范围，应考虑具备以下条件：

第一，具备一定的基础条件。由于作业成本法核算复杂，手工无法完成，需要投入巨额资金进行信息系统建设，拟实施作业成本法的企业必须具备的基本条件是：拥有一定的资金实力和信息系统开发能力。

第二，间接费用占全部产品成本比重较高。

第三，管理层对传统成本计算系统提供的核算信息准确度不满意。

第四，管理层有意愿通过调整产品品种结构来实现对盈利能力的影响。

第五，产品品种多样性程度高，结构复杂。

第六，大部分产品属于单件小批生产，产品变化较大。

第七，生产中经常调整生产作业，但很少相应调整会计核算系统。

需要说明以下几点：一是上述第一条为必须具备条件，除此之外，其他几条不需要同时具备，只要满足后续的一条或几条就可以实施作业成本法；二是作业成本法虽然源于制造费用占比较高的环境，但实务应用中并不受此制约，也就是说，实务中无论制造费用占比是高还是低，都不会影响作业成本法的实施；三是作业成本法的实施常常取决于企业管理者的意向，上述第三条和第四条是实务中企业选择作业成本法的最常见动因。

知识拓展4-2

作业成本法的优缺点

关于对作业成本法的评价，可参见知识拓展4-2：作业成本法的优缺点。

第三节　作业成本法与完全成本法的关系

通过观察上节相关核算案例分析，可以粗略看出作业成本法与完全成本法两者之间的联系与区别。

一、两者之间的联系

作业成本法和完全成本法的联系有三点：一是它们都属于日常成本核算方法；二是它们

都以计算产品成本为目的；三是它们的最终核算对象相同。

二、两者之间的区别

二者的区别，主要表现在成本计算的理论依据不同、成本计算的对象不同、间接成本（费用）的分配标准不同、产品成本的计算结果不同和提供信息对决策的影响不同等几个方面。

（一）成本计算的理论依据不同

对于间接成本，作业成本法与完全成本法计算的理论依据是不同的。作业成本法认为，产品产量与资源的耗费没有直接联系，与资源耗费直接联系的是作业，这里的作业实际上指的是作业中心，作业中心是连接资源与最终产品的中间桥梁，即作业中心耗费资源，产品耗费作业成本。而完全成本法通过制造费用过渡性科目归集间接成本并对其进行分配，认为产品产量与耗费资源直接关联，其耗费的数额随着产品产量的增长而增长。

（二）成本计算的对象不同

作业成本法以作业中心和产品作为成本计算对象，间接成本首先分配到作业中心，然后再通过不同的作业动因，将其分配给产品，从而形成了以“作业中心和产品”为核心的成本计算体系。而完全成本法以产品作为成本计算的唯一对象，从而形成了以“产品”为核心的成本计算体系。

（三）间接成本（费用）的分配标准不同

在其理论观点指导下，作业成本法关注各项活动的成本驱动因素，因此按作业动因分配作业成本，由于作业动因的表现形式多样，包括业务量、批次、订单份数、检验次数等，由此导致分配标准有多个。从例4-1的表4-1中可以看出，该企业设立了5个作业中心，每一个作业中心的成本动因是不同的，因此采用了5个分配标准对相应的作业成本进行分配。而完全成本法在其理论观点指导下，在分配制造费用时，只采用业务量作为唯一标志对制造费用进行分配，虽然从具体的选择标志来看也具有多样性，既可以以直接人工工时为分配标志，也可以以机器小时或产品产量等为分配标志，但它们的实质都是业务量。

（四）产品成本的计算结果不同

作业成本法反映了生产组织方式变革对企业成本的影响，在当今社会，订单式生产越来越多，导致批次性间接成本占比较大，作业成本法通过建立作业中心反映这种变革，使得产品批次性动因与作业中心直接关联，进而科学地分配间接成本。而完全成本法无法反映生产组织方式导致间接成本的结构变化，只以单一业务量为标准分配间接费用，常常使得工艺较为简单的产品由于产量高而多分摊间接费用，对于工艺较为复杂的产品由于产量低而少分摊间接费用。比较这两种方法，计算结果常常相差较大，作业成本法会使工艺较为简单产品的单位产品成本较完全成本法的计算结果要低，而对于工艺较为复杂产品的单位产品成本常常较完全成本法的计算结果要高，这种计算结果纠正了完全成本法对制造费用分摊结果的扭曲，从而使单位产品成本的计算结果更加准确。

（五）提供信息对于决策的影响不同

在作业成本法下，由于单位产品成本计算结果相对准确，因此提供的信息有助于管理层正确决策。而在完全成本法下，由于制造费用分摊不合理常常导致单位产品成本计算结果不够准确，由此提供的信息有时会误导管理层的决策。以例4-1为例对此进行说明，如果B产品目前的市场售价是180元，完全成本法下，该产品的单位产品成本是129.98元，该产品利润颇丰，因此企业管理层可能会作出大量生产的决策；但在作业成本法下，该产品的单位产品成本就达到了182.275元，此时产品是亏损的，在这种情况下，管理层可能会采取措施降低成本，或对其产品进行更新换代。可见二者提供的产品成本信息不同作出的决策也不同。

第四节　作业成本法下的损益核算

随着作业成本管理思想的逐步完善，作业成本法的作用范围开始从成本核算领域延伸至损益核算领域，并具有分别与完全成本法和变动成本法结合起来核算损益的趋势。

一、作业成本法与完全成本法结合的损益核算

在完全成本法的传统损益核算过程中，销售费用、管理费用、财务费用等非生产成本都作为期间成本，直接与当期收入相配比，从当前利润表中被全额扣除。实际上，这种处理方法忽视了它们与核算对象之间的关系。这三项非生产成本并不都是服务于产品的共同费用，有些成本可能仅仅与特定核算对象直接关联，具有明确的归属对象。这样处理会扭曲计算结果，进而可能导致决策失误。

如果要正确反映核算对象的真正盈利能力，最佳的方式是考虑导致期间费用发生的具体对象，设计一套作业成本法与完全成本法相结合的损益核算体系。该核算体系应具有以下两个特点：第一是确定的核算对象具有灵活性。既可以将某一个产品作为核算对象，也可以将某一条生产线作为核算对象，还可以将某一订单、某一项目或某一品牌作为核算对象。确定具体核算对象应充分考虑盈利分析的目的，它应由管理层结合实际，根据决策的需要确定。第二是将直接成本与间接成本的分类范围拓展到期间成本。盈利核算中的成本核算不再局限于料工费三项，对三项非生产成本也要区分直接成本和间接成本。直接成本直接计入成本核算对象，间接成本则选择最相关的成本动因分配计入核算对象。

由于作业成本法与完全成本法结合的损益核算，实际上服务于企业内部盈利能力分析，该信息不需要对外公开，因此从账务处理的角度无须增加任何核算科目。

［例4-3］作业成本法与完全成本法结合的损益核算

已知：某化妆品企业的护发用品生产线在20×7年的1月份生产并销售洗发水和护发素两种产品，这两种产品分属RS牌和QS牌两个品牌，相关的资料见表4-7。

表4-7　资　料　金额单位：元

项　目	洗发水		护发素	
	RS牌	QS牌	RS牌	QS牌
单价	16	5	42	15
销量（件）	1 000	300	1 200	200
单位产品成本	6.5	7.5	20	10

RS牌属于新开发的品牌，公司目前投入了较大的促销费用，而QS牌则是市场上比较成熟的品牌，主要面对的是中老年顾客。当月发生的品牌维持费用为10 000元，其中新产品投入80%。假设不考虑其他的非生产成本，表4-8列示了该护发用品生产线1月份的利润报告。

表4-8 **护发用品生产线1月份的利润报告** 单位：元

项　目	RS牌	QS牌	合计
营业收入	17 500	53 400	70 900
减：营业成本	8 750	26 000	34 750
营业毛利	8 750	27 400	36 150
减：销售和管理费用			10 000
利润总额			26 150

要求：从内部管理角度分析并编制该护发用品生产线的内部利润。

解：依据所给资料，如果站在内部管理角度，由于品牌维持费用10 000元具有可分性，因此不应将其全部作为期间成本处理，应该以品牌为成本计算对象分配品牌维持费用，计算品牌的成本及其获利能力，据此编制的内部利润报告见表4-9。

表4-9 **护发用品生产线1月份的利润报告** 单位：元

项目	RS牌		QS牌		合计
	洗发水	护发素	洗发水	护发素	
营业收入	16 000	50 400	1 500	3 000	70 900
减：营业成本	6 500	24 000	2 250	2 000	34 750
营业毛利	9 500	26 400	−750	1 000	36 150
减：销售和管理费用	8 000		2 000		10 000
利润总额	27 900		−1 750		26 150

比较表4-8和表4-9，在传统利润核算方法下，总体来看生产线是盈利的，看不出品牌的盈亏问题。而在作业成本核算方式下，则能够真实地揭示了品牌的盈亏问题，虽然整个生产线盈利，但实际上老产品QS牌是亏损的，其中QS牌的洗发水亏损最多。从表4-9可以看出，新产品RS牌的较多利润掩盖了老产品的亏损问题。可见，如果从内部管理的角度恰当地设立盈利能力分析对象，会为管理层的正确决策提供有力的数据支撑。在实务中，借助于作业成本法下的盈利核算分析，可以为企业调整产品结构，正确地进行产品种类的取舍奠定基础。

二、作业成本法与变动成本法结合的损益核算

变动成本法建立在成本性态分析的基础上，假定相关范围内成本可以最终区分为变动成本和固定成本两大类。然而作业成本法的倡导者认为，所有的成本均是变动的，从长期来看，固定成本并非固定不变，而变动成本也并非全部随业务量成正比例变动，发生的成本更多地与作业消耗量相关而不仅限于产销业务量。

作业成本法的倡导者建议对成本性态和成本性态分析的内涵进行变革。认为作业成本法下的成本性态是指成本与成本动因之间的依存关系；成本性态分析是指依据成本动因，将全部成本区分为短期变动成本、长期变动成本和综合变动成本三大类的分析过程。

所谓短期变动成本，是指传统意义上的变动成本概念，即随业务量变动而正比例变动的成本，直接材料是典型的短期变动成本。这类成本的显著特征是：变动所需时间较短，成本的变动在时间上与业务量的变动同步，因此对于此类成本，业务量是其成本动因，分配费用时，应以业务量为标准对其进行分配，可选择的分配标准有直接人工工时、生产量、销量、直接材料耗用量、机器小时等。

所谓长期变动成本，是指在较长时期内，与作业消耗量（也称业务活动量）成正比例变动的成本。这类成本的显著特征是：变动所需时间较长，作业消耗量的变动与成本的变动在时间上不同步。例如，本期发生的生产调度成本，其成本动因是生产批次，即使本期减少了生产批次，本期产品应承担的生产调度成本也不会马上减少。对于此类成本，其成本动因与业务量无关，因此分配成本时，应采用非业务量的成本动因，如生产批次、订货次数、检验时数等，并以此为标准分配成本。

所谓综合变动成本，是指在较长时期内变动，但其变动既与业务量不相关，也与作业消耗量不相关，其变动原因很难确定的成本。这类成本的显著特征是：变动所需时间较长，成本动因不清晰，一般属于为整体提供服务的成本。例如，车间管理人员发生的成本。由于此类成本动因不明，并在较长时间内固定不变，因此此类成本也可以称作维持性固定成本。

如果将作业的类别与成本性态分析相结合，单位层作业成本属于短期变动成本，批量层作业成本和产品层作业成本属于长期变动成本，维持层作业成本则属于综合变动成本。在这种情况下，就可以变革贡献式损益确定程序，计算公式如下：

作业成本法下的税前利润 = 销售收入 - 短期变动成本 - 长期变动成本 - 综合变动成本　（4.3.1式）

人们经常将作业成本法与精细化管理相对比，两者之间的关系详见知识拓展4-3：精细化管理与作业成本法的关系。

知识拓展4-3

精细化管理与作业成本法的关系

□ 思政课堂

形成、建立和完善自己的知识体系

在我们成长和进步的过程中，不仅要不断学习并掌握新知识，运用其指导实践，而且更重要的是做到有继承有发展，守正创新。不能一味地人云亦云、鹦鹉学舌或照葫芦画瓢。在这个长期不断学习、反复思考和认真实践的复杂过程中，能够形成、建立和完善自己的知识体系。这就需要注意以下几个方面：

1.选择正确的知识来源

在当今信息爆炸的时代，我们可以通过各种途径获取知识，如书籍、网络、社交媒体、课程等。但是，不是所有的知识来源都是可靠的，因此我们需要选择那些有信誉的、经过验证的知识来源。

在选择书籍时，我们可以参考专家的推荐或者读者的评价，选择那些内容丰富、思想深刻、有实践指导意义的书籍。在选择网络和社交媒体时，我们需要注意信息的来源和可信度，避免被虚假信息误导。在选择课程时，我们可以选择那些由知名教育机构或者专家主讲的课程，以确保获得高质量的学习体验。

2.不断学习和思考

学习可以帮助我们获取新的知识和经验，可以通过多种途径进行，如阅读书籍、参加课程、观看视频、交流讨论等。在学习过程中，我们需要注重思考和总结，将学到的知识与自己的实际情况联系起来，形成自己的认识和理解。

思考可以帮助我们对知识进行加工和整合，形成自己的观点和见解，可以通过多种方式进行，如写日记、交流讨论、思维导图、自我反思等。在思考过程中，我们可以将不同的知识点进行连接和整合，形成自己的知识体系和观点。

3.实践和反思

实践可以帮助我们将理论知识转化为实践经验，发现问题和解决问题，提高自己的实践能力和创新能力。

反思可以帮助我们发现自己的不足和问题，总结可以帮助我们提炼和归纳出实践中的经验和教训。通过实践和反思，我们可以不断地完善自己的知识体系和观点，提高自己的实践能力和创新能力。

4.建立自己的价值观

建立自己的价值观需要注重自我探索和反思。我们可以通过思考自己的人生目标、人生意义、人生价值等问题，来建立自己的价值观。同时，我们还需要关注社会和世界的变化，了解不同文化和价值观的差异，以便更好地理解和尊重他人的价值观。

5.掌握逻辑思维和表达能力

逻辑思维是指通过分析、推理和判断来解决问题和表达观点的能力；表达能力是指通过语言、文字、图像等方式来表达自己的观点和思想的能力。

逻辑思维和表达能力可以通过多种途径进行提升，如参加逻辑思维和表达能力的课程、阅读优秀的文章和作品、参加讨论和辩论等。在提升逻辑思维和表达能力的过程中，我们需要注重实践和反思，不断地改进和提高自己的能力。

6.保持开放和包容的心态

开放和包容的心态可以帮助我们接受不同的观点和思想，拓宽自己的视野和思路，避免陷入狭隘和偏见。

需要注重自我调整和修正，不断地审视自己的观点和思想，发现自己的偏见和局限，努力纠正和改善自己的思维方式和行为方式。同时，我们还需要尊重他人的观点和思想，倾听他人的意见和建议，以建立和谐、包容的社会环境。

总之，形成、建立和完善自己的知识体系漫长而复杂，需要不断提高自己的知识水平和能力修养水平，只有这样才能成为一个具有独立思考能力和创新能力的人。

资料来源：佚名.怎样建立自己的知识体系？[EB/OL].[2023-04-04].https://baijiahao.baidu.com/s?id=1762258547011652293&wfr=spider&for=pc.作者有删改.

□ 复习思考题

1.什么是作业成本法？

2.作业成本法产生的原因是什么？

3.如何理解作业、作业成本、作业成本法的关系？

4.什么是成本动因？成本动因有几类？

5.作业包括哪些类型？可以按作业类型将作业成本划分为相应类型吗？

6.什么是资源？包括哪些类型？

7.资源、作业与作业成本之间关系如何？

8.作业成本法的理论依据和核算对象是什么？它与传统的核算对象有何不同？

9.如何实施作业成本法？

10.作业成本法下怎样进行账务处理？

11.作业成本法适用于所有企业吗？

12.作业成本法与完全成本法的区别表现在哪些方面？

13.作业成本法与现行制度相结合的损益核算体系有什么特点？

14.如何理解作业成本法下的成本性态和成本性态分析？

第五章

本量利分析原理

第一节　本量利分析概述

成本、业务量和利润是管理会计定量分析中最常用的三大指标。本节在介绍本量利分析的基本概念和假定的基础上，讨论能够揭示本量利关系的基本定量模型，并重点介绍贡献边际等指标的计算公式。

一、本量利分析的基本含义

本量利分析（cost-volume-profit analysis，CVP分析）是成本-业务量-利润关系分析（analysis of cost-volume-profit relationship）的简称，是指在变动成本法的基础上，以数学化的会计模型与图式来揭示固定成本、变动成本、销量、单价、销售额、利润等变量之间的内在规律性联系，为会计预测、决策和规划提供必要的财务信息的一种定量分析方法。也有人将本量利分析称为量本利分析（VCP分析）。

早在1904年美国就已经出现了有关最原始的CVP关系图的文字记载，1922年美国哥伦比亚大学的一位会计学教授提出了完整的保本分析理论。进入20世纪50年代以后，CVP分析技术在西方会计实践中得到广泛应用，其理论日臻完善，成为现代管理会计学的重要组成部分。

目前，无论在西方还是我国，本量利分析的应用都十分广泛。它与经营风险分析相联系，可促使企业努力降低风险；与预测技术相结合，企业可进行保本预测、确保目标利润实现的业务量预测等；与决策融为一体，企业据此进行生产决策、定价决策和投资不确定性分析；企业还可以将其应用于全面预算、成本控制和责任会计。

二、本量利分析的基本假定

本量利分析建立和使用的有关数学模型和图形，是以下列基本假定为前提条件的。

（一）成本性态分析的假定

假定成本性态分析工作已经完成，全部成本已经被区分为固定成本与变动成本两部分，有关的成本性态模型已经建立起来。

（二）相关范围及线性假定

假定在一定时期内，业务量总是在保持成本水平和单价水平不变所能允许的范围内变化的，于是固定成本总额的不变性和变动成本单位额的不变性在相关范围内能够得以保证，成本函数表现为线性方程（y=a+bx）；同时，在相关范围内，单价也不因销量的变化而改变，使得销售收入也表现为直线方程（y=px）。这一假定排除了在时间和业务量变动的情况下，各生产要素的价格（原材料、工资率等）、技术条件、工作效率和生产率以及市场条件变化的可能性。总之，假定在一定期间和一定业务量范围内，成本与销售收入分别表现为一条直线。

经济学家认为在实际经济活动中，成本线与收入线并不是直线而应当是曲线。因为在较长的时间范围内，固定成本总额会呈阶梯状变化；变动成本往往受经营规模和生产效率的影响呈曲线变化，所以总成本不会是一条直线；在市场经济条件下，单价也不可能固定不变，销售收入也并非总是直线。但这与管理会计的本量利分析并不矛盾。因为经济学家描述的是一段相当长的时期内成本和收入的变动情况，而管理会计学家描述的则是较短的时期内成本和收入的变动情况。在相关范围内，如果把经济学家所描述的曲线取一段，也可以近似地将其表现为直线。

（三）产销平衡和品种结构稳定的假定

假定在只安排一种产品生产的条件下，生产出来的产品总是可以找到市场，可以实现产销平衡；对于生产多产品的企业，假定在以价值形式表现的产销总量发生变化时，原来的各种产品的产销额在全部产品产销总额中，所占的比重并不发生变化。这种假定可使分析人员集中注意力于价格、成本以及业务量对营业利润的影响。

（四）变动成本法的假定

假定产品成本是按变动成本法计算的，即产品成本中只包括变动生产成本，而所有的固定成本（包括固定生产成本在内），均作为期间成本处理。

（五）目标利润的假定

在西方管理会计学本量利分析中的利润，共有营业利润、息税前利润、利润总额和净利润四种形式，考虑到营业利润与成本、业务量的关系比较密切，在本书的本量利分析中，除了特殊说明外，利润因素总是指营业利润（当然，在特定条件下，如假定营业外收支净额为零时，营业利润等于利润总额）。为了简化分析过程，当利润因素为自变量时，总是假定有关利润指标是事先已知的目标利润；至于如何开展目标利润预测的问题将留待第六章讨论。

规定了上述假定，就可以十分便利地使用简单的数学模型或图形来揭示成本、业务量和利润等诸因素之间联系的规律性，有助于初学者深刻理解本量利分析的基本原理。同时，了解上述假定，也会为在实际工作中应用本量利分析原理指出努力方向：不能盲目套搬本量利分析的现成结论，必须从动态的角度去研究企业经营条件、市场与价格、生产要素、品种结构与技术条件等诸因素的实际变动情况，调整修正分析结论，克服本量利分析的局限性，积极应用动态分析、风险性分析和敏感性分析等技术；同时还应考虑如何在完全成本法下应用本量利分析的问题。

三、本量利关系的基本公式

本量利分析所考虑的相关因素主要包括固定成本（用a表示）、单位变动成本（用b表示）、产量或销量（用x表示）、单价（用p表示）、销售收入（用px表示）和营业利润（用P表示）等。这些变量之间的关系可用下式反映。

营业利润（P）=销售收入-总成本=px-（a+bx） （5.1.1式）

=销售收入-变动成本-固定成本 （5.1.2式）

=单价×销量-单位变动成本×销量-固定成本=px-bx-a （5.1.3式）

=（单价-单位变动成本）×销量-固定成本=（p-b）x-a （5.1.4式）

由于本量利分析的数学模型是在上述公式的基础上建立起来的，故可将5.1.4式称为本量利关系基本公式。

四、贡献边际及其相关指标的计算公式

在本量利分析中，贡献边际（contribution margin）是一个十分重要的概念。如前所述，所谓贡献边际，是指产品的销售收入与相应变动成本之间的差额，又称边际贡献、贡献毛益、边际利润或创利额。它除了主要以总额（记作Tcm）表示外，还有单位贡献边际（记作cm）和贡献边际率（contribution margin rate，记作cmR）两种形式。

单位贡献边际是指产品的销售单价减去单位变动成本后的差额，亦可用贡献边际总额除以有关销量求得；贡献边际率是指贡献边际总额占销售收入总额的百分比，又等于单位贡献边际占单价的百分比。

贡献边际的这三种形式可以互相换算，公式如下：

贡献边际（Tcm）=销售收入-变动成本=px-bx （5.1.5式）

=单位贡献边际×销量=cm·x （5.1.6式）

=销售收入×贡献边际率=px·cmR （5.1.7式）

单位贡献边际（cm）=单价-单位变动成本=p-b （5.1.8式）

$$=\frac{\text{贡献边际}}{\text{销量}}=\frac{Tcm}{x} \quad (5.1.9\text{式})$$

=销售单价×贡献边际率=p·cmR （5.1.10式）

$$\text{贡献边际率（cmR）}=\frac{\text{贡献边际}}{\text{销售收入}}\times100\%=\frac{Tcm}{px}\times100\% \quad (5.1.11\text{式})$$

$$=\frac{\text{单位贡献边际}}{\text{单价}}\times100\%=\frac{cm}{p}\times100\% \quad (5.1.12\text{式})$$

根据本量利基本公式，贡献边际、固定成本及营业利润三者之间的关系可用下式表示：

营业利润（P）=贡献边际-固定成本=Tcm-a （5.1.13式）

从5.1.13式中可以看出，企业各种产品所提供的贡献边际，虽然不是企业的营业利润，但与企业营业利润的形成有着密切的关系。因为贡献边际首先用于补偿企业的固定成本，只有当贡献边际大于固定成本时才能为企业提供利润，否则企业将会出现亏损。

在5.1.13式的基础上，还可以推导出以下变型公式：

贡献边际（Tcm）=固定成本+营业利润=a+P （5.1.14式）

固定成本（a）=贡献边际-营业利润=Tcm-P （5.1.15式）

与贡献边际率密切关联的指标是变动成本率。所谓变动成本率（用bR表示），是指变动成本占销售收入的百分比，或指单位变动成本占单价的百分比。计算公式为：

变动成本率（bR）$=\frac{\text{变动成本}}{\text{销售收入}}\times100\%=\frac{bx}{px}\times100\%$　（5.1.16式）

$=\frac{\text{单位变动成本}}{\text{单价}}\times100\%=\frac{b}{p}\times100\%$　（5.1.17式）

将贡献边际率与变动成本率两指标联系起来考虑，可以得出以下关系式：

贡献边际率（cmR）=1-变动成本率=1-bR　（5.1.18式）

变动成本率（bR）=1-贡献边际率=1-cmR　（5.1.19式）

可见，贡献边际率与变动成本率属于互补性质，变动成本率高的企业，贡献边际率低，创利能力小；反之，变动成本率低的企业，贡献边际率高，创利能力大。

以上指标的计算公式及其变型公式在管理会计中十分重要，必须在理解的基础上熟练掌握，以便灵活运用。

[例5-1] 相关指标的计算

已知：某企业只生产A产品，20×7年单价p为10万元/件，单位变动成本b为6万元/件，年固定成本a为40 000万元。假定20×8年成本性态不变，生产经营能力为12 500件。

要求：（1）计算20×8年下列指标：①全部贡献边际指标；②营业利润；③变动成本率。

（2）验证贡献边际率与变动成本率的关系。

解：（1）依题意

①全部贡献边际指标如下：

单位贡献边际（cm）=p-b=10-6=4（万元/件）

贡献边际（Tcm）=cm·x=4×12 500=50 000（万元）

贡献边际率（cmR）$=\frac{Tcm}{px}\times100\%=\frac{50\,000}{125\,000}\times100\%=40\%$

②营业利润（P）=Tcm-a=50 000-40 000=10 000（万元）

③变动成本率（bR）$=\frac{b}{p}\times100\%=\frac{6}{10}\times100\%=60\%$

（2）贡献边际率+变动成本率=cmR+bR=40%+60%=1

五、本量利分析的基本内容

本书介绍的本量利分析包括以下基本内容：（1）单一品种的保本分析；（2）盈利条件下单一品种的本量利分析；（3）单一品种的本量利关系图；（4）多品种条件下的本量利分析。（5）保本点的敏感性分析；（6）经营杠杆系数。

第二节　单一品种的保本分析

本节在交代保本、保本状态和保本分析等基本概念的基础上，着重介绍单一品种条件下保本点的确定方法，并讨论了如何利用保本点指标评价企业经营的安全程度。

一、保本分析的基本概念

所谓保本（breakeven），是指企业在一定时期内的收支相等、盈亏平衡、不盈不亏、利润为零。

当企业处于这种收支相等、损益平衡、不盈不亏、利润为零的特殊情况时，称为企业达到保本状态。

保本分析（breakeven analysis）就是研究当企业恰好处于保本状态时本量利关系的一种定量分析方法。它是确定企业经营安全程度和进行保利分析的基础，又称盈亏临界分析、损益平衡分析、两平分析、够本分析等。保本分析的关键是保本点的确定。

二、保本点的确定

（一）保本点的含义

保本点（breakeven point）是指能使企业达到保本状态的业务量的总称。在该业务量水平上，企业收入与变动成本之差刚好与固定成本持平。稍微增加一点业务量，企业就有盈利；反之，稍微减少一点业务量就会导致亏损。在我国，保本点又被译作盈亏临界点、盈亏平衡点、盈亏两平点、损益两平点、损益分界点、损益转折点、损益分歧点、损益均衡点、损益平衡点、营业平衡点、彼此相等点和够本点等。为简化起见，亦可将其写作BEP。

（二）保本点的表现形式

单一品种的保本点有两种表现形式：一是保本点销量（简称保本量）；二是保本点销售额（简称保本额）。它们都是标志企业达到收支平衡实现保本的销售业务量指标。在以平面直角坐标系为基础的单一品种保本图上，BEP点是由上述两个坐标决定其所在位置的，因此，在单一品种条件下，确定保本点就是计算保本量和保本额数值或确定其位置的过程。

在多品种条件下，虽然也可以按具体品种计算各自的保本量，但由于不同产品的销量不能直接相加，因而只能确定它们总的保本额，不能确定总保本量。

（三）单一品种保本点的确定方法

单一品种的保本点可分别按以下方法确定，即图解法、基本等式法、贡献边际法。

1.图解法

图解法（graphic approach）是指通过绘制保本图来确定保本点位置的一种方法。该法的原理是当总收入等于总成本时，企业恰好保本。

典型的保本图（breakeven chart）是绘制在平面直角坐标系上的。在单一品种情况下，将xoy平面直角坐标系的横轴ox作为销量轴，纵轴oy作为销售收入和总成本轴。在图5-1上画出销售收入线和总成本线，若两条直线相交，其交点就是保本点。据此可以读出保本量和保本额的数值。具体作图步骤如下：

（1）以单价p为斜率，过原点o在坐标图上画一条直线y=px，即销售收入线。

（2）以固定成本a为截距，以单位变动成本b为斜率，画出总成本线y=a+bx。

（3）当单价p大于单位变动成本b时，销售收入线与总成本线必有交点，

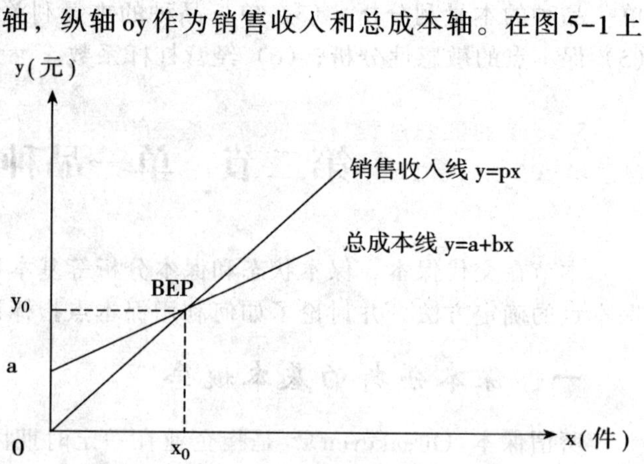

图5-1 保本图

假定坐标点为（x_0，y_0），则此点为保本点BEP。其中：x_0为保本量的值，y_0为保本额的值。

保本图如图5-1所示。

此法的优点在于形象、直观，容易理解。但由于绘图比较麻烦，而且保本量和保本额数值的确定都需要在数轴上读出，因此结果可能不十分准确。

2. 基本等式法

基本等式法又称方程式法（equation method），是指在本量利关系基本公式的基础上，根据保本点的定义，先求出保本量，再推算保本额的一种方法。其基本公式为：

知识拓展5-1

$$特定期间的保本量（x_0）=\frac{该期固定成本}{单价-单位变动成本}=\frac{a}{p-b} \quad （5.2.1式）$$

$$该期的保本额（y_0）=单价×该期保本量=px_0 \quad （5.2.2式）$$

基本等式法保本量计算公式的推导

5.2.1式的推导过程，参见知识拓展5-1：基本等式法保本量计算公式的推导。

按此法，只要知道单价p，固定成本a和单位变动成本b，便可以求出保本点。

［例5-2］保本点的计算（基本等式法的应用）

已知：仍按例5-1的资料。

要求：按基本等式法计算该企业20×8年的保本点指标。

解：依题意

$$20×8年保本量（x_0）=\frac{a}{p-b}=\frac{40\ 000}{10-6}=10\ 000（件）$$

$$20×8年保本额（y_0）=px_0=10×10\ 000=100\ 000（万元）$$

3. 贡献边际法

贡献边际法（contribution margin method）是指利用贡献边际与业务量、利润之间的关系直接计算保本量和保本额的一种方法。它是在方程式法的基础上发展起来的。其基本公式为：

知识拓展5-2

$$特定期间的保本量（x_0）=\frac{该期固定成本}{单位贡献边际}=\frac{a}{cm} \quad （5.2.3式）$$

$$该期的保本额（y_0）=\frac{该期固定成本}{贡献边际率}=\frac{a}{cmR} \quad （5.2.4式）$$

$$=\frac{该期固定成本}{1-变动成本率}=\frac{a}{1-bR} \quad （5.2.5式）$$

贡献边际法保本量计算公式的推导

5.2.3式的证明过程，参见知识拓展5-2：贡献边际法保本量计算公式的推导。同学们可自己考虑5.2.5式的证明过程。

显然，利用贡献边际法可以同时计算保本量和保本额。

［例5-3］保本点的计算（贡献边际法的应用）

已知：仍按例5-1的资料。

要求：按贡献边际法计算该企业20×8年的保本点指标。

解：依题意

$$20×8年保本量（x_0）=\frac{a}{cm}=\frac{40\ 000}{4}=10\ 000（件）$$

$$20×8年保本额（y_0）=\frac{a}{cmR}=\frac{40\ 000}{40\%}=100\ 000（万元）$$

三、企业经营安全程度的评价指标

(一)安全边际指标

许多企业在计算保本点的基础上，还要考虑企业经营的安全程度，确定安全边际指标。

安全边际（margin of safety）是指根据现有或预计的销售业务量（包括销量和销售额两种形式，分别记作 x_1 和 y_1）与特定期间的保本点业务量之间的差量所确定的定量指标，包括绝对量和相对量两种形式：安全边际的绝对量，又包括安全边际销量（以下简称安全边际量，记作MS量）和安全边际销售额（以下简称安全边际额，记作MS额）两种具体形式；安全边际相对量，又称安全边际率（记作MSR）。它们的计算公式分别是：

$$\text{特定期间的安全边际量（MS量）}=\text{现有（实际）或预计（计划）的销量}-\text{该期的保本量}=x_1-x_0 \quad (5.2.6式)$$

$$\text{特定期间的安全边际额（MS额）}=\text{现有（实际）或预计（计划）的销售额}-\text{该期的保本额}=y_1-y_0 \quad (5.2.7式)$$

$$\text{特定期间的安全边际率（MSR）}=\frac{\text{该期的安全边际量}}{\text{现有(实际)或预计(计划)销量}}\times100\%=\frac{\text{MS量}}{x_1}\times100\% \quad (5.2.8式)$$

$$=\frac{\text{该期的安全边际额}}{\text{现有(实际)或预计(计划)销售额}}\times100\%=\frac{\text{MS额}}{y_1}\times100\% \quad (5.2.9式)$$

显然，安全边际量与安全边际额之间存在如下关系：

$$\text{安全边际额（MS额）}=\text{单价}\times\text{安全边际量}=p\times\text{MS量} \quad (5.2.10式)$$

安全边际量与安全边际率都是正指标，即越大越好。西方一般用安全边际率来评价企业经营的安全程度，表5-1列示了企业经营安全性检验标准。

表5-1 企业经营安全性检验标准

安全边际率	10%以下	10%～20%	20%～30%	30%～40%	40%以上
安全程度	危险	值得注意	比较安全	安全	很安全

在目标利润和安全边际既定的情况下，保本点指标还可依以下公式计算：

$$\text{特定期间的保本量（}x_0\text{）}=\frac{\text{该期固定成本}\times\text{该期安全边际量}}{\text{该期目标利润}} \quad (5.2.11式)$$

$$\text{该期的保本额（}y_0\text{）}=\frac{\text{该期固定成本}\times\text{该期安全边际额}}{\text{该期目标利润}} \quad (5.2.12式)$$

(二)保本作业率指标

某些西方企业不考核安全边际率，而是利用“保本作业率”指标来评价企业的经营安全程度。

保本作业率又称危险率（danger rate，dR），是指保本点业务量占现有或预计销售业务量的百分比，该指标是一个反指标，越小说明越安全。其计算公式为：

$$\text{特定期间的保本作业率（dR）}=\frac{\text{该期保本量}}{\text{现有或预计销量}}\times100\%=\frac{x_0}{x_1}\times100\% \quad (5.2.13式)$$

$$=\frac{\text{该期保本额}}{\text{现有或预计销售额}}\times100\%=\frac{y_0}{y_1}\times100\% \quad (5.2.14式)$$

(三)安全边际率与保本作业率的关系

安全边际率与保本作业率之间存在以下关系：

安全边际率+保本作业率=MSR+dR=1　(5.2.15式)

[例5-4] 企业经营安全程度指标的计算及评价

已知：仍按例5-1的资料。

要求：(1) 计算该企业20×8年的安全边际指标和保本作业率。

(2) 验证安全边际率与保本作业率的关系。

(3) 评价该企业20×8年的经营安全程度。

解：(1) 20×8年安全边际指标的计算如下：

20×8年安全边际量（MS量）$=x_1-x_0=12\,500-10\,000=2\,500$（件）

20×8年安全边际额（MS额）$=y_1-y_0=125\,000-100\,000=25\,000$（万元）

20×8年安全边际率（MSR）$=\frac{\text{MS量}}{x_1}\times100\%=\frac{2\,500}{12\,500}\times100\%=20\%$

20×8年保本作业率（dR）$=\frac{x_0}{x_1}=\frac{10\,000}{12\,500}\times100\%=80\%$

(2) 安全边际率+保本作业率=20%+80%=1

(3) 因为安全边际率为20%，所以可以断定20×8年该企业恰好处于值得注意与比较安全的临界点。

四、关于保本状态的进一步研究

从完整的意义上看，在一定时期内，若某企业不盈不亏、收支相等、利润为零、贡献边际等于固定成本、安全边际各项指标均为零、保本作业率为100%，则可以断定该企业一定处于保本状态。

第三节　盈利条件下的本量利分析

保本分析是特殊条件下的本量利分析，在此基础上本节进一步讨论企业处于盈利条件下的本量利关系，重点研究保利点、保净利点、保利成本、保利价格等指标的计算公式。

一、盈利条件下本量利分析的意义

保本分析以利润为零、企业不盈不亏为前提条件。经过这样的抽象处理，可以简化本量利分析过程，便于建立定量化模型。但是本量利分析不应当停留在如此简单的水平上。因为从完整意义上说，不能始终把利润这个重要因素排除在外忽略不计；从现实角度看，企业作为处于现代市场经济环境中独立核算自负盈亏的商品生产者和经营者，绝不能仅仅以不亏本和维持简单再生产为满足。企业不但要保本，还要有盈利，否则就无法发展，甚至影响未来的生存。合理合法取得盈利，既符合社会主义生产目的，又是获得经济效益的具体体现，企业应当理直气壮地追求和为之奋斗；不能实现盈利是不正常的。因此，只有在考虑到盈利存在的条件下才能充分揭示成本、业务量和利润之间的正常关系。

至于为什么不提亏损条件下的本量利分析，其原因有二：一是因为亏损属于非正常情况；二是因为亏损是利润的相反数，按盈利条件建立的本量利分析模型和结论可以在一定程度上适用于亏损条件分析。

由于现实中的成本、业务量和利润诸因素之间往往存在着错综复杂的制约关系，为简化盈利条件下的本量利分析，在研究任何一个因素时，总要假定其他制约因素是已知或不变的。因此，盈利条件下的本量利分析实质上是逐一描述业务量、成本、单价、利润等因素相对于其他因素而存在的定量关系的过程，也可简称为保利分析。

二、保利点及其计算

（一）保利点的含义

所谓保利点，是指在单价和成本水平确定的情况下，为确保预先确定的目标利润（target profit，TP）能够实现，而应达到的销量和销售额的统称。为此，保利点也称实现目标利润的业务量，具体包括保利量（记作x′）和保利额（记作y′）两项指标。

（二）保利点的计算

根据本量利分析的基本公式，可推导出保利点的计算公式如下：

$$特定期间的保利量（x'）=\frac{该期固定成本+该期目标利润}{单价-单位变动成本}=\frac{a+TP}{p-b} \quad (5.3.1式)$$

$$=\frac{该期固定成本+该期目标利润}{单位贡献边际}=\frac{a+TP}{cm} \quad (5.3.2式)$$

$$特定期间的保利额（y'）=单价×该期保利量=p\cdot x' \quad (5.3.3式)$$

$$=\frac{该期固定成本+该期目标利润}{贡献边际率}=\frac{a+TP}{cmR} \quad (5.3.4式)$$

$$=\frac{该期固定成本+该期目标利润}{1-变动成本率}=\frac{a+TP}{1-bR} \quad (5.3.5式)$$

[例5-5] 保利点的计算

已知：仍按例5-1的资料，假设该企业20×8年的目标利润TP为12 000万元，价格和成本水平同上年完全相同。

要求：计算该年的保利点。

解：依题意

$$20×8年保利量（x'）=\frac{a+TP}{p-b}=\frac{40\,000+12\,000}{10-6}=13\,000（件）$$

$$20×8年保利额（y'）=\frac{a+TP}{cmR}=\frac{40\,000+12\,000}{40\%}=130\,000（万元）$$

三、保净利点及其计算

（一）保净利点的含义

保净利点又称确保实现目标净利润的业务量。目标净利润也称税后目标利润（记作TTP），是企业在一定时期缴纳所得税后实现的利润目标。它是利润规划中的一个重要指标，代表着所有者的权益，只有税后利润才是企业能支配的利润，可以用于分红、发放股利、增加盈余公积金、转增资本、形成企业留存收益和提高职工集体福利。企业管理者应重视这一指标的计算与分析。

保净利点也包括保净利量（记作x″）和保净利额（记作y″）两种形式。在计算保净利点过程中，除了需要考虑目标净利润外，还必须考虑所得税税率因素（记作tR）。

（二）保净利点的计算

在保利点计算公式的基础上，可推导出如下保净利点的计算公式：

$$特定期间的保净利量（x''）=\frac{该期固定成本+\frac{该期目标净利润}{1-所得税税率}}{单价-单位变动成本}=\frac{a+\frac{TTP}{1-tR}}{p-b} \quad （5.3.6式）$$

$$特定期间的保净利额（y''）=\frac{该期固定成本+\frac{该期目标净利润}{1-所得税税率}}{贡献边际率}=\frac{a+\frac{TTP}{1-tR}}{cmR} \quad （5.3.7式）$$

5.3.6式的推导过程，参见知识拓展5-3：保净利量计算公式的推导。

知识拓展5-3

保净利量计算公式的推导

［例5-6］保净利点的计算

已知：仍按例5-1的资料，假定20×8年的目标净利润（TTP）为8 040万元，适用的企业所得税税率（tR）为25%，价格和成本水平保持不变。

要求：计算该年的保净利点。

解：依题意

$$20×8年保净利量（x''）=\frac{a+\frac{TTP}{1-tR}}{p-b}=\frac{40\,000+\frac{8\,040}{1-25\%}}{10-6}=12\,680（件）$$

$$20×8年保净利额（y''）=\frac{a+\frac{TTP}{1-tR}}{cmR}=\frac{40\,000+\frac{8\,040}{1-25\%}}{40\%}=126\,800（万元）$$

（三）保本点、保利点与保净利点计算公式的比较

从有关公式可见，不论是保本分析还是盈利分析，凡计算有关销量指标时，均以单位贡献边际为分母；凡计算有关销售额指标时，则都用贡献边际率作分母（或可以用单价乘以相关销量），这是它们的共性，但这些公式的分子是不同的。

在生产单一品种的条件下，影响保本点计算的因素包括单价、固定成本和单位变动成本三项；影响保利点计算的因素，则包括单价、固定成本、单位变动成本和目标利润四项；而影响保净利点计算的因素，则包括单价、固定成本、单位变动成本、目标净利润和所得税税率五项。

其中，计算保利点的公式最为重要，因为它可以把保本点、保利点与保净利点计算公式联系起来。如当目标利润为零时，保利点的公式就自动转变为保本点公式；当要求计算保净利点时，若记不住公式亦可根据已知的目标净利润和所得税税率先求出目标利润，再套保利点的计算公式。

四、保利成本及其计算

（一）保利成本的含义

保利成本是指在其他因素既定的条件下，为保证目标利润的实现，特定成本应当达到的水平，包括保利单位变动成本和保利固定成本两项指标。在一定条件下，保利成本也可以作为目标成本。

（二）保利单位变动成本的计算

保利单位变动成本（记作b′），又称为实现目标利润应达到的单位变动成本，其计算公

式如下：

$$特定期间的保利单位变动成本（b'）=单价-\frac{该期固定成本+该期目标利润}{该期预计销量}=p-\frac{a+TP}{x_1}$$ （5.3.8式）

（三）保利固定成本的计算

保利固定成本（记作a'），又称为实现目标利润应达到的固定成本，其计算公式如下：

$$特定期间的保利固定成本（a'）=（单价-单位变动成本）×该期预计销量-该期目标利润=（p-b）x_1-TP$$ （5.3.9式）

五、保利单价及其计算

（一）保利单价的含义

保利单价（记作p'）是指在其他因素既定的条件下，为保证目标利润实现应当达到的单价，又称为目标单价。

（二）保利单价的计算

保利单价的计算公式为：

$$特定期间的保利单价（p'）=该期单位变动成本+\frac{该期固定成本+该期目标利润}{该期预计销量}=b+\frac{a+TP}{x_1}$$ （5.3.10式）

六、利润与其他因素的关系

利润与其他因素的关系可以用以下公式表示：

特定期间的利润（P）=（单价-单位变动成本）×该期销量-该期固定成本

$=（p-b）x-a$ （5.3.11式）

=单位贡献边际×该期安全边际销量=cm×MS量 （5.3.12式）

=贡献边际率×该期安全边际销售额=cmR×MS额 （5.3.13式）

这里应特别注意：超过保本点以上的安全边际所提供的贡献边际就是利润，因为保本点业务量所创造的贡献边际恰好能够补偿固定成本。还有一个关系式值得注意，即：

特定期间的销售利润率=该期贡献边际率×该期安全边际率 （5.3.14式）

这表明，企业销售利润率的水平受到贡献边际率和安全边际率两个因素的共同影响。

第四节　单一品种条件下本量利分析的其他问题

本节介绍有关因素变动对相关指标的影响和本量利关系图。

一、有关因素变动对相关指标的影响

尽管我们假定在进行本量利分析时诸因素均不变动，但实际这种静态平衡是不可能维持长久的，下面讨论有关因素变动对相关指标的影响，以便把握其中的规律，用于指导经营实践。

（一）因素变动对保本点和保利点的影响

1.单价单独变动时

由于单价变动会引起单位贡献边际或贡献边际率向同方向变动，使得有关保本点业务量和实现目标利润业务量计算公式的分母改变，从而会改变保本点和保利点。

显然，当单价上涨时，会使单位贡献边际上升和贡献边际率上升，相应会降低保本点和保利点，使企业经营状况向好的方向发展；单价下降时，情况刚好相反。

2.单位变动成本单独变动时

单位变动成本的变动会引起单位贡献边际或贡献边际率向相反方向变动，因而使得保本点和保利点的变动趋势恰好同单价变动的影响相反。单位变动成本上升时，会提高保本点和保利点，使企业经营状况向不利的方向发展；反之则相反。

3.固定成本单独变动时

固定成本的变动会改变保本点和保利点业务量计算公式的分子，显然固定成本增加会使保本点和保利点提高，使企业向不利方向发展；反之则相反。

4.目标利润单独变动时

显然，目标利润的变动，只会影响到保利点，但不会改变保本点。

5.预计销量单独变动时

预计销量的变动既不会影响保本点，也不会影响保利点的计算。

（二）因素变动对安全边际的影响

1.单价单独变动时

由于单价变动会引起保本点向反方向变动，因而在销售业务量既定的条件下，会使安全边际向同方向变动。

2.单位变动成本单独变动时

单位变动成本的变动会导致保本点向同方向变动，在销售业务量既定的条件下，会使安全边际向反方向变动。

3.固定成本单独变动时

固定成本变动对安全边际的影响同单位变动成本变动的影响一样。

4.预计销量单独变动时

预计销量单独变动会使安全边际向同方向变动。

（三）因素变动对利润的影响

（1）单价变动可通过改变销售收入从正方向影响利润；

（2）单位变动成本的变动可通过改变变动成本总额从反方向影响利润；

（3）固定成本的变动直接会从反方向改变利润；

（4）预计销量的变动可通过改变贡献边际总额从正方向影响利润。

上述关系是进行利润敏感性分析的重要前提。

二、本量利关系图

（一）本量利关系图的含义

在平面直角坐标系上使用解析几何模型反映本量利关系的图像，统称为本量利关系图。也有人称之为保本图、利润图、盈亏转折图、损益平衡图或利润规划图。这些图实际已经超出了单纯讨论保本或保本点的范围，其中许多图不仅能反映固定成本、变动成本、销量、销售收入和保本点、亏损区和利润区，而且还可以反映贡献边际、安全边际以及相关范围，甚至可以提供单价、单位变动成本和单位贡献边际的水平。总之它们能够直观地从动态的角度揭示本量利相互依存的关系，因此，将其概括为本量利关系图还是恰如其分的。

（二）本量利关系图的类型

本量利关系图包括很多类型，本书主要介绍传统式本量利关系图、贡献式本量利关系图和利润-业务量式本量利关系图三种。

（三）传统式本量利关系图及其特点

1.传统式本量利关系图的含义

传统式本量利关系图是一种较为常见的，能够反映本量利基本关系的图形，在实际中应用最广泛。其特点是它反映的总成本是以固定成本为基础的，能在图中清晰地反映固定成本总额不变的特点；同时能揭示安全边际、保本点、利润三角区与亏损三角区的关系。按坐标图横轴所代表的业务量不同，又可将其分为标准式本量利关系图和金额式本量利关系图。

2.标准式本量利关系图的特点

标准式本量利关系图的x轴以销量为单位，其图形如图5-2所示。

通过观察该图很容易发现以下规律：

（1）在保本点不变的情况下，如产品销售超过保本点一个单位的业务量，即可获得一个单位贡献边际的盈利；销量越大，能实现的盈利就越多。反之，若产品销售低于保本点一个单位的业务量，即亏损一个单位贡献边际；销量越少，亏损额就越大。

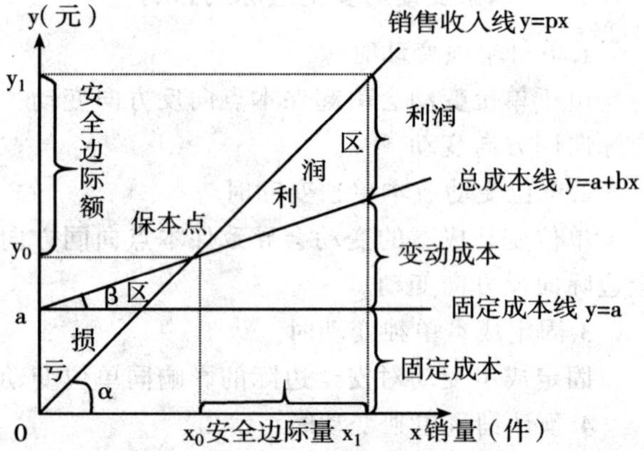

图5-2 标准式本量利关系图

（2）在销量不变的情况下，保本点越低，盈利区的三角形面积就越大，亏损区的三角形面积就越小；它反映了产品的盈利性有所提高，即能实现更多的盈利或更少的亏损。反之，保本点越高，则盈利区的三角形面积就越小，而亏损区的三角形面积则越大；它反映了产品的盈利性有所降低，即能实现的盈利减少或亏损增加。但是，当销量变化时，只会引起盈利三角区的变化，而不会引起亏损三角区向相反方向变动。

尽管此图的运用最为广泛，但其缺点还是难以克服的，即无法反映贡献边际与其他因素的关系。

3.金额式本量利关系图的特点

金额式本量利关系图的横轴以销售额为单位，销售收入线与之夹角为45°，反映的是销售收入与保本点等变量之间的关系，记作y=x，总成本线记作y=a+bR·x。该图主要用于多品种条件下的本量利分析，其图形如图5-3所示。

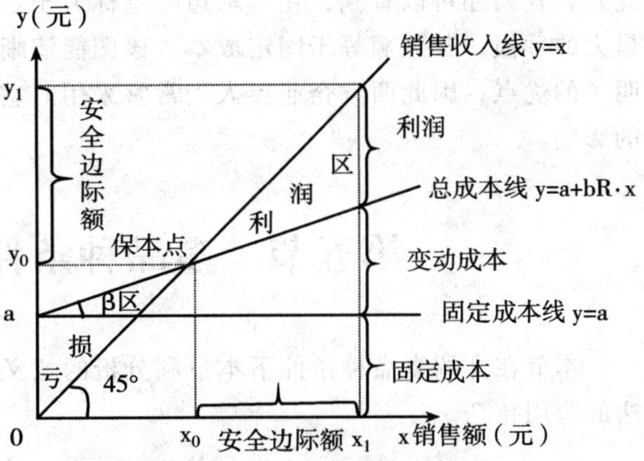

图5-3　金额式本量利关系图

（四）贡献式本量利关系图及其特点

1.贡献式本量利关系图的含义

贡献式本量利关系图是一种将固定成本置于变动成本线之上，能直观地反映贡献边际、固定成本及利润之间关系的图形，如图5-4所示。

2.贡献式本量利关系图的特点

在贡献式本量利关系图中，销售收入线与变动成本线都是从原点出发，二者均与业务量成正比例变化，两线之间的垂直距离是贡献边际，在贡献边际与固定成本相等处所对应的业务量为保本点。此图的缺点在于无法直接反映固定成本线。

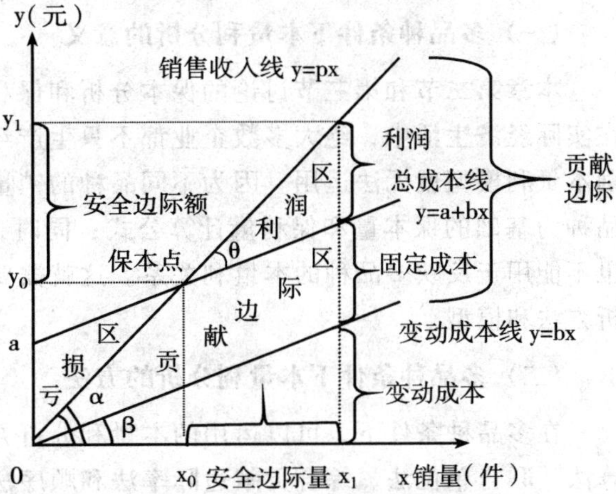

图5-4　贡献式本量利关系图

从图5-4中不难发现以下变化规律：

（1）∠α-∠β与∠θ相等，∠θ的大小反映着贡献边际率的高低，直接影响着利润的增减变化，∠θ越大，利润越高；反之，越低。

（2）只要单价大于单位变动成本，则必然有贡献边际存在。

（3）贡献边际应当首先补偿固定成本，只有超额的部分才构成企业的利润。

（五）利润-业务量式本量利关系图及其特点

1.利润-业务量式本量利关系图的含义

利润-业务量式本量利关系图是一种以横轴代表业务量，纵轴代表利润或贡献边际，能直观地反映业务量与贡献边际、固定成本及利润之间关系的图形，如图5-5所示。

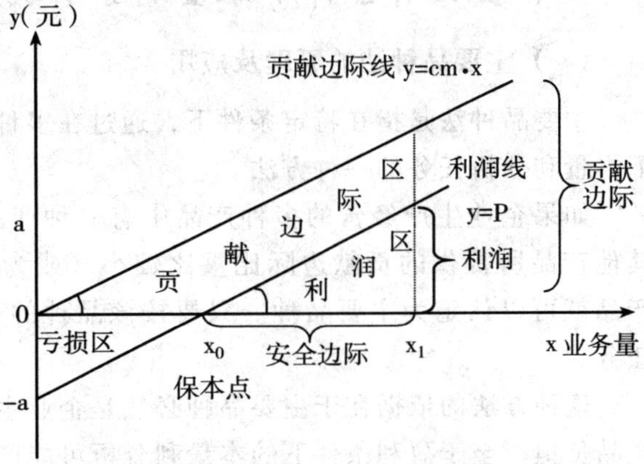

图5-5　利润-业务量式本量利关系图

该图的绘制方法是先画一条贡献边际线，然后过纵轴上的负数的固定成本作一条平行线，即利润线，利润线与横轴的交点为保本点。

2.利润-业务量式本量利关系图的特点

利润-业务量式本量利关系图中业务量既可以用销量表示，也可以用销售收入表示。如果是销量，利润线的斜率是单位贡献边际；如果是销售额，则利润线的斜率是贡献边际率。

此外，我们还可以看到，在贡献边际指标大于零的条件下，当销售业务量为零时企业将发生最大的亏损，其数额等于固定成本。该图能清晰地反映业务量变动对利润的影响，具有简单明了的优点，因此西方企业界人士常常采用。它的不足之处在于不能显示业务量变动对成本的影响。

第五节　多品种条件下的本量利分析

本节在介绍多品种条件下本量利分析的意义和方法的基础上，结合案例讲解各种具体方法的应用技巧。

一、多品种条件下本量利分析的意义与方法

（一）多品种条件下本量利分析的意义

本章第二节和第三节讨论的保本分析和保利分析，都假定在单一品种条件下进行。但是在实际经济生活中，绝大多数企业都不只生产经营一种产品。在这种情况下，前面介绍的个别本量利模型就无法运用。因为不同品种的销量无法直接相加，所以就无法直接应用以单一品种为基础的保本量和保利量计算公式；同时，以销量单位为x轴的保本图和本量利关系图也不能用于反映多品种的本量利关系。这就需要进一步研究适用于多品种条件下的本量利分析方法和模型。

（二）多品种条件下本量利分析的方法

在多品种条件下，可以运用的本量利分析方法有多种形式，主要包括：主要品种法、分算法、联合单位法、综合贡献边际率法和顺序法等。

二、多品种条件下本量利分析具体方法的原理及应用

（一）主要品种法的原理及应用

主要品种法是指在特定条件下，通过在多种产品中确定一种主要品种，完成多品种条件下本量利分析任务的一种方法。

如果企业生产经营的多种产品中有一种产品，能够向企业提供绝大多数贡献边际，而其他产品所提供的贡献边际比重比较小（或为不足轻重的副产品或发展余地不大），则该产品就可以认定为主要品种。只要按该品种的有关资料进行分析，即可完成本量利分析的任务。

这种方法的依据在于主要品种必然是企业生产经营的重点，因此，固定成本应主要由该产品负担。至于盈利条件下的本量利分析可能产生一些误差，但由于其他产品影响不大，可以忽略不计或适当加以调整。

确定主要品种应以贡献边际为标志（因为只有贡献边际才能补偿固定成本），在确定主要品种时只能选择一个品种。

[例5-7] 主要品种法的应用

已知：某企业生产三种产品，有关资料见表5-2，本期发生的固定成本为400万元。

表5-2　某企业产品有关资料　金额单位：万元

品　种	销售收入		贡献边际		贡献边际率（%）
	金额	比重（%）	金额	比重（%）	
甲	2 250	22.5	900	90	40
乙	100	1	80	8	80
丙	7 650	76.5	20	2	0.26
合　计	10 000	100	1 000	100	—

要求：（1）如果分别以销售额和贡献边际率作为判断主要品种的标志，应当选择哪种产品作为主要品种。

（2）以贡献边际作为判断主要品种的标志，计算企业本期最保守的保本额。

解：（1）如果以销售额为判断标志，则丙产品应为主要品种；如果以贡献边际率为判断标志，则乙产品应为主要品种。

（2）以贡献边际作为判断主要品种的标志，应以甲产品为主要品种。

$$\text{企业最保守的保本额}=\text{甲产品保本额}=\frac{400}{40\%}=1\ 000\text{（万元）}$$

（二）分算法的原理及应用

分算法是指在一定条件下，将全厂固定成本按一定标准在各种产品之间进行分配，然后再对每一个品种分别进行本量利分析的方法。

有的企业虽然组织多品种生产经营，但由于生产技术的缘故而采用封闭式生产方式。在这种条件下，区分产品的专属固定成本不成问题，共同固定成本也可选择一定标准（如销售额、贡献边际、产品重量、长度、体积、工时等）分配给各种产品。

这种方法可以提供各产品计划与控制所需要的详细资料，故受到基层管理部门的重视与欢迎。但在选择分配固定成本的标准时容易出现问题，尤其是品种较多时比较麻烦。

鉴于固定成本需要由贡献边际来补偿，故按照各种产品之间的贡献边际比重分配固定成本最为合理。

［例5-8］分算法的应用

已知：甲企业组织三种产品的生产经营，20×8年甲企业预计发生固定成本300 000万元，各种产品的预计销量、单价、单位变动成本等的计划资料见表5-3，假定目标利润为150 000万元。

表5-3　20×8年甲企业计划资料　金额单位：万元

产品＼项目	销量 x_i	单价 p_i	单位变动成本 b_i	销售收入 px_i	贡献边际 Tcm_i	贡献边际率 cmR_i
（甲）	①	②	③	④=①×②	⑤=①×（②-③）	⑥=⑤÷④
A	100 000件	10	8.5	1 000 000	150 000	15%
B	25 000台	20	16	500 000	100 000	20%
C	10 000套	50	25	500 000	250 000	50%

要求：用分算法进行保本分析（假定固定成本按贡献边际的比重分配）。

解：依题意

贡献边际总额=150 000+100 000+250 000=500 000（万元）

固定成本分配率=$\frac{300\ 000}{500\ 000}$=0.6

分配给A产品的固定成本=150 000×0.6=90 000（万元）

分配给B产品的固定成本=100 000×0.6=60 000（万元）

分配给C产品的固定成本=250 000×0.6=150 000（万元）

A产品的保本量=$\frac{90\ 000}{10-8.5}$=60 000（件）

A产品的保本额=10×60 000=600 000（万元）

同理，B产品和C产品的保本量分别为15 000台和6 000套；它们的保本额均为300 000万元（计算过程略）。

（三）联合单位法的原理及应用

联合单位法是指在事先掌握多品种之间客观存在的相对稳定产销实物量比例的基础上，确定每一联合单位的单价和单位变动成本，进行多品种条件下本量利分析的一种方法。

如果企业生产的多个品种之间的实物产出量之间存在着较稳定的数量关系，而且所有产品的销路都很好，那么就可以用联合单位代表按实际实物量比例构成的一组产品。如企业生产的甲、乙、丙3种产品的销量比为1：2：3，则一个联合单位就相当于1个甲、2个乙和3个丙的集合，其中甲产品为标准产品。以这种销量比可计算出每一个联合单位的联合单价和联合单位变动成本。在此基础上，可以按单一品种的本量利分析法计算联合保本量和联合保利量。其计算公式是：

$$\text{联合保本量}=\frac{\text{固定成本}}{\text{联合单价}-\text{联合单位变动成本}} \quad (5.5.1\text{式})$$

$$\text{联合保利量}=\frac{\text{固定成本}+\text{目标利润}}{\text{联合单价}-\text{联合单位变动成本}} \quad (5.5.2\text{式})$$

5.5.1式和5.5.2式中，联合单价等于一个联合单位的全部收入；联合单位变动成本等于一个联合单位的全部变动成本。

在此基础上，可计算出每种产品的保本量和保利量，公式为：

某产品保本量=联合保本量×该产品销量比 （5.5.3式）

某产品保利量=联合保利量×该产品销量比 （5.5.4式）

分别用每种产品的单价乘以该产品的保本量和保利量，可求出其保本额和保利额。

［例5-9］联合单位法的应用

已知：仍按例5-8的资料。

要求：用联合单位法进行保本分析。

解：（1）确定产品销量比：

A：B：C=10：2.5：1

（2）联合单价=10×10+20×2.5+50×1=200（万元/联合单位）

（3）联合单位变动成本=8.5×10+16×2.5+25×1=150（万元/联合单位）

（4）联合保本量=$\frac{300\ 000}{200-150}$=6 000（联合单位）

（5）计算各种产品保本量：

A产品保本量=6 000×10=60 000(件)

B产品保本量=6 000×2.5=15 000(台)

C产品保本量=6 000×1=6 000(套)

(6) 计算各种产品保本额:

A产品保本额=10×60 000=600 000(万元)

B产品保本额=20×15 000=300 000(万元)

C产品保本额=50×6 000=300 000(万元)

(四) 综合贡献边际率法的原理及应用

综合贡献边际率法是指在确定企业综合贡献边际率(以下简记作cmR′)的基础上分析多品种条件下本量利关系的一种方法。

该法对各品种一视同仁,不要求分配固定成本,而是将各品种创造的贡献边际视为补偿企业全部固定成本的收益来源。在此法下,企业的综合保本额和综合保利额的计算公式分别为:

$$综合保本额=\frac{全厂固定成本}{综合贡献边际率}=\frac{a}{cmR'} \quad (5.5.5式)$$

$$综合保利额=\frac{全厂固定成本+目标利润}{综合贡献边际率}=\frac{a+TP}{cmR'} \quad (5.5.6式)$$

该法的关键是正确计算综合贡献边际率,包括总额法、全厂贡献边际率总和法和加权平均法三种方法。

1.总额法

总额法是指根据一定条件下全厂各种产品创造的贡献边际总额与销售收入总额之比来确定综合贡献边际率的一种方法。其计算公式是:

$$综合贡献边际率(cmR')\frac{全厂贡献边际总额}{全厂销售收入总额}\times100\%=\frac{\sum Tcm}{\sum px}\times100\% \quad (5.5.7式)$$

5.5.7式中的各项总额资料,既可以按事先计划的资料确定,也可以按最近一期或几期的实际资料来确定。当利用计划资料时,被称为计划总额法;利用实际资料时,又称近期总额法。不论采用什么资料,分子、分母的归属期必须一致。

由于总额法只需掌握全厂贡献边际总额和销售收入总额,不必了解每一品种的单价、单位变动成本和销量资料,就可以计算出综合贡献边际率,故比较简单。但该法无法进一步确定每一种产品的保本点等指标。

[例5-10] 综合贡献边际率法的应用——计划总额法

已知:仍按例5-8的资料。

要求:(1) 用计划总额法计算综合贡献边际率;

(2) 计算20×8年该企业的综合保本额;

(3) 计算20×8年该企业的综合保利额。

解:(1) 贡献边际总额为500 000万元。

根据表5-3资料可算出:

企业计划销售收入总额=1 000 000+500 000+500 000=2 000 000(万元)

$$综合贡献边际率=\frac{500\ 000}{2\ 000\ 000}\times100\%=25\%$$

（2）20×8年该企业的综合保本额=$\frac{300\ 000}{25\%}$=1 200 000（万元）

（3）20×8年该企业的综合保利额=$\frac{300\ 000+150\ 000}{25\%}$=1 800 000（万元）

2.全厂贡献边际率总和法

全厂贡献边际率总和法要求先计算每一品种为全厂创造的贡献边际率（cmR″），再求所有品种的该项指标之和，即可得到综合贡献边际率。其计算公式为：

$$\text{综合贡献边际率}\ (cmR')=\sum\frac{\text{每种产品为全厂}}{\text{创造的贡献边际率}}=\sum cmRi'' \quad (5.5.8\text{式})$$

5.5.8式中的“每种产品为全厂创造的贡献边际率”可按下式计算：

$$\text{某种产品为全厂创造的贡献边际率}\ (cmRi'')=\frac{\text{该产品创造的贡献边际}}{\text{全厂销售收入之和}}\times100\%=\frac{Tcm_i}{\sum px_i}\times100\% \quad (5.5.9\text{式})$$

此法适用于已知每种产品为全厂创造的贡献边际率的企业。其缺点也是无法进一步确定每种产品的保本点和保利点。

［例5-11］综合贡献边际率法的应用——全厂贡献边际率总和法

已知：仍按例5-8的资料。

要求：按全厂贡献边际率总和法计算综合贡献边际率。

解：依题意，可计算每种产品为全厂创造的贡献边际率。

$$\text{A产品为全厂创造的贡献边际率}=\frac{150\ 000}{2\ 000\ 000}\times100\%=7.5\%$$

$$\text{B产品为全厂创造的贡献边际率}=\frac{100\ 000}{2\ 000\ 000}\times100\%=5\%$$

$$\text{C产品为全厂创造的贡献边际率}=\frac{250\ 000}{2\ 000\ 000}\times100\%=12.5\%$$

综合贡献边际率=7.5%+5%+12.5%=25%

显然，按此法计算的综合贡献边际率同总额法计算结果相同。

3.加权平均法

加权平均法是指在掌握每种产品本身的贡献边际率（记作cmR_i）的基础上，按各项产品销售额占全厂收入的比重（记作B_i）进行加权平均，据以计算综合贡献边际率的一种方法。其计算公式如下：

$$\text{综合贡献边际率}\ (cmR')=\sum\left(\frac{\text{某种产品的}}{\text{贡献边际率}}\times\frac{\text{该产品的}}{\text{销售额比重}}\right)=\sum\ (cmR_i\cdot B_i) \quad (5.5.10\text{式})$$

5.5.10式中的相关指标可分别按下列公式计算：

$$\text{某种产品的贡献边际率}\ (cmR_i)=\frac{\text{该产品的贡献边际}}{\text{该产品销售收入}}\times100\%=\frac{Tcm_i}{px_i}\times100\% \quad (5.5.11\text{式})$$

$$=\frac{\text{该产品的单位贡献边际}}{\text{该产品的单价}}\times100\%=\frac{cm_i}{p_i}\times100\% \quad (5.5.12\text{式})$$

$$\text{某种产品的销售额比重}\ (B_i)=\frac{\text{该产品计划销售额}}{\text{全厂各种产品计划销售额合计}}\times100\%=\frac{px_i}{\sum px_i}\times100\% \quad (5.5.13\text{式})$$

在加权平均法下，不仅可以计算出综合保本额和综合保利额，而且还可以在此基础上按销售比重将其分解，计算出每一品种的保本额和保利额；用每种产品的保本额和保利额分别除以各该产品的单价，就可以求出它们的保本量和保利量。

［例5-12］综合贡献边际率法的应用——加权平均法

已知：仍按例5-8的资料。

要求：（1）按加权平均法计算综合贡献边际率。

（2）计算综合保本额和综合保利额。

（3）计算每种产品的保本额和保本量。

解：（1）从表5-3第⑥栏中可查得三种产品的贡献边际率分别为15%、20%和50%。

$$A产品的销售比重=\frac{1\,000\,000}{2\,000\,000}\times100\%=50\%$$

$$B产品的销售比重=\frac{500\,000}{2\,000\,000}\times100\%=25\%$$

$$C产品的销售比重=\frac{500\,000}{2\,000\,000}\times100\%=25\%$$

综合贡献边际率=15%×50%+20%×25%+50%×25%=25%

$$（2）综合保本额=\frac{300\,000}{25\%}=1\,200\,000（万元）$$

$$综合保利额=\frac{300\,000+150\,000}{25\%}=1\,800\,000（万元）$$

（3）A产品保本额=1 200 000×50%=600 000（万元）

B产品保本额=1 200 000×25%=300 000（万元）

C产品保本额=1 200 000×25%=300 000（万元）

A产品保本量=600 000÷10=60 000（件）

B产品保本量=300 000÷20=15 000（台）

C产品保本量=300 000÷50=6 000（套）

上述三种计算综合贡献边际率方法的实质是一样的，只是它们分别适用于掌握资料详略不同的各种情况。尽管加权平均法要求掌握比其他两种方法更详细、更具体的资料，但它也因能够提供比其他两种方法更为有用的信息而更具有实用性。由于在管理会计实务中，大多按加权平均法计算综合贡献边际率，故也有人将综合贡献边际率法直接称为加权平均法。

鉴于销售额比重会影响到综合贡献边际率水平，因而销售额比重即品种结构因素必然构成影响多品种本量利关系的另一要素。显然，在其他条件不变的前提下，企业应积极采取措施，努力提高贡献边际率水平较高的产品的销售比重，降低贡献边际率水平较低的产品的销售比重，从而提高企业的综合贡献边际率水平，达到降低全厂保本额和保利额的目的。

[例5-13] 销售结构变动对综合保本额的影响

已知：假定例5-12的A、B、C三种产品的销售比重由原来的50%、25%、25%转变为25%、25%、50%，它们的贡献边际率和全厂固定成本均不变。

要求：计算销售结构变化后的综合保本额。

解：依题意

综合贡献边际率=15%×25%+20%×25%+50%×50%=33.75%

$$综合保本额=\frac{300\,000}{33.75\%}\approx888\,888.89（万元）$$

（五）顺序法的原理及其应用

顺序法是指按照事先规定的品种顺序，依次用各种产品的贡献边际补偿全厂的固定成本，进而完成多品种条件下本量利分析任务的一种方法。

该法通常要以事先掌握各种产品贡献边际和销售收入计划数为前提，并按各产品贡献边际率的高低确定品种的销售顺序。由于人们对风险的态度不同，在确定品种顺序时会选择截然不同的两种标准：一种是乐观的排列，即假定各品种的销售顺序是按其贡献边际率由高到低排列的，贡献边际率高的产品先实现销售，低的后售出；另一种是悲观的排列，即假定销售顺序恰恰与乐观排列相反。

在此法下，产品顺序也可按市场实际销路是否顺畅来确定，但这种顺序的确定缺乏统一标准，存在一定主观随意性。

在顺序法下，多品种本量利分析的任务可分别采用列表法和图示法两种方法完成。

1.列表法

在列表法下，首先要根据有关资料编制顺序分析表，其格式见表5-4。

表5-4 顺序分析表 金额单位：万元

顺序	品种	贡献边际率 cmR_i	销售收入 px_i	累计销售收入 $\sum px_i$	贡献边际 Tcm_i	累计贡献边际 $\sum Tcm_i$	全厂固定成本a	累计损益 $\sum P_i$	目标利润TP	累计剩余损益
i	(甲)	①	②	③	④=①×②	⑤	⑥	⑦=⑤-⑥	⑧	⑨=⑦-⑧
1	A	15%	1 000 000	1 000 000	150 000	150 000	300 000	-150 000	150 000	-300 000
2	B	20%	500 000	1 500 000	100 000	250 000		-50 000		-200 000
3	C	50%	500 000	2 000 000	250 000	500 000		+200 000		+50 000

然后根据具体的本量利分析任务按以下方法进行分析：

（1）进行保本分析时，需利用表5-4第⑦栏所列示的“累计损益”数据。

若能在第⑦栏中找到零时，则零所在行的累计销售收入就是保本额。当$\sum_{i}^{M} P_i = 0$时，$\sum_{i}^{M} px_i$为保本额。若在第⑦栏中找不到零时，可按下式计算保本额：

$$保本额=\frac{保本产品前}{累计销售额}+\frac{|保本产品前累计损益|}{保本产品的贡献边际率} \quad (5.5.14式)$$

$$=\sum_{i}^{M} px_i+\frac{|\sum_{i}^{M} P_i|}{cmR_{M+1}} \quad (5.5.15式)$$

5.5.14式中的保本产品是指“累计损益”栏中第一次出现正值时所对应的产品。

5.5.15式中的M满足下式：

$$\sum_{i}^{M} P_i<0,\ \sum_{i}^{M+1} P_i>0$$

（2）进行保利分析时，需利用表5-4第⑨栏所列示的“累计剩余损益”数据，原理类似于保本分析。

若能在第⑨栏中找到零时，则零所在行的累计收入就是保利额。

若在第⑨栏中找不到零时，可按下式计算保利额：

$$保利额=\frac{保利产品前}{累计销售额}+\frac{|保利产品前累计损益|}{保利产品的贡献边际率} \quad (5.5.16式)$$

［例5-14］顺序法的应用——列表法

已知：仍按例5-8的资料。

要求：用顺序法列示计算该企业20×8年计划期保本额和保利额。

解：根据已知计划资料编制顺序分析表，见表5-4。

$$保本额=1\ 500\ 000+\frac{|-50\ 000|}{50\%}=1\ 600\ 000（万元）$$

$$保利额=1\ 500\ 000+\frac{|-200\ 000|}{50\%}=1\ 900\ 000（万元）$$

2.图示法

图示法需要利用累计销售额和累计损益数据编制以销售额为横轴的利润-业务量式本量利关系图，从而确定多品种条件下的保本额、亏损区和利润区。图5-6就是根据表5-4有关数据按顺序法绘制的分段利润-业务量式关系图。

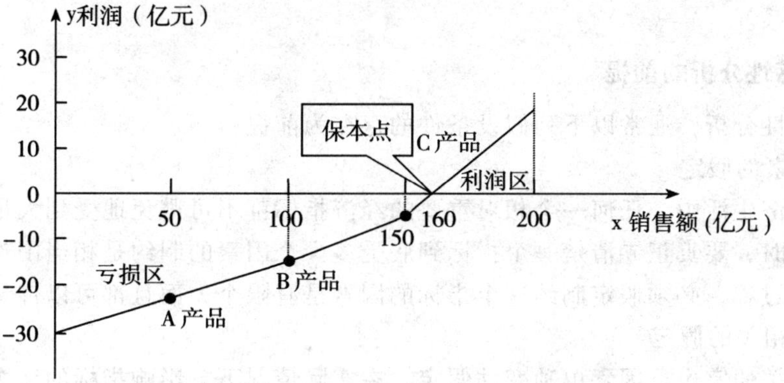

图5-6　分段利润-业务量式关系图

在图示法下，利润-业务量式本量利关系图上的利润线是按不同产品分段编制的，各段斜率分别反映每种产品的贡献边际率水平。因此，有人也将顺序法称为分段法。

三、多品种条件下本量利分析具体方法的比较

显然，联合单位法、主要品种法和分算法都属于将多品种条件下的本量利分析转化或简化为单一产品本量利分析的形式，又有各自的运用条件。如，主要品种法要求品种主次分明；分算法则要求能够客观地将固定成本在各产品之间进行分配；联合单位法必须在有严格产出规律的联产品生产企业应用；综合贡献边际率法一般要求资料齐备，产品结构相对稳定；顺序法比较特殊，要求事先确定品种顺序，而且分析结果可能因人而异。在实际应用时，应根据具体情况，选择适合本企业特点的方法进行多品种本量利分析。

第六节　保本点的敏感性分析

本节在介绍敏感性分析原理的基础上，介绍保本点敏感性分析的技术。

一、敏感性分析的原理

（一）敏感性分析的必要性

管理会计进行预测分析和决策分析，必须依据一系列关键的定量指标。这些指标的计

算精度直接关系到预测和决策结论的可信度和有用性。由于影响这些关键指标的因素很多，即使在确定的条件下，因素与指标之间的关系也会表现得相当复杂。因为不仅不同因素对特定指标的影响程度有大小之分，而且它们的影响方式也有直接和间接两种，此外从因素与指标的相互变动关系上看，又有同方向变动和反方向变动两种形式。在不确定条件下，由于因素的变动是不可避免的，它们的变动幅度、变动方向缺乏规律，因此会使因素与指标之间的关系变得更为复杂。鉴于在一定条件下关键指标受不同因素影响的敏感性程度不同，这就决定了人们对不同因素采取不同的态度。对敏感性高的因素，人们必然予以高度重视，因为只要抓住了这些因素就抓住了问题的关键；对敏感性低的因素，则可以不必作为分析的重点。

正是基于这些原因，有必要利用敏感性分析技术来揭示关键指标受相关因素变动影响大小的规律性联系。

（二）敏感性分析的前提

进行敏感性分析，通常以下列假设条件的存在为前提：

1.有限因素的假定

在现实经济生活中，任何一个相对重要的经济指标都不可避免地受到大量因素直接或间接的影响，有时，要真正弄清楚一个指标到底受多少个因素的制约是相当困难的。为了简化敏感性分析的过程，必须假定制约这个指标的因素是有限个，而且都可以计量。

2.因素不相关的假定

因素不相关假定也称因素单独变动假定。在实际情况下，影响指标的诸多因素之间往往存在着相互制约的关系，如影响利润指标的单价因素与销量之间就存在着价格弹性关系。某个因素变动不仅会直接影响到相关指标的水平，还会通过影响其他因素而间接影响到该指标。这种“滥竽充数”的效果必然使得人们无法看出指标受这个因素的影响程度到底有多大。为了揭示因素与指标之间的内在联系，除了在确认影响因素时应尽量选择那些直接因素外，还必须假定这些因素之间不存在相互依存的制衡关系，也就是说，当一个因素变动时，其他因素都保留在原来的水平上。

3.相同变动幅度的假定

在实际经济生活中，不仅影响指标的各因素变动的可能性不同，而且它们各自变动的幅度也不一样，即有的因素经常变动，有的因素偶尔变动；有的因素变动幅度较大，有的因素变动幅度较小。在这种情况下，由于指标的变动受不同因素本身变动大小的影响，缺乏可比性基础，无法判定究竟哪个因素的变动对指标的影响大，哪个因素的影响小。只有假定所有相关因素单独变动的概率和幅度相同，大家都处于同一条起跑线上，才有可能比较出不同因素变动对同一指标的影响程度。在敏感性分析中，通常假定各相关因素均以事先确定的同一个最低变动率（如1%）变动。

4.影响效果相同的假定

在影响特定关键指标的诸多因素中，即使它们的变动方向和变动幅度完全一样，对该指标的影响也不可能相同，如有些因素增长的结果会导致该指标增长，而另一些因素增长的结果却会导致该指标降低。为了比较指标受因素变动影响的实际大小，必须假定因素变动对指标影响的效果相同，即因素的变动都能导致指标向相同的方向变动，要么同增，要么同减，不应当有增有减。

（三）敏感性分析的应用范围

从敏感性分析的原理看，在预测决策分析中，凡受到两个或两个以上因素影响的重要指标都可以进行敏感性分析。本教材中介绍的敏感性分析包括保本点敏感性分析、利润敏感性分析和投资敏感性分析等内容。本章介绍保本点敏感性分析技术，后两项内容分别安排在第六章和第十章中介绍。

二、保本点敏感性分析

（一）保本点敏感性分析的意义

保本点敏感性分析是指在现有或预计销量的基础上测算影响保本点的各个因素单独达到什么水平时仍能确保企业不亏损的一种敏感性分析方法。该法的实质是在销量水平和其他因素不变的前提下，分别计算保本单价、保本单位变动成本和保本固定成本，从而确定影响企业保本点的单价、单位变动成本和固定成本等因素在现有水平的基础上还有多大的变动余地，以便企业及时采取对策，使生产经营活动处于良好的运转之中。

（二）保本点敏感性分析的具体假定

保本点敏感性分析以下列假定为前提：

1.销量为常数的假定

在进行保本点敏感性分析时，假定销量是一个已知的常数。

2.企业正常盈利的假定

在进行保本点敏感性分析时，假定已知的销量大于按照原有的单价、单位变动成本和固定成本确定的保本量，企业安全边际指标大于零，能够实现盈利。

3.因素单独变动的假定

在按照已知的销量分别计算保本的单价、保本的单位变动成本和保本的固定成本时，假定其他两个影响保本点的因素不变。

（三）保本点敏感性分析的公式

有关公式为：

$$保本单价=现有单位变动成本+\frac{现有固定成本}{现有销量} \quad (5.6.1式)$$

$$保本单位变动成本=现有单价-\frac{现有固定成本}{现有销量} \quad (5.6.2式)$$

$$保本固定成本=（现有单价-现有单位变动成本）\times现有销量 \quad (5.6.3式)$$

［例5-15］保本点敏感性分析

已知：某企业只经营一种产品，20×7年实际销量10 000件，单价为100元/件，单位变动成本为70元/件，固定成本为200 000元，实现利润100 000元。

要求：（1）假定20×8年各种条件均不变，计算该年的保本量。

（2）进行该年的保本点敏感性分析。

解：（1）依题意

$$保本量=\frac{200\,000}{100-70}\approx6\,666.67=6\,667（件）$$

（2）依题意

$$保本单价=70+\frac{200\,000}{10\,000}=90（元/件）$$

$$保本单位变动成本=100-\frac{200\,000}{10\,000}=80（元/件）$$

保本固定成本=（100−70）×10 000=300 000（元）

只要20×8年单价不低于90元/件，或者单位变动成本不超过80元/件，或者固定成本不超过300 000元，该企业就不会亏损。

保本点敏感性分析的优点是能够从绝对数的角度直接确定影响保本点因素的变动范围，缺点是必须记忆3个公式。

第七节　经营杠杆系数

在前面几节中，已经讨论了单价、销量、单位变动成本和固定成本等因素对利润指标的影响。如果只考虑销量单个因素变动对利润的影响程度，并从相对数分析的角度计算相关指标，就需要引入经营杠杆系数指标。因此，经营杠杆系数能够揭示特殊的本量利关系。本节在明确经营杠杆效应的基础上，介绍经营杠杆系数的含义、理论计算公式和简化计算公式，并说明该指标的应用范围。

一、经营杠杆效应

（一）杠杆现象

人们在生产或劳动过程中，只要用一根有一定长度且足够结实的棍子，并找到一个合适的支撑点，就可以用较小的力量撬动重物，在物理学中称这根棍子为杠杆。只有在满足特定条件时，才能够借助杠杆用较小的力撬起一个较重的物体。这种以小博大的现象就是杠杆现象。

（二）经营杠杆效应的含义

在会计实践中人们发现：在满足特定条件的情况下，会发生利润变动率（后果）的变动水平大于导致其变动的销量变动率或贡献边际变动率（前因）的变动水平，这种后果大于前因的现象，类似于杠杆现象。学术界将这种杠杆现象称为企业具有经营杠杆效应（operating leverage effect）。

需要说明的是，当前社会上所流行的“去杠杆”说法，并不是要限制经营杠杆的作用，而是要限制财务杠杆的消极作用。

（三）形成经营杠杆效应的条件

不能说在任何条件下都会发生经营杠杆效应。要形成经营杠杆效应，必须同时满足以下条件：

（1）考察是否有形成经营杠杆效应的时间范围，至少涉及前后相连的两个期间。前一个期间称为基期或前期，后一个期间称为报告期或本期。报告期任一因素的环比变动率，等于报告期该因素变动值（即报告期数据与基期数据之差）占基期该因素数据的百分比。由于第一个基期只有本期的数据，无法计算变动率，故该期不可能存在经营杠杆效应。

（2）基期企业必须正常盈利。如果利润为零，则无法计算报告期利润变动率（零不能作分母），不可能形成经营杠杆效应（这里暂不考虑亏损的情况）。

（3）基期的固定成本不得为零（当然也不能为负值）。

（4）在单一品种条件下，与基期相比，报告期内只有销量一个因素单独变动，其他影响利润的因素（包括单价、单位变动成本和固定成本）均不变。

（5）在多品种条件下，除必须同时满足上述条件，还必须确保报告期贡献边际总额因销量变动而发生变化。

二、经营杠杆系数及其计算

衡量经营杠杆效应，必须利用经营杠杆系数。

（一）经营杠杆系数的定义

经营杠杆系数（degree of operating leverage，DOL）又称经营杠杆率，如果存在经营杠杆效应，则单一品种条件下的经营杠杆系数，等于报告期利润变动率相当于同期销量变动率的倍数；多品种条件下的经营杠杆系数，等于报告期利润变动率相当于同期贡献边际变动率的倍数。

必须重申一点：上述相关指标变动率都是以报告期的前一期为基础的环比指标，而不是以固定的某一期为计算基础的定基比。

（二）经营杠杆系数的计算

经营杠杆系数可分别采用理论公式和简化公式进行计算。

1.计算单一品种经营杠杆系数的理论公式

在单一品种条件下，设单价、单位变动成本、销量和固定成本4个因素报告期变动率分别为K_1，K_2，K_3和K_4，K_0为报告期利润变动率。则，判断单一品种条件下存在经营杠杆效应的判定条件为：“$K_1=0$”、“$K_2=0$”、“$K_3\neq0$”、“$K_4=0$”、“基期固定成本>0”和“基期利润>0”6个关系式必须同时存在。读者可自行考虑：是否要规定“$K_0\neq0$”或“$K_0>0$”为判定条件？

报告期经营杠杆系数DOL的理论公式为：

$$\text{报告期经营杠杆系数}(\text{DOL})=\frac{\text{报告期利润变动率}}{\text{报告期销量变动率}}=\frac{K_0}{K_3} \quad (5.7.1\text{式})$$

或

$$=\frac{\text{报告期利润变动率}}{\text{报告期销售收入变动率}} \quad (5.7.2\text{式})$$

或

$$=\frac{\text{报告期利润变动率}}{\text{报告期变动成本变动率}} \quad (5.7.3\text{式})$$

或

$$=\frac{\text{报告期利润变动率}}{\text{报告期贡献边际变动率}} \quad (5.7.4\text{式})$$

5.7.1式、5.7.2式、5.7.3式、5.7.4式4个公式计算结果相同的证明过程，可参见知识拓展5-4：单一品种条件下按四个公式计算DOL的结果一致性的证明。

知识拓展5-4

单一品种条件下按四个公式计算DOL的结果一致性的证明

［例5-16］利用理论公式计算单一品种的经营杠杆系数

已知：某企业只生产一种产品，每年可实现产销平衡，连续3年的有关资料见表5-5，其中，第二年包括互不相关的两种情况。

表5-5 **资料** 数量单位：件/金额单位：元

项目 \ 时期	第一年数据	第二年				第三年		
		①第一种情况		②第二种情况		数据	变动率	
		数据	变动率	数据	变动率		以①为基础	以②为基础
单价	100	100	0	100	0	100	0	0
单位变动成本	60	60	0	60	0	60	0	0
单位贡献边际	40	40	0	40	0	40	0	0
销量	10 000	12 000	20%	9 000	-10%	14 400	20%	60%
销售收入	1 000 000	1 200 000	20%	900 000	-10%	1 440 000	20%	60%
变动成本	600 000	720 000	20%	540 000	-10%	864 000	20%	60%
贡献边际	400 000	480 000	20%	360 000	-10%	576 000	20%	60%
固定成本	300 000	300 000	0	300 000	0	300 000	0	0
利润	100 000	180 000	80%	60 000	-40%	276 000	53.33%	360%

说明：从财务管理的角度出发，本表固定成本中不包括固定性利息支出，利润为息税前利润。

要求：(1) 判断各年是否存在经营杠杆效应。

(2) 根据表5-5资料，按理论公式分别计算各年（含不同情况和不同基数）经营杠杆系数（DOL）(有效数字保留小数点后两位)。

(3) 说明为什么分别按销量变动率、销售收入变动率、变动成本变动率和贡献边际变动率为分母，可以计算出相同的经营杠杆系数。

解：依题意

(1) 因为第一年的销量变动率、销售收入变动率、变动成本变动率和贡献边际变动率均不存在，所以第一年不存在经营杠杆效应。

因为第二年的两种情况和第三年均同时满足销量单独变动，其余变量均不变，基期固定成本和基期利润均大于零的条件，故可以断定，这些期间均存在经营杠杆效应。

(2) 各年不同情况下DOL的计算：

由于第一年不存在经营杠杆效应，故无法计算该年的DOL。

根据表5-5资料，已知在第二年第一种情况下，利润变动率为80%，销量变动率为20%，则：

$$\text{第二年第一种情况下的DOL}=\frac{80\%}{20\%}=4$$

在第二年第二种情况下，利润变动率为-40%，销量变动率为-10%，则：

$$\text{第二年第二种情况下的DOL}=\frac{-40\%}{-10\%}=4$$

第三年以①为基数的利润变动率为53.33%，销量变动率为20%，则：

$$\text{第三年以①为基数的DOL}=\frac{53.33\%}{20\%}\approx 2.67$$

第三年以②为基数的利润变动率为360%，销量变动率为60%，则：

$$\text{第三年以②为基数的DOL}=\frac{360\%}{260\%}=6$$

(3) 在单一品种条件下，若一个报告期内只有销量一个因素单独变动，则该期销售收入变动率、变动成本变动率和贡献边际变动率都等于销量变动率（见表5-5中各年相关因素变动率资料），以当前利润变动率为分子，按相同的分母计算的DOL必然相等。

通过观察本例的计算结果，可以发现以下现象：其一，各年不同情况下的DOL均大于1；其二，虽然第二年不同情况下的销量变动率变动方向和变动幅度均不同，但计算出来的该年DOL却相同；其三，第三年的销量为一个常数时，按不同基数计算出来的DOL相差悬殊。这些现象究竟是偶然发生的，还是必然会出现的呢？

2.计算多品种经营杠杆系数的理论公式

在多品种条件下，判断是否具备经营杠杆效应的条件，除了单一品种的5个判定条件外，还要求报告期的贡献边际总额变动率不等于零。在此情况下，按照5.7.4式可以正确地计算出DOL，无法按5.7.1式计算DOL，按5.7.2和5.7.3公式都不能正确计算出DOL。从这个意义上说，5.7.4式既适用于单一品种，又适用于多品种，可称为计算DOL的通用理论公式。

[例5-17] 利用理论公式计算多品种的经营杠杆系数

已知：某企业生产甲、乙、丙三种产品，每年产销平衡，连续4年的有关因素资料见表5-6。

表5-6　**资料**　价值单位：元/产销量单位：件

项目 \ 品种 \ 时期	第一年			第二年			第三年			第四年		
	甲	乙	丙	甲	乙	丙	甲	乙	丙	甲	乙	丙
单价	100	200	300	100	200	300	100	200	300	100	200	300
单位变动成本	60	100	180	60	100	180	60	100	180	60	100	180
销量	1 000	2 000	3 000	1 000	3 000	6 000	1 500	3 000	5 000	1 950	3 060	4 800
固定成本	120 000			120 000			120 000			120 000		

要求：（1）根据表5-6数据计算各年的销售收入总额、变动成本总额、贡献边际总额和利润总额等相关指标及其环比变动率（有效数字保留小数点后两位，下同）。

（2）判断各年是否存在经营杠杆效应。

（3）分别计算各年利润总额变动率与销量变动率、销售收入总额变动率、变动成本总额变动率、贡献边际总额变动率的比值。

（4）确定各年按理论公式计算的DOL。

解：（1）根据表5-6数据计算的各年相关指标及其环比变动率见表5-7。

表5-7　**相关指标资料**　价值单位：元

项目 \ 时期	第一年	第二年		第三年		第四年	
	金额	金额	变动率	金额	变动率	金额	变动率
销售收入总额（$\sum px$）	1 400 000	2 500 000	78.57%	2 250 000	-10.00%	2 247 000	-0.13%
变动成本总额（$\sum bx$）	800 000	1 440 000	80.00%	1 290 000	-10.42%	1 287 000	-0.23%
贡献边际总额（$\sum Tcm$）	600 000	1 060 000	76.67%	960 000	-9.43%	960 000	0
固定成本总额（$\sum a$）	120 000	120 000	0	120 000	0	120 000	0
利润总额（$\sum P$）	480 000	940 000	95.83%	840 000	-10.64%	840 000	0

（2）各年是否存在经营杠杆效应的判断：

因为第一年不存在任何变动率，所以不存在经营杠杆效应。

第一年和第二年的利润均大于零，第二年和第三年只有销量变动（有时单个品种变动，有时多个品种同时变动），每个品种的单价、单位变动成本和固定成本总额均不变，且当期贡献边际总额变动率不为零，符合经营杠杆效应存在的判定条件。

因为第四年的贡献边际总额变动率为零，所以不存在经营杠杆效应。

（3）计算的各年利润变动率与相关指标变动率的比值见表5-8：

表5-8 **利润变动率与相关指标变动率的比值**

	第一年	第二年	第三年	第四年
利润总额变动率/销量变动率	不存在	无法计算	无法计算	无法计算
利润总额变动率/销售收入总额变动率	不存在	1.22	1.06	0
利润总额变动率/变动成本总额变动率	不存在	1.20	1.02	0
利润总额变动率/贡献边际总额变动率	不存在	1.25	1.13	不存在

（4）按理论公式计算各年的DOL：

$$第二年按理论公式计算的DOL=\frac{95.83\%}{76.67\%}=1.25$$

$$第三年按理论公式计算的DOL=\frac{-10.64\%}{-9.43\%}\approx 1.13$$

3.经营杠杆系数的简化公式

按理论公式计算经营杠杆系数，必须以掌握报告期的利润变动率和销量变动率或贡献边际变动率为前提。这样就丧失了利用经营杠杆系数对报告期相关指标进行预测的可能性。在实践中，无论经营单一品种的企业还是经营多品种的企业，均可按以下简化公式，直接按基期数据估算出报告期经营杠杆系数的预测值。

知识拓展5-5

经营杠杆系数简化公式的推导

$$报告期经营杠杆系数（DOL）=\frac{基期贡献边际}{基期利润}=\frac{Tcm_0}{P_0} \quad （5.7.5式）$$

5.7.5式也称为DOL的预测公式（多品种条件下该式分子分母分别为基期贡献边际总额和基期利润总额）。该公式的推导过程，参见知识拓展5-5：经营杠杆系数简化公式的推导。

［例5-18］利用简化公式计算单一品种经营杠杆系数

已知：仍按例5-16的资料。

要求：（1）用简化公式计算各年的经营杠杆系数，将其与按理论公式计算的结果进行比较。

（2）解释在第二年两种不同销量情况下，计算的当年DOL不变的原因。

（3）假设第四年企业存在经营杠杆效应，预测该年的经营杠杆系数。

解：（1）依题意

因为第一年不存在经营杠杆效应，所以无法计算该年的DOL。

$$第二年各种情况的经营杠杆系数（DOL）=\frac{400\,000}{100\,000}=4$$

$$第三年以①为基数的经营杠杆系数（DOL）=\frac{480\,000}{180\,000}\approx 2.67$$

第三年以②为基数的经营杠杆系数（DOL）$=\frac{360\,000}{60\,000}=6$

与例5-15的相关数据比较，按简化公式计算的各年经营杠杆系数与按理论公式计算的结果完全相同。

（2）因为在按照简化公式计算第二年的DOL时，不论该年销量如何变动，所依据的都是第一年的贡献边际和利润数据，所以计算结果不变。

（3）预测第四年的经营杠杆系数（DOL）$=\frac{576\,000}{276\,000}\approx 2.09$

［例5-19］利用简化公式计算多品种经营杠杆系数

已知：仍按例5-17的资料。

要求：（1）用简化公式计算各年的经营杠杆系数，并与按理论公式计算的结果进行比较。

（2）假设企业第五年存在经营杠杆效应，预测该年的经营杠杆系数。

解：（1）依题意

因为第一年不存在经营杠杆效应，所以无法计算该年的DOL。

第二年的经营杠杆系数（DOL）$=\frac{600\,000}{480\,000}=1.25$

第三年的经营杠杆系数（DOL）$=\frac{1\,060\,000}{940\,000}\approx 1.13$

由于第四年不存在经营杠杆效应，故无法计算该年的DOL。

与例5-17的相关数据比较，按简化公式计算的各年经营杠杆系数与按理论公式计算的结果完全相同①。

（2）预测第五年的经营杠杆系数（DOL）$=\frac{960\,000}{840\,000}\approx 1.14$

（三）经营杠杆系数的规律

通过分析经营杠杆系数的简化公式，可以发现DOL的大小存在如下变动规律：

（1）只要固定成本不等于零，经营杠杆系数恒大于1。

（2）在前后期单价、单位变动成本和固定成本均不变的情况下，基期销量越大，报告期经营杠杆系数越小；基期销量越小，报告期经营杠杆系数越大。所以基期销量的高低与报告期经营杠杆系数的变动方向相反。

（3）在其他条件不变的情况下，基期成本指标的高低与报告期经营杠杆系数的变动方向相同。

知识拓展5-6

DOL变动规律的证明

（4）在其他条件不变的情况下，基期单价的高低与报告期经营杠杆系数的变动方向相反。

上述规律的证明过程，参见知识拓展5-6：DOL变动规律的证明。

三、经营杠杆系数的应用范围

利用报告期数据预测DOL指标，可用于评估未来经营风险的大小和预测利润（后者内容将在第六章介绍）。

在单一品种条件下，基于DOL的理论公式，可推导出下式：

①有人错误地认为，多品种DOL理论公式应当等于报告期利润总额变动率与销售收入总额变动率之比，由于按该式计算的结果不等于基期贡献边际总额与利润总额之比，故据此断定DOL的简化公式不成立。

报告期利润变动率（K_0）= 报告期销量变动率×DOL=K_3·DOL （5.7.6式）

从5.7.6式可见，当报告期销量为不确定因素，其增减变动率K_3在一定幅度内波动时，企业就面临着经营风险。若报告期销量变动率K_3的上下波动幅度限定在一定增长或降低区间内，则DOL越大，报告期利润变动率K_0上下振动的幅度就越大，从而经营风险也就越大。

在多品种条件下，可用报告期贡献边际变动率替换5.7.6式中的销量变动率。

［例5-20］评估企业的经营风险大小

已知：假定甲企业和乙企业预测的报告期DOL分别为2和6，预计销量变动率K_3均为±10%。

要求：（1）分别测算两个企业报告期的利润变动率。

（2）比较两个企业经营风险的大小。

解：（1）依题意

甲企业的K_0=±10%×2=±20%

乙企业的K_0=±10%×6=±60%

（2）因为报告期内甲企业的利润变动率在-20%~+20%之间波动，乙企业的利润变动率在-60%~+60%之间波动，前者小于后者，所以甲企业的经营风险小于乙企业。

□ 思政课堂

认清事物与事物之间的联系

联系作为一般哲学范畴，通常是指事物或现象之间以及事物内部要素之间相互联结、相互依赖、相互影响、相互作用、相互转化等相互关系。在无限的宇宙中，联系不是个别事物之间暂时的、特殊的关系，而是一切事物、现象和过程所共有的客观的、普遍的本性。任何事物都不能孤立地存在，都同其他事物发生着联系；世界本身就是由万事万物相互联系构成的统一整体。

本量利分析的各种定量模型，分别反映了诸多不同因变量（未知的函数）受各种已知的自变量影响或制约的复杂关系，可在不同的前提条件下灵活应用于不同的定量分析，需要具体问题具体分析。单一品种条件下经营杠杆系数的理论公式和应用公式，不一定完全适应多品种条件下经营杠杆系数的计算，不能盲目照抄照搬。

□ 复习思考题

1.本量利分析的基本假定是什么？

2.贡献边际有哪几种表现形式？其计算公式如何？

3.贡献边际率指标有什么作用？它与变动成本率的关系如何？

4.确定单一品种保本点的方法有哪些？从计算公式上看有哪些主要区别？

5.评价企业经营安全程度可利用哪些评价指标？怎样进行相关指标的计算与评价？

6.比较单一品种条件下的保本点、保利点和保净利点计算公式之间的异同。

7.在单一品种条件下，能够分别影响保本点、保利点、安全边际和营业利润的因素有哪些？这些因素变动会对上述指标产生什么样的影响？

8.本量利关系图包括哪些类型？每种本量利关系图各有哪些优缺点？

9.多品种条件下的本量利分析方法有哪些？它们分别适用于哪些企业？

10.主要品种法、分算法、联合单位法、综合贡献边际法和顺序法的基本原理是什么？

11.管理会计进行敏感性分析时，通常以哪些假设条件的存在为前提？

12.保本点敏感性分析主要计算哪些指标？

13.怎样判断报告期是否具备经营杠杆效应？

14.怎样计算经营杠杆系数？基期的单价、成本、销量与报告期经营杠杆系数之间存在什么样的数量变动关系？

15.单一品种条件下DOL的理论公式和简化公式与多品种条件下DOL的理论公式和简化公式有何异同？

第六章

预测分析

第一节　预测分析概述

本节主要介绍预测分析的基本概念、特点、程序、方法及基本内容。

一、预测分析的概念

预测（forecast）是指用科学的方法预计、推断事物发展的必然性或可能性的行为，即根据过去和现在预计未来，由已知推断未知的过程。

“凡事豫则立，不豫则废”①，这段话表明，我国人民早就认识到预测是关系到未来发展的立废存亡的大事。

事实上，在人类社会的发展过程中，预测技术经历了由简单到复杂、由低级向高级的进化阶段，其中也包括经营预测。

所谓经营预测，是指企业根据现有的经济条件和掌握的历史资料以及客观事物的内在联系，对生产经营活动的未来发展趋势和状况进行的预计和测算。管理会计中的预测分析，是指运用专门的方法进行经营预测的过程。

经营成败的关键是决策，而决策的基础是科学预测。预测分析直接为决策服务，是决策的先导与前提。没有准确的预测，要作出符合客观发展规律的科学决策是难以想象的。

但是预测并不能代替决策，因为预测分析要解决的是如何科学准确地预见或描述未来的问题，而决策的结论则直接支配未来的行动方案。

预测分析也要为规划服务，它所提供的许多数据最终被纳入预算，成为编制预算的基础。但预测分析可反复循环进行，并可根据需要选用不同方法，其信息只具有指导性，起参考作用；而计划或预算的程序则具有相对稳定性，其信息具有严肃性和强制性。预测既可在计划之前进行，也可在计划或预算的执行过程中进行，以指导修正计划或预算。

总之，经营预测是企业管理的必要职能，缺乏科学预测的管理是盲目的和不健全的。

在现代市场经济条件下，经营预测比以往任何时候都更为重要。现代生产力的迅速发展，使社会经济环境发生了巨大变革。不开展科学的预测分析，就不能预先估计未来的发展

---

①此句出自《礼记·中庸》（第三十一篇）“凡事豫则立，不豫则废。言前定则不跲，事前定则不困，行前定则不疚，道前定则不穷”。这里的“豫”与“预”同义。

趋势，无法积极采取措施，难以适应不断变化的形势。但由于现实形势异常复杂、瞬息万变，又使得预测未来十分困难。因经营预测失误而招致决策失败，或因心中无数而坐失良机的事例，在经济生活中屡见不鲜。这从反面证明，现代企业管理实践中不仅迫切需要开展预测分析，而且还必须讲求预测方法的科学性和预测结论的准确性，尽可能克服经济工作中的盲目性与被动性，避免瞎指挥。

同时，开展科学的经营预测也并非毫无可能。这是因为：一方面，任何经营活动不论其繁简程度如何，都具有一定规律可循；另一方面，现代经济本身为在经营预测中应用现代数学方法和电子计算机技术创造了可能条件，提供了必要的物质基础。因此，在现代经济条件下科学地开展经营预测既有必要也有可能。

二、预测分析的特点

预测分析具有如下特点：

（一）预见性

预测分析必须面向未来，着眼于预见未来经济的发展趋势和水平。尽管它要以占有大量历史资料为前提，但仅仅把工作范围局限于对历史资料的整理，停留在对过去情况的总结与说明上，而不管现实情况如何变化，绝不是预测，更谈不上科学预测。

（二）明确性

预测分析结果的表述必须清晰，不能模棱两可，似是而非，含糊不清。预测结果不论正确与否，最终都应得到证明，根本无法验证其结果的预测不能算是科学的预测。

（三）相对性

预测分析必须事先明确规定某项预测对象的时间期限范围。预测可分为长期预测和短期预测、时点预测和时期预测。长期预测和时点预测的精确度比短期预测和时期预测的精确度要差些，而无限远期的预测没有太大的实际意义。

（四）客观性

预测分析必须以客观准确的历史资料和合乎实际的经验为依据，充分考虑真实情况，不能主观臆断，凭空捏造；否则会使预测混同于臆测。

（五）可检验性

由于事物未来的发展存在不可避免的不确定性，因此预测中出现误差也在所难免。正确的预测不在于它能够避免出现误差，而在于能够通过误差的检验进行反馈，积极地调整预测程序和方法，尽量减少误差。

（六）灵活性

预测分析可灵活采用多种方法，不能指望有一种能适应任何情况、绝对成功的预测方法。选择预测方法，必须具体问题具体分析，应事先选择试点加以验证，只有选择简便易行、成本低、效率高的方法配套使用，才能起到事半功倍的作用。

三、预测分析的程序

预测分析的程序包括以下步骤：

（一）确定预测目标

预测必须首先搞清对什么进行预测，将达到什么目的。这需要根据企业经营的总体目标来设计和选择，既不能盲目随意确定，又不应追求面面俱到，不突出重点。在预测目标确定的同时，还应根据预测的具体对象和内容确定预测的期限和范围。

（二）收集和整理资料

预测目标确定后，应着手收集有关经济的、技术的、市场的计划资料和实际资料。在占有大量资料的基础上，按照一定方法对资料进行加工、整理、归纳，尽量从中发现与预测对象有关的各因素之间的相互依存关系。

（三）选择预测方法

对不同的预测对象和内容，应采用不同的预测方法，不能一成不变。

对于那些可以建立数量模型的预测对象，应反复筛选比较，以确定最恰当的定量预测方法；对于那些缺乏定量资料无法开展定量分析的预测对象，应当结合以往经验选择最佳的定性预测方法。

（四）分析判断

根据预测模型及掌握的未来信息，进行分析判断，揭示事物的变化趋势，并预测其发展结果。

（五）检查验证

通过检查前期预测结论是否符合当前实际，分析产生差异的原因，来验证预测方法是否科学有效，以便在本期预测过程中及时加以改正。

（六）修正预测值

那些根据数学模型计算出来的预测值可能没有将非计量因素考虑进去，这就需要结合定性分析的结论对其进行修正和补充，使其更接近实际。

（七）报告预测结论

最终要以一定形式通过一定程序将修正过的预测结论向企业的有关部门报告。

四、预测分析的方法

预测分析的具体方法很多，据国外统计，已达数百种，具体方法的选择受分析对象、目的、时间以及精确程度等因素的影响。但概括起来讲，一般方法可分为两大类，即定量分析法与定性分析法。

（一）定量分析法

定量分析法，又称数量分析法，是指在完整掌握与预测对象有关的各种要素定量资料的基础上，运用现代数学方法进行数据处理，据以建立能够反映有关变量之间规律性联系的各类预测模型的方法体系，又可分为趋势外推分析法和因果预测分析法两类方法。

1.趋势外推分析法

趋势外推分析法是指将时间作为制约预测对象变化的自变量，把未来作为历史的自然延续，属于按事物自身发展趋势进行预测的一类动态预测方法。

这类方法的基本原理是：企业过去和现在存在的某种发展趋势将会延续下去，而且过去和现在发展的条件同样适用于未来，可以将未来视为历史的自然延续。因此，该法又称“时间序列分析法”。属于这种方法的有算术平均法、移动平均法、趋势平均法、加权平均法、平滑指数法和修正的时间序列回归法等。

2.因果预测分析法

因果预测分析法是指根据变量之间存在的因果函数关系，按预测因素（即非时间自变量）的未来变动趋势来推测预测对象（即因变量）未来水平的一类相关预测方法。

这类方法的基本原理是：预测对象受到许多因素的影响，它们之间存在着复杂的关系，通过对这些变量内在规律性的研究可建立一定的数量模型，在已知自变量的条件下，可利用模型直接推测预测对象的水平。属于这类方法的有本量利分析法、投入产出法、回归分析法和经济计量法等。

（二）定性分析法

定性分析法又称非数量分析法，是指由有关方面的专业人员根据个人经验和知识，结合预测对象的特点进行综合分析，对事物的未来状况和发展趋势作出推测的一类预测方法，它一般不需要进行复杂的定量分析，适用于缺乏完备的历史资料或有关变量间缺乏明显的数量关系等条件下的预测。

此法的特点是：计算量较少，主要根据人们积累的实际经验和掌握的科学知识进行判断，因此西方国家常常称该法为判断分析法或集合意见法。

（三）两类方法的关系

定性分析法与定量分析法在实际应用中并非相互排斥，而是相互补充、相辅相成。定量分析法虽然较精确，但许多非计量因素无法考虑。例如，国家的方针政策以及政治经济形势的变动，消费者心理以及习惯的改变，投资者的意向以及职工情绪的变动等，这些因素都是无法量化的因素。而定性分析法虽然可以将这些非计量因素考虑进去，但估计的准确性在很大程度上受预测人员的经验和素质影响，这不免使预测结论因人而异，带有一定的主观随意性，因此实际工作中常常将两者结合应用，取长补短，以提高预测分析的准确性和预测结论的可信性。

五、预测分析的基本内容

（一）销售预测

广义的销售预测（forecast of sales）包括两个方面：一是市场调查；二是销量预测。狭义的销售预测则专指后者。市场调查是指通过了解与特定产品有关的供销环境和各类市场的情况，作出该产品有无现实市场或潜在市场以及市场大小的结论的过程。它是销量预测的基础。销量预测又称产品需求量预测，是指根据市场调查所得到的有关资料，通过对有关因素的分析研究，预计和测算特定产品在未来一定时期内的市场销量水平及变化趋势，进而预测本企业产品未来销量的过程。

（二）利润预测

利润预测（forecast of profit）是指在销售预测的基础上，根据企业未来发展目标和其他相关资料，预计、推测或估算未来应当达到和可望实现的利润水平及其变动趋势的过程。本章介绍的利润预测包括实现利润的测算、目标利润预测、经营杠杆系数预测、利润敏感性分析和风险条件下的利润分析等具体内容。

（三）成本预测

成本预测（forecast of cost）是指根据企业未来发展目标和有关资料，运用专门方法推测与估算未来成本水平及发展趋势的过程。成本预测包括多项内容，如全部成本预测和单项成本预测；设计成本预测和生产成本预测；目标成本预测、成本变动趋势预测以及决策成本预测。本章主要介绍目标成本预测和成本变动趋势预测。

（四）资金预测

资金预测（forecast of fund）是指在销售预测、利润预测和成本预测的基础上，根据企业未来经营发展目标并考虑影响资金的各项因素，运用一定方法预计、推测企业未来一定时期内或一定项目所需要的资金数额、来源渠道、运用方向及效果的过程。广义的资金预测包括全部资金需用量及来源预测、现金流量预测、资金分布预测和资金运用效果预测。狭义的资金预测是指资金需用量预测，具体包括固定资产项目投资需用量预测、流动资金需用量预测和追加资金需用量预测。其中不少内容已在财务管理中讨论，本章只介绍追加资金需用量的预测。

第二节　销售预测

本节在简要介绍销售预测的意义和判断分析法基本原理的基础上，详细讨论了各种具体方法在销售预测中应用的技巧。

一、销售预测的意义

扩大商品的销售业务量是企业经营的主要目标之一。在现代市场经济条件下，企业生产经营方针既不是“以产定销”，也不单纯是“推销促销”，而是在研究市场的基础上，自觉满足社会需要，以需定销，以销定产，努力适应和开发市场。作为商品经营者的企业必然十分关心在未来一定时期内哪些产品适销对路，企业能在市场上占有多大份额，经营某项业务究竟能赚取多少利润，成本多高，需用多少资金等。因此，在企业预测系统中，销售预测处于先导地位，它对于指导利润预测、成本预测和资金预测，进行长短期决策，安排经营计划，组织生产等都起着重要的作用。

知识拓展6-1

影响销量的因素

进行销量预测，必须综合考虑各种影响因素，并选择适当的预测方法。影响销量的因素很多，大致包括外部因素和内部因素两类。各类影响因素的内容，参见知识拓展6-1：影响销量的因素。

销售预测的方法很多，用于市场调查的主要方法有全面调查法、典型调查法、抽样调查法等。全面调查法的特点是内容详尽可靠，但费时费钱；抽样调查法尽管工作量小，但精确度较差；典型调查法则介于上述两者之间。用于销量预测的常用方法有：判断分析法、产品寿命周期分析法、趋势外推分析法和因果预测分析法等，其中前两种方法属于定性分析法，后两种方法属于定量分析法。本书主要介绍销量的预测方法。

二、判断分析法的种类和特点

判断分析法是通过一些具有丰富经验的经营管理人员或知识渊博的外界经济专家对企业一定期间特定产品的销售业务量情况作出判断和预计的一种方法。此法一般适用于不具备完整可靠的历史资料，无法进行定量分析的企业。

判断分析法具体又包括以下三种方法。

(一) 推销员判断法

推销员判断法又称意见汇集法，是由企业的推销人员根据他们的调查，将每位顾客或各类顾客对特定预测对象的销售预测值填入卡片或表格，然后由销售部门经理对此进行综合分析以完成预测销量任务的一种方法。

此法的原理是：基层销售人员最熟悉市场，能直接倾听顾客的意见，因而能够提供直接反映顾客要求的信息。

采用此法进行销售预测所需的时间短、费用低、比较实用。但这种方法是建立在假定推销人员都能够向企业反映真实情况的基础上，而推销人员的素质各异，他们对形势的估计有可能过于乐观或悲观，从而干扰预测结论。如果企业在销量方面对其规定定额，则他们就会有意地低估预测值，为自己留有充分的余地；若企业按预测销售业务量核拨业务经费，则推销员就有可能有意高估预测值。另外也可能因为顾客对预测对象不了解或推销员介绍的资料不够详细，而使得所汇报的意见过于分散。为避免这种现象出现，应采取以下措施：

(1) 把企业过去的预测与实际销量资料、企业的未来规划以及未来的社会经济发展趋势的信息都提供给各推销人员，供他们参考。

(2) 组织多人对同一产品或市场进行预测判断，再将这些数据加以平均处理，以消除人为的偏差。关于具体的平均方法将在趋势外推分析法中介绍。

(二) 综合判断法

综合判断法是由企业召集相关经营管理人员，特别是那些最熟悉销售业务的销售主管人员，以及各地经销商负责人集中开会，由他们在会上根据多年的实践经验和判断能力对特定产品未来销量进行判断和预测的一种方法。

这种方法能够集思广益，博采众长，快捷、实用，但预测结果也会受到相关人员主观判断的影响。因此，应用此法时，应事先向预测人员提供近期有关政治、经济形势以及市场情况的资料，并在他们各自预测的基础上进行讨论、分析、综合平衡，最终作出结论。

(三) 专家判断法

专家判断法是由见识广博、知识丰富的专家根据他们多年的实践经验和判断能力对特定产品的未来销量进行判断和预测的一种方法。

这里的“专家”是指本企业或同行企业的高级领导人、销售部门经理以及其他外界专家等，但不包括推销员和顾客。具体有以下三种形式：

1.专家个人意见集合法

这种方法首先向各个专家征求意见，要求他们对本企业产品销售的未来趋势和当前的状况作出独立的个人判断，然后再对此加以综合，确定预测值。

用这种方法可以集中各方面专家从不同角度反映的意见，故比推销员判断法更准确；但由于每个专家占有的资料有限，因此也不可避免地带有片面性。

2.专家小组法

此法是由若干个专家组成几个预测小组，分别以小组为单位进行预测，再进行综合论证的一种方法。此法能够在预测过程中发挥集体智慧、相互启发，在一定程度上可弥补上述方法的片面性，但小组的预测结论常常会受到组内权威人士意见的左右。

3.德尔菲法

这种方法是通过函询方式向若干经济专家分别征求意见，各专家在互不通气的情况下，根据自己的观点和方法进行预测，然后企业将各专家的判断汇集在一起，并采用不记名的方式反馈给各位专家，请他们参考别人的意见修正本人原来的判断，如此反复数次，最终确定预测的结果。

［例6-1］德尔菲法的应用

已知：某公司准备推出一种新产品，由于该新产品没有销售记录，公司准备聘请7位专家，采用德尔菲法进行预测，连续三次预测的专家意见汇总表见表6-1。

表6-1 **德尔菲法专家意见汇总表** 单位：件

专家编号	第一次判断			第二次判断			第三次判断		
	最高	最可能	最低	最高	最可能	最低	最高	最可能	最低
1	2 300	2 000	1 500	2 300	2 000	1 700	2 300	2 000	1 600
2	1 500	1 400	900	1 800	1 500	1 100	1 800	1 500	1 300
3	2 100	1 700	1 300	2 100	1 900	1 500	2 100	1 900	1 500
4	3 500	2 300	2 000	3 500	2 000	1 700	3 000	1 700	1 500
5	1 200	900	700	1 500	1 300	900	1 700	1 500	1 100
6	2 000	1 500	1 100	2 000	2 000	1 100	2 000	1 700	1 100
7	1 300	1 100	1 000	1 500	1 500	1 000	1 700	1 500	1 300
平均值	1 986	1 557	1 214	2 100	1 743	1 286	2 086	1 686	1 343

公司在此基础上，按最后一次预测的结果，采用算术平均法确定最终的预测值是1 705件（（2 086+1 686+1 343）÷3）。

三、产品寿命周期分析法原理

产品寿命周期（product cycle）分析法是利用产品销量在不同寿命周期阶段上的变化趋势进行销售预测的一种定性分析方法。

产品寿命周期是指新产品试制成功之后，从投入市场开始，到被市场淘汰为止这样一个发展过程，一般都要经过萌芽期、成长期、成熟期和衰退期。在这一过程中，销量的变化呈一条曲线，称作产品寿命周期曲线。

产品销量在产品寿命周期各阶段中的发展趋势，一般有如下规律：

（1）萌芽期：新产品刚投入市场试销，消费者还不熟悉产品的性能，销量不大，需要经过一定时间的推广，销量才能逐步上升。

（2）成长期：产品已为广大消费者接受，由小批试制、试销转入成批生产和销售，市场销量迅速增加。

（3）成熟期：产品进入大批量生产和畅销阶段，前期销量稳定上升，后期产品销量增长减慢，并趋于下降。

（4）衰退期：产品老化，逐步被新产品所替代，销量急剧下降，趋于被淘汰。

产品寿命周期只是揭示了产品销量的一般发展趋势，并不能明确规定所有产品每个阶段的具体时间长短。因此，在产品寿命周期预测中，要先了解预测时产品处在哪一个发展时期，这一时期能延续多久，然后预测出今后若干年内产品销售的变化情况。

判断产品所处的寿命周期阶段，通常采用计算销售增长率的办法。产品寿命周期曲线告诉我们，产品寿命的不同阶段的增长率是不同的。一般来说，萌芽期增长率不稳定，成长期增长率最大，成熟期增长率稳定，衰退期增长率小于零。所以，可以根据产品销售增长率来判断产品所处的寿命周期阶段。具体来说，成长期每年的增长率在10%以上，成熟期为0.1%～10%。当增长率小于零时，可以认为产品已经进入了衰退期。

此外，了解产品寿命周期各阶段销量的特点，还可以指导预测方法的正确选用。如在萌芽期，可采用判断分析法进行预测；在成长期可采用因果法或修正的时间序列回归法进行预测；成熟期最好采用平均法。

但产品寿命的周期性并不是绝对的，个别产品也可能出现例外，如中途夭折（没进入成长期）、成长缓慢、未老先衰（由成长期直接进入衰退期）和成熟持久等。这里只有最后一种情况对企业有利，可以通过改进产品辅助功能，扩大服务范围，保证质量，降低价格及规格多样化等途径来开创这种局面。

不论哪一种产品都不可能永世不衰，因此研究产品寿命周期也要考虑产品升级换代的时机预测。一般要在发展第一代产品的同时，试制第二代，研究第三代，设想第四代。

换代太早会破坏上一代产品的正常发展，导致两代产品争市场争原料，内耗太大；换代晚又会失去市场，降低新产品的竞争力，造成老产品积压。总之，应统筹考虑技术工艺、社会购买力、消费习惯与寿命周期的关系，预测新产品投入的最佳时机。

[例6-2] 产品寿命周期分析法在销售量预测中的应用

已知：20×7年某企业对其生产的某产品销售情况进行调查。该产品已试销1年，截至年底在本市已拥有12 000个用户，本市共有居民1 200 000户。据悉20×8年外地从本市订货该产品4 000台，本市从外地订货该产品2 800台。假定该产品寿命周期的试销期为1～4年，产品普及率为0.1%～5%，该厂的市场占有率为65%。

要求：按产品寿命周期分析法预测该厂2×13年的销量。

解：依题意

$$\begin{array}{c}\text{本市平均}\\\text{每年需要量}\end{array}=1\ 200\ 000\times\left(5\%-\frac{12\ 000}{1\ 200\ 000}\times100\%\right)\div(4-1)=16\ 000\text{（台）}$$

$$\begin{array}{c}\text{20×8年本}\\\text{企业预测销量}\end{array}=\left(\begin{array}{c}\text{本市平均}\\\text{每年需要量}\end{array}+\begin{array}{c}\text{本期外地}\\\text{需要量}\end{array}-\begin{array}{c}\text{本期外地}\\\text{供给量}\end{array}\right)\times\begin{array}{c}\text{本企业市场}\\\text{占有率}\end{array}$$

$$=(16\ 000+4\ 000-2\ 800)\times65\%$$

$$=11\ 180\text{（台）}$$

四、趋势外推分析法的种类及应用

趋势外推分析法在销量预测中的应用较为普遍，其具体应用形式包括平均法和修正的时间序列回归法。

（一）平均法

平均法是指根据掌握的特定预测对象若干时期的销量历史资料，按照一定方法进行处理，计算其平均值，以确定预测销量的一类方法。其具体包括算术平均法、移动平均法、趋势平均法、加权平均法和平滑指数法等。

1.算术平均法

该法又称简单平均法，它是直接将若干时期实际销售业务量的算术平均值作为销量预测值的一种预测方法。这种方法的原理是一视同仁地看待n期内的各期销量对未来预测销售量的影响。其计算公式为：

$$预测销量\overline{Q}_{n+1}=\frac{已知时间序列各期销售业务量之和}{时间序列期数}=\frac{\sum Q_t}{n} \qquad (6.2.1式)$$

这种方法的优点是计算过程简单，缺点是没有考虑远、近期销售业务量的变动对预测期销售状况的不同影响程度，仅是将不同时期资料的差异简单平均化。所以，该法只适于各期销售业务量比较稳定、没有季节性变动的食品和日常用品等的预测。

［例6-3］趋势外推分析法在销量预测中的应用——算术平均法

已知：某企业生产一种产品，20×7年1—12月份销量资料见表6-2。

表6-2 **销量资料** 单位：吨

月份	1	2	3	4	5	6	7	8	9	10	11	12
销量（Q_t）	25	23	26	29	24	28	30	27	25	29	32	33

要求：按算术平均法预测20×8年1月份的销量（计算结果保留两位小数）。

解：$\sum Q_t=25+23+26+29+24+28+30+27+25+29+32+33=331$（吨）（n=12）

20×8年1月份预测销量$=\frac{331}{12}\approx27.58$（吨）

2.移动平均法

移动平均法是指在掌握n期销量的基础上，按照事先确定的期数（记作m，m<n/2）逐期分段计算m期的算术平均数，并以最后一个m期的平均数作为未来n+1期预测销量的一种方法。

所谓“移动”，是指预测值随着时间的不断推移，计算的平均值也在不断向后顺延。此法假定预测值主要受最近m期销售业务量的影响。此法的计算公式是：

$$预测销量\overline{Q}_{n+1}=最后m期的算术平均销量$$

$$=\frac{最后m期销售业务量之和}{m}$$

$$=\frac{Q_{n-m+1}+Q_{n-m+2}+\cdots+Q_{n-1}+Q_n}{m} \qquad (6.2.2式)$$

移动平均法虽然能够克服算术平均法忽视远近期销量对预测量影响程度不同的缺点，有助于消除远期偶然因素的不规则影响，但仍存在只考虑n期数据中的最后m期资料，缺乏代表性的弱点。此法适于销售业务略有波动的产品预测。

［例6-4］趋势外推分析法在销量预测中的应用——移动平均法（不考虑趋势值）

已知：仍按例6-3的资料。

要求：按移动平均法预测20×8年1月的销量（假定m=5）。

解：依题意

$$20\times8\text{年1月预测销量}=\frac{27+25+29+32+33}{5}=29.2\text{（吨）}$$

但有人认为这样计算的平均值只反映预测期前一期的销售水平，还应在此基础上，按趋势值进行修正。趋势值b的计算公式为：

趋势值b=最后移动期的平均值-上一个移动期的平均值 （6.2.3式）

修正的移动平均法按以下公式进行预测：

预测销量$\overline{Q}_{n+1}$=最后m期的算术平均销量+趋势值 （6.2.4式）

［例6-5］趋势外推分析法在销售量预测中的应用——移动平均法（考虑趋势值）

已知：仍按例6-3的资料和例6-4的计算结果。

要求：按修正的移动平均法预测20×8年1月的销售量。

解：例6-4最后移动期的平均值为29.2吨。

$$\text{上一个移动期的平均值}=\frac{30+27+25+29+32}{5}=28.6\text{（吨）}$$

趋势值b=29.2-28.6=0.6（吨）

20×8年1月预测销量=29.2+0.6=29.8（吨）

3.趋势平均法

趋势平均法是指在按移动平均法计算n期时间序列移动平均值的基础上，进一步计算趋势值的移动平均值，进而利用特定基期销量移动平均值和趋势值移动平均值来预测未来销量的一种方法。有关公式为：

$$\text{预测销量}（\overline{Q}）=\frac{\text{基期销量}}{\text{移动平均值}}+\frac{\text{基期趋势值}}{\text{移动平均值}}\times\frac{\text{基期与预测期的}}{\text{时间间隔}}\quad（6.2.5式）$$

在5.2.5式中：

$$\frac{\text{任意一期的}}{\text{趋势值}}=\frac{\text{该期销量}}{\text{移动平均值}}-\frac{\text{上期销量}}{\text{移动平均值}}\quad（6.2.6式）$$

$$\text{基期趋势值移动平均值}=\frac{\text{最后一个移动期趋势值之和}}{\text{趋势值移动时期数}}\quad（6.2.7式）$$

$$\text{基期与预测期的时间间隔}=\frac{\text{销量移动时期数m}+\text{趋势值移动时期数s}}{2}\quad（6.2.8式）$$

$$\text{基期的序数值}=\text{时间序列期数n}-\frac{\text{销量移动时期数m}+\text{趋势值移动时期数s}-2}{2}\quad（6.2.9式）$$

6.2.8式和6.2.9式中的销量移动时期数m和趋势值移动时期数s均为奇数。

趋势平均法的优点在于既考虑了销量的移动平均数，又考虑了趋势值的移动平均数；其缺点是过于复杂。

［例6-6］趋势外推分析法在销量预测中的应用——趋势平均法

已知：仍按例6-3的资料，假定销量的移动期m为5，趋势值s移动期为3，时间序列期数n为12。

要求：按趋势平均法预测20×8年1月的销量。

解：依题意计算各期销量移动平均值、变动趋势值和趋势值移动平均值，其结果见表6-3。

表6-3 **趋势平均法计算表** 单位：吨

时间 t	销量观测值 Q_t	销量5期移动平均值 $\overline{Q}$	变动趋势值 b_t	趋势值3期移动平均值 $\overline{b}_t$
1	25			
2	23			
3	26	25.4		
4	29	26.0	+0.6	
5	24	27.4	+1.4	0.73
6	28	27.6	+0.2	0.27
7	30	26.8	−0.8	0.13
8	27	27.8	+1.0	0.33
9*	25	28.6	+0.8	0.80
10	29	29.2	+0.6	
11	32			
12	33			

注：*基期的序数值=时间序列期数n− $\dfrac{\text{销量移动时期数m}+\text{趋势值移动时期数s}-2}{2}=12-\dfrac{5+3-2}{2}=9$

第9期销量移动平均值=28.6吨

第9期趋势值移动平均值=0.80吨

基期与预测期的时间间隔 $=\dfrac{5+3}{2}=4$

20×8年1月的预测销量=28.6+0.80×4=31.8（吨）

4.加权平均法

加权平均法是指在掌握全部n期资料的基础上，按近大远小的原则确定各期权数，并据以计算加权平均销量的一种方法。其公式为：

$$\text{预测销量}(\overline{Q})=\frac{\sum(\text{某期销量}\times\text{该期权数})}{\text{各期权数之和}}=\frac{\sum(Q_t\cdot W_t)}{\sum W_t} \quad (6.2.10式)$$

6.2.10式中，权数 W_t 必须满足以下条件：

$W_{t+1}>W_t$（t=1，2，3，…，n−1）

权数可以按以下两种方法计算：

（1）自然权数法。该法要求按自然数1，2，…，n的顺序确定权数，即令：

$W_1=1$，$W_2=2$，…，$W_n=n$

则6.2.10式可改写为：

$$\text{预测销量}(\overline{Q})=\frac{\sum(\text{某期销量}\times\text{该期权数})}{\frac{(1+\text{期数})\times\text{期数}}{2}}=\frac{\sum(Q_t\cdot W_t)}{\frac{(1+n)\cdot n}{2}} \quad (6.2.11式)$$

（2）饱和权数法。该法要求各期权数之和为1，即令：

$\sum W_t=1(0<W_t<1)$

如当n=3时，可令 $W_1=0.2$，$W_2=0.3$，$W_3=0.5$（或令 $W_1=0.1$，$W_2=0.3$，$W_3=0.6$）；

当n=5时，可令 $W_1=0.04$，$W_2=0.08$，$W_3=0.13$，$W_4=0.25$，$W_5=0.5$，…，依此类推。

按此法6.2.10式可改写为：

$$\text{预测销量}(\overline{Q})=\sum(\text{某期销量}\times\text{该期权数})=\sum(Q_t\cdot W_t) \qquad (6.2.12\text{式})$$

加权平均法既可以利用n期全部历史数据，又充分考虑了远近期间对未来的不同影响。

其缺点就是不能按统一的方法确定各期的权数值。因而也有人主张只按最后m期的数据计算加权平均预测销量。按后一种形式计算加权平均值的方法叫作移动加权平均法。从理论上看，移动加权平均法与加权平均法除了选用资料的时期长短不同外，没有本质上的区别。

［例6-7］趋势外推分析法在销量预测中的应用——加权平均法

已知：仍按例6-3的资料。

要求：（1）用自然权数加权平均法预测20×8年1月的销售量。

（2）利用最后3期销量按饱和权数加权平均法预测20×8年1月的销量。

解：（1）在自然权数加权平均法下：

$$\sum(Q_t\cdot W_t)=25\times1+23\times2+26\times3+29\times4+24\times5+28\times6+30\times7+27\times8+25\times9+29\times10+32\times11+33\times12$$

$$=2\ 242$$

$$\frac{(1+n)\cdot n}{2}=\frac{(1+12)\times12}{2}=78$$

$$20\times8\text{年1月的预测销量}=\frac{\sum(Q_t\cdot W_t)}{\sum W_t}=\frac{2\ 242}{78}\approx28.74\text{（吨）}$$

（2）在饱和权数加权平均法下：

期数为3，令 $W_1=0.2$，$W_2=0.3$，$W_3=0.5$，则：

20×8年1月的预测销量=29×0.2+32×0.3+33×0.5=31.9（吨）

5.平滑指数法

平滑指数法是指在综合考虑有关前期预测销量和实际销量信息的基础上，利用事先确定的平滑指数预测未来销量的一种方法。其计算公式为：

$$\text{某期预测销量}(\overline{Q})=\text{平滑指数}\times\text{前期实际销量}+(1-\text{平滑指数})\times\text{前期预测销量} \qquad (6.2.13\text{式})$$

$$=\alpha\cdot Q_{t-1}+(1-\alpha)\cdot\overline{Q}_{t-1} \qquad (6.2.14\text{式})$$

式中，α表示平滑指数，这是一个经验数据，其取值范围通常在0.3～0.7之间。平滑指数具有修匀实际数所包含的偶然因素对预测值的影响的作用，平滑指数取值越大，则近期实际数对预测结果的影响就越大；平滑指数取值越小，则近期实际数对预测结果的影响就越小。因此，进行近期预测或销量波动较大时的预测，应采用较大的平滑指数；进行长期预测或销量波动较小时的预测，可采用较小的平滑指数。

从平滑指数法的预测公式可看出，该法的实质是在已知以前期预测销量和实际销量的基础上，分别以平滑指数及其补数（1-平滑指数）为权数的一种特殊加权平均法。该法比较灵活，适用范围较广，但在选择平滑指数时，存在一定的随意性。

［例6-8］趋势外推分析法在销量预测中的应用——平滑指数法

已知：仍按例6-3的资料。

要求：（1）用平滑指数法预测20×7年1~12月份的销量。

（2）预测20×8年1月份的销量。

解：（1）依题意，编制平滑指数法计算表见表6-4。

表6-4 **平滑指数法计算表**

时间 t	销售量观测值 Q_t	平滑指数 α	前期实际销量 Q_{t-1}	1-平滑指数 (1-α)	前期预测销量 $\overline{Q}_{t-1}$	预测销量 $\overline{Q}_t$
1	25	—	—	—	—	25.00①
2	23	0.3	25	0.7	25.00	25.00
3	26	0.3	23	0.7	25.00	24.40
4	29	0.3	26	0.7	24.40	24.88
5	24	0.3	29	0.7	24.88	26.12
6	28	0.3	24	0.7	26.12	25.48
7	30	0.3	28	0.7	25.48	26.24
8	27	0.3	30	0.7	26.24	27.37
9*	25	0.3	27	0.7	27.37	27.26
10	29	0.3	25	0.7	27.26	26.58
11	32	0.3	29	0.7	26.58	27.31
12	33	0.3	32	0.7	27.31	28.72

（2）20×8年1月份的预测销量=0.3×33+（1-0.3）×28.72≈30（吨）

（二）修正的时间序列回归法

通过分析一段时期内销量（Q）与时间（t）的函数关系建立回归模型，并据此进行预测的方法称为时间序列回归法。由于时间自变量的值单调递增，形成等差数列，因而可以利用这一特点对时间值进行修正，简化回归系数的计算公式。凡是利用修正的时间自变量计算回归系数的方法均可称为修正的时间序列回归法。鉴于产品寿命周期不同阶段的销量函数模型分别表现为直线、二次曲线和对数曲线等形式，因此修正的时间序列回归法又包括修正的回归直线法、修正的二次曲线回归法和修正的对数曲线回归法等。本书只介绍修正的直线回归法。

一般的直线回归法原理已在第二章第三节中介绍过，将此法用于销售预测时，预测模型为：

$$Q=a+bt$$

式中，a和b为回归系数，Q为销售业务量（因变量函数），t为未经过修正的时间自变量。

按照直线回归法原理，回归系数a和b的计算公式分别为：

$$a=\frac{\sum Q - b\sum t}{n} \tag{6.2.15式}$$

$$b=\frac{n\sum Qt - \sum t\sum Q}{n\sum t^2 - (\sum t)^2} \tag{6.2.16式}$$

①本例中，假定该企业20×6年没有任何销售量资料，设20×7年1月份的预测销售量等于当年的实际销售量。

如果按照时间序列的特点对t值进行修正，使$\sum t=0$，就可使上述回归系数计算公式简化为：

$$a=\frac{\sum Q}{n} \qquad (6.2.17式)$$

$$b=\frac{\sum Qt}{\sum t^2} \qquad (6.2.18式)$$

在修正的直线回归法下，销售回归模型仍为Q=a+bt，但因为回归系数是按修正的t值计算的，所以公式中的t为经过修正的时间自变量。问题的关键是如何确定修正时间自变量t的值，使$\sum t=0$。这需要结合已掌握的时间序列期数n的奇偶性分以下两种情况讨论：

（1）如果n为奇数，则令第（n+1）/2期的t值为0，其余前后各期以该期为中心，以1为间隔（即级差）确定t值。例如，当n为7时，第4期为中心，令该期的t值为0，在该期以前的各期t值依次递减，在该期以后的各期t值依次递增。结果见表6-5。

表6-5 各期修正t值结果

时期	1	2	3	4	5	6	7	n=7
修正的t值	-3	-2	-1	0	+1	+2	+3	$\sum t=0$

（2）如果n为偶数，则令第n/2期和第（n/2）+1期的t值分别为-1，+1，其余各期以2为间隔依次减增。例如，当n为6时，分别令第3期和第4期的t值为-1和+1，第2期和第5期分别为-3和+3，其余各期依此类推。结果见表6-6。

表6-6 各期修正t值结果

时期	1	2	3	4	5	6	n=6
修正的t值	-5	-3	-1	+1	+3	+5	$\sum t=0$

利用修正的直线回归法进行销量预测的步骤如下：

（1）判断n的奇偶性，确定修正的t值。

（2）列表计算n、$\sum t$、$\sum t^2$、$\sum Q$和$\sum Qt$。

（3）利用6.2.15式和6.2.16式计算回归系数a和b。

（4）将a和b的值代入Q=a+bt，建立销量预测模型。

（5）按下式确定未来第k期的t值：

$$t_{n+k}=t_n+kd \qquad (6.2.19式)$$

6.2.19式中的d为修正t值的级差，当n为奇数时，d为1；当n为偶数时，d为2。

（6）将未来第k期的t值代入销量预测模型，预测该期的销量。

［例6-9］趋势外推分析法在销量预测中的应用——修正的时间序列回归法

已知：仍按例6-3的资料。

要求：（1）按修正的直线回归法建立销量预测模型。

（2）预测20×8年1月份的销量。

（3）预测20×8年2月份的销量。

解：（1）依题意整理和计算有关数据见表6-7。

表6-7 **计算表**

月份	销量Q（件）	修正的t	Qt	t^2
1	25	−11	−275	121
2	23	−9	−207	81
3	26	−7	−182	49
4	29	−5	−145	25
5	24	−3	−72	9
6	28	−1	−28	1
7	30	+1	+30	1
8	27	+3	+81	9
9	25	+5	+125	25
10	29	+7	+203	49
11	32	+9	+288	81
12	33	+11	+363	121
n=12	$\sum Q=331$	$\sum t=0$	$\sum Qt=181$	$\sum t^2=572$

$$a=\frac{\sum Q}{n}=\frac{331}{12}\approx 27.58$$

$$b=\frac{\sum Qt}{\sum t^2}=\frac{181}{572}\approx 0.32$$

则：

Q=27.58+0.32t

（2）20×8年1月份的t值=11+1×2=13

20×8年1月份预测销量=27.58+0.32×13=31.74（吨）

（3）20×8年2月份的t值=11+2×2=15

20×8年2月份预测销量=27.58+0.32×15=32.38（吨）

五、因果预测分析法的程序及应用

因果预测分析法也是在预测分析中经常采用的方法。如根据人口自然增长率、平均寿命增长及老龄化趋势，推断出未来若干年内社会将需要大批牙医，从而可预测出与此相关的牙科设备及镶牙材料的需求量；铝材厂可根据未来城市发展规划、旅馆业商业建设规模等资料，预测铝合金门窗柜台的未来销量；建材厂可根据某地区基建工程指标和企业市场占有率预测某种标号水泥在该地的未来销量；为主机配套服务的配件附件厂可根据主机生产厂未来生产计划、库存配件附件量以及消耗情况，来预测本企业可望实现销售的配件附件数量等，这些都属于因果预测分析法的具体应用。

（一）因果预测分析法的程序

利用因果预测分析法预测销量的步骤如下：

1.确定影响销量的主要因素

主要因素可能不止一个，设为x_i（i=1，2，…，n，i≥1）。确定x_i，一定要以客观事实为依据，并应能定量考察。可根据事物之间的内在规律、以往经验或历史资料进行相关判断。发达国家往往考虑以下变量作为影响未来销量的主要因素：①国民生产总值；②国民收入；③人口（特定消费人口）；④个人可支配收入（用于消费品预测）；⑤相关产品销量或产量；⑥需求的价格弹性与收入弹性；⑦市场占有率等。

一般来说，自变量x_i越多，预测结果就越有可能接近实际，但定量分析的过程会很复杂；反之，x_i越少，则预测模型越容易建立，但可能出现的预测误差会很大。为简化分析，对于不太重要的非定量因素或偶然因素可忽略不计。

2.根据有关资料确定销量y与x_i之间的数量关系，建立因果预测模型

预测变量与相关重要因素之间存在着直接或间接的经济联系。直接联系是指一种产品产销量的增减会直接引起另一产品产销量的相应增减，如汽车与汽车轮胎、家具与把手等；间接联系是指一种产品产销量的增减会引起另一种或多种产品产销量的一定变化，但不一定有固定的数量关系。如陶瓷用品的减少是铝制品和塑料制品增加的结果；火柴用量的减少是打火机、煤气点火器等不断投入市场的结果等。

预测模型既可以在原有经验模型的基础之上加以适当调整，又可以利用相关期间内历史资料进行数学处理，如利用回归分析法、连续比率法等建立预测模型。

3.根据未来有关自变量x_i的变动情况，预测销量

建立起来的因果预测模型，原则上应能事先掌握和了解有关因素的定量资料，可以利用国家公开发表的统计资料，国民经济发展计划以及其他相关资料，亦可利用由企业自行安排或委托他人进行市场调查而取得的有关信息。

（二）因果预测分析法举例

在现实经营活动中，因果预测分析法的具体应用有两种主要方式：一是直接利用现有的经验模型进行预测，又称指标建立法；二是利用相关分析技术自行建立预测模型，然后再进行预测，常见的方法是回归分析法。

1.指标建立法的应用

指标建立法所使用的预测模型，既可以是企业以前建立的，也可以是其他企业或行业所建立的。预测者只要掌握模型中的各项相关指标数据，代入公式就可以计算出预测值。

［例6-10］因果预测分析法在销量预测中的应用——指标建立法

已知：某企业生产一种汽车轮胎，假定其年销量y受到以下因素影响：①按长期合同向某汽车制造厂定量供应的轮胎数量a；②某地区装备该种轮胎正在使用中的汽车应予更新的轮胎数量x_1；③x_1取决于这类汽车上年实际行驶里程、载重量的吨千米指标x_2及该种轮胎的磨损更新经验指数b_1；④上述汽车制造厂增产汽车所需要的轮胎数量x_3；⑤x_3取决于汽车厂增产的产量Q、该厂原有库存轮胎数量x_4与单车需用轮胎数量b_2；⑥企业在该地区的市场占有率b_3。经过分析，建立的因果预测模型如下：

$$y=a+(x_1+x_3)b_3$$
$$=a+[b_1x_2+(Qb_2-x_4)]b_3$$

相关指标的数据为：a=50 000只，$b_1=0.2\times10^{-4}$只/吨千米，$x_2=2.25\times10^9$吨千米，Q=2 000辆，b_2=4只/辆，x_4=5 000只，b_3=75%。

要求：利用上述模型预测该企业的轮胎销量。

解：依题意

预测轮胎销量=50 000+［$0.2\times10^{-4}\times2.25\times10^{9}$+（2 000×4-5 000）］×75%

=50 000+［45 000+（8 000-5 000）］×75%

=86 000（只）

2.回归分析法的应用

在因果预测分析法下，用于建立预测模型的回归分析法同趋势外推分析法所采用的修正的时间序列回归法不同。因为自变量x不一定是等差数列，无法进行修正。

［例6-11］因果预测分析法在销量预测中的应用——回归分析法

已知：A企业通过调查发现，甲产品的销售量与当地居民人均月收入有关，已知本地区连续6年的历史资料见表6-8，该企业生产甲产品的市场占有率为25%，假设20×8年居民人均月收入为700元。

表6-8 资料

年份	20×2	20×3	20×4	20×5	20×6	20×7
居民人均月收入（元）	350	400	430	500	550	600
甲商品实际销量（吨）	10	11	12	14	15	16

要求：（1）用回归分析法建立甲产品的销量预测模型。

（2）预测20×8年本地区甲产品的销量。

（3）预测20×8年A企业甲产品的销量。

解：（1）根据所给资料，列计算表，见表6-9。

表6-9 计算表

年份	居民人均月收入x（元）	商品销量y（吨）	xy	x^2	y^2
20×2	350	10	3 500	122 500	100
20×3	400	11	4 400	160 000	121
20×4	430	12	5 160	184 900	144
20×5	500	14	7 000	250 000	196
20×6	550	15	8 250	302 500	225
20×7	600	16	9 600	360 000	256
n=6	$\sum x=2\,830$	$\sum y=78$	$\sum xy=37\,910$	$\sum x^2=1\,379\,900$	$\sum y^2=1\,042$

计算相关系数r：

$$r=\frac{6\times37\,910-2\,830\times78}{\sqrt{(6\times1\,379\,900-2\,830^2)\times(6\times1\,042-78^2)}}\approx0.9969$$

因为相关系数趋近于1，表明x与y之间基本正相关，可以建立回归模型。

$$b=\frac{n\sum xy-\sum x\sum y}{n\sum x^2-(\sum x)^2}=\frac{6\times37\,910-2\,830\times78}{6\times1\,379\,900-2\,830^2}=0.02$$

$$a=\frac{\sum y - b\sum x}{n}=\frac{78 - 0.02 \times 2\,830}{6}=3.57$$

甲产品的销量预测模型为：

$y=3.57+0.02x$

（2）20×8年本地区甲产品的预测销量=3.57+0.02×700 =17.57（吨）

（3）20×8年A企业甲产品的预测销量=17.57×25%=4.39（吨）

第三节　利润预测

本节主要讨论目标利润的预测方法、利润灵敏度分析技术和经营杠杆系数在利润预测中的应用方法。

一、目标利润的预测分析

传统的利润预测就是根据事先预计的销售量、成本、价格水平测算期望实现的利润额，其计算公式与事后的实际利润计算并没有本质区别。尽管这种利润测算可以通过若干不同的模式表达出来，但其共性在于必须以销量、成本、价格等因素为自变量，以它们的事先存在为前提，利润只能是因变量。若以这种模式测算出来的利润作为未来的奋斗目标，则其实质反映的不过是“以产定销”或“产品经济”的指导思想和经营方针，不利于加强会计管理。因此，测算利润不是利润预测的重点和终点，而应以预测目标利润为中心，利润测算要为预测目标利润服务。

所谓目标利润（target profit），是指企业在未来一段期间内，经过努力应该达到的最优化利润控制目标。它是企业未来经营必须考虑的重要战略目标之一。

预测目标利润应体现如下原则：①可行性。它应该反映未来企业可能实现的最佳利润水平，既先进又合理。②客观性。为保证目标利润具有最大的可能性，在预测目标利润时必须以客观存在的市场环境、技术发展状况为背景，以现实参数为依据，不能脱离现实，单凭拍脑袋想当然乱定目标。③严肃性。目标利润必须经过反复测算、验证调整后方能最终确定，确定后的目标利润应保持相对稳定，不得随意更改。④指导性。目标利润不应当是现有业务量、成本、价格的消极后果；相反，其对上述因素的未来发展起着某种规定或约束作用，具有指导性。这一点体现在目标利润一经确定，就应及时组织落实为实现目标利润在产量、成本、价格等方面必须达到的各项指标和有关措施，并作为编制全面预算的基础。

按上述原则，目标利润的预测步骤大致如下：

（一）调查研究，确定利润率标准

选择确定利润率的标准，必须注意从以下三个方面的结合去考虑：第一，从可供选择的利润率的计算口径上看，主要包括销售利润率、产值利润率和资金利润率等；第二，从可供选择的利润率指标的时间特征上看，主要包括近期平均利润率、历史最高水平的利润率和上级指令性利润率；第三，从可供选择的利润率指标的空间特征上看，主要包括国际、全国、同行业、本地区和本企业的利润率。

利润率标准不宜定得过高或偏低，否则会挫伤企业各方面的积极性和主动性。

（二）计算目标利润基数

将选定的利润率标准乘以企业预期应达到的有关业务量及资金指标，便可测算出目标利润基数。基本公式是：

目标利润基数=有关利润率标准×相关预计指标　（6.3.1式）

如果按销售利润率计算，则6.3.1式应写为：

目标利润基数=预定的销售利润率×预计产品销售额　（6.3.2式）

如果按产值利润率计算，则6.3.1式应写为：

目标利润基数=预定的产值利润率×预计总产值　（6.3.3式）

如果按资金利润率计算，则6.3.1式应写为：

目标利润基数=预定的资金利润率×预计资金平均占用额　（6.3.4式）

（三）确定目标利润修正值

目标利润修正值是对目标利润基数的调整额。一般可先将目标利润基数与测算利润（即按传统方式预测出来的利润额）进行比较分析，并按本量利分析的原理分项测算为实现目标利润基数而应采取的各项措施（包括单项措施和综合措施），即分别计算各因素的期望值，并分析其可能性。

若期望与可能相差较大，则适当修改目标利润，确定目标利润修正值。这个过程可反复测算多次，直至各项因素期望值均具有现实可能性为止。

（四）最终下达目标利润、分解落实纳入预算体系

最终下达的目标利润应该为目标利润基数与修正值的代数和。它应反映或能适应预算期企业可望实现的生产经营能力、技术质量保证、物资供应、人力配备、资金流转水平以及市场环境等约束条件。按调整措施修订后的诸因素测算的期望利润应与目标利润口径一致。

最终下达的目标利润=目标利润基数+目标利润修正值　（6.3.5式）

目标利润一经确定就应立即纳入预算执行体系，层层分解落实，以此作为采取相应措施的依据。

[例6-12] 目标利润预测分析案例

某企业只经营一种产品，单价为100万元/件，单位变动成本为60万元/件，固定成本为300 000万元。20×7年实现销售10 000件，获得利润100 000万元。

企业按同行业先进的资金利润率（20%）预测20×8年企业的目标利润基数，预计20×8年企业资金占用额为800 000万元。

20×8年目标利润基数=20%×800 000=160 000（万元）

按本量利分析原理，可计算出20×8年为实现160 000万元利润应采取的单项措施（即在考虑某一因素变动时，假定其他因素不变）如下：

（1）增加销量1 500件，增长率达到15%。

$$保利量=\frac{300\,000+160\,000}{100-60}=11\,500（件）$$

销量变动量=11 500-10 000=+1 500（件）

$$销量变动率=\frac{+1\,500}{10\,000}\times100\%=+15\%$$

（2）降低单位变动成本6万元，降低率达到10%。

保利单位变动成本=$100-\frac{300\ 000+160\ 000}{10\ 000}$=54（万元/件）

单位变动成本变动量=54-60=-6（万元/件）

单位变动成本变动率=$\frac{-6}{60}\times100\%=-10\%$

（3）压缩固定成本开支60 000万元，降低率为20%。

保利固定成本=（100-60）×10 000-160 000=240 000（万元）

固定成本变动额=240 000-300 000=-60 000（万元）

固定成本变动率=$\frac{-60\ 000}{300\ 000}\times100\%=-20\%$

（4）提高单价6万元，增长率为6%。

保利单价=$60+\frac{300\ 000+160\ 000}{10\ 000}$=106（万元/件）

单价变动额=106-100=+6（万元/件）

单价变动率=$\frac{6}{100}\times100\%=6\%$

可见，企业只要采取以上任何一项单项措施均可保证目标利润实现。若假定由于种种原因上述任何一项措施都无法实现，那么，还必须考虑采取综合措施。假定企业可考虑采取下列综合措施（计算过程略）：

（1）为提高产品质量，追加2%的单位变动成本投入，可使售价提高3%，则此时实现目标利润的销量期望值为11 005件。

（2）假定该产品价格弹性较大，降低价格10%，可使市场容量增长16%。若企业生产能力尚有潜力，可以满足市场需要，企业只要销售15 334件，就可实现目标利润。

（3）在市场容量不变的条件下，若追加5 000万元约束性固定成本投入，可以提高自动化水平，提高人工效率，降低材料消耗。只要单位变动成本期望值达到53.5万元/件，企业也能实现目标利润。

但是上述综合措施所要求的条件假定仍然无法实现，经过反复测算比较，企业确定的目标利润基数与可能实现利润的测算数之间仍有一段差距（假定为10 000万元），目标太高，难以实现，可将目标利润修正值确定为-10 000万元，则最终确定下达的目标利润预测值应为：

160 000-10 000=150 000（万元）

二、利润敏感性分析

（一）利润敏感性分析的意义

利润敏感性分析（profit sensitivity analysis）是研究当制约利润的有关因素发生某种变化时对利润所产生影响的一种定量分析方法。它对于利润预测分析，尤其是对目标利润预测有十分积极的指导意义。

影响利润的因素很多，在现实经济环境中，这些因素又经常发生变动。即使它们的变动方向和变动幅度完全一样，对利润所产生的影响也可能不同。如有些因素增长会导致利润增长，而另一些因素只有降低才会使利润增长；有些因素只要略有变化就会使利润发生很大的变动，而有的因素虽然变动幅度较大，却可能只对利润产生微小的影响。

我们称那些对利润影响大的因素为利润灵敏度高，反之则称为利润灵敏度低；从另一个角度也可以说利润对前者的敏感性高，对后者的敏感性低。显然，因素的利润灵敏度不同，人们对它们的重视程度也就应有所区别。对敏感性高的因素，应当给予更多的关注；对敏感性低的因素则不必作为分析的重点。利润敏感性分析的主要任务是计算有关因素的利润灵敏度指标，揭示利润与因素之间的相对数关系，并利用灵敏度指标进行利润预测。

（二）利润敏感性分析的假定

利润敏感性分析应考虑以下假定条件：

1.四个因素的假定

为了简化分析，假定利润只受到以下因素的影响，即单价p、单位变动成本b、销量x和固定成本总额a，它们的序号i分别为1，2，3，4。

2.因素单独变动的假定

为了正确反映因素对利润的影响，假定上述因素中任一因素的变动均不会引起其他三项因素的变动。

3.利润增长的假定

为了使分析的结论具有可比性，假定每项因素的变动最终都能够导致利润增加。这就要求属于正指标的单价与销量的变动率为增长率，属于反指标的两项成本的变动率为降低率。

4.变动率的绝对值为1%的假定

为了科学地考察利润受因素变动影响程度的大小，必须排除各因素变动率不一致的现象，假定任一因素均按1%变动。结合第3个假定，利润灵敏度分析中有关因素的变动率分别为：单价增长1%，单位变动成本降低1%，销量增长1%，固定成本降低1%。用公式表达就是：

$$第i个因素的变动率（K_i）=（-1）^{1+i}\times 1\% \qquad （i=1，2，3，4） \qquad (6.3.6式)$$

6.3.6式中的K_i代表任意第i个因素的变动率，分别将i=1，2，3，4代入6.3.6式，可写成各个因素变动率的展开式：

$K_1=+1\%$

$K_2=-1\%$

$K_3=+1\%$

$K_4=-1\%$

（三）利润灵敏度指标的计算及排列规律

1.利润灵敏度指标的定义

利润灵敏度指标又称利润受有关因素变动影响的灵敏度指标，简称灵敏度（sensitivity）指标。计算利润灵敏度指标是利润灵敏度分析的关键。不同的因素有不同的利润灵敏度指标。特定因素的灵敏度指标是指该因素按有关假定单独变动百分之一后使利润增长的百分比。

2.利润灵敏度指标的计算公式

利润灵敏度指标的计算公式为：

$$任意第i个因素利润灵敏度指标=\frac{该因素的中间变量基数}{利润基数}\times 1\% \qquad (6.3.7式)$$

6.3.7式用字母表示就是：

$$S_i=\frac{M_i}{P}\times 1\% \qquad （i=1，2，3，4） \qquad (6.3.8式)$$

6.3.8式中的S_i为任意第i个因素的利润灵敏度指标；M_i为任意第i个因素的中间变量。

中间变量是指同时符合以下两个条件的计算替代指标，即：

（1）中间变量的变动率必须等于因素的变动率。

（2）中间变量变动额的绝对值必须等于利润的变动额。

显然，单价的中间变量M_1是销售收入px，单位变动成本的中间变量M_2是变动成本总额bx，销量的中间变量M_3是贡献边际Tcm，固定成本的中间变量M_4就是它本身a。用字母表示就是：

$M_1=px$

$M_2=bx$

$M_3=Tcm$

$M_4=a$

只要将各因素的中间变量基数和利润基数代入6.3.7式或6.3.8式，就可以很方便地计算出各因素的灵敏度指标。

[例6-13] 利润灵敏度指标的计算

已知：仍按例6-12的资料。

要求：（1）计算各因素的灵敏度指标。

（2）排列各因素的灵敏度指标的大小。

解：（1）已知利润基数P=100 000万元，依题意计算各因素的中间变量如下：

$M_1=px=100\times10\ 000=1\ 000\ 000$（万元）

$M_2=bx=60\times10\ 000=600\ 000$（万元）

$M_3=Tcm=(100-60)\times10\ 000=400\ 000$（万元）

$M_4=a=300\ 000$（万元）

分别将M_i和P代入6.3.8式，得：

单价的灵敏度$S_1=\frac{M_1}{P}\times1\%=\frac{1\ 000\ 000}{100\ 000}\times1\%=10\%$

单位变动成本的灵敏度$S_2=\frac{M_2}{P}\times1\%=\frac{600\ 000}{100\ 000}\times1\%=6\%$

销量的灵敏度$S_3=\frac{M_3}{P}\times1\%=\frac{400\ 000}{100\ 000}\times1\%=4\%$

固定成本的灵敏度$S_4=\frac{M_4}{P}\times1\%=\frac{300\ 000}{100\ 000}\times1\%=3\%$

（2）该企业的单价灵敏度指标最高，单位变动成本次之，然后是销量，固定成本的灵敏度指标最低，即企业利润受单价的影响最大，受固定成本的影响最小。

3.利润灵敏度指标的排列规律

例6-13中的因素灵敏度指标的排列若用字母表示，可写成：

$S_1>S_2>S_3>S_4$

有人将这种排列顺序说成是因素灵敏度指标的排列规律，这是不对的。事实上，如果将例6-12中的单位变动成本改为50万元/件，其他条件不变，就会出现以下排列顺序：

$S_1>S_2=S_3>S_4$

如果将例6-12中的单位变动成本改为40万元/件，其他条件不变，则相应的因素灵敏度指标的排列顺序就会改为：

$S_1>S_3>S_2>S_4$

如果将例6-12中的单位变动成本改为40万元/件，固定成本改为500 000万元，则相应的因素灵敏度指标的排列顺序就会改为：

$S_1>S_3>S_4>S_2$

此外还可以举出其他的情况。

由此可见，因素灵敏度指标的排列并不是唯一的。尽管如此，利润灵敏度指标的排列还是有一定规律可循的。因为从利润灵敏度指标的计算公式可以看出，其排列顺序取决于各个因素的中间变量的大小。因而在企业正常盈利的条件下，利润灵敏度指标的排列有如下规律存在：

（1）单价的灵敏度指标总是最高。

（2）销量的灵敏度指标不可能最低。

（3）单价的灵敏度指标与单位变动成本的灵敏度指标之差等于销量的灵敏度指标，即：

$S_1-S_2=S_3$ （6.3.9式）

（4）销量的灵敏度指标与固定成本的灵敏度指标之差等于1%，即：

$S_3-S_4=1\%$ （6.3.10式）

（四）利润灵敏度指标的应用

1.预测任一因素以任意幅度单独变动对利润的影响程度

当影响利润的任一因素（假设为第i个因素）以任意幅度向任意方向单独变动（假设变动率为$K_i=D_i\%$，D_i为因素变动百分点）时，利用事先测算出来的因素利润灵敏度S_i指标可以很方便地预测这种变动对利润所产生的影响。公式如下：

$$\begin{matrix}\text{任意第 i 个因素变动}\\\text{使利润变动的百分比}\end{matrix}=(-1)^{1+i}\times\begin{matrix}\text{该　因　素}\\\text{变动百分点}\end{matrix}\times\begin{matrix}\text{该因素灵}\\\text{敏度指标}\end{matrix}$$ （6.3.11式）

6.3.11式用字母表示就是：

$K_0=(-1)^{1+i}\cdot D_i\cdot S_i$ （i=1，2，3，4） （6.3.12式）

6.3.12式中的K_0为利润变动率。

［例6-14］利用灵敏度指标测算任一因素以任意幅度单独变动对利润的影响程度

已知：有关因素的利润灵敏度指标如例6-13的计算结果所示，假定20×8年企业的单价和单位变动成本分别上升了5%。

要求：计算这两个因素单独变动后对利润的影响。

解：依题意

$\because S_1=10\%，K_1=+5\%，D_1=+5，S_2=6\%，K_2=+5\%，D_2=+5$

∴当单价单独变动时：

$K_0=(-1)^{1+1}\times(+5)\times10\%=+50\%$

当单位变动成本单独变动时：

$K_0=(-1)^{1+2}\times(+5)\times6\%=-30\%$

2.测算多个因素以任意幅度同时变动对利润的影响程度

当影响利润的任意因素（至少两个因素）以任意幅度向任意方向同时变动时，可以利用事先测算出来的利润受有关因素变动影响的灵敏度指标很方便地预测出这种变动将对利润所产生的影响。用公式表示为：

$$\begin{matrix}\text{多个因素同时变动后}\\\text{使利润变动的百分比}\end{matrix}(K_0)=\left(D_1+D_3+\frac{D_1\cdot D_3}{100}\right)\cdot S_1-\left(D_2+D_3+\frac{D_2\cdot D_3}{100}\right)\cdot S_2-D_4\cdot S_4$$ （6.3.13式）

在6.3.13式中，至少应有两个D_i不等于零。

6.3.13式的推导过程，参见知识拓展6-2：多个因素同时变动后使利润变动的百分比公式的推导。

知识拓展6-2

多个因素同时变动后使利润变动的百分比公式的推导

［例6-15］利用灵敏度指标测算任意多个因素以任意幅度同时变动对利润的影响程度

已知：有关因素的利润灵敏度指标如例6-13的计算结果所示，假定20×8年企业的单价上升了5%，单位变动成本降低了3%，销量上升了2%，固定成本上升了4%。

要求：计算20×8年这4个因素同时变动对利润的影响。

解：依题意

$\because S_1=10\%，S_2=6\%，S_3=4\%，S_4=3\%$

$K_1=+5\%，K_2=-3\%，K_3=+2\%，K_4=+4\%$

$D_1=+5，D_2=-3，D_3=+2，D_4=+4$

∴当上述四个因素同时变动时，20×8年利润的变动率为：

$$K_0=\left(5+2+\frac{5\times 2}{100}\right)\times 10\%-\left[(-3)+2+\frac{-3\times 2}{100}\right]\times 6\%-4\times 3\%$$

$$=+71\%+6.36\%-12\%$$

$$=65.36\%$$

3.测算为实现既定的目标利润变动率应采取的单项措施

为实现既定的目标利润变动率应采取的单项措施，就是在已知目标利润比基期利润增长百分比K_0的基础上，测算有关因素分别应当变动的百分比K_i。其计算公式为：

$$\text{为实现目标利润变动率第i个因素应当变动的百分比}=(-1)^{1+i}\times\frac{\text{目标利润变动率}}{\text{该因素灵敏度}}\times 1\% \qquad (6.3.14式)$$

6.3.14式用字母表示就是：

$$K_i=(-1)^{1+i}\times\frac{K_0}{S_i}\times 1\% \qquad (i=1,\ 2,\ 3,\ 4) \qquad (6.3.15式)$$

［例6-16］利用利润灵敏度指标测算为实现既定的目标利润变动率应采取的单项措施

已知：有关因素的利润灵敏度指标如例6-13的计算结果所示，假定20×8年目标利润比基期利润增长了60%。

要求：计算为实现该目标利润变动率20×8年企业应采取的单项措施。

解：依题意

$\because K_0=+60\%，S_1=10\%，S_2=6\%，S_3=4\%，S_4=3\%$

$$\therefore 单价的变动率(K_1)=(-1)^{1+1}\times\frac{60\%}{10\%}\times 1\%=+6\%$$

$$单位成本的变动率(K_2)=(-1)^{1+2}\times\frac{60\%}{6\%}\times 1\%=-10\%$$

$$销量的变动率(K_3)=(-1)^{1+3}\times\frac{60\%}{4\%}\times 1\%=+15\%$$

$$固定成本的变动率(K_4)=(-1)^{1+4}\times\frac{60\%}{3\%}\times 1\%=-20\%$$

20×8年企业只要采取以下任何一个单项措施，就可以完成利润增长60%的任务，即单价增长6%、单位变动成本降低10%、销量增长15%、固定成本降低20%。

将本例与例6-12进行对比，就可发现，利用利润灵敏度指标通过相对数分析企业为实现目标利润应采取的单项措施，其结果同按绝对数计算完全相同，但计算过程更为简单，公式也不复杂。

4.预测为实现确保企业不亏损的因素变动率极限

若将目标利润变动率K_0设定为-100%，并将其代入6.3.14式或6.3.15式，就可以计算出确保企业不亏损的各项因素变动率极限。这对于判断企业经营风险十分必要。其公式为：

$$某因素的变动率极限=(-1)^{1+i}\times\frac{-100\%}{该因素灵敏度}\times1\% \quad (6.3.16式)$$

6.3.16式用字母表示就是：

$$K_i=(-1)^{1+i}\times\frac{-100\%}{S_i}\times1\% \quad (i=1,2,3,4) \quad (6.3.17式)$$

只要有关因素向不利方向单独变动的幅度不突破该因素的变动率极限，就可以保证企业不出现亏损。

［例6-17］利用利润灵敏度指标测算为实现确保企业不亏损的因素变动率极限

已知：有关因素的利润灵敏度指标如例6-13的计算结果所示。

要求：计算确保20×8年该企业不亏损的各项因素变动率极限。

解：依题意

$\because S_1=10\%，S_2=6\%，S_3=4\%，S_4=3\%，K_0=-100\%$

$$\therefore 单价的变动率极限(K_1)=(-1)^{1+1}\times\frac{-100\%}{10\%}\times1\%=-10\%$$

$$单位变动成本的变动率极限(K_2)=(-1)^{1+2}\times\frac{-100\%}{6\%}\times1\%\approx+16.67\%$$

$$销量的变动率极限(K_3)=(-1)^{1+3}\times\frac{-100\%}{4\%}\times1\%=-25\%$$

$$固定成本的变动率极限(K_4)=(-1)^{1+4}\times\frac{-100\%}{3\%}\times1\%\approx+33.33\%$$

在每一因素单独变动时，只要20×8年该企业单价的降低率不超过10%，销量的降低率不超过25%，单位变动成本的超支率不超过16.67%，固定成本的超支率不超过33.33%，企业就不会亏损。

三、经营杠杆系数在利润预测中的应用

（一）经营杠杆系数在利润预测中的具体应用

利用报告期经营杠杆系数，可预测销量变动对利润的影响，预测为实现目标利润变动率的销量变动率。

1.预测销量变动对利润的影响

如果企业只生产一种产品，假定产销平衡，在已知经营杠杆系数DOL、基数利润P和销量变动率K_3的情况下，可按下列公式预测未来利润变动率K_0和利润额P_1：

$$未来利润变动率(K_0)=销量变动率\times经营杠杆系数=K_3\cdot DOL \quad (6.3.18式)$$

$$预测利润额(P_1)=基期利润\times(1+销量变动率\times经营杠杆系数)$$
$$=P(1+K_3\cdot DOL) \quad (6.3.19式)$$

［例6-18］利用经营杠杆系数预测未来利润变动率和未来利润

已知：仍按第五章例5-16的资料和例5-18的计算结果，假定第四年预计的销量变动率为+10%。

要求：预测第四年的利润变动率和利润额。

解：依题意可知，第四年预测的经营杠杆系数为2.09，第三年利润为276 000元，则，

预测第四年的利润变动率（K_0）=+10%×2.09=+20.9%

预测第四年的利润（P_1）=276 000×（1+10%×2.09）=333 684（元）

2.预测为实现目标利润应采取的调整销量措施

在单一品种条件下，如果已知报告期经营杠杆系数DOL、基数利润P和目标利润P_1或目标利润变动率K_0，可按下列公式预测报告期销量变动率K_3：

$$销量变动率（K_3）=\frac{目标利润-基数利润}{基数利润\times 经营杠杆系数}=\frac{P_1-P_0}{P\cdot DOL} \quad （6.3.20式）$$

或

$$=\frac{目标利润变动率}{经营杠杆系数}=\frac{K_0}{DOL} \quad （6.3.21式）$$

［例6-19］利用经营杠杆系数预测销量变动率

已知：上年利润为200 000万元，预测下一年的经营杠杆系数为2，目标利润为240 000万元，目标利润变动率为20%。

要求：测算为确保目标利润的实现销量的变动率。

解：$销量变动率（K_3）=\frac{240\,000-200\,000}{200\,000\times 2}=+10\%$

$=\frac{20\%}{2}=+10\%$

（二）经营杠杆系数与销量的利润灵敏度的关系

经营杠杆系数DOL与销量的利润灵敏度S_3可以互相推算，两者关系是：

$$DOL=100S_3 \quad （6.3.22式）$$

即：经营杠杆系数等于100倍的销量灵敏度指标。

$$S_3=\frac{DOL}{100} \quad （6.3.23式）$$

即：销量的利润灵敏度指标等于经营杠杆系数的百分之一。

读者可自行验证6.3.22式和6.3.23式的正确性。

四、概率分析法及其在利润预测中的应用

（一）概率分析法概述

管理会计中的概率分析法是指以现代概率论原理为基础的针对那些有多种可能后果的不确定因素而采取的一种定量分析的方法。

许多经济要素的未来发展水平是不确定的，会出现不同的结果，用概率论的术语讲就是发生多个事件或出现多个随机变量。出现某一随机变量的可能性相对于所有事件的集合用比率表示就是该随机变量的概率。不同随机变量发生概率的大小往往是有区别的。概率分析法不仅要充分考虑各种可能事件，而且要用概率来反映各种可能，进而估计特定研究对象未来最有可能达到的水平。这种方法能够运用于管理会计事前分析的许多方面，如进行利润的预测与决策分析等。

在管理会计中，概率分析包括期望值分析法和联合概率法两种具体方法。

（二）期望值分析法及其在利润预测中的应用

期望值分析法是指在事先估计概率的基础上通过计算有关指标期望值进行预测或决策的一种概率分析方法。

期望值分析法的程序如下：

（1）针对特定分析对象确定其未来可能出现每一种事件（即随机变量），并为每一事件的发生估计一个概率。概率的估计既可以在会计、统计或其他业务核算历史数据的基础上加工推算，也可以由决策者根据以往经验凭其主观判断加以确定。按前一种方法确定的概率叫客观概率，按后一种方法确定的概率叫主观概率。不论哪种概率，都必须符合两条规则：

① 各个随机变量的概率的取值范围为$0 \leq p_i \leq 1$；

② 全部概率之和等于1，即$\sum p_i = 1$。

（2）根据因素的各个随机变量及其估计概率，编制概率分析表，按下式计算其数学期望值：

$$期望值（E）=\sum(随机变量 \times 概率)=\sum(x_i p_i) \quad （6.3.24式）$$

6.3.24式中的随机变量x_i会因分析的内容不同而有所不同，数学期望值的实质是一种以随机变量为基础，以相应概率为权数而计算的加权平均数。

（3）根据因素的期望值或在此基础上求得的有关指标进行分析并得出结论。

［例6-20］销售业务量为不确定因素时的概率分析——期望值分析法

已知：某企业现有设备可安排A产品或B产品的生产。相关的固定成本总额为15 000万元。A产品的单价为20万元/件，单位变动成本为16万元/件；B产品的单价为18万元/件，单位变动成本为14万元/件。两种产品的销量均为离散型随机变量，各种销量水平及有关概率分布情况见表6-10。

表6-10 资料

销量（件）	A产品		B产品	
	概率分布	累积概率	概率分布	累积概率
1 250	—	—	0.1	0.1
2 500	0.1	0.1	0.1	0.2
3 750	0.2	0.3	0.1	0.3
5 000	0.4	0.7	0.2	0.5
7 500	0.2	0.9	0.4	0.9
9 000	0.1	1.0	0.1	1.0

要求：（1）用概率分析法计算两种产品的销量的数学期望值。

（2）计算保本量。

（3）计算两种产品的销量达到其数学期望值时的利润。

（4）计算两种产品的销量分别为2 500件和5 000件时的利润。

（5）比较分析两种产品的经营风险。

解：（1）A产品销量的期望值为：

$E（x_A）=2\,500 \times 0.1+3\,750 \times 0.2+5\,000 \times 0.4+7\,500 \times 0.2+9\,000 \times 0.1$

$=5\,400$（件）

B产品销量期望值为：

$E（x_B）=1\,250 \times 0.1+2\,500 \times 0.1+3\,750 \times 0.1+5\,000 \times 0.2+7\,500 \times 0.4+9\,000 \times 0.1$

$=5\,650$（件）

（2）A产品保本量=$\frac{15\ 000}{20-16}$=3 750（件）

B产品保本量=$\frac{15\ 000}{18-14}$=3 750（件）

（3）A产品销量达到期望值时可获利润 =（20–16）×5 400–15 000=6 600（万元）

B产品销量达到期望值时可获利润=（18–14）×5 650–15 000=7 600（万元）

（4）当A产品销量为5 000件时的利润=（20–16）×5 000–15 000=5 000（万元）

当A产品销量为2 500件时的利润=（20–16）×2 500–15 000=–5 000（万元）

当B产品销量为5 000件时的利润=（18–14）×5 000–15 000=5 000（万元）

当B产品销量为2 500件时的利润=（18–14）×2 500–15 000=–5 000（万元）

（5）当两种产品的销量均达到期望值时，生产B产品比生产A产品有利可图，可多获利1 000万元。

由于本例中两种产品的保本量相同，它们的单位贡献边际也相等，因此，不管按多大规模组织哪种产品的生产经营，只要产销量相等就会得到完全相同的利润。

但A、B两种产品盈利或亏损5 000万元的概率是不同的，因为A产品销量等于或低于5 000件的概率为70%（见表6–10累积概率栏），而B产品相应概率仅有50%；同理，A产品销量等于或低于2 500件的概率只有10%，而B产品则有20%的可能性。因而两者实现预期利润的风险不同，B产品的风险比较大。

［例6–21］多因素为不确定因素时的概率分析——期望值分析法

已知：某企业的单价、单位变动成本与固定成本均为非确定因素。上述因素未来可能达到的水平及有关的概率情况见表6–11。

表6–11　资料

因素	单价（万元/件）		单位变动成本（万元/件）		固定成本（万元）	
可能	水平	概率	水平	概率	水平	概率
1	21	0.3	15	0.2	15 600	0.4
2	20	0.6	16	0.8	15 000	0.6
3	19	0.1	—	—	—	—

预测期的目标利润为11 400万元。

要求：（1）分别计算单价、单位变动成本和固定成本的期望值。

（2）按上述因素的期望值计算保本量。

（3）按上述因素的期望值计算保利量。

（4）按上述因素的期望值计算当销量为6 000件时的期望利润。

解：依题意

（1）单价的期望值=21×0.3+20×0.6+19×0.1=20.2（万元/件）

单位变动成本的期望值=15×0.2+16×0.8=15.8（万元/件）

固定成本的期望值=15 600×0.4+15 000×0.6=15 240（万元）

（2）保本量=$\frac{15\ 240}{20.2-15.8}$≈3 464（件）

（3）保利量=$\frac{15\ 240+11\ 400}{20.2-15.8}$≈6 055（件）

（4）当销量为6 000件时的期望利润=（20.2−15.8）×6 000−15 240=11 160（万元）

（三）联合概率法及其在利润预测中的应用

联合概率法是指在事先估计概率的基础上通过计算相关因素各种组合条件下的有关指标及其联合概率进行预测或决策的一种概率分析方法。

这种方法的优点是能够考虑所有因素变动的各种可能组合，并提供不同情况下的相关指标及其概率；但缺点是组合情况过多，计算比较复杂。

［例6-22］联合概率法的应用

已知：仍按例6-21的资料。

要求：（1）按联合概率法计算保本量。

（2）按联合概率法计算保利量。

解：依题意编制的联合概率法分析表见表6-12。

表6-12　　**联合概率法分析表**　　金额单位：万元

单价		单位变动成本		固定成本		联合概率	特定组合下的有关指标计算		特定组合加权的各项指标		组合
水平	概率	水平	概率	水平	概率		保本量	保利量	加权保本量	加权保利量	
①	②	③	④	⑤	⑥	⑦	⑧	⑨	⑩	⑪	
21	0.3	15	0.2	15 600	0.4	0.024	2 600	4 500	62.40	108.00	1
				15 000	0.6	0.036	2 500	4 400	90.00	158.40	2
		16	0.8	15 600	0.4	0.096	3 120	5 400	299.52	518.40	3
				15 000	0.6	0.144	3 000	5 280	432.00	760.32	4
20	0.6	15	0.2	15 600	0.4	0.048	3 120	5 400	149.76	259.20	5
				15 000	0.6	0.072	3 000	5 280	216.00	380.16	6
		16	0.8	15 600	0.4	0.192	3 900	6 750	748.80	1 296.00	7
				15 000	0.6	0.288	3 750	6 600	1 080.00	1 900.80	8
19	0.1	15	0.2	15 600	0.4	0.008	3 900	6 750	31.20	54.00	9
				15 000	0.6	0.012	3 750	6 600	45.00	79.20	10
		16	0.8	15 600	0.4	0.032	5 200	9 000	166.40	288.00	11
				15 000	0.6	0.048	5 000	8 800	240.00	422.40	12
有关指标期望值						1.000	—	—	3 561	6 225	—

注：⑦=②×④×⑥；⑧=⑤÷（①−③）；⑨=（⑤+11 400）÷（①−③）；⑩=⑦×⑧；⑪=⑦×⑨。

从表6-12中可见，保本量的期望值为3 561件，保利量的期望值为6 225件，与例6-21的计算结果不一致。

第四节　成本与资金需要量的预测

本节简要介绍成本预测和资金需要量预测的基本方法。

一、成本预测

（一）成本预测的意义

成本作为衡量企业经济效益的重要指标，必然是会计管理的主要对象之一。在现代经济条件下，成本管理工作不仅要反映实际耗费和分析成本超降原因，而且更应着眼于规划未来，进行成本预测，确定目标成本，从而控制成本的形成过程，降低成本，提高质量，实施全面成本管理。

成本预测是根据企业未来的发展目标和现实条件，参考其他资料，利用专门方法对企业未来成本水平及其发展趋势所进行的推测与估算。它要综合考虑企业盈利、销售、供应、生产、运输、储备等方面的情况，动员企业各个方面力量挖掘内部潜力，提出降低消耗、完成目标成本的方案，为成本决策和实施成本控制提供信息。成本预测既可围绕企业成本总规划开展，也可按阶段、品种的成本管理进行。

（二）成本预测的程序

成本预测通常按以下步骤进行：

1.提出目标成本草案

所谓目标成本，是指在确保实现目标利润的前提下，企业在成本方面应达到的目标。它规定着企业未来降低成本的努力方向，一般具有效益性、可控性、目的性与先进性的特点。目标成本的提出与测定应经过反复测算才能完成。一般可采用两种方法进行预测。

（1）按目标利润进行预测

这种方法以事先确定的目标利润为前提，通过市场调查，根据销售预测和国内外同类企业的资料，考虑具有竞争能力的价格水平，按照预计销售收入扣除目标利润就可得到所需的目标成本。其公式为：

目标成本=预计单价×预测销量-目标利润

　　　　=预计销售收入-目标利润　（6.4.1式）

［例6-23］目标成本的预测

已知：企业生产甲产品，预测的全年销售收入为100 000万元，目标利润为15 000万元。

要求：预测该企业的目标成本。

解：目标成本=100 000-15 000=85 000（万元）

这种方法可以使目标成本与目标利润的水平衔接起来，但它无法直接确定目标固定成本和目标单位变动成本指标，还需在此基础上继续分析。

（2）以先进的成本水平作为目标成本

确定目标成本还可以从本企业的历史最好的成本水平或国内外同类企业先进水平中选择标准，也可以按照上年实际水平扣减成本降低额作为目标成本。这种方法可以直接确定单位目标成本，但无法与目标利润联系起来。

我国企业常常采用后一种方式预测目标成本，西方国家则多采用前一种方式。二者结合起来应用，可以相互取长补短，更有实践意义。

2.预测成本的发展趋势

目标成本提出后，企业还需要利用有关总成本模型预测总成本发展趋势，以检验在现有条件下实现目标成本的可能性与现实性。

预测总成本的内容包括两个方面：一是预测一定时期内各项生产成本营业费用的总体水平和结构；二是预测在组织一定销量时的有关成本水平。具体的成本预测方法将在下一个问题中介绍。

3.修订目标成本

经过上一步骤，既可以了解企业在目前条件下实现目标成本的可能性究竟有多大，又能促使企业积极采取措施降低成本，并测算出这些措施对未来成本水平的影响，这就为形成最终下达的目标成本方案奠定了基础。若经过测算比较，原定目标成本草案与现实可能相距太大，难以达到，则应适当修正目标，使之尽量符合客观实际，并与相应保证措施相联系。

（三）成本预测的方法

具体的成本预测方法包括历史资料分析法、因素预测法、定额测算法和预计成本测算法等。

1.历史资料分析法

成本预测中的历史资料分析法是指在掌握有关成本等历史资料的基础上，采用一定方法进行数据处理，建立有关成本模型，并据此预测未来成本的一种方法。

在历史资料分析法下，只要能够建立总成本模型 y=a+bx，就可以利用预测的产销量 x 很方便地预测出未来总成本和单位成本的水平。该法的关键问题是如何利用有关历史资料确定总成本模型 y=a+bx 中的 a 和 b。常用的方法包括高低点法、直线回归分析法和加权平均法等具体方法。其中前两种方法在第二章中已经讨论论过，这里只介绍加权平均法。

成本预测中的加权平均法是指根据若干期固定成本总额和单位变动成本的历史资料，按照事先确定的权数进行加权，以计算加权平均的成本水平，从而建立成本预测模型，进而预测未来总成本的一种定量分析方法。

与高低点法、直线回归分析法需要利用若干期间总成本和销量历史资料不同，加权平均法确定 a 和 b 所依据的历史资料全部是成本信息。其公式为：

$$y=\bar{a}+\bar{b}x=\frac{\sum aw}{\sum w}+\frac{\sum bw}{\sum w}x \qquad (6.4.2式)$$

权数的确定可以分别选用自然权数法和饱和权数法（见本章第二节）。

此法适用于掌握各期详细的固定成本与变动成本历史资料，且各期成本水平变动比较频繁的企业，所计算的结果比按总成本时间序列计算的结果误差相对小些。

［例 6-24］成本预测方法的应用——加权平均法

已知：某企业生产一种产品，各期的成本水平变动比较频繁，最近半年各月的成本资料见表 6-13。

要求：用自然权数加权平均法预测 7 月份产量为 10 件时的总成本和单位产品成本。

表6-13　成本资料

月份	a固定成本（万元）	b单位变动成本（万元/件）
1	10 000	15
2	12 000	16
3	12 000	15
4	12 500	15
5	15 000	13
6	16 000	12

解：依题意

$\because \sum aw=10\ 000\times1+12\ 000\times2+12\ 000\times3+12\ 500\times4+15\ 000\times5+16\ 000\times6=291\ 000$（万元）

$\sum bw=15\times1+16\times2+15\times3+15\times4+13\times5+12\times6=289$（万元）

$\sum w=1+2+3+4+5+6=21$（件）

$\therefore \bar{a}=\dfrac{\sum aw}{\sum w}=\dfrac{291\ 000}{21}\approx13\ 857$（万元/件）

$\bar{b}=\dfrac{\sum bw}{\sum w}=\dfrac{289}{21}\approx13.76$（万元/件）

∴预测模型为：

$y=13\ 857+13.76x$

当$x_7=10$时：

$y_7=13\ 857+13.76\times10=13\ 994.6$（万元）

单位成本=13 995÷10=1 399.5（万元/件）

2.因素预测法

因素预测法是通过分析与定型产品成本有关的技术进步、劳动生产率变动、物价变动方向和经济发展前景以及预定采取相应措施对成本指标的相对影响，预测现有老产品未来成本的一种定量分析方法。（具体操作方法略）

3.定额测算法

定额测算法指利用定型产品的各种消耗定额及成本价格水平等资料，预测现有产品生产成本的定量分析方法。（具体操作方法略）

4.预计成本测算法

预计成本测算法一般用于新产品成本预测或改型产品成本预测。对前者，多是根据设计、工艺和劳动等部门提供的有关新产品资料，考虑多种可能并参考试生产阶段有关参数进行估算，有时按系列产品成本资料进行类推；对于后者，可在原有成本资料的基础上，只对改变部分设计、工艺或配件方法的产品方案的成本进行预算与估算。

预计成本测算法又包括费用要素分析法和成本项目分析法。前者是指按照预测期预计产量、有关要素的消耗量及估计价格，分别测算未来外购材料、外购燃料动力、工资及福利费、固定资产折旧费、无形资产摊销费、利息支出、修理费和其他费用的水平的方法。后者是指按照实际成本计算的程序分车间按产品测算产品的直接材料、直接工资福利费，按车间测算制造费用，按全厂测算期间费用。（具体操作方法略）

二、资金需要量的预测

资金预测是会计预测的一项重要内容。保证资金供应，合理组织资金运用，提高资金利用效果，既是企业正常经营的前提，又是企业的奋斗目标之一。资金需要量及来源预测、现金流量预测、资金运动状况预测和投资效果的预测，是资金预测的重要内容。本节只介绍资金需要量预测，其余内容将在以后各章中分别介绍。

关于资金需要量预测，我国财务管理已形成了一套方法体系，这里着重介绍西方的销售百分比预测法。

此法是指以未来销售收入变动的百分比为主要参数，考虑随销量变动的资产负债项目及其他因素对资金的影响，从而预测未来需要追加的外部资金量的一种定量分析方法。

其基本公式是：

$$\Delta F=K\cdot(A-L)-D-R+M \quad (6.4.3式)$$

在6.4.3式中，ΔF为预计未来需要追加的资金数额；K为未来销售收入增长率；A为随销售额变动的资产项目基期金额；L为随销售额变动的负债项目基期金额；D为计划期提取的折旧摊销额与同期用于更新改造的资金之差额；R为按计划期销售收入及基期销售净利润率计算的净利润与预计发放股利之差额；M为计划期新增的零星资金开支数额。

此法的程序是：

（1）确定未来销售收入变动率指标K，公式为：

$$\text{未来销售收入变动率指标（K）}=\frac{\text{预计销售收入}-\text{基期销售收入}}{\text{基期销售收入}}\times100\%=\frac{S_1-S_0}{S_0} \quad (6.4.4式)$$

（2）分析基期资产负债表有关项目，计算A与L。

① A的确定：周转中的货币资金、正常的应收账款、存货等项目，一般会随销售额的变动而变动，应列入A；对固定资产则视基期生产能力是否还有潜力可利用而定，如果还有潜力，不需要追加资金投入则不予考虑，否则便应将其列入A；长期有价证券投资和无形资产则一般不应列入A的范围。

② L的确定：应付账款、其他应付款等项目也会随销量增长而增长，应列入L，其他项目一般不予考虑。

（3）按折旧计划和更新改造计划确定可作为内部周转资金来源的折旧摊销额与同期将用于更新改造的资金数额，进而计算D。

（4）按照预计销售额和基期销售净利润率计算预期净利润，按计划期股利分配率测算预计发放股利，进而计算R。

（5）确定新增零星开支M。

（6）将K、A、L、D、R和M代入ΔF的计算公式，预测需要追加的外部资金量。

[例6-25] 销售百分比预测法的应用

已知：某企业20×7年12月31日简略式资产负债表见表6-14。20×7年实现销售额250 000万元，获净利润10 000万元并发放了5 000万元股利；20×8年计划销售额将达到400 000万元，假定其他条件不变，仍按基期股利发放率支付股利，按折旧计划提取10 000万元折旧，其中40%用于当年更新改造支出；厂房设备能力已经饱和；有关零星资金需要量为5 000万元。

要求：用销售百分比法预测20×8年需要追加的外部资金量。

表6-14 资产负债表 单位：万元

资产		负债及股东权益	
1.货币资金	5 000	负债：1.应付账款	37 500
2.应收账款	47 500	2.应付票据	7 500
3.存货	50 000	3.非流动负债	50 000
4.固定资产	75 000	股东权益：1.股本	105 000
5.无形资产	27 500	2.留存收益	5 000
合 计	205 000	合 计	205 000

解：依题意

（1）$K=\frac{S_1-S_0}{S_0}=\frac{400\ 000-250\ 000}{250\ 000}\times100\%=60\%$

（2）A=5 000+47 500+50 000+75 000=177 500（万元）

L=37 500万元

（3）D=10 000×（1-40%）=6 000（万元）

（4）$R=400\ 000\times\frac{10\ 000}{250\ 000}\times\left(1-\frac{5\ 000}{10\ 000}\right)$=400 000×4%×（1-50%）=8 000（万元）

（5）M=5 000万元

（6）20×8年需要追加的外部资金量为：

ΔF=（177 500-37 500）×60%-6 000-8 000+5 000=75 000（万元）

□ 思政课堂

当前的形势与开展预测分析的意义

当前，世界正经历新一轮的大发展、大变革、大调整。人类文明面临层出不穷的新机遇与新挑战。大国之间的战略博弈全面加剧，国际体系和国际秩序正在深度调整。与此同时，全球新一轮科技革命和产业变革加速演进，科技创新活动进入高度密集期，新技术和新产业将会对经济发展、社会进步、人民生活带来重大而深远的影响。以科技创新驱动经济社会发展，保障国家安全和应对全球挑战，已然成为世界各国共同的战略选择。

进行预测分析，有助于从总体上把握经济发展的大变局，努力在危机中抓住新机遇，开创新时期的新局面。

资料来源：庄珺.预见未来：2035的科学，技术与创新［J］.世界科学，2020（10）.作者有删改.

□ 复习思考题

1.怎样理解管理会计的预测职能？预测分析有什么特点？说明它与经营决策和控制的关系。

2.从时间特征上看，预测工作一般处于哪个时态？

3.定量分析和定性分析两类方法的特点是什么？

4.综合判断法和专家判断法的关系是什么？

5.移动平均法和趋势平均法的共同点是什么？

6.在应用平滑指数法时，怎样根据实际需要确定平滑指数的数值？

7.预测目标利润时，需要考虑哪些因素？需要经过哪几个步骤？

8.怎样利用利润灵敏度指标进行利润预测？

9.怎样利用经营杠杆系数进行利润预测？

10.资金预测的具体内容包括什么？资金预测的常用方法有哪些？

第七章

短期经营决策（上）

第一节　决策分析概述

本节主要介绍决策分析的概念、特点、原则、程序和分类等内容，为学习短期经营决策奠定基础。

一、决策分析的概念

所谓决策（decision-making），是指在充分考虑各种可能的前提下，人们基于对客观规律的认识，对未来实践的方向、目标、原则和方法作出决定的过程。

管理会计中的决策分析是指针对企业未来经营活动所面临的问题，由各级管理人员作出有关未来经营战略、方针、目标、措施与方法的决策过程。它是经营管理的核心内容，是关系到企业未来发展兴衰成败的关键所在。

在市场经济条件下，企业必须根据市场需求来决定是否生产、怎样生产和生产多少以及价格怎样确定等经营方向与方针。企业应时刻关注市场动态，根据需求变化正确地进行决策，组织经营，合理安排人财物资源的投放与利用，按市场经济的规律办事。

经营决策的正确与否往往直接体现在企业效益上，甚至会影响到企业未来的长期发展。

因此，企业经营管理者面临的不是是否应该进行决策的问题，而是如何作出正确的决策、如何进行科学决策的问题。

企业决策分析贯穿生产经营活动的始终，包括经营战略与方针的决策，经济目标与长短期计划的决策，产品品种开发决策，技术发展与投资决策，资源开发与利用决策，价格决策，生产组织决策，市场营销决策，资金筹措决策，利润分配与使用决策，组织、人事、劳动管理决策等。另外，各职能部门管理方法决策、模式选择及制度设计决策等也属于决策分析的范畴。本书所介绍的决策分析主要集中于与企业会计管理活动有关的内容。

二、决策分析的特点

决策分析具备以下特点：

（1）决策分析是人（个人或集体）的主观能力的体现。

（2）决策分析并非先验的臆断或单纯的空想，而要以对客观必然性的认识为根据。

（3）在进行决策分析之前，应至少有两种行动方案可供选择，决策是有选择地作出决定。

（4）决策分析是面向未来的，它只对未来实践有意义，对过去的实践并没有什么决策意义，但决策分析会受到过去实践经验的影响。

（5）决策分析本身正确与否，可通过决策的主观愿望与实践的客观结果的相符程度来评价。

（6）决策分析不是瞬间的决定，而是一个提出问题、分析问题、解决问题的系统分析过程。

三、决策分析应遵循的原则

开展决策分析，应遵循以下原则：（1）合法性、政策性原则；（2）责任性原则；（3）民主性原则；（4）合理性原则；（5）效益性原则；（6）科学性原则。

上述原则中，应特别注意贯彻科学性原则。这是因为科学的决策分析是指经得起客观实践检验的、正确的、合理的决策。它要求符合以下条件：

第一，决策者必须具备以下素质：①T字形知识结构（广博的一般基础知识和深厚的专业知识）；②全面型能力（具备调查研究、预见未来的能力，接受及判断信息的能力，选择目标的能力，创新能力，关键时刻拍板决断的能力，组织、社交与联络的能力以及自我完善的能力）。

第二，决策分析的对象必须有明确的内涵与外延，必须是人的未来行为能够对其施加影响的客观系统。人的行为不能对其产生影响的系统不能构成决策分析的对象。科学的决策分析要求其对象是客观的而不是虚构的。

第三，决策分析必须掌握必要的内部和外部的真实信息，具有收集、传输和加工处理信息的能力，知己知彼，树立信息观念。

第四，决策分析应以客观规律为依据，以科学的决策方法为保障。

第五，决策分析的结果必须能够转化为易于理解的、明确的指令或计划指标，规定相应措施以便执行，不能含糊不清、模棱两可或过于抽象空洞。

总之，科学性原则要求从系统的角度对待上述五项要素。

关于决策分析的其他五项原则，详见知识拓展7-1：关于决策分析前五项原则的解释。

知识拓展7-1

关于决策分析前五项原则的解释

四、决策分析的程序

开展决策分析，通常需经过以下步骤。

（一）调研经营形势，明确经营问题

确定经营目标应以发现并明确经营问题为前提，这就需要调查、研究决策分析对象系统的外部环境，分析内部结构，根据理想与现实的差距进行企业诊断，找出存在的问题，为进一步开展决策分析工作创造条件。这需要占有大量信息。

（二）确定决策分析目标

针对经营存在的问题，应进一步确定经营的目标，即确定未来努力的方向。确定决策分析目标一般要注意处理好以下几点：

（1）目标具体化。确定的目标不能过于笼统抽象，以免被误解。

（2）目标定量化。尽可能地用定量指标表达决策目标。

（3）明确约束条件。凡属有条件目标者，应充分揭示其约束条件。

（4）目标系统化。对于多目标决策，应首先分清主次，区别对待，如要注意分清战略与战术目标、远景目标与近期目标、主要目标与从属目标、必达目标与期望目标等；进而理顺目标排列顺序，简化、归并目标，使综合目标系统化。

（三）设计各种备选方案

在明确提出决策目标的前提下，应充分考虑现实与可能，设计各种可能实现决策目标的备选方案。备选方案的提出，一般要经过形成基本设想，提出初步方案，最后形成备选方案的反复补充修改的过程。在这个过程中，应充分体现解放思想、鼓励创新和集思广益的精神。

（四）评价方案的可行性

对形成的各种方案应采用定性、定量的方法进行可行性研究论证，从不同侧面分析评价各方案在技术、经济等方面的先进性、合理性与可能性。

（五）选择未来行动的方案

在综合比较各方案的优缺点的基础上，全面权衡利弊得失，按照一定原则要求确定最终择优的标准及有关方法，筛选较为理想的相对最优的方案。

（六）组织决策方案的实施，跟踪反馈

严格地讲，执行决策结果已超出了决策分析本身的范围，但它是决策分析过程的延伸，在组织落实决策方案的过程中，有助于发现问题，及时反馈，随时调整目标或修改方案乃至作出下一轮新的决策，使决策过程形成决策—实施—反馈—再决策—再实施的动态良性循环。当然，在决策分析过程的前几个阶段中也必须不断地反馈信息，为决策分析提供参数。

五、决策分析的分类

决策分析贯穿于生产经营活动的始终，涉及的内容较多，按照不同的标准可将其分为若干不同的种类，主要有：

（一）按决策的重要程度分类

按此分类，决策可分为战略决策与战术决策。

（1）战略决策。它是指关系到企业未来发展方向、大政方针的全局性重大决策，如经营目标的制定、新产品的开发、产能的扩大等问题。这类决策取决于企业的长远规划和外部环境对企业的影响，它的正确与否，对企业的成败具有决定性意义。

（2）战术决策。它是指为达到预期的战略决策目标，对日常经营活动所采用的方法与手段的局部性决策，如零部件的自制与外购、生产结构的安排以及短期资金的筹措等问题。这类决策主要考虑怎样使现有的人力、物力、财力资源得到最合理、最充分的利用；决策正确与否，都不会对企业的大局产生决定性影响。

（二）按决策条件的肯定程度分类

按此分类，决策可分为确定型决策、风险型决策和不确定型决策。

（1）确定型决策。这类决策所涉及的各种备选方案的各项条件都是已知的，且一个方案只有一个确定的结果。这类决策比较容易，只要进行比较分析即可。

（2）风险型决策。这类决策所涉及的各种备选方案的各项条件虽然也是已知的，但表现出若干种变动趋势，每一方案的执行都会出现两种或两种以上的不同结果，可以依据有关数据通过预测来确定其客观概率。这类决策由于结果的不唯一性，存在一定的风险。

（3）不确定型决策。与风险型决策不同，这类决策所涉及的各种备选方案的各项条件只能以决策者的经验判断确定的主观概率作为决策依据。作出这类决策难度较大，需要决策人具有较高的理论知识水平和丰富的实践经验。

（三）按决策规划时期的长短分类

按此分类，决策可分为短期决策与长期决策。

（1）短期决策。一般是指在一个运营年度或超过一年的一个运营周期内能够实现其目标的决策，主要包括定价决策和生产决策等内容。它的主要特点是充分利用现有资源进行战术决策，一般不涉及大量资金的投入，且见效快，因此短期决策又称短期经营决策。

（2）长期决策。它是指在较长时期内（超过一年）才能实现的决策。它的主要特点是对若干期的收支产生影响，一般需投入大量资金，且见效慢，因此长期决策又称长期投资决策或资本性支出决策。

（四）按决策解决的问题内容分类

按此分类，可将决策分为定价决策、生产决策、建设项目决策、新增固定资产决策和更新改造决策等。

（五）决策的其他分类

决策除按上述标准分类外，还可按其他标准进行分类，如按决策者所处的管理层次不同，可分为高层决策、中层决策和基层决策；按决策的内容不同，可分为定价决策、生产决策、存货决策、设备更新改造决策等；按决策的侧重点不同，可分为计划决策与控制决策；按决策任务出现的频率不同，可分为程序性决策和非程序性决策等。

研究决策的分类，是为了从不同的侧面认识决策。不同类别的决策常常相互联系，并非彼此独立无关，如短期决策通常属战术决策，它往往是由中层管理者作出的决策，但有时这类决策也涉及战略决策问题，并且由高级管理者亲自主持决策。

第二节　短期经营决策的相关概念

本节在简要介绍短期经营决策的定义及目标、特点及内容、决策方案的设计及相关假设的基础上，重点讨论短期经营决策必须考虑的各种因素。

一、短期经营决策的定义及目标

（一）短期经营决策的定义

短期经营决策是指决策结果只会影响或决定企业近期（一年或一个运营周期）运营实践的方向、方法和策略，侧重于从资金、成本、利润等方面对如何充分利用企业现有资源和经营环境来取得尽可能大的经济效益而进行的决策，简称短期决策（short-term decision）。

（二）短期经营决策的目标

从短期经营决策的定义中可以看出，该项决策以尽可能取得最大的经济效益为直接目标。在其他条件不变的情况下，判定某决策方案优劣的主要标志就是看该方案能否使企业在一年内获得更多的利润。

二、短期经营决策的特点及内容

（一）短期经营决策的特点

短期经营决策的主要特点是：其决策目标可以在较短的时间内得以实现，一般不超过一年或一年以上的一个营业周期。

（二）短期经营决策的内容

短期经营决策的具体内容较多，概括地说主要包括定价决策和生产决策两大类。

三、短期经营决策方案的设计及相关假设

（一）决策方案的概念

如前所述，决策过程实质上就是通过对具体决策对象进行分析并作出选择的过程。没有选择就没有决策，没有决策方案也就没有选择的对象。决策方案是指在具体的经营问题已经明确、决策目标已经确定的前提下，根据具体的决策条件而提出的各种可供选择的未来行动方案的统称，又称备选方案。必须按照不同的经营决策内容，设计不同的决策方案，但任何决策分析至少应当具备或涉及某一个具体的备选方案。

（二）决策方案的种类

按照决策涉及的备选方案的数量特征，可将决策方案划分为单一方案和多方案两种类型。

1.单一方案及其决策

如果在决策过程中，人们根据具体的决策任务只设计了一个决策方案，决策者必须对该方案作出要么接受要么拒绝的选择，这个决策方案就是所谓的单一方案，对该方案所作的决策称为单一方案决策。如简单条件下的亏损产品决策、简单条件下的追加订货决策、简单条件下的深加工决策等，都属于这类决策。

2.多方案及其决策

如果在决策过程中，决策者可以在两个或两个以上的备选方案中作出选择，那么这些相关方案则称为多方案，对这些方案所作的决策称为多方案决策。按照不同备选方案相互之间的不同关系，又可将多方案决策分为互斥方案决策、排队方案决策和组合方案决策。

（1）互斥方案决策是指决策过程中同一项决策任务所涉及的所有备选方案之间存在着相互排斥的关系。因此，进行互斥方案的决策，要求决策者必须从所有的备选方案中选出唯一的最优方案。复杂条件下的亏损产品决策、复杂条件下的追加订货决策、复杂条件下的深加工决策、零部（配）件取得方式的决策、开发新产品的品种决策以及转产或增产某种产品的决策等都属于这类决策。

（2）排队方案决策是指决策过程中同一项决策任务所涉及的所有备选方案之间存在着先

后的次序关系。因此，进行排队方案决策之前，决策者应当将所有的备选方案按照优劣排出顺序。

（3）组合方案决策是指决策过程中同一项决策任务所涉及的所有备选方案之间存在着不同的搭配组合情况。因此，进行组合方案的决策，要求决策者从所有的备选方案之间的各种组合中选出最优的方案组合；或根据决策任务的不同约束条件，分别选择不同的最优组合。

单一方案和互斥方案在短期经营决策中出现的频率最高。

（三）设计短期经营决策的假设

为了简化短期经营决策的分析过程，在设计相关的决策方案时，本书假定以下条件已经存在：

（1）决策方案不涉及追加长期项目的投资。

（2）经营问题已经明确，决策目标基本形成。

（3）所需预测资料齐备。

（4）各种备选方案均具有技术可行性。

（5）只有单一方案和互斥方案两种决策形式。

（6）凡涉及市场购销的决策，均以市场已具备提供材料或吸收有关产品的能力为前提。

（7）销量、价格、成本等变量均在相关范围内波动。

（8）各期产销平衡。

四、短期经营决策必须考虑的重要因素

短期经营决策必须通盘考虑生产经营能力、相关业务量、相关收入和相关成本四大因素。

（一）生产经营能力

生产经营能力（capacity，以下简称产能）是指在一定时期（通常为一年）内和一定生产技术、组织条件下，企业内部各个环节直接参与生产过程的生产设备、劳动手段、人力资源和其他服务条件，能够生产各类产品的产量或加工处理一定原材料的能力。它是企业生产经营活动的基础，是企业自身各种条件综合配置和平衡的结果，也是企业技术能力和管理能力的综合体现。

企业产能的利用程度，由企业管理部门根据当前经营计划，结合工程、经济和环境要求等因素来确定。产能具体包括以下几种表现形式：

1.最大产能

最大产能又称理论产能，是指企业在不追加资金投入的前提下，百分之百有效利用工程技术、人力及物力资源而可能实现的产能，它是产能的上限。

2.正常产能

正常产能又称计划产能，即已经纳入企业年度计划，充分考虑到现有市场容量、生产技术条件、人力资源状况、管理水平，以及可能实现的各种措施等情况下，应该达到的产能。

3.剩余产能

剩余产能（idle capacity）又分绝对剩余产能和相对剩余产能两种形式。

（1）绝对剩余产能，也称暂时未被利用的产能，它是企业最大产能与正常产能之差，属于生产经营的潜力。

（2）相对剩余产能，是指由于受市场容量或经济效益的影响，决策规划的未来生产经营规模小于正常产能而形成的差量，也可以理解为因临时转变经营方向而暂时闲置的那部分产能。

4.追加产能

追加产能是指根据需要和可能，通过追加资金投入等措施而增加的，超过最大产能的那部分产能，具体又包括临时性追加的产能和永久性追加的产能两种类型。

（1）临时性追加的产能，是指通过临时性租赁固定资产而形成的产能。

（2）永久性追加的产能，是指通过追加固定资产投资而形成的产能。永久性追加的产能会改变企业未来期间的最大产能。

显然，企业产能受到薄弱生产环节的制约，但其他生产环节，特别是主导生产环节的产能大于薄弱环节的产能时，企业便具备一定的生产经营潜力。这时，若将生产场地、生产设备和劳动力等要素实施优化组合，就能合理地利用并不断提高企业的综合产能。

在短期经营决策中，产能是决定相关业务量和确认机会成本的重要参数。

（二）相关业务量

相关业务量（relevant volume）是指在短期经营决策中必须认真考虑的、与特定决策方案相联系的产量或销量。

相关业务量对决策方案的影响往往是通过对相关收入和相关成本的影响实现的。在以后我们将要介绍的半成品是否深加工的决策和是否接受特殊价格追加订货的决策中，都需要认真考虑相关业务量问题，而不是笼统地考虑全部产量，并且有时计算某一产品的相关收入与相关成本所使用的相关业务量也不一定相同。

实践表明，在短期经营决策过程中，许多在具体决策方案的相关收入和相关成本的确认和计量方面发生的失误，往往是由于对相关业务量的判断错误导致的。因此，相关业务量是短期经营决策中一个不容忽视的重要因素。

（三）相关收入

相关收入（relevant revenue）是指与特定决策方案相联系的、能对决策产生重大影响的、在短期经营决策中必须予以充分考虑的收入，又称有关收入。如果某项收入只属于某个经营决策方案，即若有这个方案存在就会发生这项收入，若该方案不存在就不会发生这项收入，那么，这项收入就是相关收入。相关收入的计算，要以特定决策方案的单价和相关销量为依据。

与相关收入相对立的概念是无关收入。如果无论是否存在某决策方案，均会发生某项收入，那么就可以断定该项收入是上述方案的无关收入。显然，在短期经营决策中，不能考虑无关收入；否则，就有可能导致决策失误。

（四）相关成本

相关成本（relevant cost）是指与特定决策方案相联系的、能对决策产生重大影响的、在短期经营决策中必须予以充分考虑的成本，又称有关成本。如果某项成本只属于某个经营决策方案，即若有这个方案存在，就会发生这项成本，若该方案不存在，就不会发生这项成本，那么，这项成本就是相关成本。相关成本包括增量成本、边际成本、机会成本、估算成本、重置成本、付现成本、专属成本、加工成本、可分成本、可延缓成本和可避免成本等。

1.增量成本

增量成本（increment cost）又称狭义的差量成本（differential cost），是指单一决策方案由于产能利用程度的不同而表现在成本方面的差额。在一定条件下，某一决策方案的增量成本就是该方案的相关变动成本，即等于该方案的单位变动成本与相关业务量的乘积。

在短期经营决策的生产决策中，增量成本是较为常见的相关成本。如在亏损产品的决策、是否转产或增产某种产品的决策和是否接受特殊价格追加订货的决策中，最基本的相关成本就是增量成本。

2.边际成本

经济学中的边际成本（marginal cost）是指对连续型成本函数中的业务量所求的一阶导数。若假定成本函数为f（x），x为业务量，MC为边际成本，则有MC=f′（x）。边际成本反映了当业务量无限小变动时所造成的成本差量与业务量变动的单位差量之比的极限关系，亦即：

$$MC=\lim_{\Delta x \to 0}\frac{f(x+\Delta x)-f(x)}{\Delta x} \quad (7.2.1式)$$

也有人将边际成本称为成本对业务量无限小变动作出的反应。

当连续成本函数的边际成本等于平均成本时，平均成本水平最低。

但在实际经济生活中业务量无限小的变化是相对的，只能小到一个经济单位（如一批、一个、一只、一件等），再小就失去了经济意义。因此，在管理会计中，边际成本是指业务量以一个最小经济单位变动所引起的成本差量，即：

$$MC=\lim_{\Delta x \to 1}\frac{f(x+\Delta x)-f(x)}{\Delta x}=f(x+1)-f(x) \quad (7.2.2式)$$

显然，管理会计中的边际成本不仅是离散型的，而且是增量成本的特殊形式。当业务量的增量为一个、一件或一台时，边际成本等于单位增量成本；当业务量的增量为一批或一组时，边际成本等于一批或一组的增量成本。

在短期经营决策的定价决策中，边际成本也是经常被考虑的相关成本。

3.机会成本

机会成本（opportunity cost）原是经济学术语。它以经济资源的稀缺性和多种选择机会的存在为前提，是指在经济决策中应由中选的最优方案负担的、按放弃的次优方案潜在收益计算的那部分资源损失，又称机会损失。许多经济资源均可有多方面用途，但在一定时空条件下，资源又总是相对有限的，选择某一方案必然意味着其他方案可能获利的机会被放弃或者丧失。因此，以次优方案的可能收益作为中选最佳方案的“损失”，可以全面评价决策方案所得与所失的关系。所以，机会成本应当作为管理会计决策的相关成本来考虑。但由于机会成本并没有构成企业的实际成本支出，所以，在财务会计实务中，对机会成本并不在任何会计账户中予以登记。

在短期经营决策的生产决策中，机会成本也是较为常见的相关成本。在进行亏损产品的决策、是否转产或增产某种产品的决策、是否接受特殊价格追加订货的决策和有关产品是否深加工的决策时，若现已具备的相关产能可以用于其他方面（即剩余的产能可以转移），那么将这些产能用于其他方面（即实现产能转移）的方案所能获得的收益，对于继续利用这些产能（即不转移产能）的方案来说就是它们的机会成本。同样道理，在是否接受特殊价格追加订货的决策中，对于接受追加订货的方案来说，因为加工能力不足而挪用正常订货产能所放弃的有关收入也属于机会成本。

4.估算成本

估算成本（estimated cost）又称假计成本（imputed cost），是机会成本的特殊形式。凡是需要经过假定推断才能确定的机会成本就是估算成本。估算成本的典型形式就是利息。如在货币资金使用的决策中，不论该项资金是借入的还是自有的，也不管其是否真的存入银行，均可将可能取得的存款利息视为该项资金的机会成本，这种假设存在的利息就属于估算成本。

5.重置成本

重置成本（replacement cost）是指目前从市场上重新取得某项现有的资产所需支付的成本。在短期经营决策的定价决策以及长期投资决策的以新设备替换旧设备的决策中，需要考虑以重置成本作为相关成本。

6.付现成本

付现成本又称现金支出成本（out-of-pocket cost）。在进行短期经营决策时，付现成本就是动用现金支付的有关成本。在企业现金短缺、支付能力不足而筹资又十分困难的情况下，对于那些急需上马的方案进行决策时，必须以付现成本而不是以总成本作为方案取舍的标准。因为在资金紧张的条件下，尽管付现成本较低，方案的总成本比较高，但可以用较少的资金及时取得急需的资产，一旦把握住时机，就可以提前取得收益，抵偿多支出的成本，甚至及时开发并占领市场，获得货币时间价值的好处。而总成本低的方案往往付现成本较高，若企业不能及时筹集到足够的现金，就无法使方案上马，导致坐失良机。

7.专属成本

专属成本（specific cost）是指那些能够明确归属于特定决策方案的固定成本或混合成本。它往往是为了弥补产能不足的缺陷，增加有关装置、设备、工具等长期资产而发生的。专属成本的确认与取得上述装置、设备、工具的方式有关。若采用租入的方式，则专属成本就是与此相关联的租金成本。若采用购买方式，则专属成本的确认还必须考虑有关装置、设备、工具本身的性质：如果取得的装备等是专用的，即只能用于特定方案，则专属成本就是这些装备的全部取得成本；如果取得的装备等是通用的，则专属成本就是与使用这些装备有关的主要使用成本（如折旧费等）。

8.加工成本

这里的加工成本是指在半成品是否深加工决策中必须考虑的、由于对半成品进行深加工而追加的变动成本。它的计算通常要考虑单位加工成本与相关的深加工业务量两大因素。至于深加工所需要的固定成本，在经营决策中应当列作专属成本。

9.可分成本

可分成本是指在联产品生产决策中必须考虑的、由于对已经分离的联产品进行深加工而追加的变动成本。它的计算通常要考虑单位可分成本与相关的联产品深加工业务量两大因素。

10.可延缓成本

可延缓成本（postponable cost）是指在短期经营决策中对其暂缓开支不会对企业未来的生产经营产生重大不利影响的那部分成本。由于可延缓成本具有一定弹性，在决策中应当充分予以考虑。

11.可避免成本

可避免成本（avoidable cost/escapable cost）是指在短期经营决策中并非绝对必要的那部

分成本。它与可延缓成本的不同之处在于，是否发生可避免成本，完全取决于决策者；而可延缓成本只是在发生的时间上可以推迟，但将来注定要发生。酌量性成本属于可避免成本。

与相关成本对立的概念是无关成本。凡不受决策结果影响，与决策关系不大，已经发生或注定要发生的成本就是无关成本。如果无论是否存在某决策方案，均会发生某项成本，那么就可以断定该项成本是上述方案的无关成本。在短期经营决策中，不能考虑无关成本，否则，可能会导致决策失误。因此，了解和区分哪些成本是无关成本是十分必要的。

无关成本主要包括沉没成本、共同成本、联合成本、不可延缓成本和不可避免成本等类型。

沉没成本（sunk cost）又称沉入成本或旁置成本，是指由过去决策结果引起并已经实际支付过款项的成本。企业大多数固定成本（尤其是其中的固定资产折旧费、无形资产摊销费）均属于沉没成本，但并不是说所有的固定成本都属于沉没成本，如与决策方案有关的新增固定资产的折旧费就属于相关成本。另外，某些变动成本也属于沉没成本，如在半成品是否深加工的决策中，半成品本身的成本中的固定成本和变动成本均为沉没成本。

共同成本（common cost）是与专属成本相对立的成本，是指应当由多个方案共同负担的注定要发生的固定成本或混合成本。由于它的发生与特定方案的选择无关，因此，在决策中可以不予考虑，也属于比较典型的无关成本。

联合成本是与可分成本相对立的成本，是指在未分离前的联产品生产过程中发生的、应由所有联产品共同负担的成本。

不可延缓成本（unpostponable cost）是与可延缓成本相对立的成本，是指在短期经营决策中若对其暂缓开支就会对企业未来的生产经营产生重大不利影响的那部分成本。由于不可延缓成本具有较强的刚性，马上就要发生，所以必须保证对它的支付，没有什么选择的余地。

不可避免成本（unavoidable cost）是与可避免成本相对立的成本，是指在短期经营决策中若削减其开支就会对企业未来的生产经营产生重大不利影响的那部分成本。约束性成本属于不可避免成本。

第三节　短期经营决策的一般方法

本节介绍短期经营决策一般方法的基本原理。

一、短期经营决策一般方法的含义

短期经营决策一般方法是指在决策过程中通过计算、分析和比较有关短期经营决策方案的评价指标，据以作出选择的一系列方法的统称。

二、短期经营决策一般方法的类型

短期经营决策的一般方法包括微分极值法、利润无差别点法、相关损益分析法、差别损益分析法、单位资源贡献边际分析法、贡献边际总额分析法、相关成本分析法、成本无差别点法、直接判断法和线性规划法等类型。

三、微分极值法

微分极值法是指将高等数学中的微分极值原理应用于短期经营决策而形成的一种决策方法，主要适用于最优售价决策和最优批量决策。该法的基本程序如下：

1.建立相关的数学模型

根据决策对象与相关变量之间的关系，建立数学函数模型，假设$y=f(x)$，并判断其是否连续可微。

2.对函数模型求一阶导数

即计算$y'=f'(x)$。

3.根据$y'=f'(x)=0$的等式求极值点$[x_0, f(x_0)]$

极值点$[x_0, f(x_0)]$中的x_0必须满足以下关系：

有$f(x) \leqslant f(x_0)$或$f(x) \geqslant f(x_0)$成立；

若$f''(x_0) \neq 0$，则当$f''(x_0)<0$时，$f(x_0)$为极大值；当$f''(x_0)>0$时，$f(x_0)$为极小值。

4.根据决策方案的资料进行适当调整

也有人将微分极值法称为边际分析法。

四、利润无差别点法

利润无差别点法是指利用调价后可望实现销量与利润无差别点销量之间的关系进行调价决策的一种方法，也有人称其为价格无差别点法。

利润无差别点销量是指某种产品为确保原有盈利能力，在调价后应至少达到的销量指标。其公式为：

$$\text{利润无差别点销量}=\frac{\text{固定成本}+\text{调价前可获利润}}{\text{拟调单价}-\text{单位变动成本}}=\frac{a+P}{p_1-b} \quad (7.3.1式)$$

$$=\frac{\text{调价前可获贡献边际}}{\text{拟调单价}-\text{单位变动成本}}=\frac{Tcm}{p_1-b} \quad (7.3.2式)$$

可望实现销量需要根据企业现有最大产能和调价后预计市场容量两个指标中较小的一个来确定。在应用利润无差别点法进行调价决策时，应遵循以下标准：若调价后可望实现销量大于利润无差别点销量，则可考虑调价；若调价后可望实现销量小于利润无差别点销量，则不能调价；若调价后可望实现销量等于利润无差别点销量，则调价与不调价效益一样。

在决策中应当注意：如果调低价格，需要考虑是否追加专属成本投入以提高企业产能；如果调高价格，则需要考虑能否转移相关的相对剩余产能。

五、相关损益分析法

（一）相关损益分析法的含义

相关损益分析法是指在进行短期经营决策时，以相关损益指标作为决策评价指标的一种方法。

（二）相关损益分析法的决策评价指标及评价标准

某方案的相关损益是指该方案相关收入与相关成本之差。

应用相关损益分析法通常需要编制相关损益分析表，其格式见表7-1。

表7-1　相关损益分析表

项目＼方案	A方案	B方案	…	N方案
相关收入	R_A	R_B	…	R_N
相关成本	C_A	C_B	…	C_N
相关损益	P_A	P_B	…	P_N

相关损益指标是一个正指标，根据它作出决策的判断标准是：哪个方案的相关损益最大，哪个方案就是最优。

（三）相关损益分析法的特点及适用范围

此法可以同时用于两个以上方案的排队决策，但无法直接反映中选的方案比放弃的方案多获得的利润。

六、差别损益分析法

（一）差别损益分析法的含义

差别损益分析法是指在进行两个相互排斥方案（以下简称互斥方案）的决策时，以差别损益指标作为评价方案取舍标准的一种决策方法。

（二）应用差别损益分析法的条件

应用该法要求将掌握的有关方案的相关收入和相关成本作为基本数据，一旦相关收入和相关成本的内容界定得不准确、不完整，就会直接影响决策质量，甚至会得出错误结论。因此，必须进行细致的相关分析，尤其对相关成本项目必须逐一列出具体的明细项目。

（三）差别损益分析法的决策评价指标及评价标准

差别损益分析法的决策评价指标是差别损益，需要通过编制差别损益分析表才能求得该指标。差别损益分析表的一般格式见表7-2。

表7-2　差别损益分析表

项目＼方案	A方案	B方案	差异额（Δ）
相关收入	R_A	R_B	ΔR
相关成本	C_A	C_B	ΔC
差别损益			ΔP

表7-2中的差别损益等于差别收入与差别成本之差，即$\Delta P=\Delta R-\Delta C$，其绝对值表示企业多获得的利润或少发生的损失；差别收入等于两方案相关收入之差，即$\Delta R=R_A-R_B$；差别成本等于两方案相关成本之差，即$\Delta C=C_A-C_B$。

根据差别损益作出决策的判断标准是：若差别损益ΔP大于零，则A方案优于B方案；若差别损益ΔP等于零，则A方案与B方案的效益相同；若差别损益ΔP小于零，则B方案优于A方案。

（四）差别损益分析法的特点及适用范围

差别损益分析法比较科学、简单、实用，能够直接揭示中选的方案比放弃的方案多获得的利润或少发生的损失（即差别损益的绝对值）。通常适用于单一方案决策或只有两个备选方案的互斥决策，但要按此法对两个以上互斥方案作出决策，就必须逐个筛选，故比较麻烦。

七、单位资源贡献边际分析法

（一）单位资源贡献边际分析法的含义

单位资源贡献边际分析法是指以有关方案的单位资源贡献边际指标作为决策评价指标的一种方法。

（二）应用单位资源贡献边际分析法的条件

在企业生产只受到某一项资源（如某种原材料、人工工时或机器台时等）的约束，并已知备选方案中各种产品的单位贡献边际和单位产品资源消耗额（如材料消耗定额、工时定额）的条件下，可考虑采用单位资源贡献边际分析法进行短期经营决策。

（三）单位资源贡献边际分析法的决策评价指标及评价标准

顾名思义，单位资源贡献边际分析法的决策评价指标就是单位资源所能创造的贡献边际指标，该指标的计算公式为：

$$\text{单位资源贡献边际}=\frac{\text{单位贡献边际}}{\text{单位产品资源消耗定额}} \qquad (7.3.3\text{式})$$

单位资源贡献边际是个正指标，根据它作出决策的判断标准是：哪个方案的该项指标大，哪个方案为优。

（四）单位资源贡献边际分析法的特点及适用范围

单位资源贡献边际分析法比较简单，经常被应用于生产经营决策中的互斥方案决策，如新产品开发的品种决策。

八、贡献边际总额分析法

（一）贡献边际总额分析法的含义

贡献边际总额分析法是指以有关方案的贡献边际总额指标作为决策评价指标的一种方法。

（二）应用贡献边际总额分析法的条件

当有关决策方案的相关收入均不为零，相关成本全部为变动成本时，可以将贡献边际总额作为决策评价指标。

（三）贡献边际总额分析法的决策评价指标及评价标准

贡献边际总额等于相关的销售收入与相关的变动成本之差，该指标是个正指标，根据它作出决策的判断标准是：哪个方案的该项指标大，哪个方案为优。

（四）贡献边际总额分析法的特点及适用范围

贡献边际总额分析法经常被应用于生产经营决策中不涉及专属成本和机会成本的单一方案决策或多方案决策中的互斥方案决策，如亏损产品决策。

九、相关成本分析法

（一）相关成本分析法的含义

相关成本分析法是指在短期经营决策中，当各备选方案的相关收入均为零时，通过比较各方案的相关成本指标，作出方案选择的一种方法。该法实质上是相关损益分析法的特殊形式。

（二）相关成本分析法的决策评价指标及评价标准

相关成本分析法也可以通过编制相关成本分析表进行决策，其格式见表7-3。

表7-3 相关成本分析表

项目 \ 方案	A方案	B方案	…	N方案
增量成本	C_{A1}	C_{B1}	…	C_{N1}
机会成本	C_{A2}	C_{B2}	…	C_{N2}
专属成本	C_{A3}	C_{B3}	…	C_{N3}
⋮	⋮	⋮	⋮	⋮
相关成本合计	$\sum C_A$	$\sum C_B$	⋮	$\sum C_N$

相关成本是个反指标，根据它作出决策的判断标准是：哪个方案的相关成本最低，哪个方案最优。

（三）相关成本分析法的适用范围

此法可以同时用于两个以上方案的决策，如业务量确定的零部件取得方式的决策。

十、成本无差别点法

（一）成本无差别点法的含义

成本无差别点法是指在各备选方案的相关收入均为零，相关的业务量为不确定因素时，通过判断处于不同水平上的业务量与成本无差别点业务量之间的关系，来作出互斥方案决策的一种方法。

（二）应用成本无差别点法的条件

此法要求各方案的业务量单位必须相同，方案之间的相关固定成本水平与单位变动成本水平恰好相互矛盾（如第一个方案的相关固定成本大于第二个方案的相关固定成本，而第一个方案的单位变动成本又恰恰小于第二个方案的单位变动成本），否则无法应用该法。

（三）成本无差别点法的决策评价指标及评价标准

成本无差别点业务量是指能使两方案总成本相等的业务量，又称成本分界点。其基本公式为：

$$成本无差别点业务量=\frac{两方案相关固定成本之差}{两方案单位变动成本之差} \quad (7.3.4式)$$

若令成本无差别点业务量为X_0，第一个方案的固定成本为a_1，单位变动成本为b_1；第二个方案的固定成本为a_2，单位变动成本为b_2，且满足$a_1>a_2$，$b_1<b_2$，则有：

$$X_0=\frac{a_1-a_2}{b_2-b_1} \quad (7.3.5式)$$

当业务量大于成本无差别点X_0时，固定成本较高的第一个方案优于第二个方案；

当业务量小于成本无差别点X_0时，固定成本较低的第二个方案优于第一个方案；

当业务量恰好等于成本无差别点X_0时，两方案的成本相等，效益无差别。

（四）成本无差别点法的适用范围

成本无差别点法通常被应用于业务量不确定的零部（配）件取得方式的决策和生产工艺技术方案的决策。

十一、直接判断法

直接判断法是指通过比较方案是否具备有关判断条件直接作出决策的方法，又称简单法。

这种方法以事先掌握的有关判断条件与决策结论之间的内在关系为应用的条件，往往不需要进行复杂的计算，比较简单，可以广泛应用于各类短期经营决策。但不同的决策方案判定的条件不同，在应用时，必须具体问题具体分析，不得生搬硬套。

十二、线性规划法

线性规划法是指将高等数学中的线性规划原理应用于短期经营决策而形成的一种决策方法，主要适用于生产多少的短期经营决策。

其原理为：在已知约束条件（特定资源）的情况下，利用单纯形法的逐次迭代，确定所有自变量的规划数值，使得目标函数取得最大值或最小值。

在线性规划法下，约束条件的数学表达式为：

$$\begin{cases} a_{11}x_1+a_{12}x_2+\cdots+a_{1n}x_n\leqslant b_1 \\ a_{21}x_1+a_{22}x_2+\cdots+a_{2n}x_n\leqslant b_2 \\ \quad\vdots \qquad\quad \vdots \qquad\quad \vdots \qquad\quad \vdots \qquad\quad \vdots \\ a_{m1}x_1+a_{m2}x_2+\cdots+a_{mn}x_n\leqslant b_m \end{cases}$$

上式中的x_1，x_2，…，x_n为相关自变量，a_{11}，a_{12}，…，a_{mn}为约束条件的结合系数，b_1，b_2，…，b_m为特定资源常数。

目标函数M的数学表达式为：$M=c_1x_1+c_2x_2+\cdots+c_nx_n$，式中的$c_1$，$c_2$，…，$c_n$为目标函数的组合系数。

第四节　定价决策

定价决策是指短期（如一年）内，在流通领域中，围绕如何确定产品销售价格水平的问题而进行的决策。这种决策经常采用的方法包括以成本为导向的定价方法、以需求为导向的定价方法、以特殊情况为导向的定价方法等。

本节主要讨论企业的定价决策方法、定价策略及相关理论。

一、定价决策的范围及相关因素

管理会计中的定价决策只是在一定的范围内才起作用的，而并非适用所有商品的价格确定。

西方将高度发达的市场经济环境中的价格划分为垄断价格、完全自由竞争价格和企业可控制价格三大类。其中，垄断价格（不论是国家垄断价格还是企业财团垄断价格）对于个别企业来说，始终具有强制性的支配效能，企业只有执行的义务，没有变更的权利，不存在定价决策问题。在完全自由竞争条件下，即当市场上某种商品的供应者与消费者的数量都很多，又很分散时，完全由供求规律支配所形成的价格为完全自由竞争价格。由于个别企业的市场占有率较低，若擅自提价或降价，只会失去原有市场或招致损失。因此，企业必须根据市场客观的供求规律去测定均衡价格并自觉地执行它。本书介绍的定价决策涉及的价格是指企业可控制价格。所谓企业可控制价格，是指企业可以自行决定的价格，企业的经济效益与定价决策有着密切的联系。

企业定价决策应充分考虑如下因素：①商品的价值；②成本的消耗水平；③商品的质量水平；④供求关系与竞争形式；⑤价格的弹性；⑥产品所处的寿命周期阶段；⑦定价目标的导向；⑧商品的比价、差价与价格体系；⑨国家的价格政策；⑩定价的方法与策略。

二、以成本为导向的定价决策方法

这种方法又称按成本定价的方法。其基本点是以价格必须首先补偿成本为基础，然后再考虑利润等其他因素。定价所依据的成本既可以是总成本指标，也可以是单位成本指标；既可以利用完全成本法提供的成本参数，也可以使用变动成本法提供的成本参数。具体又包括以下几种定价方法：

（一）以总成本为基础的定价方法

当企业只生产一种产品时，可以采用以总成本为基础的定价方法，按下面公式定价比较简单：

$$价格=\frac{预计总成本+目标利润}{预计产销数量} \quad （7.4.1式）$$

不论按哪种成本计算模式，7.4.1式中的预计总成本都可以按相应的产品成本加上期间成本确定，目标利润也可以事先确定，此法的关键是预测出正确可信的销量。

在多品种生产的条件下，若仍沿用此法，则应将有关固定成本合理地分配给各种产品，以确定各产品的预计总成本，当然也要将目标利润在各种产品之间分配。在完全成本法下采用此法更为方便些。

（二）以单位成本为基础的定价方法

1.成本加成定价法

成本加成定价法全称为按单位成本加成定价的方法，即在单位产品成本的基础上按一定的加成率计算相应的加成额，进而确定商品的价格。其公式是：

$$价格=单位产品成本+加成额=单位产品成本\times（1+加成率） \quad （7.4.2式）$$

7.4.2式中：

$$成本加成率=\frac{加成内容}{相关成本} \quad (7.4.3式)$$

在不同成本计算模式下，单位产品成本和加成率的口径均有所不同。

此法应用范围较广，因为加成率可以沿用标准产品的有关指标，故在长期定价时运用此法十分方便。

(1) 完全成本法下的成本加成定价法

在完全成本法下，单位产品成本就是单位生产成本，成本加成率为生产成本毛利率。其计算公式是：

价格=单位产品生产成本×（1+生产成本毛利率） （7.4.4式）

7.4.4式中：

$$生产成本毛利率=\frac{利润+非生产成本}{生产成本}\times100\% \quad (7.4.5式)$$

［例7-1］成本加成定价法的应用——完全成本法

已知：某公司生产甲产品的单位生产成本为100元/件，生产成本毛利率为60%。

要求：用成本加成定价法计算目标售价。

解：目标售价=100×（1+60%）=160（元）

(2) 变动成本法下的成本加成定价法

在变动成本法下，单位产品成本就是单位变动生产成本，成本加成率为变动生产成本贡献率。其计算公式是：

价格=单位变动生产成本×（1+变动生产成本贡献率） （7.4.6式）

7.4.6式中：

$$变动生产成本贡献率=\frac{利润+变动性非生产成本+固定成本}{变动生产成本}\times100\% \quad (7.4.7式)$$

［例7-2］成本加成定价法的应用——变动成本法

已知：某公司生产甲产品的单位变动生产成本为80元/件，变动生产成本贡献率为100%。

要求：用成本加成定价法计算目标售价。

解：目标售价=80×（1+100%）=160（元）

由例7-1和例7-2可见，在成本加成定价法下，无论是按完全成本法的数据，还是按变动成本法的数据，所计算出来的目标价格应当是一致的。

2.按单位产品成本及相关收益比率定价

该法是指在单位产品成本及相关收益比率的基础上进行定价的一种方法，简称收益比率定价法。

在完全成本法下，可按以下公式定价：

$$价格=\frac{单位产品成本}{1-销售毛利率}=\frac{单位材料成本+单位加工成本}{1-销售毛利率} \quad (7.4.8式)$$

在完全成本法下，由于单位产品成本受到产销量的制约，按此法确定的价格精度要差一些。

在变动成本法下，可按下式定价：

$$价格=\frac{单位变动生产成本}{1-生产阶段的贡献边际率} \quad (7.4.9式)$$

7.4.9式中的生产阶段的贡献边际率计算公式为：

$$生产阶段的贡献边际率=\frac{利润+变动性非生产成本+固定成本}{销售收入}\times100\% \qquad (7.4.10式)$$

由于单位产品成本和有关收益率可借鉴历史资料或利用有关规划目标等现成资料，因而此法比较简单，尤为适合临时定价。

三、以市场需求为导向的定价决策方法

以市场需求为导向的定价方法又称按需定价的方法，这种定价方法优先考虑的是消费者对价格的接受程度，企业必须研究确定什么样的价格才能使企业的产品销量不仅符合社会需要，又能给企业带来最佳效益。

以需求为导向的定价方法主要包括用于最优售价决策的边际分析法、用于调价决策的利润无差别点法和利润增量法。

（一）边际分析法在最优售价决策中的应用

边际分析法是指根据微分极值原理，通过分析不同特定价格与销量组合条件下的产品边际收入、边际成本和边际利润之间的关系，作出相应定价决策的一种定量分析方法。

从数学意义上看，边际收入是以销量为自变量的销售收入函数的一阶导数；边际成本是以销量为自变量的销售成本函数的一阶导数；边际利润是以销量为自变量的销售利润函数的一阶导数，又等于边际收入与边际成本之差。

按照微分极值原理，如果利润的一阶导数为零，即边际利润为零，边际收入等于边际成本，此时的利润达到极大值。这时的售价就是最优售价。

管理会计定价决策中的最优售价决策就是要设法找到能使企业获得最大利润的价格。但是，在高等数学中，只有对连续的、不间断的、处处可微的函数才可以求导；而在实际生活中，无论是以销量为自变量的销售收入函数，还是成本函数，或是利润函数，它们都不是连续函数。因此，也就无法求导，无法按严格的数学定义计算边际收入、边际成本和边际利润指标，必须加以变通。因此，在管理会计中，所谓边际收入是指销量每增加或减少一个单位所形成的销售收入差；边际成本是指销量每增加或减少一个单位所形成的成本差；边际利润则是指销量每增加或减少一个单位所形成的利润差。这里的一个销量单位可以指一件产品，也可以指一批产品。

在这种情况下，仍然可以根据“边际收入等于边际成本”或“边际利润等于零”的条件来判断能否找到最优售价。如果确实无法找到能使“边际利润等于零”的售价，也可以根据“边际利润为不小于零的最小值”这个条件，来判断最优售价的位置。

边际分析法包括公式法和列表法两种具体应用形式。

1.边际分析法的公式法

公式法是指当收入和成本函数均为可微函数时，可直接对利润函数求一阶导数，进而求得最优售价的方法。该法原理如下：

假定售价与需求量之间的函数关系为$p=\varphi(x)$，则销售收入函数为$TR=g[\varphi(x)]$，销售总成本函数为$TC=f(x)$，于是利润函数可写为：

$$P=TR-TC=g[\varphi(x)]-f(x) \qquad (7.4.11式)$$

对7.4.11式求一阶导数，得：

$P'=(TR-TC)'=TR'-TC'$ （7.4.12式）

在7.4.12式中，利润的导数$P'=MP$为边际利润，销售收入的导数$TR'=MR$为边际收入，总成本的导数$TC'=MC$为边际成本。

因为$P''<0$，所以当$MP=MR-MC=0$时，利润P有极大值。

令边际收入（MR）-边际成本（MC）=0，可以求得极值点销量x_0，将x_0代入价格和利润模型，可分别求得极值点售价$p_0=\varphi(x_0)$和极值点利润$P_0=g[\varphi(x_0)]-f(x_0)$。$x_0$和$\varphi(x_0)$被称作极值点“销量-售价”的优化组合。

如果这种极值点是唯一的，则x_0与$\varphi(x_0)$为最优的“销量-售价”组合；若极值点不止一个，则可通过比较极值利润，最终确定最优的“销量-售价”组合。

此法的优点是：以微分极值原理为理论依据，可直接对收入与成本函数求导，计算结果比较精确。缺点在于售价与销量的函数关系以及总成本函数关系不容易确定，另外只有可微函数才能求导数，对于非连续函数则无法用公式法，只能借助列表法才能求得最优售价。

［例7-3］边际分析法在定价决策中的应用——公式法

已知：某产品售价与销量的关系式为：$p=60-2x$；单位变动成本与销量的关系式是：$b=20+0.5x$，固定成本$a=70$万元。

要求：用公式法求“销量-售价”的最优组合（求最优售价）。

解：依题意，建立的总收入模型为：

$TR=px=(60-2x)x=60x-2x^2$

边际收入$MR=60-4x$

总成本模型为：

$TC=a+bx=70+(20+0.5x)x=70+20x+0.5x^2$

边际成本$MC=20+x$

令$MR=MC$，可求得最优销量$x_0=8$件。

将最优销量$x_0=8$代入$p=60-2x$，可求得最优售价p_0为44万元/件。

显然，当企业按44万元/件的价格销售8件产品时，可实现最大利润为：

$P_0=(p-b)x-a=(44-20-0.5\times8)\times8-70=90$（万元）

2.边际分析法的列表法

当收入和成本函数均为离散型函数时，只能通过列表判断边际收入与边际成本的关系或计算边际利润的值来确定最优的售价，这种方法就是边际分析法的列表法。

［例7-4］边际分析法在定价决策中的应用——列表法

已知：某公司生产的甲产品在不同销售价格水平上的各期销量资料和成本资料见表7-4。

表7-4 相关资料 金额单位：万元

销售价格	预计销量（件）	固定成本	单位变动成本
23	70	1 000	5
22	80	1 000	5
21	90	1 000	5
20	100	1 000	5
19	110	1 000	5

续表

销售价格	预计销量（件）	固定成本	单位变动成本
18	120	1 000	5
17	130	1 000	5
16	140	1 000	5
15	150	1 000	7*
14	160	1 000	7
13	170	1 000	7

注：*由于销量突破相关范围，使单位变动成本提高。

要求：计算相关的边际收入、边际成本、边际利润和利润指标，并作出最优售价的决策。

解：根据上述资料，编制分析计算表，见表7-5。

表7-5　**分析计算表**　金额单位：万元

销售价格 ①	预计销量（件） ②	销售收入 ③=①×②	边际收入 ④	固定成本 ⑤	变动成本 ⑥	总成本 ⑦=⑤+⑥	边际成本 ⑧	边际利润 ⑨=④-⑧	利润 ⑩=③-⑦
23	70	1 610	—	1 000	350	1 350	—	—	260
22	80	1 760	150	1 000	400	1 400	50	100	360
21	90	1 890	130	1 000	450	1 450	50	80	440
20	100	2 000	110	1 000	500	1 500	50	60	500
19	110	2 090	90	1 000	550	1 550	50	40	540
18	120	2 160	70	1 000	600	1 600	50	20	560
17	130	2 210	50	1 000	650	1 650	50	0	560
16	140	2 240	30	1 000	700	1 700	50	-20	540
15	150	2 250	10	1 000	1 050	2 050	350	-340	200
14	160	2 240	-10	1 000	1 120	2 120	70	-80	120
13	170	2 210	-30	1 000	1 190	2 190	70	-100	20

从表7-5中的计算数据可看出：当售价为17万元、销量为130件时，边际收入等于边际成本，边际利润为零，这时的利润最大达到560万元。因此，最优售价为17万元。

从这里我们可以得出结论：当销售单价下降时，如果边际收入大于边际成本，即边际利润大于零，说明降价扩大销售对企业有利；如果边际收入小于边际成本，即边际利润小于零，说明降价不仅不能增加利润，反而使利润降低，对企业不利。

问题是虽然当售价为17万元时，实现了边际收入等于边际成本、边际利润为零的条件，利润达到极大值560万元，但当售价为18万元、销量为120件时，企业的利润也已经达到了

560万元。因此，有人认为当边际收入等于边际成本、边际利润为零时，并不意味着可找到最优售价，而仅仅表明继续降价已经没有意义。真正的最优售价应当为18万元。因为此时继续降价既要追加产量，又不增加利润，没有实际意义。

我们认为，不能因为在边际利润不等于零的地方找到了与边际利润等于零时一样多的利润，就全面否定微分极值原理。必须承认，当售价分别为17万元和18万元时，都可以找到最优售价。如果从另一个角度看问题，售价从18万元降到17万元时，可以使市场销量从120件上升到130件，这样可以满足社会需要，并提高企业的知名度和市场占有率。降价为什么没有意义呢？另外，如果我们把价格变动的方向倒过来重新列表的话，就会发现当售价为18万元时，边际利润等于零，而售价为17万元时，边际利润大于零，但两者的利润依然相等。难道我们能据此得出与上述结论自相矛盾的结论：最优售价应当为17万元，售价为18万元时边际利润等于零，仅仅意味着继续涨价没有意义吗？

总之，企业可以在17万元和18万元之间任选一个售价。

（二）利润无差别点法在调价决策中的应用

［例7-5］利润无差别点法在调价决策中的应用

已知：当某公司生产经营的A产品的售价为100万元/件时，可以实现销量10 000件，固定成本为300 000万元，单位变动成本为60万元/件，实现利润为100 000万元。假定企业现有最大产能为19 000件。

要求：利用利润无差别点法评价以下各不相关条件下的调价方案的可行性。

（1）若将售价调低为85万元/件，预计市场容量可达到16 500件左右。

（2）若将售价调低为80万元/件，预计市场容量可达到20 000件以上。

（3）若将售价调低为80万元/件，预计市场容量可达到23 000件，但企业必须追加50 000万元固定成本才能具备生产23 000件产品的能力。

（4）若将售价调高为110万元/件，只能争取到7 000件订货（剩余产能无法转移）。

（5）调价水平与销量情况同（4），但剩余产能可以转移，可获贡献边际60 000万元。

解：（1）利润无差别点销量$=\frac{300\,000+100\,000}{85-60}=16\,000$（件）

∵最大产能19 000件>预计市场容量16 500件

可望实现销量=16 500件>利润无差别点销量16 000件

∴应当考虑调价

（2）利润无差别点销量$=\frac{300\,000+100\,000}{80-60}=20\,000$（件）

∵最大产能19 000件<预计市场容量20 000件

可望实现销量=19 000件<利润无差别点销量20 000件

∴不应调价

（3）利润无差别点销量$=\frac{300\,000+50\,000+100\,000}{80-60}=22\,500$（件）

∵最大产能=预计市场容量=23 000件

可望实现销量=23 000件>利润无差别点销量22 500件

∴应当考虑调价

（4）利润无差别点销量$=\frac{300\,000+100\,000}{110-60}=8\,000$（件）

∵最大产能19 000件>预计市场容量7 000件

可望实现销量=7 000件<利润无差别点销量8 000件

∴不应调价

（5）利润无差别点销量=$\frac{300\,000+(100\,000-60\,000)}{110-60}$=6 800（件）

∵最大产能19 000件>预计市场容量7 000件

可望实现销量=7 000件>利润无差别点销量6 800件

∴应考虑调价

（三）利润增量法在调价决策中的应用

如果调价不会直接涉及成本水平，而且最大生产能力能满足调价需要，又不能转移，则可通过计算调价后的利润增量来判断调价方案的可行性，这种方法称为利润增量法。

设调价前的单价为p，销量为x，单位变动成本为b，拟调单价为p′，调价后期望可实现销量为x′，则利润增量ΔP可按下式计算：

$$\Delta P=\frac{\text{调价后贡献}}{\text{边际的变动额}}+\frac{\text{按调价前销量计算的}}{\text{销售收入变动额}}=(p'-b)\cdot\Delta x+\Delta p\cdot x \qquad (7.4.13\text{式})$$

7.4.13式中：Δx=x′−x为销量变动量，Δp=p′− p为价格变动量，ΔP为利润增量。

当调低价格时，Δx>0，Δp<0。若ΔP>0，即调价增加的贡献边际额大于因调价减少的销售收入，则调价有利可图；否则当ΔP<0时，调价不可行。

当调高价格时，Δx<0，Δp>0。若ΔP>0，即调价增加的销售收入大于调价减少的贡献边际额，方案可行；反之则不可行。

总而言之，利润增量法是通过判断ΔP是大于还是小于零来取舍调价方案的。

此法不仅可以进行调价可行性分析，还可提供调价前后效益变动情况，有较大的实用价值，但它只适用于成本不变的情况，故有一定局限性。

[例7-6] 利润增量法在调价决策中的应用

已知：仍按例7-5资料中的有关内容及第（1）和第（4）两种调价方案。

要求：用利润增量法进行调价决策。

解：在调价方案（1）中：p=100，p′=85，x=10 000，x′=16 500

∵Δx=x′−x=16 500−10 000=6 500（件）

Δp=p′−p=85−100=−15（万元/件）

∴ΔP=（p′−b）·Δx+Δp·x=（85−60）×6 500−15×10 000=12 500（万元）>0

故该调价方案可行。

在调价方案（4）中：p=100，p′=110，x=10 000，x′=7 000

∵Δx=x′−x=7 000−10 000=−3 000（件）

Δp=p′−p=110−100=10（万元/件）

∴ΔP=（p′−b）·Δx+Δp·x=（110−60）×（−3 000）+10×10 000=−50 000（万元）<0

故该调价方案不可行（会造成损失50 000万元）。

四、以特殊目的为导向的定价决策方法

以特殊目的为导向的定价方法包括保利定价法、保本定价法和极限定价法等。

(一) 保利定价法及其应用

保利定价法是指在已知的目标利润或目标贡献边际、预计销量和相关成本指标的基础上

计算以保利为目的的保利价格的一种定价方法。其公式是：

$$保利价格=单位变动成本+\frac{固定成本+目标利润}{预计销量} \tag{7.4.14式}$$

$$=单位变动成本+\frac{目标贡献边际}{预计销量} \tag{7.4.15式}$$

［例7-7］保利定价法在定价决策中的应用

已知：在一定时期内，某企业采用自销方式销售的某种产品的相关固定成本为50 000万元，预计销量为100 000件；采用代销方式的相关固定成本为30 000万元，预计销量为50 000件。目标利润为200 000万元，单位变动成本为50万元。

要求：利用保利定价法作出自销或代销的决策。

解：依题意

$$自销方式下的保利价格=50+\frac{50\,000+200\,000}{100\,000}=52.5（万元）$$

$$代销方式下的保利价格=50+\frac{30\,000+200\,000}{50\,000}=54.6（万元）$$

$\because 52.5<54.6$

$\therefore$ 应当采用自销方式，因为自销方式下的价格更有市场竞争力

（二）保本定价法

保本定价法是指在已知的成本指标和预计销量的基础上计算以保本为目的的保本价格的一种定价方法。其公式是：

$$保本价格=单位变动成本+\frac{专属固定成本}{预计销量} \tag{7.4.16式}$$

在竞争的形势下，有些企业生产经营的个别产品价格在一定条件下可能规定得比较低，只有微利甚至仅仅保本，如为了扩大或维护企业的市场占有率，企业可按保本价格组织销售。只要价格略大于或等于保本价格，企业就不会吃亏。

此法除了适用于竞争产品保守价格的制定外，还可应用于计算确定那些需要追加专属成本的特殊订货的最低可行价格，但必须以相关的绝对剩余产能无法转移为前提。

（三）极限定价法

极限定价法是指企业把事先确定的一定单位成本标准作为定价决策的最低价格极限的一种定价方法。

在企业产能有剩余且无法转移时，追加订货的最低极限价格就是单位变动成本；对于那些实在难以找到销路的超储积压物资和产品，甚至可以规定它们在一定时期内平均负担的仓储保管成本和损耗费以及有关的资金占用成本的合计数作为确定极限价格的依据。

只要出售价格不低于这种极限价格，对企业而言就是有利可图的或蒙受的损失最小。

五、定价策略

定价决策的策略是指企业在进行定价决策时，按照一定经验，最终作出特定价格定性选择分析所依据的原则或技巧，简称定价策略。

定价策略与定价决策方法的主要区别有以下两点：第一，性质不同。定价策略属于定性分析，定价决策方法属于定量分析。第二，依据不同。定价策略主要凭经验，定价决策方法

必须依靠定价模型。

（一）新产品定价策略

新产品定价策略有两种方法：一是撇脂法；二是渗透法。前者指那些初次投放市场尚未形成竞争的新产品以高价销售，以保证初期高额获利，随着市场销量提高、竞争加剧而逐步降价的方法，又称先高后低策略；后者是指以较低价格为新产品开拓市场，争取顾客，赢得竞争优势后再逐步提价的方法，又称先低后高策略。前者着眼于短期收益，后者着眼于长期利益，各有利弊。

对于那些同类竞争产品差异性较大、能满足较大市场需要、需求弹性小、不易仿制的新产品最好按撇脂法定价；而对于那些与同类产品差别不大、需求弹性大、易于仿制、市场前景光明的新产品则应考虑按渗透法定价。

（二）系列产品定价策略

系列产品既可以指包装规格不同的产品，又可以指配套使用的产品（如化妆品系列）。对前者可采取差别定价。有些商品小包装销路好，如袋装的洗发膏；有些商品大包装销路好，如牙膏。对这些销路好的产品可适当提价。对于成套使用的商品可规定两组价格：成套价格和单件价格，前者一般应低于后者之和，可促成一次成交。

（三）心理定价策略

心理定价策略包括以下几种形式：①去整取余法，又称尾数定价法或取九舍十法，多用于中低档商品的定价，这种价格又称诱人的价格；②整数定价法，对高档商品若按整数价出售，可提高商品的身价，刺激购买欲望；③对比定价法，对于亟待出售需降价处理的商品，可将削价前后的价格同时列出，促使顾客通过对比积极购买。

（四）分期收款定价策略

分期收款定价策略适用于价格偏高的耐用消费品的定价，如小汽车、住房等。在计价时，各期收款的价格中应包括延付利息在内。采用本策略，可促进及时销售，避免商品的大量积压。

（五）弹性定价策略

弹性定价策略是指根据价格弹性确定价格调整方向的原则或技巧。价格弹性又称价格影响需求量的弹性系数，也称需求的价格弹性系数，其经济学含义是：

$$价格弹性=\frac{需求量变化的百分比}{价格变化的百分比} \qquad (7.4.17式)$$

它能反映需求量受价格变动率影响的变动程度，表示价格每增加（或减少）1%时，需求量降低（或增加）的百分比。

在经济学上，价格弹性的绝对值可以反映需求与价格变动水平的关系，不外乎以下三种情况：

（1）价格弹性的绝对值大于1，简称为弹性大。表明价格以较小幅度变动时，可使需求量产生较大幅度的变动。

（2）价格弹性的绝对值小于1，简称为弹性小。表明即使价格变动幅度很大，需求量的变化幅度也不会太大。

（3）价格弹性的绝对值等于1。表明需求量受价格变动影响的幅度完全与价格本身变动幅度一致。

价格弹性的大小，说明了商品价格与需求之间反方向变动的水平的大小。就某一种产品的不同时期及不同销量基础而言，弹性可能有大有小；即使同一场合下的不同商品，仍会出现弹性有大有小的情况。弹性大，则价格下降会促使需求大大提高，因此，对弹性大的商品应采取调低价格的方法，薄利多销；弹性小的商品，当价格变动时，需求量的相应增减幅度很小，对这类产品不仅不应调低价格，相反，在条件允许的范围内应适当调高价格。

□ 思政课堂

学好党的二十大精神，落实各项决策部署

党的二十大立足百年辉煌、宣示大党使命、擘画强国蓝图、经略伟大复兴，具有划时代、里程碑的重大意义。学习好、宣传好、贯彻好党的二十大精神，落实中央各项决策部署，是当前和今后一个时期全党全国的首要政治任务。我们要不负使命，踔厉奋发；步履铿锵，逐梦未来。

党的二十大在马克思主义发展史上树起了中国化时代化的丰碑，在中国共产党发展史上树起了全面从严治党的丰碑，在新中国发展史上树起了强起来的丰碑，在社会主义发展史上树起了中国特色的丰碑，在人类文明发展史上树起了中国式现代化的丰碑，选出了一个好班子，形成了一个好报告，修正了一部好党章。

只有全面学习、全面掌握报告的精辟论述，才能准确把握和全面落实党中央决策部署。这就需要我们切实把思想和行动统一到党的二十大精神上来，更加自觉坚持“两个确立”、坚定做到“两个维护”。

资料来源：邱春艳.学好才能落实党的二十大各项决策部署[EB/OL].[2022-10-31].https://baijiahao.baidu.com/s?id=1748208434542230249&wfr=spider&for=pc.作者有删改.

□ 复习思考题

1.什么是决策分析？其有何特点？进行决策分析时应遵循哪些主要原则？

2.决策分析有哪几种主要类型？其分类标准是什么？

3.在生产经营决策中，哪些决策方案属于“接受或拒绝方案”，哪些属于“互斥方案”？

4.短期生产经营决策必须考虑哪些因素？怎样理解相关业务量与相关收入和相关成本的关系？举例说明在什么情况下会发生增量成本、机会成本、专属成本、加工成本或可分成本？

5.请说明企业最大产能、正常产能、剩余产能和追加产能之间的关系。

6.生产经营决策中常用的方法有哪些？各有哪些优缺点？它们的评价指标是什么？

7.为什么说当边际利润等于零或为不小于零的最小值时，可找到最优售价？

8.请说明在利用利润无差别点法进行调价决策时，企业最大产能、预计销量和利润无差别点销量之间应处于何种关系时，才应作出调价的决定？

9.怎样确定成本加成率？保本价格与最低极限价格有什么不同？

10.什么是保利价格？怎样根据保利价格作出自销或外销的决策？

11.对于不同价格弹性的产品应当如何进行调价？怎样根据新产品的不同特点，确定其定价策略？

第八章

短期经营决策（下）

本章主要讨论短期决策中的生产决策。生产决策是指短期（如一年）内，在生产领域中，围绕是否生产、生产什么、怎样生产以及生产多少等问题而进行的决策。其具体包括亏损产品的决策、是否接受低价追加订货的决策、新产品开发的品种决策、是否转产某种产品的决策、半成品是否深加工的决策、零部件自制或外购的决策、不同生产工艺技术方案的决策、追加任务交给谁独立完成的决策、最优生产批量的决策和不确定条件下的生产决策等。

第一节　生产决策（1）——是否生产的决策

是否生产决策是指在进行生产决策时，针对组织有关产品生产的方案和拒绝组织该产品生产的方案所作的选择。本节介绍亏损产品决策和是否接受低价追加订货的决策。

一、亏损产品决策

（一）亏损产品的含义

如果一个企业同时满足以下两个条件：

第一，企业组织多品种（至少两个品种，暂不考虑单一品种）生产经营，并按完全成本法组织成本和损益核算；第二，在确认损益时，只有一个特殊品种按完全成本法确定的成本费用大于该产品的收入。

则该特殊品种就是亏损产品决策中的亏损产品。

（二）亏损产品决策的定义

所谓亏损产品决策，是指围绕特定的亏损产品在未来“是否继续生产”或“是否增产”而开展的决策分析，属于“是否生产”的决策。其具体包括：是否继续生产亏损产品的决策和是否增产亏损产品的决策，以及增产多少的决策等三部分内容。

（三）亏损产品决策的方案设计

可供选择的亏损产品决策备选方案包括三种基本类型：

其一，“停止生产亏损产品”方案，简称“停产”方案；其二，“继续按原规模生产亏损产品”方案，简称“继续生产亏损产品”方案，又称“不停不增”方案；其三，“增产亏损产品”方案，简称“增产”方案。

其中，按增产产量的不同，增产方案又包括不同规模的具体方案。

（四）亏损产品决策的方法

可用于亏损产品决策的方法包括：相关损益分析法、差别损益分析法和直接判断法。

每种决策方法都有其特定的应用条件和适用范围，受应用条件限制的程度也大相径庭，而且应用的复杂程度也存在明显的差异。一般来说，位置靠前的方法所受的限制比较少，相应复杂程度也比较高；反之亦然。由此可见，在亏损产品决策中，相关损益分析法应用最为广泛，直接判断法最为简单。

（五）亏损产品决策中应用相关损益分析法的标准模板

在亏损产品决策中，相关损益分析表的标准模板见表8-1。

表8-1 **亏损产品决策相关损益分析表标准模板**

项目＼方案	增产亏损产品	不停不增亏损产品	停产亏损产品
相关收入	单价×新销量	单价×原销量	单价×0
相关成本	以下四项合计	以下四项合计	0
其中：增量成本	单位变动成本×新销量	单位变动成本×原销量	单位变动成本×0
机会成本Ⅰ	与可转移的相对剩余产能有关	同左	0
机会成本Ⅱ	与可转移的绝对剩余产能有关	0	0
专属成本	与弥补增产能力不足有关	0	0
相关损益	P_1	P_2	0

（六）利用相关损益分析法进行亏损产品决策的案例分析

下面我们结合一系列案例，介绍利用相关损益分析法进行亏损产品决策的相关技巧。

1.案例资料

［例8-1］亏损产品决策案例基本资料

已知：ABC公司常年组织甲、乙、丙三种产品的生产经营，每年按上一年召开的订货会上与购货方签订的供货合同中约定的销量和价格组织生产和销售，故每种产品都能实现产销平衡。成本计算采用完全成本法，但为了加强预测和决策管理，公司已尝试对各年的总成本进行成本性态分析。

根据对计划数据的整理，按完全成本法编制的20×7年分品种利润测算表（简称原表）见表8-2。

20×8年度订货会定于20×7年第三季度末召开。会前，公司组织了一次有生产、营销和财务等部门代表参加的20×8年产品生产经营规划务虚会。假定20×8年各产品的产销量、销售单价、成本费用水平均与20×7年相同。甲产品的单价为100元/件，单位变动生产成本为85元/件，单位变动非生产成本为10元/件，产销量为1 000件。

会上，大家围绕20×8年是否继续生产甲产品展开了激烈的争论，主要形成了三种观点：

第一种观点以张会计师为代表。他认为，如果20×8年继续生产甲产品，则该年的分品种利润测算表数据就与20×7年的原表完全一致，只需将表8-2中的时间“20×7年”改为“20×8年”即可。

表8-2　　**20×7年分品种利润测算表（原表）**　　单位：元

项目＼产品	甲产品	乙产品	丙产品	合计
营业收入	100 000	2 000 000	400 000	2 500 000
减：营业成本				
其中：变动生产成本	85 000	1 200 000	120 000	1 405 000
固定生产成本	24 000	480 000	96 000	600 000
营业成本合计	109 000	1 680 000	216 000	2 005 000
营业毛利	−9 000	320 000	184 000	495 000
减：非生产成本				
其中：变动非生产成本	10 000	160 000	10 000	180 000
固定非生产成本	−3 636	129 293	74 343	200 000
非生产成本合计	6 364	289 293	84 343	380 000
营业利润	−15 364	30 707	99 657	115 000

说明：表中的全厂固定生产成本按营业收入的比重在各品种之间分配，为了能计算每种产品的营业利润，公司将固定非生产成本按营业毛利的比重在各品种之间分配。

从表8-2中能清晰地看出：甲产品亏损了15 364元。如果20×8年停止生产甲产品，就可以消灭15 364元的亏损，能使公司相应增加这么多的利润。故建议停止生产甲产品。

第二种观点是生产部门的王经理提出来的，他认为20×8年应当继续生产甲产品。为了寻求数据依据，他请财会部门帮助编制了20×8年停产甲产品后分品种利润测算表（简称王表），见表8-3。

表8-3　　**20×8年停产甲产品后分品种利润测算表（王表）**　　单位：元

项目＼产品	甲产品	乙产品	丙产品	合计
营业收入	0	2 000 000	400 000	2 400 000
减：营业成本				
其中：变动生产成本	0	1 200 000	120 000	1 320 000
固定生产成本	0	500 000	100 000	600 000
营业成本合计	0	1 700 000	220 000	1 920 000
营业毛利	0	300 000	180 000	480 000
减：非生产成本				
其中：变动非生产成本	0	160 000	10 000	170 000
固定非生产成本	0	125 000	75 000	200 000
非生产成本合计	0	285 000	85 000	370 000
营业利润	0	15 000	95 000	110 000

从表8-3中的数据可见：停止生产甲产品后，虽然甲产品的亏损被消灭了，但乙产品和丙产品的利润都降低了，导致企业总利润由原来的115 000元降低至110 000元，损失额达到5 000元，因此，不应停产甲产品。

第三种观点是营销部李经理提出来的。他针对甲产品市场需求大，且公司已具备增产四成甲产品的产能，建议20×8年不但不能停止甲产品的生产，反而应当增产甲产品。他的根据是委托财会部门帮助测算的20×8年增产甲产品后分品种利润测算表（简称李表），见表8-4。

表8-4 20×8年增产甲产品后分品种利润测算表（李表） 单位：元

项目＼产品	甲产品	乙产品	丙产品	合计
营业收入	140 000	2 000 000	400 000	2 540 000
减：营业成本				
其中：变动生产成本	119 000	1 200 000	120 000	1 439 000
固定生产成本	33 071	472 441	94 488	600 000
营业成本合计	152 071	1 672 441	214 488	2 039 000
营业毛利	−12 071	327 559	185 512	501 000
减：非生产成本				
其中：变动非生产成本	14 000	160 000	10 000	184 000
固定非生产成本	−4 819	130 762	74 057	200 000
非生产成本合计	9 181	290 762	84 057	384 000
营业利润	−21 252	36 797	101 455	117 000

从表8-4中的数据可见：增产甲产品，不但不能消灭甲产品15 364元的亏损额，反而使其达到21 252元，但企业的总利润却由原来的115 000元增加到117 000元，净增2 000元。因此，对企业而言，选择增产甲产品，可以吃小亏占大便宜。

对此，大家纷纷发表看法。

有人说甲产品之所以亏损，是因为原表（表8-2）中固定生产成本的分配依据错误，不应该以营业收入的比重为分配依据；另外该成本属于无关成本，在决策时不需要考虑。

有人对原表（表8-2）中按营业毛利的比重分配固定非生产成本提出异议，认为固定非生产成本属于期间成本，不需要分配。

有人指出，王表（表8-3）的计算存在问题，没有考虑到相对剩余产能可以转移的事实，因为生产甲产品的产能能够转移，可分别用于对外经营租赁或临时承揽零星加工业务。在决策时应当考虑相关的机会成本。

还有人说，可用于增产甲产品的绝对剩余产能也存在可以转移的问题，在李表（表8-4）中也没有考虑相关的机会成本。

有人质问：既然甲产品的市场容量不受限制，为什么不追加投入一定数额的专属成本，使甲产品的产销量达到20×7年的两倍。

更多的参会人反映，无论是原表（表8-2），还是王表（表8-3）或李表（表8-4），都过于复杂，不容易看懂，而且还存在对乙产品和丙产品的重复计算。建议编制更为科学、简便、易懂的分析表作为决策的依据。

另外，大家对于发言中涉及的一些专业术语也不大明白，希望有人进行解释。

2.案例要求

［例8-2］亏损产品决策案例分析要求

已知：根据例8-1的资料，假定读者是ABC公司聘请的财务咨询人员，并参加了会议。

要求：请你对上例中的相关问题作出合理的解释，并帮助该公司最终作出科学的决策。

3.案例分析

［例8-3］对总额法的评价

已知：例8-1的三种观点都是以基于完全成本法编制的利润表数据提出来的，这种根据利润总额进行决策的方法，在管理会计中称为总额法。

由于应用总额法时，涉及与决策无关的无关收入和无关成本，不仅重复计算量过大，还容易导致决策失误，因此，在短期经营决策中，不建议应用总额法。

［例8-4］相关损益分析法在亏损产品决策中的应用（基于基本资料）

已知：例8-1的基本资料中与三种观点有关的数据。

要求：用相关损益分析法作出亏损产品决策，并说明理由。

解：（1）备选方案的设计。

根据案例基本资料，可设计以下三个备选方案：

第一个方案，是李经理提出的“增产四成甲产品”的方案。

第二个方案，是王经理提出的“继续按原规模生产甲产品”的方案。

第三个方案，是张会计师提出的“停产甲产品”的方案。

（2）相关指标的计算。

增产四成甲产品方案的相关指标：

相关业务量=1 000×（1+4÷10）=1 400（件）

相关收入=100×1 400=140 000（元）

增量成本=（85+10）×1 400=133 000（元）

机会成本 I=0

机会成本 II=0

专属成本=0

继续按原规模生产甲产品方案的相关指标：

相关业务量为1 000件

相关收入=100×1 000=100 000（元）

增量成本=（85+10）×1 000=95 000（元）

机会成本 I=0

机会成本 II=0

专属成本=0

停产甲产品方案的相关指标：

相关业务量为0

相关收入=100×0=0

增量成本=（85+10）×0=0

机会成本I=0

机会成本II=0

专属成本=0

将以上三个方案的相关指标填入相关损益分析表标准模板，见表8-5。

表8-5 相关损益分析表（基于基本资料） 单位：元

项目 \ 方案	增产四成甲产品	继续按原规模生产甲产品	停产甲产品
相关收入	140 000	100 000	0
相关成本	133 000	95 000	0
其中：增量成本	133 000	95 000	0
机会成本I	0	0	0
机会成本II	0	0	0
专属成本	0	0	0
相关损益	7 000	5 000	0

根据表8-5中的相关损益指标，可得出以下决策结论：

因为根据基本资料确定的三个方案相关损益依次为7 000元、5 000元和0，所以，可以断定，增产四成甲产品为最优方案，其次为继续按原规模生产甲产品，停产甲产品的方案最差。

［例8-5］相关损益分析法在亏损产品决策中的应用（基于拓展资料）

已知：仍按例8-1的相关资料，考虑与会者的意见，补充以下拓展资料。

拓展资料I：针对表8-3（王表）中没有考虑可以转移的相对剩余产能问题，补充假定ABC公司生产甲产品的产能（相对剩余产能）能够转移，可分别用于对外经营租赁或临时承揽零星加工业务，分别可获得5 200元租金收入或4 800元贡献边际。

拓展资料II：针对表8-4（李表）中没有考虑可以转移的绝对剩余产能的问题，补充假定ABC公司已具备的增产四成甲产品的绝对剩余产能能够转移，可分别用于对外经营租赁或临时承揽零星加工业务，分别可获得租金收入1 200元或2 800元贡献边际。相对剩余产能无法转移。

拓展资料III：针对表8-4（李表）中没有考虑增产能力不足的问题，补充假定相对剩余产能与增产四成甲产品有关的绝对剩余产能均无法转移。如果要增产一倍的甲产品，必须临时租入一台设备，追加3 000元的成本投入。此时，方案一的名称应改为增产一倍甲产品。

要求：根据各种拓展资料，重新计算相关方案的相关指标，并按相关损益分析法作出亏损产品决策。

解：（1）根据拓展资料I，需要重新确认方案一和方案二中的机会成本I（与能够转移的相对剩余产能有关），其他指标不变。

机会成本I=max｛5 200，4 800｝=5 200（元）

据此编制的相关损益分析表见表8-6。

表8-6　相关损益分析表（基于拓展资料I）　单位：元

项目＼方案	增产四成甲产品	继续按原规模生产甲产品	停产甲产品
相关收入	140 000	100 000	0
相关成本	138 200	100 200	0
其中：增量成本	133 000	95 000	0
机会成本I	5 200	5 200	0
机会成本II	0	0	0
专属成本	0	0	0
相关损益	1 800	-200	0

根据表8-6中的相关损益指标，可得出以下决策结论：

因为根据拓展资料I的三个方案相关损益依次为1 800元、-200元和0，所以，可以断定，增产四成甲产品为最优方案，其次为停产甲产品，继续按原规模生产甲产品的方案最差。

（2）根据拓展资料II，需要重新计算方案一中的机会成本II（与能够转移的绝对剩余产能有关），其他指标不变。

机会成本II=max｛1 200，2 800｝=2 800（元）

据此编制的相关损益分析表见表8-7。

表8-7　相关损益分析表（基于拓展资料II）　单位：元

项目＼方案	增产四成甲产品	继续按原规模生产甲产品	停产甲产品
相关收入	140 000	100 000	0
相关成本	135 800	95 000	0
其中：增量成本	133 000	95 000	0
机会成本I	0	0	0
机会成本II	2 800	0	0
专属成本	0	0	0
相关损益	4 200	5 000	0

根据表8-7中的相关损益指标，可得出以下决策结论：

因为根据拓展资料II的三个方案相关损益依次为4 200元、5 000元和0，所以，可以断定，继续按原规模生产甲产品为最优方案，其次为增产四成甲产品，停产甲产品的方案最差。

（3）根据拓展资料III，需要重新计算增产一倍甲产品方案的相关指标：

相关业务量=2×1 000=2 000（件）

相关收入=100×2 000=200 000（元）

增量成本=（85+10）×2 000=190 000（元）

专属成本=3 000元

编制的相关损益分析表见表8-8。

表8-8 **相关损益分析表（基于拓展资料III）** 单位：元

项目＼方案	增产一倍甲产品	继续按原规模生产甲产品	停产甲产品
相关收入	200 000	100 000	0
相关成本	193 000	95 000	0
其中：增量成本	190 000	95 000	0
机会成本I	0	0	0
机会成本II	0	0	0
专属成本	3 000	0	0
相关损益	7 000	5 000	0

根据表8-8中的相关损益指标，可得出以下决策结论：

因为根据拓展资料III的三个方案相关损益依次为7 000元、5 000元和0，所以，可以断定，增产一倍甲产品为最优方案，其次为继续按原规模生产甲产品，停产甲产品的方案最差。

［例8-6］相关损益分析法在亏损产品决策中的应用（基于全部资料）

已知：仍按例8-1和例8-5的全部资料，假设可以同时考虑增产一倍、增产四成、继续按原规模生产和停产甲产品等四个备选方案，相对剩余产能和绝对剩余产能都可以转移。

要求：用相关损益分析法作出亏损产品决策，并说明理由。

解：依题意，编制的相关损益分析表见表8-9。

表8-9 **相关损益分析表（基于全部资料）** 单位：元

项目＼方案	增产一倍甲产品	增产四成甲产品	继续按原规模生产甲产品	停产甲产品
相关收入	200 000	140 000	100 000	0
相关成本	201 000	141 000	100 200	0
其中：增量成本	190 000	133 000	95 000	0
机会成本I	5 200	5 200	5 200	0
机会成本II	2 800	2 800	0	0
专属成本	3 000	0	0	0
相关损益	−1 000	−1 000	−200	0

根据表8-9的相关损益指标，可得出以下决策结论：

因为根据全部资料的四个方案相关损益依次为-1 000元、-1 000元、-200元和0，所以，可以断定，停产甲产品为最优方案，其次为继续按原规模生产甲产品，无论是增产一倍还是增产四成甲产品都比较差。

（七）差别损益分析法在亏损产品决策中的应用

差别损益分析法不能同时用于增产亏损产品、不停不增亏损产品和停产亏损产品三个方案的比较决策，只能两两比较。通常先作出是否继续生产亏损产品的决策，然后根据决策结论再作出是否增产亏损产品的决策。

应用差别损益分析法，需要先编制差别损益分析表，在亏损产品决策中主要有三种标准模板。

模板Ⅰ的格式见表8-10，适用于是否继续按原规模生产亏损产品决策（简称是否停产决策）。

表8-10　**差别损益分析表（模板Ⅰ：是否停产决策）**　单位：元

项目＼方案	继续按原规模生产甲产品	停产甲产品	差异额
相关收入	单价×原销量	单价×0	差别收入
相关成本	以下两项合计	0	差别成本
其中：增量成本	单位变动成本×原销量	单位变动成本×0	—
机会成本Ⅰ	与可转移的相对剩余产能有关	0	—
差别损益			ΔP

［例8-7］差别损益分析法在是否停产亏损产品决策中的应用

已知：仍按例8-1的甲产品相关资料，假设生产甲产品的相对剩余产能无法转移。

要求：用差别损益分析法作出是否停产甲产品的决策，并说明理由。

解：依题意，编制差别损益分析表见表8-11。

表8-11　**差别损益分析表（是否停产决策）**　单位：元

项目＼方案	继续按原规模生产甲产品	停产甲产品	差异额
相关收入	100×1 000=100 000	100×0=0	+100 000
相关成本	95 000	0	+95 000
其中：增量成本	（85+10）×1 000=95 000	（85+10）×0=0	—
机会成本Ⅰ	0	0	—
差别损益			+5 000

决策结论：因为差别损益大于零，应当选择继续生产甲产品，这样比停产可多获得5 000元利润。

［例8-8］差别损益分析法在是否停产亏损产品决策中的应用

已知：仍按例8-7的甲产品相关资料，假设与可以转移的相对剩余产能有关的机会成本I为5 200元。

要求：用差别损益分析法作出是否停产甲产品的决策，并说明理由。

解：依题意，编制差别损益分析表见表8-12。

表8-12 差别损益分析表（是否停产决策） 单位：元

项目 \ 方案	继续按原规模生产甲产品	停产甲产品	差异额
相关收入	100 000	0	+100 000
相关成本	100 200	0	+100 200
其中：增量成本	95 000	0	—
机会成本I	5 200	0	—
差别损益			−200

决策结论：因为差别损益小于零，应当选择停产甲产品，这样比继续生产可少发生200元损失。

模板II的格式见表8-13，适用于是否增产亏损产品决策（以不停产为前提）。

表8-13 差别损益分析表（模板II：以不停产为前提的是否增产决策） 单位：元

项目 \ 方案	增产甲产品	不停不增甲产品	差异额
相关收入	单价×增产量	单价×0	差别收入
相关成本	以下三项合计	0+0+0	差别成本
其中：增量成本	单位变动成本×增产量	单位变动成本×0	—
机会成本II	与可转移的绝对剩余产能有关	0	—
专属成本	不具备增产能力或能力不足	0	—
差别损益			ΔP

注意：在是否增产决策中，不停不增亏损产品方案中的相关销量不是原销量，而是零；而且该方案的相关成本中不包括与可以转移的相对剩余产能有关的机会成本I。

［例8-9］差别损益分析法在是否增产亏损产品决策中的应用（不应停产）

已知：仍按例8-7的甲产品相关资料和决策结论，假设与已经具备的绝对剩余产能相关的机会成本II无法转移。

要求：用差别损益分析法作出是否增产四成甲产品的决策，并说明理由。

解：依题意

甲产品增产四成的增产量=1 000×40%=400（件）

编制差别损益分析表见表8-14。

表8-14　**差别损益分析表（以不停产为前提的是否增产决策）**　单位：元

项目＼方案	增产四成甲产品	不停不增甲产品	差异额
相关收入	100×400=40 000	单价×0=0	+40 000
相关成本	38 000	0+0+0=0	+38 000
其中：增量成本	95×400=38 000	95×0=0	—
机会成本II	0	0	—
专属成本	0	0	—
差别损益			+2 000

决策结论：因为差别损益大于零，应当选择增产四成甲产品，增产比不增产可多获得2 000元利润。

模板III的格式见表8-15，适用于是否增产亏损产品决策（以停产为前提）。

表8-15　**差别损益分析表（模板III：以停产为前提的是否增产决策）**　单位：元

项目＼方案	增产四成甲产品	停产甲产品	差异额
相关收入	单价×增产后的新销量	单价×0	差别收入
相关成本	以下四项合计	0+0+0+0	差别成本
其中：增量成本	单位变动成本×新销量	单位变动成本×0	—
机会成本I	与可转移的相对剩余产能有关	0	—
机会成本II	与可转移的绝对剩余产能有关	0	—
专属成本	不具备增产能力或能力不足	0	—
差别损益			ΔP

注意：增产后的新销量等于原销量与增产量之和。

［例8-10］差别损益分析法在是否增产亏损产品决策中的应用（应当停产）

已知：仍按例8-8的甲产品相关资料和决策结论，假设已经具备的增产能力无法转移。

要求：用差别损益分析法作出是否增产四成甲产品的决策，并说明理由。

解：依题意

甲产品增产后的新产量=1 000×（1+40%）=1 400（件）

编制差别损益分析表见表8-16。

表8-16　**差别损益分析表（以停产为前提的是否增产决策）**　单位：元

项目＼方案	增产四成甲产品	停产甲产品	差异额
相关收入	100×1 400=140 000	0	+140 000
相关成本	138 200	0	+138 200
其中：增量成本	95×1 400=133 000	0	—
机会成本I	5 200	0	—
机会成本II	0	0	—
专属成本	0	0	—
差别损益			+1 800

从以上四个例题中可以看出，在亏损产品决策中，应用差别损益分析法需要考虑许多因素和条件，比相关损益分析法复杂。

（八）直接判断法在亏损产品决策中的应用

通过观察差别损益分析法在亏损产品决策中应用的前两个标准模板，可以概括出是否继续生产亏损产品决策和是否增产亏损产品决策（以继续生产亏损产品为前提）的直接判断标准。

在亏损产品决策中应用直接判断法，应当掌握以下决策标准，见表8-17。

表8-17　　直接判断法的判定标准参照表（亏损产品决策）

<table>
<tr><td colspan="3">是否停产决策</td><td colspan="4">是否增产决策（不应停产）</td></tr>
<tr><td rowspan="4">前提条件</td><td colspan="2">只有两个备选方案</td><td rowspan="4">前提条件</td><td colspan="3">只有两个备选方案</td></tr>
<tr><td colspan="2" rowspan="2">相对剩余产能</td><td colspan="3">增产能力</td></tr>
<tr><td colspan="2">已经具备</td><td rowspan="2">尚不具备</td></tr>
<tr><td>无法转移</td><td>可以转移</td><td>无法转移</td><td>可以转移</td></tr>
<tr><td rowspan="6">不停产的判定标准</td><td>销售收入大于变动成本</td><td rowspan="6">贡献边际大于机会成本I</td><td rowspan="6">应增产的判定标准</td><td rowspan="6">不停产就应当增产</td><td rowspan="6">增加的贡献边际大于机会成本II</td><td rowspan="6">增加的贡献边际大于专属成本</td></tr>
<tr><td>贡献边际大于零</td></tr>
<tr><td>单价大于单位变动成本</td></tr>
<tr><td>单位贡献边际大于零</td></tr>
<tr><td>贡献边际率大于零</td></tr>
<tr><td>变动成本率小于1</td></tr>
</table>

注意：在相对剩余产能无法转移时，只要满足任意一个判定标准，就不应停产。

由于只有在满足特定条件时，才可以应用直接判断法，导致该法的应用范围比较小。但由于不需要计算大量指标，应用时比较简单。

在相对剩余产能无法转移的条件下，亏损产品决策应当首先考虑采用直接判断法。读者可结合本节相关例题数据，对符合直接判断法应用条件的例题，按此法进行决策，并验证决策结论的正确性。

二、是否接受低价追加订货的决策

（一）订货的相关概念

1.订货的概念

订货（order）是指客户向产品供应厂家发出的采购某种商品的要约，也称订单。供需双方一旦就某一特定订货签订了合同，就意味着围绕该商品的数量、质量、销售单价、结算方式、交货时间地点等一系列事先约定的条款，均以法律的形式确定下来。

对供货单位来说，组织日常的产品生产和销售，必须根据事先与客户签署的订货合同行事。

2.正常订货的概念

正常订货是指企业在组织一定时期生产之前争取到的、已纳入该期生产经营计划的订货，又称正常任务。

企业事先编制的销售预算、生产预算等业务预算，主要是根据预算期以前召开的订货会上取得的正常订货信息作出的。

我们所关注的正常订货信息主要有：正常订货量、成交价格、交货期和违约罚款等。

3.追加订货的概念

追加订货通常是指企业在生产经营计划的执行过程中，由客户临时提出的额外订货任务，即正常订货以外的订货。

我们所关注的追加订货信息主要有：追加订货量、特殊价格、交货期和违约罚款，以及是否有特殊工艺要求等。

4.正常价格的含义

与正常订货相联系的售价为正常价格。

即使所有的正常订货都是在同一个订货会上签订确认的，对同一种产品的不同订单而言，其单位售价的水平也不可能完全一致，往往出现差异。这是因为与购货数量相联系的商业折扣和企业与客户的关系密切程度不同等多方面因素，都会对订货价格产生这样或那样的影响。

为了简化分析过程，假定在本决策中，正常价格是经过加权平均处理的正常订货的平均单价。

5.特殊价格的含义

追加订货的价格与正常订货的价格相比，可能有以下三种情况：前者高于后者，前者等于后者和前者低于后者。

我们将低于正常订货价格的追加订货价格称为特殊价格。

（二）是否接受低价追加订货决策的相关概念

1.是否接受低价追加订货决策的定义

是否接受低价追加订货决策简称追加订货决策，是指企业在正常经营过程中对于是否安排低于正常订货价格的追加订货生产任务所作的决策。它属于“接受或拒绝方案”的决策类型。

在这类追加订货中，订货方提出的订货价格水平偏低，甚至低于正常订货的单位完全生产成本，属于特殊价格。

2.考虑接受低价追加订货面临的困惑

有人可能要想：如果说追加订货的价格比正常单价略低一点，企业还是可以接受的，因为只是少挣点钱。但要是这个价格比正常订货的单位完全生产成本还要低，恐怕就难以让人接受了。因为这样一来，每接受一件追加订货就赔一件。单纯从财务会计的传统观念来看待追加订货问题容易得出这个结论。

3.直接拒绝低价追加订货的片面性

从管理会计的角度看，直接拒绝低价追加订货是片面的。因为单位完全生产成本是按正常订货量来确定的。从成本性态分析的角度看，单位完全生产成本中包括变动生产成本和固定生产成本。单位变动生产成本具有不变性的特点，而单位固定生产成本等于本期的固定生产成本除以正常订货量。也就是说，在编制生产预算的时候并没有考虑追加订货的问题，本期发生的固定成本统统都是由正常订货来承担的。

4.低价追加订货不需要负担固定生产成本

在进行是否接受追加订货的决策时，就可以完全不考虑固定生产成本指标。因为现有的固定生产成本具有总额不变性的特点，并不会因为追加订货而增加。在这种情况下，将特殊价格与单位完全生产成本进行比较是没有意义的，因为本期的固定成本已经由本期正常订货量来负担和补偿了。在追加订货决策中，重复考虑固定生产成本因素不仅没有必要，而且还会导致决策失误。

5.实施低价追加订货决策的意义

实施低价追加订货决策，至少可在以下几个方面为企业带来更大利益：

第一，可以最大限度地满足社会需求，更好地履行社会责任；第二，可争取到更多客户，提高企业的市场占有率；第三，能充分利用企业现有产能，避免造成浪费；第四，实现更多的经济效益。

（三）开展是否接受低价追加订货决策需要掌握的信息

进行是否接受低价追加订货决策，需要掌握以下四个方面内容，见表8-18。

表8-18 需要掌握的信息

已知的正常订货信息	已知的追加订货信息
正常单价 最大产能 正常订货量（注意与最大产能的关系①） 绝对剩余产能能否转移及其转移方向② 机会成本Ⅰ③ 不能及时交货的违约条款（违约罚款④） 单位完全生产成本 固定生产成本	特殊单价 追加订货量 不能如期交货的违约条款（违约罚款等⑧） 与弥补产能不足有关的专属成本⑨ 与特殊工艺要求有关的专属成本⑩
根据正常订货资料计算的信息	**根据正常订货和追加订货综合计算的信息**
绝对剩余产能⑤ 单位固定生产成本⑥ 单位变动生产成本⑦	增量成本⑪ 机会成本Ⅱ⑫ 因违约而形成的专属成本⑬

注：①最大产能可能大于或等于正常订货量。

②只有在最大产能大于正常订货量的条件下才会有剩余产能能否转移的问题。

③当绝对剩余产能不是零，而且能够转移时，就会发生相应的机会成本，我们称为机会成本Ⅰ。这种与可以转移的剩余产能有关的机会成本的计量方法与亏损产品决策和有关产品是否深加工决策中有关内容相类似，这里假定机会成本Ⅰ为已知数据。如果剩余产能等于零，或者虽然它不等于零，但无法转移，就不会发生机会成本Ⅰ。

④与正常订货有关的违约罚款是指如果不能按正常订货合同如期交货，必须由企业向客户支付的罚款。

⑤绝对剩余产能=最大产能-正常订货量

⑥$单位固定生产成本=\frac{固定生产成本}{正常订货量}$

当事先没有提供单位固定生产成本资料时，需要利用这个公式。注意分母是正常订货量，而不是最大产能。计算这个指标是为了进一步计算单位变动生产成本。

⑦单位变动生产成本=单位完全生产成本-单位固定生产成本

当事先没有提供单位变动生产成本资料时，需要利用这个公式。

⑧与追加订货有关的违约罚款是指如果不能按追加订货合同如期交货，必须由企业向客户支付的罚款。

⑨当追加订货量大于绝对剩余产能，需要弥补产能时，才会发生。

⑩通常是已知数据。

⑪增量成本=单位变动生产成本×相关产量

式中：相关产量是剩余产能和追加订货量中较小的数值。

⑫机会成本Ⅱ是指因冲击正常任务而引起的机会成本，计算公式为：

机会成本Ⅱ=正常单价×冲击正常任务量

式中：冲击正常任务量=追加订货量-剩余产能

所谓冲击正常任务，就是指由于追加订货量大于剩余产能，只得用一部分正常订货来弥补产能的不足，而导致这部分产品不能按正常单价来出售。在这种情况下，就会发生不能按正常价格出售的那部分正常订货的收入损失，应当作为接受追加订货的机会成本。

⑬因违约而形成的专属成本=因冲击正常任务而引起的违约罚金+因追加订货无法如期交货的罚款。

（四）追加订货量与剩余产能的关系

在现实经济实践中，要求在本运营期内交货的追加订货量可能小于、等于或大于剩余产能（本书假定剩余产能不为零）。

如果追加订货量小于或等于剩余产能，企业就可以利用现有的绝对剩余产能来完成追加订货量的任务，这是比较正常的。

但是一旦出现了追加订货量大于剩余产能，也就是剩余产能不足以完成追加订货，就要考虑不同的处理方案，情况变得十分复杂。

假定某企业只生产一种产品，最大产能为1 000件，正常订货量为800件。那么，绝对剩余产能等于200件。现有一个客户要求追加订货250件。因为250件大于200件，说明剩余产能不足。企业要解决这个问题有三种方法：

第一种方法是与客户进行协商，减少追加订货量，如只接受200件追加订货。但如果对方坚持按原定数量追加订货，而且有相应的违约条款，那么企业只提供200件追加订货，就必须按照追加订货的合同，向客户支付因在运营期内不能如数及时交货而发生的违约罚款。

第二种方法是通过租入设备或购买设备的方式，追加资金投入，弥补产能的不足，这样也会发生相应的专属成本。

第三种方法是既不减少追加订货量，也不追加专属成本，而是将正常订货的一部分挪作追加订货，以弥补剩余产能的不足。仍用刚才我们举的例子，假设追加订货250件必须在计划期内交货，不能延迟，那么只能利用剩余产能多生产200件产品，然后从正常订货的800件里拿出50件，按照低价出售，以满足追加订货量的要求。这样就会发生冲击正常任务的现象。

（五）是否接受低价追加订货决策的方法

进行是否接受低价追加订货决策，可分别采用相关损益分析法、差别损益分析法和直接判断法。

其中：相关损益分析法适用于任何复杂情况；直接判断法和差别损益分析法则适用于简

单条件下的追加订货决策。

（六）相关损益分析法在是否接受低价追加订货决策中的应用

当追加订货量大于剩余产能且充分考虑所有可能发生的各种复杂情况时，可以利用相关损益分析法的标准模板（见表8-19）作出追加订货决策。

表8-19 相关损益分析表标准模板（复杂情况下的低价追加订货决策） 单位：元

项目 \ 方案	无条件接受全部追加订货	有条件接受全部追加订货	接受部分追加订货	拒绝接受全部追加订货
相关收入	特殊价格×全部追加订货量	同左	特殊价格×部分追加订货量	0
相关成本	以下各项合计	以下各项合计	以下各项合计	0
其中：增量成本	单位变动生产成本×剩余产能	单位变动生产成本×全部追加订货量	单位变动生产成本×部分追加订货量	0
机会成本Ⅰ	与可以转移的剩余产能有关	同左	同左	0
机会成本Ⅱ	正常价格×冲击正常任务量	0	0	0
专属成本Ⅰ	与特殊工艺要求有关	同左	同左	0
专属成本Ⅱ	正常订货违约罚金	与增加产能有关	追加订货违约罚金	0
相关损益	P_1	P_2	P_3	0

［例8-11］相关损益分析法在低价追加订货决策中的应用

已知：A公司只生产一种甲产品，相关资料如下：

（1）基本资料。每年最大产能为12 000件。在20×7年第三季度召开的下年度订货会上，该企业共签订了为用户提供10 000件甲产品的供货合同，甲产品的平均价格为1 200元/件，单位完全生产成本为1 000元/件，单位固定生产成本为200元/件。合同约定，若A公司违约，必须赔付违约金（按延迟交货货值的5%计算）。

（2）补充资料一：A公司计划20×8年将绝对剩余产能用于对外承揽零星加工业务，预计可获得150 000元贡献边际。

（3）补充资料二：20×7年12月31日，一个新客户B企业要求以900元/件的价格向A企业追加订货2 500件甲产品，并申明：若不能在20×8年年底前足量交货，A公司必须支付违约金（按延迟交货货值的5%计算）。

（4）补充资料三：因B企业的追加订货有特殊工艺要求，需要A公司额外支付5 000元的专属成本。

（5）补充资料四：如果20×8年A公司追加投入20 000元的专属成本，可使最大产能达到15 000件。

要求：（1）为A公司设计所有备选方案。

（2）计算A公司20×8年的剩余产能、单位变动生产成本。

（3）计算方案一的冲击正常任务量。

（4）计算方案一和方案三的违约量。

（5）计算前三个方案的相关收入和相关成本。

（6）编制相关损益分析表。

（7）为A公司作出是否接受低价追加订货的决策。

解：（1）可供A公司选择的方案包括：第一个方案：无条件接受全部追加订货（不增加产能、冲击正常任务，接受2 500件追加订货）；第二个方案：有条件接受全部追加订货

（增加产能，不冲击正常任务，接受2 500件追加订货）；第三个方案：接受部分追加订货（不增加产能，不冲击正常任务，接受2 000件追加订货）；第四个方案：拒绝接受全部追加订货。

（2）剩余产能=12 000-10 000=2 000（件）

单位变动生产成本=1 000-200=800（元/件）

（3）方案一冲击正常任务量=2 500-2 000=500（件）

（4）方案一的违约量500件（等于冲击正常任务量）

方案三的违约量=全部追加订货量-实际接受的追加订货量=2 500-2 000=500（件）

（5）方案一的相关收入=900×2 500=2 250 000（元）

增量成本=800×2 000=1 600 000（元）

机会成本I为150 000元（已知）。

机会成本II=1 200×500=600 000（元）

专属成本I为5 000元（已知）。

专属成本II=1 200×500×5%=30 000（元）

方案二的相关收入为2 250 000元（同方案一）。

增量成本=800×2 500=2 000 000（元）

机会成本I为150 000元（同方案一）。

机会成本II为0（不存在）。

专属成本I为5 000元（同方案一）。

专属成本II为20 000元（已知）。

方案三的相关收入=900×2 000=1 800 000（元）

增量成本=800×2 000=1 600 000（元）

机会成本I为150 000元（同方案一）。

机会成本II为0（不存在）。

专属成本I为5 000元（同方案一）。

专属成本II=900×500×5%=22 500（元）

（6）将相关数据填入相关损益分析表标准模板，见表8-20。

表8-20　**相关损益分析表（低价追加订货决策）**　单位：元

项目＼方案	无条件接受全部追加订货	有条件接受全部追加订货	接受部分追加订货	拒绝接受全部追加订货
相关收入	2 250 000	2 250 000	1 800 000	0
相关成本	2 385 000	2 175 000	1 777 500	0
其中：增量成本	1 600 000	2 000 000	1 600 000	0
机会成本I	150 000	150 000	150 000	0
机会成本II	600 000	0	0	0
专属成本I	5 000	5 000	5 000	0
专属成本II	30 000	20 000	22 500	0
相关损益	-135 000	75 000	22 500	0

(7) 从表8-20的相关损益数据可见，四个备选方案的相关损益依次为-135 000元、75 000元、22 500元和0，据此可以断定，方案二最优，其次为方案三，再次为方案四，方案一最差。建议A公司采取有条件接受全部追加订货（增加产能，不冲击正常任务）的方案。

在例8-11中，同时考虑了剩余产能可以转移、追加订货量大于剩余产能、追加订货有特殊的工艺要求和可以增加产能，以及可以在全部接受或部分接受追加订货的方案中作出选择等特殊条件，并规定了各种订货因不能如期交货的违约罚款条件。因此，本例具有极强的特殊性和完整性。如果任意修改本例中的各项补充资料中的相关条款内容或数据，如适当降低补充资料二中的追加订货量，不考虑补充资料一、资料二或资料三的内容，就会出现各种不同的组合，从而决定前三个方案能否继续同时存在，改变特定方案中的相关业务量、相关收入和相关成本的数值，甚至降低决策分析的难度。

（七）差别损益分析法在是否接受低价追加订货决策中的应用

在追加订货决策中，如果不考虑增加产能的问题，也不考虑接受部分追加订货的方案，那么不论剩余产能能否转移，也不管追加订货量是否大于剩余产能，只能有“接受追加订货”和“拒绝接受追加订货”两个备选方案可供选择。本书将这种情况称为“简单情况”，与此相对应，凡同时涉及“增加产能”和“接受部分追加订货”的情况称为“复杂情况”。

在简单情况下，建议优先考虑应用更为简单的差别损益分析法作出决策。

应用差别损益分析法决策时，可参考差别损益分析表的标准模板，见表8-21。

表8-21　**差别损益分析表标准模板（简单情况下的低价追加订货决策）**

项目＼方案	接受追加订货	拒绝接受追加订货	差异额
相关收入	特殊单价×追加订货量	0	差别收入
相关成本	以下各项合计	0	差别成本
其中：增量成本	单位变动生产成本×min{追加订货量，剩余产能}	0	—
机会成本Ⅰ	与可以转移的剩余产能有关	0	—
机会成本Ⅱ	与冲击正常任务有关	0	—
专属成本Ⅰ	与特殊工艺要求有关	0	—
专属成本Ⅱ	正常订货违约罚金	0	—
差别损益			ΔP

最终决策结论应根据表8-21的差别损益指标作出，若ΔP大于零，应当接受追加订货；若ΔP小于零，应当拒绝接受追加订货；若ΔP等于零，可在两个方案中任选一个。

[例8-12] 差别损益分析法在低价追加订货决策中的应用

已知：仍按例8-11的资料和相关指标的计算结果。假定补充资料二中有关“延迟交货违约金”的条款修改为“必须在年内足量交货，否则拒付货款”；不考虑补充资料四的内容。

要求：(1) 指出可能的备选方案的名称。

(2) 按差别损益分析法作出是否接受低价追加订货的决策，并说明理由。

解：（1）依题意，备选方案一为“接受追加订货”，方案二为“拒绝接受追加订货”。

（2）编制的差别损益分析表见表8-22。

表8-22　**差别损益分析表（低价追加订货决策）**　单位：元

项目＼方案	接受追加订货	拒绝接受追加订货	差异额
相关收入	2 250 000	0	+2 250 000
相关成本	2 385 000	0	+2 385 000
其中：增量成本	1 600 000	0	—
机会成本Ⅰ	150 000	0	—
机会成本Ⅱ	600 000	0	—
专属成本Ⅰ	5 000	0	—
专属成本Ⅱ	30 000	0	—
差别损益			−135 000

决策结论：应当拒绝接受追加订货，否则，A企业将损失135 000元的利润。

［例8-13］差别损益分析法在低价追加订货决策中的应用

已知：仍按例8-11的资料和相关指标的计算结果。假定补充资料二中有关“延迟交货违约金”的条款修改为“必须在年内足量交货，否则拒付货款”，追加订货量为2 000件。

要求：（1）计算接受追加订货方案的相关收入和相关成本指标。

（2）按差别损益分析法作出是否接受低价追加订货的决策，并说明理由。

解：（1）依题意，计算的接受追加订货方案的相关指标如下：

相关收入=900×2 000=1 800 000（元）

增量成本=800×2 000=1 600 000（元）

机会成本Ⅰ为150 000元（已知）。

机会成本Ⅱ为0。

专属成本Ⅰ为5 000元。

专属成本Ⅱ为0。

（2）编制的差别损益分析表见表8-23。

表8-23　**差别损益分析表（低价追加订货决策）**　单位：元

项目＼方案	接受追加订货	拒绝接受追加订货	差异额
相关收入	1 800 000	0	+1 800 000
相关成本	1 755 000	0	+1 755 000
其中：增量成本	1 600 000	0	—
机会成本Ⅰ	150 000	0	—
机会成本Ⅱ	0	0	—
专属成本Ⅰ	5 000	0	—
专属成本Ⅱ	0	0	—
差别损益			+45 000

决策结论：应当接受追加订货，这样A企业可多获得45 000元利润。

［例8-14］差别损益分析法在低价追加订货决策中的应用

已知：仍按例8-13的资料和相关指标的计算结果。假定不考虑补充资料一和补充资料四的内容。

要求：按差别损益分析法作出是否接受低价追加订货的决策，并说明理由。

解：编制的差别损益分析表见表8-24。

表8-24 差别损益分析表（低价追加订货决策） 单位：元

项目＼方案	接受追加订货	拒绝接受追加订货	差异额
相关收入	1 800 000	0	+1 800 000
相关成本	1 600 000	0	+1 600 000
其中：增量成本	1 600 000	0	—
机会成本Ⅰ	0	0	—
机会成本Ⅱ	0	0	—
专属成本Ⅰ	0	0	—
专属成本Ⅱ	0	0	—
差别损益			+200 000

决策结论：应当接受追加订货，这样A企业可多获得200 000元利润。

（八）直接判断法在是否接受低价追加订货决策中的应用

在追加订货决策中应用直接判断法，应当掌握以下决策标准，见表8-25。

表8-25 直接判断法的判定标准参照表（低价追加产品决策）

	第一种情况	第二种情况
前提条件	只考虑100%追加订货量，不考虑接受部分订货方案	
	追加订货量不大于剩余产能（不冲击正常任务，无机会成本II，无专属成本II）	
	剩余产能无法转移（无机会成本I）	剩余产能可以转移（有机会成本I）
	没有特殊工艺要求（无专属成本I）	有特殊工艺要求（有专属成本I）
接受订货判定标准	特殊价格大于单位变动生产成本	增量贡献边际大于机会成本I与专属成本I之和

［例8-15］直接判断法在低价追加订货决策中的应用

已知：仍按例8-13和例8-14的资料。

要求：（1）根据例8-13的资料，用直接判断法作出是否接受低价追加订货的决策。

（2）根据例8-14的资料，用直接判断法作出是否接受低价追加订货的决策。

（3）比较本题的决策结论与例8-13和例8-14的相应决策结论。

解：（1）根据例8-13的资料，本题没有考虑部分接受订货方案，机会成本II和专属成本II均为零，接受追加订货的判断标准为："增量贡献边际大于机会成本I与专属成本I之和"。

增量贡献边际=（特殊价格-单位变动生产成本）×追加订货量

=（900-800）×2 000

=200 000（元）

机会成本I+专属成本I=150 000+5 000=155 000（元）

因为200 000元大于155 000元，可直接得出“接受追加订货”的结论。

（2）根据例8-14的资料，本题不考虑部分接受订货方案，机会成本I、机会成本II、专属成本I和专属成本II均为零，接受追加订货的判断标准为：“特殊价格大于单位变动生产成本”。

因为特殊价格900元/件大于单位变动生产成本800元/件，所以应当接受追加订货。

（3）本题的决策结论与例8-13和例8-14的相应决策结论完全一致。

第二节　生产决策（2）——生产什么的决策

生产什么的决策，是指在生产决策中针对生产哪种产品的备选方案所作的选择。本节介绍进行下列决策的具体技巧，包括新产品开发的品种决策、是否转产某种产品的决策、半成品是否深加工的决策、联产品是否深加工的决策和其他产品是否深加工的决策。

一、新产品开发的品种决策

（一）新产品开发的品种决策的定义

新产品开发的品种决策是指企业在利用现有的绝对剩余产能开发新产品的过程中，在两个或两个以上可供选择的多个新品种中选择一个最优品种的决策。它属于互斥方案决策的类型。

（二）新产品开发的品种决策的类型

1.不追加专属成本条件下的品种决策

在新产品开发的品种决策中，如果有关方案均不涉及追加专属成本，可以用单位资源贡献边际分析法直接进行新产品开发的品种决策；在一定条件下，也可考虑应用贡献边际总额分析法。

［例8-16］单位资源贡献边际分析法在新产品开发的品种决策中的应用

已知：某企业具备利用某种数量有限的甲材料开发一种新产品的产能，现有A、B两个品种可供选择。A品种的预计单价为200万元/件，单位变动成本为160万元/件，消耗甲材料的消耗定额为10千克/件；B品种的预计单价为100万元/台，单位变动成本为70万元/台，消耗甲材料的消耗定额为6千克/台。开发新品种不需要追加专属成本。

要求：作出开发何种新品种的决策。

解：依题意

∵ A品种的单位贡献边际=200−160=40（万元/件）

B品种的单位贡献边际=100−70=30（万元/台）

∴ 开发A品种时可获得的单位资源贡献边际=$\frac{40}{10}$=4（万元/千克）

开发B品种时可获得的单位资源贡献边际=$\frac{30}{6}$=5（万元/千克）

∵ 5>4

∴ 开发B品种比开发A品种更有利

［例8-17］贡献边际总额分析法在新产品开发的品种决策中的应用

已知：仍按例8-16的资料，假定企业现有甲材料60 000千克。

要求：（1）计算利用甲材料分别开发A、B品种方案的相关业务量。

（2）用贡献边际总额分析法作出开发何种新品种的决策。

解：依题意

（1）开发A品种的相关业务量$=\frac{60\ 000}{10}=6\ 000$（件）

开发B品种的相关业务量$=\frac{60\ 000}{6}=10\ 000$（台）

（2）开发A品种方案可获得的贡献边际=（200-160）×6 000=240 000（万元）

开发B品种方案可获得的贡献边际=（100-70）×10 000=300 000（万元）

∵ 300 000>240 000

∴ 开发B品种比开发A品种更有利

从上述两个例子可见，在一定条件下，利用单位资源贡献边际分析法与贡献边际总额分析法进行决策可以得到相同的结论，只是这两种方法应用的前提条件有所不同。

2.追加专属成本条件下的品种决策

当新产品开发的品种决策方案中涉及追加专属成本时，就无法继续使用单位资源贡献边际分析法或贡献边际总额分析法，可以考虑使用差别损益分析法进行决策。

［例8-18］差别损益分析法在开发新产品的品种决策中的应用

已知：开发A品种和开发B品种的相关产销量、单价与单位变动成本等资料均同例8-17，但假定开发过程中需要装备不同的专用模具，相应分别需要追加专属成本8 000万元和70 000万元。

要求：用差别损益分析法作出开发新产品的品种决策。

解：依题意，两方案增量成本分别为它们的变动成本，编制的差别损益分析表见表8-26。

表8-26 **差别损益分析表** 单位：万元

项目＼方案	开发A品种	开发B品种	差异额
相关收入	200×6 000=1 200 000	100×10 000=1 000 000	+200 000
相关成本	968 000	770 000	+198 000
其中：增量成本	160×6 000 =960 000	70×10 000=700 000	—
专属成本	8 000	70 000	—
差别损益			+2 000

由表8-26可见，评价指标差别损益为+2 000万元，大于零，可以据此断定应当开发A品种，这样可以使企业多获得2 000万元的利润。

二、是否转产某种产品的决策

这里所说的转产，是指在不改变企业经营方向的前提下，利用现有生产经营条件调整个别品种结构，停止某一产品的生产，将其产能用于开发其他产品或增加其他产品产量。“是否转产某种产品的决策”的备选方案包括“继续生产原产品”和“转产其他产品”。其中，“转产其他产品”方案包括“转产某种新产品”和“增产某种老产品”等方案。

这类决策一般可采用贡献边际总额分析法。

［例8-19］贡献边际总额分析法在是否转产其他产品决策中的应用

已知：某企业原来生产甲、乙、丙三种产品，它们的变动成本率分别为80%、60%和50%；它们的年收入分别为20 000万元、30 000万元和40 000万元。如果将生产甲产品的产能转移，可分别用于以下用途：①增产现有产品乙产品，可使其年收入达到45 000万元；②增产现有产品丙产品，使其年收入增加14 000万元；③开发变动成本率为40%的丁产品，每年可实现收入13 500万元。

要求：（1）用贡献边际总额分析法作出是否转产其他产品的决策，并列出各备选方案优劣的排列顺序。

（2）说明如果企业决定转产，应当转产哪种产品，转产将给企业带来什么好处。

解：（1）依题意编制贡献边际总额分析表，见表8-27。

表8-27　**贡献边际总额分析表**　单位：万元

方案 项目	转产其他产品			继续生产甲产品
	增产乙产品	增产丙产品	开发丁产品	
相关收入	45 000-30 000=15 000	14 000	13 500	20 000
变动成本	15 000×60%=9 000	14 000×50%=7 000	13 500×40%=5 400	20 000×80%=16 000
贡献边际	6 000	7 000	8 100	4 000

由表8-27可见，无论是增产乙产品，增产丙产品，还是开发丁产品，都比继续生产甲产品有利可图。结论：无论如何都应当考虑转产。由于评价指标贡献边际总额的大小分别为8 100万元、7 000万元、6 000万元和4 000万元，因此各备选方案优劣 的依次顺序为：开发丁产品、增产丙产品、增产乙产品和继续生产甲产品。

（2）应当转产开发丁产品，这样可使企业多获得4 100万元（8 100-4 000）的利润。

三、半成品是否深加工的决策

（一）半成品的含义

半成品是一个与产成品相对立的概念，是指那些经过初步加工而形成的，已具备独立使用价值，但尚未最终完成全部加工过程的特殊产品表现形式。半成品经过进一步深加工就可以变成产成品，从这个意义上说半成品是产成品的原料（但必须注意的是，未经过加工的原材料不能说是半成品）。产成品是已经完成全部加工过程的产品，两者的完工程度不同。

半成品属于广义在产品的范畴，但它的存在形式暂时不处于加工过程中，又不同于正处于加工过程中的、尚不具备独立使用价值的狭义在产品。

以棉纺织企业为例，棉花经过初步加工，可生产出棉纱，棉纱经过深加工可以进一步加工成布匹。这里，棉花是原材料，棉纱是半成品，布匹是产成品。

再如钢铁联合企业，铁矿石经过初步高炉冶炼可以加工为生铁，生铁经过平炉或转炉冶炼可以加工为钢坯，钢坯再经过轧制就可以加工为钢材。这里，铁矿石是原材料，生铁和钢坯都是半成品，钢材是产成品。

显然，把原材料经过初加工生产出半成品，与把半成品经过深加工生产出产成品的工艺是完全不同的。

（二）半成品是否深加工决策的定义

半成品是否深加工的决策，是指企业对于那种既可以直接出售，又可以经过深加工变成产成品之后再出售的半成品所作的决策，简称半成品深加工决策，又称是否直接出售半成品的决策。

在本决策中，必须以企业已经具备一定的深加工能力为前提，能够满足将全部或部分半成品深加工为产成品的要求。

并非所有的半成品都属于是否深加工决策的对象。只有那些既可以深加工为产成品或其他产品，又可以直接对外出售的半成品才属于本类决策的对象。那些不能直接出售的半成品不属于深加工决策的研究对象。

半成品是否深加工的决策属于“互斥方案”的决策类型。

（三）半成品是否深加工决策的方法

本类决策可选用的方法有相关损益分析法和差别损益分析法。如果决策中不仅涉及是否深加工问题，而且同时涉及深加工多少半成品的选择时，建议选用相关损益分析法进行决策，否则，最好采用差别损益分析法。

（四）相关损益分析法在半成品是否深加工决策中的应用

应用相关损益分析法，应设计以下三个方案：其一，“将全部半成品深加工为产成品”；其二，“将部分半成品深加工为产成品”；其三，“直接出售全部半成品”。编制的相关损益分析表的标准模板见表8-28。

表8-28 **相关损益分析表标准模板（半成品深加工决策）** 单位：元

方案 项目	将全部半成品深加工为产成品	将部分半成品深加工为产成品	直接出售全部半成品
相关收入	产成品的单价 × 全部产成品数量①	部分产成品的收入⑤ + 部分半成品的收入⑥	半成品的单价 × 全部半成品数量
相关成本	以下各项合计	以下各项合计	0⑧
其中：加工成本	单位加工成本 × 相关加工量②	单位加工成本 × 相关加工量⑦	0
机会成本	已知③	同左	0
专属成本	已知④	0	0
相关损益	P_1	P_2	P_3

注：①全部产成品数量=全部半成品数量×投入产出比。

②当加工成本按投入量计算时，相关加工量等于全部半成品数量；当加工成本按产出量计算时，相关加工量等于全部产成品数量；投入产出比为1：1时，两者一致。

③当深加工能力可以转移时，存在该指标；当深加工能力无法转移时，该指标为零。

④当只具备部分深加工能力时，与弥补不足的深加工能力有关；当具备全部深加工能力时，该指标为零。

⑤部分产品收入=产成品单价×部分半成品深加工得到的产成品数量。

⑥部分半成品收入=半成品单价×（全部半成品数量-部分深加工的半成品数量）。

⑦当加工成本按投入量计算时，相关加工量等于部分半成品数量；当加工成本按产出量计算时，相关加工量等于部分产成品数量；投入产出比为1：1时，两者一致。

⑧在“直接出售半成品”方案中，无论半成品成本中的固定成本还是变动成本，都属于与决策方案无关的沉没成本，故不予考虑。

［例8-20］相关损益分析法在半成品是否深加工决策中的应用

已知：某企业常年组织甲半成品的生产，基本资料如下：

甲半成品的年产量为1 000件，市场售价为100万元/件，单位成本为60万元/件。经过深加工可将其加工成市场售价为200万元的乙产成品（暂不考虑年度内加工进度问题）。

补充资料一：每产出一件乙产成品，需追加变动性加工成本80万元。

补充资料二：假定甲与乙的投入产出比为1∶0.9。

补充资料三：企业已具备80%的深加工能力，20×8年计划将其对外经营性出租，预计可获得年租金收入5 000万元，年折旧为4 000万元。

补充资料四：如果追加投入20 000万元专属成本，可使深加工能力达到100%。

要求：（1）考虑上述所有资料，为该企业设计是否深加工决策的备选方案。

（2）计算或确定各方案的相关业务量。

（3）计算或确定各方案的相关收入和相关成本。

（4）用相关损益分析法作出是否将全部甲半成品深加工为乙产成品的决策。

解：（1）可供选择的方案包括：将全部甲半成品深加工为乙产成品、只深加工80%的甲半成品、直接出售全部甲半成品。

（2）方案一：乙产成品数量=1 000×0.9=900（件）

相关加工量为900件

方案二：乙产成品数量=1 000×0.9×0.8=720（件）

直接出售甲半成品的数量=1 000×（1-0.8）=200（件）

相关加工量为720件

方案三相关业务量为1 000件

（3）方案一的相关收入=200×900=180 000（万元）

加工成本=80×900=72 000（万元）

机会成本为15 000万元（只考虑相关的租金收入，不考虑无关的折旧）

专属成本为20 000万元

方案二的相关收入=200×720+100×200=164 000（万元）

加工成本=80×720=57 600（万元）

机会成本为5 000万元

专属成本为0万元

方案三的相关收入=100×1 000=100 000（万元）

相关成本均为零

（4）编制的相关损益分析表见表8-29。

表8-29　**相关损益分析表（半成品深加工决策）**　单位：万元

项目＼方案	将全部半成品深加工为产成品	将部分半成品深加工为产成品	直接出售全部半成品
相关收入	180 000	164 000	100 000
相关成本	97 000	62 600	0
其中：加工成本	72 000	57 600	0
机会成本	5 000	5 000	0
专属成本	20 000	0	0
相关损益	83 000	101 400	100 000

比较表8-29各方案的相关损益，因第二个方案该指标最高，因此，所得的决策结论是：应当将80%的甲半成品深加工为乙产成品。

（五）差别损益分析法在半成品是否深加工决策中的应用

如果决策时不考虑深加工的数量多少，即不将“全部深加工”和“部分深加工”两个方案放在一起比较，则应用差别损益分析法相对更为简单，其标准模板见表8-30。

表8-30 **差别损益分析表**

项目＼方案	将半成品深加工为产成品	直接出售半成品	差异额
相关收入	产成品单价×产成品相关销量	半成品单价×半成品相关销量	差别收入
相关成本	以下各项合计	0	差别成本
其中：加工成本	单位加工成本×相关加工量	0	—
机会成本	已知	0	—
专属成本	已知	0	—
差别损益			ΔP

［例8-21］差别损益分析法在半成品是否深加工决策中的应用

已知：仍按例8-20的资料。同时将补充资料一的“产出”改为“投入”，补充资料二中的投入产出比“1∶0.9”改为“1∶1”，补充资料三改为“企业已具备100%的深加工能力，且无法转移”，不考虑补充资料四的内容。

要求：用差别损益分析法作出半成品是否深加工的决策。

解：依题意，编制的差别损益分析表见表8-31。

表8-31 **差别损益分析表** 单位：万元

项目＼方案	将全部甲半成品深加工为乙产成品	直接出售甲半成品	差异额
相关收入	200×1 000=200 000	100×1 000=100 000	+100 000
相关成本	80 000	0	+80 000
其中：加工成本	80×1 000=80 000	0	—
机会成本	0	0	—
专属成本	0	0	—
差 别 损 益			+20 000

根据表8-31的差别损益数据，可作出以下决策：应当将全部甲半成品深加工为乙产成品，这样可以使企业多获得20 000万元的利润。

［例8-22］差别损益分析法在半成品是否深加工决策中的应用

已知：仍按例8-20的资料。同时将补充资料一的“产出”改为“投入”，补充资料二中的投入产出比“1∶0.9”改为“1∶1”，补充资料三改为“企业已具备100%的深加工能力”，其他不变，不考虑补充资料四的内容。

要求：用差别损益分析法作出半成品是否深加工的决策。

解：依题意，编制的差别损益分析表见表8-32。

根据表8-32的差别损益数据，可作出以下决策：应当将全部甲半成品深加工为乙产成品，这样可以使企业多获得15 000万元的利润。

表8-32 差别损益分析表 单位：万元

项目＼方案	将全部甲半成品深加工为乙产成品	直接出售甲半成品	差异额
相关收入	200×1 000=200 000	100×1 000=100 000	+100 000
相关成本	85 000	0	+85 000
其中：加工成本	80×1 000=80 000	0	—
机会成本	5 000	0	—
专属成本	0	0	—
差别损益			+15 000

[例8-23] 差别损益分析法在半成品是否深加工决策中的应用

已知：仍按例8-20的资料。同时将补充资料一的“产出”改为“投入”，补充资料二中的投入产出比“1：0.9”改为“1：1”，补充资料三改为“企业只具备80%的深加工能力，且无法转移”，需要考虑补充资料四的内容。

要求：用差别损益分析法作出是否将全部甲半成品深加工为乙产成品的决策。

解：依题意，编制的差别损益分析表见表8-33。

表8-33 差别损益分析表 单位：万元

项目＼方案	将全部甲半成品深加工为乙产成品	直接出售甲半成品	差异额
相关收入	200×1 000=200 000	100×1 000=100 000	+100 000
相关成本	100 000	0	+100 000
其中：加工成本	80×1 000=80 000	0	—
机会成本	0	0	—
专属成本	20 000	0	—
差别损益			0

因为表8-33中的差别损益为零，企业既可以将全部甲半成品深加工为乙产成品，也可以直接出售全部甲半成品，两方案的经济效益没有差别。

四、联产品是否深加工的决策

（一）联产品的定义

联产品是指通过对同一种原料按照同一工艺过程加工，产出的性质相近、价值相差不多的多种产品的统称。

有的联产品经过深加工可以加工为其他产品。如石油化工企业对原油进行催化、裂化处理，生产出的汽油、柴油、重油等油品，就属于联产品。其中，有些联产品如汽油经过进一步深加工，可生产出不同规格的油品。

必须注意的是，对同一种原料经过相同的工艺进行加工处理而形成的所有产品不一定都属于联产品，有可能属于主产品和副产品。联产品与主产品、副产品之间的联系与区别，详

知识拓展 8-1

联产品与主产品、副产品之间的关系

见知识拓展 8-1：联产品与主产品、副产品之间的关系。

（二）联产品是否深加工决策的定义

联产品是否深加工的决策是围绕究竟是选择“深加工联产品”方案还是选择“直接出售联产品”方案而展开的决策。

并非所有的联产品都属于是否深加工决策的对象。只有那些既可以深加工为其他产品，又可以直接对外出售的联产品才属于决策的对象。那些不能深加工为其他产品的联产品不属于深加工决策的研究对象。

联产品是否深加工决策属于“互斥方案”的决策类型。

这种决策与半成品是否深加工的决策十分相似，但联产品与最终产品之间的投入产出比通常不是1∶1；在深加工能力方面，可能完全具备这种能力，也可能只具备部分能力，甚至完全不具备深加工能力。另外，决策需要考虑的变动性深加工成本称为“可分成本”，通常按产出量计算；联产品本身的成本称为“联合成本”（属于无关成本）。

（三）联产品是否深加工决策的方法

本类决策可选用的方法有相关损益分析法和差别损益分析法。如果决策中不仅涉及是否深加工问题，而且涉及深加工多少联产品的选择时，建议选用相关损益分析法进行决策，否则，最好采用差别损益分析法。

（四）相关损益分析法在联产品是否深加工决策中的应用

应用相关损益分析法应设计以下三个方案：其一，“将全部联产品深加工为最终产品”；其二，“将部分联产品深加工为最终产品”；其三，“直接出售全部联产品”。编制的相关损益分析表的标准模板见表8-34。

表8-34 **相关损益分析表标准模板（联产品深加工决策）** 单位：元

项目＼方案	将全部联产品深加工为最终产品	将部分联产品深加工为最终产品	直接出售全部联产品
相关收入	最终产品单价×全部最终产品数量①	部分最终产品收入⑤+部分联产品收入⑥	联产品单价×全部联产品数量
相关成本	以下各项合计	以下各项合计	0⑧
其中：可分成本	单位可分成本×相关加工量②	单位可分成本×相关加工量⑦	0
机会成本	已知③	同左	0
专属成本	已知④	0	0
相关损益	P_1	P_2	P_3

注：①全部最终产品数量=全部联产品数量×投入产出比。

②相关加工量=全部最终产品数量×投入产出比。

③当深加工能力可以转移时，存在该指标；当深加工能力无法转移时，该指标为零。

④当只具备部分深加工能力时，与弥补不足的深加工能力有关；当具备全部深加工能力时，该指标为零。

⑤部分最终产品收入=最终产品单价×部分联产品深加工得到的最终产品数量。

⑥部分联产品收入=联产品单价×（全部联产品数量-部分深加工的联产品数量）。

⑦相关加工量=部分深加工的半成品数量×投入产出比。

⑧在“直接出售全部联产品”方案中，联产品的成本称为联合成本，其中，不论固定成本还是变动成本，都属于与决策方案无关的沉没成本，故不予考虑。

［例8-24］相关损益分析法在联产品是否深加工决策中的应用

已知：某企业对同一种原料进行加工，可同时生产出甲、乙、丙三种联产品，年产量分别为2 500吨、1 500吨和1 000吨。全年共发生450 000万元联合成本，每种联产品承担的联合成本分别是225 000万元、135 000万元和90 000万元。其中丙联产品可直接出售。企业已经具备将80%的丙联产品深加工为丁产品的能力，且无法转移。每深加工1吨丙联产品需额外追加可分成本20万元。丙联产品与丁产品的投入产出比例为1∶0.7。如果企业每年额外支付22 000万元租金租入一台设备，可以使深加工能力达到100%。甲、乙、丙三种联产品的单价分别是200万元、210万元和135万元，丁产品的单价为240万元。计划年度企业可以在以下三个方案中作出选择，即将全部丙联产品深加工为丁产品，将80%的丙联产品深加工为丁产品和直接出售全部丙联产品。

要求：（1）确定各个方案的相关业务量、相关收入和相关成本。

（2）用相关损益分析法作出丙联产品是否深加工为丁产品的决策。

解：依题意

（1）“将全部丙联产品深加工为丁产品”方案确认相关收入的相关业务量就是丁产品的产销量，即：

1 000×0.7=700（吨）

相关收入=240×700=168 000（万元）

该方案确认可分成本的相关业务量是丙联产品的产量，为1 000吨。

可分成本=20×1 000=20 000（万元）

专属成本为22 000万元。

“将80%的丙联产品深加工为丁产品”方案确认相关收入的相关业务量包括丁产品的产销量和直接出售的丙联产品销量：

丁产品的产销量=1 000×0.7×80%=560（吨）

直接出售的丙联产品销量=1 000×（100%-80%）=200（吨）

相关收入=240×560+135×200=161 400（万元）

该方案确认可分成本的相关业务量是丙联产品的产量，为800吨（1 000×80%）。

可分成本=20×800=16 000（万元）

“直接出售全部丙联产品”方案的相关业务量为1 000吨。

相关收入=135×1 000=135 000（万元）

相关成本为零。

（2）依题意编制的相关损益分析表见表8-35。

表8-35　**相关损益分析表**　单位：万元

项目＼方案	将100%丙联产品深加工为丁产品	将80%丙联产品深加工为丁产品	直接出售丙联产品
相关收入	168 000	161 400	135 000
相关成本	42 000	16 000	0
其中：可分成本	20 000	16 000	0
专属成本	22 000	0	0
相关损益	126 000	145 400	135 000

决策结论：应将80%丙联产品深加工成丁产品后再出售。

（五）联产品是否深加工决策中的差别损益分析法标准表格

联产品是否深加工的决策中的差别损益分析法的标准表格见表8-36。

表8-36 差别损益分析表

方案 项目	将联产品深加工为最终产品	直接出售联产品	差异额
相关收入	最终产品单价×最终产品销量	联产品单价×联产品销量	差别收入
相关成本	以下各项合计	0	差别成本
其中：可分成本	单位可分成本×联产品深加工量	0	—
机会成本	已知	0	—
专属成本	已知	0	—
差别损益			ΔP

五、其他产品是否深加工的决策

（一）副产品是否深加工的决策

半成品是否深加工决策的技巧同样适用于副产品是否深加工的决策。

与副产品相应的概念是主产品，主、副产品是指经济价值相差悬殊的联产品。若副产品既可以直接出售又可经过深加工后再出售，则有关的决策与前两种情况类似；若副产品不仅不能直接出售，相反还要发生一定处理费用，则应将处理费用作为相关成本。

主产品与副产品不仅在使用价值、市场价格和生产目的方面存在较大差异，而且在市场销路方面也相差很大。如木器家具工厂对木材进行加工，在生产出家具的同时，还附带生产出刨花、锯末等副产品。显然，与家具相比，刨花的使用价值和价格都相差甚远。与联产品相类似，有些副产品经过深加工可以加工为使用价值较大的其他产品。如刨花、锯末就可以深加工为一种新型建筑材料——密度板。

由于多数企业已经具备半成品的深加工能力，而不具备副产品的深加工能力，需要结合技术革新或引入先进技术。

显然，如果副产品经过深加工，其销售收入超过深加工成本与直接处理费用之和，则可以考虑深加工方案，否则应直接处理。

（二）可修复废品如何处置的决策

深加工决策的技巧可用于指导如何处置可修复废品的决策问题。在企业的生产过程中，不可避免地会出现废品。对于那些不可修复的废品，不存在如何处置的决策，但对于那些可修复的废品，就会有是否深加工（即进行修复）的决策问题。修复废品方案的相关收入等于按正常售价计算的收入，相关成本主要包括发生的变动性修复费用；不修复废品方案的相关收入一般按变价处理收入计算，相关成本为零。

（三）工业“三废”直接排放还是处理后再排放的决策

半成品是否深加工决策的技巧也可以用于指导工业“三废”（指工业品生产过程中产生的废水、废气和废渣）直接排放还是处理后再排放的决策。

工业“三废”直接排放还是处理后再排放的决策问题如果仅仅从经济方面看，同以上几种决策类似，直接排放不会产生相关收入，只能发生因排污而引起的排污费或罚款。处理后再排放可以节约排污费或不发生罚款，但需要追加一定的处理费用；在处理工业“三废”的过程中，往往会取得一定的综合利用的收入，应将其作为相关收入。另外，对工业“三废”的处理方式本身也有多种方案可供选择，可以比照上述方法进行决策。但从社会环保的角度看，企业必须无条件地控制工业“三废”，绝不允许超标排放工业“三废”，不存在决策的余地。因此，本书涉及的工业“三废”直接排放还是处理后再排放的决策，是假定在符合直接排放标准的前提下进行的。

对工业“三废”进行处理必须追加专属成本和变动性处理成本，但不一定能使企业得到直接的收益，往往是达到环保排放标准以后，可以不被罚款；如果直接排放可能要交一定的排污费，这就有一个相关成本比较的问题。

需要强调的是，我们在进行这类决策时，必须自觉响应党的二十大提出的“推动绿色发展，促进人与自然和谐共生”的号召；明确“尊重自然、顺应自然、保护自然，是全面建设社会主义现代化国家的内在要求。必须牢固树立和践行绿水青山就是金山银山的理念，站在人与自然和谐共生的高度谋划发展。”对于污染严重影响大的产品或项目，不能只考虑经济效益，必须果断实施“一票否决制”。

第三节 生产决策（3）——怎样生产的决策

怎样生产的决策是指在进行生产决策时，针对如何完成生产任务的备选方案所作的选择。本节介绍进行下列决策的具体技巧，包括零部件自制或外购的决策、不同生产工艺技术方案的决策和追加任务交给谁独立完成的决策等。

一、零部件自制或外购的决策

（一）零部件自制或外购决策的定义

零部件自制或外购的决策，是指企业围绕既可自制又可外购的零部件的取得方式而开展的决策，又称零部件取得方式的决策。它属于“互斥方案”的决策类型，通常涉及“自制零部件”和“外购零部件”两个备选方案。这些方案不涉及相关收入，只需要考虑相关成本因素。

（二）企业已经具备自制能力，且零部件的全年需用量为固定常数时的决策

如果企业已经有能力自制零部件，则与自制能力有关的固定生产成本就属于沉没成本，在决策中，不应予以考虑。具体又分以下两种情况：

1.自制能力无法转移时

在企业已经具备的自制能力无法转移情况下，“自制零部件”方案的相关成本只包括按

零部件全年需用量计算的变动生产成本。

由于“外购零部件”方案的相关成本也是按零部件全年需用量计算的，因此，只要直接比较自制零部件的单位变动生产成本和外购单价的大小，就可以作出相应决策，即应当选择上述两个因素中水平较低的方案。中选方案比放弃方案节约的成本等于上述两个因素之差与零部件全年需用量的乘积。

［例8-25］直接判断法在零部件自制或外购决策中的应用

已知：某企业常年生产，每年需要甲零件100 000件。该零件既可以自制，又可以外购。目前企业已具备自制能力，自制甲零件的单位完全生产成本为30元，其中，直接材料20元，直接人工4元，变动性制造费用1元，固定生产成本5元。假定甲零件的外购单价为27元，自制产能无法转移。

要求：（1）计算自制甲零件的单位变动生产成本。

（2）利用直接判断法作出自制或外购甲零件的决策。

（3）计算有关的成本节约额。

解：依题意

（1）自制甲零件的单位变动生产成本=20+4+1=25（元/件）

（2）∵自制甲零件的单位变动生产成本25元<外购甲零件的单价27元

∴ 应当自制甲零件

（3）自制比外购节约的成本=（27-25）×100 000=200 000（元）

2.自制能力可以转移时

在自制能力可以转移的情况下，“自制零部件”方案的相关成本除了包括按零部件全年需用量计算的变动生产成本外，还包括与自制能力转移有关的机会成本，无法通过直接比较单位变动生产成本与外购单价作出决策，必须采用相关成本分析法。

［例8-26］相关成本分析法在零部件自制或外购决策中的应用

已知：仍按例8-25的资料。假定自制甲零件的产能可以用于承揽零星加工业务，每年预计可获贡献边际300 000元，其他条件不变。

要求：（1）确定自制甲零件方案的机会成本。

（2）用相关成本分析法作出自制或外购甲零件的决策。

解：依题意

（1）自制甲零件的机会成本为300 000元。

（2）依题意编制的相关成本分析表见表8-37。

表8-37 相关成本分析表 单位：元

项目 \ 方案	自制甲零件	外购甲零件
变动成本 机会成本	25×100 000=2 500 000 300 000	27×100 000=2 700 000 —
相关成本合计	2 800 000	2 700 000

根据表8-37的数据，可作出以下决策结论：应当安排外购甲零件，这样可使企业节约100 000元成本。

（三）企业尚不具备自制能力，且零部件的全年需用量不确定时的决策

在企业尚不具备自制能力，且零部件的全年需用量不确定的情况下，可采用成本无差别点法进行决策。

［例8-27］成本无差别点法在零部件自制或外购决策中的应用

已知：企业需用的乙部件可从市场上买到，市价为20元/件；如果安排自制，每年将发生相关的固定成本30 000元，单位变动成本为14元/件。

要求：作出自制或外购乙部件的决策。

解：设自制方案的固定成本为a_1，单位变动成本为b_1，

外购方案的固定成本为a_2，单位变动成本为b_2。

$\because a_1=30\,000>a_2=0$

$b_1=14<b_2=20$

$\therefore$符合应用成本无差别点法进行决策的条件

$$成本无差别点业务量=\frac{a_1-a_2}{b_2-b_1}=\frac{30\,000-0}{20-14}=5\,000（件）$$

决策结论：当乙部件全年需用量在0～5 000件之间变动时，应安排外购；当超过5 000件时，则以自制为宜。

二、不同生产工艺技术方案的决策

（一）不同生产工艺技术方案决策的定义

不同生产工艺技术方案的决策，是指企业在组织生产过程中，围绕不同的生产工艺技术方案所作的决策。它属于“互斥方案”的决策类型，各备选方案通常只涉及相关成本，而不涉及相关收入。

（二）不同生产工艺技术方案决策的方法

采用先进的生产工艺技术，由于劳动生产率高、劳动强度低、材料消耗少，可能导致较低的单位变动成本，但往往采用较先进的设备装置，导致固定成本高；而采用传统的生产工艺技术时，情况就会相反，因设备比较简陋，虽然固定成本较低，但单位变动成本可能较高。对此，可采用成本无差别点法进行决策。

在进行此类决策时，应充分考虑市场情况和加工业务量水平，因地制宜地选择合适的生产工艺技术方案，既不能不顾实际，贪大求洋，盲目追求过高的工艺技术，也不能借口节约投资，长期采用落后工艺技术。

（三）两种不同生产工艺技术方案决策

如果决策只涉及两个备选方案，可直接应用成本无差别点法。

［例8-28］成本无差别点法在不同工艺技术方案决策中的应用

已知：某企业决定生产A零件，有甲、乙两种不同的工艺方案可供选择。甲工艺方案的相关固定成本为240 000元，单位变动成本为80元/件；乙工艺方案的相关固定成本为160 000元，单位变动成本为120元/件。

要求：用成本无差别点法作出采用何种工艺方案的决策。

解：依题意

设甲方案的固定成本为a_1，单位变动成本为b_1；

乙方案的固定成本为a_2，单位变动成本为b_2。

$\because a_1=240\ 000>a_2=160\ 000$

$b_1=80<b_2=120$

∴符合应用成本无差别点法进行决策的条件

$$成本无差别点业务量=\frac{a_1-a_2}{b_2-b_1}=\frac{240\ 000-160\ 000}{120-80}=2\ 000（件）$$

决策结论：当A零件的需用量小于或等于2 000件时，应选择乙工艺方案；当A零件的需用量大于2 000件时，应选择甲工艺方案。

（四）三种不同生产工艺技术方案决策

如果在不同工艺技术方案的决策中，有甲、乙、丙三种工艺方案可供选择，各方案的相关固定成本分别为a_1、a_2、a_3，单位变动成本分别为b_1、b_2、b_3，且同时满足$a_1>a_2>a_3$，$b_1<b_2<b_3$，符合应用成本无差别点法的条件，就可以据此计算由甲与乙方案、由甲与丙方案、由乙与丙方案两两组合形成的三个成本无差别点。其中至少有一个成本无差别点在决策时不需要考虑。

设：由甲与乙形成的成本无差别点业务量为X_1，由甲与丙形成的成本无差别点业务量为X_2，由乙与丙形成的成本无差别点业务量为X_3。按照三者之间的大小排列，有以下两种情况：

第一种情况：$X_1>X_2>X_3$时，X_2与决策无关，可不予考虑。

第二种情况：$X_1<X_2<X_3$时，X_1和X_3均与决策无关，可不予考虑。

1.第一种情况举例

［例8-29］成本无差别点法在三个不同工艺技术方案决策中的应用（情况Ⅰ）

已知：某企业决定生产B配件，具体产量尚未确定，最大产量不超过3 000件。有甲、乙、丙三种工艺方案可供选择。甲方案的相关固定成本为1 000 000元，单位变动成本为300元/件；乙方案的相关固定成本为700 000元，单位变动成本为500元/件；丙方案的相关固定成本为600 000元，单位变动成本为900元/件。

要求：用成本无差别点法作出采用何种工艺方案的决策。

解：根据题意，可断定本题符合应用成本无差别点法的条件（理由略），分别计算出三个成本无差别点业务量如下：

$$甲方案与乙方案的成本无差别点业务量X_1=\frac{1\ 000\ 000-700\ 000}{500-300}=1\ 500（件）$$

甲方案与丙方案的成本无差别点业务量$X_2\approx667$（件）（计算过程略，下同）

乙方案与丙方案的成本无差别点业务量$X_3=250$（件）

本题符合第一种情况：$X_1>X_2>X_3$，X_2与决策无关，可不予考虑。

决策结论：当业务量X小于250件时，应选择丙方案；当业务量X处于250～1 500件范围内时，应选择乙方案；当业务量X大于1 500件时，应选择甲方案；当业务量X等于250件时，乙方案和丙方案的成本无差别；当业务量X等于1 500件时，甲方案和乙方案的成本无差别。

根据例8-29数据绘制的第一种情况下的三方案成本无差别点法示意图如图8-1所示。

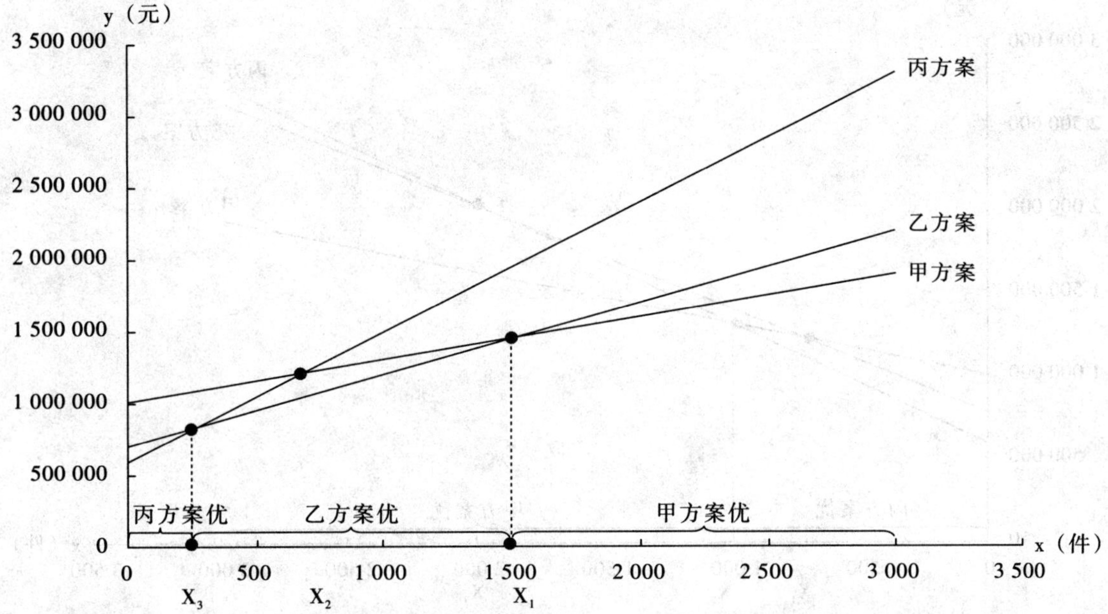

图8-1 三方案成本无差别点法示意图（情况I）

从图8-1可见，以甲、乙、丙三个方案的成本无差别点为顶点，构成了一点在上、两点在下的三角形。由甲与乙形成的成本无差别点业务量X_1大于由甲与丙形成的成本无差别点业务量X_2，且大于由乙与丙形成的成本无差别点业务量X_3，X_2与决策无关，可不予考虑。

2.第二种情况举例

［例8-30］成本无差别点法在三个不同工艺技术方案决策中的应用（情况II）

已知：某企业决定生产C部件，具体产量尚未确定，最大产量不超过3 000件。有甲、乙、丙三种工艺方案可供选择。甲方案的相关固定成本为1 000 000元，单位变动成本为300元/件；乙方案的相关固定成本为800 000元，单位变动成本为600元/件；丙方案的相关固定成本为600 000元，单位变动成本为700元/件。

要求：用成本无差别点法作出采用何种工艺方案的决策。

解：根据题意，可断定本题符合应用成本无差别点法的条件（理由略），分别计算出三个成本无差别点业务量如下：

甲方案与乙方案的成本无差别点业务量$X_1=\dfrac{1\,000\,000-800\,000}{600-300}\approx667$（件）

甲方案与丙方案的成本无差别点业务量$X_2=1\,000$（件）（计算过程略，下同）

乙方案与丙方案的成本无差别点业务量$X_3=2\,000$（件）

本题符合第二种情况：$X_1<X_2<X_3$，X_1和X_3均与决策无关，可不予考虑。

决策结论：当业务量X小于1 000件时，应选择丙方案；当业务量X大于1 000件时，应选择甲方案；当业务量X等于1 000件时，甲方案和丙方案的成本无差别；乙方案根本不存在可行区间。

根据例8-30数据绘制的第二种情况下的三方案成本无差别点法示意图如图8-2所示。

从图8-2可见，以甲、乙、丙三个方案的成本无差别点为顶点，构成了两点在上、一点在下的倒三角形。由甲与乙形成的成本无差别点业务量X_1小于由甲与丙形成的成本无差别

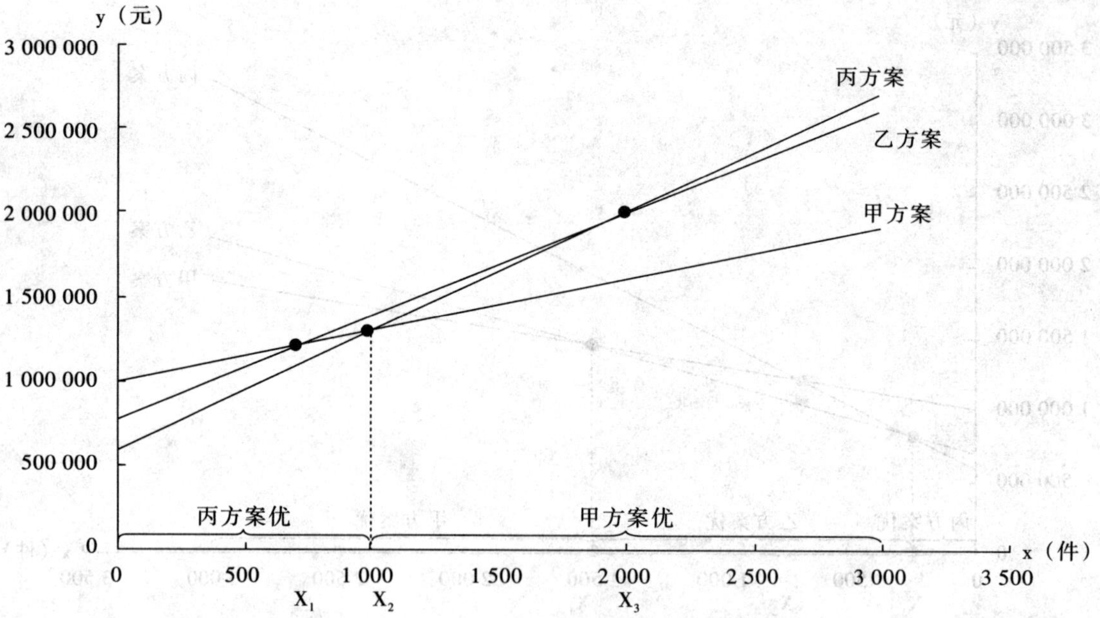

图8-2　三方案成本无差别点法示意图（情况II）

点业务量X_2，且小于由乙与丙形成的成本无差别点业务量X_3，则决策只需考虑X_2，X_1和X_3与决策无关，可不予考虑。

三、追加任务交给谁独立完成的决策

当公司下属的若干个分厂同时具备单独完成某一生产任务的剩余产能时，应将任务下达给哪个分厂呢？传统的做法是将其布置给单位成本最低的分厂。由于按完全成本法计算的单位成本中包括一部分无关的固定成本，往往导致错误的决策。正确的做法是：在不涉及追加专属成本时，以各分厂单位变动成本孰低作为取舍标准；在涉及专属成本时，则应采用相关成本分析法进行决策，即考虑各分厂相关的变动成本与专属成本的合计孰低。

[例8-31] 相关成本分析法在追加任务交给谁独立完成决策中的应用

已知：某公司现有在1年内加工1 000件A产品的任务，其下属的甲、乙分厂目前均有独立完成该项任务的潜力。甲分厂上报的生产A产品的单位计划成本为15元（其中单位变动成本为10元），乙分厂上报的生产A产品的单位计划成本为14元（其中单位变动成本为11元）。

要求：就以下不相关情况作出正确布置该项任务的决策分析。

（1）甲、乙分厂均不需追加专属成本。

（2）甲分厂若要完成该项任务，须重新启用一台封存设备（该设备原始价值12 000元，使用年限10年，期末无残值，已使用2年）。

解：依题意

（1）在第一种情况下，只要比较单位变动成本即可，因为甲分厂单位变动成本小于乙分厂单位变动成本，所以应安排由甲分厂生产，这样可为公司节约1 000元（（11-10）×1 000）成本开支。

（2）在第二种情况下，编制相关成本分析表，见表8-38。

表8-38　相关成本分析表　单位：元

项目＼方案	由甲分厂完成	由乙分厂完成
变动成本	10×1 000=10 000	11×1 000=11 000
专属成本	12 000÷10=1 200	0
相关成本合计	11 200	11 000

根据表8-38可以得出以下结论：应由乙分厂完成此任务，这样可为公司节约200元成本开支。

第四节　生产决策（4）——生产多少的决策

生产多少的决策包括两类：其一是与是否生产决策和怎样生产决策相结合的一类决策，如增产多少亏损产品、接受多少追加订货、深加工多少半成品或联产品等决策，我们已在本章前三节分别讨论过。另一类是最优生产批量决策。本节主要介绍后者的原理及应用的技巧。

一、最优生产批量决策的含义

最优生产批量决策是指围绕大批大量生产的企业全年应分几批组织生产，每批应生产多少件产品才最为经济合理而展开的生产决策。

通过最优生产批量决策，可以使企业选择一个相关总成本之和为最低的生产批量。

二、最优生产批量决策应考虑的相关成本

在最优生产批量决策中，主要考虑相关的调整准备成本和相关的储存成本两个相关成本因素。至于生产过程中发生的直接材料、直接人工等变动成本，都属于无关成本，在决策过程中不予考虑。

（一）相关的调整准备成本

调整准备成本是指每批产品投产前为做好准备工作而发生的成本。相关的调整准备成本包括：调整机器、准备工具模具、清理现场、布置生产线、领取原材料、准备生产作业记录的成本等内容。

这类成本的每次发生额基本相等，它与生产数量没有直接联系，而与每年生产的次数（以下简称生产批次）成正比：生产批次越多，调整准备成本就越高；反之，越低。

若设每批调整准备成本为S，生产批次为n，全年调整准备成本为T_S，则有：

年调整准备成本（T_S）=每批调整准备成本×批次=$S\cdot n$　（8.4.1式）

（二）相关的储存成本

储存成本是指单位产品或零部件在储存过程中发生的年成本。相关的储存成本包括：仓库及设备的维修费、折旧费、保险费，保管人员工资，利息支出，自然损耗等内容。

这类成本与生产批次的多少没有直接联系，而与生产批量成正比变化；批量越大，年储

存成本越高；反之，越低。

若设全年单位储存成本为C，生产批量为Q，平均每天生产量（即入库量）为p，平均每天发出量（即出库量）为d，全年储存成本为T_C，则有：

$$\text{年储存成本}(T_C)=\text{单位储存成本}\times\text{年平均储存量} \quad (8.4.2\text{式})$$

$$=\text{单位储存成本}\times\frac{1}{2}\times\text{每批生产终了时的最高储量} \quad (8.4.3\text{式})$$

$$=\text{单位储存成本}\times\frac{1}{2}\times\frac{\text{生产批量}}{\text{每天生产量}}\times\left(\text{每天生产量}-\text{每天发出量}\right) \quad (8.4.4\text{式})$$

$$=\frac{1}{2}\times\text{单位储存成本}\times\text{生产批量}\times\left(1-\frac{\text{每天发出量}}{\text{每天生产量}}\right) \quad (8.4.5\text{式})$$

$$=\frac{CQ}{2}\cdot\left(1-\frac{d}{p}\right) \quad (8.4.6\text{式})$$

（三）调整准备成本与储存成本的关系

调整准备成本与储存成本是性质相反的两类成本，由于调整准备成本与批量无关，而与批次成正比，因此要降低全年的调整准备成本，必须减少批次；而批次的减少，必将引起批量的增长，从而提高全年的平均储存成本。在这种情况下，就存在最优生产批量的决策问题。

最优生产批量决策就是要寻求一个适当的生产批量，使其全年的调整准备成本与其全年的平均储存成本之和最低。

三、单一品种条件下的最优生产批量决策

最优生产批量决策受到企业生产的品种多少的影响，如果企业组织单一品种（产品或零部件）分批生产，相应的最优生产批量决策相对比较简单；在组织多品种生产的企业中，相应的最优生产批量决策就比较复杂。

单一品种生产批量决策的方法包括：边际分析法、列表法和图示法。

（一）边际分析法

在管理会计中，使用按照微分极值原理建立的最优生产批量模型进行最优生产批量决策的方法称为边际分析法。

在单一品种条件下，成批生产时全年产量一般是固定的（假设为A），这就决定了生产批量Q与批次n成反比：批量越大，批次越少；反之，就越多。A、Q和n三者之间的关系可用以下公式来表示：

$$n=\frac{A}{Q} \quad (8.4.7\text{式})$$

与生产批量有关的全年相关总成本TC的计算公式为：

$$TC=T_S+T_C=S\cdot n+\frac{CQ}{2}\cdot\left(1-\frac{d}{p}\right) \quad (8.4.8\text{式})$$

由于调整准备成本与储存成本具有性质相反的特性，使全年总成本TC存在极小值，运用边际分析法进行分析，首先求8.4.8式的一阶导数，并令其等于零。通过推导（推导过程略）可得出以下结论：

（1）当年储存成本与年调整准备成本相等时，全年相关总成本最低。

（2）最优生产批量Q^*、最低相关总成本TC^*和最优生产批次n^*的模型分别为：

$$Q^*=\sqrt{\frac{2AS}{C\cdot\left(1-\frac{d}{p}\right)}} \tag{8.4.9式}$$

$$TC^*=\sqrt{2ASC\cdot\left(1-\frac{d}{p}\right)} \tag{8.4.10式}$$

$$n^*=\frac{A}{Q^*} \tag{8.4.11式}$$

［例8-32］边际分析法在单一品种条件下最优生产批量决策中的应用

已知：某企业每年生产3 600件甲产品，每件储存成本为6元，每批调整准备成本为800元，平均每天生产量为30件，每天发出10件。

要求：按边际分析法计算最优生产批量等各项决策指标。

解：依题意A=3 600，C=6，S=800，p=30，d=10，则有：

$$Q^*=\sqrt{\frac{2AS}{C\cdot\left(1-\frac{d}{p}\right)}}=\sqrt{\frac{2\times 3\,600\times 800}{6\times\left(1-\frac{10}{30}\right)}}=1\,200\text{（件）}$$

$$TC^*=\sqrt{2ASC\cdot\left(1-\frac{d}{p}\right)}=\sqrt{2\times 3\,600\times 800\times 6\times\left(1-\frac{10}{30}\right)}=4\,800\text{（元）}$$

$$n^*=\frac{A}{Q^*}=\frac{3\,600}{1\,200}=3\text{（批）}$$

（二）列表法

列表法是指在按照不同批次和批量分别计算相关的年调整准备成本和年储存成本的基础上，计算不同情况下的相关成本，从中选择最低的相关成本对应的生产批量作为最优生产批量的一种方法。

［例8-33］列表法在单一品种条件下最优生产批量决策中的应用

已知：仍按例8-32的资料。

要求：按列表法确定最优生产批量和最优生产批次等决策指标。

解：依题意编制的最优生产批量分析表见表8-39。

表8-39　**最优生产批量分析表**　单位：元

批次n	批量Q（件）	年调整准备成本	年储存成本	年相关成本
		$T_S=S\cdot n$	$T_C=\frac{CQ}{2}\cdot(1-\frac{d}{p})$	$TC=T_S+T_C$
1	3 600	800	7 200	8 000
2	1 800	1 600	3 600	5 200
3*	1 200	2 400	2 400	4 800
4	900	3 200	1 800	5 000
5	720	4 000	1 440	5 440
6	600	4 800	1 200	6 000

由表8-39可见，当相关的年调整准备成本等于相关的年储存成本时，年相关成本达到最低，因此，最优生产批量和最优生产批次分别为1 200件和3批。

（三）图示法

图示法是指通过将各种相关成本绘制在坐标图上，观察确定最优生产批量的方法。

在坐标图上，横轴代表批量，纵轴代表相关成本，如图8-3所示。由图8-3可见，年相关成本TC线是一条凹形曲线，其斜率为零时的批量为最优批量，此时年调整准备成本恰好等于年储存成本。

[例8-34] 图示法在单一品种条件下最优生产批量决策中的应用

已知：仍按例8-32的资料和例8-33的结果。

要求：按图示法确定最优生产批量指标。

解：依题意绘制的最优生产批量示意图如图8-3所示。

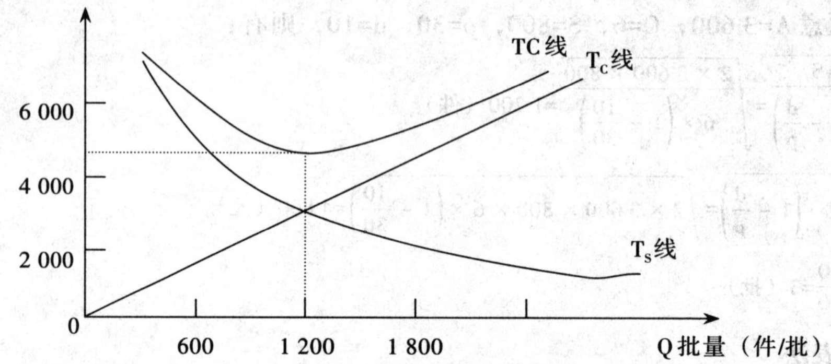

图8-3 最优生产批量示意图

由图8-3可见，年调整准备成本线恰好等于年储存成本线时，相关成本线最低，此时的生产批量1 200件为最优批量。

（四）边际分析法、列表法和图示法的比较

上述三种方法计算结果相同，但列表法通过逐次测试确定最优批量比较麻烦；边际分析法依靠公式直接进行计算，相对而言简便易行；图示法实质是在逐次测试的基础上进行直观反映，因此实际中常常与列表法结合应用。

四、几种产品或零配件轮换分批生产的最优生产批量控制分析

事实上，企业往往用同一种生产设备轮换分批生产几种产品或零部件。在这种情况下，就不能分别按每种产品或零部件套用边际分析法的公式直接计算有关控制指标，因为它们的最优批数各不相同，使企业无法据此在同一设备上安排生产。

在这种情况下，只能利用边际分析法。具体程序是：

（1）根据各种产品或零部件的年调整准备成本之和与年储存成本之和相等时年总成本合计最低的原理，确定其共同的最优生产批次（记作N^*）。

（2）分别计算各种产品或零部件的最优生产批量。

运用边际分析法进行推导（推导过程略）可导出以下计算公式：

共同最优生产批次 $N^*=\sqrt{\dfrac{\sum A_iC_i\cdot\left(1-\dfrac{d_i}{p_i}\right)}{2\sum S_i}}$ （8.4.12式）

各产品或零部件的最优生产批量 $Q_i^*=\dfrac{A_i}{N^*}$ （8.4.13式）

8.4.12式和8.4.13式中的i=1，2，3，…，n，代表不同品种的产品或零部件。

［例8-35］边际分析法在多品种轮换生产条件下最优生产批量决策中的应用

已知：某企业有一台设备分批轮换生产甲、乙两种零件，有关资料见表8-40。

表8-40　资　料

序号i	零件	全年需用量 A_i	每次调整准备成本 S_i	单位储存成本 C_i	每天生产量 p_i	每天发出量 d_i
1	甲	1 200	120	1.5	30	15
2	乙	2 400	230	2.0	15	9

要求：确定甲、乙两种零件的最优生产批量。

解：根据上述资料进行计算，则：

$$N^*=\sqrt{\frac{1\,200\times1.5\times\left(1-\frac{15}{30}\right)+2\,400\times2\times\left(1-\frac{9}{15}\right)}{2\times(120+230)}}\approx2\text{（批）}$$

$$Q_1^*=\frac{1\,200}{2}=600\text{（件）}$$

$$Q_2^*=\frac{2\,400}{2}=1\,200\text{（件）}$$

共同最优生产批次是2批，轮换生产时，每批应安排生产甲零件600件，乙零件1 200件。

第五节　不确定条件下的生产决策

本节结合例题介绍在不确定条件下如何应用概率分析法、大中取大法、小中取大法、大中取小法和折中决策法进行生产决策的技巧。

一、概率分析法的应用

［例8-36］概率分析法在生产决策中的应用

已知：某公司准备开发一种新产品，现有A品种和B品种可供选择，有关资料见表8-41。

表8-41　相关资料　单位：元

项目＼品种	A品种	B品种
单价	300	285
单位变动成本	268	256
固定成本	24 000	24 000

销量是一个随机变量，有关预测资料见表8-42。

表8-42 销量资料

预计销量（件）	概率	
	A品种	B品种
600	—	0.1
800	0.1	0.2
900	0.1	0.2
1 000	0.3	0.4
1 200	0.3	0.1
1 400	0.2	—

要求：利用概率分析法作出开发何种新产品的决策。

解：根据上述资料，可编制期望价值计算分析表，见表8-43。

表8-43 期望价值计算分析表 金额单位：元

品种	销量（件）	单位贡献边际	贡献边际	概率	贡献边际期望值
	①	②	③=①×②	④	⑤=③×④
A品种	800	300-268=32	25 600	0.1	2 560
	900		28 800	0.1	2 880
	1 000		32 000	0.3	9 600
	1 200		38 400	0.3	11 520
	1 400		44 800	0.2	8 960
	合计				35 520
B品种	600	285-256=29	17 400	0.1	1 740
	800		23 200	0.2	4 640
	900		26 100	0.2	5 220
	1 000		29 000	0.4	11 600
	1 200		34 800	0.1	3 480
	合计				26 680

决策结论：从表8-43的计算结果可看出，因为A品种的贡献边际期望值比B品种的贡献边际期望值大，因此，开发A品种将使企业多获利8 840元（35 520-26 680）。

二、大中取大法的应用

在不确定条件下的决策过程中，如果决策者对未来持乐观态度，可采用大中取大法。此法又称最大的最大收益值法，是在几种不确定的随机事件中，选择最有利的市场需求情况下的收益值最大的方案作为中选方案的决策方法。这里的“收益值”在短期经营决策中是指“贡献边际总额”或“税前净利”；在长期投资决策中是指“净现值”、“内部收益率”或“获利指数”。

［例8-37］大中取大法在生产决策中的应用

已知：某公司准备开发一种新产品，根据市场调查提出三种不同产量方案，并预计销路好坏不同情况下的贡献边际总额，有关资料见表8-44。

表8-44　贡献边际资料　金额单位：元

销路 产量方案（件）	畅销	一般	滞销
2 000	40 000	29 000	17 000
2 500	49 000	28 000	21 500
3 000	58 500	33 600	18 600

要求：按大中取大法为该公司作出生产数量的决策。

解：依题意编制分析表，见表8-45。

表8-45　分析表　金额单位：元

销路 产量方案（件）	畅销	一般	滞销	最大收益值	最小收益值
2 000	40 000	29 000	17 000	40 000	17 000
2 500	49 000	28 000	21 500	49 000	21 500√
3 000	58 500	33 600	18 600	58 500√	18 600

从表8-45可见，在大中取大法下，最大收益值均集中在“畅销”栏，而最大收益值中的最大值是58 500元，因此产量为3 000件的方案为最优方案。

三、小中取大法的应用

小中取大法是在几种不确定的随机事件中，选择最不利的市场需求情况下的收益值最大的方案作为中选方案。显然，主张使用该法的决策者比较保守和稳健。

［例8-38］小中取大法在生产决策中的应用

已知：仍按例8-37的资料。

要求：采用小中取大法进行生产数量的决策。

解：从表8-45可见，在小中取大法下，最小收益值均集中在“滞销”栏，而最小收益值中的最大值是21 500元，因此产量为2 500件的方案为最优方案。

四、大中取小法的应用

此法又称最小的最大后悔值法，是在几种不确定的随机事件中，选择最大后悔值中的最小值的方案作为中选方案。所谓后悔值即损失额，是指不同需求情况下的最大收益值超过本方案收益值的差额。它表示如果选错方案将会受到的损失额。显然，出现几种随机事件，就会有几个相应后悔值。采用这种方法时要求决策者比较稳健。

［例8-39］大中取小法在生产决策中的应用

已知：仍按例8-37的资料。

要求：采用大中取小法进行生产数量的决策。

解：据此进行的计算分析见表8-46。

表8-46 后悔值计算分析表 金额单位：元

产量方案（件）＼销路	畅销	一般	滞销	最大后悔值
2 000	58 500-40 000=18 500	33 600-29 000=4 600	21 500-17 000=4 500	18 500
2 500	58 500-49 000=9 500	33 600-28 000=5 600	21 500-21 500=0	9 500
3 000	58 500-58 500=0	33 600-33 600=0	21 500-18 600=2 900	2 900√

从表8-46可见，最大后悔值中的最小值是2 900元，因此产量为3 000件时的方案应作为最优方案。

五、折中决策法的应用

此法是在确定乐观系数α和各方案预期价值的基础上，选择各个备选方案中预期价值最大的方案作为中选方案。由于这种方法是由西方学者赫威兹创立的，因此又称赫威兹决策法。决策者在确定乐观系数α时，既不能过于乐观，也不能过于悲观，而是采取现实主义的态度，根据实际情况和自己的实践经验折中确定。α的取值范围是0≤α≤1，如果α取值接近1，则比较乐观；如果接近0，则比较悲观。每个备选方案的预期价值按照以下公式进行计算：

各个方案的预期价值=α×最高收益值+（1-α）×最低收益值 （8.5.1式）

［例8-40］折中决策法在生产决策中的应用

已知：仍按例8-37的资料，假定该公司的乐观系数为0.7。

要求：用折中决策法进行生产数量的决策。

解：每种产量方案的预期价值计算如下。

2 000件方案的预期价值=0.7×40 000+（1-0.7）×17 000=33 100（元）

2 500件方案的预期价值=0.7×49 000+（1-0.7）×21 500=40 750（元）

3 000件方案的预期价值=0.7×58 500+（1-0.7）×18 600=46 530（元）

从以上计算结果来看，3 000件时的预期价值最高（46 530元），因此应选择该方案作为中选方案。

□思政课堂

完善党中央重大决策部署落实机制

习近平总书记在党的二十大报告中指出，健全总揽全局、协调各方的党的领导制度体系，完善党中央重大决策部署落实机制，确保全党在政治立场、政治方向、政治原则、政治道路上同党中央保持高度一致，确保党的团结统一。党中央重大决策部署落实机制，是我们党在长期实践中形成的维护党中央权威和集中统一领导的制度机制之一，是坚持和加强党的全面领导的重要制度安排，必须长期坚持、不断发展完善。

落实党中央重大决策部署，是维护党中央权威和集中统一领导的题中应有之义。党中央制定的理论和路线方针政策，是全党全国各族人民统一思想、统一意志、统一行动的依据和基础。党中央的权威首先就体现在党中央说的话能够算数，党的理论和路线方针政策能够不折不扣得到贯彻执行。当前，落实党中央重大决策部署已有比较健全的机制，但也存在不足。

以更好维护党中央权威和集中统一领导为着眼点，完善党中央重大决策部署落实机制，重点要抓好以下方面：一是各地区各部门坚决贯彻落实党的基本理论、基本路线、基本方略，正确处理保证党中央政令畅通和立足实际创造性开展工作的关系，积极主动将党的主张和重大决策部署转化为法律法规和政策政令，转化为领导体制、工作机制和管理方式方法创新，转化为推动经济社会发展的实际行动。二是强化党中央重大决策部署落实机制，制定责任清单，化解部门分歧，消除条块梗阻，力戒形式主义、官僚主义。三是建立定期就习近平总书记重要指示批示和党中央决策部署贯彻落实情况“回头看”和报告、通报制度，切实解决贯彻落实中的困难和问题，确保党中央政令畅通、令行禁止。

资料来源：邢瑞华.完善党中央重大决策部署落实机制［N］. 中国组织人事报，2023-03-22. 作者有删改.

□ 复习思考题

1.为什么说“应当无条件消灭亏损产品”的提法是错误的？应当停产的亏损产品就一定不应增加产量吗？

2.为什么在半成品或联产品是否深加工的决策中，无论是半成品还是联产品本身的成本都是无关成本？

3.在什么条件下会发生追加订货冲击正常任务的情况？在此情况下，除了会发生机会成本外，还会发生哪些相关成本？

4.结合是否接受低价追加订货的决策，说明在计算同一个决策方案的相关收入与相关成本时，可能依据的不同相关业务量。

5.判断下列说法是否正确，并说明理由：“在零部件自制或外购的决策中，与自制能力相联系的固定成本属于沉没成本，决策时应不予考虑。”

6.请说明在应用成本无差别点法进行三方案工艺技术决策时，如何根据三个成本无差别点业务量大小的排列关系来判定哪些业务量需要考虑、哪些不需要考虑？

7.在最优生产批量决策中需要考虑哪些相关成本？怎样计算最优生产批量和最优批次？

8.在进行不确定条件下的生产决策时，通常可采用哪些方法？这些方法分别适用于哪类决策者？

第九章

长期投资决策（上）

长期投资决策是指与长期投资项目有关的决策过程，简称长期决策（long-term decision）。由于长期投资方案涉及资本支出，故又称资本支出决策；又因长期投资决策一经确定，就需要纳入资本支出预算，也有人称之为资本预算决策。

第一节　长期投资决策概述

本节在简要介绍长期投资的概念、分类和基本特点的基础上，重点讨论长期投资决策的定义和各类长期决策的特点，并说明了组织好长期投资决策的经济意义。

一、投资及长期投资的含义

在西方，有人将企业的基本功能归纳为融资、投资和生产，可见投资是企业经营活动的重要内容之一。狭义的投资（investment）是指企业向那些并非直接为本单位使用的财产项目投入资金，并以利息、使用费、股利或租金收入等形式获取收益，使得资金增值的行为。如购买其他企业的股票与债券，购买用于对外租赁的设备等。广义的投资则泛指企业投入财力，以期在未来一定期间内获取更多收益的活动。本书取广义的投资概念，它不仅包括狭义的投资内容，还包括企业购买固定资产、开发利用资源、研制新产品、更新改造厂房设备等项内容。

凡涉及投入大量资金，获取收益的持续期间超过1年，能在较长时间内影响企业经营获利能力的投资，我们统称为长期投资（long-term investment）。与长期投资有关的资金支出在会计上又称资本性支出。在尚未完全收回投资之前，长期投资的合理存在形式必然是资产项目。与其相对立的概念是收益性支出。进行长期投资决策必须首先将收益性支出同资本性支出区别开来。

二、长期投资的分类

长期投资可以按照不同的标志进行分类。

（一）长期投资按其对象分类

长期投资按其投资对象的不同可分为项目投资、证券投资和其他投资三种类型。

项目投资（project investment）是一种以特定项目为对象，直接与固定资产的购建项目或更新改造项目有关的长期投资行为；换言之，它是以形成或改善企业产能为最终目的，至少涉及一个固定资产项目的投资。

证券投资（securities investment）则是企业通过让渡资金的使用权而取得某种有价证券，以收取利息、使用费或股利等形式取得收益而使得资金增值或获得对特定资源、市场及其他企业控制权为目的的一种投资行为，包括长期债券投资和长期股票投资。

其他投资则是指项目投资和证券投资以外的长期投资，如联营投资等。

这种分类是企业投资最基本的分类。

（二）长期投资按其动机分类

长期投资按其动机分类可分为诱导式投资和主动式投资两种类型。

前者是指由于投资环境的改变，科技的进步，政治经济形势的变革，而由生产本身激发出来的投资；后者则是指完全由企业家本人主观决定的投资，它受到投资者个人的偏好、对风险的态度及投资者灵活性的影响。

（三）长期投资按其影响的范围分类

长期投资按其影响的范围分类可分为战术型投资与战略型投资两种类型。

前者是指一般不会改变企业经营方向，只限于局部条件的改善，影响范围较小的投资；后者是指通常能够改变企业经营方向，对企业全局产生重大影响的投资。

（四）投资按其与再生产类型的联系分类

投资按其与再生产类型的联系分类可分为合理型投资和发展型投资两种类型。

前者是指与简单再生产相联系，为维持原有产品的生产经营而必须进行的投资，如设备的日常维修和一般更新等；后者是指为扩大再生产进行的长期投资，如新增固定资产、扩建厂房、改造设备等。

（五）投资按其直接目标的层次分类

投资按其直接目标的层次分类可分为单一目标投资和复合目标投资两种类型。

前者又包括单纯以增加收入为目标的投资和以节约开支为目标的投资两种类型；后者的奋斗目标不唯一，按照多个目标之间的关系不同又包括主次目标分明型的投资和多目标并列型的投资。

三、长期投资的基本特点

不论哪类长期投资，其共同的特点是：投入资金的数额多、对企业影响的持续时间长、资金回收的速度慢、出现风险的可能性大。

四、长期投资决策的特点

不同类型的长期投资决策，具有不同的特点。

1.项目投资决策、证券投资决策和其他投资决策的特点

管理会计主要研究项目投资决策。这类决策通常会对企业未来的产能和创利能力产生直接的影响。本书中的“长期投资决策”如果不特殊加以说明，专指项目投资决策。

证券投资决策和其他投资决策对企业未来的发展一般只会产生间接的影响。

2.诱导式投资决策和主动式投资决策的特点

前者偏重对客观形势的分析判断；后者则更注意发挥投资者个人的主观能动性。

3.战术型投资决策和战略型投资决策的特点

前者大多由中低层或职能管理部门筹划，由高层管理部门参与制定；后者的成败直接关系到企业的未来命运，故多由企业最高管理当局筹划，并需要报经董事会或上级主管部门批准。

4.合理型投资决策和发展型投资决策的特点

前者主要考虑如何更加合理地维持或利用现有条件；后者则主要倾向于企业未来发展战略的实施与贯彻。

5.单一目标投资决策和复合目标投资决策的特点

前者比较简单，容易操作；后者比较复杂，需要对不同目标之间的关系进行排序处理。

五、长期投资决策的意义

鉴于长期投资本身所具备的特点，决定了长期投资决策直接影响着企业未来长期效益与发展。若投资决策作得好，企业未来一段期间内的经营状况就会好，经济效益就高；反之，决策失误，轻者会使企业长期蒙受巨大损失，重者将导致先天性亏损或难以弥补的功能缺陷，甚至将企业推上绝境。不仅如此，有些长期投资决策还会影响国民经济建设，甚至影响到全社会的发展。中华人民共和国成立七十多年来无数投资决策成败的正反两方面经验教训已经反复证明了这一点。因此，对待长期投资决策绝不能掉以轻心，必须按科学办事，借鉴国外先进的投资决策经验，学习掌握和运用分析评价投资效果的方法，结合我国国情科学决策。

长期投资决策必须做好投资的可行性研究和项目评估，从企业、国民经济和社会的角度进行研究论证，分析经济、技术和财务的可行性。但西方在进行投资决策时，除社会公共投资项目外，一般将企业的可行性研究摆在第一位，其次才考虑国民经济和社会的项目研究评估。因此，它们面向企业的管理会计学教材也只限于介绍企业进行可行性研究及与财务评价部分有关的理论和方法。我国是社会主义国家，进行投资决策、开展投资项目的可行性研究，首先应开展宏观评估，考虑投资项目满足社会需要的程度，分析国民经济范围内对该项目资源供应的保证程度和技术上的先进可靠程度，在经济技术可行的基础上再进行财务评价。这就要求正确处理好宏观决策与微观决策的关系。

本书介绍的长期投资决策以投资项目已具备经济和技术的可行性为前提，着重于与会计管理密切相关的财务可行性分析的原理与方法。在本章的各节中，将分别介绍与投资决策有关的长期投资项目、项目计算期和现金流量等因素。

第二节　关于长期投资项目的几个基本概念

本节分别介绍投资项目和项目主体的定义、计算期构成内容、原始总投资与投资总额的

构成内容、投资项目的类型以及资金的投入方式等基本概念。

一、投资项目的含义

如前所述，管理会计长期投资决策的主要研究对象是项目投资决策，而这类投资的具体对象则称为投资项目，简称为项目（project），项目是用于界定投资客体范围的概念。如果在投资时，不事先确定投资项目，投资者就不清楚究竟要向哪里投放资金，也无法弄清何时为投资的发生和何时为投资的回收。总之，没有投资项目，就无法确定投资的时空坐标。

二、投资项目的主体

投资主体是各种投资人（investor）的统称，是具体投资行为的发起者。从企业项目投资的角度看，其直接投资主体就是企业本身。从理论上讲，企业主体在进行项目投资决策时，首先关心的是全部投资资金的投放和回收的情况，而不论这些资金究竟来源于何处。但由于企业投资项目具体使用的资金分别来源于企业所有者和债权人，他们也必然会从不同角度关心企业具体投资项目的成败，因此，在进行项目投资决策时，还应当考虑到他们的要求，分别从自有资金提供者和借入资金投资者的立场去分析问题，提供有关信息。

三、项目计算期的构成

项目计算期是指投资项目从投资建设开始到最终清理结束整个过程的全部时间，即该项目的有效持续期间，通常以年为单位。

完整的项目计算期包括建设期和运营期。其中，建设期是指项目资金正式投入开始到项目建成投产为止所需要的时间，记作s（s≥0），建设期的第1年年初（记作第0年）称为建设起点，建设期的最后一年年末（记作第s年）称为投产日。在实践中，通常应参照项目建设的合理工期或项目的建设进度计划合理确定建设期。若建设期不足半年，可假定建设期为零。项目计算期的最后一年年末（记作第n年）称为终结点，假定项目最终报废或清理均发生在终结点（但更新改造除外）。从投产日到终结点之间的时间间隔称为运营期（记作p），又包括试产期和达产期两个阶段。试产期是指项目投入生产，但产能尚未完全达到设计能力的过渡阶段（从s+1～d）；达产期是指生产运营达到设计能力后的时间（从d+1～n）。运营期一般应根据项目主要设备的经济使用寿命期确定，而并非该项目物理意义上的续存期。就一般项目而言，若项目的实际寿命期超过20年，在进行投资决策时，可按20年计算；特殊投资项目的计算期中的寿命期最长不超过50年。

项目计算期、建设期和运营期之间有以下关系成立，即：

项目计算期（n）=建设期+运营期=s+p　　　　（9.2.1式）

项目计算期构成示意图如图9-1所示。

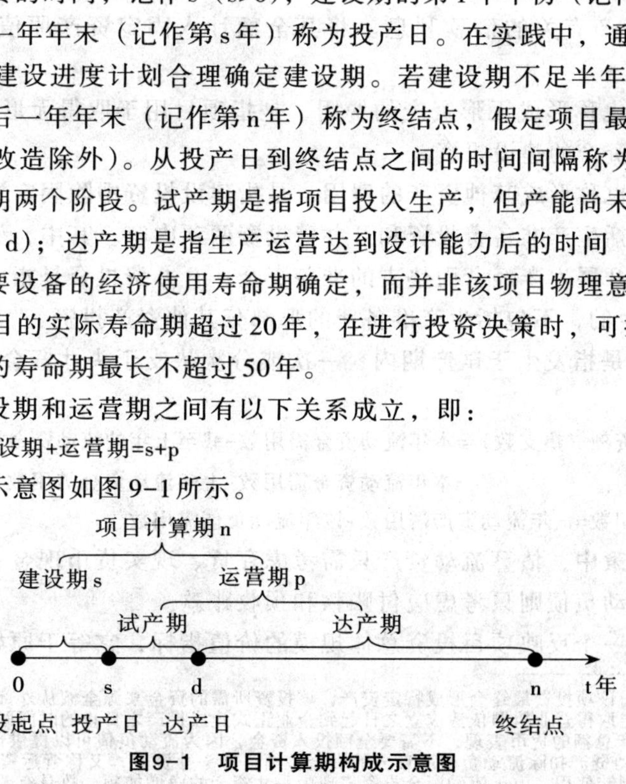

图9-1　项目计算期构成示意图

[例9-1] 项目计算期的计算

已知：某企业拟进行一项固定资产投资，预计使用寿命为10年。

要求：就以下各种不相关情况分别确定该项目的项目计算期。

(1) 在建设起点投资，当年完工并投产。

(2) 建设期为1年。

解：(1) 项目计算期=0+10=10（年）

(2) 项目计算期=1+10=11（年）

四、原始投资与项目总投资的构成内容

原始投资又称初始投资，是反映项目所需现实资金水平的价值指标。从项目投资的角度看，原始投资是企业为使项目完全达到设计产能、开展正常经营而垫支的全部现实资金，包括建设投资和流动资金投资两项内容。

建设投资是指在建设期内按一定生产经营规模和建设内容进行的资产性全额投资①，按照投资所形成的资产不同，分为固定资产投资、无形资产投资和其他资产投资三项具体内容。

固定资产投资也称形成固定资产的费用，是指项目用于购置或安装固定资产应当发生的投资。它是在项目投产时将直接形成固定资产的建设投资，也是任何类型项目投资中不可缺少的投资内容。计算折旧的固定资产原值与固定资产投资之间可能存在差异，原因在于固定资产原值可能包括应构成固定资产成本的建设期内资本化了的借款利息。两者的关系是：

固定资产原值=固定资产投资+建设期资本化借款利息　　(9.2.2式)

9.2.2式中，建设期资本化借款利息是指在建设期发生的与购建项目所需的固定资产、无形资产等长期资产有关的借款利息。将其全额计入固定资产原值，是出于简化决策的考虑。

无形资产投资也称形成无形资产的费用，是指项目用于取得无形资产应当发生的投资，它是直接形成无形资产的建设投资。

其他资产投资也称形成其他资产的费用，是指建设投资中除固定资产投资和无形资产投资以外的投资，包括生产准备费投资和开办费投资两项内容。其中，生产准备费投资是指为项目投产后第一年开展生产经营而垫支的准备资金；开办费投资是指为组织项目投资的企业在其筹建期②内发生的，不包括生产准备费的那部分其他资产投资。

流动资金投资是指发生于试产期内，一次或分次垫支于头寸资金的差额性投资③。其计算公式为：

某年流动资金投资额（垫支数）=本年流动资金需用数-截至上年的流动资金投资额　　(9.2.3式)

或　　=本年流动资金需用数-上年流动资金需用数　　(9.2.4式)

本年流动资金需用数=该年流动资产需用数-该年流动负债需用数　　(9.2.5式)

在项目投资决策中，估算流动资产只需考虑存货、现实货币现金、应收账款和预付账款等项内容；估算流动负债则只考虑应付账款和预收账款。

项目总投资是一个反映项目投资总体规模的价值指标，它等于原始投资与建设期资本化

①资产性全额投资，是指该项投资最终会形成特定资产，该投资所需的资金来源全额从外部投入。

②新建企业的筹建期是指取得营业执照依法成立之日起到企业正式建成投产之日止的时间间隔。

③流动资金不是流动资产总额的货币表现，不需要全额投入资金，因为流动负债可以提供部分内部资金来源。真正需要投资的流动资金是流动资产扣除流动负债所形成的资金差额，即头寸资金，又称营运资金（working capital），该资金可连续在运营期各年周转使用。由于流动资金投资表现为头寸资金的净增加额，故具有差额性的特征。

利息之和。

五、投资项目的类型

工业企业投资项目主要可分为以新增产能为目的的新建项目和以恢复或改善产能为目的的更新改造项目两大类。显然，前者属于外延式扩大再生产的类型；后者中的更新项目属于简单再生产，改造项目属于内涵式扩大再生产的类型。

新建项目按其涉及内容还可进一步细分为单纯固定资产投资项目和完整工业投资项目。单纯固定资产投资项目简称固定资产投资，其特点在于：在投资中只包括为取得固定资产而发生的垫支资本投入而不涉及周转资本的投入；完整工业投资项目则不仅包括固定资产投资，而且还涉及流动资金投资，也可能包括无形资产投资或开办费投资。尽管不论哪种类型的投资项目都至少涉及一个固定资产投资项目，但不能简单地将项目投资与固定资产投资画等号。

更新改造项目与单纯固定资产投资项目不同，在建设起点除了发生新设备的投资外，还往往发生旧设备的余值回收，此外还有可能涉及追加投入流动资金。

六、项目投资资金的投入方式与回收

从时间特征上看，投资主体将原始总投资注入具体项目的投入方式包括一次投入和分次投入两种形式。一次投入方式是指投资行为集中一次发生在项目计算期第一个年度的年初或年末；如果投资行为涉及两个或两个以上年度，或虽然只涉及一个年度但同时在该年的年初和年末发生，则属于分次投入方式。

资金投入方式与项目计算期的构成情况有关，同时也受到投资项目的具体内容制约。建设投资既可以采用年初预付的方式，也可采用年末结算的方式，因此该项投资必须在建设期内一次或分次投入。就单纯固定资产投资项目而言，如果建设期等于零时，则固定资产的投资方式只能是一次投入；如果固定资产投资是分次投入的，则意味着该项目的建设期一定大于或等于1年。

流动资金投资通常发生在试产期内。若一次性投入，则发生在投产后第一年年末；若分次投入，则从试产期第一年年末起连续若干年依次投入。正因为如此，在实务中，即使其完整工业项目的建设期为零，流动资金一次投入，其原始投资也必然是分两次投入的。

[例9-2] 项目投资有关参数的计算

已知：甲企业拟新建一条生产线，建设期为1年。需要在建设起点一次投入固定资产投资200万元，在建设期末投入无形资产投资25万元和生产准备费15万元。建设期资本化利息为10万元，全部计入固定资产原值。投产后第1年预计流动资产需用额为30万元，流动负债需用额为15万元；投产后第二年预计流动资产需用额为40万元，流动负债需用额为20万元。

要求：判断该投资项目的类型并计算该项目的下列指标：

（1）固定资产原值。

（2）建设投资。

（3）流动资金投资额。

（4）原始投资。

（5）项目总投资。

（6）指出原始投资的投入方式和在项目计算期内的投资时间。

解：该投资项目为完整工业项目投资。

（1）固定资产原值=200+10=210（万元）

（2）建设投资=200+25+15=240（万元）

（3）投产第一年的流动资金需用额=30-15=15（万元）

首次流动资金投资=15-0=15（万元）

投产第2年的流动资金需用额=40-20=20（万元）

投产第2年的流动资金投资额=20-15=5（万元）

流动资金投资合计=15+5=20（万元）

（4）原始投资=240+20=260（万元）

（5）项目总投资=260+10=270（万元）

（6）该项目的建设投资分两次投入，其中，在项目计算期的第0年（建设起点）投入200万元，在第1年（投产日）投入40万元；流动资金分两次投入，第一次是在项目计算期的第2年投入15万元，第二次是在项目计算期的第3年投入5万元。

各种投资不仅要投放出去，而且还必须能回收回来。固定资产投资的回收，包括在运营期n年内每年陆续发生的折旧和在终结点（第n年）一次回收的固定资产余值两种形式；无形资产投资的回收，是在运营期前5年内每年陆续发生的摊销；其他资产投资的回收，就是在投产后第1年（第s+1年）一次收回的摊销；流动资金的回收，是在终结点一次发生的回收流动资金。[①]

第三节　现金流量及其估算

本节在介绍现金流量的定义、作用、相关假定的基础上，详细讨论了不同投资项目现金流量的内容和估算方法，以及现金流量表的编制技巧。

一、现金流量的定义

知识拓展9-1

cash flow的译名

在项目投资决策中，现金流量（cash flow）是指特定投资项目在其计算期内因资本循环而可能或应该发生的各项现金流入量（cash flow-in，CI）与现金流出量（cash flow-out，CO）的统称，它是计算项目投资决策评价指标的主要根据和关键的价值信息之一。关于cash flow的译名，参见知识拓展9-1：cash flow的译名。

二、现金流量的作用

在管理会计的长期投资决策中，现金流量信息可以发挥以下作用：

第一，现金流量信息所揭示的未来期间现实货币资金收支运动，可以序时动态地反映项目投资的流向与回收之间的投入产出关系，使决策者处于投资主体的立场上，便于更完整、准确、全面地评价具体投资项目的经济效益。

①值得注意的是：上述各种投入的资金均属于项目现金流出量的内容，这些资金的回收形式中，只有少部分属于项目现金流入量的内容。

第二，利用现金流量指标代替利润指标反映项目效益的信息，可以摆脱在贯彻财务会计的权责发生制时必然面临的困境，即由于不同的投资项目可能采取不同的固定资产折旧方法、存货估价方法和费用摊配方法，从而导致不同方案的利润信息相关性差、透明度不高和可比性差。

第三，利用现金流量信息，还因排除了非现金收付内部周转的资本运动形式而简化了有关投资决策评价指标的计算过程。

第四，由于现金流量信息与项目计算期的各个时点密切结合，有助于在计算投资决策评价指标时，应用货币时间价值的形式进行动态投资效果的综合评价。

三、确定现金流量存在的困难

确定项目的现金流量，就是在收付实现制的基础上，预计并反映现实货币资本在项目计算期内未来各年中的收支运动的方向及数量的过程。

在现实生活中，要说明一个具体投资项目的现金流量究竟应当包括哪些内容并反映其具体数量，或要回答应当怎样确定其现金流量的问题，并不是十分简单的事情，必须视特定的决策角度和现实的时空条件而定。影响投资项目现金流量的因素很多，概括起来包括：

（一）不同投资项目之间存在的差异

在现实生活中，不同投资项目在项目类型、投资构成内容、项目计算期构成、投资方式和投资主体等方面均存在较大差异，可能出现多种情况的组合，因而就可能有不同组合形式的现金流量，其内容千差万别。

（二）不同出发点的差异

即使就同一个投资项目而言，也可能有不同角度的现金流量。譬如从不同决策者的立场出发，就有国民经济现金流量和财务现金流量之分；从不同的投资主体的角度看，又有全部投资现金流量和自有资金现金流量的区别。

（三）不同时间的差异

由于投资计算期的阶段不同，各阶段现金流量的内容也可能不同；不同的现金流入量或现金流出量项目在其发生时间上也存在不同特征，如有些项目发生在年初，而有的则发生在年末；有的属于时点指标，有的则属于时期指标。此外，固定资产的折旧年限与运营期的长短也可能存在差异。

（四）相关因素的不确定性

由于投资项目的投入物和产出物的价格、数量等受到未来市场环境等诸多不确定因素的影响，我们不可能完全预测出它们的未来变动趋势和发展水平，这就必然影响现金流量估算的准确性。

上述因素的存在，给长期投资项目现金流量的确定带来了极大的困难。

四、确定现金流量的假设

为克服确定现金流量的困难，简化现金流量的计算过程，本章特作以下假设：

（一）投资项目的类型假设

假设投资项目只包括单纯固定资产投资项目、完整工业投资项目和更新改造投资项目三种类型。

（二）财务可行性分析假设

假设投资决策是从企业投资者的立场出发，投资决策者确定现金流量就是为了进行项目财务可行性研究，该项目已经具备技术可行性和国民经济可行性。

（三）项目投资假设

假设在确定项目的现金流量时，站在企业自身的立场上，考虑全部投资的运动情况，而不具体区分自有资金和借入资金等具体形式的现金流量。即使实际存在借入资金也将其作为自有资金对待（但在计算固定资产原值和项目总投资时，还需要考虑建设期资本化利息因素）。在本假设下，项目的投资者就是企业，而不是企业的投资者。

（四）运营期与折旧年限一致假设

假设项目主要固定资产的折旧年限或使用年限与运营期相同。

（五）时点指标假设

为便于利用货币时间价值的形式，不论现金流量具体内容涉及的价值指标实际上是时点指标还是时期指标，均假设按照年初或年末的时点指标处理。其中，建设投资在建设期内有关年度的年初或年末发生，流动资金投资则在试产期有关年度的年末发生；运营期内各年的收入、成本、折旧、摊销、利润、税金等项目的确认均在年末发生；项目最终报废或清理均发生在终结点（但更新改造项目除外）。

在项目计算期数轴上，0表示第1年的年初，1既代表第1年的年末，又代表第2年的年初，以下依此类推。

（六）确定性因素假设

在本章中，假定与项目现金流量有关的价格、产销量、成本水平、所得税税率等因素均为已知常数。

（七）产销平衡假设

在项目投资决策中，假定运营期同一年的产量等于该年的销售量。在这个假设下，假定按成本项目计算的当年成本费用等于按要素计算的成本费用。

五、现金流量的内容

（一）完整工业投资项目的现金流量

完整工业投资项目简称新建项目，它是以新增工业产能为主的投资项目，其投资涉及内容比较广泛。

1.现金流入量的内容

现金流入量，是指在不考虑现金流出量时，能够使投资方案的现实货币资金存量增加的正增量，简称为现金流入。完整的工业投资项目的现金流入量包括以下内容：

（1）营业收入，指项目投产后每年实现的全部销售收入或业务收入，它是运营期内发生的最主要的现金流入量。

（2）补贴收入，指与运营期收益有关的政府补贴。

（3）回收固定资产余值，指投资项目的固定资产在终结点报废清理或中途变价转让处理时所回收的价值。

（4）回收流动资金，主要指新建项目在项目计算期完全终止时（终结点）因不再发生新的替代投资而回收的原垫付的全部流动资金投资额。

回收固定资产余值和在终结点一次回收的流动资金统称为回收额。

2.现金流出量的内容

现金流出量，是指在不考虑现金流入量时，能够使投资方案的现实货币资金存量减少的负增量或需要支用现金的现金量，简称为现金流出。完整工业投资项目的现金流出量包括以下内容：

（1）建设投资。这是建设期发生的主要现金流出量。

（2）流动资金投资。通常发生在试产期内。

（3）经营成本。这是指在运营期内为满足正常生产经营而动用现实货币资金支付的成本费用，又被称为付现的营运成本（或简称付现成本），它是运营期内最主要的现金流出量。

（4）税金及附加。在项目投资决策中，税金及附加是指在运营期内应缴纳的消费税、资源税、城市维护建设税和教育费附加。

（5）维持运营投资。这是指矿山、油田等行业为维持正常运营而需要在运营期投入的固定资产投资。

（6）调整所得税。这是指计算所得税后净现金流量时必须考虑的现金流出项目。

（二）单纯固定资产投资项目的现金流量

新建项目中的单纯固定资产投资项目，简称固定资产项目，是指只涉及固定资产投资而不涉及其他长期投资和流动资金投资的项目。它往往以新增产能，提高生产效率为特征。其现金流量比完整工业项目简单。

1.现金流入量的内容

（1）增加的收入，指固定资产投入使用后每年增加的全部销售收入或业务收入。

（2）回收固定资产余值，指该固定资产在终结点报废清理时所回收的价值。

2.现金流出量的内容

（1）固定资产投资。

（2）新增经营成本，是指该固定资产投入使用后每年增加的经营成本。

（3）增加的税金及附加，是指该固定资产投入使用后，因收入增加而增加的消费税、资源税、城市维护建设税和教育费附加。

（4）增加的所得税，是指该固定资产投入使用后，因息税前利润增加而增加的调整所得税。

（三）固定资产更新改造投资项目的现金流量

固定资产更新改造投资项目，简称更改项目，包括以全新的固定资产替换原有同型号的旧固定资产的更新项目和以一种新型号的固定资产替换旧型号固定资产的改造项目两类。前者可以恢复固定资产的生产效率，后者则可以改善企业经营条件。总之，它们都可能达到增产或降低成本的目的。其现金流量的内容比完整工业投资项目简单，但比单纯固定资产投资项目复杂。

1.现金流入量的内容

（1）因使用新固定资产而增加的营业收入。

（2）处置旧固定资产的变现净收入，是指在更新改造时因处置旧设备、厂房等而发生的变价收入与清理费用之差。

（3）新旧固定资产回收余值的差额，是指按旧固定资产原定报废年份计算的，新固定资产当时余值大于旧固定资产设定余值形成的差额。

2.现金流出量的内容

（1）购置新固定资产的投资。

（2）因使用新固定资产而增加的经营成本（节约的经营成本用负值表示）。

（3）因使用新固定资产而增加的流动资金投资（节约的流动资金用负值表示）。

（4）增加的税金及附加，是指更新改造项目投入使用后，因收入的增加而增加的消费税、资源税、城市维护建设税和教育费附加。

（5）增加的所得税，是指更新改造项目投入使用后，因息税前利润增加而增加的调整所得税（按提前报废旧固定资产发生的清理净损失计算的抵减当期所得税税额用负值表示）。

（四）三种投资项目现金流量构成的比较

完整工业投资项目、单纯固定资产投资项目和固定资产更新改造投资项目是三种典型的建设投资项目，表9-1列示了它们之间现金流量的构成内容及其发生时间的异同。

表9-1 三种投资项目现金流量构成及发生时点对照表

项目类型	完整工业投资项目	单纯固定资产投资项目	固定资产更新改造投资项目
现金流入量的内容（含发生的时点）	无	无	处置旧固定资产所得的变价净收入 建设起点（第0年）
	营业收入（全额） 运营期各年年末 （s+1～n）	新增的营业收入（差额） 运营期各年年末（s+1～n）	新增的营业收入（差额） 运营期各年年末（s+1～m）
	补贴收入 运营期某些年份	无	无
	回收固定资产余值 终结点（第n年年末）	新增的回收固定资产余值 （差额） 终结点（第n年年末）	新旧固定资产回收余值之差（差额） 继续使用旧固定资产估计报废年份 （第m年年末）
	回收流动资金 终结点（第n年年末）	无	新增的回收流动资金（差额） 旧固定资产估计报废年份（第m年年末）
现金流出量的内容（含发生的时点）	建设投资 建设期（0～s）	固定资产投资 建设期（0～s）	新固定资产投资 建设期（0～s）
	流动资金投资 试产期（s+1～s+d）	无	新增的流动资金投资（节约额用负值） 试产期（s+1～s+d）

续表

项目类型	完整工业投资项目	单纯固定资产投资项目	固定资产更新改造投资项目
现金流出量的内容（含发生的时点）	经营成本（全额）运营期各年年末（s+1～n）	新增的经营成本（节约额用负值）运营期各年年末（s+1～n）	新增的经营成本（节约额用负值）运营期各年年末（s+1～m）
	税金及附加（全额）运营期各年年末（s+1～n）	新增的税金及附加（差额）运营期各年年末（s+1～n）	新增的税金及附加（差额）运营期各年年末（s+1～m）
	维持运营投资运营期某些年份	无	无
	调整所得税（全额）运营期各年年末（s+1～n）	新增的调整所得税（差额）运营期各年年末（s+1～n）	新增的调整所得税（差额）运营期各年年末（s+1～m）

六、现金流量的估算

由于项目投资的投入、回收及收益的形成均以现金流量的形式表现，因此，在整个项目计算期的各个阶段上，都有可能发生现金流量，必须逐年估算每一时点上的现金流入量和现金流出量。下面介绍以完整工业投资项目为代表的长期投资项目现金流量的估算方法。

（一）现金流入量项目的估算

1.营业收入的估算

应按照项目在运营期内有关产品（产出物）的各年预计单价和预测销售量进行估算（假定运营期每期均可以自动实现产销平衡）。在按总价法核算现金折扣和销售折让的情况下，营业收入应当指不包括折扣和折让的销售净额。

此外，作为运营期现金流入量的主要项目，本应当按当期现销收入额与回收以前期应收账款的合计数确认，但为简化核算，可假定正常经营年度内每期发生的赊销额与回收的应收账款大体相等。

[例9-3] 营业收入的估算

已知：甲企业拟建生产线项目，投产后生产的乙产品预计单价（不含税）为1万元，投产后第1年乙产品预计产量为150件，第2年乙产品预计产量为200件，第3～10每年乙产品预计产量为300件。

要求：计算该项目投产后每年的营业收入。

解：依题意

第1年预计营业收入=1×150=150（万元）

第2年预计营业收入=1×200=200（万元）

第3～10年每年预计营业收入=1×300=300（万元）

2.补贴收入的估算

可根据按政策退还的增值税、按销量或工作量分期计算的定额补贴和财政补贴等予以估算。

3.回收固定资产余值的估算

由于我们已经假设主要固定资产的折旧年限等于生产运营期，因此，对于建设项目来说，只要按主要固定资产的原值乘以其法定净残值率即可估算在终结点发生的回收固定资产余值；在生产运营期内提前回收的固定资产余值可根据其预计净残值估算。

4.回收流动资金的估算

假定在运营期不发生提前回收流动资金的条件下，在终结点一次回收的流动资金应等于各年垫支的流动资金投资额的合计数。

［例9-4］回收额的估算

已知：甲企业拟建生产线项目的流动资金投资为20万元，终结点固定资产余值为10万元。

要求：根据上述资料估算该项目的下列指标：

（1）终结点回收流动资金。

（2）终结点的回收额。

解：依题意

终结点回收流动资金为20万元。

终结点的回收额=10+20=30（万元）

（二）现金流出量项目的估算

1.建设投资的估算

建设投资中的固定资产投资又称固定资产原始投资，主要应当根据项目规模和投资计划确定的各项建筑工程费用、设备购置成本、安装工程费用和其他费用来估算。

对于无形资产投资和其他资产投资，应根据需要和可能，逐项按有关资产评估方法和计价标准进行估算，这里暂不介绍。

2.流动资金投资的估算

首先应根据与项目有关的运营期每年流动资产需用额和该年流动负债需用额的差来确定本年流动资金需用额，然后用本年流动资金需用额减去截至上年年末的流动资金占用额（即以前年度已经投入的流动资金累计数）确定本年的流动资金增加额。

在实务中，企业也会因生产运营期内资金周转速度的提高而发生某年流动资金增加额为负值的情况，即提前回收流动资金。本章假设在完整工业项目中不会发生这种情况。

3.经营成本的估算

经营成本又称付现成本，是所有类型项目投资在运营期都要发生的主要现金流出量，它与融资方案无关。其估算公式如下：

$$\text{某年经营成本}=\text{该年外购原材料、燃料和动力费}+\text{该年工资及福利费}+\text{该年修理费}+\text{该年其他费用} \quad (9.3.1\text{式})$$

或

$$=\text{该年不包括财务费用的总成本费用}-\text{该年折旧额}-\text{该年无形资产和其他资产摊销额} \quad (9.3.2\text{式})$$

9.3.1式中，其他费用是指从制造费用、管理费用和销售费用的合计中扣除相关的折旧费、摊销费、材料费、修理费、工资及福利费以后的剩余部分。

9.3.2式中，项目每年不包括财务费用的总成本费用①可在运营期内一个标准年份的正常产销量和预计消耗水平的基础上进行测算；年折旧额、年摊销额可根据本项目的固定资产原值、无形资产和其他资产投资，以及这些项目的折旧或摊销年限进行估算。

经营成本的节约相当于本期现金流入的增加，但为统一现金流量的计量口径，在实务中仍按其性质将节约的经营成本以负值计入现金流出量项目，而并非列入现金流入量项目。

［例9-5］经营成本的估算

已知：仍按例9-2的资料，固定资产原值为210万元，使用年限为10年，期末净残值为10万元，按年限法计提折旧；无形资产为25万元，按5年摊销；生产准备费为15万元，于投产后第一年一次摊销。甲企业拟建生产线项目投产后第1年预计外购原材料、燃料和动力费为50万元，工资及福利费为25万元，其他费用为10万元；第2年预计外购原材料、燃料和动力费为55万元，工资及福利费为30万元，其他费用为10万元；第3～5年每年预计外购原材料、燃料和动力费为60万元，工资及福利费为30万元，其他费用为10万元；第6～10年每年不包括财务费用的总成本费用为160万元，其中，外购原材料、燃料和动力费为90万元。

要求：根据上述资料估算下列指标：

（1）投产后各年的折旧和摊销额。

（2）投产后各年的经营成本。

（3）投产后第1～5年每年不包括财务费用的总成本费用。

（4）用9.3.2式验证投产后第3～5年每年经营成本计算的正确性。

解：（1）依题意

投产后第1~10年每年的折旧额$=\frac{210-10}{10}=20$（万元）

投产后第1~5年每年无形资产摊销额$=\frac{25}{5}=5$（万元）

投产后第1年其他资产摊销额为15万元

（2）投产后第1年的经营成本=50+25+10=85（万元）

投产后第2年的经营成本=55+30+10=95（万元）

投产后第3~5年每年的经营成本=60+30+10=100（万元）

投产后第6~10年每年的经营成本=160-20-0=140（万元）

（3）投产后第1年不包括财务费用的总成本费用=50+25+10+20+5+15=125（万元）

投产后第2年不包括财务费用的总成本费用=55+30+10+20+5=120（万元）

投资后第3~5年每年不包括财务费用的总成本费用=60+30+10+20+5=125（万元）

（4）投产后第3~5年每年的经营成本=125-20-5=100（万元）

4.税金及附加的估算

在项目投资决策中，应按在运营期内应缴纳的消费税、城市维护建设税和教育费附加及房产税、城镇土地使用税、车船税、印花税等相关税费进行估算。另外，在估算两项附加时，还必须估算应交增值税。

［例9-6］税金及附加的估算

①投资决策包括融资前和融资后两种类型。管理会计认为：只有先对投资项目作出是否具备可行性的判断，对具备可行性的项目作出投资的决定，才有必要进一步考虑具体融资的必要，最后再作出融资后投资决策。因此管理会计的投资决策首先关注的是融资前投资决策。在估算总成本费用时，暂不考虑融资成本因素，不包括财务费用。同理，在按简化公式计算净现金流量时，仅考虑息税前利润因素，也是基于融资前投资决策考虑的缘故。

已知：仍按例9-3和例9-5的资料，甲企业适用的增值税税率为13%，城建税税率为7%，教育费附加率为3%。该企业不缴纳消费税[1]。

要求：根据上述资料估算下列指标：

（1）投产后各年的应交增值税；

（2）投产后各年的税金及附加。

解：依题意

（1）$\text{投产后第1年应交增值税}=\left(\text{年营业收入}-\text{年外购原材料、燃料和动力费}\right)\times\text{增值税税率}$

$=(150-50)\times 13\%=13.00$（万元）

投产后第2年应交增值税=（200−55）×13%=18.85（万元）

投产后第3~5年每年的应交增值税=（300−60）×13%=31.20（万元）

投产后第6~10年每年的应交增值税=（300−90）×13%=27.30（万元）

（2）投产后第1年税金及附加=13.00×（7%+3%）=1.30（万元）

投产后第2年税金及附加=18.85×（7%+3%）≈1.89（万元）

投产后第3~5年税金及附加=31.20×（7%+3%）=3.12（万元）

投产后第6~10年税金及附加=27.30×（7%+3%）=2.73（万元）

5.维持运营投资的估算

本项投资是指矿山、油田等行业为维持正常运营而需要在运营期投入的固定资产投资，应根据特定行业的实际需要进行估算。

6.调整所得税的估算

为了简化计算，调整所得税可直接按息税前利润乘以适用的企业所得税税率进行估算。在管理会计中，估算的息税前利润等于营业收入扣除不包括财务费用的总成本费用和税金及附加后的差额。[2]

[例9-7] 调整所得税的估算

已知：仍按例9-5和例9-6的资料，甲企业适用的企业所得税税率为25%。

要求：根据上述资料估算下列指标：

（1）投产后各年的息税前利润；

（2）投产后各年的调整所得税。

解：依题意

（1）$\text{投产后第1年的息税前利润}=\text{该年营业收入}-\text{该年不包括财务费用的总成本费用}-\text{该年税金及附加}$

$=150-125-1.30=23.70$（万元）

投产后第2年的息税前利润=200−120−1.89=78.11（万元）

投产后第3~5年每年的息税前利润=300−125−3.12=171.88（万元）

投产后第6~10年每年的息税前利润=300−160−2.73=137.27（万元）

（2）投产后第1年调整所得税=投产后第1年的息税前利润×适用的企业所得税税率

=23.70×25%≈5.93（万元）

投产后第2年调整所得税=78.11×25%≈19.53（万元）

投产后第3~5年每年的调整所得税=171.88×25%≈42.97（万元）

①为简化估算，本例暂不考虑建设期各年建设投资相关的进项税额因素。

②计算公式为：年息税前利润=该年营业收入−该年不包括财务费用的总成本费用−该年税金及附加。

投产后第6~10年每年的调整所得税=137.27×25%≈34.32（万元）

（三）关于增值税因素的估算

在例9-7中，计算每年息税前利润的公式中并没有出现应交增值税，这是因为增值税属于价外税，无论是销项税额、进项税额，还是应交增值税，都不会直接影响息税前利润的计算，同时也不会直接影响现金流量的估算。在实践中，对增值税可以采取以下两种方式处理：

第一种方式是完全不考虑增值税因素，即在估算项目投资运营期的现金流量时，既不将销项税额作为现金流入项目，也不将进项税额和应交增值税作为现金流出项目处理。这样处理的优点是比较简单，但不利于城市维护建设税和教育费附加的估算。

第二种方式是全面考虑增值税因素，即在估算项目投资运营期的现金流量时，将销项税额单独列作现金流入量，同时分别把进项税额和应交增值税列作现金流出量。这样做，有助于城市维护建设税和教育费附加的估算。

七、现金流量表的编制

（一）现金流量表的定义及类型

管理会计长期投资决策所使用的现金流量表，是一种能够全面反映某投资项目在其项目计算期内每年的现金流入量和现金流出量的具体构成内容，以及净现金流量水平的财务报表。

现金流量表包括“项目投资现金流量表”、“项目资本金现金流量表”和“投资各方现金流量表”等不同形式。

（二）现金流量表的结构

现金流量表在结构上可分为表头和主体格式两部分。

现金流量表的表头除标明其名称和单位外，还应注明本表确定的现金流量的投资主体是谁，如“项目投资”“项目资本金”“中方投资”“外商投资”等。

现金流量表的主体格式为多栏式，有横排版和竖排版两种版式，本书只介绍横排版。

横排版现金流量表的主体格式分为上下两部分，上部分年记录项目计算期内有关现金流量具体项目和净现金流量的数据，下部为评价指标。根据投资项目的项目计算期的长短，现金流量表可按页编制。

［例9-8］完整工业投资项目的现金流量表（项目投资）的编制

已知：甲企业拟建生产线项目的建设投资估算额和流动资金投资的估算额如例9-2的结果所示，其预计营业收入的估算额如例9-3的结果所示，其回收额如例9-4的结果所示，其经营成本的估算额如例9-5的结果所示，其税金及附加的估算额如例9-6的结果所示，其调整所得税的估算如例9-7的结果所示。

要求：编制该项目的现金流量表。

解：依题意，编制的该项目投资的现金流量表见表9-2。

从表9-2可见，项目投资现金流量表要详细列示所得税前净现金流量、累计所得税前净现金流量、所得税后净现金流量和累计所得税后净现金流量，并要求根据所得税前后的净现金流量分别计算两套净现值、内部收益率和投资回收期指标。

表9-2 甲企业生产线项目投资现金流量表（项目投资） 金额单位：万元

项目计算期	建设期		试产期		达产期							合计
（第t年）	0	1	2	3	4	5	6	7	…	10	11	
1 现金流入	0	0	150	200	300	300	300	300	…	300	330	2 780.00
1.1 营业收入			150	200	300	300	300	300	…	300	300	2 750.00
1.2 补贴收入									…			0.00
1.3 回收固定资产余值									…		10	10.00
1.4 回收流动资金									…		20	20.00
2 现金流出	200	40	101.30	101.89	103.12	103.12	103.12	142.73	…	142.73	142.73	1 446.20
2.1 建设投资	200	40							…			240.00
2.2 流动资金投资			15	5					…			20.00
2.3 经营成本			85	95	100	100	100	140	…	140	140	1 180.00
2.4 税金及附加			1.30	1.89	3.12	3.12	3.12	2.73	…	2.73	2.73	26.20
2.5 维持运营投资									…			
3 所得税前净现金流量	−200	−40	48.70	98.11	196.88	196.88	196.88	157.27	…	157.27	187.27	1 313.80
4 累计所得税前净现金流量	−200	−240	−191.30	−93.19	103.69	300.57	497.45	654.72	…	1 126.53	1 313.80	
5 调整所得税			5.93	19.53	42.97	42.97	42.97	34.32	…	34.32	34.32	325.97
6 所得税后净现金流量	−200	−40	42.77	78.58	153.91	153.91	153.91	122.95	…	122.95	152.95	987.83
7 累计所得税后净现金流量	−200	−240	−197.23	−118.65	35.26	189.17	343.08	466.03	…	834.88	987.83	

计算指标：

净现值（所得税前）=592.49万元（行业基准折现率为10%）；

净现值（所得税后）=419.19万元（行业基准折现率为10%）；

内部收益率（所得税前）=38.60%；

内部收益率（所得税后）=32.29%；

包括建设期的投资回收期（所得税前）=3.47年；

不包括建设期的投资回收期（所得税前）=2.47年；

包括建设期的投资回收期（所得税后）=4.23年；

不包括建设期的投资回收期（所得税后）=3.23年

（三）管理会计的现金流量表与财务会计的现金流量表之间的区别

管理会计的现金流量表与财务会计的现金流量表相比，在形式上主要存在以下区别：

1.反映的对象不同

前者反映的是特定投资项目的现金流量；后者则反映某一企业的现金流量。

2.期间特征不同

前者包括建设期和运营期，在时间上横跨整个项目建设期；后者则仅为一个会计年度。

3.结构不同

前者包括表格部分和指标部分，其中表格部分只包括现金流入、现金流出和净现金流量三大项内容；后者则分为主表和辅表部分，其中主表包括经营活动的现金流量、筹资活动的现金流量和投资活动的现金流量三大类内容，每类又分为现金流入和现金流出。

4.勾稽关系不同

前者的勾稽关系表现在各年现金流量具体项目与现金流量合计之间的关系上；后者则通过主、辅表分别按直接法和间接法确定的净现金流量进行勾稽。

5.信息属性不同

前者的信息数据多为预计的未来数据；后者则必须是真实的历史数据。

第四节 净现金流量的计算

在明确各类投资项目的现金流入量和流出量具体构成内容的基础上，可以进一步计算其净现金流量。

一、净现金流量的含义

净现金流量（net cash flow，NCF）又称现金净流量，是指在项目计算期内由每年现金流入量与同年现金流出量之间的差额所形成的序列指标，它是计算项目投资决策评价指标的重要依据。从表9-2现金流量表可以看出，净现金流量具有以下两个特征：第一，无论是在运营期内还是在建设期内都存在净现金流量这个范畴。第二，由于项目计算期不同阶段上的现金流入和现金流出发生的可能性不同，使得各阶段上的净现金流量在数值上表现出不同的特点，如建设期内的净现金流量一般小于或等于零；在运营期内的净现金流量则多为正值。

二、净现金流量的理论计算公式

根据净现金流量的定义，可将其理论计算公式归纳为：

任意一年的净现金流量=该年的现金流入量-该年的现金流出量 （9.4.1式）

或 $NCF_t=CI_t-CO_t$（t=0，1，2，…，n） （9.4.2式）

9.4.2式中，NCF_t为任意第t年净现金流量；CI_t为第t年现金流入量；CO_t为第t年现金流出量。

净现金流量又包括所得税前净现金流量和所得税后净现金流量两种形式。

其中，所得税前净现金流量不受融资方案和所得税政策变化的影响，是全面反映投资项目方案本身财务盈利能力的基础数据。计算时，现金流出量的内容中不包括调整所得税因素。所得税后净现金流量则将所得税视为现金流出，可用于评价在考虑所得税因素时项目投资对企业价值所作的贡献。该指标可以在所得税前净现金流量的基础上，直接扣除调整所得税求得。

为了简化计算，本书假定只有完整工业投资项目和单纯固定资产投资项目考虑所得税前后净现金流量的两种形式；更新改造项目只考虑所得税后净现金流量一种形式。

三、净现金流量的简化计算方法

为简化净现金流量的计算，可以根据项目计算期不同阶段上的现金流入量和现金流出量的具体内容，直接计算各阶段净现金流量。

（一）完整工业投资项目净现金流量的简化计算方法

1.建设期净现金流量的简化计算公式

完整工业投资项目建设期的净现金流量可按以下简化公式计算：

$$\text{建设期某年的净现金流量}（NCF_t）=-\text{该年发生的建设投资}$$
$$=-I_t \quad (t=0，1，\cdots，s，s\geqslant 0) \qquad (9.4.3\text{式})$$

9.4.3式中，I_t为第t年的建设投资；s为建设期年数。

由9.4.3式可见，当建设期s不为零时，建设期净现金流量的数量特征取决于建设投资的投入方式。

2.运营期净现金流量的简化计算公式

完整工业投资项目的运营期所得税前净现金流量可按以下简化公式计算：

$$\text{运营期某年所得税前净现金流量}=\text{该年息税前利润}+\text{该年折旧}+\text{该年摊销}+\text{该年回收额}-\text{该年流动资金投资}-\text{该年维持运营投资} \qquad (9.4.4\text{式})$$

知识拓展9-2

运营期某年所得税前净现金流量简化公式的证明

9.4.4式的证明过程，参见知识拓展9-2：运营期某年所得税前净现金流量简化公式的证明。

在先求得运营期所得税前净现金流量的基础上，再减去调整所得税，即可求得完整工业投资项目的运营期所得税后净现金流量。除此之外，还可按以下简化公式计算：

$$\text{运营期某年所得税后净现金流量（NCFt）}=\text{该年息税前利润}\times\left(1-\text{所得税税率}\right)+\text{该年折旧}+\text{该年摊销}+\text{该年回收额}-\text{该年流动资金投资}-\text{该年维持运营投资}$$
$$=EBIT_t（1-T）+D_t+M_t+R_t-C_t-O_t \quad (t=s+1，s+2，\cdots，n) \qquad (9.4.5\text{式})$$

9.4.5式中，$EBIT_t$为第t年的息税前利润；T为适用的企业所得税税率；D_t为第t年的折旧费；M_t为第t年的摊销费；R_t为第t年的回收额；C_t为第t年的流动资金投资额；O_t为第t年维持运营投资。

根据9.4.5式计算的运营期所得税后净现金流量，又被称为运营期自由现金流量，即投资者在当年可以作为偿还借款利息和借款本金、分配利润和对外投资等财务活动资金来源的净现金流量。

如果不考虑维持运营投资和流动资金投资，回收额为零，则运营期所得税前净现金流量又称运营净现金流量。按照有关回收额均发生在终结点上的假设，运营期内回收额不为零时的所得税前净现金流量亦称为终结点所得税前净现金流量；显然，终结点所得税前净现金流量等于终结点那一年的运营净现金流量与该期回收额之和。

由于运营期净现金流量大多为正值，故也有人称之为净现金流入量。严格地讲，这种说法不够科学，因为它混淆了现金流入量和净现金流量的界限。

[例9-9] 完整工业投资项目的所得税前净现金流量计算（按简化方法）

已知：甲企业拟建生产线项目的建设投资估算额和流动资金投资的估算额如例9-2的结果所示，其回收额如例9-4的结果所示，其各年的折旧额和摊销额的估算额如例9-5的结果所示，其各年息税前利润的估算额如例9-7的结果所示。

要求：（1）按简化方法计算建设期各年的所得税前净现金流量。

（2）按简化方法计算运营期各年的所得税前净现金流量。

（3）将上述计算结果与表9-2的计算结果进行比较，验证NCF简化方法的正确性。

解：（1）依题意：

NCF_0=-200万元

NCF_1=-40万元

（2）依题意：

NCF_2=23.70+20+5+0+15-15=48.70（万元）

NCF_3=78.11+20+5+0+0-5=98.11（万元）

$NCF_{4\sim6}$=171.88+20+5+0-0=196.88（万元）

$NCF_{7\sim10}$=137.27+20+0+0+0-0=157.27（万元）

NCF_{11}=137.27+20+0+30-0=187.27（万元）

（3）按简化方法计算的NCF_t与表9-2的计算结果完全一致，表明简化方法是正确的。

读者可自行按简化方法计算所得税后NCF_t公式的正确性。

（二）单纯固定资产投资项目净现金流量的简化计算方法

1.建设期净现金流量的简化计算公式

若单纯固定资产投资项目的固定资产投资均在建设期内投入，则建设期净现金流量可按以下简化公式计算：

建设期某年的净现金流量=-该年发生的固定资产投资额　　（9.4.6式）

2.运营期净现金流量的简化计算公式

简化公式为：

$$\text{运营期某年所得税前净现金流量}=\text{该年因使用该固定资产新增的息税前利润}+\text{该年因使用该固定资产新增的折旧}+\text{该年回收该固定资产净残值}\quad(9.4.7式)$$

$$\text{运营期某年所得税后净现金流量}=\text{运营期某年所得税前净现金流量}-\text{该年因使用该固定资产新增的所得税}\quad(9.4.8式)$$

[例9-10] 单纯固定资产投资项目的所得税前后净现金流量计算（按简化方法）

已知：某固定资产项目需要一次投入价款1 000万元，建设期为1年，建设期资本化利息为100万元。该固定资产可使用10年，按直线法折旧，期满有净残值100万元。投入使用后，可使运营期第1～10年每年产品销售收入（不含增值税）增加780万元，每年的经营成本增加400万元，税金及附加增加7万元。该企业适用的所得税税率为25%，为简化计算，本例不享受减免税待遇。

要求：分别按简化公式和编制现金流量表两种方法计算该项目所得税前后的净现金流量（结果保留一位小数）。

解：依题意

（1）项目计算期=1+10=11（年）

（2）固定资产原值=1 000+100=1 100（万元）

（3）年折旧=$\frac{1\,100-100}{10}$=100（万元）

（4）运营期第1～10年每年不含财务费用的总成本费用增加额=400+100=500（万元）

（5）运营期第1～10年每年息税前利润增加额=780-500-7=273（万元）

（6）运营期第1～10年每年增加的调整所得税=273×25%=68.25（万元）

净现金流量计算方法一：

按简化公式计算的建设期净现金流量为：

NCF_0=-1 000万元

NCF_1=0

按简化公式计算的运营期所得税前净现金流量为：

$NCF_{2\sim10}$=273+100=373（万元）

NCF_{11}=273+100+100=473（万元）

按简化公式计算的运营期所得税后净现金流量为：

$NCF_{2\sim10}$=273×（1-25%）+100=304.75（万元）

NCF_{11}=273×（1-25%）+100+100=404.75（万元）

净现金流量计算方法二：

编制该项目的部分现金流量表，见表9-3。

表9-3 某固定资产投资项目现金流量表（项目投资） 金额单位：万元

项目计算期（第t年）	建设期		运营期							合计
	0	1	2	3	…	8	9	10	11	
1 现金流入量	0	0	780	780	…	780	780	780	880	7 900
1.1 营业收入	0	0	780	780	…	780	780	780	780	7 800
1.2 回收固定资产余值	0	0	0	0	…	0	0	0	100	100
2 现金流出量	1 000	0	407	407	…	407	407	407	407	5 070
2.1 固定资产投资	1 000	0	0	0	…	0	0	0	0	1 000
2.2 经营成本	0	0	400	400	…	400	400	400	400	4 000
2.3 税金及附加	0	0	7	7	…	7	7	7	7	70
3 所得税前净现金流量	-1 000	0	373	373	…	373	373	373	473	2 830
4 调整所得税	0	0	68.25	68.25	…	68.25	68.25	68.25	68.25	682.5
5 所得税后净现金流量	-1 000	0	304.75	304.75	…	304.75	304.75	304.75	404.75	2 147.5

由此可见，两种计算方法的结果完全一致。

（三）更新改造投资项目净现金流量的简化计算方法

1. 建设期净现金流量的简化计算公式

如果更新改造投资项目的固定资产投资均在建设期内投入，建设期为1年，且建设期期末不发生新固定资产投资，也不涉及追加流动资金投资，则建设期净现金流量的简化公式为：

建设起点净现金流量=-（该年发生的新固定资产投资-旧固定资产变价净收入）　（9.4.9式）

建设期末的净现金流量=因旧固定资产提前报废发生净损失而抵减的所得税税额　（9.4.10式）

显然，如果建设期为零，则9.4.10式无效。

2.运营期所得税后净现金流量的简化计算公式

$$\text{运营期第1年所得税后净现金流量}=\text{该年因更新改造而增加的息税前利润}\times\left(1-\text{所得税税率}\right)+\text{该年因更新改造而增加的折旧}+\text{因旧固定资产提前报废发生净损失而抵减的所得税税额}\quad(9.4.11\text{式})$$

$$\text{运营期其他各年所得税后净现金流量}=\text{该年因更新改造而增加的息税前利润}\times\left(1-\text{所得税税率}\right)+\text{该年因更新改造而增加的折旧}+\text{该年回收新固定资产净残值超过假定继续使用的旧固定资产净残值之差额}\quad(9.4.12\text{式})$$

如果建设期不为零，则9.4.11式无效，整个运营期净现金流量均可按9.4.12式计算。

在9.4.11式和9.4.12式中，因旧固定资产提前报废发生净损失而抵减的所得税额的计算公式为：

$$\text{因旧固定资产提前报废发生净损失而抵减的所得税税额}=\text{旧固定资产清理净损失}\times\text{适用的企业所得税税率}\quad(9.4.13\text{式})$$

9.4.11式中，“该年因更新改造而增加的息税前利润”中不应当包括“因旧固定资产提前报废发生净损失”。之所以要单独计算“因旧固定资产提前报废发生净损失而抵减的所得税税额”，是因为更新改造不仅会影响到项目自身，还会影响到企业的总体所得税水平，从而形成了“抵税效应（tax shield）”。如果将“因旧固定资产提前报废发生的净损失”计入“该年因更新改造而增加的息税前利润”，就会歪曲这种效应的计量结果。

在9.4.11式和9.4.12式中，“该年因更新改造而增加的折旧”是指按使用新设备发生的年折旧与假定继续使用旧设备应当发生的年折旧的差额，其中旧设备的年折旧不是按其原账面价值确定的，而是按更新改造当时旧设备的变价净收入扣除假定可继续使用若干年后的预计净残值，再除以预计可继续使用年限计算出来的。为简化计算，通常假定新设备的使用年限和旧设备的可继续使用年限相等，新设备报废时的预计净残值与继续使用旧设备届时的净残值相等。在这种条件下，“该年因更新改造而增加的折旧”等于更新设备比继续使用旧设备增加的投资额（即新设备的投资扣除旧设备的变价净收入后的差额）除以新设备的使用年限。

［例9-11］固定资产更新改造投资项目的净现金流量计算（按简化方法）

已知：某企业打算变卖一套尚可使用5年的旧设备，另购置一套新设备来替换它。取得新设备的投资额为180 000元，旧设备的折余价值为95 000元，其变价净收入为80 000元，到第5年年末新设备与继续使用旧设备的预计净残值相等。新旧设备的替换将在当年内完成（即更新设备的建设期为零）。使用新设备可使企业在第1年增加营业收入50 000元，增加经营成本25 000元；第2～5年每年增加营业收入60 000元，增加经营成本30 000元。设备采用直线法计提折旧。适用的企业所得税税率为25%，假定不考虑增加的税金及附加因素。

要求：用简化方法计算该更新设备项目的项目计算期内各年的差量所得税后净现金流量（ΔNCF_t）。

解：依题意

（1）更新设备比继续使用旧设备增加的投资额=新设备的投资-旧设备的变价净收入=180 000-80 000

=+100 000（元）

（2）运营期第1～5每年因更新改造而增加的折旧$=\frac{100\,000}{5}=+20\,000$（元）

（3）运营期第1年不含财务费用的总成本费用增加额=该年增加的经营成本+该年增加的折旧=25 000+20 000=+45 000（元）

（4）运营期第2～5年不含财务费用的总成本费用增加额=30 000+20 000=50 000（元）

（5）因旧设备提前报废发生的处置固定资产净损失为：

旧固定资产折余价值-变价净收入=95 000-80 000=15 000（元）

（6）因旧固定资产提前报废发生净损失而抵减的所得税税额=15 000×25%=3 750（元）

（7）运营期第1年息税前利润的变动额=50 000-45 000=5 000（元）

（8）运营期第2～5年每年息税前利润的变动额=60 000-50 000=+10 000（元）

按简化公式确定的建设期差量所得税后净现金流量为：

ΔNCF_0=-（180 000-80 000）=-100 000（元）

按简化公式计算的运营期差量所得税后净现金流量为：

ΔNCF_1=5 000×（1-25%）+20 000+3 750=27 500（元）

$\Delta NCF_{2\sim5}$=10 000×（1-25%）+20 000=27 500（元）

四、相关因素对净现金流量的影响

为说明相关因素对净现金流量的影响，我们选择最为简单的单纯固定资产投资项目为分析对象，通过例9-12的解题过程，讨论项目计算期的构成（如建设期是否为零）、建设投资的投入时点和投入方式（一次投入还是分次投入）、建设期资本化利息、运营期的折旧额、息税前利润、终结点回收额的水平和调整所得税等因素对投资项目的所得税前和所得税后净现金流量的影响情况。

［例9-12］相关因素对投资项目净现金流量的影响

已知：企业拟购建一项固定资产，需投资1 000万元，按直线法折旧，使用寿命10年。企业所得税税率为25%。现有6个备选方案可供选择，具体资料见表9-4。

表9-4 资料 单位：万元

方案	建设期（年）	运营期（年）	项目计算期（年）	资金投入时点及方式	建设期资本化利息	固定资产原值	期末固定资产余值	运营期每年新增折旧	运营期每年新增息税前利润
A	0	10	10	在建设起点一次投入	不存在	1 000	0	100	100
B	1	10	11	同上	0	1 000	0	100	100
C	0	10	10	同上	不存在	1 000	100	90	110
D	1	10	11	在建设期年初年末分别投入50%	0	1 000	0	100	100
E	1	10	11	在建设起点一次投入	100	1 100	100	100	100
F	1	10	11	同上	0	1 000	0	100	100

说明：E方案在运营期的头3年中，每年需要归还借款利息110万元（不影响息税前利润）。

要求：（1）按简化公式分别计算各方案所得税前净现金流量，并比较各方案的相同之处。

（2）按简化公式分别计算各方案运营期所得税后净现金流量，并比较各方案的相同之处。

解：依题意

（1）按简化公式计算的各方案所得税前净现金流量如下：

A方案NCF_0=-1 000万元

$NCF_{1\sim10}$=100+100=200（万元）

B方案NCF_0=-1 000万元

NCF_1=0

$NCF_{2\sim11}$=100+100=200（万元）

C方案NCF_0=-1 000万元

$NCF_{1\sim9}$=110+90=200（万元）

NCF_{10}=110+90+100=300（万元）

D方案$NCF_{0\sim1}$=-500万元

$NCF_{2\sim11}$=100+100=200（万元）

E方案NCF_0=-1 000万元

NCF_1=0

$NCF_{2\sim10}$=100+100=200（万元）

NCF_{11}=100+100+100=300（万元）

F方案NCF_0=0

NCF_1=-1 000万元

$NCF_{2\sim11}$=100+100=200（万元）

经比较可见：A、B、C、E四个方案的NCF_0和F方案的NCF_1相等；B和E两方案的NCF_1相等；A方案的$NCF_{1\sim10}$、B方案的$NCF_{2\sim11}$、C方案的$NCF_{1\sim9}$、D方案的$NCF_{2\sim11}$、E方案的$NCF_{2\sim10}$和F方案的$NCF_{2\sim11}$相等；C方案的NCF_{10}和E方案的NCF_{11}相等。

（2）按简化公式计算的各方案运营期所得税后净现金流量如下：

A方案$NCF_{1\sim10}$=100×（1-25%）+100=175（万元）

B方案$NCF_{2\sim11}$=100×（1-25%）+100=175（万元）

C方案$NCF_{1\sim9}$=110×（1-25%）+90=172.5（万元）

NCF_{10}=110×（1-25%）+90+100=272.5（万元）

D方案$NCF_{2\sim11}$=100×（1-25%）+100=175（万元）

E方案$NCF_{2\sim10}$=100×（1-25%）+100=175（万元）

NCF_{11}=100×（1-25%）+100+100=275（万元）

F方案$NCF_{2\sim11}$=100×（1-25%）+100=175（万元）

经比较可见：A方案的$NCF_{1\sim10}$、B方案的$NCF_{2\sim11}$、D方案的$NCF_{2\sim11}$、E方案的$NCF_{2\sim10}$和F方案的$NCF_{2\sim11}$相等。

结论：从例9-12可见，在运营期不变的情况下，若建设期不为零（如B、D、E和F方案），不仅会直接影响项目计算期的长短，而且还会涉及建设投资的投入时点和投入方式；只有在建设期不为零的情况下，才可能存在建设期资本化利息（如E方案），这就会影响固定资产原值和运营期每年新增折旧额；若期末固定资产余值不为零（如C和E方案），会影响运营期每年新增折旧额和终结点回收额；若运营期每年新增的折旧额减少了（如C方案），同时也会相应导致运营期每年新增的息税前利润以相同额度增加，这将不会影响所得税前经营净现金流量的水平，但会影响所得税后经营净现金流量；受企业所得税税率决定的调整所得税因素，只会影响所得税后经营净现金流量；在进行融资前投资决策时，不需要考虑资金来源（假定都是自有资金，如A、B、C、D和F方案）和借款的还本付息问题（如E方案）。

□ 思政课堂

贯彻落实好党的二十大重大决策部署

中共中央政治局于2022年年底召开民主生活会，以全面贯彻习近平新时代中国特色社会主义思想，深刻领悟“两个确立”的决定性意义，增强“四个意识”、坚定“四个自信”、做到“两个维护”，团结带领党员干部以奋发有为的精神贯彻落实党的二十大作出的重大决策部署为主题，联系实际工作，联系带头做到“两个维护”、带头用习近平新时代中国特色社会主义思想凝心铸魂、带头坚持和加强党的全面领导、带头坚持以人民为中心的发展思想、带头发扬斗争精神、带头落实全面从严治党政治责任等方面的实际，总结成绩，查摆不足，进行党性分析，开展批评和自我批评。

中央政治局同志的发言，聚焦6个重点：

一是对学习贯彻党的二十大精神的重大意义认识更加深刻，要自觉在全面学习、全面把握、全面落实上下真功见实效。

二是对“两个确立”的决定性意义的领悟更加深刻，要进一步增强做到“两个维护”的思想自觉、政治自觉、行动自觉。

三是对习近平新时代中国特色社会主义思想的长远指导意义认识更加深刻，要切实用以武装头脑、指导实践、推动工作。

四是对全面推进中国式现代化的中国特色、本质要求、重大原则和社会主义现代化建设战略部署的认识更加深刻，面对艰巨繁重任务和风险挑战，要敢于斗争、担当作为，为党履职、为民尽责。

五是对领导干部在全面从严治党上的风向标作用认识更加深刻，要严于自我革命，自觉在遵规守纪上为全党作表率。

六是对保持解决大党独有难题的清醒和坚定的认识更加深刻，要认真履行全面从严治党政治责任。

□ 复习思考题

1.什么是管理会计的长期投资决策？其研究对象是什么？决策的主体是谁？需要考虑哪些因素？

2.什么是项目计算期？它都涉及哪些时点坐标？与预测分析相比，项目计算期的时间坐标有什么特点？项目计算期具体包括哪些阶段？

3.什么是投资项目？在管理会计教材中，主要介绍了哪几种类型的投资项目？它们之间的主要区别是什么？

4.建设期是否为零与建设资金的投入方式之间是否存在一定内在联系？在现实中，当建设期不为零时，建设投资就一定要分次投入吗？如果建设期为零，流动资金一定是一次投入吗？

5.既然固定资产投资是任何类型项目投资中不可缺少的投资内容，那么为什么不能将项目投资等同于固定资产投资？请说明项目总投资、原始投资、建设投资和固定资产投资之间的关系。

6.完整工业投资项目中的固定资产投资、无形资产投资和其他资产投资都属于资产性投资，为什么流动资金投资不属于资产性投资呢？

7.完整工业投资项目中的其他资产投资包括哪些内容？计算固定资产折旧额、无形资产摊销额和其他资产摊销额所依据的时间有什么不同？

8.什么是现金流量？为什么说将cash flow翻译为“现金流量”比翻译为“现金流”更为科学准确？

9.任何投资不仅要投放出去，还必须能收回来。固定资产投资的回收，包括在运营期n年内每年陆续发生的折旧和在终结点第n年末一次回收的固定资产余值两种形式；无形资产投资的回收，是在运营期前5年内每年陆续发生的摊销；其他资产投资的回收，是在投产后第一年末一次收回的摊销。请从理论上解释：为什么在终结点第n年末一次回收的固定资产余值和同时回收的流动资金投资，都被纳入了现金流入量的内容，而建设投资的其他回收却没有被纳入现金流入量呢？

10.既然在项目投资假设下，确定项目的现金流量时不需要具体区分自有资金和借入资金等具体形式的现金流量，即使实际存在借入资金也将其作为自有资金对待，那么为什么在计算固定资产原值和项目总投资时，还需要考虑借款利息因素呢？

11.在确定运营期现金流量时，需要将原本属于时期指标的销售收入、折旧费、摊销费、经营成本、税金和利润都作为年末的时点指标对待，这样做是出于什么考虑？在管理会计投资决策中，作出“时点指标假设”的主要动机是什么？

12.建设期和运营期最主要的现金流出量各是什么？什么是经营成本？在计算建设项目的经营成本时，为什么要从总成本中扣除折旧费和摊销费？为什么说全部投资的现金流出量中不包括利息支出的因素并非出于“避免重复扣除利息”的考虑？怎样估算经营成本？

13.在管理会计的长期投资决策中，为什么确定全部投资的现金流量时不考虑借款本金的取得与归还？

14.管理会计的现金流量表与财务会计的现金流量表之间存在哪些明显不同？与全部投资的现金流量表相比，自有资金的现金流量表有哪些特点？

15.什么是净现金流量？请说明项目计算期不同阶段的净现金流量有哪些不同的数值特征？

16.请比较说明不同类型的投资项目计算净现金流量的简化公式的异同。

17.请分别说明能使以下不相关的等式成立所需要的条件：（1）“项目总投资=原始投资”；（2）“建设投资=固定资产投资”；（3）“固定资产投资=固定资产原值”；（4）“终结点净现金流量=该年的经营净现金流量”；（5）“回收额=回收固定资产余值”。

第十章

长期投资决策（下）

第一节　长期投资决策评价指标概述

本节主要介绍长期投资决策评价指标的概念、内容及分类情况。

一、长期投资决策评价指标的概念

长期投资决策评价指标是指用于衡量和比较长期投资项目可行性优劣，以便据以进行方案决策的定量化标准与尺度，是由一系列综合反映投资效益、投入产出关系的量化指标构成的。

二、长期投资决策评价指标内容

长期投资决策评价指标比较多，从财务评价的角度看，包括原始投资回收率、总投资收益率、项目资本金利润率、年平均投资收益率、静态投资回收期、动态投资回收期、利息备付率、偿债备付率、资产负债率、流动比率、速动比率、借款偿还期、净现值、净现值率、获利指数、内部收益率等。

三、长期投资决策评价指标的分类

长期投资决策评价指标可以按不同标志进行分类。

（一）按是否考虑货币时间价值分类

知识拓展 10-1

“折现”与“贴现”的辨析

这里所谓考虑货币时间价值与否，是指在有关指标计算过程中，是否利用了货币时间价值的计算形式。简单地说，就是是否需要运用折现的方法来计算复利现值和年金现值。折现（discount），也可译为贴现，但它们是两个属于完全不同领域的术语，绝对不可相互混淆。详见知识拓展 10-1：“折现”与“贴现”的辨析。

以此为标志可将全部评价指标分为静态指标和动态指标两大类。

所谓静态指标，就是指在计算过程中不考虑货币时间价值因素的指标。其主要包括原始投资回收率、总投资收益率、年平均投资收益率、项目资本金净利润率、静态投资回收期、利息备付率、偿债备付率、资产负债率、流动比率、速动比率和借款偿还期等指标。

动态指标与静态指标恰恰相反，在计算过程中必须充分考虑或利用货币时间价值的计算技巧。其主要包括动态投资回收期、净现值、净现值率、获利指数和内部收益率等指标。

在长期投资决策评价指标的所有分类中，这种分类最为重要。

（二）按指标性质不同分类

以此为标志可将全部评价指标分为正指标和反指标两大类。

正指标是指在一定范围内其数值越大越好的指标；反指标是指在一定范围内其数值越小越好的指标。

绝大多数指标都属于正指标，属于反指标的比较少，如回收期、偿还期、资产负债率等。

（三）按指标的作用不同分类

以此为标志可将全部评价指标分为反映盈利能力的指标和反映偿债能力的指标。

偿债能力指标主要包括利息备付率、偿债备付率、资产负债率、流动比率、速动比率和借款偿还期；其余多为盈利能力指标。

（四）按指标本身的数量特征不同分类

以此为标志可将全部评价指标分为绝对量指标和相对量指标。

绝对量指标主要包括以时间为计量单位的有关回收期及借款偿还期指标和以价值量为计量单位的净现值指标；相对量指标除个别以指数形式表现外，大多为百分比指标。

（五）按指标在决策中所处的地位不同分类

以此为标志可将全部评价指标分为主要指标、次要指标和辅助指标三大类。

在反映盈利能力的指标中，净现值、净现值率、获利指数和内部收益率为主要指标；投资回收期为次要指标；原始投资回收率、总投资收益率、年平均投资收益率、项目资本金净利润率为辅助指标。

（六）按指标计算的难易程度不同分类

以此为标志可将全部评价指标分为简单指标和复杂指标。

简单指标一般不需要进行复杂的计算，如有关利润率指标；复杂指标则需要在计算过程中考虑多个因素，计算公式也比较复杂，如内部收益率等。

四、本书研究的长期投资决策评价指标

在投资决策评价指标中，尽管有一些指标与企业财务会计或财务管理制度规定的考核指标相同，但由于管理会计长期投资决策本身的特殊性，决定了这些指标在计算口径方面有可能存在差别。仅以息税前利润的估算为例，只考虑“营业收入”、“不包括财务费用的总成本费用”和“税金及附加”三项内容。这是因为决策使用的数据大多为长期预测估算指标，既不可能又无必要计算得十分精确。不能设想事先把多年以后的营业外收支净额、投资净收益或以前年度利润调整事项估算出来。

另外，从项目投资假定的立场出发，就可以不考虑从特定投资主体立场设计的有关指标，如全部反映偿债能力的指标，本章就不再涉及；在反映盈利能力的指标中，体现所有者

投资主体立场的项目资本金净利润率指标也不予以考虑。

鉴于上述理由，本书只讨论以下九项长期投资决策评价指标：原始投资回收率、总投资收益率、年平均投资收益率、静态投资回收期、动态投资回收期、净现值、净现值率、获利指数和内部收益率。

在上述指标中，除总投资收益率和年平均投资收益率指标外，其余指标的计算均可以在项目净现金流量信息的基础上完成。

第二节　静态评价指标的计算

本节介绍原始投资回收率、总投资收益率、年平均投资收益率和静态投资回收期四项静态评价指标的定义、计算方法及特征。

一、原始投资回收率及其计算

（一）原始投资回收率指标的定义

原始投资回收率是指投资项目在达产期内一个正常年份的运营净现金流量（NCF）或年均运营净现金流量（$\overline{NCF}$）占原始投资（I）的百分比。

（二）原始投资回收率指标的计算

原始投资回收率指标的计算公式为：

$$原始投资回收率=\frac{年运营净现金流量或年均运营净现金流量}{原始投资}\times 100\%$$

$$=\frac{NCF或\overline{NCF}}{I}\times 100\% \quad (10.2.1式)$$

在10.2.1式中，分子中的年运营净现金流量可按达产期内一个正常年份的息税前利润加折旧摊销予以确定；年均运营净现金流量可按达产期内运营净现金流量之和除以达产期年数求得；分母中的原始投资等于项目的建设投资和流动资金投资之和。

［例10-1］原始投资回收率的计算

已知：经整理第九章例9-12的计算结果，六个方案的所得税前净现金流量见表10-1。

表10-1　某单纯固定资产投资项目六个方案的所得税前净现金流量　单位：万元

方案	项目计算期											
	0	1	2	3	4	5	6	7	8	9	10	11
A	-1 000	200	200	200	200	200	200	200	200	200	200	—
B	-1 000	0	200	200	200	200	200	200	200	200	200	200
C	-1 000	200	200	200	200	200	200	200	200	200	300	—
D	-500	-500	200	200	200	200	200	200	200	200	200	200
E	-1 000	0	200	200	200	200	200	200	200	200	200	300
F	0	-1 000	200	200	200	200	200	200	200	200	200	200

要求：计算该项目各种方案的原始投资回收率。

解：依题意，六个方案的原始投资I为1 000万元，每年经营净现金流量NCF均为200万元，则：

$$原始投资回收率=\frac{200}{1\,000}\times100\%=20\%$$

（三）原始投资回收率指标的特征

原始投资回收率是一个非折现的相对量正指标。它的优点是可以直接利用净现金流量信息，公式比较简单，便于计算。其缺点有三：一是没有考虑货币时间价值因素；二是不能正确反映建设期的长短、投资方式的不同、回收额的有无和建设期资本化利息的有无对项目的影响；三是分子分母的时间特征不一致（一个是时期指标，一个是时点指标），因而可比基础较差。

二、总投资收益率及其计算

（一）总投资收益率指标的定义

总投资收益率（return on investment，记作ROI）又称投资利润率，是指运营期内一个正常年份的息税前利润（EBIT）或年均息税前利润（$\overline{EBIT}$）占项目总投资（I′）的百分比。也有人将总投资收益率称为投资报酬率。严格地讲，这种说法混淆了“收益”与“报酬”的含义，不准确。类似的情况还有将“内部收益率”说成“内含报酬率”等。“收益”与“报酬”的区别，详见知识拓展10-2：“收益”与“报酬”的辨析。

知识拓展10-2

“收益”与“报酬”的辨析

（二）总投资收益率指标的计算

总投资收益率的计算公式为：

$$ROI=\frac{年息税前利润或年均息税前利润}{项目总投资}\times100\%=\frac{EBIT或\overline{EBIT}}{I'}\times100\% \qquad (10.2.2式)$$

在10.2.2式中，分子的年息税前利润（EBIT）是指运营期内一个正常年份的息税前利润总额；年均息税前利润（$\overline{EBIT}$）则是指运营期内全部息税前利润之和除以运营期年数的平均数；分母的项目总投资（I′）为原始投资与建设期资本化利息之和。

［例10-2］总投资收益率的计算

已知：仍按例10-1的表10-1和第九章例9-12的表9-4的资料。

要求：计算该项目各种方案的总投资收益率指标。

解：依题意，A、B、D和F方案的项目总投资I′为1 000万元，年息税前利润EBIT为100万元，则：

$$ROI=\frac{100}{1\,000}\times100\%=10\%$$

C方案的I′为1 000万元，EBIT为110万元，则：

$$ROI=\frac{110}{1\,000}\times100\%=11\%$$

E方案的I′为1 100万元（1 000+1 00），EBIT为100万元，则：

$$ROI=\frac{100}{1\,100}\times100\%\approx9.09\%$$

（三）总投资收益率指标的特征

总投资收益率是一个非折现的相对量正指标。它的优点是计算过程比较简单，能够反映建设期资本化利息的有无对项目的影响。其缺点在于：第一，没有考虑货币时间价值因素；第二，不能正确反映建设期的长短、投资方式的不同和回收额的有无等条件对项目的影响；第三，无法直接利用净现金流量信息；第四，计算公式的分子分母的时间特征不同，不具有可比性。

三、年平均投资收益率及其计算

（一）年平均投资收益率指标的定义

年平均投资收益率（average rate of return，记作ARR）是指投资项目运营期内一个正常年份的息税前利润（EBIT）或年均息税前利润（$\overline{EBIT}$）占年平均原始投资（$\bar{I}$）的百分比。

（二）年平均投资收益率指标的计算

年平均投资收益率的计算公式为：

$$ARR=\frac{\text{年息税前利润或年均息税前利润}}{\text{年平均原始投资}}\times 100\%=\frac{EBIT\text{或}\overline{EBIT}}{\bar{I}}\times 100\% \quad (10.2.3\text{式})$$

在10.2.3式中，分子与总投资收益率的分子相同，分母（$\bar{I}$）有两种算法：一种是按简单平均投资（$\bar{I}_1$）计算，等于原始投资的50%。另一种算法公式如下：

$$\bar{I}_2=\frac{\text{建设投资}-\text{固定资产净残值}}{2}+\text{流动资金投资} \quad (10.2.4\text{式})$$

显然，按第二种算法，该指标受到期末是否有净残值的影响，而按第一种算法，则不会受到净残值的影响。

［例10-3］年平均投资收益率的计算（按两种方法）

已知：仍按例10-1的表10-1和第九章例9-12的表9-4的资料。

要求：分别按两种方法计算各方案的年平均投资收益率（ARR）。

解：依题意，按第一种方法计算时，由于所有方案的建设投资均为1 000万元，则：

$\bar{I}_1=1\,000\times 50\%=500$（万元）

A、B、D、E和F方案的年息税前利润EBIT为100万元，则：

$$\text{年平均投资收益率}（ARR_1）=\frac{100}{500}\times 100\%=20\%$$

C方案的EBIT为110万元，则

$$\text{年平均投资收益率}（ARR_1）=\frac{110}{500}\times 100\%=22\%$$

按第二种方法计算时，A、B、D和F方案无残值，则：

$$\bar{I}_2=\frac{1\,000-0}{2}+0=500\text{（万元）}$$

$$ARR_2=\frac{100}{500}\times 100\%=20\%$$

C和E方案的残值均为100万元，则：

$$\bar{I}_2=\frac{1\,000-100}{2}+0=450\text{（万元）}$$

C方案的EBIT为110万元，则

$$ARR_2=\frac{110}{450}\times 100\%\approx 24.44\%$$

E方案的EBIT为100万元，则：

$$ARR_2=\frac{100}{450}\times100\%\approx22.22\%$$

（三）年平均投资收益率指标的特征

年平均投资收益率是一个非折现的相对量正指标。它的优点是计算公式的分子分母均为时期指标，有一定可比性，能够反映回收额的有无对项目的影响。其缺点是：第一，没有考虑货币时间价值因素；第二，不能正确反映建设期的长短、投资方式的不同和建设期资本化利息的有无等条件对项目的影响；第三，无法直接利用净现金流量信息；第四，由于分母的计算有两种方法，导致计算结果口径不一致。

四、静态投资回收期及其计算

（一）静态投资回收期指标的定义

静态投资回收期又称全部投资回收期或投资返本期，简称回收期（payback period），是指以投资项目运营净现金流量抵偿原始投资所需要的全部时间。该指标以年为单位，包括两种形式：一种形式是包括建设期的投资回收期（PP），这种形式最为常见；另一种形式是不包括建设期的投资回收期（PP′）。两者之间只差一个建设期，只要求出其中一种形式，就可很方便地推算出另一种形式。

（二）静态投资回收期指标的计算

确定静态投资回收期指标有两种方法：一种是公式法；另一种是列表法。

1.公式法

公式法是指在按一定简化公式直接计算出不包括建设期的投资回收期的基础上，再推算出包括建设期的投资回收期的方法，又称确定静态投资回收期的简单法或特殊法。

如果一项长期投资决策方案投产后的前若干年（假设为M年）每年运营净现金流量相等，即$NCF_{s+1}=NCF_{s+2}=\cdots=NCF_{s+M}$，且以下关系成立：

M·投产后的前M年每年相等的运营NCF≥原始投资I

则可按以下简化公式直接求出不包括建设期的投资回收期PP′：

$$PP'=\frac{\text{原始投资}}{\text{投产后的前若干年每年相等的运营净现金流量}}$$

$$=\frac{I}{NCF_{(s+1)\sim(s+M)}} \qquad (10.2.5式)$$

10.2.5式中，M满足以下关系式，即：

$$M\cdot NCF_{(s+1)\sim(s+M)}\geq I$$

在计算出不包括建设期的投资回收期PP′的基础上，将其与建设期s代入下式，即可求得包括建设期的回收期PP：

$$PP=PP'+s \qquad (10.2.6式)$$

公式法所要求的应用条件比较特殊，包括：项目投产后的前若干年内每年的运营净现金流量必须相等，这些年内的运营净现金流量之和应大于或等于原始投资。如果不能满足上述条件，就无法采用这种方法。

［例10-4］静态投资回收期的计算（公式法）

已知：仍按例10-1的资料所列示的净现金流量信息。

要求：判断哪种方案可利用公式法计算静态投资回收期，并计算其结果。

解：首先分析各种方案的建设期和投产后各期净现金流量的数量特征。

∵ 在A方案中，s=0，$NCF_{1\sim10}$=200万元，M=10，I=1 000万元；

在B和D方案中，s=1，$NCF_{2\sim11}$=200万元，M=10，I=1 000万元；

在C方案中，s=0，$NCF_{1\sim9}$=200万元，M=9，I=1 000万元；

在E方案中，s=1，$NCF_{2\sim10}$=200万元，M=9，I=1 000万元；

在F方案中，s=1，$NCF_{2\sim11}$=200万元，M=10，I=1 000万元。

它们均满足以下关系式，即：

M·投产后每年相等的NCF>原始投资I

∴各种方案都可以直接利用公式法计算不包括建设期的投资回收期。

$$PP'=\frac{1\,000}{200}=5\text{（年）}$$

在上述计算结果的基础上，分别加上各种情况下的建设期，就可以相应求出六个方案包括建设期的回收期PP，分别为5年、6年、5年、6年、6年和6年。

[例10-5] 静态投资回收期的计算（公式法）

已知：某投资项目的所得税前净现金流量如下：

NCF_0=-1 000万元，NCF_1=0，$NCF_{2\sim10}$=373万元，NCF_{11}=473万元。

要求：(1) 判断能否利用公式法计算该项目的静态投资回收期。

(2) 如果可能，请按公式法计算该项目所得税前的静态投资回收期。

解：依题意

(1) s=1，$NCF_{2\sim10}$=373，M=9，I=1 000。

9×373=3 357（万元）>原始投资1 000万元

可以利用公式法。

(2) $PP'=\frac{1\,000}{373}\approx2.68$（年）

PP=PP'+s=2.68+1=3.68（年）

2.列表法

所谓列表法，是指通过列表计算“累计净现金流量”的方式，来确定包括建设期的投资回收期，进而再推算出不包括建设期的投资回收期的方法。因为不论在什么情况下，都可以通过这种方法来确定静态投资回收期，所以此法又称一般方法。

该法的原理是：按照回收期的定义，包括建设期的投资回收期PP满足以下关系式，即：

$$\sum_{t=0}^{PP}NCF_t=0$$

这表明在现金流量表的“累计净现金流量”一栏中，包括建设期的投资回收期PP恰好是累计净现金流量为零的年限。在计算时，无非有两种可能：

第一，在“累计净现金流量”栏上可以直接找到零，那么读出零所在列的t值即为所求的包括建设期的投资回收期PP，否则必须按第二种情况处理。

第二，由于无法在“累计净现金流量”栏上找到零，必须按下式计算包括建设期的投资回收期PP：

$$\text{包括建设期的投资回收期(PP)}=\text{最后一项为负值的累计净现金流量对应的年数}+\frac{\text{最后一项为负值的累计净现金流量绝对值}}{\text{下年净现金流量}}$$

$$=M'+\frac{\left|\sum_{t=0}^{M'}NCF_t\right|}{NCF_{M'+1}} \qquad (10.2.7式)$$

10.2.7式中，M′[①]为现金流量表的“累计净现金流量”栏中最后一项负值所对应的年数；$\sum_{t=0}^{M'}NCF_t$为第M′年年末尚未回收的投资额；$NCF_{M'+1}$为第（M′+1）年的净现金流量。

亦可按另一公式求得包括建设期的投资回收期PP，即：

$$\text{包括建设期的投资回收期(PP)}=\text{累计净现金流量第一次出现正值的年份}-1+\frac{\text{该年年初尚未回收的投资}}{\text{该年净现金流量}} \qquad (10.2.8式)$$

按10.2.7式与10.2.8式计算的结果应当是一样的。

列表法通常可以直接利用项目的现金流量表来完成。

［例10-6］静态投资回收期的计算（列表法）

已知：按例10-1中B、D和F方案的净现金流量资料。

要求：按列表法确定该项目的静态投资回收期。

解：根据B方案的有关净现金流量数据列表，见表10-2。

表10-2　**某固定资产投资项目现金流量表（全部投资）**　金额单位：万元

项目计算期（第t年）	建设期		运营期								合计
	0	1	2	3	4	5	6	7	…	11	
⋮	⋮	⋮	⋮	⋮	⋮	⋮	⋮	⋮	⋮	⋮	⋮
3.0净现金流量	−1 000	0	200	200	200	200	200	200	…	200	1 000
4.0累计净现金流量	−1 000	−1 000	−800	−600	−400	−200	0	+200	…	+1 000	—

∵第6年的累计净现金流量为零

∴PP=6年

PP′=6−1=5（年）（与例10-4按公式法计算的结果相同）

根据D方案的有关净现金流量数据列表，见表10-3。

表10-3　**某固定资产投资项目现金流量表（全部投资）**　金额单位：万元

项目计算期（第t年）	建设期		运营期								合计
	0	1	2	3	4	5	6	7	…	11	
⋮	⋮	⋮	⋮	⋮	⋮	⋮	⋮	⋮	⋮	⋮	⋮
3.0净现金流量	−500	−500	200	200	200	200	200	200	…	200	1 000
4.0累计净现金流量	−500	−1 000	−800	−600	−400	−200	0	+200	…	+1 000	—

∵第6年的累计净现金流量为零

∴PP=6年

①M′满足以下关系：$\sum_{t=0}^{M'}NCF_t<0$，$\sum_{t=0}^{M'+1}NCF_t>0$。

PP′=6−1=5（年）（与例10−4按公式法计算的结果相同）

根据F方案的有关净现金流量数据列表，见表10−4。

表10−4 某固定资产投资项目现金流量表（全部投资） 金额单位：万元

项目计算期（第t年）	建设期		运营期								合计
	0	1	2	3	4	5	6	7	…	11	
⋮	⋮	⋮	⋮	⋮	⋮	⋮	⋮	⋮	⋮	⋮	⋮
3.0净现金流量	0	−1 000	200	200	200	200	200	200	…	200	1 000
4.0累计净现金流量	0	−1 000	−800	−600	−400	−200	0	+200	…	+1 000	—

∵第6年的累计净现金流量为零

∴PP=6年

PP′=6−1=5（年）（与例10−4按公式法计算的结果相同）

从例10−6可以看出，静态投资回收期指标的计算不会因建设期投资方式的不同而受到影响。

［例10−7］静态投资回收期的计算（列表法）

已知：某项目的净现金流量资料如下：

NCF_0=−1 000万元，NCF_1=0，$NCF_{2\sim4}$=310万元，$NCF_{5\sim10}$=200万元，NCF_{11}=300万元。

要求：（1）判断能否利用公式法计算该项目的静态投资回收期。

（2）按列表法确定该项目的静态投资回收期。

解：依题意

（1）$NCF_{2\sim4}$=310，M=3，I=1 000。

3×310=930<1 000不能利用公式法。

（2）根据已知数据列表，见表10−5。

表10−5 某固定资产投资项目现金流量表（全部投资） 金额单位：万元

项目计算期（第t年）	建设期		运营期							合计
	0	1	2	3	4	5	…	10	11	
⋮	⋮	⋮	⋮	⋮	⋮	⋮	⋮	⋮	⋮	⋮
3.0净现金流量	−1 000	0	310	310	310	200	…	200	300	1 430
4.0累计净现金流量	−1 000	−1 000	−690	−380	−70	+130	…	+1 130	+1 430	—

∵第4年的累计净现金流量小于零

第5年的累计净现金流量大于零

$$PP=4+\frac{|-70|}{200}=4.35（年）$$

PP′=4.35−1=3.35（年）

∴M′=4

读者可根据第九章表9−2的资料自行计算该项目的各种静态投资回收期，并验证计算结果的正确性。

（三）静态投资回收期指标的特征

静态投资回收期是一个非折现的绝对量反指标，在实践中应用较为广泛。在评价方案可行性时，包括建设期的回收期比不包括建设期的回收期用途更为广泛。

它的优点是：第一，能够直观地反映原始投资的返本期限；第二，指标便于理解，计算也不难；第三，可以直接利用回收期之前的净现金流量信息。其缺点是：第一，没有考虑货币时间价值因素；第二，不能正确反映投资方式的不同对项目的影响；第三，不考虑回收期满后继续发生的净现金流量的变化情况。

第三节　动态评价指标的计算

本节介绍动态投资回收期、净现值、净现值率、获利指数和内部收益率五项动态评价指标的定义、计算方法、特征及相互之间的关系。

一、动态投资回收期及其计算

（一）动态投资回收期指标的定义

动态投资回收期又称折现投资回收期（discounted payback period），是指以按投资项目的行业基准收益率或设定折现率计算的折现经营净现金流量补偿原始投资现值所需要的全部时间。通常动态投资回收期只计算包括建设期的回收期（记作PP″）。

动态投资回收期PP″满足以下关系：

$$\sum_{t=0}^{PP''}[NCF_t \cdot (P/F,\ i_c,\ n)]=0 \qquad (10.3.1式)$$

10.3.1式中，i_c是国家有关部门制定颁发的行业基准收益率或投资者事先设定的折现率。

（二）动态投资回收期指标的计算

动态投资回收期指标只能利用现金流量表来计算，即在该表下面增设“复利现值系数”栏、“折现净现金流量”栏和“累计折现净现金流量”栏。根据动态投资回收期PP″的定义，在计算时只能出现两种情况：

第一，在“累计折现净现金流量”栏上可以直接找到零，则零对应的t值即为所求动态投资回收期PP″，否则必须按第二种情况处理。

第二，由于无法在“累计折现净现金流量”栏上找到零，应按下式计算动态投资回收期PP″：

$$\text{动态投资回收期(PP'')}=\text{最后一项为负值的累计折现净现金流量对应的年数}+\frac{\text{最后一项为负值的累计折现净现金流量绝对值}}{\text{下年折现净现金流量}}$$

$$=M''+\frac{\left|\sum_{t=0}^{M''}NCF_t\right|}{NCF_{M''+1}} \qquad (10.3.2式)$$

10.3.2式中，M″[①]为现金流量表的“累计折现净现金流量”栏中最后一项负值所对应的

①M″满足以下关系：$\sum_{t=0}^{M''}NCF_t<0$，$\sum_{t=0}^{M''+1}NCF_t>0$。

年数；$\left|\sum_{t=0}^{M''}NCF_t\right|$为第M″年年末尚未回收的投资额；$NCF_{M''+1}$为第（M″+1）年的净现金流量。

［例10-8］动态投资回收期的计算

已知：某固定资产投资项目的净现金流量如下：

NCF_0=-1 000万元，NCF_1=0，$NCF_{2\sim8}$=360万元，$NCF_{9\sim10}$=250万元，NCF_{11}=350万元，基准折现率为10%。

要求：计算该项目的动态投资回收期。

解：依题意，根据已知资料计算列表，见表10-6。

表10-6　**某固定资产投资项目现金流量表（全部投资）**　金额单位：万元

项目计算期（第t年）	建设期		运营期									合计
	0	1	2	3	4	5	…	8	9	10	11	
⋮	⋮	⋮	⋮	⋮	⋮	⋮	⋮	⋮	⋮	⋮	⋮	⋮
3.0净现金流量	-1 000	0	360	360	360	360	…	360	250	250	350	2 370
4.0复利现值系数	1	0.90909	0.82645	0.75131	0.68301	0.62092	…	0.46651	0.42410	0.38554	0.35049	—
5.0折现净现金流量	-1 000	0	297.52	270.47	245.88	223.53	…	167.94	106.03	96.39	122.67	+918.38
6.0累计折现净现金流量	-1 000	-1 000.00	-702.48	-432.01	-186.12	37.41	…	593.29	699.32	795.71	918.38	—

由该表按10.3.2式可求得动态投资回收期：

$$PP''=4+\frac{|-186.12|}{223.53}\approx4.83\text{（年）}$$

如果将本例中的建设期净现金流量改为：$NCF_{0\sim1}$=-500万元，则动态投资回收期将会变为4.63年（计算过程略）。

由此可见，建设期投资方式的改变将影响动态投资回收期。

（三）动态投资回收期指标的特征

动态投资回收期指标是一个折现的绝对量反指标。与静态投资回收期不同，它只有一种形式，不存在是否考虑建设期的问题。

它的优点是：第一，考虑了货币时间价值；第二，能直接利用回收期之前的净现金流量信息；第三，能够正确反映投资方式的不同对项目的影响。其缺点在于：第一，计算不能应用简化公式，比较复杂；第二，不考虑回收期满后继续发生的净现金流量的变化情况。

二、净现值及其计算

（一）净现值指标的定义

净现值（net present value，NPV）是指在项目计算期内，按行业基准折现率或其他设定折现率计算的各年净现金流量现值的代数和。①

①也有人将净现值表述为：项目投产后各年报酬（不含流动资金投资的NCF）的现值合计与投资现值合计之间的差额，但这种说法只符合在原始投资均于建设期投入、运营期内不再追加投资等特殊条件下确定的净现值，而且它并没有指出有关现值是按什么折现率计算的，因此没有普遍意义。

净现值指标的基本公式是：

$$NPV=\sum_{t=0}^{n}(\text{第}t\text{年的净现金流量}\times\text{第}t\text{年的复利现值系数})$$

$$=\sum_{t=0}^{n}\frac{NCF_t}{(1+i_c)^t}$$

$$=\sum_{t=0}^{n}[NCF_t\cdot(P/F,\ i_c,\ t)] \quad (10.3.3\text{式})$$

10.3.3式中，i_c为该项目设定的折现率或基准折现率；（P/F，i_c，t）为第t年，折现率为i_c的复利现值系数。行业基准折现率亦称行业基准收益率，它的确定需要统筹考虑行业特点、货币时间价值和风险报酬率。确定设定折现率的方法有多种，详见知识拓展10-3：设定折现率的确定方法。

知识拓展10-3

设定折现率的确定方法

（二）净现值指标的计算方法

计算净现值指标可以通过一般方法、特殊方法和插入函数法三种方法来完成。

1.净现值指标计算的一般方法

本法是指无论在什么情况下都可以采取的方法，又称最基本的计算方法，具体包括公式法和列表法两种形式。

（1）公式法。本法是指根据净现值的定义，直接套用10.3.3式来完成该指标计算的方法。

（2）列表法。本法是指通过现金流量表计算净现值指标的方法，即在现金流量表上，根据已知的各年净现金流量，分别乘以各年的复利现值系数，从而计算出各年折现的净现金流量，最后求出项目计算期内折现的净现金流量的代数和，就是所求的净现值指标。

［例10-9］净现值的计算（一般方法）

已知：某投资项目的所得税前净现金流量数据如下：

NCF_0=-1 050万元，NCF_1=-200万元，NCF_2=270万元，NCF_3=320万元，NCF_4=370万元，NCF_5=420万元，NCF_6=360万元，NCF_7=400万元，NCF_8=450万元，NCF_9=500万元，NCF_{10}=550万元，NCF_{11}=900万元。基准折现率为10%。

要求：分别用公式法和列表法计算该项目的净现值。

解：依题意，应用公式法如下：

$$NPV=-1\,050\times1-200\times0.90909+270\times0.82645+320\times0.75131+370\times0.68301+420\times0.62092+360\times0.56447+400\times0.51316+450\times0.46651+500\times0.42410+550\times0.38554+900\times0.35049$$

$$\approx1\,103.18\ (\text{万元})$$

用列表法计算该项目的净现值，所列部分现金流量表见表10-7。

表10-7　**某投资项目现金流量表（全部投资）**　金额单位：万元

项目计算期（第t年）	建设期		运营期							合计
	0	1	2	3	4	5	…	10	11	
⋮	⋮	⋮	⋮	⋮	⋮	⋮	⋮	⋮	⋮	
3.0净现金流量	-1 050	-200	270	320	370	420	…	550	900	3 290
5.0 10%的复利现值系数	1	0.90909	0.82645	0.75131	0.68301	0.62092	…	0.38554	0.35049	—
6.0折现净现金流量	-1 050.00	-181.82	223.14	240.42	252.71	260.79	…	212.05	315.44	+1 103.18

由表10-7的数据可见，该方案的净现值为1 103.18万元。

读者可以根据表10-6的计算结果，直接判断出例10-8的净现值是多少。

2.净现值指标计算的特殊方法

本法是指在特殊条件下，当项目投产后净现金流量表现为普通年金或递延年金时，可以利用计算年金现值或递延年金现值的技巧直接计算出项目净现值的方法，又称简化方法。

由于项目各年的净现金流量NCF_t（t=0，1，…，n）属于系列款项，所以当项目的全部投资均于建设期投入，运营期不再追加投资，投产后的运营净现金流量表现为普通年金或递延年金的形式时，就可视以下不同情况分别按不同的简化公式计算净现值指标。

（1）当全部投资在建设起点一次投入，建设期为零，投产后1～n年每年净现金流量相等时，投产后的净现金流量表现为普通年金形式，简化公式为：

$$NPV=NCF_0+NCF_{1\sim n}\cdot(P_A/A,\ i_c,\ n) \quad (10.3.4式)$$

10.3.4式中，$(P_A/A,\ i_c,\ n)$为n年，折现率为i_c的年金现值系数。

（2）当全部投资在建设起点一次投入，建设期为零，投产后每年运营净现金流量（不含回收额）相等，但终结点第n年有回收额R_n（如残值）时，可按两种方法求净现值。

方法一：将1～（n-1）年每年相等的运营净现金流量视为普通年金，将第n年净现金流量视为第n年终值，则公式如下：

$$NPV=NCF_0+NCF_{1\sim(n-1)}\cdot(P_A/A,\ i_c,\ n-1)+NCF_n\cdot(P/F,\ i_c,\ n) \quad (10.3.5式)$$

方法二：将1～n年每年相等的运营净现金流量按普通年金处理，将第n年发生的回收额单独作为该年终值，则公式如下：

$$NPV=NCF_0+NCF_{1\sim n}\cdot(P_A/A,\ i_c,\ n)+R_n\cdot(P/F,\ i_c,\ n) \quad (10.3.6式)$$

（3）若建设期为s，全部投资在建设起点一次投入，投产后（s+1）～n年每年净现金流量相等，则后者具有递延年金的形式，其现值之和可按递延年金现值求得，则公式如下：

$$NPV=NCF_0+NCF_{(s+1)\sim n}\cdot[(P_A/A,\ i_c,\ n)-(P_A/A,\ i_c,\ s)] \quad (10.3.7式)$$

或

$$=NCF_0+NCF_{(s+1)\sim n}\cdot(P_A/A,\ i_c,\ n-s)\cdot(P/F,\ i_c,\ s) \quad (10.3.8式)$$

（4）若建设期为s，全部投资在建设期内分次投入，投产后（s+1）～n年内每年净现金流量相等，则公式如下：

$$NPV=NCF_0+NCF_1\cdot(P/F,\ i_c,\ 1)+\cdots+NCF_s\cdot(P/F,\ i_c,\ s)+NCF_{(s+1)\sim n}\cdot[(P_A/A,\ i_c,\ n)-(P_A/A,\ i_c,\ s)] \quad (10.3.9式)$$

上述公式虽然较多，又分别适用于不同条件，但只要熟练掌握应用技巧，就可大大简化净现值指标的计算过程。

［例10-10］净现值的计算（特殊方法）

已知：仍按例10-1的资料，项目行业基准折现率为10%。

要求：用简化方法计算净现值NCF（保留小数点后三位数）。

解：本例所有情况均可使用简化方法计算净现值。

A方案的净现值可按10.3.4式计算：

$$NPV=-1\ 000+200\times(P_A/A,\ 10\%,\ 10)=+228.914（万元）$$

B方案的净现值可按10.3.7式或10.3.8式计算：

$$NPV=-1\ 000+200\times[(P_A/A,\ 10\%,\ 11)-(P_A/A,\ 10\%,\ 1)]$$

或

$$=-1\ 000+200\times(P_A/A,\ 10\%,\ 11-1)\times(P/F,\ 10\%,\ 1)$$

$$=+117.194（万元）$$

C方案的净现值，可按10.3.5式或10.3.6式计算：

NPV=-1 000+200×（P_A/A，10%，9）+300×（P/F，10%，10）

=+266.466（万元）

D方案的净现值，可按10.3.9式计算：

NPV=-［500+500×（P/F，10%，1）］+200×［（P_A/A，10%，11）-（P_A/A，10%，1）］

=+162.648（万元）

E方案的净现值，按下式计算：

NPV=-1 000+200×（P_A/A，10%，11-1）×（P/F，10%，1）+100×（P/F，10%，11）

=+152.241（万元）

F方案的净现值，按下式计算：

NPV=-1 000×（P/F，10%，1）+200×（P_A/A，10%，11-1）×（P/F，10%，1）

=208.103（万元）

3.净现值指标计算的插入函数法

本法是指在Excel环境下，通过插入财务函数"NPV"，并根据计算机系统的提示正确地输入已知的基准折现率和电子表格中的净现金流量，来直接求得净现值指标的方法。

本法的应用程序如下：

（1）将已知的各年净现金流量的数值输入Excel电子表格的任意一行。

（2）在该电子表格的另外一个单元格中插入财务函数NPV，并根据该函数的提示输入折现率i_c和净现金流量NCF_t的参数，并将该函数的表达式修改为：

"=NPV（i_c，NCF_1：NCF_n）+NCF_0"

上式中的i_c必须为已知的数据，NCF_1为第一期净现金流量所在的单元格参数，NCF_n为第n期净现金流量所在的单元格参数，NCF_0为第0期净现金流量所在的单元格参数。

（3）回车，NPV函数所在单元格显示的数值即为所求的净现值。

［例10-11］净现值的计算（插入函数法）

已知：仍按例10-9的资料。

要求：利用插入函数法确定该项目的净现值。

解：依题意，将表10-7中的全部净现金流量数据输入Excel表格，结果见表10-8中的第二行C2～N2。在O2单元格中插入NPV函数并进行修改。

表10-8　**插入函数法使用的电子表格**　金额单位：万元

	A	B	C	D	E	…	M	N	O	P
1		t	0	1	2	…	10	11	NPV	IRR
2	例10-11	NCF	-1 050	-200	270	…	550	900	=NPV（0.1，D2：N2）+C2	
3	例10-17	NCF	-1 000	0	360	…	250	350		=IRR（C3：N3）
⋮						⋮				

注：回车后，O2单元格中显示数据1 103.19，即为该方案的净现值。

本例的计算结果与例10-9的计算结果只差0.01万元，这是因为手工计算的精确度不如计算机系统的精确度高。

在上述介绍的各种计算方法中，按公式法展开式计算其过程太麻烦，列表法相对要简单一些；特殊方法虽然比一般方法简单，但要求的前提条件比较苛刻，需要记忆的公式也比较多；在计算机环境下，插入函数法最省事，而且计算精确度最高，是实务中应当首选的方法。

（三）净现值指标的特征

净现值是一个折现的绝对值正指标，是投资决策评价指标中最重要的指标之一，其计算形式又与净现值率、内部收益率的计算有关，因此，必须熟练掌握它的计算技巧。

它的优点是：第一，充分考虑了货币时间价值；第二，能够利用项目计算期内的全部净现金流量信息。其缺点在于：无法直接反映投资项目的实际收益率水平。

三、净现值率及其计算

（一）净现值率指标的定义

净现值率（net present value rate，NPVR）反映项目的净现值占原始投资现值的比率，亦可将其理解为单位原始投资的现值所创造的净现值。

（二）净现值率指标的计算

净现值率的计算公式为：

$$NPVR=\frac{项目的净现值}{原始投资的现值合计}=\frac{NPV}{\left|\sum_{t=0}^{s}[NCF_t\cdot(1+i_c)^{-t}]\right|} \qquad (10.3.10式)$$

10.3.10式中，$\left|\sum_{t=0}^{s}[NCF_t\cdot(1+i_c)^{-t}]\right|$为原始投资的现值合计。

［例10-12］净现值率的计算

已知：例10-10各种情况下的净现值计算结果。

要求：计算各种情况下的净现值率（结果保留四位小数）。

解：依题意

∵A方案净现值=228.914万元，原始投资现值为1 000万元

$\therefore NPVR=\frac{228.914}{1\,000}\approx0.2289$

同理，B、C、E、F方案的净现值分别为117.194万元、266.466万元、152.241万元和208.103万元，原始投资现值均为1 000万元，则它们的净现值率分别为0.1172、0.2665、0.1522和0.2081（计算过程略）。

∵D方案的净现值为162.648万元

原始投资现值=500+500×（P/F，10%，1）=954.545（万元）

$\therefore NPVR=\frac{162.648}{954.545}\approx0.1704$

（三）净现值率指标的特征

净现值率是一个折现的相对量评价指标。它的优点在于：第一，可以从动态的角度反映项目投资的资金投入与净产出之间的关系；第二，比其他折现相对数指标更容易计算。其缺点与净现值指标相似，同样无法直接反映投资项目的实际收益率，而且必须以已知净现值为前提。

四、获利指数及其计算

（一）获利指数指标的定义

获利指数（profitability index，PI）又被称为现值指数。目前学术界对该指标有三种观点。

（1）第一种观点认为，获利指数是指投产后按行业基准折现率或设定折现率折算的各年净现金流量的现值合计与原始投资的现值合计之比。

（2）第二种观点认为，获利指数是指投产后各年收益的现值合计与原始投资的现值合计之比。若全部投资在建设期内投入，那么该指标计算公式与上一种观点的计算公式没有区别，如果投产后还发生投资，则投产后的某年收益应等于该年净现金流量与追加投资之和。

（3）第三种观点认为，获利指数是指项目计算期内现金流入量的现值之和与现金流出量的现值之和之间的比率。

（二）获利指数指标的计算

按照第一种观点解释，获利指数指标的计算公式为：

$$PI=\frac{投产后各年净现金流量的现值合计}{原始投资的现值合计}=\frac{\sum_{t=s+1}^{n}[NCF_t\cdot(P/F,i_c,t)]}{\left|\sum_{t=0}^{s}[NCF_t\cdot(P/F,i_c,t)]\right|} \quad (10.3.11式)$$

10.3.11式中，$\sum_{t=s+1}^{n}[NCF_t\cdot(P/F,i_c,t)]$为投产后各年净现金流量的现值合计。

按照第二种观点解释，获利指数指标的计算公式为：

$$PI=\frac{投产后各年收益的现值合计}{原始投资的现值合计} \quad (10.3.12式)$$

按照第三种观点解释，获利指数指标的计算公式为：

$$PI=\frac{各年现金流入量的现值合计}{现金流出量的现值合计}=\frac{\sum_{t=0}^{n}[CI_t\cdot(P/F,i_c,t)]}{\sum_{t=0}^{s}[CO_t\cdot(P/F,i_c,t)]} \quad (10.3.13式)$$

10.3.13式中，$\sum_{t=0}^{n}[CI_t\cdot(P/F,i_c,t)]$为各年现金流入量的现值之和；$\sum_{t=0}^{s}[CO_t\cdot(P/F,i_c,t)]$为各年现金流出量的现值之和。

本章按第一种观点计算获利指数。当原始投资在建设期内全部投入时，按第一种方法计算的PI与NPVR有如下关系：

$$PI=1+净现值率=1+NPVR \quad (10.3.14式)$$

[例10-13] 获利指数的计算

已知：仍按例10-9的净现金流量资料，该项目的行业基准折现率为10%，其净现值为1 103.18万元。

要求：（1）用第一种方法计算该方案的获利指数（结果保留两位小数）。

（2）验证获利指数与净现值率之间的关系。

解：（1）获利指数的计算：

$$\because \sum_{t=0}^{n}[NCF_t\cdot(P/F,\ i_c,\ t)]=NCF_2\cdot(P/F,\ 10\%,\ 2)+NCF_3\cdot(P/F,\ 10\%,\ 3)+NCF_4\cdot(P/F,\ 10\%,\ 4)+NCF_5\cdot(P/F,\ 10\%,\ 5)+\cdots+NCF_{10}\cdot(P/F,\ 10\%,\ 10)+NCF_{11}\cdot(P/F,\ 10\%,\ 11)$$

$$=270\times0.82645+320\times0.75131+370\times0.68301+420\times0.62092+360\times0.56447+400\times0.51316+450\times0.46651+500\times0.42410+550\times0.38554+900\times0.35049$$

$$\approx 2\ 335\text{（万元）}$$

$$\left|\sum_{t=0}^{s}[NCF_t\cdot(P/F,i_c,t)]\right|=|NCF_0\cdot(P/F,\ 10\%,\ 0)+NCF_1\cdot(P/F,\ 10\%,\ 1)|$$

$$=|-1\ 050\times1-200\times0.90909|$$

$$=1\ 231.818\text{（万元）}$$

$$\therefore PI=\frac{2\ 335}{1\ 231.82}\approx1.90$$

（2）PI与NPVR关系的验证：

$$\because NPVR=\frac{1\ 103.18}{1\ 231.82}\approx0.90$$

$$\therefore PI=1+NPVR=1+0.90=1.90$$

（三）获利指数指标的特征

获利指数也是一个折现的相对量评价指标。它的优点是可从动态的角度反映项目投资的资金投入与总产出之间的关系；其缺点除了无法直接反映投资项目的实际收益率外，计算起来比净现值率指标复杂，计算口径也不一致。

在实务中通常并不要求直接计算获利指数，如果需要考核这个指标，可在求得净现值率的基础上推算出来。

五、内部收益率及其计算

（一）内部收益率指标的定义

内部收益率（internal rate of return，IRR）是指项目投资实际达到的收益率，即能使投资项目的净现值等于零时的折现率。

根据内部收益率的定义，IRR满足下列等式：

$$\sum_{t=0}^{n}[NCF_t\cdot(P/F,\ IRR,\ t)]=0 \qquad \text{（10.3.15式）}$$

（二）内部收益率指标的计算

计算内部收益率指标可以通过特殊方法、一般方法和插入函数法三种方法来完成。

1.内部收益率指标计算的特殊方法

该方法是指当项目投产后的净现金流量表现为普通年金的形式时，可以直接利用年金现值系数计算内部收益率的方法，又称简便算法。

该方法所要求的充分必要条件是：项目的全部投资均于建设起点一次投入，建设期为零，建设起点第0期净现金流量等于原始投资的负值，即$NCF_0=-I$；投产后每年净现金流量相等，第1期至第n期每期净现金流量取得了普通年金的形式。

在此法下，内部收益率IRR可按下式确定：

$(P_A/A, IRR, n) = \frac{I}{NCF}$　（10.3.16式）

在10.3.16式中，I为在建设起点一次投入的原始投资；$(P_A/A, IRR, n)$是n期、设定折现率为IRR的年金现值系数；NCF为投产后1～n年每年相等的净现金流量（$NCF_1=NCF_2=\cdots=NCF_n=NCF$，NCF为一常数，$NCF\geq 0$）。

10.3.16式的证明过程，参见知识拓展10-4：内部收益率指标计算的特殊方法基本公式的推导。

知识拓展10-4

内部收益率指标计算的特殊方法基本公式的推导

特殊方法的具体程序如下：

（1）按10.3.16式计算$(P_A/A, IRR, n)$的值，假定该值为C，则C值必然等于该方案不包括建设期的回收期。

（2）根据计算出来的年金现值系数C，查n年的年金现值系数表。

（3）若在n年系数表上恰好能找到等于上述数值C的年金现值系数$(P_A/A, r_m, n)$，则该系数所对应的折现率r_m即为所求的内部收益率IRR。

（4）若在系数表上找不到事先计算出来的系数值C，则需要找到系数表上同期略大及略小于该数值的两个临界值C_m和C_{m+1}及相对应的两个折现率r_m和r_{m+1}，然后应用内插法计算近似的内部收益率，即如果以下关系成立：

$(P_A/A, r_m, n) = C_m > C$

$(P_A/A, r_{m+1}, n) = C_{m+1} < C$

就可按下列具体公式计算内部收益率IRR：

$IRR = r_m + \frac{C_m - C}{C_m - C_{m+1}} \cdot (r_{m+1} - r_m)$　（10.3.17式）

为缩小误差，按照有关规定，r_{m+1}与r_m之间的差不得大于5%。

［例10-14］内部收益率的计算——特殊方法（不需要应用内插法）

已知：某投资项目在建设起点一次性投资254 579元，当年完工并投产，运营期为15年，每年可获净现金流量50 000元。

要求：（1）判断能否按特殊方法计算该项目的内部收益率。

（2）如果可以，试计算该指标。

解：依题意

（1）$\because NCF_0=-I$，$NCF_{1\sim15}=50\,000$元

$\therefore$此题可采用特殊方法

（2）$(P_A/A, IRR, 15) = \frac{254\,579}{50\,000}$

$= 5.09158$

查15年的年金现值系数表：

$\because (P_A/A, 18\%, 15) = 5.09158$

$\therefore IRR = 18\%$

［例10-15］内部收益率的计算（特殊方法，需要应用内插法）

已知：仍按例10-10的资料。

要求：（1）判断在哪种情况下可以利用特殊方法计算内部收益率IRR。

（2）如果可以，试计算该指标。

解：（1）经判断，只有第（1）种情况才能应用特殊方法计算内部收益率IRR。

（2）依题意有下式成立：

$$(P_A/A，IRR，10)=\frac{1\,000}{200}=5$$

查10年的年金现值系数表：

$\because$（P_A/A，14%，10）=5.21612>5

（P_A/A，16%，10）=4.83323<5

$\therefore$ 14%<IRR<16%，应用内插法

$$IRR=14\%+\frac{5.21612-5}{5.21612-4.83323}\times(16\%-14\%)\approx15.13\%$$

2.内部收益率指标计算的一般方法

该法是指通过计算项目不同设定折现率的净现值，然后根据内部收益率的定义揭示的净现值与设定折现率的关系，采用一定技巧，最终设法找到能使净现值等于零的折现率——内部收益率的方法，又称逐次测试逼近法（简称逐次测试法）。若项目不符合直接应用简便算法的条件，必须按此法计算内部收益率。

一般方法的具体应用步骤如下：

（1）先自行设定一个折现率 r_1，代入计算净现值的公式，求出以 r_1 为折现率的净现值 NPV_1，并进行下面的判断。

（2）若净现值 $NPV_1=0$，则内部收益率 $IRR=r_1$，计算结束；若净现值 $NPV_1>0$，则内部收益率 $IRR>r_1$，应重新设定 $r_2>r_1$，再将 r_2 代入有关计算净现值的公式，求出净现值 NPV_2，继续进行下一轮的判断；若净现值 $NPV_1<0$，则内部收益率 $IRR<r_1$，应重新设定 $r_2<r_1$，再将 r_2 代入有关计算净现值的公式，求出以 r_2 为折现率的净现值 NPV_2，继续进行下一轮的判断。

（3）经过逐次测试判断，有可能找到内部收益率。每一轮判断的原则相同。若设 r_j 为第 j 次测试的折现率，NPV_j 为按 r_j 计算的净现值，则有：

当 $NPV_j>0$ 时，$IRR>r_j$，继续测试；

当 $NPV_j<0$ 时，$IRR<r_j$，继续测试；

当 $NPV_j=0$ 时，$IRR=r_j$，测试完成。

（4）若经过有限次测试，已无法继续利用有关货币时间价值系数表求得内部收益率 IRR，则可利用最为接近零的两个净现值正负临界值 NPV_m 和 NPV_{m+1} 及相应的折现率 r_m 和 r_{m+1}，应用内插法计算近似的内部收益率，即如果以下关系成立：

$NPV_m>0$

$NPV_{m+1}<0$

$r_m<r_{m+1}$

$r_{m+1}-r_m\leqslant d$（$2\%\leqslant d<5\%$）

就可按下列具体公式计算内部收益率：

$$IRR=r_m+\frac{NPV_m-0}{NPV_m-NPV_{m+1}}\cdot(r_{m+1}-r_m) \qquad (10.3.18式)$$

［例10-16］内部收益率的计算（一般方法，需要应用内插法）

已知：例10-8项目的净现金流量为 $NCF_0=-1\,000$ 万元，$NCF_1=0$，$NCF_{2\sim8}=360$ 万元，$NCF_{9\sim10}=250$ 万元，$NCF_{11}=350$ 万元。

要求：计算该项目的内部收益率（中间结果保留全部小数，最终结果保留两位小数）。

解：经判断，该项目只能用一般方法计算内部收益率。

按照逐次测试逼近法的要求，自行设定折现率并计算净现值，据此判断调整折现率。经

过5次测试，得到以下数据（计算过程略）：

测试次数j	设定折现率r_j	净现值NPV_j（按r_j计算）
1	10%	+918.3839
2	30%	−192.799
3	20%	+217.3128
4	24%	+39.3177
5	26%	−30.1907

∵最接近零的两个净现值临界值NPV_m和NPV_{m+1}点分别为+39.3177和−30.1907，相应的折现率$r_m<r_{m+1}$分别为24%和26%

∴24%<IRR<26%

应用内插法：

$$IRR=24\%+\frac{39.3177-0}{39.3177-(-30.1907)}\times(26\%-24\%)$$

$$\approx 25.13\%$$

上面介绍的计算内部收益率的两种方法中，都涉及内插法的应用技巧，尽管具体应用条件不同，公式也存在差别，但该法的基本原理是一致的，即假定自变量在较小变动区间内，它与因变量之间的关系可以用线性模型来表示，因而可以采取近似计算的方法进行处理。

3.内部收益率指标计算的插入函数法

本法是指在EXCEL环境下，通过插入财务函数“IRR”，并根据计算机系统的提示正确地输入已知的电子表格中的净现金流量，来直接求得内部收益率指标的方法。

本法的应用程序如下：

（1）将已知的各年净现金流量的数值输入EXCEL电子表格的任意一行。

（2）在该电子表格的另一单元格中插入财务函数IRR，输入净现金流量参数，其函数表达式为：

“=IRR（NCF_0：NCF_n）”

（3）回车，则IRR函数所在单元格中显示的数值就是所求的内部收益率。

［例10−17］内部收益率的计算（插入函数法）

已知：仍按例10−16的资料。

要求：利用插入函数法确定该项目的内部收益率。

解：将全部净现金流量数据输入EXCEL表格，结果见表10−6中的第三行C3～N3。在P3单元格中插入IRR函数。

回车后P3单元格中显示的数据25.02%，即为所求的内部收益率。

本例的计算结果比例10−16的计算结果25.13%低了0.11个百分点，这是因为用手工计算会出现一定的累积误差。

在计算机环境下，插入函数法最为省事，而且计算精确度最高，是实务中应当首选的方法。

第九章例9−8的表9−2计算的内部收益率数据就是按插入函数法求得的。

（三）内部收益率指标的特征

内部收益率是一个折现的相对量正指标。它的优点是：第一，能从动态的角度直接反映投资项目的实际收益水平；第二，计算过程不受行业基准收益率高低的影响，比较客观。其缺点在于：第一，在手工计算的环境下，应用特殊方法要求的条件往往很难达到；而按一般方法逐次测试，导致该指标的计算过程十分麻烦。第二，当运营期内大量追加投资，导致项目计算期内的现金净流量出现正负交替的变动趋势时，如“--+++…--+++…”，即使按插入函数法也有可能计算出多个IRR结果，有些IRR的数值偏高或偏低，缺乏实际意义。

六、动态评价指标之间的关系

动态投资回收期PP″与净现值NPV指标之间存在以下数量关系，即：

当PP″<n时，NPV>0；

当PP″=n时，NPV=0；

当PP″不存在时，NPV<0。

净现值NPV、净现值率NPVR、获利指数PI和内部收益率IRR指标之间存在以下数量关系，即：

当NPV>0时，NPVR>0，PI>1，IRR>i_c；

当NPV=0时，NPVR=0，PI=1，IRR=i_c；

当NPV<0时，NPVR<0，PI<1，IRR<i_c。

此外，在按照列表法计算净现值NPV时，可以同时计算动态投资回收期PP″；净现值率NPVR的计算需要在已知净现值NPV的基础上进行；内部收益率IRR在计算时也需要利用净现值NPV的计算技巧或形式。这些动态指标都会受到建设期的长短、投资方式，以及各年净现金流量的数量特征的影响。所不同的是PP″和NPV为绝对量指标，其余均为相对量指标，计算动态投资回收期PP″、净现值NPV、净现值率NPVR和获利指数PI依据的折现率都是事先已知的i_c，而内部收益率IRR的计算本身与i_c的高低无关。

第四节 长期投资决策评价指标的运用

本节在介绍运用评价指标原则的基础上，讨论依据评价指标判断独立方案的财务可行性的原则，并重点讨论多个互斥方案和组合排队方案的比较决策方法。

一、运用长期投资决策评价指标的一般原则

计算评价指标的目的是为项目投资提供决策的定量依据，进行项目的评价与优选。运用评价指标，必须遵循以下原则：

（一）具体问题具体分析的原则

由于评价指标的运用范围不同，评价指标的自身特征不同，评价指标之间的关系比较复杂，因此，必须根据不同的项目类型和项目之间的关系进行分析，确定如何运用评价指标。

（二）确保财务可行性的原则

无论投资项目的数目有多少，项目之间的关系如何，所有项目决策的首选标准就是必须具备财务可行性，因此，运用评价指标对具体项目进行财务可行性评价是长期投资决策的重要环节，必须淘汰不具备财务可行性的投资项目。

（三）分清主次指标的原则

在对同一项目进行财务可行性评价时，按不同指标评价可能导致出现相互矛盾的结论。在这种情况下，必须分清主要指标、次要指标和辅助指标，并以主要评价指标的结论为准。

（四）讲求效益的原则

在进行多目标投资决策时，应当在确保经济、合理、有效地利用项目资金的前提下，尽可能实现最佳经济效益。

二、投资评价指标与财务可行性评价及投资决策的关系

（一）评价指标在财务可行性评价中起关键的作用

长期投资决策评价指标的首要功能就是用于评价某个具体的投资项目是否具有财务可行性。在长期投资决策的实践中，必须对所有已经具备技术可行性的投资备选方案进行财务可行性评价。不能全面掌握某一具体方案的各项评价指标，或者所掌握的评价指标的质量失真，都无法完成投资决策的任务。

（二）财务可行性评价与投资决策存在相辅相成的关系

1.独立方案的可行性评价与其投资决策是完全一致的行为

在管理会计中，将一组互相分离、互不排斥的方案称为独立方案。在独立方案中，选择某一方案并不排斥选择另一方案。就一组完全独立的方案而言，其存在的前提条件是：

（1）投资资金来源无限制。

（2）投资资金无优先使用的排列。

（3）各投资方案所需的人力、物力均能得到满足。

（4）不考虑地区、行业之间的相互关系及其影响。

（5）每一投资方案是否可行，仅取决于本方案的经济效益，与其他方案无关。

符合上述前提条件的方案即为独立方案。例如，某企业拟进行几项投资活动，这一组投资方案有：扩建某生产车间；购置一辆运输汽车；新建办公楼等。这一组投资方案中各方案之间没有什么关联，互相独立，并不存在相互比较和选择的问题。企业既可以全部不接受，也可以接受其中一个，接受多个或全部接受。

对于独立方案而言，评价其财务可行性也就是对其作出最终决策的过程。因为对于一组独立方案中的任何一个方案，都存在着“接受”或“拒绝”两个选择。只有完全具备或基本具备财务可行性的方案，才可以“接受”；完全不具备或基本不具备财务可行性的方案，只能选择“拒绝”，“拒绝”本身也是一种方案，一般称之为0方案。因此，任何一个独立方案都要与0方案进行比较决策。

2.评价每个方案的财务可行性是开展互斥方案投资决策的前提

互斥方案是指互相关联、互相排斥的方案，即一组方案中的各个方案彼此可以相互代替，采纳方案组中的某一方案，就会自动排斥这组方案中的其他方案。因此，互斥方案具有排他性。例如，某企业拟增加一条生产线（购置设备），既可以自己生产制造，也可以向国内其他厂家订购，还可以向某外商订货，这一组设备购置方案即为互斥方案，因为在这三个方案中，只能选择其中一个方案。

就互斥方案而言，评价每一方案的财务可行性，不等于最终的投资决策，但它是进一步

开展各方案之间比较决策的重要前提，因为只有完全具备或基本具备财务可行性的方案，才有资格进入最终决策；完全不具备或基本不具备财务可行性的方案，不能进入下一轮比较选择。已经具备财务可行性，并进入最终决策程序的互斥方案也不能保证在多方案比较决策中被最终选定，因为还要进行下一轮淘汰筛选。

3.在多方案组合排队投资决策过程中，需要反复利用有关评价指标

如果一组方案中既不相互独立，又不相互排斥，而是可以实现任意组合或排队，则这些方案被称作组合或排队方案，其中又包括先决方案、互补方案和不完全互斥方案等形式。在这种方案决策中，除了要求首先评价所有方案的财务可行性，淘汰不具备财务可行性的方案外，在接下来的决策中需要反复衡量和比较不同组合条件下的有关评价指标的大小，从而作出最终决策。

（三）评价财务可行性的要点

1.判断方案是否完全具备财务可行性的条件

如果某一投资方案的所有评价指标均处于可行区间，即同时满足以下条件时，则可以断定该投资方案无论从哪个方面看都具备财务可行性，或完全具备可行性。这些条件是：

（1）净现值 NPV≥0；（2）净现值率 NPVR≥0；（3）获利指数 PI≥1；（4）内部收益率 IRR≥行业基准折现率 i_c；（5）包括建设期的静态投资回收期 PP≤$\frac{n}{2}$（即项目计算期的一半）；（6）不包括建设期的静态投资回收期 PP′≤$\frac{p}{2}$（即运营期的一半）；（7）总投资收益率 ROI≥基准收益率 i（事先给定）。

另外，如果考察其他指标，则要求：动态投资回收期 PP″小于或等于事先给定的基准动态投资回收期；原始投资回收率和年平均投资收益率 ARR 大于或等于事先给定的基准比率。

2.判断方案是否完全不具备财务可行性的条件

如果某一投资项目的评价指标均处于不可行区间，即同时满足以下条件时，则可以断定该投资项目无论从哪个方面看都不具备财务可行性，或完全不具备可行性，应当彻底放弃该投资方案。这些条件是：（1）NPV<0；（2）NPVR<0；（3）PI<1；（4）IRR<i_c；（5）PP>$\frac{n}{2}$；（6）PP′>$\frac{p}{2}$。

3.判断方案是否基本具备财务可行性的条件

如果在评价过程中发现某项目的主要指标处于可行区间（如 NPV≥0，NPVR≥0，PI≥1，IRR≥i_c），但次要或辅助指标处于不可行区间（如 PP>$\frac{n}{2}$，PP′>$\frac{p}{2}$或 ROI<i），则可以断定该项目基本上具有财务可行性。

4.判断方案是否基本不具备财务可行性的条件

如果在评价过程中发现某项目出现 NPV<0、NPVR<0、PI<1、IRR<i_c的情况，即使有 PP≤$\frac{n}{2}$、PP′≤$\frac{p}{2}$或 ROI≥i 发生，也可断定该项目基本上不具有财务可行性。

三、独立方案财务可行性评价及投资决策

在对独立方案进行财务可行性评价过程中，除了要熟练掌握和运用上述判定条件外，还

必须明确以下两点：

第一，主要评价指标在评价财务可行性的过程中起主导作用。

在对独立项目进行财务可行性评价和投资决策的过程中，当静态投资回收期（次要指标）或总投资收益率（辅助指标）的评价结论与净现值等主要指标的评价结论发生矛盾时，应当以主要指标的结论为准。

第二，利用动态指标对同一个投资项目进行评价和决策，会得出完全相同的结论。

在对同一个投资项目进行财务可行性评价时，净现值、净现值率、获利指数和内部收益率指标的评价结论是一致的。

[例10-18] 独立投资方案的财务可行性评价

已知：某固定资产投资项目只有一个方案，其原始投资为1 000万元，项目计算期为11年（其中生产运营期为10年），基准总投资收益率为9.5%，行业基准折现率为10%。

有关投资决策评价指标如下：ROI=10%，PP=6年，PP′=5年，NPV=+162.65万元，NPVR=17.04%，PI=1.1704，IRR=12.73%。

要求：评价该项目的财务可行性。

解：依题意

∵ ROI=10%>i=9.5%，PP′=5 年 $=\frac{p}{2}$，NPV=+162.65 万元 >0，NPVR=17.04%>0，PI=1.1704>1，IRR=12.73%>i_c=10%

∴ 该方案基本上具有财务可行性（尽管PP=6年>$\frac{n}{2}$=5.5年，超过基准回收期）

因为该方案各项主要评价指标均达到或超过相应标准，所以基本上具有财务可行性，只是包括建设期的投资回收期较长，有一定风险。如果条件允许，可实施投资。

四、多个互斥方案的比较决策

（一）多个互斥方案比较决策的含义

多个互斥方案比较决策是指在每一个入选方案已具备财务可行性的前提下，利用具体决策方法比较各个方案的优劣，利用评价指标从各个备选方案中最终选出一个最优方案的过程。

（二）多个互斥方案比较决策的方法

项目投资多方案比较决策的方法是指利用特定评价指标作为决策标准或依据的各种方法的统称，主要包括净现值法、净现值率法、差额投资内部收益率法、年等额净回收额法和计算期统一法等具体方法。

1.净现值法

所谓净现值法，是指通过比较所有投资方案的净现值指标的大小来选择最优方案的方法。

该法适用于原始投资相同且项目计算期相等的多方案比较决策。在此法下，净现值最大的方案为优。

[例10-19] 净现值法在原始投资额相等的多个互斥方案决策中的应用

已知：某个固定资产投资项目需要原始投资1 000万元，有A和B两个互相排斥，但项目计算期相同的备选方案可供选择，各方案的净现值指标分别为228.914万元和206.020

万元。

要求：（1）评价每一方案的财务可行性。

（2）按净现值法进行比较决策。

解：（1）评价方案的财务可行性：

∵A和B两个备选方案的NPV均大于零

∴两方案均具有财务可行性

（2）按净现值法进行比较决策：

∵228.914>206.020

∴A方案优于B方案

2.净现值率法

所谓净现值率法，是指通过比较所有已具备财务可行性投资方案的净现值率指标的大小来选择最优方案的方法。

该法适用于原始投资相同的多个互斥方案的比较决策。在此法下，净现值率最大的方案为优。

在投资额相同的互斥方案比较决策中，采用净现值率法会与净现值法得到完全相同的结论，但投资额不相同时，情况就可能不同。

［例10-20］净现值法和净现值率法局限性的讨论

已知：A项目与B项目为互斥方案。A项目原始投资的现值为150万元，净现值为29.97万元；B项目原始投资的现值为100万元，净现值为24万元。

要求：（1）分别计算两个项目的净现值率指标（结果保留两位小数）。

（2）讨论能否运用净现值法或净现值率法在A项目和B项目之间作出比较决策。

解：（1）计算净现值率：

$$A项目的净现值率=\frac{29.97}{150}\approx 0.20$$

$$B项目的净现值率=\frac{24}{100}=0.24$$

（2）在净现值法下：

∵29.97>24

∴A项目优于B项目

在净现值率法下：

∵0.24>0.20

∴B项目优于A项目

由于两个项目的原始投资额不相同，导致两种方法的决策结论相互矛盾，无法据此作出相应的比较决策。

有的人可能会认为：例10-20的结论应当是“B项目优于A项目”，因为净现值率指标能反映项目单位投资所取得的净现值，B项目的每万元投资可以带来0.24万元的净现值，而A项目的每万元投资只能带来0.20万元的净现值，显然，B项目的投资效益要高于A项目。如果把用于A项目的150万元投资于B项目，可以同时上1.5个B项目，就可以得到36万元（24×1.5）的净现值，大于A项目的净现值30万元。

这样考虑问题，似乎有一定道理，但如果考虑以下几点理由，又会得出截然不同的结论。

第一，在本例题中，参与比较决策的只有A项目和B项目，不存在将A项目的投资用于投资一个以上B项目的条件，即B项目不一定具有无限可复制性。所谓“无限可复制性”，是指可以同时上马几个完全相同的项目。许多项目不具备这种特性。例如，经测算，在一个地区投资建设一条某型号汽车的生产线，是有利可图的，但简单地同时重复建设两个以上该型号汽车的生产线，则完全有可能是得不偿失的。

第二，即使B项目具有无限可复制性，也不可能存在投资1.5个B项目的可能性。因为半个B项目意味着投资额不足，无法形成产能，不会为投资者带来一分钱正的净现值。

第三，假定投资者已经筹集到150万元的资金，如果只上B项目，放弃A项目，就意味着为了追求24万元的净现值而放弃30万元的净现值，同时还会有50万元（150-100）的资金因找不到投资出路而闲置，要由B项目承担相应的资金成本。这样显然对投资者是不利的。

总之，通过以上分析，可得出结论：无论是净现值法还是净现值率法，都不能用于原始投资额不相同的互斥方案比较决策，必须考虑采取其他方法。

3.差额投资内部收益率法

所谓差额投资内部收益率法，是指在两个原始投资额不同方案的差量净现金流量（记作ΔNCF）的基础上，计算差额内部收益率（记作ΔIRR），并与行业基准折现率进行比较，进而判断方案优劣的方法。

该法适用于两个原始投资不相同，但项目计算期相同方案的比较决策。其原理如下：

假定有A和B两个投资方案，A方案的投资额大，B方案的投资额小。我们可以把A方案看成两个方案之和。第一个方案是B方案，即把A方案的投资用于B方案；第二个方案是C方案。用于C方案投资的是A方案投资额与B方案投资额之差。因为把A方案的投资用于B方案会节约一定的投资，可以作为C方案的投资资金来源。

C方案的净现金流量等于A方案的净现金流量减去B方案的净现金流量形成的差量净现金流量ΔNCF。根据ΔNCF计算出来的差额内部收益率ΔIRR，其实质就是C方案的内部收益率。

在这种情况下，A方案等于B方案与C方案之和；A方案与B方案的比较，相当于B与C两方案之和与B方案的比较。如果差额内部收益率ΔIRR大于基准折现率，则C方案具有财务可行性，这就意味着A方案优于B方案；如果差额内部收益率ΔIRR小于基准折现率，则C方案不具有财务可行性，这就意味着B方案优于A方案。

总之，在此法下，当差额内部收益率指标大于或等于基准折现率或设定折现率时，原始投资额大的方案较优；反之，则投资少的方案为优。

该法经常被用于更新改造项目的投资决策，当该项目的差额内部收益率指标大于或等于基准折现率或设定折现率时，应当进行更新改造；反之，就不应当进行此项更新改造。

差额内部收益率ΔIRR的计算过程和计算技巧同内部收益率IRR完全一样，只是所依据的是ΔNCF。

［例10-21］差额投资内部收益率法的应用

已知：仍按例10-20的资料，A项目原始投资额为150万元，1～10年的净现金流量为29.29万元，B项目的原始投资额为100万元，1～10年的净现金流量为20.18万元。行业基准折现率为10%。

要求：（1）计算差量净现金流量ΔNCF。

（2）计算差额内部收益率ΔIRR。

（3）用差额投资内部收益率法作出比较投资决策。

解：（1）差量净现金流量为：

ΔNCF_0=-150-（-100）=-50（万元）

$\Delta NCF_{1\sim10}$=29.29-20.18=9.11（万元）

（2）差额内部收益率ΔIRR满足下式：

$$(P_A/A，\Delta IRR，10)=\frac{50}{9.11}=5.48847$$

∵（P_A/A，12%，10）=5.65022>5.48847

（P_A/A，14%，10）=5.21612<5.48847

∴12%<ΔIRR<14%，应用内插法

$$\Delta IRR=12\%+\frac{5.65022-5.48847}{5.65022-5.21612}\times(14\%-12\%)\approx12.75\%$$

（3）用差额投资内部收益率法决策：

∵ΔIRR=12.75%>i_c=10%

∴应当投资A项目

［例10-22］差额投资内部收益率法在更新改造项目决策中的应用

已知：某更新改造项目的差量所得税后净现金流量如第九章例9-11的结果所示，即ΔNCF_0=-100 000元，$\Delta NCF_{1\sim5}$=27 500元。

要求：（1）计算该项目的差额内部收益率（税后）指标（计算结果保留两位小数）。

（2）分别就以下两种不相关情况为企业作出是否更新设备的决策，并说明理由。

①该企业的行业基准折现率i_c为8%。

②该企业的行业基准折现率i_c为12%。

解：（1）计算ΔIRR（税后）：

$$(P_A/A，\Delta IRR，5)=\frac{100\ 000}{27\ 500}=3.63636$$

∵（P_A/A，10%，5）=3.79079>3.63636

（P_A/A，12%，5）=3.60478<3.63636

∴10%<ΔIRR<12%，应用内插法

$$\Delta IRR=10\%+\frac{3.79079-3.63636}{3.79079-3.60478}\times(12\%-10\%)\approx11.66\%$$

（2）比较决策：

在第①种情况下：

∵ΔIRR=11.66%>i_c=8%

∴应当更新设备

在第②种情况下：

∵ΔIRR=11.66%<i_c=12%

∴不应当更新设备

4.年等额净回收额法

所谓年等额净回收额法，是指通过比较所有投资方案的年等额净回收额（记作NA）指标的大小来选择最优方案的决策方法。

该法适用于原始投资不相同特别是项目计算期不同的多方案比较决策。在此法下，年等额净回收额最大的方案为优。

某方案的年等额净回收额等于该方案净现值与相关回收系数（或年金现值系数的倒数）的乘积。

若某方案净现值为NPV，设定折现率或行业基准折现率为i_c，项目计算期为n，则年等额净回收额可按下式计算：

$$NA=净现值\times 回收系数=\frac{净现值}{年金现值系数}=NPV\cdot（A/P_A，i_c，n）=\frac{NPV}{(P_A/A,i_c,n)}$$

［例10-23］年等额净回收额法在原始投资额不相等的多个互斥方案决策中的应用

已知：某企业拟投资建设一条新生产线，其所在行业的基准折现率为10%。现有三个方案可供选择：A方案的原始投资为1 250万元，项目计算期为11年，净现值为958.7万元；B方案的原始投资为1 100万元，项目计算期为10年，净现值为920万元；C方案的净现值为−12.5万元。

要求：（1）判断每个方案的财务可行性。

（2）用年等额净回收额法作出最终的投资决策（计算结果保留两位小数）。

解：（1）判断方案的财务可行性：

∵A方案和B方案的净现值均大于零

∴这两个方案都具有财务可行性

∵C方案的净现值小于零

∴该方案不具有财务可行性

（2）比较决策：

$$A方案的年等额净回收额=A方案的净现值\times\frac{1}{(P_A/A，10\%，11)}$$

$$=958.70\times\frac{1}{6.49506}$$

$$=147.60（万元）$$

$$B方案的年等额净回收额=B方案的净现值\times\frac{1}{(P_A/A，10\%，10)}$$

$$=920\times\frac{1}{6.14457}$$

$$=149.73（万元）$$

∵149.73>147.60

∴B方案优于A方案

5.计算期统一法

计算期统一法是指通过对计算期不相等的多个互斥方案选定一个共同的计算分析期，以满足时间可比性的要求，进而根据调整后的评价指标来选择最优方案的决策方法。

该法包括方案重复法和最短计算期法两种具体处理方法。

（1）方案重复法

方案重复法也称计算期最小公倍数法，是将各方案计算期的最小公倍数作为比较方案的计算期，进而调整有关指标，并据此进行多方案比较决策的一种方法。此法适用于项目计算期相差比较悬殊的多方案比较决策。

应用此法，可采取两种方式：

第一种方式，将各方案计算期的各年净现金流量或费用流量进行重复计算，直到与最小公倍数计算期相等；然后，再计算净现值、净现值率、差额内部收益率或费用现值等评价指标；最后根据调整后的评价指标进行方案比选。

第二种方式，直接计算每个方案原计算期内的评价指标（主要指净现值），再按照最小公倍数原理分别对其折现，并求代数和，最后根据调整后的净现值指标进行方案比选。本书主要介绍本方式。

［例10-24］方案重复法在项目计算期不相等的多个互斥方案决策中的应用

已知：A和B方案均在年末投资，它们的计算期为10年和15年，有关资料见表10-9。基准折现率为12%。

表10-9 **净现金流量资料** 金额单位：万元

方案／年份	1	2	3	4～9	10	11～14	15	净现值
A	-700	-700	480	480	600	—	—	756.48
B	-1 500	-1 700	-800	900	900	900	1 400	795.54

要求：用计算期统一法中的方案重复法（第二种方式）作出最终的投资决策。

解：依题意，A方案的项目计算期为10年，B方案的项目计算期为15年，两个方案计算期的最小公倍数为30年。

在此期间，A方案重复三次，而B方案只重复两次，则调整后的净现值指标为：

NPV_A'=756.48+756.48×（P/F，12%，10）+756.48×（P/F，12%，20）=1 078.47（万元）

NPV_B'=795.54+795.54×（P/F，12%，15）=940.89（万元）

∵ NPV_A'=1 078.47万元>NPV_B'=940.89万元

∴ A方案优于B方案

由于有些方案的计算期相差很大，按最小公倍数所确定的计算期往往很长。假定有四个互斥方案的计算期分别为15、25、30和50年，那么它们的最小公倍数就是150年，显然考虑这么长时间内的重复计算既复杂又无必要。为了克服该缺点，人们设计了最短计算期法。

（2）最短计算期法

最短计算期法又称最短寿命期法，是指在将所有方案的净现值均还原为等额年回收额的基础上，再按照最短的计算期来计算相应净现值，进而根据调整后的净现值指标进行多方案比较决策的一种方法。

［例10-25］最短计算期法在项目计算期不相等的多个互斥方案决策中的应用

已知：仍按例10-24的资料。

要求：用最短计算期法作出最终的投资决策。

解：依题意，A、B两方案中最短的计算期为10年，则调整后的净现值指标为：

$NPV_A''=NPV_A$=756.48万元

$NPV_B''=NPV_B$×（A/P_A，12%，15）×（P_A/A，12%，10）

=795.54×（A/P_A，12%，15）×（P_A/A，12%，10）

=659.97（万元）

∵ NPV_A''=756.48万元>NPV_B''=659.97万元

∴ A方案优于B方案

五、多方案组合排队投资决策

这类决策涉及的多个项目之间不是相互排斥的关系，它们之间可以实现任意组合，又分两种情况：

（1）在资金总量不受限制的情况下，可按每一项目的净现值NPV大小排队，确定优先考虑的项目顺序。

（2）在资金总量受到限制时，则需按净现值率NPVR或获利指数PI的大小，结合净现值NPV进行各种组合排队，从中选出能使$\sum$NPV最大的最优组合。

其具体程序如下：

第一，以各方案的净现值率高低为序，逐项计算累计投资额，并与限定投资总额进行比较。

第二，当截止到某项投资项目（假定为第j项）的累计投资额恰好达到限定的投资总额时，则第1项至第j项的项目组合为最优的投资组合。

第三，若在排序过程中未能直接找到最优组合，必须按下列方法进行必要的修正。

（1）当排序中发现第j项的累计投资额首次超过限定投资额，而删除该项后，按顺延的项目计算的累计投资额却小于或等于限定投资额时，可将第j项与第（j+1）项交换位置，继续计算累计投资额。这种交换可连续进行。

（2）当排序中发现第j项的累计投资额首次超过限定投资额，又无法与下一项进行交换，第（j-1）项的原始投资额大于第j项原始投资额时，可将第j项与第（j-1）项交换位置，继续计算累计投资额。这种交换亦可连续进行。

（3）若经过反复交换，已不能再进行交换，仍未找到能使累计投资额恰好等于限定投资额的项目组合时，可按最后一次交换后的项目组合作为最优组合。

总之，在主要考虑投资效益的条件下，多方案比较决策的主要依据，就是能否保证在充分利用资金的前提下，获得尽可能多的净现值总量。

［例10-26］多方案组合排队投资决策案例

已知：A、B、C、D、E五个投资项目为非互斥方案，有关原始投资额、净现值、净现值率和内部收益率数据见表10-10。

表10-10　**资料**　金额单位：万元

项目	原始投资额	净现值	净现值率	内部收益率（%）
A	300	120	0.4	18
B	200	40	0.2	21
C	200	100	0.5	40
D	100	22	0.22	19
E	100	30	0.3	35

要求：分别就以下不相关情况作出多方案组合决策。

（1）投资总额不受限制。

（2）投资总额受到限制，分别为200万元、300万元、400万元、450万元、500万元、

600万元、700万元、800万元和900万元。

解：按各方案净现值率的大小排序，并计算累计原始投资和累计净现值数据。其结果见表10-11。

表10-11 资料 金额单位：万元

顺序	项目	原始投资额	累计原始投资额	净现值	累计净现值
1	C	200	200	100	100
2	A	300	500	120	220
3	E	100	600	30	250
4	D	100	700	22	272
5	B	200	900	40	312

根据表10-11的数据，按投资组合决策原则作如下决策：

(1) 当投资总额不受限制或限额大于或等于900万元时，最优投资组合方案为A+C+B+E+D。

(2) 当限定投资总额为200万元时，只能上C项目，可获100万元净现值，比另一组合E+D的净现值合计52万元多。

(3) 当限定投资总额为300万元时，最优投资组合为C+E（因为A和E可进行交换），净现值为130万元，大于其他组合：A、C+D、E+B和D+B。

(4) 当限定投资总额为400万元时，最优投资组合为C+E+D（这里A与E、D分别交换一次）。

在这一组合下可获净现值152万元，大于以下组合：A+E、A+D、C+B、E+D+B。

(5) 当限定投资总额分别为500万元、600万元和700万元时，最优的投资组合分别为C+A、C+A+E、C+A+E+D。

(6) 当限定投资总额为800万元时，最优的投资组合为C+A+E+B（这里D与B交换一次），获得净现值290万元，大于C+A+E+D组合的净现值272万元。

(7) 当限定投资总额为450万元时，最优组合仍为C+E+D，此时累计投资总额为400万元（200+100+100）小于450万元，但实现的净现值仍比所有其他组合的多。

第五节 投资敏感性分析

本节在介绍投资敏感性分析的意义和有关假定的基础上，分别介绍如何计算有关因素变动对净现值、内部收益率的影响程度和有关因素变动极限的方法。

一、投资敏感性分析的意义

投资敏感性分析是指通过分析预测有关因素变动对净现值和内部收益率等主要经济评价指标的影响程度的一种敏感性分析方法。

进行投资敏感性分析，有助于揭示有关因素变动对投资决策评价指标的影响程度，从而确定敏感因素，抓住主要矛盾。

二、投资敏感性分析的具体假定

（一）多个关键指标的假定

在前面介绍的保本点敏感性分析和利润敏感性分析中，都只涉及一个主要指标，但是在投资敏感性分析中，必须假定有两个或两个以上关键指标，至少应当包括净现值和内部收益率指标，有时还可以包括投资回收期指标。在分析敏感因素时，应当逐一考察因素对每个关键指标的不同影响。

（二）有限因素的假定

在本章介绍的投资敏感性分析中，假定影响净现值的因素主要包括原始投资、产销量、产品售价、经营成本和设定折现率等。影响内部收益率指标的包括投资规模、产销量、产品售价和经营成本等。为了简化计算分析，投资方式、建设工期、运营期、折旧方法、净残值和所得税税率等因素的变化暂时没有考虑。

（三）因素单独变动的假定

同其他敏感性分析一样，假定某个特定因素变动时，其他因素不变。

（四）10%变动幅度的假定

由于投资决策评价指标的特殊性，为了便于观察对比，假定各因素变动率的绝对值为10%。

（五）不利变动方向的假定

与利润敏感性分析不同，投资敏感性分析假定各有关因素总是向能使净现值减少的方向变动，即假定原始投资、经营成本和设定折现率等因素均为增长率，产销量和产品售价均为降低率。

三、投资敏感性分析的应用

应用投资敏感性分析，可以从两个方面进行：一是分别计算有关因素变动对净现值和内部收益率的影响程度；二是计算有关因素的变动极限。

（一）因素变动对净现值和内部收益率影响程度的计算分析

计算因素变动对净现值和内部收益率的影响程度可分别采用总量法和差量法两种方法。

1.总量法

总量法是指利用因素变动后形成的数据计算新的净现金流量，计算因素变动后的净现值NPV和内部收益率IRR指标，然后再与已知的NPV和IRR进行比较，以判断因素变动对净现值和内部收益率的影响大小，从而确定敏感因素的一种方法。

这种方法的计算过程与长期投资决策评价指标的计算完全一样，但比较麻烦。

2.差量法

差量法是指在计算各有关因素变动对净现金流量或年金现值系数影响差量的基础上，直接计算因素变动对净现值和内部收益率影响的一种方法。

此法比总量法简单。

分别利用两种方法对同一个投资项目进行敏感性分析，有可能由于四舍五入的原因形成一定的计算误差，但不会影响分析结论。

［例10-27］投资敏感性分析——总量法和差量法的应用

已知：某企业固定资产项目原始投资900 000元，当年投产，生产运营期为15年，按直线法计提折旧，期末无残值。该项目投产后每年可生产新产品10 000件且全部售出，产品售价为50元，单位变动成本为20元，固定成本为120 000元。所得税税率为25%，基准折现率为9%。

经计算，该项目运营期每年折旧为60 000元，年经营成本为260 000元，年净利润为120 600元。建设起点NCF_0为-900 000元，运营期每年$NCF_{1\sim15}$为180 600元，净现值为555 760.61元，内部收益率IRR为18.52%。

假定该项目的售价、产销量分别变动-10%，经营成本、原始投资分别增长10%，基准折现率增长1个百分点。

要求：（1）分别计算售价、产销量、经营成本、原始投资和基准折现率变动后达到的水平及变动量。

（2）计算上述因素分别变动对项目计算期净现金流量的影响。

（3）按总量法计算售价因素变动对净现值和内部收益率指标的影响。

（4）按差量法进行投资敏感性分析。

解：（1）依题意，计算结果如下：

①变动后的售价=50×（1-10%）=45（元/件）

售价的变动量=50×（-10%）=-5（元/件）

②变动后的销售量=10 000×（1-10%）=9 000（件）

销售量的变动量=10 000×（-10%）=-1 000（件）

③变动后的经营成本=260 000×（1+10%）=286 000（元）

经营成本的变动量=260 000×10%=+26 000（元）

④变动后的原始投资=900 000×（1+10%）=990 000（元）

原始投资的变动量=900 000×10%=+90 000（元）

⑤变动后的基准折现率=9%+1%=10%

基准折现率的变动量=+1%

（2）根据有关资料计算售价、销售量、经营成本、原始投资和基准收益率五项因素分别以10%的幅度向不利方向变动后对项目计算期净现金流量的影响，见表10-12。

表10-12 **因素变动对项目计算期净现金流量的影响** 金额单位：元

有关因素	因素基数	变动情况		对建设起点	对运营期$NCF_{1\sim15}$的影响		
		变动率（%）	变动量	NCF_0的影响	年净利	年折旧	$NCF_{1\sim15}$
1.售价	50	-10	-5	—	-37 500①	—	-37 500
2.销售量	10 000	-10	-1 000	—	-22 500②	—	-22 500
3.经营成本	260 000	+10	+26 000	—	-19 500③	—	-19 500
4.原始投资	900 000	+10	+90 000	-90 000	-4 500⑤	+6 000④	+1 500
5.基准折现率	9%	—	+1%⑥	—	—	—	—

注：①=-5×10 000×（1-25%）

②=（50-20）×（-1 000）×（1-25%）

③=-26 000×（1-25%）

④=+90 000÷15

⑤=-6 000×（1-25%）

⑥已知数据

（3）依题意，按总量法计算的有关因素分别变动对净现值和内部收益率的影响程度如下：

售价变动后的年净利润=［（45-20）×10 000-120 000］×（1-25%）
=97 500（元）

售价变动后的建设起点NCF_0为-900 000元。

售价变动后的运营期每年$NCF_{1\sim15}$=97 500+ 60 000=157 500（元）

售价变动后的净现值=-900 000+157 500×（P_A/A，9%，15）
=-900 000+157 500 ×8.06069
=+369 558.675（元）

售价变动对净现值的影响=369 558.675-555 760.61=-186 201.935（元）

售价变动后的内部收益率IRR为14.08%（过程略）。

（4）依题意，按差量法计算的有关因素分别变动对净现值和内部收益率的影响程度，见表10-13。

表10-13　因素变动对净现值和内部收益率的影响　金额单位：元

有关因素	NCF_0的变动量	$NCF_{1\sim15}$的变动量	对年金现值系数的影响	对净现值NPV的影响		变动后的IRR（%）
				变动量	变动率（%）	
1.售价	—	-37 500	—	-302 275.875①	-54.39②	14.08③
2.销售量	—	-22 500	—	-162 019.87	-29.15	15.89
3.经营成本	—	-19 500	—	-140 417.22	-25.27	16.25
4.原始投资	-90 000	+1 500	—	-77 908.965④	-13.32	16.63
5.基准折现率	—	—	-0.45461⑤	-82 102.57	-14.77	18.52

注：①=-37 500×（P_A/A，9%，15）=-37 500×8.06069

②=-302 275.875÷NPV=-302 275.875÷555 760.61

③按NCF_0=-900 000，$NCF_{1\sim15}$=180 600-37 500=143 100（应用内插法计算）

④=+1 500×8.06069-90 000

⑤=（P_A/A，10%，15）-（P_A/A，9%，15）=7.60608-8.06069

由表10-13可见，售价因素的变动对净现值NPV和内部收益率IRR指标的影响最大，其次是销售量因素，再次是经营成本因素，对净现值影响最小的是原始投资因素，而基准折现率的变动只影响净现值而不影响内部收益率指标。

（二）因素变动极限的计算分析

在实际工作中，如果按上面介绍的方法逐一分析所有因素按不同方向和幅度变动对评价指标的影响，就会使分析工作十分繁杂，可以采用各因素不利变动的临界限度分析法，简化计算。该法的程序如下：

（1）按基本方案净现值与相应年金现值系数之比，求运营期年均净现金流量降低额极限$\Delta\overline{NCF}$，并在此基础上分别计算有关因素的变动率极限。

设：运营期年均净现金流量降低额极限为$\Delta\overline{NCF}$，则相关指标的计算公式为：

$$\Delta\overline{NCF}=\frac{NPV}{(P_A/A,i_c,n)} \quad (10.5.1式)$$

$$售价降低率极限=\frac{\Delta \overline{NCF}}{年销售收入基数 \times (1-所得税税率)} \times 100\% \quad (10.5.2式)$$

$$销售量降低率极限=\frac{\Delta \overline{NCF}}{年贡献边际基数 \times (1-所得税税率)} \times 100\% \quad (10.5.3式)$$

$$运营成本超支率极限=\frac{\Delta \overline{NCF}}{年运营成本基数 \times (1-所得税税率)} \times 100\% \quad (10.5.4式)$$

只要投资项目有关因素的变动幅度不突破上述变动率极限，该方案仍具有可行性。

（2）确定运营期变动的下限N。

N满足下式：

$$\left[\begin{matrix}原运营\\期的NCF\end{matrix}+\left(\frac{固定资产投资额}{N}-原折旧\right)\times\begin{matrix}所得税\\税率\end{matrix}\right]\times(P_A/A,\ i_c,\ N)=\begin{matrix}固定资\\产投资额\end{matrix} \quad (10.5.5式)$$

只要运营期不短于N，该方案仍具有可行性。

（3）按下式计算固定资产投资超支极限：

$$固定资产投资超支额的极限=\frac{原NPV}{1-所得税税率 \times 年金现值系数基数 \div 年限} \quad (10.5.6式)$$

只要固定资产追加投资不超过其超支额的极限，该方案仍具有可行性。

［例10-28］投资敏感性分析——临界限度分析法的应用

已知：仍按例10-27的资料。

要求：按临界限度分析法计算下列指标。

（1）运营期年均净现金流量降低额极限。

（2）售价降低率极限。

（3）销售量降低率极限。

（4）运营成本超支率极限。

（5）运营期变动的下限。

（6）固定资产投资超支额的极限。

解：（1）依题意

$$运营期年均净现金流量降低额极限=\frac{555\ 760.61}{(P_A/A,\ 9\%,\ 15)}=68\ 947（元）$$

$$（2）售价降低率极限=\frac{68\ 947}{50 \times 10\ 000 \times (1-25\%)} \times 100\%=18.39\%$$

$$（3）销售量降低率极限=\frac{68\ 947}{(50-20) \times 10\ 000 \times (1-25\%)} \times 100\%=30.64\%$$

$$（4）经营成本超支率极限=\frac{68\ 947}{260\ 000 \times (1-25\%)} \times 100\%=35.36\%$$

（5）运营期变动的下限N满足下式

$$\left[180\ 600+\left(\frac{900\ 000}{N}-60\ 000\right) \times 25\%\right] \times (P_A/A,\ 9\%,\ N)=900\ 000（元）$$

采用逐次测试法：

当N_1=6年时，上式的左方=943 389>右方=900 000；

当N_2=5年时，上式的左方=856 501<右方=900 000。

应用内插法：

$$N=5+\frac{900\ 000-856\ 501}{943\ 389-856\ 501}=5.5（年）$$

（6）固定资产投资超支额极限$=\dfrac{555\ 760.61}{1-25\%\times(P_A/A,9\%,15)\div 15}=675\ 561.42$（元）

第六节　风险投资决策

一、风险投资决策的必要性

前几节我们介绍的有关长期投资项目的现金流量、项目评价指标计算及应用所用到的数据，都是根据历史资料和已知的情况估算出来的，而且一直假设是不存在任何风险的。但是在实际生活中，宏观环境、市场状况等现实因素都在不断地发生变化，这就决定了长期投资决策所面临的风险是不可避免的，这就有必要认真考虑如何在风险条件下进行投资决策的问题。

一般地，在风险情况下进行投资决策，需要具备以下两个条件：

（1）每一方案未来存在两个或两个以上的可能结果（状态）；

（2）每一方案的各种未来可能结果都是可以测算并且可以量化的。

二、风险投资决策的方法

可用于风险投资决策的方法比较多，常见的方法包括期望值决策法、风险因素调整法和决策树法。

（一）期望值决策法

期望值决策法是指通过计算各方案净现值的期望值，并据此选择期望值最大的方案作出风险投资决策的方法。它是风险投资决策最简便的方法。

［例10-29］期望值决策法在风险投资决策中的应用

已知：某矿业开采公司准备在某地开采一处金刚石矿，预测不同情况下的净现值见表10-14。

表10-14　　资料金额　　单位：万元

情况	勘探结果	概率	净现值
1	蕴藏量大	0.5	50 000
2	蕴藏量小	0.3	0
3	没有开采价值	0.2	−25 000

要求：用期望值决策法进行风险投资决策。

解：依题意，该项目的期望净现值ENPV为：

ENPV=0.5×50 000+0.3×0+0.2×（−25 000）=20 000（万元）

因为该项目的期望净现值为正值，所以该项目具有财务可行性。

期望净现值法简单易行也容易理解，但是它实质上并未对确定性投资决策作出理想的修正。因为它只考虑了期望值的大小，而没有考虑期望值的偏差及偏差的分布，也就是没有考察投资风险对决策的影响及决策者对风险的态度。

［例10-30］期望值决策法在风险投资决策中的应用

已知：某投资者现有两个投资项目可供选择：A项目有50%的可能收入6 000元，有50%的可能收入0，期望净现值为3 000元；B项目有50%的可能收入4 000元，有50%的可能收入1 000元，期望净现值为2 500元。

要求：分析该投资者应选择哪个项目进行投资？

解：根据期望值决策法的判断标准，A项目的期望净现值大于B项目，应该选择A项目。但如果考虑投资者的效用曲线[①]（如图10-1所示），就会发现这种选择实际上很有可能给投资者带来较小的效用和更大的风险。

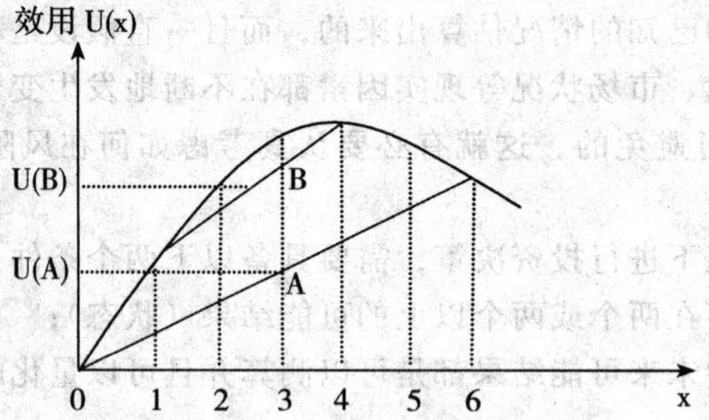

图10-1 投资者效用曲线示意图

因为U（B）>U（A），即B项目的效用大于A项目的效用。如果选择A项目，虽然可以为投资者带来较大的期望净现值，但所面临的风险更大。期望值决策法没有考虑投资者对风险的偏好，这种决策显然是不合理的。

（二）风险因素调整法

风险因素调整法是指先按照投资风险的大小对项目的现金流量或净现值进行调整，然后再运用确定性投资决策的方法对项目进行筛选。利用这种方法，投资者可以根据个人对风险的偏好程度，对项目的现金流量或净现值进行合理的调整，克服期望净现值决策的缺点。本法具体又包括以下几种思路：

1.风险折现率调整法

风险折现率调整法是指通过调整投资折现率来调整风险的一种方法。该法的基本思想是对于高风险的项目，采用较高的折现率去计算净现值，以反映项目的风险，然后根据净现值法的规则来作出投资决策。

此法的关键是如何根据风险的大小来确定包含风险因素的折现率（即风险折现率）。具体可采取以下方法：

（1）利用有风险的投资收益率的基本公式推算风险折现率

对于一个有风险的投资项目，其投资收益率可用下式来衡量：

投资收益率=无风险投资收益率+风险收益系数×标准离差率　　（10.6.1式）

10.6.1式中，风险收益系数可根据历史资料及投资者的风险偏好程度得出；标准离差率能够反映投资的风险大小（即净现值离散程度的大小），等于项目的期望净现金流量的综合标准差除以期望净现值。

运用这种方法，需要对风险收益系数和净现值离散程度作出准确的判断，虽然是量化性

①风险回避者选择投资项目的原则是：在期望收益相同时，选择风险较小的项目；风险相同时，选择期望收益较高的项目。风险爱好者则相反，当期望收益相同时，选择风险较大的项目。

比较好的方法，但是量化的过程不仅很复杂，而且容易出现偏差。

（2）利用投资项目类比法选择风险折现率

投资者在对投资项目进行评估时，通常可以在市场上找到与之类似的投资项目，此时投资者可以了解这些已完工项目的实际投资收益率，以此作为确定风险折现率的参考依据。例如，某公司准备投资兴建购物中心，市场上已有的同等规模、同样地段的购物中心的投资收益率一般为15%，则公司可以15%为参考，根据未来市场变化趋势及本购物中心的特色等情况作一些修正，得出风险折现率。这种做法比较实际也易于操作，为了使选用的风险折现率更符合实际，投资者可以调查多个类似项目，然后对它们的投资收益率进行平均化处理，以避免出现偏差。

（3）按投资项目的风险等级确定风险折现率

为了评估方便，投资者还经常对投资项目进行计分、评级，然后根据其风险级别来决定项目的风险折现率。评级的依据需要考虑那些能够决定投资项目风险的因素，以及这些因素所占的比重。评级工作则通常由专家根据历史资料和对未来市场的预测进行。表10-15是某企业的风险等级计分表的标准样式。

表10-15　**风险等级计分表**

因　素	投资项目的风险状况及得分									
	A		B		C		D		E	
	状况	得分	状况	得分	状况	得分	状况	得分	状况	得分
市场竞争	无	1	较弱	3	一般	5	较强	8	很强	12
战略上的协调	很好	1	较好	3	一般	5	较差	8	很差	12
投资回收期	1.5年	4	1年	1	2.5年	7	3年	10	4年	15
资源供应	一般	8	很好	1	较好	5	很差	12	较差	10
总　分	—	14	—	8	—	22	—	38	—	49

总　分	风险等级	风险折现率
0～8	很低	7%
9～16	较低	9%
17～24	一般	12%
25～32	较高	15%
33～40	很高	17%
40分以上	最高	25%以上

风险折现率调整法在理论上比较符合逻辑，因为这种方法反映了风险的影响随着时间的推移会更显著。

［例10-31］风险折现率调整法在风险投资决策中的应用案例

已知：某企业预计在第1年和第10年分别收到期望值为1 000万元的收入，风险折现率对现值的影响见表10-16。

表10-16　**风险折现率对现值的影响金额**　单位：万元

条件	第1年	第10年
10%时的现值	909.1	385.5
15%时的现值	869.6	247.2
两种情况相比	909.1÷869.6=1.045	385.5÷247.2=1.559

从表10-16中可见，时间越久，折现率对期望值的影响越大，对风险的调整作用也就越大，因为风险随时间的延长而增加。因为投资收益发生的时间距离现在越遥远，各种影响收益大小的因素发生变化的可能性就越大，因而投资收益的不确定性也就越大。

但是，风险折现率调整法也存在以下缺陷：投资风险不一定会按等比级数的比例增大，也就是说，这种方法将时间价值和风险价值混在一起，可能会对风险估计过高。另外，某些行业（如饭店）的投资项目，很难预计开业前几年的现金流量，越往后反而越有把握。

2.肯定当量调整法

肯定当量调整法是指通过调整投资项目的净现金流量来调整风险的一种方法。该方法的基本思路是先根据净现金流量的风险，用相应的系数把有风险的期望净现金流量调整成无风险的净现金流量，然后再用无风险的折现率去计算净现值。这样就克服了风险调整折现率法可能夸大远期风险的缺点。在调整时，可根据各年不同的风险程度，分别采用不同的肯定当量系数。通常，时间距离现在越远，肯定当量系数越小。

[例10-32] 肯定当量调整法在风险投资决策中的应用案例

已知：某公司采用肯定当量调整法进行风险投资决策，所计算的有关数据见表10-17。

表10-17 **肯定当量调整表金额** 单位：万元

t	0	1	2	3	4	5	净现值
期望净现金流量①	-45 000	15 000	15 000	15 000	15 000	15 000	—
肯定当量系数②	1.0	0.95	0.90	0.85	0.80	0.80	—
调整后净现金流量③=①×②	-45 000	14 250	13 500	12 750	12 000	12 000	—
现值（i_c=10%）	-45 000	12 954	11 157	9 579	8 196	7 451	4 337

这种方法的主要困难是确定合理的肯定当量系数。肯定当量系数一般与项目的风险程度和投资者的风险偏好程度有关，净现金流量承担的风险越大，肯定当量系数就越小；投资者越偏好风险，肯定当量系数就越大。通常肯定当量系数的确定与未来现金流量的标准差有关，但是标准差是人为估算的结果，很容易产生偏差。

（三）决策树法

以上我们讨论的都是投资者在投资之初一次性作出投资决策的情况，而在实际经济生活中，经常有需要投资者在一段时间之内作出若干次决策的投资项目，这样的项目使投资者有机会在项目进行的过程中决定是继续追加投资还是取消项目。这种需要投资者分阶段进行决策的投资项目往往要用到决策树法。决策树法是指通过绘制决策树作出有关风险投资决策的方法。这种方法特别适用于在项目周期内进行多次决策（如追加投资或放弃投资）的情况。

知识拓展10-5

决策树法在风险投资决策中的应用案例

本法的应用，参见知识拓展10-5：决策树法在风险投资决策中的应用案例。

决策树只考虑了期望收益的大小，如果要考察风险的影响，还要在比较各个方案的同时比较它们的期望风险（期望收益的标准差等指标）。

□ 思政课堂

河池金城江机场项目的启示

2013年年底，中国耗资8.5亿元，拦腰炸平65座山，却建了个中国吞吐量最少的机场。美国不相信，派专家前去检测，可检查结果却让他们直冒冷汗，更是直呼“中国骗了他们所有人”。

中国西南部经济一直发展不上去，究其原因是交通不畅，云贵川十万大山隔绝了与外部世界的联系沟通，长年以来这里的人民一直过着贫困的生活。

新中国成立后，我国的科技文化迅速发展，尤其是改革开放的政策实施，更是让我国的经济迅速腾飞。经过几十年的发展，我国不仅在经济上取得了举世瞩目的成绩，在基础建设上更是博得了“基建狂魔”这样的美誉。

但是由于东西部发展不平衡，严重制约了我国总体经济的发展。国家决定打通西南部通向外面世界的通道，不仅多建铁路、公路，还要发展空运，修建机场。

广西是我国一个多民族的省份，民族文化在这里绽放着绚烂的光彩。这里不仅有“桂林山水甲天下”的美景，更有外界难得一见的各种民族风俗美食。但是多山的地形，交通不便利，给旅游业造成了巨大损失。

为了解决这个难题，国家决定在河池市修建一座机场。为了保证项目的成功，国家首先请来了很多国内外优秀的专家对此项目进行考察。

经过一番探讨，他们几乎一致认为此项目的可行性非常小，有美国专家甚至扬言，这个机场根本就没有一丝建成的可能性。

因为此处身处喀斯特地形，没有足够的平坦土地进行机场跑道建设。而且这片地区的人口又是那么少，贸易活动也是乏善可陈，建这座机场根本就没有必要，是白白浪费资源。不了解中国国情的美国专家如此武断地就给这个项目宣判了“死刑”。

而中国政府从宏观的角度从战略的角度看此项目，认为此项目非但有可行性，而且有必要性。

机场一旦修建成功，不仅能把中国西南部地区与东南亚联系起来，从经济上带来巨大的贸易收益。而且从军事角度上看，也能辐射东南亚，维护我国的国家安全。但这是不了解中国内情，只从经济利益的角度看待问题的外国专家所不能理解的。

2008年年底河池金城江机场正式开建。要把机场建造在山顶上，而山顶上又没有足够的空间。施工队用了4年的时间，炸毁了65座山头，填平了100多条沟壑，终于把机场建造出了一个雏形。

2014年河池金城江机场正式运行，从机场上空俯视，机场就像一艘飘浮在天空上的航空母舰。一架架客机在这里起飞降落，象征着我国经济的辉煌腾飞。

后来美国专家听说河池金城江机场建设成功，就来到机场进行考察，看到机场被建造在山顶上，尤其在了解中国的战略意图后，不禁大呼上当。

这个项目表明长期投资决策的定量评价指标并非唯一判定投资项目是否具备最终可行性的标准，还必须综合考虑非价值评价指标。

资料来源：佚名.“中国骗了我们所有人!”美国专家来中国考察，结果让他们沉默［EB/OL］.［2023-04-12］.https：//baijiahao.baidu.com/s？id=1761063606696844756&wfr=spider&for=pc.作者有删改.

□ 复习思考题

1.什么是项目投资决策的评价指标？项目投资决策的评价指标可以按照哪些标准进行分类？这些分类的结果如何？项目投资决策的评价指标最基本的分类是什么？

2.管理会计研究的项目投资决策的评价指标中，哪些可以直接利用现金流量数据进行计算？

3.什么是项目投资决策的静态指标？具体包括哪些内容？它们的特征如何？各有什么优缺点？

4.什么是项目投资决策的动态指标？具体包括哪些内容？它们的特征如何？各有什么优缺点？

5.什么是静态投资回收期？该指标的计算方法有哪些？分别适用于什么条件？

6.什么是动态投资回收期？怎样计算该指标？它与静态投资回收期有什么区别？

7.什么是净现值？该指标的计算方法有哪些？分别适用于什么条件？

8.在计算净现值指标时，怎样确定折现率？为什么说将计算净现值指标所依据的折现率界定为“资本（金）成本或投资者要求的最低报酬率”不如“行业基准折现率或设定折现率”更为科学准确？

9.怎样应用计算净现值的插入函数法？该法有什么特色？

10.什么是内部收益率？该指标的计算方法有哪些？分别适用于什么条件？

11.在计算内部收益率的特殊方法和一般方法下，都可以应用内插法，请比较这两组内插法具体计算公式的异同。

12.怎样应用计算内部收益率的插入函数法？该法有什么特色？

13.请比较净现值、净现值率、获利指数和内部收益率指标之间的关系。

14.分别讨论建设期是否为零、原始投资的不同投入方式、回收期满后的净现金流量的大小，以及终结点回收额的有无对静态投资回收期和动态投资回收期指标数值的影响程度。

15.分别讨论建设期是否为零、原始投资的不同投入方式、折现率的高低，以及终结点回收额的有无对净现值、净现值率、获利指数和内部收益率指标数值的影响程度。

16.请说明财务可行性评价与投资方案决策之间的关系。

17.什么是投资项目的独立方案？怎样评价独立方案的财务可行性？

18.什么是多个互斥方案的比较决策？可采用哪些决策方法？它们分别适用于什么条件？在多个互斥方案的比较决策的不同方法下，应分别根据什么指标作出最终决策？

19.请讨论为什么净现值率法不能用于对原始投资额不相同的互斥方案的比较决策？

20.什么是投资敏感性分析？其内容和假设条件是什么？常见风险投资决策的方法有哪些？风险折现率调整法和肯定当量调整法的本质区别何在？

第十一章

全面预算

本章在简要介绍全面预算的基本理论的基础上，举例说明经营预算、专门决策预算和财务预算各种具体预算的编制技巧，并对比分析了各类先进预算方法的特点。

第一节　全面预算概述

本节在介绍全面预算的定义和作用的基础上，讨论了全面预算体系的构成内容，编制期及编制程序。

一、全面预算的意义

为了实现企业的经营目标，保证企业最优决策方案的贯彻、执行，企业需要从其战略的角度，统筹安排各种资源。全面预算既是企业决策的具体化，又是对生产经营活动进行控制和考核的依据。全面预算与企业的经营决策和投资决策既相互联系，又相互作用，通过编制全面预算保证企业目标的实现，已是现代企业管理的大势所趋。

（一）全面预算的含义

全面预算（comprehensive budget）是指在预测与决策的基础上，按照企业既定的经营目标和程序，规划与反映企业未来的销售、生产、成本、现金收支等各方面活动，以便对企业特定计划期内全部生产经营活动有效地作出具体组织与协调，最终以货币为主要计量单位，通过一系列预计的财务报表及附表展示其资源配置情况的有关企业总体计划的数量说明。

预算是企业计划、协调和控制等职能得以实现的有效手段，是连接企业内部不同单位、部门及经济业务之间的桥梁和纽带。编制全面预算就是把涉及该企业战略目标的一整套经济活动连接在一起，并规定了如何去完成的方法。例如，企业的销售部门按照预测的方法，预测目标销售量，然后通过市场销售预测，并千方百计地增加产品，提高产品质量，降低产品成本，以保证目标销售量和目标利润的实现；生产部门根据销售部门确定的预计销售量，结合产品的期初、期末存量，计算出计划期的预计产量，并注意产量要适当；同时采购部门根据计划期预计产量购进足够的合格材料，保证完成产品生产的需要；财务部门要根据以上各业务部门在计划期间的经济活动安排好资金，以保证各业务部门在计划期间的经营活动，保证有足够的货币资金支付到期的债务，以及料、工、费和固定资产投资等方面的开支。因此，通过全面预算，企业可以把所有的经济活动协调起来，按预算体系进行经营管理，从而保证企业战略目标的实现。

知识拓展11-1

关于全面预算作用的详细解释

（二）全面预算的作用

全面预算的作用主要表现在以下四个方面：

第一，明确工作目标；第二，协调部门关系；第三，控制日常活动；第四，确定考核标准。全面预算作用的具体内容详见知识拓展11-1：关于全面预算作用的详细解释。

二、全面预算体系

全面预算体系（comprehensive budget systems）是由一系列预算按其经济内容及相互关系有序排列组成的有机体，主要包括经营预算、专门决策预算和财务预算三大部分。

（一）经营预算

经营预算（operating budgets）是指与企业日常业务直接相关、具有实质性的基本活动的一系列预算的统称，又称日常业务预算。这类预算通常与企业利润的计算有关。其主要包括：①销售预算；②生产预算；③直接材料耗用量及采购预算；④应交税费及附加预算；⑤直接人工预算；⑥制造费用预算；⑦产品成本预算；⑧期末存货预算；⑨销售费用预算；⑩管理费用预算。这些预算大多以实物量指标和价值量指标分别反映企业收入与费用的构成情况。

（二）专门决策预算

专门决策预算（special budgets）是指企业不经常发生的、需要根据特定决策临时编制的一次性预算，又称特种决策预算。

专门决策预算包括经营决策预算和投资决策预算两种类型。

（三）财务预算

财务预算（financial budgets）是指与企业现金收支、经营成果和财务状况有关的各项预算。其主要包括：①现金预算；②财务费用预算[①]；③预计利润表；④预计资产负债表。这些预算以价值量指标总括反映经营预算和专门决策预算的结果。

企业全面预算的各项预算前后衔接，互相勾稽，形成了一个完整的体系，它们之间的关系如图11-1所示。

从图11-1可见，企业生产经营的全面预算是以企业的经营目标为出发点，以研究和预测市场需求为基础，以销售预算为主导，进而包括生产、成本和现金收支等各个方面，并特别重视生产经营活动对企业财务状况和经营成果的影响，因此，整个预算体系是以预计的财务报表作为终结。

三、全面预算的编制期与编制程序

（一）全面预算的编制期

编制经营预算与财务预算的期间通常以1年为期，这样可使预算期间与会计年度一致，

①严格地讲，可以将财务费用预算划归经营预算的范畴，但由于该项预算必须在现金预算的基础上编制，因此，本书将其划归财务预算。

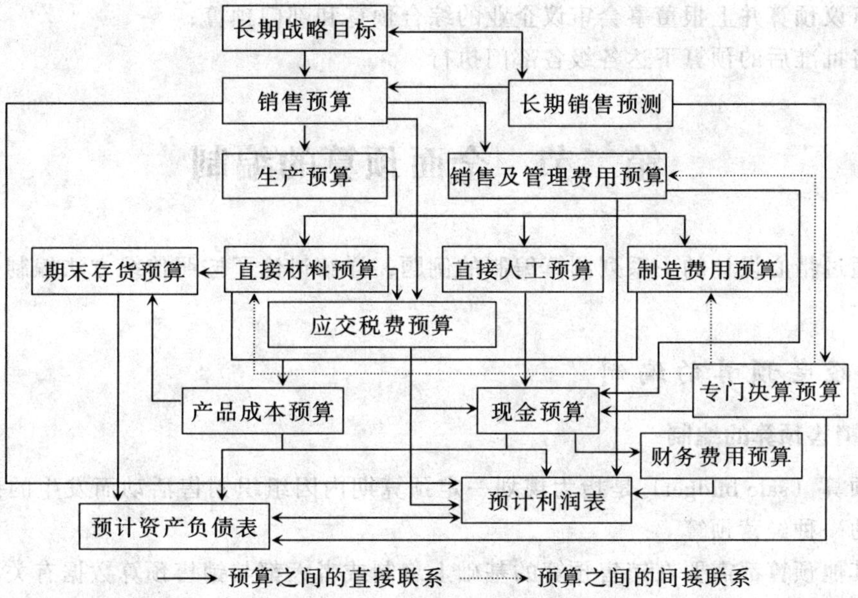

图 11-1　全面预算体系示意图

便于分析、评价和考核预算执行结果。年度预算要有分季的数字，而其中的第一个季度，还应有分月的数字，当第二个季度即将来临的时候，又将第二个季度的预算数按月分解，提出第二个季度分月的预算数，如此顺序推进，在一个月份内有关现金的预算数，还可按旬或按周进一步细分。至于资本支出的预算期则应根据长期投资决策的要求制定。

在预算编制的具体时间上，生产经营全面预算一般要在下年度到来之前的3个月就着手编制，按规定进程由各级人员组织编、报、审等项工作，至年底要形成完整的预算并颁布下去。

（二）全面预算的编制程序

全面预算的编制工作是一项工作量大、涉及面广、时间性强、操作复杂的工作。为了保证预算编制工作有条不紊地进行，一般要在企业内部专设一个预算委员会负责预算编制并监督预算实施。它通常由总经理，分管销售、生产、财务等方面的副总经理和总会计师等高级管理人员组成，其主要任务是：制定和颁布与预算有关的各项政策；审查和协调各部门的预算申报工作；解决有关方面在编制预算时可能发生的矛盾和争执，批准最终预算，并经常检查预算的执行情况。

企业预算的编制涉及经营管理的各个部门，只有执行人来参与预算的编制，才能使预算成为他们自愿努力完成的目标。因此，预算的编制应采取自上而下、自下而上的方法，不断反复和修正，最后由有关机构综合平衡，并以书面形式向下传达，作为正式的预算落实到各有关部门付诸实施。

全面预算编制的一般程序为：

（1）在预测与决策的基础上，由预算委员会拟定企业预算总方针，包括经营方针、各项政策以及企业总目标和分目标，如利润目标、销售目标、成本目标等，并下发到各有关部门；

（2）组织各生产业务部门按具体目标要求编制本部门预算草案；

（3）由预算委员会平衡、协商、调整各部门的预算草案，并进行预算的汇总与分析；

（4）审议预算并上报董事会审议企业的综合预算和部门预算；

（5）将批准后的预算下达各级各部门执行。

第二节　全面预算的编制

本节通过精心设计的一系列测算编制的例题，详细讨论了按照传统方法编制全面预算的技巧。

一、经营预算的编制

（一）销售预算的编制

销售预算（sale budget）是指为规划一定预算期内因组织销售活动而发生的预计销售收入而编制的一种经营预算。

由于其他预算都需要在销售预算的基础上编制或者大都与销售预算数据有关，因此，可以说销售预算是编制全面预算的关键和起点。

销售预算需要在销售预测（sales forecasting）的基础上，根据企业年度目标利润确定的预计销售量和销售价格等参数进行编制。其编制程序如下：

（1）按照产品的预计单价（units sales price）和预计销量（sales in units）计算各该产品的预计销售收入（sales revenue），其计算公式为：

某种产品预计销售收入=该种产品预计单价×该产品预计销量　（11.2.1式）

11.2.1式中，单价可根据市场供求关系并通过价格决策来确定；预计销售量则需要根据市场预测或销售合同并结合企业生产能力来确定。

（2）预计预算期所有产品的预计销售收入总额，其计算公式为：

预计销售收入总额=$\sum$某种产品预计销售收入　（11.2.2式）

（3）预计在预算期发生的与销售收入相关的增值税销项税额，其计算公式为：

某期预计增值税销项税额=该期预计销售收入总额×该期适用的增值税税率　（11.2.3式）

（4）预计预算期含税销售收入，其计算公式为：

某期含税销售收入=该期预计销售收入+该期预计增值税销项税额　（11.2.4式）

为了便于编制财务预算，还应在编制销售预算的同时，编制与销售收入有关的经营现金收入预算表，以反映全年及各季销售所得的现销含税收入和回收以前期应收账款的现金收入。

某预算期的经营现金收入的计算公式为：

某预算期经营现金收入=该期现销含税收入+该期收回以前期的应收账款　（11.2.5式）

11.2.5式中，现销含税收入和回收以前期应收账款的计算公式为：

某期现销含税收入=该期含税销售收入×该期预计现销率　（11.2.6式）

某期收回以前期的应收账款=本期期初应收账款×该期的预计应收账款回收率　（11.2.7式）

11.2.6式中的现销率是指一定期间现销含税收入占该期含税销售收入的百分比指标；11.2.7式中的应收账款回收率为以前期应收账款在本期收回的现金额占相关的应收账款的百分比指标。在全面预算中，现销率和应收账款回收率通常为已知的经验数据。

此外，根据下列公式还可以计算出企业预算期末的应收账款余额：

预算期末应收账款余额=预算期初应收账款余额+该期含税销售收入-本期经营现金收入 （11.2.8式）

［例11-1］销售预算和经营现金收入预算的编制

已知：MC公司生产经营甲、乙两种产品，20×7年年初应收账款数据和各季度预测的销售单价和销售数量等资料见表11-1。

表11-1 20×7年度MC公司的预计销售单价、预计销售量和其他资料

季度		1	2	3	4	年初应收账款（元）	增值税税率	收现率	
								首期	二期
甲产品	销售单价（元/件）	65	65	65	70	19 000	13%	60%	40%
	预计销售量（件）	800	1 000	1 200	1 000				
乙产品	销售单价（元/件）	80	80	80	75	12 000			
	预计销售量（件）	500	800	1 000	1 200				

资料显示，第4季度甲、乙两种产品的单价与前三个季度相比有变动；每种产品每季的含税销售收入中有60%能于当季收到现金，其余40%要到下季收讫。

要求：为MC公司编制20×7年的销售预算和经营现金收入预算表（平均单价保留两位小数，其他计算结果保留整数）。

解：依题意，编制该公司的销售预算和经营现金收入预算分别见表11-2和表11-3。

表11-2 20×7年度MC公司的销售预算 金额单位：元

季度		1	2	3	4	全年	资料来源
销售单价（元/件）	甲产品	65	65	65	70	66.25	见表11-1
	乙产品	80	80	80	75	78.29	见表11-1
预计销售量（件）	甲产品	800	1 000	1 200	1 000	4 000	见表11-1
	乙产品	500	800	1 000	1 200	3 500	见表11-1
预计销售收入	甲产品	52 000	65 000	78 000	70 000	265 000	
	乙产品	40 000	64 000	80 000	90 000	274 000	
	合计	92 000	129 000	158 000	160 000	539 000	
增值税销项税额		11 960	16 770	20 540	20 800	70 700	
含税销售收入		103 960	145 770	178 540	180 800	609 070	

由于本例中的含税销售收入分两期收到现金，因此，表11-3中的经营现金收入可按下式计算：

某期经营现金收入=当期含税销售收入×首期收现率+前期含税销售收入×二期收现率 （11.2.9式）

根据表11-3中的数据还可以很方便地计算出MC公司年末应收账款的余额：

年末应收账款余额=180 800-108 400

或 =180 800×40%

=72 320（元）

表11-3 20×7年度MC公司的经营现金收入预算 单位：元

季　度	1	2	3	4	全　年	资料来源
含税销售收入	103 960	145 770	178 540	180 800	609 070	见表11-2
期初应收账款	31 000				31 000	见表11-1
第1季度经营现金收入	62 376	41 584			103 960	
第2季度经营现金收入		87 462	58 308		145 770	
第3季度经营现金收入			107 124	71 416	178 540	
第4季度经营现金收入				108 480	108 480	年末应收账款余额
经营现金收入合计	93 376	129 046	165 432	179 896	567 750	72 320

（二）生产预算的编制

生产预算（production budget）是指为规划一定预算期内预计生产量（unites to be produced）水平而编制的一种经营预算。

该预算是所有经营预算中唯一使用实物量计量单位的预算，可以为有关成本和费用预算提供实物量数据。

生产预算需要根据预计的销售量按品种分别编制。由于企业的生产和销售不能做到“同步同量”，必须设置一定的存货，以保证均衡生产。因此，预算期间除必须备有充足的产品以供销售外，还应考虑预计期初存货（expected beginning inventory of finished goods）和预计期末存货（expected ending inventory of finished goods）等因素。有关计算公式如下：

某种产品预计生产量=预计销售量+预计期末存货量-预计期初存货量 （11.2.10式）

11.2.10式中，预计销售量可在销售预算中找到；预计期初存货量等于上季期末存货量；预计期末存货量应根据长期销售趋势来确定，在实践中，一般是按事先估计的期末存货量占下期销售量的比例进行估算。

在编制预算时，应注意保持生产量、销售量、存货量之间合理的比例关系，以避免储备不足、产销脱节或超储积压等。

[例11-2] 生产预算的编制

已知：MC公司甲乙两种产品20×7年年初的实际存货量和年末的预计存货量等资料见表11-4。

表11-4 20×7年度MC公司的存货资料 实物量单位：件/金额单位：元

品种	年初产成品存货量	年末产成品存货量	年初在产品存货量	年末在产品存货量	预计期末产成品占下期销售量的百分比	年初产成品成本	
						单位额	总额
甲产品	80	120	0	0	10%	40	3 200
乙产品	50	130	0	0	10%	62	3 100

要求：为MC公司编制20×7年度的生产预算。

解：依题意，编制该公司的生产预算见表11-5。

表11-5　20×7年度MC公司的生产预算　单位：件

品种	季　度	1	2	3	4	全 年	资料来源
甲产品	预计销售量（销售预算）	800	1 000	1 200	1 000	4 000	见表11-1
	加：预计期末存货量	100	120	100	120	120	见表11-4
	减：期初存货量	80	100	120	100	80	见表11-4
	预计生产量	820	1 020	1 180	1 020	4 040	
乙产品	预计销售量（销售预算）	500	800	1 000	1 200	3 500	见表11-1
	加：预计期末存货量	80	100	120	130	130	见表11-4
	减：期初存货量	50	80	100	120	50	见表11-4
	预计生产量	530	820	1 020	1 210	3 580	

（三）直接材料预算的编制

直接材料预算（direct material budget）是指为规划一定预算期内因组织生产活动和材料采购活动预计发生的直接材料需用量、采购数量（material to be purchased）和采购成本（cost of purchases）而编制的一种经营预算。①

直接材料预算以生产预算、材料消耗定额和预计材料采购单价等信息为基础，并考虑期初、期末材料存货水平。

直接材料预算包括需用量预算和采购预算两个部分，直接材料需用量预算的编制程序如下：

（1）按照各种产品的材料消耗定额和生产量计算预算期某种直接材料的需用量，其计算公式为：

$$\text{某产品消耗某种直接材料预计需用量}=\text{某种产品耗用该材料的消耗定额}\times\text{该产品预算期的预计生产量} \quad (11.2.11式)$$

（2）预计预算期某种直接材料的全部需用量，其计算公式为：

$$\text{预算期某种直接材料全部需用量}=\sum\text{某产品消耗该种直接材料预计需用量} \quad (11.2.12式)$$

直接材料采购预算的编制程序如下：

（1）预计预算期某种直接材料的全部采购量，其计算公式为：

$$\text{某种直接材料的预计采购量}=\text{该种材料的预计需用量}+\text{该种材料的预计期末库存量}-\text{该种材料的预计期初库存量} \quad (11.2.13式)$$

11.2.13式中，材料预计期末库存量通常按下期需要的经验数据确定，在实践中，可按下期的预计需用量的一定比例估算；材料预计期初库存量等于其期末库存量。

（2）预计预算期某种直接材料的采购成本，其计算公式为：

$$\text{某种材料预计采购成本}=\text{该种材料单价}\times\text{该种材料预计采购量} \quad (11.2.14式)$$

①为简化预算，假定通过制造费用核算的间接材料，以及由销售部门和管理部门消耗的其他材料，均没有期初期末余额，并在耗用当期组织采购，分别纳入变动制造费用预算、销售费用预算和管理费用预算。

11.2.14式中，材料单价为不含增值税的价格。

(3) 确定预算期企业直接材料采购总成本，其计算公式为：

预算期企业直接材料采购总成本=$\sum$某种材料预计采购成本

(4) 计算在预算期发生的与直接材料采购总成本相关的增值税进项税额，其计算公式为：

某期增值税的进项税额=预算期企业直接材料采购总成本×该期适用的增值税税率 (11.2.15式)

(5) 计算预算期预计采购金额，其计算公式为：

某期预计采购金额=预算期企业直接材料采购总成本+该期预计进项税额 (11.2.16式)

同编制生产预算一样，编制直接材料采购预算应注意材料的采购量、耗用量和库存量保持合理的比例关系，以避免材料的供应不足或超储积压。

为了便于以后编制现金预算，通常要计算与材料采购有关的各季度预计材料采购现金支出。

某预算期的采购现金支出的计算公式为：

某预算期采购现金支出=该期现购材料现金支出+该期支付以前期的应付账款 (11.2.17式)

11.2.17式中，现购材料现金支出和支付以前期应付账款的计算公式为：

某期现购材料现金支出=某期预计采购金额×该期预计付现率 (11.2.18式)

某期支付以前期的应付账款=本期期初应付账款×该期的预计应付账款支付率 (11.2.19式)

11.2.18式中的付现率是指一定期间现购材料现金支出占该期含税采购金额的百分比指标；11.2.19式中的应付账款支付率为以前期应付账款在本期支付的现金额占相关的应付账款的百分比指标。在全面预算中，付现率和支付率通常为已知的经验数据。

此外，根据下列公式还可以计算企业预算期末的应付账款余额：

预算期末应付账款余额=预算期初应付账款余额+该期预计采购金额−某预算期采购现金支出 (11.2.20式)

［例11-3］直接材料需用量预算、采购预算和材料采购现金支出预算的编制

已知：MC公司甲、乙两种产品20×7年度需用的各种直接材料消耗定额及采购单价资料见表11-6；各种直接材料年初和年末的存货量，以及有关账户余额等资料见表11-7。

表11-6 **20×7年度MC公司的直接材料消耗定额及采购单价资料**

产品品种	季　度	1	2	3	4	资料来源
甲产品直接材料消耗定额（件）	A材料	3	3	3	3	
	B材料	2	2	2	2	
乙产品直接材料消耗定额（件）	A材料	5	5	5	5	
	C材料	2	2	2	2	
材料采购单价（元/件）	A材料	4	4	4	4	
	B材料	5	5	5	5	
	C材料	6	6	6	6	
	D材料	0	0	0	10	

表11-7　　**20×7年度MC公司的直接材料存货量与其他资料**

材料名称	年初存货量（件）	年末存货量（件）	预计期末存货量占下期需用量的百分比	增值税税率	年初余额（元）		付现率	
					应付账款	库存材料	首期	二期
A材料	1 500	1 800	20%					
B材料	480	720	30%	13%	14 400	10 200		
C材料	300	500	30%				60%	40%
D材料	0	1 500	为下一年度开发丙产品作准备，于第4季度购买	见专门决策预算（表11-25）				

资料显示，各季度各种产品消耗各种材料的定额均不变；各季度各种材料的采购单价也不变。同时，企业每季采购金额中，有60%于当季支付现金，其余40%要到下季付讫。

要求：为MC公司编制20×7年度的直接材料需用量预算、采购预算和直接材料采购现金支出预算（平均单价保留两位小数，其他计算结果保留整数）。

解：依题意，编制该公司的直接材料需用量预算、采购预算和采购现金支出预算分别见表11-8、表11-9和表11-10。

表11-8　　**20×7年度MC公司的直接材料需用量预算**

产品品种	项　目	季　度	1	2	3	4	全年	资料来源
甲产品	材料单耗（千克/件）	A材料	3	3	3	3		见表11-6
		B材料	2	2	2	2		见表11-6
	预计生产量（件）		820	1 020	1 180	1 020	4 040	见表11-5
	预计生产需用量（千克）	A材料	2 460	3 060	3 540	3 060	12 120	
		B材料	1 640	2 040	2 360	2 040	8 080	
乙产品	材料单耗（千克/件）	A材料	5	5	5	5		见表11-6
		C材料	2	2	2	2		见表11-6
	预计生产量（件）		530	820	1 020	1 210	3 580	见表11-5
	预计生产需用量（千克）	A材料	2 650	4 100	5 100	6 050	17 900	
		C材料	1 060	1 640	2 040	2 420	7 160	

由于本例中的采购金额分两期支付现金，因此，表11-10中的现购材料现金支出可按下式计算：

某期现购材料现金支出=当期预计采购金额×首期付现率+前期预计采购金额×二期付现率　（11.2.21式）

根据表11-10中的数据还可以很方便地计算出MC公司年末应付账款的余额：

年末应付账款余额=85 040−51 024（建议按此算式计算）

或　　=85 040×40%=34 016（元）

表11-9 **20×7年度MC公司的直接材料采购预算** 实物量单位：件/金额单位：元

材料品种	季度	1	2	3	4	全年	资料来源
A材料	材料采购单价	4	4	4	4		见表11-6
	甲产品需用量	2 460	3 060	3 540	3 060	12 120	见表11-8
	乙产品需用量	2 650	4 100	5 100	6 050	17 900	见表11-8
	材料总需用量	5 110	7 160	8 640	9 110	30 020	
	加：期末材料存量	1 432	1 728	1 822	1 800	1 800	见表11-7
	减：期初材料存量	1 500	1 432	1 728	1 822	1500	见表11-7
	本期采购量	5 042	7 456	8 734	9 088	30 320	
	材料采购成本	20 168	29 824	34 936	36 352	121 280	材料采购单价×本期采购量
B材料	材料采购单价	5	5	5	5		见表11-6
	甲产品需用量	1 640	2 040	2 360	2 040	8 080	见表11-8
	乙产品需用量	0	0	0	0	0	见表11-8
	材料总需用量	1 640	2 040	2 360	2 040	8 080	
	加：期末材料存量	612	708	612	720	720	见表11-7
	减：期初材料存量	480	612	708	612	480	见表11-7
	本期采购量	1 772	2 136	2 264	2 148	8 320	
	材料采购成本	8 860	10 680	11 320	10 740	41 600	材料采购单价×本期采购量
C材料	材料采购单价	6	6	6	6		见表11-6
	甲产品需用量	0	0	0	0	0	见表11-8
	乙产品需用量	1 060	1 640	2 040	2 420	7 160	见表11-8
	材料总需用量	1 060	1 640	2 040	2 420	7 160	
	加：期末材料存量	492	612	726	500	500	见表11-7
	减：期初材料存量	300	492	612	726	300	见表11-7
	本期采购量	1 252	1 760	2 154	2 194	7 360	
	材料采购成本	7 512	10 560	12 924	13 164	44 160	材料采购单价×本期采购量
D材料	材料采购单价				10	10	见表11-6
	本期采购量				1 500	1 500	见表11-7
	材料采购成本	0	0	0	15 000	15 000	材料采购单价×本期采购量
预计材料采购成本合计		36 540	51 064	59 180	75 256	222 040	
增值税进项税额		4 750	6 638	7 693	9 784*	28 865	
预计采购金额合计		41 290	57 702	66 873	85 040	250 905	

*=28 865−4 750−6 638−7 693。

表11-10　20×7年度MC公司的直接材料采购现金支出预算　单位：元

季　度	1	2	3	4	全　年	资料来源
预计采购金额合计	41 290	57 702	66 873	85 040	250 905	见表11-9
期初应付账款	14 400				14 400	见表11-7
第1季度采购现金支出	24 774	16 516			41 290	
第2季度采购现金支出		34 621	23 081		57 702	
第3季度采购现金支出			40 124	26 749	66 873	
第4季度采购现金支出				51 024	51 024	
现金支出合计	39 174	51 137	63 205	77 773	231 289	

［例11-4］直接材料成本计算（先进先出法）

已知：仍按例11-3的相关资料。

要求：按先进先出法计算MC公司直接材料成本。

解：依题意编制的MC公司各种直接材料成本计算表和汇总表分别见表11-11和表11-12。

表11-11　20×7年度MC公司直接材料成本计算

（先进先出法）　实物量单位：件/金额单位：元

材料品种	项目	季　度	1	2	3	4	全　年	备注
A材料	单价	期初材料	4	4	4	4	4	见表11-6
		本期采购	4	4	4	4		见表11-6
		期末材料	4	4	4	4	4	见表11-6
	数量	期初材料存量	1 500	1 432	1 728	1 822	1 500	见表11-7
		加：本期采购量	5 042	7 456	8 734	9 088	30 320	见表11-9
		减：期末材料存量	1 432	1 728	1 822	1 800	1 800	见表11-7
		本期耗用量	5 110	7 160	8 640	9 110	30 020	期初材料存量+本期采购量-期末材料存量
		甲产品耗用量	2 460	3 060	3 540	3 060	12 120	见表11-9
		乙产品耗用量	2 650	4 100	5 100	6 050	17 900	见表11-9
	成本	期初材料成本	6 000	5 728	6 912	7 288	6 000	
		加：本期材料采购成本	20 168	29 824	34 936	36 352	121 280	见表11-9
		减：期末存货成本	5 728	6 912	7 288	7 200	7 200	
		本期耗用材料成本	20 440	28 640	34 560	36 440	120 080	期初材料成本+本期材料采购成本-期末存货成本
		甲产品成本	9 840	12 240	14 160	12 240	48 480	本期耗用材料成本/本期耗用量×甲产品耗用量
		乙产品成本	10 600	16 400	20 400	24 200	71 600	本期耗用材料成本/本期耗用量×乙产品耗用量

续表

材料品种	项目	季度	1	2	3	4	全年	备注
B材料	单价	期初材料	5	5	5	5	5	同A材料
		本期采购	5	5	5	5		
		期末材料	5	5	5	5	5	
	数量	期初材料存量	480	612	708	612	480	
		加：本期采购量	1 772	2 136	2 264	2 148	8 320	
		减：期末材料存量	612	708	612	720	720	
		本期耗用量	1 640	2 040	2 360	2 040	8 080	
		甲产品耗用量	1 640	2 040	2 360	2 040	8 080	
		乙产品耗用量	0	0	0	0	0	
	成本	期初材料成本	2 400	3 060	3 540	3 060	2 400	
		加：本期材料采购成本	8 860	10 680	11 320	10 740	41 600	
		减：期末存货成本	3 060	3 540	3 060	3 600	3 600	
		本期耗用材料成本	8 200	10 200	11 800	10 200	40 400	
		甲产品成本	8 200	10 200	11 800	10 200	40 400	
		乙产品成本	0	0	0	0	0	
C材料	单价	期初材料	6	6	6	6	6	同A材料
		本期采购	6	6	6	6		
		期末材料	6	6	6	6	6	
	数量	期初材料存量	300	492	612	726	300	
		加：本期采购量	1 252	1 760	2 154	2 194	7 360	
		减：期末材料存量	492	612	726	500	500	
		本期耗用量	1 060	1 640	2 040	2 420	7 160	
		甲产品耗用量	0	0	0	0	0	
		乙产品耗用量	1 060	1 640	2 040	2 420	7 160	
	成本	期初材料成本	1 800	2 952	3 672	4 356	1 800	
		加：本期材料采购成本	7 512	10 560	12 924	13 164	44 160	
		减：期末存货成本	2 952	3 672	4 356	3 000	3 000	
		本期耗用材料成本	6 360	9 840	12 240	14 520	42 960	
		甲产品成本	0	0	0	0	0	
		乙产品成本	6 360	9 840	12 240	14 520	42 960	
D材料	成本	期初材料成本	0	0	0	0	0	见表11-6
		加：本期材料采购成本	0	0	0	15 000	15 000	见表11-7
		减：期末存货成本	0	0	0	15 000	15 000	见表11-8
		本期耗用材料成本	0	0	0	0	0	
		甲产品成本	0	0	0	0	0	
		乙产品成本	0	0	0	0	0	

表11-12　20×7年度MC公司直接材料成本汇总　实物量单位：件/金额单位：元

材料存货	年初材料成本	本年材料采购成本	年末单位成本	期末存货量	期末存货成本	本期耗用材料成本		
						合计	甲产品	乙产品
A材料	6 000	121 280	4	1 800	7 200	120 080	48 480	71 600
B材料	2 400	41 600	5	720	3 600	40 400	40 400	0
C材料	1 800	44 160	6	500	3 000	42 960	0	42 960
D材料	0	15 000	10	1 500	15 000	0	0	0
小计	10 200	222 040	—	—	28 800	203 440	88 880	114 560

（四）应交税费预算的编制

应交税费预算，是指为规划一定预算期内预计发生的相关税费而编制的一种经营预算。相关税费的内容包括两类：其一是通过“税金及附加”科目核算的因企业经营活动而发生的消费税、资源税、城市维护建设税、教育费附加，以及房产税、土地使用税、车船税、印花税等相关税费；其二是独立核算的应交增值税。

本预算中不包括预交所得税。为简化预算方法，本书假定“税金及附加”中只考虑前四种税费；由于税金需要及时清缴，假定预算期发生的各项应交税费均于当期以现金形式支付。

应交税费预算需要根据销售预算、材料采购预算的相关数据和适用税率资料来编制，有关指标的估算公式为：

某期预计应交税费=某期预计发生的税金及附加+该期预计应交增值税　（11.2.22式）

11.2.22式中，某期预计发生的税金及附加按下式计算：

某期预计发生的税金及附加=该期预计应交消费税+该期预计应交资源税+该期预计应交城市维护建设税+该期预计应交教育费附加　（11.2.23式）

11.2.23式中，预计应交消费税等于应纳税额与适用税率的乘积①，预计应交资源税按照应税产品的课税数量和规定的单位税额计算，预计应交城市维护建设税和预计应交教育费附加分别等于应交增值税和应交消费税之和与适用的附加税率或征收率的乘积。

［例11-5］预计税金及附加的估算

已知：某汽车制造厂20×7年的预计销售收入为1 000万元，预计应交增值税税额为52万元，适用的消费税税率为8%，城市维护建设税税率为7%，教育费附加的征收率为3%。

要求：测算该企业20×7年预计的税金及附加。

解：依题意

该企业预计消费税=1 000×8%=80（万元）

该企业预计城市维护建设税=（52+80）×7%=9.24（万元）

该企业预计教育费附加=（52+80）×3%=3.96（万元）

该企业预计税金及附加=80+9.24+3.96=93.20（万元）

由于城市维护建设税和教育费附加的计算基础完全相同，可以将前者的适用税率和后者的征收率合并，称为附加税费率。

11.2.22式中，预计应交增值税可按简捷法和常规法两种方法估算。

简捷法是直接按以下简化公式估算应交增值税税额的一种方法：

①消费税的应纳税额可采用从价定率和从量定额两种计税方法，为简化计算，假定本书仅采用从价定率方法。

某期预计应交增值税=某期预计销售收入×应交增值税估算率 (11.2.24式)

11.2.24式中，应交增值税估算率是一个经验数据，是根据一定期间内实际或估算的应交增值税税额占同期不含税销售收入的百分比计算出来的。

简捷法比较简单，可以直接估算出某期的应交增值税，缺点是存在一定误差。

［例11-6］应交增值税的估算（简捷法）

已知：仍按例11-5的资料。该企业20×6年的不含税销售收入总额为2 000万元，销售利润率为20%，适用的增值税税率为13%，材料成本占总成本的百分比为75%，假定该企业生产所使用的材料都是在当期内采购的，应交消费税为80万元。

要求：（1）测算该企业的应交增值税估算率。

（2）按简捷法估算该企业20×7年预计应交增值税税额。

（3）计算该企业的附加税费率和20×7年预计税金及附加。

解：依题意

（1）20×6年销项税额=2 000×13%=260（万元）

20×6年总成本=2 000×（1-20%）=1 600（万元）

20×6年材料采购成本=1 600×75%=1 200（万元）

20×6年进项税额=1 200×13%=156（万元）

20×6年应交增值税税额=260-156=104（万元）

应交增值税估算率$=\frac{104}{2\ 000}\times 100\%=5.2\%$

（2）该企业20×7年预计应交增值税税额=1 000×5.2%=52（万元）

（3）附加税费率=7%+3%=10%

20×7年预计税金及附加=80+（52+80）×10%=93.2（万元）

常规法是按照增值税的实际计税方法估算预计应交增值税的一种方法。其计算公式为：

某期预计应交增值税=该期预计应交增值税销项税额-该期预计应交增值税进项税额 (11.2.25式)

常规法的优点是估算公式与实际计税公式一致，缺点是需要分别估算销项税额和进项税额，比较麻烦。

［例11-7］应交税费预算的编制（估算应交增值税采用常规法）

已知：MC公司20×7年度各季度预计的增值税销项税额和进项税额资料分别见表11-2和表11-9；该企业流通环节只缴纳增值税，并于实现销售的当期（每季度）用现金完税；附加税费率为10%；假定全年预交所得税8 000元。

要求：为MC公司编制20×7年度的应交税费预算（计算结果保留整数）。

解：编制该公司的应交税费预算见表11-13。

表11-13 **20×7年度MC公司的应交税费预算** 单位：元

季 度	1	2	3	4	全 年	资料来源
增值税销项税额	11 960	16 770	20 540	20 800	70 070	见表11-2
增值税进项税额	4 750	6 638	7 693	9 784	28 865	见表11-9
应交增值税	7 210	10 132	12 847	11 016	41 205	销项-进项
税金及附加	721	1 013	1 285	1 102	4 121	应交增值税×附加税费率
现金支出合计	7 931	11 145	14 132	12 118	45 326	

［例11-8］应交增值税估算方法的比较

已知：仍按例11-1的销售预算和例11-7的应交增值税资料，假定MC公司按照20×7年全年应交增值税和同期预计销售收入合计确定应交增值税估算率。

要求：（1）计算该公司的应交增值税估算率。

（2）按简捷法估算该公司20×7年各季度的应交增值税，并比较分析按两种方法估算应交增值税数据的关系。

解：依题意

（1）该公司的应交增值税估算率=41 205÷539 000×100%≈7.64%

（2）按简捷法估算该公司20×7年各季度的应交增值税见表11-14。

表11-14　**应交增值税两种估算方法对照分析表**　单位：元

季度	1	2	3	4	全年	资料来源
常规法估算的应交增值税	7 120	10 132	12 847	11 016	41 205	见表11-13
预计销售收入	92 000	129 000	158 000	160 000	539 000	见表11-2
简捷法估算的应交增值税	7 033	9 862	12 079	12 232	41 205	预计销售收入×估算率
误差	177	270	768	-1 216	0	两种方法估算额之差

从表11-14可以看出，两种方法估算的各季度应交增值税数额存在差异，但从全年看两种方法估算的数额总额相等。这表明，只要在一定时期内企业能够基本保持应交增值税与销售收入的相应比例，就可以利用简捷法直接估算出该期间的应交增值税。

（五）直接人工预算的编制

直接人工预算（direct labor budget）是指为规划一定预算期内人工工时的消耗水平（direct labor required per hours）和人工成本水平（direct labor cost per hours）而编制的一种经营预算。

直接人工成本包括直接工资和其他直接费用（直接列支的福利费）。

编制直接人工预算的主要依据是已知的标准工资率、标准单位直接人工工时和生产预算中的预计生产量等资料。

直接人工预算的编制程序如下：

（1）预计每种产品的直接人工工时总数，其计算公式为：

某种产品直接人工工时总数=单位产品工时定额×预计该产品生产量　（11.2.26式）

11.2.26式中的单位产品工时定额与特定产品的生产流程有关，需要由企业根据经验数据事先分析确定，不同的产品可能有不同的工时定额；预计生产量数据可从生产预算中取得。

（2）预计每种产品耗用的直接工资，其计算公式为：

预计某种产品耗用直接工资=单位工时工资率×该种产品直接人工工时总数　（11.2.27式）

11.2.27式中的单位工时工资率又称标准小时工资率，该指标是企业根据一定时期全厂直接工资总额和同期全厂直接人工工时总数确定的，各种产品的单位工时工资率完全相同。

（3）预计每种产品列支的其他直接费用。现行制度规定，实际发生的福利费按用途直接列支于相关科目。编制直接人工预算时，可按直接工资和控制标准进行估算，其计算公式为：

预计某种产品列支其他直接费用=预计某种产品耗用直接工资×其他直接费用控制标准 (11.2.28式)

11.2.28式中的其他直接费用控制标准建议采用14%。

（4）计算预算期每种产品的预计直接人工成本，其计算公式为：

预计某种产品直接人工成本=预计该种产品耗用直接工资+预计该种产品列支其他直接费用 (11.2.29式)

（5）计算预算期企业的直接人工成本合计数，其计算公式为：

预计企业直接人工成本合计=$\sum$预计某种产品直接人工成本 (11.2.30式)

各期直接人工成本均由现金开支，不需要单独编制与此相关的预计现金支出预算。

［例11-9］直接人工预算的编制

已知：MC公司20×7年单位工时工资率和工时定额资料见表11-15。

表11-15 **20×7年度MC公司的单位工时工资率和工时定额资料**

季度		1	2	3	4	其他直接费用控制标准
单位工时工资率		4	4	4	4	14%
单位产品工时定额	甲产品	3	3	3	3	
	乙产品	5	5	5	5	

要求：为MC公司编制20×7年度的直接人工预算（平均工资率和平均人工成本保留两位小数，其他计算结果保留整数）。

解：依题意，编制该公司的直接人工预算见表11-16。

表11-16 **20×7年度MC公司的直接人工预算** 金额单位：元

品种	季度	1	2	3	4	全年	资料来源
全公司单位工时工资率		4	4	4	4	—	见表11-15
甲产品	单位产品工时定额	3	3	3	3	—	见表11-15
	预计生产量（件）	820	1 020	1 180	1 020	4 040	见表11-5
	直接人工工时总数（小时）	2 460	3 060	3 540	3 060	12 120	
	预计直接工资	9 840	12 240	14 160	12 240	48 480	
	其他直接费用	1 378	1 714	1 982	1 713*	6 787	直接工资×控制标准（见表11-15）
	直接人工成本合计	11 218	13 954	16 142	13 953	55 267	
	单位工时直接人工成本	4.56	4.56	4.56	4.56	4.56	
乙产品	单位产品工时定额	5	5	5	5	5	见表11-15
	预计生产量（件）	530	820	1 020	1 210	3 580	见表11-5
	直接人工工时总数（小时）	2 650	4 100	5 100	6 050	17 900	
	预计直接工资	10 600	16 400	20 400	24 200	71 600	
	其他直接费用	1 484	2 296	2 856	3 388	10 024	直接工资×控制标准（见表11-15）
	直接人工成本合计	12 084	18 696	23 256	27 588	81 624	
	单位工时直接人工成本	4.56	4.56	4.56	4.56	4.56	
合计	直接工资总额	20 440	28 640	34 560	36 440	120 080	
	其他直接费用	2 862	4 010	4 838	5 101	16 811	
	直接人工成本合计	23 302	32 650	39 398	41 541	136 891	

*=6 787-1 378-1 714-1 982

（六）制造费用预算的编制

制造费用预算（manufacturing overhead budget）是指为规划一定预算期内除直接材料和直接人工预算以外预计发生的其他生产费用水平而编制的一种经营预算。

当以变动成本法为基础编制制造费用预算时，可按变动性制造费用和固定生产成本两部分内容分别编制。

变动性制造费用则根据单位产品预定分配率乘以预计的生产量进行预计，其中，变动性制造费用预算分配率（predetermined variable overhead rate）的计算公式为：

$$\text{变动性制造费用预算分配率}=\frac{\text{变动性制造费用预算总额}}{\text{相关分配标准预算总数}} \quad (11.2.31\text{式})$$

11.2.31式中，分母可在预算生产量或预算直接人工工时总数中选择，多品种条件下，一般按后者进行分配。

固定生产成本可在上年的基础上根据预期变动加以适当修正进行预计，并作为期间成本直接列入利润表作为收入的扣除项目。

制造费用预算也应包括一个预算现金支出部分，以便为编制现金预算提供必要的资料。由于固定资产折旧费是非付现成本项目，在计算时应予剔除。有关公式为：

$$\begin{array}{l}\text{某季度预计制}\\\text{造费用现金支出}\end{array}=\begin{array}{l}\text{该季度预计变动性}\\\text{制造费用现金支出}\end{array}+\begin{array}{l}\text{该季度预计固定性}\\\text{制造费用现金支出}\end{array} \quad (11.2.32\text{式})$$

11.2.32式中的有关指标的计算公式如下：

$$\begin{array}{l}\text{某季度预计变动性}\\\text{制造费用现金支出}\end{array}=\sum\left(\begin{array}{l}\text{变动性制造费}\\\text{用预算分配率}\end{array}\times\begin{array}{l}\text{该季度某种产品}\\\text{预计直接人工工时}\end{array}\right) \quad (11.2.33\text{式})$$

$$\text{某季度预计固定性制造费用现金支出}=\frac{\text{该年度预计固定性制造费用}-\text{预计年折旧费}}{4} \quad (11.2.34\text{式})$$

11.2.34式中的年折旧费必须是在制造费用中列支的折旧。

[例11-10] 制造费用预算的编制

已知：MC公司在编制预算时采用变动成本法，变动性制造费用按各种产品直接人工工时比例分配，20×7年预计的直接人工工时资料见表11-16，制造费用预算见表11-17，除折旧费以外的各项制造费用均以现金支付。

表11-17　**20×7年度MC公司的制造费用预算**　金额单位：元

变动性制造费用		固定性制造费用		资料来源
1.间接材料	12 000	1.管理人员工资及福利费	9 100	假定间接材料当期采购当期消耗，没有余额，且不通过采购预算反映
2.间接人工成本	9 600	2.折旧费	15 347	
3.维修费	8 000	3.办公费	6 500	
4.水电费	8 600	4.保险费	3 200	—
5.其他	5 029	5.租赁费	3 000	专门决策预算（见表11-25）
合计	43 229	6.其他	1 000	全年使用
直接人工工时总数	30 020*	合计	38 147	—
		减：折旧费	15 347	非付现成本
		现金支出合计	22 800	
预算分配率=$\frac{43\,229}{30\,020}\approx1.44$		各季支出数=$\frac{22\,800}{4}=5\,700$		

*=12 120+17 900

表11-17中的3 000元租赁费，是根据年初作出的专门决策确定的。

要求：为MC公司编制制造费用的现金支出预算（分配率计算结果保留两位小数，其他计算结果保留整数）。

解：依题意，编制的制造费用现金支出预算见表11-18。

（七）产品成本预算的编制

产品成本预算（product cost budget）是指为规划一定预算期内每种产品的单位产品成本、生产成本、销售成本等项内容而编制的一种经营预算。

表11-18　**20×7年度MC公司的制造费用现金支出预算**　金额单位：元

季 度		1	2	3	4	全 年	资料来源
变动性制造费用分配率		1.44	1.44	1.44	1.44	1.44	见表11-17
直接人工工时	甲产品	2 460	3 060	3 540	3 060	12 120	见表11-16
	乙产品	2 650	4 100	6 050	17 900	17 900	见表11-16
	小 计	5 110	7 160	8 640	9 110	30 020	
变动性制造费用	甲产品	3 542	4 406	5 098	4 407*	17 453	
	乙产品	3 816	5 904	7 734	8 712	25 776	
	小 计	7 358	10 310	12 442	13 119	43 229	
固定性制造费用		5 700	5 700	5 700	5 700	22 800	
现金支出合计		13 058	16 010	18 142	18 819	66 029	见表11-17

*=17 453-3 542-4 406-5 098。

本预算需要在生产预算、直接材料预算、直接人工预算和制造费用预算的基础上编制；同时，也为编制预计利润表和预计资产负债表提供数据。

该预算必须按照各种产品进行编制，其程序与存货的计价方法密切相关；不同的存货计价方法，需要采取不同的预算编制方法。此外，不同的成本计算模式也会产生不同的影响。

在变动成本法下，如果产成品存货采用先进先出法计价，则产品成本预算的编制程序为：

（1）估算每种产品预算期预计发生的生产成本，其计算公式为：

$$\text{某种产品某期预计发生的产品生产成本}=\text{该产品该期预计耗用全部直接材料成本}+\text{该产品该期预计耗用直接人工成本}+\text{该产品该期预计耗用变动性制造费用} \quad (11.2.35式)$$

（2）估算每种产品预算期的预计产品生产成本，其计算公式为：

$$\text{某种产品某期预计产品生产成本}=\text{该产品该期预计发生产品生产成本}+\text{该产品在产品成本期初余额}-\text{该产品在产品成本期末余额} \quad (11.2.36式)$$

为简化预算编制过程，可假定11.2.36式中的在产品成本期初和期末余额均为零，或均为同一已知数。在这种情况下，某产品预算期的预计产品生产成本与该产品预算期预计发生的生产成本相等；该产品的单位产品生产成本等于预计发生的单位生产成本。

（3）估算每种产品预算期预计的产品销售成本，其计算公式为：

$$\text{本期预计产品销售成本}=\text{本期预计产品生产成本}+\text{产成品成本期初余额}-\text{产成品成本期末余额} \quad (11.2.37式)$$

为简化程序，假定企业只编制全年的产品成本预算，不编制分季度预算。

［例11-11］产品成本预算的编制

已知：MC公司20×7年的年初产成品资料、生产预算、直接材料采购预算、直接材料成本计算、直接人工预算和制造费用预算分别见表11-4、表11-5、表11-9、表11-11、表11-16和表11-18。产成品按先进先出法计价。

要求：分别按变动成本法为MC公司编制甲、乙两种产品20×7年度的产品成本预算（单位成本保留两位小数，其他计算结果保留整数）。

解：依题意，编制的甲、乙两种产品20×7年度的产品成本预算分别见表11-19和表11-20。

表11-19　**20×7年度MC公司甲产品成本预算**　计划产量：4 040件/单位：元

项 目	总成本	单位成本	资料来源
（甲）栏	①	②=①÷产量	
直接材料			
A材料	48 480	12.00	见表11-12
B材料	40 400	10.00	见表11-12
小 计	88 880	22.00	
直接人工	55 267	13.68	见表11-16
变动性制造费用	14 453	4.32	见表11-18
本期生产成本	161 600	40.00	
加：在产品及自制半成品的期初余额	0	0	
减：在产品及自制半成本品的期末余额	0	0	
预计产品生产成本	161 600	40.00	
加：产成品期初余额	3 200	40.00	年初产成品量80件（见表11-4）
减：产成品期末余额	4 800	40.00	年末产成品量120件（见表11-4）
预计产品销售成本	160 000	40.00	本年销售量4 000件（见表11-1）

表11-20　**20×7年度MC公司乙产品成本预算**　计划产量：3 589件/单位：元

项 目	总成本	单位成本	资料来源
（甲）栏	①	②=①÷产量	
直接材料			
A材料	71 600	20.00	见表11-12
C材料	42 960	12.00	见表11-12
小 计	114 560	32.00	
直接人工	81 624	22.80	见表11-16
变动性制造费用	25 776	7.20	见表11-18
本期生产成本	211 960	62.00	
加：在产品及自制半成品的期初余额	0	0	
减：在产品及自制半成本品的期末余额	0	0	
预计产品生产成本	211 960	62.00	
加：产成品期初余额	3 100	62.00	年初产成品量50件（见表11-4）
减：产成品期末余额	8 060	62.00	年末产成品量130件（见表11-4）
预计产品销售成本	217 000	60.68	本年销售量3 500件（见表11-1）

（八）期末存货预算的编制

期末存货预算（final inventory budget）是指为规划一定预算期期末的在产品、产成品和原材料预计成本水平而编制的一种经营预算。

由于本预算与产品成本预算密切相关，因此它也受到存货计价方法的影响。其程序是：

1.按存货的具体项目分别编制预算

存货包括在产品、产成品和原材料三种形式。为了简化预算过程，可假定期末在产品存货为零；如果产成品采用先进先出法计价，则期末产成品存货成本预算额等于产品成本预算中各种产品的产成品期末余额之和；期末原材料存货成本预算额为各种直接材料期末余额之和。

2.汇总各项存货的期末余额

期末存货余额预算的计算公式为：

$$\text{某期期末存货余额}=\text{该期在产品存货期末余额}+\text{该期产成品存货期末余额}+\text{该期原材料存货期末余额} \quad (11.2.38式)$$

通常期末存货预算也只编制年末预算，不编制分季度预算。

[例11-12] 期末存货预算的编制

已知：MC公司的直接材料采购预算和甲、乙两种产品20×7年度的产品成本预算分别见表11-9、表11-19和表11-20。产成品、原材料按先进先出法计价。

要求：按变动成本法为MC公司编制20×7年度的年末存货预算（单位成本保留两位小数，其他计算结果保留整数）。

解：依题意，编制的20×7年度MC公司期末存货预算见表11-21。

表11-21 20×7年度MC公司期末存货预算 单位：元

项目	品种	年初存货成本	年末单位成本	年末存货量	年末存货成本	资料来源
在产品存货	甲产品	0	0	0	0	见表11-4和表11-19
	乙产品	0	0	0	0	见表11-4和表11-20
	小 计	0	小 计		0	
产成品存货	甲产品	3 200	40.00	120	4 800	见表11-4和表11-19
	乙产品	3 100	62.00	130	8 060	见表11-4和表11-20
	小 计	6 300	小 计		12 860	
材料存货	年初材料成本	本年材料采购成本	本年耗用材料成本 甲产品	本年耗用材料成本 乙产品	年末存货成本	
A材料	6 000	121 280	48 480	71 600	7 200	见表11-9和表11-12
B材料	2 400	41 600	40 400	0	3 600	见表11-9和表11-12
C材料	1 800	44 160	0	42 960	3 000	见表11-9和表11-12
D材料	0	15 000	0	0	15 000	见表11-9和表11-12
小计	10 200	222 040	88 880	114 560	28 800	
年初存货成本合计	16 500			年末存货成本合计	41 660	

（九）销售费用预算的编制

销售费用预算（selling expenses budget）是指为规划一定预算期内企业在销售阶段组织产品销售预计发生各项费用而编制的一种经营预算。

销售费用预算的编制方法与制造费用预算的编制方法非常接近，也可将其划分为变动性和固定性两部分费用。但对随销售量成正比例变动的那部分变动性销售费用，只需要反映各个项目的单位产品费用分配额即可。对于固定性销售费用，只需要按项目反映全年预计水平。

销售费用预算也要编制相应的现金支出预算。

预算期变动性销售费用现金支出等于该期各种产品的相应现金支出之和，一定期间某种产品预计发生的变动性销售费用现金支出的计算公式为：

$$\begin{matrix}\text{某期某种产品预计的变}\\\text{动性销售费用现金支出}\end{matrix}=\begin{matrix}\text{该种产品单位变动}\\\text{性销售费用分配额}\end{matrix}\times\begin{matrix}\text{该期该产品}\\\text{预计销售量}\end{matrix}\qquad\text{（11.2.39式）}$$

对于固定性销售费用的现金支出可以采取两种处理方法：第一种方法是根据全年固定性销售费用的预算总额扣除其中的非付现成本（如销售机构的折旧费）的余额在年内各季度内平均分摊。第二种方法不主张将其在年内各季度平均分摊，而是根据具体的付现成本项目的预计发生情况分季度编制预算。这是因为固定性销售费用中存在部分内容属于年内待摊或预提的性质，如一次性支付的全年广告费和销售保险费等，这些开支的时间与受益期间不一致，对于这些跨期分摊的项目来说，任何平均费用都不等于实际支出，必须逐项按预计支出情况编制预算。本书采用第一种方法。

［例11-13］销售费用预算及其现金支出预算的编制

已知：MC公司20×7年度的销售费用预算见表11-22。

表11-22　**20×7年度MC公司销售费用预算**　单位：元

变动性销售费用			固定性销售费用	
项　目	单位产品标准费用额		项　目	全年费用额
			管理人员工资及福利费	6 000
			专设销售机构办公费	15 000
	甲产品	乙产品	宣传广告费	5 000
销售佣金	2.5	3	保险费	2 600
			折旧费	800
销售运杂费	1.2	1.5	其他	600
			合　计	30 000
其他	0.3	0.5	减：折旧费	800
合　计	4	5	现金支出合计	29 200
			平均各季支付数=29 200÷4=7 300	

要求：为MC公司编制20×7年度的销售费用现金支出预算（计算结果保留整数）。

解：依题意，编制的20×7年度的销售费用现金支出预算见表11-23。

表11-23 **20×7年度MC公司销售费用现金支出预算** 单位：元

季　度		1	2	3	4	全年	资料来源
单位产品标准费用额	甲产品	4	4	4	4		见表11-22
	乙产品	5	5	5	5		各季可以变动
预计销售量（件）	甲产品	800	1 000	1 200	1 000	4 000	见表11-1
	乙产品	500	800	1 000	1 200	3 500	见表11-1
变动性销售费用	甲产品	3 200	4 000	4 800	4 000	16 000	
	乙产品	2 500	4 000	5 000	6 000	17 500	
	小计	5 700	8 000	9 800	10 000	33 500	
固定性销售费用		7 300	7 300	7 300	7 300	29 200	见表11-22
现金支出合计		13 000	15 300	17 100	17 300	62 700	

（十）管理费用预算的编制

管理费用预算（administrative expenses budget）是指为规划一定预算期内因管理企业预计发生的各项费用水平而编制的一种经营预算。

本预算的编制可采取以下两种方法：第一种方法是按项目反映全年预计水平。这是因为管理费用大多为固定成本。第二种方法类似于制造费用预算或销售费用预算的编制方法，即将管理费用划分为变动性和固定性两部分费用，对前者再按预算期的变动性管理费用分配率（等于一定时期变动性管理费用除以同期销售业务量）和预计销售业务量进行测算。为简化预算编制，本书采用第一种方法。

在编制管理费用总额预算的同时，还需要分季度编制管理费用现金支出预算。在假定管理费用均为固定成本的条件下，某季度预计管理费用现金支出为全年付现支出的平均数，计算公式为：

$$\text{某季度预计管理费用现金支出}=\frac{\text{该年度预计管理费用}-\text{预计年折旧费}-\text{预计年摊销费}}{4} \quad (11.2.40\text{式})$$

11.2.40式中的折旧费和摊销费分别是指在管理费用中列支的折旧费和无形资产摊销额。

管理费用总额预算及其现金支出预算可以合并在同一张预算表中。

［例11-14］管理费用及其现金支出预算的格式

根据有关资料编制的MC公司20×7年度的管理费用及其现金支出预算见表11-24。

表11-24 **20×7年度MC公司管理费用及其现金支出预算** 单位：元

费用项目	金　额
1.公司经费	4 000
2.工会经费	1 500
3.办公费	1 900
4.董事会费	800

续表

费用项目	金 额
5.折旧费	1 000
6.无形资产摊销	700
7.职工培训费	800
8.其他	1 000
合 计	11 700
减：折旧费	1 000
无形资产摊销费	700
现金支出	10 000
平均每季支付数=10 000÷4=2 500	

二、专门决策预算的编制

（一）经营决策预算的编制

经营决策预算（operation decision budget）是指与短期经营决策密切相关的专门决策预算。该类预算的主要目标是通过制定最优生产经营决策和存货控制决策来合理地利用或调配企业经营活动所需要的各种资源。

本类预算通常是根据短期经营决策确定的最优方案编制的，因而需要直接纳入经营预算体系，同时也将影响现金预算等财务预算。譬如，企业耗用的某种零件的取得方式决策方案一旦确定，就要相应调整材料采购预算或生产预算、产品成本预算。

［例11-15］经营决策预算对经营预算的影响

已知：MC公司为提高甲产品质量，拟于20×7年度增设一台专用检测设备，有以下三种取得方案：

方案一：用40 000元从市场上购置，预计可用5年。

方案二：用半年时间自行研制，预计研制成本为20 000元。

方案三：采用经营租赁形式，以全年3 000元的租金向信托投资公司租借（每季支付750元）。

经公司决策，决定采取第三个方案。于是该项决策预算被纳入当期的制造费用预算（见表11-17制造费用预算中的租赁费项目）。

（二）投资决策预算

投资决策预算（investment decision budget）是指与项目投资决策密切相关的专门决策预算，又称资本支出预算（capital expenditure budget）。由于这类预算涉及长期建设项目的投资资金的投放与筹措等，并经常跨年度，因此，除个别项目（如采购专用材料）外一般不纳入经营预算，但应记入与此有关的现金预算与预计资产负债表。

[例11-16] 投资决策预算对其他预算的影响

已知：为了形成开发新产品（丙产品）的生产能力，MC公司决定从20×7年初起上马一条新的生产线，年内安装调试完毕，年末交付使用。该固定资产投资的明细项目及分次支付时间见表11-25。预计发生固定资产投资75 000元。

表11-25 **20×7年度MC公司丙产品生产线项目投资预算及资金筹措方案** 单位：元

季　度	1	2	3	4	全　年
固定资产投资：					
勘察设计费	1 000				1 000
土建工程	2 000	4 000			6 000
设备购置			22 000	32 000	54 000
安装工程				6 000	6 000
其他				8 000	8 000
合　计	3 000	4 000	22 000	46 000	75 000
为下期生产准备：					
采购D材料（下年度使用）				15 000	15 000
投资支出总计	3 000	4 000	22 000	61 000	90 000
投资资金筹措					
发行公司债券（票面利率为8%）	30 000				30 000
增加发行普通股		30 000	20 000	10 000	60 000
合　计	30 000	30 000	20 000	10 000	90 000

丙产品需用的主要原材料为D材料，其预计单价为10元/千克，第4季度采购量为1 500千克。

为筹集该项投资所需资金，MC公司将于年初发行票面利率为8%、每年年末支付一次利息、预计发行收入为30 000元的公司债券（建设期利息计入固定资产原值）；分别于第2季度、第3季度和第4季度增加发行股本为30 000元、20 000元和10 000元的普通股（假定不因此而形成资本公积）。

根据资料编制的MC公司20×7年度投资预算及筹资方案见表11-25。

该项目的建设期为1年，20×7年度应付公司债的利息为2 400元（30 000×8%×1），该利息必须资本化，计入固定资产原值，则：

预算期完工的固定资产价值=75 000+2 400=77 400（元）

本预算中，只有D材料采购被纳入直接材料采购预算（见表11-9），其余均未涉及经营预算。

三、财务预算的编制

（一）现金预算的编制

现金[①]预算（cash budget）是现金收支预算的简称，是指为规划一定预算期内由于经营活动和资本投资活动引起的预计现金收入（cash receipts）、预计现金支出（cash disbursement）、现金余缺和现金筹措使用情况和期初期末现金余额水平而编制的一种财务预算。

编制现金预算的目的在于合理地处理现金收支业务，正确地调度资金，保证企业资金的正常流转。

本预算的编制必须以经营预算和专门决策预算为基础，其程序是：

（1）确定期初现金余额。该指标等于上期期末现金余额。

（2）估算本期现金收入。本期现金收入等于预算期内预计发生的经营现金收入和非经营现金收入之和。前者包括本期现销收入、收回以前期的应收账款、应收票据到期兑现和票据贴现收入等；后者包括转让或处理长期资产（包括固定资产和无形资产）所取得的现金收入。

（3）确定预算期可运用现金。该指标等于期初现金余额与本期现金收入之和。

（4）估算本期现金支出。本期现金支出等于预算期内预计发生的经营现金支出和资本性现金支出之和。前者包括预算期内预计发生的采购现金支出、应交税费的现金支出、直接人工成本现金支出、制造费用现金支出、销售费用现金支出、管理费用现金支出、偿还应付款项、预交所得税、支付利润的现金支出；后者包括有关设备的购置费等。

（5）计算现金余缺。现金余缺又称现金收支差额，某期现金余缺等于该期可运用现金与现金支出的差额。如果其差额为正，说明收大于支，现金有多余；如果其差额为负，说明支大于收，现金不足。

（6）现金的筹集与运用。根据预算期现金余缺的性质与数额的大小和期末应保持的现金余额变动范围，并考虑企业有关资金管理的各项政策，确定筹集或运用资金的数额。

如果现金不足，可向银行取得借款，或转让短期投资的有价证券，或按长期筹资计划增发股票或公司债券。如果现金多余，除了可用于偿还借款外，还可用于购买作为短期投资的有价证券。

（7）确定期末现金余额。期末现金余额等于现金余缺与现金的筹集与运用的代数和。为确保下期经营所需要的现金，通常要求期末余额保持在一定的数额范围之内。

［例11-17］现金预算的编制

已知：MC公司20×7年度的经营现金收入预算、直接材料采购现金支出预算、应交税费预算、直接人工预算、制造费用现金支出预算、销售费用现金支出预算和管理费用现金支出预算分别见表11-3、表11-10、表11-13、表11-16、表11-18、表11-23和表11-24。每季末现金余额的额定范围为4 000～4 500元。

假定短期借款上年年末余额为零，每次借款均发生在季初，年利息率为6%，当季按年利息率的1/4全额计息并支付，若归还本金亦发生在季末；长期借款上年年末余额为96 000元，年利息率为10%，其中25 000元在上半年到期，分别自第一季度和第二季度的期末还本，每季度末按各季度的期初余额和年利息率的1/4计息并支付。

①这里的现金是指企业的库存现金和银行存款等现实货币资金。

要求：为MC公司编制20×7年度的现金预算。

解：依题意编制的MC公司20×7年度现金预算见表11-26。

表11-26 **20×7年度MC公司现金预算** 单位：元

季度	1	2	3	4	全年	资料来源
①期初现金余额	4 000	4 496	4 215	4 305	4 000	年初数等于第1季度数
②经营现金收入	93 376	129 046	165 432	179 896	567 750	见表11-3
③可运用现金合计	97 376	133 542	169 647	184 201	571 750	①+②
④经营现金支出	102 965	132 742	158 477	174 051	568 235	
采购直接材料	39 174	51 137	63 205	77 773	231 289	见表11-10
支付直接人工	23 302	32 650	39 398	41 541	136 891	见表11-16
支付制造费用	13 058	16 010	18 142	18 819	66 029	见表11-18
支付销售费用	13 000	15 300	17 100	17 300	62 700	见表11-23
支付管理费用	2 500	2 500	2 500	2 500	10 000	见表11-24
支付应交税费	7 931	11 145	14 132	12 118	45 326	见表11-13
预交所得税	2 000	2 000	2 000	2 000	8 000	估算预交8 000元
预分股利	2 000	2 000	2 000	2 000	8 000	估计数8 000元
⑤资本性现金支出	3 000	4 000	22 000	46 000	75 000	
购置固定资产	3 000	4 000	22 000	46 000	75 000	见表11-25
⑥现金支出合计	105 965	136 742	180 477	220 051	643 235	④+⑤
⑦现金余缺	-8 589	-3 200	-10 830	-35 850	-71 485	③-⑥
⑧资金筹措及运用	13 085	7 415	15 135	40 086	75 721	
加：短期借款	1 000	3 000	5 000	19 600	28 600	在各季初借款
长期借款					0	在年初借款
发行普通股		30 000	20 000	10 000	60 000	见表11-25
发行公司债券	30 000				30 000	见表11-25
减：支付短期借款利息	15	60	90	339	504	年利息率6%
支付长期贷款利息	2 400	2 025	1 775	1 775	7 975	年利息率10%
支付公司债券利息				2 400	2 400	票面利息率8%
归还长期贷款本金	15 000	10 000			25 000	25 000元上半年到期，季末还本
购买有价证券	500	10 500	5 000	-15 000	1 000	临时调剂
归还短期借款本金		3 000	3 000		6 000	季末还本
⑨期末现金余额	4 496	4 215	4 305	4 236	4 236	年末数等于第4季度数

（二）财务费用预算的编制

财务费用预算（financial expenses budget）是指反映预算期内因筹措使用资金而发生财务费用水平的一种预算。就其本质而言该预算属于经营预算，但由于该预算必须根据现金预算中的资金筹措及运用的相关数据来编制，因此本书将其纳入财务预算的范畴。

[例11-18] 财务费用预算的编制

已知：MC公司20×7年度的现金预算见表11-26。

要求：为MC公司编制20×7年度的财务费用预算。

解：依题意编制的MC公司20×7年度财务费用预算见表11-27。

表11-27　　**20×7年度MC公司财务费用预算**　　单位：元

季　度	1	2	3	4	全年	资料来源
应计并支付短期借款利息	15	60	90	339	504	见表11-25
应计并支付长期贷款利息	2 400	2 025	1 775	1 775	7 975	见表11-26
应计并支付公司债券利息	0	0	0	2 400	2 400	见表11-26
支付利息合计	2 415	2 085	1 865	4 514	10 879	
减：资本化利息	0	0	0	2 400	2 400	
预计财务费用	2 415	2 085	1 865	2 114	8 479	

（三）预计利润表和预计利润分配表的编制

预计利润表是指以货币形式综合反映预算期内企业经营活动成果（包括利润总额、净利润）计划水平的一种财务预算。

该预算需要在销售预算、产品成本预算、应交税费预算、制造费用预算、销售费用预算、管理费用预算和财务费用预算等经营预算的基础上编制。

［例11-19］预计利润表的编制

已知：MC公司20×7年度的销售预算、产品成本预算、税金及附加预算、销售费用预算、制造费用预算、管理费用预算和财务费用预算分别见表11-2、表11-19和表11-20、表11-13、表11-22和表11-23、表11-17、表11-24和表11-27。

要求：按变动成本法为MC公司编制20×7年度的预计利润表（所得税计算结果保留整数）。

解：依题意编制的MC公司20×7年度预计利润表见表11-28。

表11-28　　**20×7年度MC公司预计利润表**　　单位：元

项　目	金　额	资料来源
销售收入	539 000	见表11-2
减：变动销售成本	377 000	见表11-20
税金及附加	4 121	见表11-13
贡献边际（生产阶段）	157 879	
减：变动性销售费用	33 500	见表11-23
贡献边际（销售阶段）	124 379	
减：固定性制造费用	38 147	见表11-17
固定性销售费用	30 000	见表11-22
管理费用	11 700	见表11-24
财务费用	8 479	见表11-27
利润总额	36 053	
减：所得税（25%）	9 013	
净利润	27 040	

为了进一步编制预计资产负债表，还需要在预计利润表的基础上编制预计利润分配表。

［例11-20］预计利润分配表的编制

已知：MC公司20×7年度的预计利润表见表11-28。

要求：为MC公司编制20×7年度的预计利润分配表（计算结果保留整数）。

解：依题意编制的MC公司20×7年度预计利润分配表见表11-29。

表11-29　　20×7年度MC公司预计利润分配表　　单位：元

项　目	金　额	资料来源及计算依据
年初未分配利润	21 900	
加：本年实现净利润	27 040	见表11-28
减：提取法定盈余公积	2 704	提取比例10%
提取公益金	1 352	提取比例5%
提取任意盈余公积	0	提取比例0%
提取盈余公积合计	4 056	
可供投资者分配的利润	44 884	
减：向投资者分配股利	11 221	股利分配率25%
年末未分配利润	33 663	

(四) 预计资产负债表的编制

预计资产负债表是指用于总括反映企业预算期末财务状况的一种财务预算。

预计资产负债表中除上年期末数已知外，其余项目均应在前述各项经营预算和专门决策预算的基础上分析填列。

［例11-21］预计资产负债表的编制

已知：MC公司20×7年度的经营预算、专门决策预算、现金预算和预计利润分配表如例11-1至例11-20的计算结果所示。

要求：为MC公司编制20×7年度的预计资产负债表（计算结果保留整数）。

解：依题意编制的MC公司20×7年度预计资产负债表见表11-30。

表11-30　　20×7年度MC公司预计资产负债表

（20×7年12月31日）　　单位：元

资　产	年初数	期末数	期末资料来源及计算过程
流动资产			
货币资金	4 000	4 236	见表11-26
应收账款	31 000	72 320	见表11-3
存货	16 500	41 660	见表11-21
流动资产合计	51 500	118 216	
非流动资产			
固定资产			
固定资产原值	198 700	276 100	198 700+75 000+2 400（见表11-25和表11-27）
减：累计折旧	10 000	27 147	10 000+15 347+800+1 000（见表11-17、表11-23和表11-24）

续表

资　产	年初数	期末数	期末资料来源及计算过程
固定资产净值	188 700	248 953	
固定资产合计	188 700	248 953	
无形及其他非流动资产			
无形资产	1 700	1 000	1 700−700（见表 11−24）
无形及其他非流动资产合计	1 700	1 000	
非流动资产合计	190 400	249 953	
短期有价证券投资	0	1 000	0+1 000（见表 11−26）
资 产 总 计	241 900	369 169	
负债及所有者权益	年初数	期末数	
流动负债			
短期借款	0	22 600	0+28 600−6 000（见表 11−26）
未交所得税	0	1 013	0+9 013−8 000（见表 11−28 和表 11−26）
应付账款	14 400	34 016	见表 11−10
应付股利	0	3 221	0+11 221−8 000（见表 11−29 和表 11−26）
流动负债合计	14 400	60 850	
非流动负债			
长期借款	96 000	71 000	96 000−25 000（见表 11−26）
应付公司债	0	30 000	0+30 000（见表 11−26）
非流动负债合计	96 000	101 000	
负 债 合 计	110 400	161 850	
所有者权益（或股东权益）			
实收资本（或股本）	100 000	160 000	100 000+60 000（见表 11−26）
资本公积	5 800	5 800	假定本期增加资本公积为零
盈余公积	3 800	7 856	=3 800+4 056（见表 11−29）
未分配利润	21 900	33 663	见表 11−29
所有者权益合计	131 500	207 319	
负债和所有者权益（或股东权益）总计	241 900	369 169	

第三节 预算编制的具体方法

本节讨论的预算编制方法（budgeting）与上节所介绍的各种具体预算（budget）是既有区别又有联系的两个概念。从预算编制的不同角度，可以将预算编制的方法分为若干种类型，本节利用对比的方法分别介绍了各类预算编制具体方法的特点及优缺点。

一、固定预算方法与弹性预算方法

编制预算的方法按其业务量基础的数量特征不同，可分为固定预算方法和弹性预算方法两大类。

（一）固定预算方法

1.固定预算方法的含义

固定预算方法（static budgeting）简称固定预算，又称静态预算，是指在编制预算时，只把预算期内正常的、可实现的某一固定业务量（如生产量、销售量）水平作为唯一基础来编制预算的一种方法。

2.固定预算方法的缺点

固定预算方法有以下两个缺点：

第一，过于机械呆板。在此法下，不论未来预算期内实际业务量水平是否发生波动，都只以事先预计的某一个确定的业务量水平作为编制预算的基础。

第二，可比性差。这也是固定预算方法的致命弱点。当实际业务量与编制预算所依据的预计业务量有较大差异时，有关预算指标的实际数与预算数之间就会因业务量基础不同而失去可比性。因此，按照固定预算方法编制的预算不利于正确地控制、考核和评价企业预算的执行情况。

对于那些未来业务量不稳定、其水平经常发生波动的企业来说，如果采用固定预算方法，就可能会对企业预算的业绩考核和评价产生扭曲甚至误导作用。这种现象在采用完全成本法的企业中表现得尤为突出。

[例11-22] 固定预算方法局限性的讨论

ABC公司采用完全成本法核算，其预算期生产的某种产品的预计产量为1 000件，按固定预算方法编制的20×7年度该产品成本预算见表11-31。

表11-31 **20×7年度ABC公司产品成本预算（固定预算）**

预计产量：1 000件/金额单位：元

成本项目	总成本	单位成本
直接材料	5 000	5
直接人工	1 000	1
制造费用	2 000	2
合　计	8 000	8

该产品预算期的实际产量为1 400件，实际发生总成本为11 000元，其中：直接材料7 500元，直接人工1 200元，制造费用2 300元，单位成本为7.86元。

该企业根据实际成本资料和预算成本资料编制的成本业绩报告见表11-32。

表11-32 20×7年度 单位：元

成本项目	实际成本	预算成本		差 异	
		未按产量调整	按产量调整	未按产量调整	按产量调整
直接材料	7 500	5 000	7 000	+2 500	+500
直接人工	1 200	1 000	1 400	+200	−200
制造费用	2 300	2 000	2 800	+300	−500
合 计	11 000	8 000	11 200	+3 000	−200

从表11-32中可以看出：实际成本与未按产量调整的预算成本相比，超支较多；实际成本与按产量调整后的预算成本相比，又节约不少。

在产量从1 000件增加到1 400件的情况下，如果不按变动后的产量对预算成本进行调整，就会因业务量不一致而导致所计算的差异缺乏可比性；但是如果所有的成本项目都按实际产量进行调整，也不够科学。因为制造费用中包括一部分固定生产成本，它们是不随产量变动的，即使按产量调整了固定预算，也不能准确说明企业预算的执行情况。

3.固定预算方法的适用范围

一般来说，固定预算方法只适用于业务量水平较为稳定的企业或非营利组织编制预算。

（二）弹性预算方法

1.弹性预算方法的含义

弹性预算方法（flexible budgeting）简称弹性预算，又称变动预算或滑动预算，是指为克服固定预算方法的缺点而设计的，以业务量、成本和利润之间的依存关系为依据，按照预算期可预见的各种业务量水平为基础，编制能够适应多种情况预算的一种方法。

编制弹性预算所依据的业务量可以是产量、销售量、直接人工工时、机器工时、材料消耗量或直接人工工资等。

2.弹性预算方法的优点

与固定预算方法相比，弹性预算方法具有如下两个显著的优点：

第一，预算范围宽。弹性预算方法能够反映预算期内与一定相关范围内的可预见的多种业务量水平相对应的不同预算额，从而扩大了预算的适用范围，便于预算指标的调整。因为弹性预算不再是只适应一个业务量水平的一个预算，而是能够随业务量水平的变动作机动调整的一组预算。

第二，可比性强。在弹性预算方法下，如果预算期实际业务量与计划业务量不一致，可以将实际指标与实际业务量相应的预算额进行对比，从而能够使预算执行情况的评价与考核建立在更加客观和可比的基础上，便于更好地发挥预算的控制作用。

3.弹性预算方法的适用范围

由于未来业务量的变动会影响到成本、费用、利润等各个方面，因此，弹性预算方法从理论上讲适用于编制全面预算中所有与业务量有关的各种预算。但从实用角度看，主要用于编制弹性成本费用预算和弹性利润预算等。在实务中，由于收入、利润可按概率的方法进行风险分析预算，直接材料、直接人工可按标准成本制度进行标准预算，只有制造费用、销售费用和管理费用等间接费用应用弹性预算方法的频率较高，以至于有人将弹性预算方法误认为只是编制费用预算的一种方法。

4.弹性成本预算的编制

（1）弹性成本预算的基本公式

编制弹性成本预算，关键是进行成本性态分析，将全部成本最终区分为变动成本和固定成本两大类。变动成本主要根据单位业务量来控制，固定成本则按总额控制。其成本的预算公式如下：

$$\text{成本的弹性预算}=\text{固定成本预算数}+\sum(\text{单位变动成本预算数}\times\text{预计业务量}) \quad (11.3.1\text{式})$$

在此基础上，按事先选择的业务量计量单位和确定的有效变动范围，根据该业务量与有关成本费用项目之间的内在关系即可编制弹性成本预算。

（2）业务量的选择

编制弹性成本预算首先要选择适当的业务量。选择业务量包括选择业务量计量单位和选择业务量变动范围两部分内容。业务量计量单位应根据企业的具体情况进行选择。一般来说，生产单一产品的部门，可以选用产品实物量；生产多品种产品的部门，可以选用人工工时、机器工时等；修理部门可以选用修理工时等。以手工操作为主的企业应选用人工工时；机械化程度较高的企业选用机器工时更为适宜。

业务量变动范围是指弹性预算所适用的业务量变动区间。业务量变动范围的选择应根据企业的具体情况而定。一般来说，可定在正常生产能力的70%～120%之间，或以历史上最高业务量或最低业务量为其上下限。

（3）弹性成本预算的具体编制方法

弹性成本预算的具体编制方法包括公式法和列表法两种。

①公式法，是指通过确定成本公式 $y_i=a_i+b_ix_i$ 中的 a_i 和 b_i 来编制弹性预算的方法。

在成本性态分析的基础上，可将任何成本项目近似地表示为 $y_i=a_i+b_ix_i$（当 a_i 为零时，$y_i=b_ix_i$ 为变动成本；当 b_i 为零时，$y_i=a_i$ 为固定成本；当 a_i 和 b_i 均不为零时，y_i 为混合成本；x_i 可以为多种业务量指标，如产销量、直接人工工时等）。

在公式法下，如果事先确定了有关业务量的变动范围，只要根据有关成本项目的参数a和b，就可以很方便地推算出业务量在允许范围内任何水平上的各项预算成本。

［例11-23］弹性成本预算的编制（公式法）

ABC公司按公式法编制的20×7年度制造费用弹性预算见表11-33。其中较大的混合成本项目已经被分解。

根据表11-33，可利用 $y=38\,500+1.5x$，计算出人工小时在70 000～120 000小时的范围内，任一业务量基础上的制造费用预算总额，也可计算出在该人工小时变动范围内，任一业务量的制造费用中某一费用项目的预算额，如维修费 $y=6\,000+0.25x$，检验员工资 $y=0.35x$ 等。

这种方法的优点是在一定范围内不受业务量波动的影响，编制预算的工作量较小；缺点是在进行预算控制和考核时，不能直接查出特定业务量下的总成本预算额，而且按细目分解成本比较麻烦，同时又有一定误差。

表11-33 ABC公司20×7年度制造费用弹性预算（公式法）

直接人工工时变动范围：70 000～120 000小时/金额单位：元

项 目	a	b
管理人员工资	15 000	—
保险费	5 000	—
设备租金	8 000	—
维修费	6 000	0.25
水电费	500	0.15
辅助材料	4 000	0.30
辅助工人工资	—	0.45
检验员工资	—	0.35
合 计	38 500	1.50

尽管如此，我们还是应当看到：预算本身就是对未来的推算，允许出现误差。另外，在成本水平变动不大的情况下，也不必在每个预算期都进行成本分解。在实际工作中可以将公式法与列表法结合起来应用。

②列表法，是指通过列表的方式，在相关范围内每隔一定业务量范围计算相关数值预算，来编制弹性成本预算的方法。

此法可以在一定程度上弥补公式法的不足。

[例11-24] 弹性成本预算的编制（列表法）

ABC公司按列表法编制的20×7年度制造费用弹性预算见表11-34。

表11-34 ABC公司20×7年度制造费用弹性预算（列表法） 金额单位：元

直接人工小时	70 000	80 000	90 000	100 000	110 000	120 000
生产能力利用（%）	70	80	90	100	110	120
1.变动成本项目	56 000	64 000	72 000	80 000	88 000	96 000
辅助工人工资	31 500	36 000	40 500	45 000	49 500	54 000
检验员工资	24 500	28 000	31 500	35 000	38 500	42 000
2.混合成本项目	59 500	66 500	73 500	80 500	87 500	94 500
维修费	23 500	26 000	28 500	31 000	33 500	36 000
水电费	11 000	12 500	14 000	15 500	17 000	18 500
辅助材料	25 000	28 000	31 000	34 000	37 000	40 000
3.固定成本项目	28 000	28 000	28 000	28 000	28 000	28 000
管理人员工资	15 000	15 000	15 000	15 000	15 000	15 000
保险费	5 000	5 000	5 000	5 000	5 000	5 000
设备租金	8 000	8 000	8 000	8 000	8 000	8 000
制造费用预算	143 500	158 500	173 500	188 500	203 500	218 500

表11-34中的业务量间距为10%，在实际工作中可选择更小的间距（如5%，读者可以

自行计算)。显然，业务量的间距越小，实际业务量水平出现在预算表中的可能性就越大，但工作量也就越大。

列表法的主要优点是可以直接从表中查得各种业务量下的成本预算，便于预算的控制和考核，但这种方法工作量较大，且不能包括所有业务量条件下的费用预算，故适用面较窄。

5.弹性利润预算的编制

弹性利润预算是根据成本、业务量和利润之间的依存关系，为适应多种业务量变化而编制的利润预算。弹性利润预算是以弹性成本预算为基础编制的，其主要内容包括销售量、价格、单位变动成本、贡献边际和固定成本。

弹性利润预算的编制主要有以下两种方法：

(1) 因素法。该法是指根据受业务量变动影响的有关收入、成本等因素与利润的关系，列表反映在不同业务量条件下利润水平的预算方法。

［例11-25］弹性利润预算的编制（因素法）

已知：预计ABC公司预算年度某产品的销售量在7 000～12 000件之间变动；销售单价为100元；单位变动成本为86元；固定成本总额为80 000元。

要求：根据上述资料以1 000件为销售量的间隔单位编制该产品的弹性利润预算。

解：依题意编制的弹性利润预算见表11-35。

表11-35 ABC公司20×7年度弹性利润预算（因素法） 金额单位：元

销售量（件）	7 000	8 000	9 000	10 000	11 000	12 000
单价	100	100	100	100	100	100
单位变动成本	86	86	86	86	86	86
销售收入	700 000	800 000	900 000	1 000 000	1 100 000	1 200 000
减：变动成本	602 000	688 000	774 000	860 000	946 000	1 032 000
贡献边际	98 000	112 000	126 000	140 000	154 000	168 000
减：固定成本	80 000	80 000	80 000	80 000	80 000	80 000
营业利润	18 000	32 000	46 000	60 000	74 000	88 000

如果销售价格、单位变动成本、固定成本发生变动，也可参照此方法，分别编制在不同销售价格、不同单位变动成本、不同固定成本水平下的弹性利润预算，从而形成一个完整的弹性利润预算体系。

这种方法适于单一品种经营或采用分算法处理固定成本的多品种经营的企业。

(2) 百分比法。本法又称销售额百分比法，是指按不同销售额的百分比来编制弹性利润预算的方法。

一般来说，许多企业都经营多个品种，在实际工作中，分别按品种逐一编制弹性利润预算是不现实的，这就要求我们用一种综合的方法——销售收入百分比法对全部经营商品或按商品大类编制弹性利润预算。

［例11-26］弹性利润预算的编制（百分比法）

已知：ABC公司预算年度的销售业务量达到100%时的销售收入为1 000 000元，变动成本为860 000元，固定成本为80 000元。

要求：根据上述资料以10%的间隔为ABC公司按百分比法编制弹性利润预算。

解：根据题意编制的弹性利润预算见表11-36。

表11-36　ABC公司20×7年度弹性利润预算（百分比法）　金额单位：元

①销售收入百分比	80%	90%	100%	110%	120%
②销售收入=1 000 000×①	800 000	900 000	1 000 000	1 100 000	1 200 000
③减：变动成本=860 000×①	688 000	774 000	860 000	946 000	1 032 000
④贡献边际=②-③	112 000	126 000	140 000	154 000	168 000
⑤减：固定成本	80 000	80 000	80 000	80 000	80 000
⑥利润总额=④-⑤	32 000	46 000	60 000	74 000	88 000

应用百分比法的前提条件是销售收入必须在相关范围内变动，即销售收入的变化不会影响企业的成本水平（单位变动成本和固定成本总额）。此法主要适用于多品种经营的企业。

二、增量预算方法与零基预算方法

编制成本费用预算的方法按其出发点的特征不同，可分为增量预算方法和零基预算方法两大类。

（一）增量预算方法

1.增量预算方法的含义

增量预算方法（incremental budgeting）简称增量预算，又称调整预算方法（adjusting budgeting），是指以基期成本费用水平为基础，结合预算期业务量水平及有关影响成本因素的未来变动情况，通过调整有关原有费用项目而编制预算的一种方法。

传统的预算编制方法基本上采用的是增量预算方法，即以基期的实际预算为基础，对预算值进行增减调整。这种预算方法比较简便。

2.增量预算方法的假定

增量预算方法源于以下假定：

第一，现有的业务活动是企业所必需的。只有保留企业现有的每项业务活动，才能使企业的经营过程得到正常发展。

第二，原有的各项开支都是合理的。既然现有的业务活动是必需的，那么原有的各项费用开支就一定是合理的，必须予以保留。

第三，未来预算期的费用变动是在现有费用的基础上调整的结果。

3.增量预算方法的缺点

增量预算方法以过去的经验为基础，实际上是承认过去所发生的一切都是合理的，主张不需在预算内容上作较大改进，而是因循沿袭以前的预算项目。这种方法的主要缺点是：

第一，受原有费用项目限制，可能导致保护落后。由于按这种方法编制预算，往往不加分析地保留或接受原有的成本项目，可能使原来不合理的费用开支继续存在下去，导致不必要开支的合理化，造成预算上的浪费。

第二，滋长预算中的“平均主义”和“简单化”。采用此法，容易鼓励预算编制人员凭主观臆断按成本项目平均削减预算或只增不减，不利于调动各部门降低费用的积极性。

第三，不利于企业未来的发展。按照这种方法编制的费用预算，只对目前已存在的费用项目编制预算；而那些对企业未来发展有利、确实需要开支的费用项目却未予考虑，必将对企业一些有价值的改革创新思想的运用产生不利影响，阻碍企业的长远发展。

（二）零基预算方法

1.零基预算方法的含义

零基预算方法（zero-base budgeting）的全称为“以零为基础编制计划和预算的方法”，简称零基预算，又称零底预算，是指在编制成本费用预算时，不考虑以往会计期间所发生的费用项目或费用数额，而是将所有的预算支出均以零为出发点，一切从实际需要与可能出发，逐项审议预算期内各项费用的内容及开支标准是否合理，在综合平衡的基础上编制费用预算的一种方法。

零基预算方法是为克服增量预算方法的不足而设计的。它是由美国德州仪器公司彼得·派尔在20世纪70年代提出来的，现已被西方国家广泛采用作为管理间接费用的一种新的有效方法。

零基预算方法打破了传统的编制预算观念，不再以历史资料为基础进行调整，而是一切以零为基础。编制预算时，首先要确定各个费用项目是否应该存在，然后按项目的轻重缓急，安排企业的费用预算。

2.零基预算方法的程序

按零基预算方法编制预算的程序如下：

第一，动员与讨论。要求企业内部各部门根据企业的总目标，在充分讨论的基础上，提出本部门在预算期内应当发生的费用项目，并以零为基础，详细提出其费用预算数额，而不考虑这些费用项目以往是否发生过及发生额的多少。

第二，划分不可避免项目和可避免项目。全部费用按其在预算期是否发生的可能性大小可划分为不可避免项目和可避免项目。前者是指在预算期内必须发生的费用项目，后者是指在预算期通过采取措施可以不发生的费用项目。在预算编制过程中，对不可避免项目必须保证资金供应；对可避免项目则需要逐项进行成本效益分析，按照各项目开支必要性的大小确定各项费用预算的优先顺序。

第三，划分不可延缓项目和可延缓项目。全部费用按其在预算期支付的时间是否可以延缓可划分为不可延缓项目和可延缓项目。前者是指必须在预算期内足额支付的费用项目，后者是指可以在预算期内部分支付或延缓支付的费用项目。在预算编制过程中，必须根据预算期内可供支配的资金数额在各费用项目之间进行分配。应优先保证满足不可延缓项目的开支，然后再根据需要和可能，按照项目的轻重缓急确定可延缓项目的开支标准。

[例11-27] 零基预算方法的应用案例

ABC公司为深入开展双增双节运动，降低费用开支水平，拟对历年来超支严重的业务招待费、劳动保护费、办公费、广告费、保险费等间接费用项目按照零基预算方法编制预算。

经多次讨论研究，预算编制人员确定上述费用在20×7年度的预算开支水平见表11-37。

表11-37　ABC公司20×7年度预计费用项目及开支　单位：元

费用项目	开支金额
1.业务招待费	180 000
2.劳动保护费	150 000
3.办公费	100 000
4.广告费	300 000
5.保险费	120 000
合　计	850 000

经过充分论证，得出以下结论：上述费用中除业务招待费和广告费以外都不能再压缩了，必须得到全额保证。

根据历史资料对业务招待费和广告费进行成本效益分析，得到以下数据，见表11-38。

表11-38　ABC公司20×7年度成本效益分析表

成本项目	成本金额	收益金额
业务招待费	1	4
广告费	1	6

然后，权衡上述各项费用开支的轻重缓急排出层次和顺序：因为劳动保护费、办公费和保险费在预算期必不可少，需要全额得到保证，属于不可避免的约束性固定成本，故应列为第一层次。因为业务招待费和广告费可根据预算期间企业财力情况酌情增减，属于可避免项目，其中广告费的成本效益较大，应列为第二层次；业务招待费的成本效益相对较小，应列为第三层次。

假定该公司预算年度对上述各项费用可动用的财力资源只有700 000元，根据以上排列的层次和顺序分配资源，最终落实的预算金额如下：

（1）确定不可避免项目的预算金额：

150 000+100 000+120 000=370 000（元）

（2）确定可分配的资金数额：

700 000−370 000=330 000（元）

（3）按成本效益比重将可分配的资金数额在业务招待费和广告费之间进行分配：

业务招待费可分配资金=330 000×$\frac{4}{4+6}$=132 000（元）

广告费可分配资金=330 000×$\frac{6}{4+6}$=198 000（元）

在实际工作中，某些成本项目的成本效益关系不容易确定，按零基预算方法编制预算时，不能机械地平均分配资金，而应根据企业的实际情况，有重点、有选择地确定预算项目，保证重点项目的资金需要。

3.零基预算方法的优缺点和适用范围

零基预算方法的优点是：

（1）不受现有费用项目的限制。这种方法可以促使企业合理有效地进行资源分配，将有限的资金用在刀刃上。

（2）能够调动企业各部门降低费用的积极性。这种方法可以充分发挥各级管理人员的积极性、主动性和创造性，促进各预算部门精打细算，量力而行，合理使用资金，提高资金的利用效果。

（3）有助于企业未来发展。由于这种方法以零为出发点，对一切费用一视同仁，有利于企业面向未来发展考虑预算问题。

零基预算方法的缺点在于这种方法一切从零出发，需要对企业现状和市场进行大量的调查研究，对现有资金使用效果和投入产出关系进行定量分析等，这势必耗费大量的人力、物力和财力，带来浩繁的预算工作量，搞不好会导致“胡子眉毛一把抓”，顾此失彼，难以突出重点，此外还需要比较长的时间。

为了克服零基预算方法的缺点，减少预算编制的工作量，在实务中，企业并不需要每年都按零基预算方法来编制预算，而是每隔几年才按此方法编制一次预算。

零基预算方法特别适用于产出较难辨认的服务性部门费用预算的编制。

三、定期预算方法与滚动预算方法

编制预算的方法按其预算期的时间特征不同，可分为定期预算方法和滚动预算方法两大类。

（一）定期预算方法

1.定期预算方法的含义

定期预算方法（periodic budgeting）简称定期预算，是指在编制预算时以不变的会计期间（如日历年度）作为预算期的一种编制预算的方法。

2.定期预算方法的优缺点

定期预算方法的唯一优点是能够使预算期间与会计年度相配合，便于考核和评价预算的执行结果。按照定期预算方法编制的预算主要有以下缺点：

第一，盲目性。由于定期预算往往是在年初甚至提前两三个月编制的，因此对于整个预算年度的生产经营活动很难作出准确的预算，尤其是对后期的预算只能进行笼统的估算，数据笼统含糊，缺乏远期指导性，给预算的执行带来很多困难，不利于对生产经营活动进行考核与评价。

第二，滞后性。由于定期预算不能随情况的变化及时调整，当预算中所规划的各种经营活动在预算期内发生重大变化时（如预算期临时中途转产），就会造成预算滞后过时，使之成为虚假预算。

第三，间断性。由于受预算期间的限制，致使经营管理者们的决策视野局限于本期规划的经营活动，通常不考虑下期。例如，一些企业提前完成本期预算后，以为可以松一口气，其他事等来年再说，形成人为的预算间断。因此，按定期预算方法编制的预算不能适应连续不断的经营过程，从而不利于企业的长远发展。

为了克服定期预算的缺点，人们设计了滚动预算方法。

（二）滚动预算方法

1.滚动预算方法的含义

滚动预算方法（continuous budgeting）简称滚动预算，又称连续预算或永续预算，是指在编制预算时，将预算期与会计年度脱离，随着预算的执行不断延伸补充预算，逐期向后滚动，使预算期永远保持为一个固定期间的一种预算编制方法。

其具体做法是：每过一个预算期，立即根据其预算执行情况，对以后各期预算进行调整和修订，并增加一个预算期的预算。这样，逐期向后滚动，使预算始终保持一定的时间幅度，从而以连续不断的预算形式规划企业未来的经营活动。

2.滚动预算的方式及特征

滚动预算按其预算编制和滚动的时间单位不同可分为逐月滚动、逐季滚动和混合滚动三种方式。

(1) 逐月滚动方式。逐月滚动方式是指在预算编制过程中，以月份为预算的编制和滚动单位，每个月调整一次预算的方法。

如在20×7年1月至12月的预算执行过程中，需要在1月末根据当月预算的执行情况，修订2月至12月的预算，同时补充20×8年1月份的预算；到2月末可根据当月预算的执行情况，修订3月至20×8年1月的预算，同时补充20×8年2月的预算……以此类推。

逐月滚动预算示意图如图11-2所示。

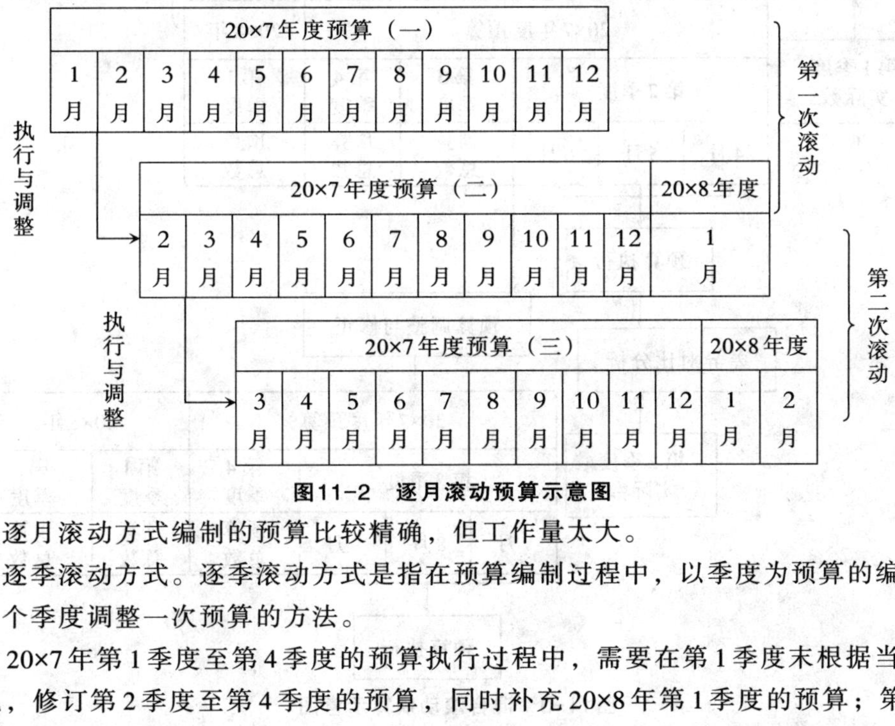

图11-2　逐月滚动预算示意图

按照逐月滚动方式编制的预算比较精确，但工作量太大。

(2) 逐季滚动方式。逐季滚动方式是指在预算编制过程中，以季度为预算的编制和滚动单位，每个季度调整一次预算的方法。

如在20×7年第1季度至第4季度的预算执行过程中，需要在第1季度末根据当季预算的执行情况，修订第2季度至第4季度的预算，同时补充20×8年第1季度的预算；第2季度末根据当季预算的执行情况，修订第3季度至20×8年第1季度的预算，同时补充20×8年第2季度的预算……以此类推。

逐季滚动编制的预算比逐月滚动的工作量小，但预算精确度较差。

(3) 混合滚动方式。混合滚动方式是指在预算编制过程中，同时使用月份和季度作为预算的编制和滚动单位的方法。它是滚动预算的一种变通方式。

这种预算方法的理论依据是：人们对未来的了解程度具有对近期把握较大、对远期的把握较小的特征。为了做到长计划短安排，远略近详，在预算编制过程中，可以对近期预算提出较高的精度要求，使预算的内容相对详细；对远期预算提出较低的精度要求，使预算的内容相对简单，这样可以减少预算工作量。

如对20×7年1月份至3月份的头3个月逐月编制详细预算，4月份至12月份分别按季度编制粗略预算；3月末根据第1季度预算的执行情况，编制4月份至6月份的详细预算，并修订第3至第4季度的预算，同时补充20×8年第1季度的预算……以此类推。混合滚动预算示意图如图11-3所示。

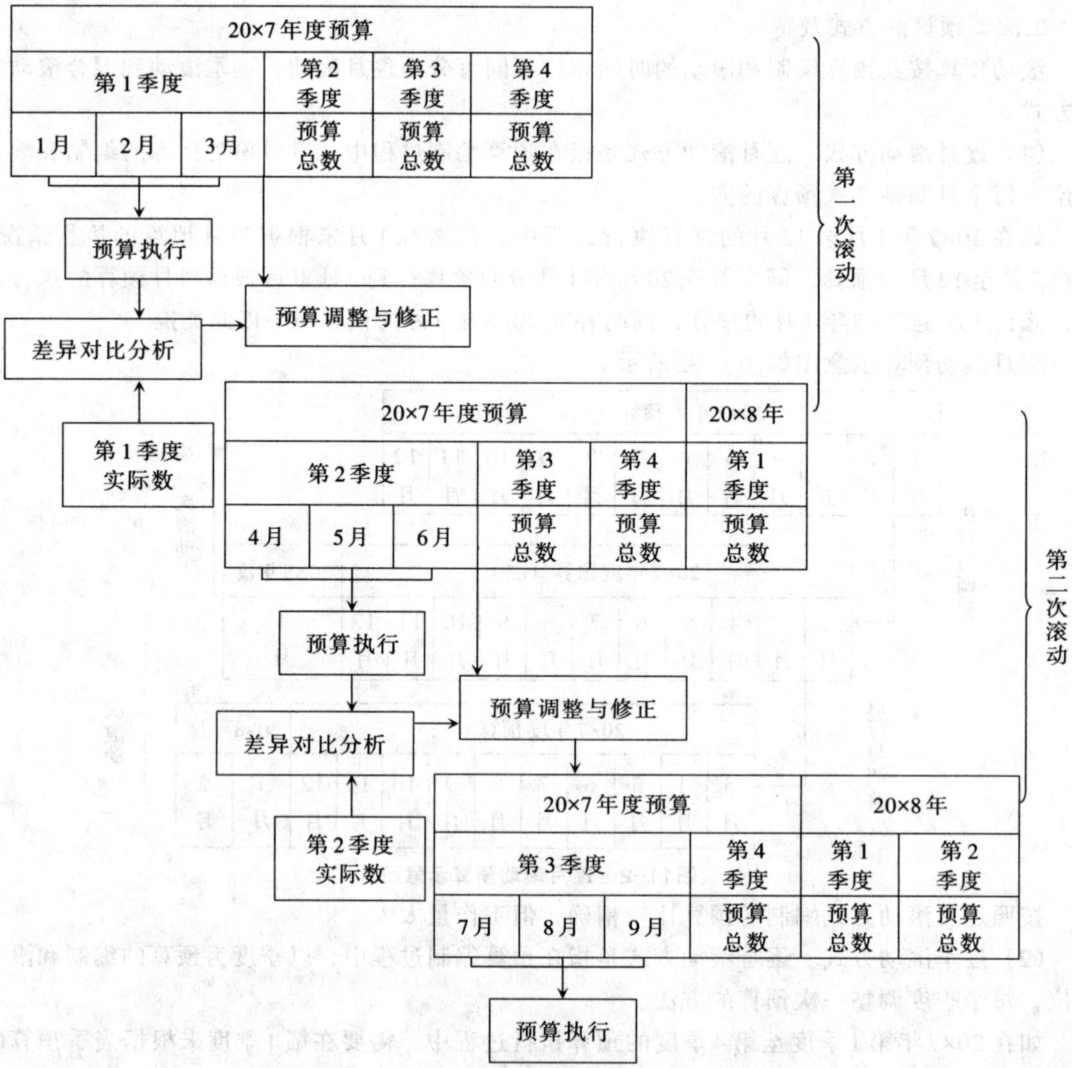

图11-3 混合滚动预算示意图

在实际工作中，采用哪一种滚动预算方式应视企业的实际需要而定。

3.滚动预算方法的优缺点

与传统的定期预算方法相比，按滚动预算方法编制的预算具有以下优点：

（1）透明度高。由于编制预算不再是预算年度开始之前几个月的事情，而是实现了与日常管理的紧密衔接，可以使管理人员始终能够从动态的角度把握住企业近期的规划目标和远期的战略布局，使预算具有较高的透明度。

（2）及时性强。由于滚动预算能根据前期预算的执行情况，结合各种因素的变动影响，及时调整和修订近期预算，从而使预算更加切合实际，能够充分发挥预算的指导和控制作用。

(3) 连续性好。由于滚动预算在时间上不再受日历年度的限制，因此能够连续不断地规划未来的经营活动，不会造成预算的人为间断。

(4) 完整性和稳定性突出。滚动预算可以使企业管理人员了解未来预算期内企业的总体规划与近期预算目标，能够确保企业管理工作的完整性与稳定性。

采用滚动预算的方法编制预算的主要缺点是预算工作量较大。

四、预算方法与具体预算之间的关系

对于初学管理会计的人来说，经常将预算方法与全面预算体系中的具体预算混为一谈，应当正确理解它们之间的区别和联系。

（一）预算方法与具体预算的区别

1.归属的内容不同

本节所介绍的六种预算方法分别归属于三种类型，固定预算方法与弹性预算方法属于一类；增量预算方法与零基预算方法属于一类；定期预算方法与滚动预算方法属于一类。只有同类中的不同预算方法才可以相互比较。其中，固定预算方法、增量预算方法和定期预算方法都属于传统的预算方法；滚动预算方法、弹性预算方法和零基预算方法则属于为克服传统预算方法的缺点而设计的先进预算方法。

全面预算体系中的各种具体预算则分别归属于经营预算、专门决策预算和财务预算三种类型。每一种具体预算都可以与其他类型中的任何预算进行比较，不受限制。

2.命名的规则不同

预算方法在命名时，突出了该种方法的本质特征，如弹性预算方法强调了预算编制所依据的多个业务量基础，滚动预算方法则突出了预算期连续滚动的特征。

全面预算体系中的各种具体预算在命名时反映了预算的具体内容，这一点在经营预算中尤为突出，如销售预算的内容主要是销售收入，生产预算的内容则是产量。

（二）预算方法与具体预算的联系

任何一种预算方法只有通过编制具体预算才能发挥作用，如弹性预算方法不仅可以用于成本预算的编制，也可以用于利润预算的编制。同样道理，在实践中根本不可能存在既不是按照固定预算方法，也不是按照弹性预算方法编制的成本或费用预算。

此外，即使是不同类型的预算方法之间也并非完全相互排斥的关系。在编制某一特定内容预算的过程中，完全有可能既采取弹性预算方法，同时又采取滚动预算方法。

□ 思政课堂

努力成为本职工作的行家里手

在中央党校建校90周年庆祝大会暨2023年春季学期开学典礼上，习近平总书记强调：履行好党和人民赋予的新时代职责使命，领导干部必须全面增强各方面本领，努力成为本职工作的行家里手。

当今世界正经历百年未有之大变局，中华民族伟大复兴进入关键时期，前进道路上风险挑战复杂多变，改革发展稳定任务艰巨繁重，对领导干部各方面的本领提出了更高要求。习近平总书记高度重视提高领导干部的本领，强调领导干部要成为经济社会管理的行家里手，必须具备领导工作应具备的专业思维、专业素养和专业方法。在党的十九大报告中，习近平总书记提出“建设高素质专业化干部队伍”，强调要“全面增强执政本领”，并从学习本领、政治领导本领、改革创新本领等八个方面提出明确要求。在党的二十大报告中，习近平总书记要求“加强实践锻炼、专业训练，注重在重大斗争中磨砺干部，增强干部推动高质量发展本领、服务群众本领、防范化解风险本领”。

党的二十大擘画了全面建设社会主义现代化国家、以中国式现代化全面推进中华民族伟大复兴的宏伟蓝图。在实践中，深入贯彻落实党的二十大精神，完整准确全面贯彻新发展理念、加快构建新发展格局、着力推动高质量发展、统筹发展和安全等，都要求领导干部增强本领。加之新一轮科技革命和产业变革深入推进，新技术新模式新业态不断涌现，“知识半衰期”越来越短，如果领导干部不能通过学习使自己的专业素养和工作能力跟上时代节拍，就无法成为本职工作的行家里手，也就难以胜任岗位、履职尽责。

全面增强各方面本领，努力成为本职工作的行家里手，要靠领导干部个人自觉努力，也要靠组织引导和培养。领导干部负责哪个部门和领域的工作，就要深入钻研这个部门和领域的业务，干一行爱一行、专一行精一行、管一行像一行。要从正在做的事情和遇到的问题出发，加强斗争精神和斗争本领养成，着力增强防风险、攻难关、迎挑战、抗打压能力。与此同时，要充分发挥选人用人的风向标、指挥棒作用，把那些能力突出、业绩突出，有专业能力、专业素养、专业精神的优秀干部及时用起来，激励广大干部不断学习、实践、提高。还要用好各种平台，紧紧围绕党中央重大决策部署，紧密结合国家重大战略需求，组织开展务实管用的专业化能力培训，帮助领导干部拓宽思路视野、更新思想观念、提升履职能力。

资料来源：肖伟光.努力成为本职工作的行家里手［N］. 人民日报，2023-04-04. 作者有删改.

复习思考题

1.全面预算有哪些作用？为什么全面预算会协调各部门之间的关系？

2.全面预算体系由哪些内容构成？各部分具体的内容是什么？

3.经营预算的编制期与财务预算的编制期一致吗？与专门决策预算的编制期一致吗？为什么？

4.怎样编制经营预算和专门决策预算？

5.如何编制现金预算？

6.为什么弹性预算方法为克服固定预算方法的缺陷？

7.与增量预算方法相比较，零基预算方法优于增量预算方法吗？为什么？

8.定期预算方法的缺陷是什么？与其相对应的是什么预算方法？

9.预算方法与各种预算之间存在怎样的关系？

第十二章

成本控制（上）

当今社会，全方位的成本控制包括事前、事中及事后的成本控制。本章在介绍成本控制基本原理的基础上，讨论产品生产前的成本控制方式——战略成本控制和设计阶段目标成本控制。

第一节　成本控制概述

本节探讨成本控制的概念、对象、特点、要求、内容、种类、原则、程序及方式等问题。

一、成本控制的概念及对象

（一）成本控制的概念

成本控制有广义和狭义之分。狭义的成本控制是指对产品生产过程的成本控制，即运用一定的方法或采用一定的手段对产品生产过程中构成产品成本的一切耗费，进行科学严格的计算、限制和监督，将各项实际耗费限制在预先确定的预算或标准的范围内，并通过分析实际成本脱离预算或标准的原因，积极采取对策，以实现全面降低产品成本目标的相关会计管理活动或行为的总称。一直以来，传统成本控制将精力集中于生产过程，关注生产阶段的直接材料、直接人工以及制造费用的控制，这种控制理念根深蒂固，由此形成狭义的成本控制概念。

广义的成本控制是指对企业生产经营全过程的控制，即运用一切可能采用的方法或手段，对产品投产前、生产过程中以及生产结束后实施全面成本控制的相关管理活动或行为的总称。广义的成本控制概念是当今所推崇的成本控制概念，它强调拓展传统成本控制的观念、范围、方法，对企业生产经营的各个方面、各个环节以及各个阶段实施全面成本控制，它要求企业不仅要控制产品生产阶段的成本，而且更要控制产品投产前的成本以及售后服务阶段的成本；不仅要进行成本差异分析，而且还要分析成本动因、质量成本等；不仅要控制成本发生的绝对额，而且还要从相对数额角度分析投入与产出的比率，主张较高支出下的高回报。显然，广义的成本控制在空间上渗透到了企业的方方面面，在时间上贯穿了企业生产经营的全过程，在人员上涉及企业的各类人员，它实际上是一个能够使企业不断降低成本的全面成本控制体系。

（二）成本控制的对象

总体来看，广义成本控制概念并不是对狭义成本控制概念的否定，而是对其内涵的延伸及拓展。强调广义的成本控制，更有助于企业关注成本控制的新理念和新方法，更有助于企业降低成本。基于此，本书提出：成本控制的直接对象是经营成本，包括生产成本和非生产成本；从空间范围来看，成本控制的对象是企业价值链。

企业价值链既涉及企业外部的上游和下游，也涉及企业的内部，包括对供应商、客户、企业三者的控制，针对每一个空间范围都可以将事前成本控制、事中成本控制和事后成本控制的思想和方式有机结合，从而实施全方位的成本控制。

二、成本控制的特点、要求及内容

（一）成本控制的特点和要求

成本控制具有全员性、全面性、连续性、系统性、灵活性五个特点，由此对成本控制提出了不同的要求。

1.成本控制的全员性特点和要求

由于企业的成本费用涉及每个部门、每个人员，因此成本控制具有全员性。该特点要求企业进行成本控制时，不能仅局限于财务人员和生产工人，还应该通过建立合理的激励机制，让全体员工献计献策，从而调动全体员工降低成本的积极性。

2.成本控制的全面性特点和要求

成本控制的对象是成本费用，企业生产经营中的一切耗费最终都会体现在事后的成本费用总体水平中，而其发生会形成于生产经营的全过程，因此成本控制是对企业生产经营的整个过程、每个环节实施的控制。该特点要求企业进行成本控制时，必须贯穿全面成本控制观，不能将控制的重点局限于生产过程。

3.成本控制的连续性特点和要求

一个持续经营的企业，生产经营一直处于投入、收益、再投入、再收益的周而复始的循环中，其生产经营过程是连续不断的，从而导致成本控制具有连续不断的特点。该特点要求企业要持续关注成本，不断寻找降低成本的空间和方式。

4.成本控制的系统性特点和要求

一个企业是由若干部门构成的，如果将企业整体看成是一个大系统，则每一个部门都是具有一定责任、权力和利益的系统中的一个子系统，由此导致成本控制具有系统性特点。该特点要求企业进行成本控制时，不能仅从各成本控制主体的局部利益出发，应该通盘考虑，统筹兼顾，协调平衡。

5.成本控制的灵活性特点和要求

企业的内部成本控制主体多元化，导致成本控制的方法具有灵活性特点。该特点要求企业进行成本控制时，不能仅局限于绝对的成本节约，应该拓宽成本控制的理念和方法，树立相对成本控制观，关注开源，采取灵活多样的方式降低成本，如改变生产布局、消除非增值作业等。

（二）成本控制的内容

成本控制的内容多种多样，从成本项目看，成本控制包括直接材料控制、直接人工控制、制造费用控制、期间费用控制等；从产品本身看，成本控制包括产品成本控制、质量成本控制等；从资产项目看，成本控制包括现金控制、应收账款控制、存货控制、固定资产控制等。如果仅仅站在管理会计的角度，管理会计仅涉及日常成本控制问题，因此只包括成本项目控制、产品成本控制、质量成本控制、存货控制等，但不包括现金控制、应收账款控制以及固定资产控制等。

三、成本控制的种类及原则

（一）成本控制的种类

成本控制可以按照不同的标志进行分类，常见的几种分类如下：

1.按控制的实施时间分类

成本控制按控制的实施时间不同，可以分为事前成本控制、事中成本控制和事后成本控制三种类型。

事前成本控制是指在产品投产前，根据有关资料进行分析，预测有关因素对未来成本水平的影响，为了防止产品先天高成本而采取的一切控制措施。这种控制旨在达到防患于未然的目的，是企业成本控制的最关键环节，其形式多种多样，如建立各项成本管理制度、进行战略规划、编制预算等。事中成本控制是指在产品成本形成过程中，从投料开始到产品销售整个过程中所采取的控制措施。生产过程当中的成本控制常常针对料、工、费三项进行，主要从数量和价格两方面采取措施，通过揭示差异进行控制。这种控制旨在消除生产过程中的损失和浪费，提高生产效率，将成本费用控制在目标成本的范围之内。事后成本控制是指在产品销售后所采取的成本控制措施。如差异分析、考核评价、计算售后成本等，旨在总结经验，发现问题并采取改进的措施。从单纯差异分析方式来看，事后成本控制与事中成本控制十分相似，最大不同在于二者服务的着眼点是不同的，前者着眼于下期的成本控制，后者则着眼于当期的成本控制。

2.按控制的手段分类

成本控制按控制的手段不同，可以分为绝对成本控制和相对成本控制两种类型。

绝对成本控制是指针对某项成本所采取的单纯成本节约措施。这种控制方式侧重于节流，主要着眼于节约各项支出，杜绝浪费，属于传统的成本控制理念，一直为人们所采用。相对成本控制是指以开源为主，辅之以节流的成本控制措施。这种控制方式不以成本的绝对节约为目的，以盈利分析为核心，关注投入与产出的关系，主张投入是为了更好地赚钱的控制理念，是当今所倡导的一种成本控制方式。

3.按控制与被控对象的关系分类

成本控制按控制与被控对象的关系不同，可以分为直接成本控制与间接成本控制两种类型。

直接成本控制是指直接作用于被控对象的成本控制措施，如制定的成本控制制度、确定的成本控制标准、提高材料的成材率等。间接成本控制是指不直接针对被控对象，但所产生的影响能够作用于成本的间接成本控制措施，如企业开展的时间管理、实施的战略规划等。

4.按控制的人员分类

成本控制按控制的人员不同，可以分为技术成本控制和管理成本控制两种类型。

技术成本控制是指由技术人员实施的成本控制。通常技术人员最熟悉产品的生产流程，他们提出的成本控制措施常常效果明显，如产品投产前的设计、开发阶段的成本控制以及产品投产后的技改措施等。管理成本控制是指非技术人员实施的成本控制。如管理人员制定的内部成本控制制度、考核标准等。实际工作中，企业应该将技术成本控制与管理成本控制方式有机结合，以便发挥各自的优势，从而实现最佳的成本控制。

（二）成本控制的原则

实施成本控制需要遵循以下几个原则：

1.及时反馈原则

及时反馈原则要求在成本控制过程中，无论是事前的成本控制，还是事中或事后的成本控制都要及时反馈信息。有时产品投产前，技术人员一旦发现不利的信息出现，如较为昂贵的材料应用可能导致产品先天高成本等，此时就需要及时反馈并分析、寻求是否有可用的替代品来代替贵重的材料。另外在生产过程中或生产结束后，分析差异是必不可少的一个管理环节，此时分析人员也应及时反馈发现的问题，从而为后续降低成本提供依据。

2.责权利相结合原则

责权利相结合原则要求赋予各部门或人员一定的权力，落实成本控制的责任，并与经济利益直接挂钩，从而形成全面控制成本的责任体系。由于企业的成本控制涉及生产经营的每一个环节、每一个部门，为了调动全体员工降低成本的积极性，对于提出合理化建议、超额完成成本降低目标的人员或部门，应该给予奖励；对于违反规章制度、没有完成成本降低目标的，应该惩罚。只有这样，才能在企业中形成持续不断降成本的氛围。

3.因地制宜原则

因地制宜原则要求企业采用的成本控制方法必须针对自身的具体情况，切不可生搬硬套。成本控制与其他管理科学方法一样，都有一个适用性的问题。由于每个企业所处的地理位置、生产条件、产品特点、管理水平等都不完全相同，因此，没有一个适用于所有企业的成本控制方法，即使有些方法具有一定的普遍性，但也需要企业在使用时针对本企业的具体情况加以改造。

4.成本效益原则

成本效益原则要求成本控制最终应能获取最大的经济效益。在实际工作中，成本的节约可以导致利润的直接上升，因此该原则并不排除成本的单纯节约。除此之外，对于任何一种相对成本控制方法的采用都需要付出代价，只有当成本控制取得的经济效益大于其代价时，成本控制才是必要可行的，否则就不能采用。

四、成本控制的程序及方式

（一）成本控制的程序

虽然企业采用的成本控制方法各不相同，但成本控制的程序具有相似性和普遍适应性。进行成本控制一般可以分为以下几个步骤：

1.提出成本控制的目标

控制成本不能盲目，在实施成本控制前应提出成本控制的目标，该目标可以是产品设计阶段的设计目标成本，也可以是年度的预算目标成本，还可以是产品的标准成本等。所制定的目标必须既先进合理，又切实可行。在成本控制过程中，制定目标成本是成本控制的前提，如果没有目标，也就无从谈及控制。

2.分解落实控制的目标

目标通常是企业整体的努力方向，而成本是由若干个成本项目构成的，每一个成本项目的发生可能涉及许多部门或人员，在这种情况下，就需要将成本分解到各个部门、各个产品乃至个人，将每一个成本项目落实到相关的责任人，从而形成人人肩上有指标，齐心协力降成本的良性成本控制体系。

3.制定实现成本控制目标的措施

成本控制的目标具有先进性，其制定常常与成本本身的现状相脱节，如果不采取措施可能无法实现目标。在这种情况下，企业必须要求各部门、全体员工为实现本部门的目标而献计献策，采取一切措施，直到依据实际测算的成本具有实现目标的可能为止。

4.进行事中控制

事中控制是确保目标实现的关键阶段，企业要依据自身制定的各项成本控制措施和成本控制方法，对自身的经济活动进行控制，可以采用的成本控制形式有：例会分析、制度控制、差异分析等。一旦发现有不合理的支出要坚决制止，发现有不良影响因素出现时，要及时反馈信息，并采取措施消除隐患。

5.计算差异并分析原因

每一个会计期末，都需要将成本发生的实际值与成本控制目标进行比较，区分可控差异与不可控差异，分析可控差异出现的原因，并提出消除差异或改进工作的措施。

6.评价激励与总结

计算出的差异是进行奖惩的依据之一，在区分可控差异的基础上，还需落实责任，并依据事先确定的奖惩标准，奖励先进，惩罚落后。当然奖惩不是最终的目的，最终的目的是持续降低成本，因此应及时总结经验和教训，为今后的成本控制提出正确的建议。

（二）成本控制的方式

成本控制方式即成本控制的手段或措施。虽然成本控制的种类、内容多种多样，但能够围绕着成本控制对象而形成全方位成本控制体系的最基本的成本控制分类标志应该是基于实施时间的划分，即事前成本控制、事中成本控制和事后成本控制，这种分类能够将所有的成本控制内容有机结合，从而可以达到帮助企业不断降低成本的目的。与此相适应的成本控制方式可以区分为两类：事前成本控制方式、事中或事后成本控制方式。

事前成本控制方式即生产前的成本控制方式，是指产品生产前可能采取的所有成本控制手段。国外研究结果表明：企业在生产开始之前，已有80%或85%的产品成本成为约束性成本，而生产过程能产生影响的部分只占总成本的20%或15%。这意味着企业的战略规划与产品成本的高低密切相关，对产品投产前实施成本控制比生产过程中的成本控制更加重要。该阶段涉及企业战略规划、产品研发、产品设计直至产品投产前的整个过程，可以采取的主要成本控制手段有战略成本控制、设计阶段目标成本控制、全面预算控制等。

事中或事后成本控制方式即生产经营过程中的成本控制方式，是指在成本目标既定的前提下，产品生产过程中或生产结束后可能采取的所有成本控制手段。该阶段常常采用的成本控制方式主要有标准成本控制、质量成本控制、存货成本控制和作业成本控制等。

第二节　战略成本控制

本节从战略规划的角度讨论成本控制的重要环节——战略成本控制。

一、战略成本控制的概念及内容

战略成本控制是指企业进行战略规划时，在对特定成本因素开展战略分析的基础上，进而实施战略决策的控制手段。简单地理解，就是基于战略的高度对成本实施的控制。[①] 战略成本控制的内容主要包括战略分析和战略决策。

二、战略分析

战略分析是指企业围绕价值链、竞争能力、战略成本动因等一系列环节展开的分析。

（一）价值链分析

企业的生产经营活动一方面表现为成本的耗费过程，另一方面表现为价值的创造过程，因此我们可以将企业的生产经营管理活动理解为价值活动，每一项管理活动都服务于企业的价值创造，由此形成了价值链。

1.价值链及价值链分析的内涵

最早的“价值链”的术语，是通过描述企业内部价值链的构成提出的。1985年美国学者迈克尔·波特（Michael E.Porter）提出：企业的经营活动可以分解为若干具有战略性的价值活动，这种在价值形成过程中，由企业内部物流、生产经营、外部物流、市场营销及服务五种基本活动和企业基础设施、人力资源管理、技术开发及采购四种辅助活动共同构成的链条，就是所谓的价值链。

后来，人们又对价值链的含义进行了拓展，提出：企业的价值链只是整个社会价值生产活动过程的一个部分，价值链不应仅限于企业范围，应将其分解为纵向价值链与横向价值链两类。纵向价值链是对企业内部价值链的直接拓展，横向价值链则是对企业内部价值链空间范围的拓展。

所谓价值链分析，是指以企业的内部和外部价值链为基础而展开的相关价值分析，它是管理会计进行战略分析的重要工具。通过分析价值链主要节点各种活动对企业价值的影响，有助于把企业分析的视野由内部拓展到企业的上游、下游、产业、竞争对手以及作业，进而实现企业内部价值链与外部价值链的方位优化。

2.企业内部价值链分析

企业内部价值链分析是指企业内部各项经营活动对价值创造的影响分析，包括企业整体价值链分析、内部业务单元价值链分析以及业务单元内部价值链分析。其中，内部业务单元价值链分析是指从产品研发到销售的整个过程中，各项业务活动对企业价值创造的影响分析。这种分析不涉及供应商和销售商，实际上是对产品研发、供应、生产和销售各阶

①也有人将战略成本控制解释为：企业对那些需要由企业高层决策形成的、具有约束性的关键成本（简称战略成本）所进行的控制。

段关系的分析；业务单元内部价值链分析是指某环节的内部活动对企业价值创造的影响分析。一个企业的车间或部门等可以看作一个业务单元，它们之间的关系分析构成了企业内部业务单元价值链分析，而每一个车间或部门本身也从事若干项活动，如果对车间或部门各项活动的关系进行分析，就形成了业务单元内部价值链分析。一个企业的内部业务单元价值链分析和业务单元内部价值链分析可以统称为作业链价值分析，这种分析将在作业成本控制中阐述。

（1）企业整体价值链分析的内涵。企业整体价值链分析是指能够贯穿企业始终的、完整的各项活动对企业价值创造的影响分析。其具体表现为：供应商—企业本身—客户之间的所有活动的价值分析，实际上这种分析要求企业拓展分析的视角，不能只研究自己，而忽视企业的上下游，强调企业与供应商、企业与客户之间关系的分析，强调企业与供应商、客户结为战略联盟的重要性，前者可以称为供应商价值链分析，后者可以称为客户价值链分析。

（2）供应商价值链分析。供应商价值链分析是指企业与供应商之间的协作关系分析，旨在稳定供应商，寻求持续降低成本的途径。分析中应首先站在各自利益的角度来分析是否有必要建立这种协作关系。从供应商的角度看，它将产品销售给企业时，理所应当获得利润；而从企业的角度看，要考察接受供应商所提供的产品能否符合企业的要求，供应商的产品是否具有吸引力，如能否提供过硬质量的产品、能否提供价格较为低廉的产品等。其次，要关注供求双方能否实现合理配合，降低不必要的费用。如力求减少不增加价值的存货储备等。最后，要考虑能否简化供应商的产品生产过程，消除不必要的作业而使双方受益，实现双赢。

［例12-1］供应商价值链分析案例I

案例资料：甲企业长期以来从诸多供应商购入所需的某型号A部件，其中，从乙供应商采购的数量最多且相对稳定。甲企业为了保证生产的连续性，日常总要保留一定数量的A部件储备库存。甲企业通过开展供应商价值链分析认为，这种采购方式不合理，因为A部件在采购到厂后，不能马上用于生产，增加了储存成本。因此，甲企业决定改变现状。

案例要求：针对上述问题，思考甲企业可能采取的措施。

案例分析：甲企业为了降低储存成本，应该决定在不改变采购价格的前提下，采取以下措施：第一，将甲乙双方的供货关系以长期合同形式确定下来，扩大从乙方的采购量，减少从其他供应商的采购量；第二，改变A部件的运输方式。要求乙方在规定的时点按规定数量将所需要的A部件适时地直接运达甲企业。这样既减少了甲企业A部件的储存费用，又扩大了乙供应商A部件的销量，从而可以实现甲乙双方的双赢。

对于企业与供应商的关系分析，除了进行上述定性分析外，还可以进行定量分析。从总体来看，与供应商之间发生的全部是成本，不同的供应商的销售模式、物流条件、地理位置、产品特点一般不同，由此导致的采购成本也不同。对于供应商成本分析可以结合作业进行综合分析。

［例12-2］供应商价值链分析案例II

案例资料：H服装公司主要生产高级西装，其原材料为高档毛料。公司运行的第一年，选择了三家供应商A公司、B公司和C公司。由于材料供应紧张，采购成本、物流成本不断增加，公司决定对供应商价值链成本进行分析。确认的供应作业流程为：

评估供应商→谈判→签订合同→采购→支付→检验→装卸→运输→仓储→信息发布

其中：采购、检验、装卸的成本动因相同。相关的成本资料见表12-1（间接费用按照作业成本分配过程略），供应商分析中采用的相关指标见表12-2。

表12-1 成本汇总表 单位：元

成　本	A公司	B公司	C公司	合计
直接费用：				
材料总价款	1 020 000	1 960 000	1 485 000	4 465 000
评估	35 000	40 000	32 000	107 000
谈判	4 500	5 000	3 000	12 500
签订合同	1 000	1 000	1 000	3 000
小计	1 060 500	2 006 000	1 521 000	4 587 500
间接费用作业分配总额	181 080	486 200	220 320	933 600

表12-2 相关指标表

指　标	A公司	B公司	C公司
产品准时交货率	0.9	0.91	1
产品质量合格率	0.998	0.994	0.996
技术合作开发率	0.1875	0.14	0.2

另外掌握的其他信息资料如下：A公司毛料单价1 002元，数量为1 000平方米；B公司毛料单价980元，数量为2 000平方米；C公司毛料单价990元，数量为1 500平方米。

案例要求：对各供应商进行分析评价并确定应该长期合作的供应商。

案例分析：首先计算不同供应商的单位材料采购成本。

$$\text{A供应商的单位材料采购成本}=\frac{1\,060\,500+181\,080}{1\,000}=1\,241.58\text{（元/平方米）}$$

$$\text{B供应商的单位材料采购成本}=\frac{2\,006\,000+486\,200}{2\,000}=1\,246.1\text{（元/平方米）}$$

$$\text{C供应商的单位材料采购成本}=\frac{1\,521\,000+220\,320}{1\,500}=1\,160.88\text{（元/平方米）}$$

然后进行分析：从价格来看，B公司的材料价格是最低的，但通过作业成本计算，将成本准确分配后，我们发现C公司的材料耗费最低，B公司材料成本最高。可见，如果仅通过材料价格计算偏差很大，容易作出错误决策；从其他指标来看，C公司不仅成本最低，其他各指标值也很高，是最优的供应商。相反，B公司仅仅是提供材料单价较低，而其他各指标均不令人满意。综合上述，以后企业可以调整采购计划，需要加强与C公司的长期合作关系。

（3）客户价值链分析。客户价值链分析是指企业与顾客之间的协作关系分析。这种分析类似于企业与供应商之间的关系分析，只不过在客户价值链分析中，企业的地位发生了变化，由消费者变为了供应商，分析的原理相同。

[例12-3] 客户价值链分析案例

案例资料：仍按例12-1的资料。

案例要求：假定甲企业尚未提出任何协调甲乙双方关系的建议，请从乙供应商的角度进行价值链分析。

案例分析：乙供应商可以考虑在不改变价格的前提下，主动向甲企业提出以下建议：第一，将甲乙双方的供货关系以长期合同的形式确定下来，扩大乙方向甲方的供应量；第二，改变A部件的发货方式。承诺在甲方规定的时点按规定数量将A部件适时地直接运达甲企业。这样不仅可以扩大乙供应商A部件的销量，而且可以使甲企业的原材料实现“零存货”。

显然，无论是从企业与顾客相互协作的关系分析，还是从企业与供应商相互协作的关系分析，只要双方能主动换位思考，两者研究的内容是完全相同的。所不同的是，调整彼此协作关系的动议首先是由谁提出来的。

分析企业与客户之间的关系，也可以进行定量分析，但这种关系分析与供应商关系分析的不同之处在于每一位客户都是企业盈利的源泉，它表现为实实在在的盈利或亏损，企业不能单纯以从客户角度获得的收入作为评判客户好坏的标准，因为客户是有成本支出的，营销过程的成本有时可能很大，此时进行的客户定量分析常常被称为客户盈余分析。

客户盈余分析需要计算客户提供的利润，为了确保计算结果的准确性，成本计算中需要结合作业成本法，客户盈余的计算公式如下：

客户盈余=销售净收入-销售成本-直接期间成本-作业分入的期间成本 （12.2.1式）

12.2.1式中：销售净收入=销售收入-销售折扣-销售折让 （12.2.2式）

在计算客户盈余的基础上，需要对客户的盈余进行排序，从而识别盈利的客户与亏损客户、高盈利客户与低盈利客户。对不同类型的客户，应采取不同的策略。对于高盈利客户企业必须维护，对于低盈利客户可以双方协商采取提高盈利水平的措施，而对于亏损客户应从价格和服务成本两方面采取措施。

著名的“鲸鱼曲线”展示了80/20法则，即企业80%的利润往往只是由20%的客户所创造的。有学者在此基础上将其修改为80/20/30法则，即20%的客户创造了企业80%的利润，但是其中的一半被30%的亏损客户所抵销。显然，企业不能盲目追求客户数量，客户绝对不是“多多益善”。

3.企业外部价值链分析

企业外部价值链分析是指企业对与其紧密联系的外部行为主体对本企业价值的影响分析，包括产业价值链分析和竞争对手价值链分析。从现象上看，供应商和客户也属于企业的外部，但价值链分析的最初强调价值链分析能够克服传统分析的弊端且具有战略性。传统分析的弊端在于，分析中局限于企业自身而忽视企业的上下游。价值链分析将内部分析的视角延伸至供应商和客户，并将供应商和客户视为企业整体的一个组成部分且不可分割。基于此，我们将供应商和客户的价值分析归于企业内部价值链分析之中，以突出价值链分析对传统分析的变革。

（1）产业价值链分析。所谓产业价值链，是指由若干个环节构成的完整产业链条。产业价值链分析也称纵向价值链分析，是指对整个产业链条进行的纵向价值分析，即从产业的最初原料开发开始，经过若干个不同产品的生产环节，直至最终产品被用户消费结束的完整过程。

如造纸业的产业价值链包括以下七个环节：

木材种植→砍伐→纸浆生产→造纸→纸张制品生产→纸张制品销售→最终用户

上述产业价值链的各个环节都有自身的价值链特点。

任何企业的价值链都是产业价值链中的一部分甚至全部，产业价值链分析是从更广阔的视野，对整个产业所属企业的竞争地位和相应的分化、组合等问题进行的战略分析，涉及的分析指标主要是投资收益率。

投资收益率分析通常采用的是产业价值链中相关环节的平均资产收益率，通过对该指标的分析，可以为上下游产业的战略定位提供数据资料。这种分析首先应确定产业中实际存在的各生产环节，即将产业价值的形成过程划分为若干个阶段，如造纸业分为七个阶段。其次分析各阶段产生的价值以及引发的成本和所占用的资产，在此基础上，确定各阶段的价值与成本占最终产品的价值链和成本的比例关系，最终确定各阶段的投资收益率。投资收益率是决定企业采取相应竞争战略以及战略定位的重要因素之一。

（2）竞争对手价值链分析。竞争对手价值链是指由同类性质的企业组成的价值链，即纵向价值链中某一环节或某几个环节上的不同企业。竞争对手价值链分析也称横向价值链分析，是指对同类性质企业之间的相互作用进行的分析。在同类企业中，不论总体的平均盈利能力如何，总会有一些企业比其他企业获利更多。竞争对手价值链分析旨在确定自身与竞争对手之间的差异，从而为企业取得相对竞争优势寻求策略，为战略定位奠定基础。竞争对手价值链上的企业关系实质上表现为竞争关系，由于该价值链中的企业之间常常表现为“你死我活”的排他性竞争，因此对其分析主要是选择具有重要影响的参数，或称影响因素，常常可以用于分析比较的参数包括：①产品的价格与数量；②技术与开发；③采购与销售；④服务；⑤成本。

其中，成本是价格的一个组成部分。成本的高低决定价格的高低，要想价格取胜，必须关注成本。虽然对于每一个企业来讲，单位产品成本的水平是保密的，但可以通过公开的报表或其他资料来估算平均销售成本率，进而可以估算其单位成本水平。如果报表资料非公开，只能依据市场价格资料倒推自身的成本进行分析。

（二）竞争能力分析

企业的竞争能力分析是指企业在对内部和外部环境及自身全面审视的基础上，确定企业在供应、销售等方面是否具有竞争力的分析。通过这种分析，旨在判断企业所处行业的竞争强度以及自身的竞争优势及核心竞争力等。具体分析中，可以从以下六个方面进行判断：对比同行业中不同企业的内部资源、分析潜在或新进入者的障碍、分析退出的障碍、分析替代产品的威胁、分析供应商的讨价还价能力、分析顾客的讨价还价能力。

1.对比同行业中不同企业的内部资源

企业可以从以下几个方面进行内部资源对比：一是产品角度：分析企业的产品是否有创新；产品的范围过宽还是过窄；有没有重要的、领先的或独特的技术。二是管理角度：分析企业管理的经验和能力如何；采用的方法如何。三是研究与开发角度：这方面企业是领先还是落后；重要产品或服务的前景怎样；投入的资金有多少。四是生产角度：分析当前生产过程是否有竞争力；生产是否有弹性；生产效率怎样；技术是否先进；对生产设施和生产过程的改善是否有计划。五是市场角度：分析市场营销策略如何；促销与销售的广告效果如何；服务质量如何；客户是否满意等。

2.分析潜在或新进入者的障碍

潜在或新进入者一旦进入产业，自然会与原有企业争夺市场份额，从而对原有企业构成威胁。面对潜在或新的进入者，原有企业不会无动于衷，必将采取措施，设置障碍，阻止其进入，如果原有企业没有反应或反应不强烈，说明潜在或新进入者对其威胁不大。从另一方面来讲，潜在或新进入者拟进入时并非盲目，必将进行市场调查，了解市场的行情和状况，分析进入的障碍，主要考虑的因素及分析的问题有：一是经济规模角度：分析原有企业是否在产供销方面达到一定的规模；如果进入，企业本身能承担多大的风险；企业进入的目标市场定位在哪。二是产品角度：分析市场上是否存在独特的产品；企业本身的产品是否新颖。三是商标的知名度：分析原有企业中是否存在普遍认同的知名商标；同业中的知名商标有多少；推广自己的产品成本有多高。四是资本需求角度：分析进入时，所需创业资金有多少；是否可以承受等。五是成本水平角度：分析目前企业的成本水平怎样；企业自身在这方面是否具有优势。六是法律规定角度：分析国际上对该种产业的规定及其对企业的利弊。

通过上述种种分析，潜在或新进入者会对自身的竞争强度有所估计，如果认为阻力重重，那就会三思而后行。而对于企业来讲，对此分析，可以预计潜在或新进入者对自身产生的影响，如果影响不大，则可以对其置之不理，否则，就需要采取强有力的措施应对。

3.分析退出的障碍

如果企业经营状况不佳或认为所处产业前景暗淡，想要知难而退时，也会分析退出产业的障碍，因为退出产业会涉及许多问题，解决这些问题有可能会削弱其竞争力。需要考虑的问题主要有：一是产业角度：分析所处产业属于朝阳产业，还是夕阳产业，应否退出。二是假如退出：分析相关资产如何处理；人员如何安排；需支付的人员费用有多少。三是假如转产：分析转产的代价有多大；能否适应新产业的管理要求。

4.分析替代产品的威胁

替代产品的出现常常会加剧所属产业中不同企业之间的竞争，因为替代产品的价格一般会低于现有产品的价格，再加之产品新颖，因此替代产品的吸引力较大，其市场份额会明显增大。现有企业要想增强企业自身的竞争实力，一方面应集中一定的技术力量研究和开发替代产品；另一方面也要密切注意市场竞争对手的动态。具体分析时应关注：竞争对手是否已生产出替代产品；如果已生产出，将采取怎样的应对措施。

5.分析供应商的讨价还价能力

供应商的讨价还价能力一方面表现为供应产品价格的提高，另一方面表现为供应产品质量的相对降低。如果供应商的讨价还价能力强，说明企业处于劣势。企业可以通过以下几方面的比较来明确所处地位是优势还是劣势：供应商供应的产品是否被少数企业垄断；供应商供应的产品是否供小于求；供应商供应的产品是否畅销；供应商供应的产品是否无法替代；供应商有无向后扩展，参与本行业竞争的意图。如果上述种种全部是肯定的回答，则供应商的讨价还价能力强，企业处于劣势；反之，企业处于优势。

6.分析顾客的讨价还价能力

顾客的讨价还价能力直接体现为企业所售产品价格的降低以及产品质量的提高和售后服务的加强，如果顾客的讨价还价能力强，则会降低企业的利润，从而使企业处于劣势。企业可以通过以下几方面的判断来明确所处地位是强还是弱：顾客购买量占企业的销量有多大；企业销售产品的定价水平是低还是高；顾客是否有很多可供选择的供应者；产品对顾客是否具有独特的吸引力；顾客是否有变外购为自产的意图。如果上述种种回答全部是肯定的，则顾客的讨价还价能力强，企业处于劣势；反之，企业处于优势。

知识拓展12-1

SWOT分析

竞争能力分析也叫SWOT分析，详见知识拓展12-1：SWOT分析。

（三）战略成本动因分析

成本动因是成本形成的驱动因素，它可以说明导致成本发生的原因。人们常常将成本动因分为两大类：战略成本动因和战术成本动因。前者是指与战略决策活动相关的成本驱动因素；后者则是指与生产经营活动相关的成本驱动因素。

1.战略成本动因分析的依据

战略成本动因分析是指围绕不同战略对企业成本结构产生影响而开展的分析。它是对传统成本控制观念的变革。传统成本控制观念认为：成本的降低主要是在生产过程，节约是降低成本的主要手段，因此主要应该从直接材料、直接人工、制造费用三个成本项目入手降低成本。应当说，节约作为成本控制的一种手段是不容置疑的，但它不是唯一的手段。现代成本控制观念认为：生产过程中的成本降低有一定限度，一味强调生产过程中的成本节约，可能会导致产品质量和企业效益的下降；降低成本与企业的战略决策相关，战略决策会影响产品的成本结构，不同的成本结构会导致不同的产品成本水平，进而影响产品的获利能力。该观点是战略成本动因分析建立的依据。

所谓成本结构，是指总成本中各项费用所占的比例或各成本项目所占的比例。它在很大程度上受技术发展、生产类型和生产规模等的影响。战略成本动因分析就是要找到对成本结构产生影响的因素，这些因素的变化会通过影响企业某些主要的或重要的资源，即成本费用要素，如人力、原料、能源、土地、机器设备、技术等，进而改变企业的成本结构。

2.战略成本动因分析的影响因素

1985年，美国学者迈克尔·波特教授在其《竞争优势》一书中首次提出了十种无形的成本动因，这些动因都具有战略性，并引起了人们的极大关注。1993年，美国学者杰克·山克在其出版的《战略成本管理》一书中率先将战略成本动因区分为结构性成本动因和执行性成本动因，并得到了世人的肯定，战略层面的成本动因进而形成。

战略成本动因分析的影响因素可以从结构性成本动因和执行性成本动因两方面界定。通过战略成本动因影响因素分析，可以使企业决策层统筹全局，分析战略决策对未来生产经营中大量潜在成本的影响，从而权衡利弊，使企业良性发展。

（1）结构性成本动因的影响因素。

所谓结构性成本动因，是指与企业基础经济结构有关的成本驱动因素。一般认为，形成结构性成本动因的影响因素主要有：规模、范围、经验、技术、厂址等。

（2）执行性成本动因的影响因素。

执行性成本动因又称操作性成本动因，是指在既定基础经济结构前提下，与具体操作过程有关的成本驱动因素。这类成本动因决定了产品的生产或组织形式，与直接的生产过程无关。一般认为，形成执行性成本动因的影响因素主要有：员工的参与感、全面质量管理、生产能力模式、工厂布局、产品设计、关系等。

（3）结构性成本动因与执行性成本动因的关系。

无论是结构性成本动因，还是执行性成本动因，都与企业的决策相关，具有战略性，都是产品生产前出现的成本驱动因素，对生产中的成本高低有着直接的影响，这是二者的共性。二者的不同主要表现在以下三个方面：

① 二者出现的先后顺序不同。虽然结构性成本动因与执行性成本动因都出现在产品生产前，但结构性成本动因会先于执行性成本动因而出现，只有在结构性成本动因决定后，才会有执行性成本动因出现。

② 二者影响的层面不同。结构性成本动因常常直接影响企业的大部分约束性固定成本，其成本动因一旦确定，成本常常难以变动，对企业的影响持久而深远；而执行性成本动因常常影响未来生产的效率，与未来的生产过程直接相关。

③ 二者影响程度的要求不同。结构性成本动因由企业的基础经济结构形成，基础经济结构的程度越高意味着所需成本越高，可能会由于销售无法实现预期目标而导致不经济，因此结构性成本动因的程度不是越高越好。执行性成本动因影响的是企业效率，效率应该是越高越好，效率提高会促使企业成本降低，因此操作性成本动因的程度越高越好。

3.战略成本动因与战术成本动因的关系

战略成本动因与战术成本动因是两类不同的成本动因，战术成本动因包括资源动因和作业动因（资源动因和作业动因在作业成本核算中阐述）。识别战略成本动因与战术成本动因旨在寻求有效降低成本的途径，它们之间既有联系又有区别。

（1）二者的相同点表现在以下方面：第一，都具有隐蔽性。无论是战略成本动因还是战术成本动因，都具有隐蔽性，它们是成本之后的驱动因素，一般不易被发现。第二，都可以降低成本。无论是战略成本动因还是战术成本动因，如果对其进行分析，都可以达到有效降低成本的目的。第三，都有助于企业的长期发展。无论是战略成本动因还是战术成本动因，都关乎企业的长期发展，战略成本动因是生产前所采取的措施，而战术成本动因是对每项经营活动所采取的措施，这些措施都是企业获得低成本优势所必需的。

（2）二者的区别表现在以下方面：第一，发生的时点不同。战略成本动因发生在真实的成本形成之前，它是对成本源头实施的控制，能够消除产品的先天高成本；战术成本动因发生在产品生产经营过程中，属于事中及事后的成本控制。第二，表现的计量性不同。总体来看，战略成本动因常常涉及定性因素，直接计量各因素对成本的影响十分困难，因此只能从战略层面进行总体的成本和收益分析，由此导致战略成本动因不具有可计量性；战术成本动因是分配资源和分配作业成本的标志，因此可以计量。第三，起因不同。战略成本动因常常与企业的战略、战术决策相关，因此起因于决策；战术成本动因则发生在生产经营活动中，起因于一项一项具体的活动。

三、战略决策

企业在价值链分析、竞争能力分析、战略成本动因分析的基础上，可以综合各方面因素的作用进行战略决策，涉及管理会计方面的决策有是否实施低成本的决策、日常经营决策以及基础战略的生产决策等。

（一）是否实施低成本战略

1.低成本战略的内涵

低成本战略也称为成本领先（cost leadership）战略，是指企业通过提供比竞争对手成本更低的产品或服务来超过并战胜竞争对手的一种竞争战略。实施该战略，企业通过采取降低成本的措施，能够在较低的价格下维持适当的利润，进而通过价格战，挤垮竞争对手。成本领先企业可在较为广阔的市场中占有较大的市场份额，并在成本和价格上具有竞争优势。

2.低成本战略的实施途径

成本领先战略要求企业根据经验积极探索降低成本的途径，将成本降低的理念贯穿到企业价值链的全过程，可以从以下几个层面考虑降低成本：一是简化产品功能，将产品或服务中不必要功能（或称花样）全部取消；二是进一步改进产品设计；三是尽可能地节约材料；四是尽可能地降低人工成本；五是采用自动化生产方式；六是取消信用等级很低的客户；七是降低销售成本和广告费等。

3.实施低成本战略面临的风险及应对措施

实施低成本战略可能会使企业存在一定的风险，风险主要表现为以下几点：一是成本的降低有可能影响到产品的质量从而降低企业的利润；二是有可能由于一味关注成本而使企业丧失对市场变化的预见能力；三是新加入者可能会后来居上，使企业失去成本优势；四是容易受外部环境影响，当外部市场对企业不利时可能会丧失应对能力等。

如果要应对低成本战略带来的风险，企业应做到以下几点：一是坚持降低成本不能降低质量的最低降价底线；二是抵挡住竞争对手的对抗，设置竞争者进入的障碍；三是抵御购买者的讨价还价以及供应商的提价行为；四是树立与替代品相比的竞争优势。

4.实施低成本战略的前提条件

不是所有的企业都可以实施低成本战略，一般认为在以下几种情况下可以采取低成本战略：从企业的外部环境看，一是同行中价格竞争激烈；二是产品基本上是标准化或同质化的，实现差异化的途径较少；三是客户使用产品的方式大部分相同；四是消费者的转换成本低或具有较大的降价谈判能力等。从企业的内部环境看，一是低成本扩张所需的资金有来源；二是产品设计不复杂；三是具有加工工艺技能；四是具有低成本分销系统。

如果企业不具备上述条件，就需要考虑差异化战略或集聚战略。所谓差异化战略，也称为别具一格战略，是指企业通过使产品具有独特性而超过或战胜竞争对手的一种战略。这种战略要求企业生产的产品在消费者眼中感觉新颖、别具一格，如质量一流、外观新颖等，从而能够以较高的价格出售，并赢得市场。所谓集聚战略，也称为集中一点战略，是指企业选择市场中的某个特定部分，在特定细分市场中取胜的一种竞争战略。这种战略要求企业关注特定的顾客群、特定的地理区域等，使其产品适合这一特定的细分目标市场，而不顾及其他市场。

（二）日常经营决策

日常经营中，影响利润的因素很多，有时企业会面临是扩张还是内部挖潜，是提高价格还是降低价格的决策，这些决策与企业的成本结构密切相关。

1.是扩张还是内部挖潜的决策

扩张是指企业通过采取措施增加销量进而提高利润的策略。内部挖潜是指企业通过内部降低成本进而提高利润的策略。对此进行决策，可以视企业的贡献边际率而定。一般贡献边际率高的企业应该选择增加收入的策略；贡献边际率低的企业可以选择降低成本的策略。

[例12-4] 扩张或挖潜的决策

已知：本期甲、乙、丙三个企业的销售收入均为100万元，销售成本都是90万元，但成本结构不同，三个企业的变动成本率分别为80%、45%和10%。假定下期三个企业的销量都增长10%，或三个企业的固定成本都降低5万元。

要求：计算三个企业现有的利润以及采取措施后的利润变动率，并对此结果进行分析。

解：依题意，计算三个企业现有的利润以及采取措施后的利润变动率，计算结果见表12-3。

表12-3 甲、乙、丙三企业的利润变化表 金额单位：万元

项目 \ 企业		甲	乙	丙
现有	销售收入	100	100	100
	变动成本	80	45	10
	固定成本	10	45	80
	总成本	90	90	90
	利润总额	10	10	10
	贡献边际率	20%	55%	90%
增加销量	销售收入	110	110	110
	变动成本	88	49.5	11
	固定成本	10	45	80
	总成本	98	94.5	91
	利润总额	12	15.5	19
	利润变动率	20%	55%	90%
降低固定成本	销售收入	100	100	100
	变动成本	80	45	10
	固定成本	5	40	75
	总成本	85	85	85
	利润总额	15	15	15
	利润变动率	50%	50%	50%

由表12-3可见，甲企业的贡献边际率低，为20%，采取措施降低固定成本后的利润变动率比增加销量后的利润变动率要高；而丙企业与其不同，贡献边际率高，为90%，采取措施降低固定成本后的利润变动率明显低于增加销量后的利润变动率，这意味着，对于贡献边际率高的企业，采取措施增加销量对企业的盈利更加有利；而对于贡献边际率低的企业，选择降低固定成本对企业的盈利更加有利。

2. 是提高价格还是降低价格的决策

实务中，产品价格的上升或下降常常影响销量，在产品价格弹性一定的前提下，对于贡献边际率高的企业应该选择降低价格的策略，而对于贡献边际率低的企业应该选择提高价格的策略。

[例12-5] 提价或降价的决策

已知：仍按例12-4的资料，当甲企业贡献边际率分别为20%、55%和90%时，其利润水平将分别等于例12-4中甲、乙、丙三个企业的利润水平。假定甲企业在上述三种情况下

的当前售价都是每件1万元，销量都是100万件。如果价格上涨10%，预计销量将降低5%。

要求：分别计算在各种情况下，价格上涨与销量下降并存时的利润变动率，并对此结果进行分析。

解：依题意，计算的价格上涨且销量下降时三种不同情况下的利润变动率，见表12-4。

表12-4 **甲企业各种情况下的利润变化表** 金额单位：万元

项目＼变化情况	情况一	情况二	情况三	情况一利润变化	情况二利润变化	情况三利润变化
销售收入	100	100	100	104.5	104.5	104.5
变动成本	80	45	10	76	42.75	9.5
固定成本	10	45	80	10	45	80
总成本	90	90	90	86	87.75	89.5
利润总额	10	10	10	18.5	16.75	15
利润变动率	—	—	—	85%	67.5%	50%
贡献边际率	20%	55%	90%			

由表12-4可见，如果甲企业在三种情况下的销售收入相同，总成本相同，但成本结构不同，则不同情况下的贡献边际率不同。从三种情况分别提高价格10%，同时降低销量5%，比较利润率的变化情况可以看出，当贡献边际率低时，即第一种情况下，提高价格的效果最为明显，利润变动率为85%；而当贡献边际率高时，即第三种情况下，提高价格导致利润的变动率较前者要低，仅为50%。这意味着，贡献边际率高时，企业可以降价；贡献边际率低时，企业应该提高价格。

（三）基于战略的生产决策

企业日常生产决策中，有时会面临如何生产的决策，如零部件是自制还是外购的决策等，决策中不能单纯依据传统生产决策方法，因为传统方法中可能会忽略一些非计量因素，而这些因素对企业的发展是至关重要的，在这种情况下，企业应该站在战略的高度，结合价值链分析、竞争能力分析等，综合各方面因素后进行决策。

[例12-6] 基于战略的生产决策

案例资料：M计算机信息公司是美国某地区的一家小型企业。由于公司在服务和可靠性方面有很好的信誉，因此顾客在不断增加。该公司所需零部件的单位采购成本是500美元，其中价值300美元的部分可以自制，自制的单位材料成本是190美元，每月的人工和设备成本是55 000美元，该公司目前拟进行该部分零部件是自制还是外购的决策。

如果该公司自制零部件，需要将营销、运送货物和服务外包给德海姆的另一家公司JBM公司，这样每月可为该公司节约成本175 000美元。外包的合同价是在每月平均销售600台计算机的基础上确定的，每台的价格是130美元。

该公司利用价值链分析确定，产业价值链包括：设计、原材料采购、零部件的形成、计算机装配、销售、最终用户六个环节。除上述资料外，该公司目前的主要生产是将从外部电子公司购入的零部件和少量的金属加工件装配成产品，装配的单位成本是250美元。依据上述资料，该公司据此编制的价值链分析表见表12-5。

表12-5 **M计算机信息公司的价值链分析表**

价值链 \ 方案		维持目前状况（外购零部件）	自制零部件（同时外包销售、货物运送和服务）
设计		该公司与此价值链无关	该公司与此价值链无关
原材料采购		该公司与此价值链无关	该公司与此价值链无关
零部件	外购	采购这些零部件的单位成本是200美元	采购这些零部件的单位成本是200美元
	自制或外购	采购这些零部件的单位成本是300美元	该公司的单位材料成本为190美元，外加每月固定费用55 000美元
装配		单位成本为250美元	单位成本为250美元
销售、货物运送和售后服务		每月成本为175 000美元	外包给JBM公司，单位成本为130美元

案例要求：分别按传统方法并结合战略分析为该企业作出零部件是自制还是外购的决策。

案例分析：在传统方法下，对于零部件是自制还是外购的决策可以采用相关成本法决策：依据题意，假设该公司的月销售为600台，自制和外购两个方案的相关成本计算如下：

外购方案下的相关成本=300×600+175 000=355 000（美元）

自制方案下的相关成本=（190+130）×600+55 000=247 000（美元）

计算结果表明，该公司应选择自制方案，这样可以使该公司每月节约成本108 000美元（355 000-247 000）。

如果结合战略分析进行决策：

首先，该公司认为销售不断增长的原因是顾客满足于该公司的服务和可靠性，这是该公司的优势，如果将该公司的销售、货物运送和服务外包给其他公司是不明智的，这样做，有可能会降低该公司的市场份额。

其次，如果该公司变外购零部件为自制零部件，会使该公司走向与其他制造商进行低成本竞争的道路，而该公司的规模较小，若与产业价值链该环节中已经存在并富有竞争力的大公司（如IBM、COMPAQ、DELL）竞争，该公司实行低成本竞争成功的可能性不大，因为这不是该公司的优势所在。

最后，从战略分析的角度看，还应该选择外购方案，但外购方案的成本较高，应予以高度重视。假定该公司经过进一步分析，确定了成本高的相关作业，这就为采取措施降低成本提供了依据。另外通过上述分析，充分揭露了该公司的竞争优势和劣势，这为公司的战略修订与决策提供了重要的信息。

由本例可见，在实务中，结合战略分析进行决策并没有统一的模式可循，分析的方法、角度、思路都十分灵活，但分析中都必须综合考虑企业的内外环境、竞争优势、竞争劣势、价值链等基本因素。

第三节　设计阶段目标成本控制

本节介绍产品设计阶段目标成本控制的起源，设计阶段目标成本控制的内涵、实施步骤和成本观，目标成本的确定以及分解，设计成本的确定，价值工程分析方法在设计阶段目标成本控制中的应用等。

一、设计阶段目标成本控制的内涵、实施步骤及成本观

（一）设计阶段目标成本控制的内涵

设计阶段目标成本控制是指在产品设计过程中，以目标成本为控制目标，将产品的设计成本控制在目标成本范围内的一种成本控制方法。该方法旨在降低产品的设计成本，避免先天成本存在缺陷。

如果与战略成本控制方式进行比较，虽然设计阶段目标成本控制和战略成本控制都属于源流控制方式，但二者的不同在于：前者针对具体的产品，可以直接决定新开发或更新改造产品的未来实际产品成本的高低；而后者针对的是企业的整体成本，它会对所有产品的成本产生影响。也就是说，战略成本控制决定所有产品大部分的共同成本水平，而在设计阶段，目标成本控制决定某产品的成本水平。

可见，如果设计阶段产品设计不合理，如不能充分利用企业现有的资源，或存在一些不必要的功能等，就会导致先天的高成本，那么产品投产后再降低成本就十分困难，因此强调设计阶段的成本控制非常重要。

（二）设计阶段目标成本控制的实施步骤

虽然实务中目标成本控制的具体方式各异，但在实施中的基本程序是一致的，一般需要财务人员与技术人员等通力合作，经过以下几个步骤：

1.设计产品

从表面上看，开发设计新产品是技术人员的工作，与成本无关。恰恰相反，按照目标成本控制思想的要求，设计人员在产品设计过程中不仅要精通技术，而且要贯彻经济核算原则，尽量使设计的产品既能满足客户的功能需求，又能满足企业的经济性需求，从而为企业创造价值。

2.设定目标成本

对于拟开发的新产品或改造的老产品，需要采用一定的方法，设定它们的目标成本，该目标成本在同类产品中应该具有竞争优势，这样才能确保目标利润的实现。

3.分解目标成本

拟开发的新产品或改造的老产品常常由若干个零部件组成，并经过若干个工序的连续加工，需要将产品的目标成本分解到每一个零部件，直至生产中的每一个环节。

4.计算设计成本

在产品设计过程中，需要确定生产的具体工艺过程、生产方式、生产所需要的零部件种类、材料种类和质量等，并据此计算产品的设计成本。

5.确定成本改进对象并采取措施

将产品的设计成本与目标成本进行比较，如果设计成本高于目标成本，就需要确定成本降低的具体对象，确认究竟是哪个零部件、哪个环节或哪个成本项目的设计成本高于目标成本。成本改进对象确定后，需要集中工程技术人员和管理人员等，找到设计成本或改造成本偏高的原因，据此提出建议并采取措施降低成本。通常有效降低成本的分析工具是进行价值工程分析，利用该工具可以将成本控制在目标成本范围内。

6.目标达成

为了实现目标成本，上述过程可能被重复，目标成本的确定可能会由于零部件的调整等出现

产品再设计→目标再设定→再分解→再改进的反复循环过程。可见，目标成本控制过程是一个不断“挤压”式的成本降低方法，最终要求设计成本低于目标成本，这意味着目标成本的达成。

（三）设计阶段的成本观

设计阶段传统观念认为，设计人员只管设计而不负责成本。但在目标成本控制体系下的观念是，设计人员不仅要设计出性能良好的产品，而且还要和成本相结合，考虑产品的经济性，对产品生命周期成本实施控制。

所谓产品生命周期，是指产品从进入市场到退出市场所经历的导入期、发展期、成熟期与衰退期的整个循环过程。产品生命周期成本是指从产品形成直至消亡所经过各环节的总成本，包括从产品企划、研发、生产到客户使用、报废处理整个循环过程的总成本。产品生命周期成本控制强调从生产者和消费者两个角度考虑成本，将成本控制思想延伸至产品销售后的客户维护和废弃阶段，从而将事前的设计成本控制理念拓展到整个产品价值链。

从生产者角度看，成本包括产品的研发成本、试制成本、生产成本和营销成本。从使用者角度看，成本包括产品的维护保养成本和产品报废处置成本。因此，“产品生命周期成本=生产者成本+使用者成本”，即“产品生命周期成本=生产者的全部制造成本+消费者的消费成本”。显然产品生命周期成本已经超越了传统意义上的成本控制范畴，它不仅考虑传统意义上的生产者成本，而且考虑使用者成本，使成本控制观念发生变化，从企业观发展到社会观，强调该成本控制观念的目的，站在消费者利益的角度进行思考，从而满足消费者的消费需求，不断赢得潜在的用户，进而增加企业的价值。

与目标成本相关的术语是成本企划，两者的关系可参见知识拓展12-2：目标成本与成本企划。

知识拓展12-2

目标成本与成本企划

二、设计阶段目标成本的确定及分解

产品设计阶段的目标成本是控制产品设计成本的标准，一般由成本管理人员提出。

（一）设计阶段目标成本的确定

设计阶段可以采用的目标成本测算方法有：倒推预测法、选择预测法和比率预测法等。其中选择预测法与预测分析中提到的方法相同，倒推预测法按照以下公式进行预测：

$$\text{单位产品目标成本}=\text{预计售价}\times(1-\text{税金及附加率})-\text{目标利润} \qquad (12.3.1\text{式})$$

比率预测法要求事先确定先进的成本利润率，调查用户可以接受的价格或具有竞争性的市场价格，并以此推算目标成本。相关计算公式如下：

$$\text{单位产品目标成本}=\frac{\text{产品预计价格}\times(1-\text{税金及附加率})}{1+\text{成本利润率}} \qquad (12.3.2\text{式})$$

［例12-7］目标成本预测

已知：MC公司准备开发一种新产品，财务人员经过调查确定的产品目标售价为10 000元，成本利润率为25%，假定按照制度规定，需要缴纳的税金及附加率为10%。

要求：预测该新产品的目标成本。

解：依题意

$$\text{新产品单位目标成本}=\frac{10\,000\times(1-10\%)}{1+25\%}=7\,200\text{（元）}$$

（二）设计阶段目标成本的分解

产品设计阶段的目标成本确定后，需要将其按照设计的生产形式分解到产品的零部件、各工序或各成本项目。可以采用的目标成本分解方法有以下几种：

1.按成本项目占比分解

这种方法是根据新产品各成本项目占成本总额的比重，将目标成本分解为直接材料、直接人工和制造费用三个成本项目的一种成本分解方法。确定新产品各成本项目占比时，既可以依据老产品或类似产品的实际成本资料，测算料、工、费各项占成本的比重，也可以依据设计工艺中所确定的技术定额，如所耗材料消耗定额、产品计划单价、产品工时定额、计划小时工资率等测算各成本项目的设计成本占比。将新产品的目标成本乘以各成本项目的比重，即可求得新产品的直接材料、直接人工、制造费用的目标成本。此种方法通常适用于简单生产的新产品的目标成本分解。

2.按产品组成分解

如果设计的新产品或改造的老产品由若干个零部件所构成，属于装配式生产组织方式，则分解目标成本时可以按其产品组成或产品结构分解目标成本，即将产品目标成本分解到各零部件。具体分解时，可以采用以下三种方法：第一种是根据功能评价系数进行分解；第二种是根据各零部件的成本占比进行分解；第三种是按制造过程分解。

（1）根据功能评价系数进行分解。

这种方法利用价值工程分析原理，确定各零部件的功能，通过打分确定各零部件的功能系数并据此分解目标成本。所谓产品功能，是指产品具有的满足消费者需要的效能和作用。它与产品成本密切相关，通常认为功能多、质量好的产品，成本就高一些；反之，成本就低一些。功能系数常常采用0～1评分法予以确定，即将各个零部件的功能一一进行相互重要程度的对比并打分，重要的打1分，次要的打0分。功能评价系数是某一零部件得分与全部零部件得分合计的比值。计算公式如下：

$$\text{功能评价系数}=\frac{\text{某一零部件得分}}{\text{全部零部件得分合计}} \quad (12.3.3\text{式})$$

实际工作中，也可以采用0～4评分法确定功能评价系数，重要的打4分；较重要的打3分；次重要的打2分；不太重要的打1分；不重要的打0分。根据计算的功能评价系数，用其与产品目标成本相乘就可以确定各零部件的目标成本。

（2）根据各零部件的成本占比进行分解。

这种方法一方面可以参照老产品或类似产品的实际成本资料，计算各零部件成本占产品成本的比重，根据新产品的零部件构成及其材质、重量和复杂程度等，确定成本调整系数，并据此分解目标成本。分解时，只要用新产品目标成本乘以调整后各零部件的成本系数，就可以将产品目标成本分解为零部件的目标成本。另一方面还可以根据工艺设计说明书直接计算各零部件的设计成本占比，并据此将产品目标成本分解为零部件的目标成本。

比较上述两种方法，如果从成本分解的科学性来讲，按功能评价系数分解的新产品目标成本体现了产品功能与成本的关系，较按零部件成本占比分解的目标成本更加合理，更具科学性。

3.按制造过程分解

如果设计的新产品或改造的老产品是由若干个步骤连续加工完成的，属于连续式生产组织方式，则在分解目标成本时，可以按照产品成本形成的逆方向分解目标成本，即由产品目标成本依次倒推前一步骤的半成品目标成本，并将各步骤的半成品目标成本依据各步骤的成本项目占比将其分解为该步骤的直接材料、直接人工和制造费用。确定各步骤或各成本项目成本比重时，既可以根据老产品或类似产品的实际成本资料结合新产品调整确定，也可以根据产品设计成本直接进行分解。

三、设计成本的计算

产品设计方案完成后，还需要根据产品的设计图纸测算产品的设计成本，它反映了新产品正常投产后的成本。在实际工件中，可以采用的测算方法有直接测算法、概算法和分析法。

（一）直接测算法

直接测算法是根据设计方案的技术定额来直接测算新产品或改造老产品设计成本的一种预测方法。如果新产品或改造老产品的技术资料齐全，则可以直接测算其单位成本，即按设计方案规定的产品所耗用各种原材料的消耗定额和计划单价，测算直接材料成本；按规定的产品工时定额、计划小时工资率和其他直接费用控制标准，测算直接人工成本；按产品工时定额和各项费用的计划小时费用率，测算制造费用，加总后就是产品的设计成本。实务测算中，企业发生的共同成本常常需要在新老产品之间进行分摊，在这种情况下，需要根据新产品或改造老产品设计方案中完备的各项技术经济定额以及预计年生产能力等方面的资料，并结合原有产品的相关资料，通过计算分摊确定设计产品的直接材料、直接人工和制造费用等成本项目，从而预测设计产品的各成本项目的总成本和单位产品成本。

［例12-8］直接测算法在设计成本预测中的应用

已知：FC公司在生产原有甲产品与乙产品的同时，拟新开发丙产品，目前丙产品的研制工作已经完成。该企业在决定将其投入批量生产之前，结合各项技术经济指标预测丙产品的设计成本，有关资料如下：

（1）丙产品预计年产量为8 000件，销路不成问题。

（2）丙产品研究开发投资100万元，其中：增加专用设备30万元，年综合折旧率为9%。扩大厂房投资32万元，年折旧率为6%；用于专有技术投资38万元，按规定分10年摊销。专用设备年维修费按年折旧额的40%计算，厂房年维修费按年折旧额的25%计算。

（3）丙产品设计方案中有关材料、燃料与动力消耗的资料见表12-6。

表12-6　**丙产品材料、燃料与动力消耗表**

技术经济指标	单价	单耗	单耗成本（元）
（甲）栏	①	②	③=①×②
原材料A	10元/千克	14千克/件	140
原材料B	8元/千克	6千克/件	48
原材料C	15元/千克	8千克/件	120
原材料D	7元/千克	12千克/件	84
合计	—	—	392
燃料（煤）	0.9元/千克	15千克/件	13.5
动力（电）	0.5元/度	28度/件	14
合计	—	—	27.5

(4) 企业预计丙产品投产后不需要增加新的生产工人。该企业年度生产工人工资总额和其他直接费用（职工福利费）之和为120万元。丙产品单位定额工时为10小时/件，原生产的甲产品单位定额工时为16小时/件，乙产品的单位定额工时为14小时/件。

(5) 扣除丙产品的专用设备及厂房的折旧费和维修费，企业制造费用总额为50万元。

要求：预测丙产品的设计成本。

解：依据所给资料，进行计算：

$$丙产品直接人工单位成本=1\,200\,000\times\frac{10}{10+16+14}\div 8\,000=37.5（元）$$

专用设备折旧及维修费=300 000×9%×（1+40%）=37 800（元）

厂房折旧及维修费=320 000×6%×（1+25%）=24 000（元）

$$丙产品专用设备与厂房折旧及维修费单位成本=\frac{37\,800+24\,000}{8\,000}=7.725（元）$$

$$丙产品共同制造费用单位成本=\frac{500\,000\times\frac{10}{10+16+14}+\frac{380\,000}{10}}{8\,000}=20.375（元）$$

据此编制的丙产品设计成本预测表见表12-7。

表12-7 丙产品的设计成本预测表 单位：元

成本项目	单位成本	总成本（8 000件）
直接材料	392	3 136 000
燃料动力	27.5	220 000
直接人工	37.5	300 000
制造费用	28.1	224 800
合　计	485.1	3 880 800

（二）概算法

概算法是借助于直接测算法的测算原理，依据技术定额测算直接材料的设计成本，其他成本项目比照类似产品成本中这些项目所占的比重来估算新产品设计成本的一种预测方法。计算公式如下：

$$产品设计成本=\frac{原材料成本}{1-类似产品工资、制造费用占总成本的百分比} \quad (12.3.4式)$$

实际工作中，如果直接人工在产品成本中所占比重较大，也应该使用直接测算法，只有制造费用项目可以比照类似产品的制造费用成本占原材料及工资成本的比重进行概算。计算公式如下：

$$产品设计成本=\left(\frac{原材料}{成\quad本}+\frac{人工}{成本}\right)\times\left(1+\frac{类似产品制造费用占}{原材料及工资成本的百分比}\right) \quad (12.3.5式)$$

利用概算法推算设计成本，必须选择类似的参照产品，否则不能采用。概算法较直接测算法简便易行，但预计的精确度较后者差。

[例12-9] 概算法在设计成本预测中的应用

已知：仍按例12-8的资料，直接人工、制造费用两个成本项目比照类似产品成本中这些项目的比重测算，其比重分别为9%、6%。假定不涉及燃料及动力费。

要求：预测丙产品的设计成本。

解：依题意

$$丙产品设计成本=\frac{3\ 136\ 000}{1-(9\%+6\%)}=3\ 645\ 511.63（元）$$

直接人工=3 645 511.63×9%=328 096.05（元）

制造费用=3 645 511.63×6%=218 730.70（元）

（三）分析法

分析法是通过对新、老两种产品在结构、用料、工艺上进行对比分析，计算其差异成本并进行增减调整，以确定新产品设计成本的一种预测方法。此法适用于开发的新产品与原有老产品类似的情况，否则不能用。

四、价值工程分析在设计阶段目标成本控制中的应用

所谓价值工程分析，即产品功能成本分析，它是以分析产品的零部件应具有的功能为出发点，力求以最低、最合理的成本来保证产品必要功能得以实现的一种技术经济分析方法。其理论依据是：产品功能决定产品成本的水平，功能高，成本就高；反之就低。利用该种分析可以有效地将产品的设计成本控制在目标成本的范围内。

就价值工程分析的内容而言，实际上非常多，单纯设计阶段的成本控制，可以相对简化其分析程序，可以按照以下步骤确定其成本改进对象：步骤一，确定产品的目标成本。步骤二，确定零部件的功能系数并分解目标成本。功能系数即按照前述打分法所确定的零部件得分的占比，依据该比例可以将目标成本分解到各个零部件。步骤三，计算零部件的设计成本系数。该系数是测算零部件设计成本的占比。步骤四，确定成本改进对象并采取措施。成本改进对象以计算的价值系数为基础确定。所谓价值系数，是指每一元产品成本能够获得的产品功能。它反映功能和成本的比例是否合适。计算公式如下：

$$价值系数=\frac{功能系数}{成本系数} \tag{12.3.6式}$$

如果价值系数大于1，说明零部件的功能较大或成本较低，这种状态比较理想，该种零部件的成本具有上升的空间；如果价值系数趋近于1，说明功能与成本比例适宜，不必改进；如果价值系数小于1，说明功能可能不太大或成本过高，这是成本改进的目标。

[例12-10] 目标成本分解及分析

已知：MD企业开发的新产品甲由A、B、C、D、E五个零部件组成，其功能评分以及依据各种技术经济定额测算的单位设计成本见表12-8。如果企业要求新产品甲的销售利润率为30%，预计产品售价为40 000元。

表12-8 **甲产品功能评分及相关成本资料表**

零件名称	A	B	C	D	E	得分累计	设计成本（元）
A	×	1	1	0	1	3	8 000
B	0	×	1	0	1	2	9 000
C	0	0	×	0	1	1	6 000
D	1	1	1	×	0	3	7 000
E	0	0	0	1	×	1	2 000
合计						10	32 000

要求：分解甲产品目标成本并对产品设计成本与目标成本的差额进行分析。

解：依题意

甲产品的目标成本=40 000-40 000×30%=28 000（元）

根据评分计算零部件的功能系数、成本系数、价值系数，并依据功能系数分解产品目标成本，相关计算结果见表12-9。

表12-9 甲产品价值分析计算表 金额单位：元

零件名称	功能系数	设计成本	成本系数	价值系数	目标成本	成本降低额
	①	②	③	④=①÷③	⑤=∑⑤×①	⑥=②-⑤
A	0.3	8 000	0.25	1.2	8 400	-400
B	0.2	9 000	0.28125	0.71	5 600	3 400
C	0.1	6 000	0.1875	0.53	2 800	3 200
D	0.3	7 000	0.21875	1.37	8 400	-1 400
E	0.1	2 000	0.0625	1.6	2 800	-800
合　计	1	32 000	1	—	28 000	4 000

从表12-9可以看出，零部件B和C的价值系数小于1，是重点改进的对象，成本需分别降低3 400元和3 200元；而零部件A、D、E的价值系数均大于1，说明该类零部件属于弹性成本，实际工作中，如果增加该类零部件的功能则可以适当提高其成本，如果该类零件的功能保持不变，则不能再提高其成本，此时可以作为实现总体目标成本的补充值，即当零部件B、C无法实现其成本降低目标时，可以由这些弹性成本来抵补。就零部件B和C而言，应首先考虑通过改进产品工艺或生产方式，或选择替代材料等方式降低成本，最后才能考虑其他弹性成本的抵补。

思政课堂

提升产业链供应链韧性和安全水平的意义

按照党的二十大决策部署，在高质量推进中国式现代化建设进程中，必须着力提升产业链供应链韧性和安全水平，这对于加快形成新发展格局，努力实现建成现代化经济体系的目标具有重大意义。

现代化经济体系是全面建设社会主义现代化国家的基础。国家强，经济体系必须强。现代化经济体系的核心是现代化产业体系。经过改革开放40多年的发展，我国已经形成规模庞大、配套齐全的完备产业体系，是全球唯一拥有联合国产业分类中全部工业门类的国家，但产业体系总体上大而不强、宽而不深、全而不精，整体上还处于国际分工体系的中低端，产业链供应链还存在不少“堵点”“卡点”，部分核心环节和关键技术受制于人。当前，全球产业链供应链加快调整和重塑。面对全球产业链供应链深度调整，以及个别西方国家推进“脱钩断链”的做法，必须把提升产业链供应链韧性和安全水平放在更加重要的位置，着力打造自主可控、安全可靠的产业链供应链。

在实施全面成本控制的过程中，除了要考虑产业链、价值链的内在联系，还必须处理好事前控制、事中控制与事后控制之间的协调，不得偏废。

资料来源：王一鸣.以高质量发展推进中国式现代化［EB/OL］.［2023-04-12］. http://ll.zgzx.com.cn/2023-04/10/content_9871518.htm. 作者有删改.

□ 复习思考题

1.什么是成本控制？

2.请说明成本控制的对象、特点及要求各是什么？

3.成本控制分类的标志有哪些？最基本的成本控制分类标志是哪一个？成本控制包括哪些种类？

4.实施成本控制应遵循哪些原则？具体包括哪些实施步骤？

5.什么是战略成本控制？如何进行战略成本控制？

6.什么是设计阶段的成本控制？如何进行产品设计阶段的成本控制？

7.战略分析的方法包括哪些？

8.如何确定设计阶段的目标成本？

9.设计阶段目标成本的分解方法有哪些？

10.设计阶段目标成本的计算方法有哪些？

11.什么是价值工程分析？其特点及步骤如何？

第十三章

成本控制（下）

党的二十大报告提出“增进民生福祉，提高人民生活品质”，这就要求我们必须在成本下功夫。低成本是企业盈利的源泉之一，企业不仅在生产前要重视降低成本，而且在生产过程中也要降低成本。生产中绝对成本降低不可少，但空间有限，更重要的是通过提高生产效率、多维度降低成本，另外生产中还要追求零缺陷，这样才能确保所售产品的质量过关，让消费者买到放心的产品，赢得良好的产品品质口碑。

本章将研究的空间范围设定为生产过程，围绕事中成本控制与事后成本控制，分别讨论标准成本控制、质量成本控制、存货成本控制和作业成本控制等内容。

第一节　标准成本控制

本节在介绍标准成本控制的定义、内容及其意义的基础上，结合例题分别讨论了标准成本的制定、成本差异的类型，以及成本差异的计算及分析。

一、标准成本控制概述

（一）标准成本控制的含义

标准成本控制（standard cost control），是指围绕相关产品及具体成本项目的标准成本而组织的，能够将成本的前馈控制和反馈控制有机结合的一种成本控制。标准成本控制与成本差异的账务处理共同构成了标准成本会计（standard cost accounting）。

（二）标准成本控制的内容

标准成本控制包括标准成本的制定、成本差异的计算和成本差异的分析三项内容。其中，标准成本的制定与成本的前馈控制相联系；成本差异的计算和分析与成本的反馈控制相联系。

（三）标准成本控制的意义

标准成本控制是于20世纪初在泰罗的科学管理制度影响下产生的，随着其内容的不断发展和完善，逐渐被西方国家广为采用，并成为日常成本管理中应用最普遍和最有效的一种成本控制手段。同时它也成为现代管理会计的重要构成内容之一。

实施标准成本控制，对于加强企业成本管理有着重要的意义，其主要表现在：

（1）有利于进行成本控制。标准成本是经过科学合理的计算而确定的，它不仅事先剔除了过去存在的浪费和不合理的支出，而且还考虑了未来发展趋势和应采取的措施，它是事前成本控制的主要手段，同时它也是事中成本控制的主要依据。在生产经营过程中，依据制定的标准成本，可以随时提醒人们在生产经营过程中应该注意的问题，合理地安排人力、物力和财力，有利于企业实现降低成本的目标。

（2）有利于进行经营决策。在影响经营决策的诸多要素中，成本是重要因素之一。由于标准成本体现了成本要素的合理配置，它可以作为确定产品售价和估算产品未来成本的依据，也可以作为本量利分析的原始数据资料。因此，标准成本控制可以为企业进行有关的经营决策分析提供可靠的依据。

（3）有利于简化成本核算。在标准成本核算过程中，由于存货、在产品、产成品和销售成本均以标准成本计价，这样就可以大大简化日常成本核算工作。通过期末差异分配，可以及时反映产品的实际成本，满足对外会计报表需求。

二、标准成本的制定

（一）标准成本的含义

标准，即为一定条件下衡量和评价某项活动或事物的尺度。所谓标准成本，是指按照成本项目反映的、在已经达到的生产技术水平和有效经营管理条件下，应当发生的单位产品成本目标。

标准成本不同于预算成本，标准成本是一种单位的概念，它与单位产品相联系；而预算成本则是一种总额的概念，它与一定的业务量相联系。

但二者都不是实际发生的成本，而是一种预定的成本目标。如果以标准成本乘以一定的业务量，即为预算总成本，因此二者在实际上是相同的，只是从各自不同的角度来判断或说明某项成本计划的完成情况。

标准成本可以细分为不同类型，见知识拓展13-1：标准成本的种类。

知识拓展13-1

标准成本的种类

（二）标准成本的一般公式

产品的标准成本，根据完全成本法的成本构成项目，主要包括直接材料、直接人工和制造费用三个项目。无论哪一个成本项目，在制定其标准成本时，都需要分别确定其价格标准和用量标准，两者相乘即为每一成本项目的标准成本，然后汇总各个成本项目的标准成本，就可以得出单位产品的标准成本。其计算公式如下：

某一成本项目标准成本=该成本项目的价格标准×该成本项目的用量标准　（13.1.1式）

单位产品标准成本=$\sum$(某成本项目的价格标准 × 该成本项目的用量标准)　（13.1.2式）

=直接材料标准成本+直接人工标准成本+制造费用标准成本　（13.1.3式）

制定标准成本有利于指导和控制企业的日常经营活动，通过每个成本项目的差异分析，可以分清各部门的责任，并寻找降低成本的途径，以进一步加强成本控制。

（三）直接材料标准成本的制定

直接材料标准成本是由直接材料价格标准和直接材料耗用量标准两个因素所决定的。

1.直接材料价格标准的制定

材料价格标准是指以订货合同中的合同价格为基础，考虑未来各种变动因素所确定的购买材料应当支付的价格，即标准单价。它一般包括材料买价、运杂费、检验费和正常损耗等成本，是企业编制的计划价格，通常是由财务部门和采购部门协商制定的。

2.直接材料耗用量标准的制定

直接材料耗用量标准是指企业在现有生产技术条件下，生产单位产品应当耗用的原料及主要材料数量，通常也称为材料消耗定额。一般包括构成产品实体应耗用的材料数量、生产中的必要消耗，以及不可避免的废品损失中的消耗等。

材料耗用量标准应根据企业产品的设计、生产和工艺的现状，结合企业经营管理水平的情况和成本降低任务的要求，考虑材料在使用过程中发生的必要损耗（如切削、边角余料等），并按照产品的零部件来制定各种原料及主要材料的消耗定额。

材料耗用量标准一般应由生产技术部门制定提供，定额制度健全时，也可依据材料消耗定额来制定。

3.直接材料标准成本的计算公式

当材料价格标准和耗用量标准确定之后，可利用下列公式计算单位产品耗用的直接材料的标准成本：

$$\text{某单位产品耗用某种材料的标准成本}=\text{该材料价格标准}\times\text{该种材料的耗用量标准} \quad (13.1.4式)$$

$$\begin{matrix}\text{某单位产品耗用的}\\\text{直接材料标准成本}\end{matrix}=\sum\begin{matrix}\text{该种产品所耗用的}\\\text{各种材料标准成本}\end{matrix}=\sum\left(\begin{matrix}\text{某种材料}\\\text{价格标准}\end{matrix}\times\begin{matrix}\text{该种材料的}\\\text{耗用量标准}\end{matrix}\right) \quad (13.1.5式)$$

［例13-1］产品直接材料标准成本的制定

已知：ABC公司预计20×7年甲产品消耗的直接材料资料见表13-1。

表13-1 甲产品消耗的直接材料资料

标 准	品 种	
	A材料	B材料
预计发票单价	30	40
装卸检验等成本	2	3
直接材料价格标准（元/千克）	32	43
材料设计用量	500	700
允许损耗量	1	2
直接材料用量标准（千克/件）	501	702

要求：制定甲产品消耗直接材料的标准成本。

解：依题意

单位产品消耗A材料的标准成本=32×501=16 032（元/件）

单位产品消耗B材料的标准成本=43×702=30 186（元/件）

甲产品直接材料的标准成本=16 032+30 186=46 218（元/件）

（四）直接人工标准成本的制定

直接人工标准成本是由直接人工价格标准和人工工时耗用量标准两个因素决定的。

1.直接人工价格标准的制定

直接人工价格标准的计算公式为：

直接人工价格标准=工资率标准×（1+其他直接费用控制标准） （13.1.6式）

在13.1.6式中，其他直接费用控制标准为14%；在不同的工资制度下，工资率标准的具体内容有一定差异。

如果采用计件工资制，工资率标准就是生产单位产品所支付的生产工人工资，即计件工资单价，其计算公式为：

工资率标准=套算的生产工人计件小时工资率×单位产品的工时定额 （13.1.7式）

如果采用计时工资制时，工资率标准就是生产工人每一工作小时所应分配的工资，即小时工资率，其计算公式为：

$$工资率标准=\frac{预计支付生产工人工资总额}{标准工时总数}$$ （13.1.8式）

13.1.8式中的“标准工时总数”通常用生产工人工作小时数（简称工时）或机器台时数（简称台时）来表示，是指企业在现有条件下可能生产的最大产量，也称产能标准。

2.人工工时耗用量标准的制定

人工工时耗用量标准即直接生产工人生产单位产品所需要的标准工时，也称工时消耗定额，是指在企业现有的生产技术条件下，生产单位产品所需要的工作时间。包括对产品的直接加工工时、必要的间歇和停工工时以及不可避免的废品耗用工时等。人工工时耗用量标准通常需要由生产技术部门和劳动工资部门根据技术测定和统计调查资料来确定。

3.直接人工标准成本的计算公式

当直接人工价格标准和人工工时耗用量标准确定之后，可利用下列公式制定出单位产品直接人工的标准成本。

单位产品直接人工标准成本=直接人工价格标准×人工工时耗用量标准 （13.1.9式）

［例13-2］产品直接人工标准成本的制定

已知：ABC公司预计20×7年甲产品消耗的直接人工资料，见表13-2。

表13-2 甲产品消耗的直接人工资料

标 准	工 序	
	第一工序	第二工序
每人月工时（8小时/天×22天）	176	176
生产工人人数	100	80
每月总工时	17 600	14 080
每月工资总额	1 408 000	1 408 000
工资率标准（元/小时）	80	100
其他直接费用控制标准（%）	14	14
直接人工价格标准（元/小时）	91.2	114
加工时间（人工小时/件）	45	35
休息时间（人工小时/件）	4	3
其他时间（人工小时/件）	1	2
直接人工用量标准（工时/件）	50	40

要求：制定单位甲产品消耗直接人工的标准成本。

解：依题意

第一工序直接人工标准成本=91.2×50=4 560（元/件）

第二工序直接人工标准成本=114×40=4 560（元/件）

单位甲产品消耗的直接人工标准成本=4 560+4 560=9 120（元/件）

（五）制造费用标准成本的制定

制造费用标准成本需要按部门分别编制。如果某种产品需要经过几个部门生产加工时，应将各部门加工的该产品的单位产品制造费用加以汇总，计算出该产品制造费用的标准成本。

制造费用的标准成本是由制造费用的价格标准和制造费用的用量标准两个因素决定的。

1.制造费用价格标准的制定

制造费用的价格标准即费用分配率标准，是指制造费用预算（包括变动性制造费用和固定性制造费用两部分）与预算的标准工时之商。其计算公式如下：

$$\text{制造费用分配率}=\frac{\text{变动性制造费用}+\text{固定性制造费用}}{\text{预算的标准工时}} \quad (13.1.10式)$$

$$=\text{变动性制造费用分配率}+\text{固定性制造费用分配率} \quad (13.1.11式)$$

13.1.10式中，预算的标准工时等于单位产品消耗的工时标准与预算产量的乘积。

在完全成本法下，制造费用预算可分别按变动性制造费用和固定性制造费用进行编制，以便于以后进行成本差异分析。变动性制造费用预算应根据变动成本特性，并参照以往的经验，由有关部门加以制定。固定性制造费用预算可参照历史资料并考虑预期生产力的利用程度加以估计。

在变动成本法下，固定性制造费用与生产量无直接关系，属于期间成本，不存在分配率问题。因此，在此法下，制造费用分配率的计算公式为：

$$\text{制造费用分配率}=\text{变动性制造费用分配率}=\frac{\text{变动性制造费用预算}}{\text{预算的标准工时}} \quad (13.1.12式)$$

2.制造费用用量标准的制定

制造费用用量标准即工时用量标准，是指生产单位产品所需要的工时或台时，与制定直接人工用量标准的方法相类似。

3.制造费用标准成本的计算公式

当制造费用的价格标准和用量标准确定之后，可利用下列公式制定出单位产品制造费用的标准成本。

单位产品制造费用标准成本=制造费用分配率标准×制造费用用量标准 (13.1.13式)

［例13-3］产品制造费用标准成本的制定

已知：ABC公司预计20×7年甲产品消耗的制造费用资料，见表13-3。

要求：制定单位甲产品制造费用的标准成本。

解：第一车间：

变动性制造费用分配率=316 800÷21 120=15（元/小时）

固定性制造费用分配率=422 400÷21 120=20（元/小时）

制造费用分配率=15+20=35（元/小时）

制造费用标准成本=35×60=2 100（元/件）

表13-3　　甲产品消耗的制造费用资料

标准	部门	
	第一车间	第二车间
制造费用预算（元）		
变动性制造费用预算	316 800	394 240
间接材料费用	200 000	260 000
间接人工费用	80 000	70 000
水电费用	36 800	64 240
固定性制造费用预算	422 400	619 520
管理人员工资	60 000	180 000
折旧费	28 000	31 200
其他费用	334 400	408 320
预算的标准工时（台时）	21 120	28 160
用量标准（台时/件）	60	80

第二车间：

变动性制造费用分配率=394 240÷28 160=14（元/小时）

固定性制造费用分配率=619 520÷28 160=22（元/小时）

制造费用分配率=14+22=36（元/小时）

制造费用标准成本=36×80=2 880（元/件）

单位甲产品制造费用标准成本=2 100+2 880=4 980（元/件）

（六）单位产品标准成本计算单的编制

当某种产品各个成本项目的标准成本制定之后，企业就可以编制每种产品的标准成本计算单。在实际工作中，通常要为每种产品设置一张标准成本计算单，并在该单中分别列示各个成本项目的价格标准与用量标准，通过直接汇总的方法求得单位产品的标准成本。

［例13-4］产品制造费用标准成本计算单的编制

已知：仍按例13-1、例13-2和例13-3中有关ABC公司甲产品各个成本项目的标准成本资料。

要求：编制该公司20×7年甲产品标准成本计算单。

解：依题意编制的ABC公司20×7年甲产品标准成本计算单，见表13-4。

表13-4　　20×7年甲产品标准成本计算单

项目	价格标准	用量标准	标准成本
直接材料			
A材料	32元/千克	501千克/件	16 032元/件
B材料	43元/千克	702千克/件	30 186元/件
小计	—	—	46 218元/件
直接人工			
第一工序	91.2元/工时	50工时/件	4 560元/件
第二工序	114元/工时	40工时/件	4 560元/件
小计	—	—	9 120元/件

续表

项目	价格标准	用量标准	标准成本
变动性制造费用			
第一车间	15元/台时	60台时/件	900元/件
第二车间	14元/台时	80台时/件	1 120元/件
小计	—	—	2 020元/件
固定性制造费用			
第一车间	20元/台时	60台时/件	1 200元/件
第二车间	22元/台时	80台时/件	1 760元/件
小计			2 960元/件
制造费用合计	—	—	4 980元/件
单位甲产品标准成本			60 318元/件

三、成本差异的含义及分类

（一）成本差异的含义

成本差异，是指在标准成本制度下，企业在一定时期生产一定数量的产品所发生的实际成本总额与相关的标准成本总额之间的差额。

（二）成本差异的分类

成本差异可以按照不同标志分为以下类型：

1.按成本差异构成内容不同进行分类

按成本差异构成内容不同，可将成本差异分为总差异、直接材料成本差异、直接人工成本差异和制造费用成本差异。

（1）总差异。即生产一定数量某种产品的实际总成本与标准成本总额之间的差异。总差异可以概括反映企业成本管理工作总体情况。

（2）直接材料成本差异。即生产一定数量的某种产品实际耗用的直接材料成本与直接材料的标准总成本之间的差异。

（3）直接人工成本差异。即生产一定数量的某种产品实际耗用的直接人工成本与直接人工标准总成本之间的差异。

（4）制造费用成本差异。即生产一定数量的某种产品实际发生的制造费用支出与标准制造费用之间的差异。

这种成本差异的划分方法只是静态地指明了差异的最终结果及其主要构成因素，不能表明各种差异形成的具体原因。

2.按成本差异形成过程进行分类

按成本差异形成过程，可将成本差异分为价格差异与用量差异。

（1）价格差异。它是指由于直接材料、直接人工和变动性制造费用等要素实际价格与标准价格不一致而产生的成本差异。其计算公式为：

价格差异=（实际价格-标准价格）×实际产量下的实际用量 （13.1.14式）

=价格差×实际产量下的实际用量 （13.1.15式）

13.1.14式中的“标准价格”与标准成本制定过程中使用的“价格标准”相同，均为单位概念。13.1.15式中由价格本身形成的“价格差”与由于价格原因引起成本差异的“价格差异”口径不同。

（2）用量差异。它是指由于直接材料、直接人工和变动性制造费用等各要素实际用量消耗与标准用量消耗不一致而产生的成本差异。其计算公式为：

用量差异=标准价格×（实际产量下的实际用量-实际产量下的标准用量） （13.1.16式）

=标准价格×实际产量下的用量差 （13.1.17式）

13.1.16式中的“实际产量下的标准用量”等于用量标准与实际产量的乘积，属于总量概念，与属于单位概念的“用量标准”口径不同。13.1.17式中属于实物量总量消耗差异的“用量差”，与属于成本范畴的“用量差异”口径不同。

3.按成本差异与其他因素的关系进行分类

按成本差异与其他因素的关系，可将成本差异分为纯差异和混合差异。

（1）纯差异。它是指假定其他因素在某一标准基础上不变，由于某个具体因素变动所形成的成本差异。如纯用量差异就是标准价格与实际产量下的用量差之积；纯价格差异则是价格差与标准用量之积。

（2）混合差异。它是指将总差异扣除所有纯差异后的剩余差异，它等于价格差与用量差之积。

处理混合差异，通常有三种方法：第一，将其分离出来，单独列示，由企业管理部门承担责任。因为这种差异的数额一般较小，产生的原因又较复杂，所以不是控制的重点所在。第二，将混合差异按项平均或按比重在各种差异之间进行分配。其根据是混合差异的产生是价格和用量两个因素共同变动的结果，应当由它们共同承担。第三，为简化计算，不单独计算混合差异，而是将其直接归并于某项差异。

在标准成本制度下，对混合差异采取了第三种方法。理由如下：首先，企业的用量差异大多是可控差异，为抓住主要矛盾，需要把它算得细一些；而引起价格变动的原因比较复杂，不易控制，可以计算得相对粗略一些。因此，需要将混合差异与纯价格差异合并起来。其次，从最初的责任看，混合差异也应当计入价格差异。因为任何一项成本项目，其价格差都先于用量差，如材料是先采购后耗用，因此，某期生产耗用量的变化只是把早已形成的价格差异归属于特定期间的特定产品。

4.按成本差异是否可以控制进行分类

按成本差异是否可以控制，可将成本差异分为可控差异和不可控差异。

（1）可控差异。它是指与主观努力程度相联系而形成的差异，又称为主观差异，它是成本差异控制的重点所在。

（2）不可控差异。它是指与主观努力程度关系不大，主要受客观原因影响而形成的差异，又叫客观差异。

这种成本差异的划分方法有利于调动有关方面进行成本控制的积极性，有利于对成本指标进行科学的考核与评价。

5.按成本差异数值性质的不同进行分类

按成本差异数值性质的不同，可将成本差异分为有利差异和不利差异。

（1）有利差异。它是指实际成本低于标准成本而形成的节约差，通常用“F”表示。

（2）不利差异。它是指实际成本高于标准成本而形成的超支差，通常用“U”表示。

（三）例外差异的判定

成本差异按照是否具备例外属性，可分为例外差异和一般差异两类。

（1）例外差异。它是指在已具备可控性的前提下，还具备或符合以下三个判定“例外”标志之一的成本差异。

① 判定“例外”标志一：重要性。它是指某项成本的成本差异率（该项成本的差异额占同口径标准成本预算的百分比）超过事先划定的百分比。如有的企业将差异率的上限定为10%，超过这个水平，就可以将其视为例外差异，原则上应作为分析的重点对待。在实务中，企业通常根据实际情况自行确定差异率标准。

② 判定“例外”标志之二：一贯性。它是指成本差异在发生的时间频率上达到一定的标准。即使不满足重要性标志的成本差异，但长期在标准水平附近徘徊，发生的频率很高，也应引起管理人员的重视，将其作为分析的重点对待。例如，有些企业规定：任何一项差异持续1个星期超过50元，或持续3个星期超过30元，均应视为例外。

③ 判定“例外”标志之三：特殊性。它是指成本差异的影响面广，若不及时查明原因，将对企业长期获利能力产生重大影响。

应用判定“例外”标志时，不需要考虑差异的性质是有利还是无利。对于那些有利的例外差异，也要列作分析重点，以便研究导致其产生的原因，是否因为标准成本的水平偏低或已经过时。

（2）一般差异。它是指例外差异以外的差异。

（3）区分例外差异和一般差异的意义。例外差异必须作为重点分析的对象，对导致一般差异产生的原因，则不必过于深究。这样做，有助于确定差异分析的重点，突出主要矛盾，提高管理效率。

四、成本差异的计算与分析

（一）直接材料成本差异的计算与分析

直接材料成本差异，是指在实际产量下，直接材料实际总成本与其标准总成本之间的差额。直接材料成本差异可以进一步分解为以下两种差异：一是实际材料用量脱离标准用量而形成的差异，即材料用量差异；二是实际材料价格脱离标准而形成的差异，即材料价格差异。有关公式如下：

$$\text{直接材料成本差异}=\text{实际产量下直接材料的实际成本}-\text{实际产量下直接材料的标准成本} \quad (13.1.18\text{式})$$

$$=\text{直接材料价格差异}+\text{直接材料用量差异} \quad (13.1.19\text{式})$$

$$\text{直接材料价格差异}=\left(\text{直接材料实际价格}-\text{直接材料标准价格}\right)\times\text{实际产量下直接材料的实际用量} \quad (13.1.20\text{式})$$

$$\text{直接材料用量差异}=\text{直接材料标准价格}\times\left(\text{实际产量下直接材料的实际用量}-\text{实际产量下直接材料的标准用量}\right) \quad (13.1.21\text{式})$$

利用13.1.19式，可以相互验证直接材料的总差异与分差异的计算数据是否正确。

在计算出直接材料各种差异的基础上，还应进一步分析其原因。

一般来说，可能造成材料价格差异的原因主要有：材料调拨价格或市场价格的变动；材料采购计划编制不准确；由于在生产经营中的临时紧急进货，使买价和运输费上升；进料数量未按经济批量办理；运输安排不当，增加了材料运费和途中损耗；没有在折扣期内及时付款，失去信用优惠等。材料价格差异一般应由采购部门负责，在分析价格差异时，还应注意区别主观因素和客观因素，对主观因素进行重点分析研究。

可能造成材料用量差异的原因主要有：材料质量差，废料过多；产品设计或工艺变更，用料标准未能及时调整；生产工人技术不熟练或不认真，造成废品废料；机器设备效率增减，使材料耗用量发生变化等。材料用量差异多是由于企业内部可控因素造成的，在一般情况下应由生产部门负责，但有时则要由其他部门负责，如材料质量低劣而引起的耗用量增加，则应由采购部门负责。

［例13-5］直接材料成本差异的计算与分析

已知：ABC公司的甲产品标准成本资料见表13-4，20×7年1月份实际生产400件甲产品，实际耗用A材料200 800千克，其实际单价为30元/千克；实际耗用B材料280 000千克，其实际单价为45元/千克。

要求：计算甲产品的直接材料成本差异。

解：依题意

A材料成本差异=30×200 800−32×501×400=−388 800（元）（F）

其中：价格差异=（30−32）×200 800=−401 600（元）（F）

用量差异=32×（200 800−501×400）=12 800（元）（U）

B材料成本差异=45×280 000−43×702×400=525 600（元）（U）

其中：价格差异=（45−43）×280 000=560 000（元）（U）

用量差异=43×（280 000−702×400）=−34 400（元）（F）

甲产品的直接材料成本差异=−388 800+525 600=136 800（元）（U）

以上计算结果表明，甲产品直接材料成本形成了136 800元不利差异。其中，A材料发生了388 800元的有利差异，B材料形成了525 600元的不利差异。前者是因为A材料实际价格降低而节约了401 600元成本和因耗用量增加而导致12 800元的成本超支额共同作用的结果；后者是因为B材料实际价格提高而增加了560 000元的成本开支和因耗用量的减少而节约34 400元的成本共同造成的。可见，该企业在对A、B两种材料耗用方面的控制效果是不同的，应进一步进行分析评价，以明确各部门的责任。

（二）直接人工成本差异的计算与分析

直接人工成本差异，是指在实际产量下，直接人工实际总成本与其标准总成本之间的差额。可以进一步分解为以下两种差异：一是实际人工价格脱离标准而形成的人工价格差异；二是实际使用的人工工时脱离标准而形成的效率差异，即用量差异。有关公式如下：

$$\text{直接人工成本差异}=\text{实际产量下直接人工的实际成本}-\text{实际产量下直接人工的标准成本} \quad (13.1.22式)$$

$$=\text{直接人工价格差异}+\text{直接人工效率差异} \quad (13.1.23式)$$

$$\text{直接人工价格差异}=(\text{实际人工价格}-\text{标准人工价格})\times\text{实际产量实际工时} \quad (13.1.24式)$$

$$\text{直接人工效率差异}=\text{标准人工价格}\times(\text{实际产量实际工时}-\text{实际产量标准工时}) \quad (13.1.25式)$$

利用13.1.23式，可以相互验证直接人工的总差异与分差异的计算数据是否正确。

在计算出直接人工各种差异的基础上，还应进一步分析其原因。

一般来说，可能造成人工价格差异的主要原因有：高、低工资工人的工作调度不当，高工资工人做低工资工人的工作，或反之；工资变动，原工资标准未及时调整；工资计算方法变更，如计时制改为计件制，或反之；出勤率发生变化；季节性或临时性生产增发工资，以及其他直接费用控制标准变动等。在西方国家，许多企业的工资大都是按照劳工合同规定的工资率支付的，除了因为修订劳工合同之外，一般不会导致人工价格差异的出现。但在实际工作中，在具体安排工作的时候，也会由于某种原因造成人工价格出现差异，由此而产生的责任，应由劳动人事部门或生产部门承担。导致人工价格变化的原因多是不可控的，因此在分析人工价格差异时，应针对具体情况进行评价说明，并与各部门的工作范围与责任相结合。

可能造成人工效率差异的主要原因有：生产工人技术不熟练，未能在工时标准内完成任务；材料供应不及时，造成停工待料，浪费工时；设备发生故障，停产等待修理，浪费工时；生产工艺变更，未能及时修订标准；生产计划安排不当，造成“窝工”；材料质量低劣，使加工时间延长，产品批量少、批次多，准备工作时间长；工作环境差，影响工人积极性和生产潜能的发挥等。由于工时效率差异产生的原因基本都是可控的，因此效率差异的责任主要应由生产部门负责，但由于原材料供应不及时或由于生产工艺变化等引起的差异，应由采购部门、动力部门以及相应的有关部门负责。因此，在分析效率差异时，应对承担不同责任的部门分别考核评价。

［例13-6］直接人工成本差异的计算与分析

已知：仍按例13-5的资料，20×7年1月份ABC公司为生产甲产品，第一工序和第二工序实际耗用人工小时分别为4 800小时和42 000小时，两个工序实际发生的直接人工成本（包括直接工资和其他直接费用）分别为4 416 000元和4 620 000元。

要求：计算甲产品的直接人工成本差异。

解：依题意

第一工序实际人工价格=1 838 160÷19 980=92元/小时

第二工序实际人工价格=1 782 000÷162 000=110元/小时

第一工序直接人工成本差异=1 838 160−91.2×50×400=14 160（元）（U）

其中：人工价格差异=（92−91.2）×19 980=15 984（元）（U）

效率差异=91.2×（19 980−50×400）=−1 824（元）（F）

第二工序直接人工成本差异=1 782 000−114×40×400=−42 000（元）（F）

其中：人工价格差异=（110−114）×162 000=−64 800（元）（F）

效率差异=114×（162 000−40×400）=228 000（元）（U）

甲产品直接人工成本差异=14 160−42 000=−27 840（元）（F）

以上计算表明，甲产品直接人工成本的有利差异为27 840元，是第一工序的14 160元的不利差异和第二工序的42 000元有利差异构成的。前者是因为该工序实际人工价格的提高而超支的成本15 984元和因实际耗用工时减少而节约的成本1 824元共同作用的结果；后者是由于该工序实际人工价格的降低而节约的成本64 800元和因耗用工时的增加而超支的成本228 000元所造成的。

（三）变动性制造费用成本差异的计算与分析

变动性制造费用成本差异，是指在实际产量下，变动性制造费用实际发生总额与其标准发生总额之间的差额。变动性制造费用成本差异可以进一步分解为以下两种差异：一是实际变动性制造费用分配率脱离标准而形成的耗费差异（又称开支差异），即价格差异，它通过每小时应负担变动性制造费用的多少反映其所耗费用水平或支出水平的高低；二是实际工时脱离标准工时而形成的效率差异，即用量差异，它反映了工作效率即所耗费工时多少而引起的变动性制造费用的超支或节约。有关计算公式如下：

$$\text{变动性制造费用成本差异}=\text{实际产量下实际变动性制造费用}-\text{实际产量下标准变动性制造费用} \quad (13.1.26\text{式})$$

$$=\text{变动性制造费用耗费差异}+\text{变动性制造费用效率差异} \quad (13.1.27\text{式})$$

$$\text{变动性制造费用耗费差异}=\left(\text{变动性制造费用实际分配率}-\text{变动性制造费用标准分配率}\right)\times\text{实际产量实际工时} \quad (13.1.28\text{式})$$

$$=\text{实际产量下实际变动性制造费用}-\text{变动性制造费用弹性预算数额} \quad (13.1.29\text{式})$$

$$\text{变动性制造费用效率差异}=\text{变动性制造费用标准分配率}\times\left(\text{实际产量实际工时}-\text{实际产量标准工时}\right) \quad (13.1.30\text{式})$$

$$=\text{变动性制造费用弹性预算数额}-\text{实际产量下标准变动性制造费用} \quad (13.1.31\text{式})$$

利用13.1.27式，可以相互验证变动性制造费用的总差异与分差异的计算数据是否正确。

一般来说，造成变动性制造费用耗费差异的原因主要有：预算或标准估计有误，实际变动性制造费用的发生额与预计数额发生偏差；间接材料价格的变化，间接人工工资的调整；间接材料质量低劣；其他各项费用控制不当等。耗费差异直接反映了管理部门支出控制的成效，因而是分析的重点。变动性制造费用耗费差异由于其构成内容繁多，具体原因不同，因此在进行成本差异分析时，应分清哪些是可控的，哪些是不可控的，并根据具体情况确定其责任的归属对象。

造成变动性制造费用效率差异的原因与直接人工效率差异产生的原因相同，其责任归属也与直接人工效率差异相同。

［例13-7］变动性制造费用成本差异的计算与分析

已知：仍按例13-5的资料，20×7年1月份ABC公司为生产甲产品，第一车间和第二车间实际耗用的机器小时分别为25 000和31 000小时，两个车间的实际工时变动性制造费用分配率均为14.5元/小时。

要求：计算甲产品的变动性制造费用成本差异。

解：依题意

第一车间变动性制造费用成本差异=14.5×25 000−15×60×400=2 500（元）（U）

其中：耗费差异=（14.5−15）×25 000=−12 500（元）（F）

效率差异=15×（25 000−60×400）=15 000（元）（U）

第二车间变动性制造费用成本差异=14.5×31 000−14×80×400=1 500（元）（U）

其中：耗费差异=（14.5−14）×31 000=15 500（元）（U）

效率差异=14×（31 000−80×400）=−14 000（元）（F）

甲产品变动制造费用成本差异=2 500+1 500=4 000（元）（U）

以上计算表明，甲产品变动性制造费用形成了4 000元不利差异。其中，第一车间发生了2 500元的不利差异，第二车间发生了1 500元的不利差异。前者是因为费用分配率降低而形成的12 500元的有利差异和因为效率降低而增加的15 000元的不利差异共同作用的结果；后者是因为费用分配率提高而形成的15 500元的不利差异和由于效率提高而形成的14 000元的有利差异共同作用的结果。可见，这两个车间对变动性制造费用的控制效果是不同的。

（四）固定性制造费用成本差异的计算与分析

固定性制造费用成本差异，是指在实际产量下，固定性制造费用实际发生总额与其标准发生总额之间的差额。固定性制造费用不同于变动性制造费用，它具有在相关范围内其总额固定不变的特性，但在实际工作中，由于生产能力利用程度不同，生产效率高低不同，以及实际执行与预算不完全一致，仍会出现固定性制造费用差异。对固定性制造费用进行成本控制，不需要像变动性制造费用那样通过编制弹性预算来实现，而是通过编制固定预算来实现。

固定性制造费用成本差异的计算公式如下：

固定性制造费用成本差异=实际产量下实际固定性制造费用−实际产量下标准固定性制造费用 （13.1.32式）

=实际产量下实际固定性制造费用−固定性制造费用标准分配率×实际产量标准工时 （13.1.33式）

对于固定性制造费用成本差异，可分别按以下两种方法进行分解：

1.两差异法

在两差异法下，固定性制造费用成本差异可以进一步分解为以下两种差异：一是实际固定性制造费用脱离预算而形成的预算差异，即耗费差异；二是固定性制造费用预算脱离标准而形成的能量差异，亦称除数差异。其计算公式如下：

固定性制造费用预算差异=实际产量下实际固定性制造费用−预算产量下标准固定性制造费用 （13.1.34式）

=固定性制造费用实际发生额−固定性制造费用预算发生额 （13.1.35式）

固定性制造费用能量差异=预算产量下标准固定性制造费用−实际产量下标准固定性制造费用 （13.1.36式）

=固定性制造费用标准分配率×（预算产量标准工时−实际产量标准工时） （13.1.37式）

以上各式中的“预算产量”需要以正常生产能力条件下所能达到的产量为依据。

一般来说，造成固定性制造费用预算差异的原因主要有：管理人员工资调整及随之的职工福利费的调整；折旧方法的改变；租赁费、保险费的调整及各项办公用品价格上涨等。这些因素变化主要是由客观原因引起的，不是企业控制的重点。

造成固定性制造费用能量差异的原因主要有：市场萎缩，订货减少；原设计生产能量过剩；供应不足，停工待料；能源短缺，开工不足；机械故障，停工待修；产品调整，批量减少；人员技术水平有限，未能充分发挥设备能力等。能量差异是由于现有生产能力没有发挥出来而造成的差异，其责任主要应由高层管理人员负责，计划部门、生产部门、采购部门、销售部门等都可能负有一定的责任，应根据企业的具体情况确定。

[例13-8] 固定性制造费用成本差异的计算（两差异法）与分析

已知：仍按例13-5的资料，20×7年1月份ABC公司甲产品的预计生产能力为352件。为生产甲产品，两个车间实际发生的固定性制造费用总额分别为423 000元和619 000元。

要求：用两差异法计算甲产品固定性制造费用的成本差异。

解：依题意

第一车间固定性制造费用差异=423 000−20×60×400=−57 000（元）（F）

其中：预算差异=423 000−20×60×352=600（元）（U）

能量差异=20×（60×352−60×400）=−57 600（元）（F）

第二车间固定性制造费用差异=619 000−22×80×400=−85 000（元）（F）

其中：预算差异=619 000−22×80×352=−520（元）（F）

能量差异=22×（80×352−80×400）=−84 480（元）（F）

甲产品固定性制造费用成本差异=−57 000−85 000=−142 000（元）（F）

以上计算表明，甲产品固定性制造费用的有利差异为142 000元，是由第一车间的57 000元有利差异和第二车间的85 000元有利差异形成的。其中前者是由600元不利的预算差异和57 600元有利的能量差异共同作用形成的；后者是由520元有利的预算差异和84 480元有利的能量差异共同作用形成的。

2.三差异法

在三差异法下，固定性制造费用成本差异可以进一步分解为以下三种差异：一是由于实际固定性制造费用脱离预算而形成的耗费差异，亦称开支差异；二是由于实际工时未能达到生产能量而形成的生产能力利用差异；三是由于实际工时脱离标准工时而形成的效率差异。其计算公式如下：

$$\text{固定性制造费用耗费差异}=\text{实际产量下实际固定性制造费用}-\text{预算产量下标准固定性制造费用} \quad （13.1.38式）$$

$$\text{固定性制造费用能力差异}=\text{固定性制造费用标准分配率}\times\left(\text{预算产量标准工时}-\text{实际产量实际工时}\right) \quad （13.1.39式）$$

$$\text{固定性制造费用效率差异}=\text{固定性制造费用标准分配率}\times\left(\text{实际产量实际工时}-\text{实际产量标准工时}\right) \quad （13.1.40式）$$

在三差异法中的耗费差异与两差异法中预算差异相同；能力差异与效率差异之和等于两差异法中的能量差异。

［例13-9］固定性制造费用成本差异的计算（三差异法）与分析

已知：仍按例13-8的资料，为生产甲产品，第一车间和第二车间实际耗用的机器小时分别为25 000小时和31 000小时。

要求：用三差异法计算甲产品的固定性制造费用成本差异。

解：依题意

第一车间固定性制造费用差异=423 000−20×60×400=−57 000（元）（F）

其中：耗费差异=423 000−20×60×352=600（元）（U）

能力差异=20×（60×352−25 000）=−77 600（元）（F）

效率差异=20×（25 000−60×400）=20 000（元）（U）

第二车间固定性制造费用差异=619 000−3×8×100=−85 000（元）（F）

其中：耗费差异=619 000−22×80×352=−520（元）（F）

能力差异=22×（80×352−31 000）=− 62 480（元）（F）

效率差异=22×（31 000−80×400）=−22 000（元）（F）

甲产品固定性制造费用成本差异=−57 000−85 000=−142 000（元）（F）

以上计算结果表明，采用三差异成本分析法能将成本差异的原因划分得更加具体，如在两差异法中只能看出两车间由于固定性制造费用预算产量脱离实际产量形成的有利的能量差异分别为57 600元和84 480元，在三差异法中又将该差异分为由于实际工时未能达到生产能量所形成的生产能力利用差异（第一车间和第二车间均为有利差异，分别为77 600元和62 480元）和由于实际工时脱离标准工时所形成的效率差异（第一车间为不利差异20 000

元，第二车间为有利差异22 000元），这样更便于分清责任，有利于进行成本控制。

第二节 质量成本控制

本节在介绍质量成本控制基本原理的基础上，重点讨论质量成本控制的相关理论与方法。

一、质量成本控制概述

质量是一个企业获得竞争优势的关键因素之一，产品质量如果不过关，就会降低企业的市场份额，进而降低利润，因此强化质量成本控制，是企业成本控制中不可缺少的一项重要内容。

（一）质量成本控制的内涵

所谓质量，按照ISO 9000：2000中的界定，是指反映或衡量一组固有特性的要求得到某种程度满足的指标。此概念没有涉及质量的载体，说明质量可以存在于不同的领域或任何事物中，其载体既可以是产品、计算机软件或服务等，也可以是过程、体系或者它们的组合等。质量就其本质来说是某种客观事物具有的特性，这些特性取决于人们的要求。这些要求有些可以量化为相关的技术参数，如产品的加工精度等；有些则是隐性的，如服务态度等，隐性的需求常常难以量化，但它确实存在。本书所述及的质量就是企业的产品质量。

美国著名质量管理专家朱兰（J.M.Juran）从顾客的角度出发，认为产品质量就是产品的适用性，即产品在使用时能成功地满足用户需要的程度。这种需要满足的程度一般反映在产品性能、经济特性、服务特性、环境特性和心理特性等方面。可见产品质量包括有形的物质产品质量和一些无形的产品质量，本章所阐述的质量成本控制仅涉及有形的物质产品质量控制。一般有形的物质产品质量特性包括产品的使用性能、安全、可靠性、可维修性、经济性等。其中使用性能指的是产品实现预定目的或者规定用途的能力；安全指的是产品保障人体健康和人身、财产安全的能力；可靠性指的是产品完成规定功能的程度和能力，如平均寿命、平均无故障工作时间等参数；可维修性指的是产品发生故障后的功能恢复能力，如平均修复时间等参数；经济性指的是产品投入与产出的效益能力。

所谓质量成本控制，是指企业在既定技术经济条件下，依据质量成本控制目标，对产品质量成本的形成和发生施以必要的、积极的影响，及时揭示差异并采取措施，从而达到最佳质量的活动。质量成本控制与其他控制一样，需要事先确定质量成本控制目标，并对产品质量形成的全过程实施有效的监督，包括产品的设计、生产和售后。对质量成本进行控制，充分反映了现代企业对产品质量和产品成本的重视，也反映了技术与经济相结合促进经济和社会发展这一历史发展的必然趋势。

（二）质量成本的构成

质量成本，是指为了保证或提高产品质量而主动支付的相关成本和因没有达到质量标准而被动发生的各种损失成本。最早提出质量成本概念的是美国著名专家费根鲍姆。按照他的观点，质量成本由四部分内容构成：预防成本、鉴定成本、内部损失成本和外部损失成本。其中，前两项内容是为了保证或提高产品质量而发生的成本，后两项内容则是因为产品不合格而发生的损失成本。按照ISO 9004的规定，质量成本除包括上述四项内容外，还包括外部质量保证成本。

1.预防成本

企业生产的产品可以划分为合格品和不合格品两类。合格品是指符合或超过质量标准的产品，包括一等品、二等品、三等品；不合格品是指不符合质量标准的产品，包括次品和废品。企业为防止不合格品的发生而于生产之前投入的相关成本，就是预防成本。预防成本包括质量工作费用（如办公费用、宣传费用、搜集情报费用、编制手册费用、编制质量计划费用、质量会议费用等）、产品设计研究阶段的质量评审费、质量培训费、质量奖励费、质量改进措施费、质量专职人员的人工成本等项内容。

2.鉴定成本

鉴定成本是指为了检查和评定材料、在产品或产成品等是否达到规定的质量标准所发生的相关成本，也称检验成本。企业为了在生产过程中能尽快发现不符合质量标准的产品，避免损失延续，就必须投入鉴定成本。鉴定成本包括检测试验费、检验设备的折旧费及修理费、检验人员的人工成本、检测试验的办公费用等项内容。

3.内部损失成本

内部损失成本也称为内部故障成本，是指产品出厂前，因不符合规定的质量标准所发生的各种费用或损失。此类成本包括产品制造中的废品成本、次品的返修成本、因质量问题导致的停工损失、事故分析处理费用、产品等级低于一等品的损失成本等项内容。

4.外部损失成本

外部损失成本，是指产品出厂后因未达到规定的质量要求而发生的各种费用或损失。此类成本包括质量诉讼费、质量赔偿费、退货费用、保修费用、产品降价损失等项内容。与发生在产品销售之前的内部损失成本不同，外部损失成本发生在产品销售过程中或销售后。

5.外部质量保证成本

外部质量保证成本，是指为了满足顾客所提出的特殊和附加的质量保证要求而发生的相关费用。此类成本包括特定质量的保证管理费用、保证试验费、质量评定费等项内容。这种成本与产品的正常质量无关，属于附加费用，按照ISO 9004的规定，企业应核算此类成本，但本章不再述及。

（三）产品质量的标准

因为产品质量包括符合质量和设计质量两类，所以产品质量标准也包括符合质量标准和设计质量标准两类。

1.产品符合质量的标准

产品符合质量也称为制造质量，是指在产品生产过程中，产品符合设计规格的程度。合格品与不合格品的划分就是在此基础上进行的。符合质量标准必须以符合设计质量为标准，凡符合设计质量的就是合格产品，凡不符合设计质量的就是不合格产品。

2.产品设计质量的标准

产品设计质量标准，是指根据产品生产的技术要求，对产品的内在质量和外观质量所作的量化规定，由产品的主要技术参数所构成。该标准是衡量产品质量高低的基本依据，也是企业生产产品的统一标准。从应用范围的角度看，目前我国企业所采用的产品质量标准，主要有国际标准、国家标准、行业标准和企业标准等类型。

国际标准，是指由某些有影响力的国际组织所规定的质量标准，如国际标准化组织（ISO）、国际电工委员会（IEC）等制定的标准；国家标准，是指针对某些重要产品所制定的，在全国范围内统一使用的产品质量标准，由国务院标准化行政主管部门制定；行业标准，也称为部颁标准，是在全国某一行业内统一使用的产品质量标准，在我国由国务院有关行政主管部门制定；企业标准，是由企业自主制定的标准，它是针对企业生产的产品没有国家标准和行业标准而制定的，通常只能在企业内部适用。我国鼓励企业制定严于国家标准或者行业标准的企业标准。

（四）质量成本控制的特征及内容

质量成本控制是全面质量管理的重要工作环节之一，其特征与全面质量管理特征相适应。

1.质量成本控制的特征

在1961年由费根鲍姆提出的全面质量管理概念中，将全面质量管理的特征概括为：全员性、全过程性和全面性。与之相适应，质量成本控制也具有这三个特征。

（1）全员性。质量成本控制不仅是质量部门的工作，它涉及企业的全员，包括所有的生产工人、所有的职能部门、各层次的领导。企业的全体员工都应承担质量成本控制的责任。

（2）全过程性。质量成本控制涉及产品寿命全过程，包括研究开发、设计、生产准备、采购、生产制造、包装、检验、储存、运输、售后服务、寿命期限各环节。这要求企业时刻贯彻质量控制理念，力争为客户提供质优、经济、耐用的好产品。

（3）全面性。质量成本控制所采用的控制方法具有全面性，它综合利用各种方法，包括技术方法、数理统计方法、会计方法、管理方法等，将质量与成本有机结合，将质量与需求有机结合。

2.质量成本控制的内容

质量成本控制工作紧紧围绕质量成本展开，主要包括制定质量成本控制目标、编制质量成本预算、确定最佳质量成本水平、进行日常质量成本控制等内容。

二、质量成本控制的实施

在质量成本控制的实际工作中，通常按照质量成本控制的内容依次展开。

（一）质量成本控制目标的制定

质量成本控制目标常常需要结合企业的质量战略确定，一般会通过量化指标予以体现，如质量成本降低率或合格品率等。传统质量成本控制中强调合格品率的控制水平，而现今的质量成本控制则更为关注过程控制，强调质量成本总体水平的降低。目前在质量成本控制目标确定过程中，可以采用的最先进的管理方法就是6σ管理法。

1.6σ管理法的基本理念

6σ管理法的基本理念是：质量是靠流程的优化，而不是通过严格的对最终产品的检验来实现的。企业应该把资源放在认识、改善和控制原因上而不是放在质量检查、售后服务等活动上。基于此，6σ管理法有一整套严谨的程序和方法来帮助企业推广实施流程优化工作，识别并排除那些不能给顾客带来价值的成本浪费，从而达到消除无附加值的活动，缩短生产、经营循环周期，降低成本同时提高经济效益的目的。

2.6σ管理法的战略目标制定

6σ管理法的战略目标制定最终会通过σ的水平体现。σ就是统计学中所称的标准差，它表示不确定数据的分散程度，这里针对的是产品品质。产品品质不仅涉及产品质量，还涉及服务质量，此外也涉及过程的改进。σ值越大，表示缺陷或错误就越少。以6σ作为质量控制的目标，意味着所有的过程和结果中，有99.99966%是无缺陷的，也就是说，做100万件事情，其中只有3~4件是有缺陷的，这几乎趋近人类能够达到的最为完美的境界。6σ理论认为，大多数企业的质量在3σ ~ 4σ之间，也就是说每百万次操作失误在6 210 ~ 66 800次之间，这些缺陷要求经营者以15% ~ 30%的销售额投入进行事后的弥补或修正，而如果做到6σ，事后弥补的资金将会降低到约为销售额的5%。实际上，实践中的大部分企业直接将6σ定位于不合格品率，要求不合格品率趋于6σ。例如，美国得克萨斯仪器公司将更多的质量成本投入到监控过程，这使得该公司的产品不合格率从1992年的每百万个产品中的8 000个降低到1996年的每百万个产品中不足600个，当年该公司获得了美国颁发的质量奖。

关于6σ管理法早期的情况，请参见知识拓展13-2：6σ管理法的产生。

知识拓展13-2

6σ管理法的产生

（二）质量成本预算的编制

质量成本预算是企业按照质量成本的构成内容，分明细项目列示并编制的一种预算。由于质量成本主要由预防成本、鉴定成本、内部损失成本和外部损失成本四项内容构成，因此质量成本预算需要按照上述四项内容以及每项内容的具体明细项目分别编制。

在预算的具体编制过程中，应以企业确定的质量战略目标为前提，对每个相关责任部门（如车间等）的质量成本四项内容及其各明细项目进行编制。需要说明的是，与损失成本可按产品品种分别确定不同，预防与鉴定成本往往属于共同成本，只有选用一定的分配标准进行分摊，才能将其分配给具体的产品，这可能导致核算结果的不准确。因此，在实务中一般只按部门编制这种差别的预算。

（三）最佳质量成本水平的确定

为了从定量的角度反映质量成本的水平，人们提出了最佳质量成本的观念。迄今为止，对最佳质量成本的解释有以下两种不同观点：早期形成的观点和发展过程中形成的观点。前者称为传统质量成本观，后者称为现代质量成本观。

1.传统质量成本观下的最佳质量成本

传统质量成本观是由美国学者提出的，也称为可接受的质量水平模式。

（1）基本思想。传统质量成本观的基本思想是：允许生产并销售一定数量的缺陷产品，最佳的质量水平应该是可接受的质量水平，如果超出该值，必然会增加成本，企业往往会得不偿失。其理由在于：预防和鉴定成本属于不可避免成本，随着产品质量的不断提高，这部分成本将会随其同方向变动而不断增大；损失成本属于可避免成本，随着产品质量的不断提高，这部分成本将随其反方向变动而不断降低。如果产品质量的高低用合格品率来表示，则存在着最佳质量成本。确定最佳质量成本有两种方法；边际分析法和合理比例法。

（2）边际分析法下的最佳质量成本确定。边际分析法应用微分极值原理来确定最佳合格品率。假设Q为合格品率，Y为质量成本，则质量成本Y按照其随质量Q变动方向的不同，可划分为与Q同方向变动（包括预防成本和鉴定成本）和反方向变动（包括内部损失成本和外部损失成本）两类。根据传统质量成本观，最佳质量成本就是当企业预防成本、鉴定成本、内部损失成本和外部损失成本等所有质量成本之和最低时的合格品率。因此，各类不同性质的质量成本与合格品率之间的关系可用图13-1表示。

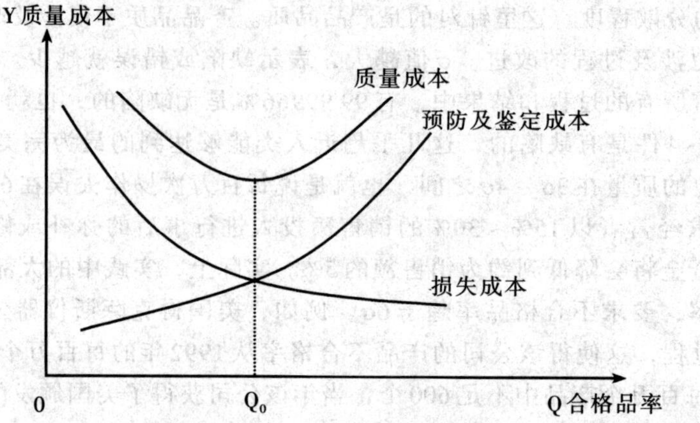

图13-1　传统质量成本观下边际分析法最佳质量成本示意图

设F为单位产品成本的内部质量损失，Q为合格品率，(1-Q)为废品率，则每件合格品负担的质量损失成本Y_1的计算公式是：

$$Y_1=F\cdot\frac{1-Q}{Q} \qquad (13.2.1式)$$

设每件合格品负担的预防和检验成本为Y_2，它与合格品率和废品率之间的比值存在一定的比例关系。设这个比例系数为K，即随产品合格品率变化需要追加的预防和检验成本的系数，该系数为一常数，则Y_2的计算公式是：

$$Y_2=K\cdot\frac{Q}{1-Q} \qquad (13.2.2式)$$

如果以Y表示单位合格产品负担的质量成本，则：

$$Y=Y_1+Y_2=F\cdot\frac{1-Q}{Q}+K\cdot\frac{Q}{1-Q} \qquad (13.2.3式)$$

根据13.2.3式，以Q为自变量求Y的一阶导数，并令Y′=0，可得出以下结论：

第一，当单位预防成本和检验成本等于单位废品损失成本时，质量成本最低，即存在最优质量Q_0。

第二，最优质量Q_0的计算公式（证明过程略）为：

$$Q_0=\frac{1}{1+\sqrt{\frac{K}{F}}} \qquad (13.2.4式)$$

［例13-10］边际分析法的应用

已知：某企业上半年铸件合格品率为90%，年产量为200吨，预防检验成本为8 000元，每吨铸件的废品损失成本为440元。

要求：计算最优质量和最优质量成本。

解：依题意Q=90%，F=440元

$$Y_2=\frac{8\ 000}{200}=40（元）$$

$$K=Y_2\cdot\frac{1-Q}{Q}=40\times\frac{1-90\%}{90\%}=4.44$$

最优质量$Q_0=\frac{1}{1+\sqrt{\frac{4.44}{440}}}=90.91\%$

最优质量成本$Y_0=440\times\frac{1-90.91\%}{90.91\%}+4.44\times\frac{1-90.91\%}{90.91\%}=44.44$（元/件）

可见，当合格品率为90.91%时，质量成本最低，单位质量成本为44.44元/件，企业应以此作为最优质量成本控制的目标。

（3）合理比例法下的最佳质量成本确定。

从理论上讲，按照边际分析法可以算出最佳质量成本和最佳合格率。但从实务的角度看，要求企业产品合格品率一直保持在一个特定的水平上（如94%）几乎是不可能的，但将合格品率保持在某一适宜的范围内（如93%～95%之间），则是可以做到的。基于此，人们提出了合理比例法。合理比例法不需要追求一个最佳质量点，而是根据质量成本不同构成内容之间的关系，确定一个合理的比例，从而确定质量水平的适宜区域。此法将质量总成本曲线分为三个区域：改善区、适宜区和至善区，如图13-2所示。

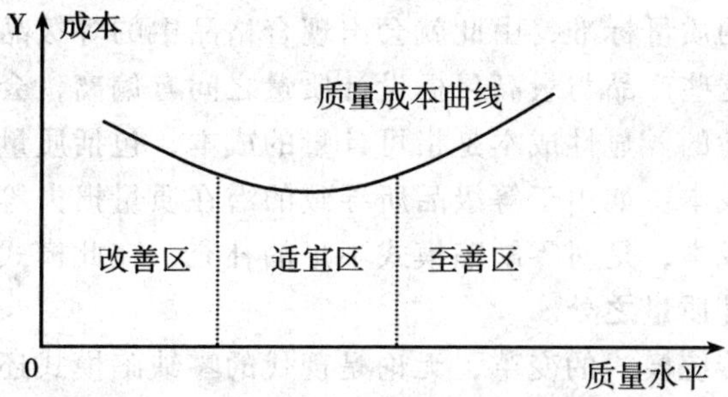

图13-2　合理比例法最佳质量成本示意图

图13-2表明，如果产品质量处于改善区，说明产品质量水平较低，损失成本较高，企业应尽快采取措施，追加预防和检验成本，以保证产品质量。如果产品质量处于至善区，说明产品质量水平很高，且超过用户的需要，出现不必要的质量成本损失，这也是不可取的。理想的质量水平区域是适宜区，在这一区域内，质量适当，经济效益高。

在质量成本的各项目之间，客观存在一个合理的比例。当质量成本达到这一比例时，就可以认为质量水平处于适宜区。美国质量管理专家朱兰认为：质量成本中的预防成本占10%、鉴定成本占40%、故障成本占50%；哈灵顿（James Harrington）认为，预防成本占10%；鉴定成本占25%；内部损失成本占57%，外部损失成本占8%。实务中对质量成本各项目之间的比例不能作绝对的理解，应结合企业自身的具体情况来确定。

2.现代质量成本观下的最佳质量成本

现代质量成本观是针对传统质量成本观的缺陷，最早由日本学者提出。

（1）基本思想。

现代质量成本观的基本思想是：任何产品的缺陷都会给企业带来损失，应该消除损失成本。传统质量成本观要求以最少的质量资金投入为出发点，允许不合格品的存在，这种观点具有明显的缺陷。其缺陷主要表现在以下几点：一是强调质量保持在“可接受的质量成本水平”，不利于产品质量的不断改进；二是仅从厂家角度分析质量成本，忽视了消费者对质量的要求；三是强调事后的质量检验，忽视了对产品质量形成全过程的控制。基于此，现代质量成本观要求对传统质量成本观进行变革，提出两种模式：零缺陷模式和健全质量模式。

(2) 现代质量成本观下的零缺陷模式。

零缺陷模式要求将不符合质量要求的产品降到零，以消除损失成本。松下创始人松下幸之助先生曾提出“1%=100%”的著名等式，即从企业角度来看，生产1%的次品不算多，但从消费者角度来看，买到任何一件次品都会感到沮丧，因为它就是100%的次品。基于此，日本企业倡导“零瑕疵、高质量”，虽然企业为减少瑕疵，会增加事前的控制成本，但由此会提升企业的生产效率和竞争力，进而提高企业的经济效益。

在此模式下，要求每一个人“第一次就要把事情做对”，通过加大产品的事前预防成本和鉴定成本，避免缺陷产品的出现。因此企业的最佳质量成本就是不合格品率为零时的质量成本。

(3) 现代质量成本观下的健全质量模式。

健全质量模式要求在零缺陷模式的基础上，降低部分合格品所导致的隐性质量损失成本，从而使产品质量趋于最高目标设计质量标准。目标设计质量也有区域划分，最高的目标设计质量是生产产品的最高质量标准，有时产品的符合质量虽然处于目标设计质量区域之内，但并没有达到最高的质量标准，由此就会出现合格品中的等级品之分。虽然二等品和三等品属于合格产品，但这些产品与最高目标设计质量之间有偏离，会给企业带来损失，这些损失是隐性的而不是显性的。显性成本是指可计量的成本，包括质量成本的四项内容；隐性成本则是指难以计量的成本，如由于等级品所导致的潜在质量损失等。可见，健全质量模式力求消除隐性质量损失成本，是对零缺陷模式不足的补充，在此模式下，最佳质量成本水平是产品达到最高目标设计质量之处。

现代质量模式是对传统模式的变革，无论是现代的零缺陷模式还是健全质量模式，都不允许存在缺陷产品，健全质量模式是最为理想的成本控制模式。

(四) 质量成本的日常控制

质量成本的日常控制涉及产品质量形成的方方面面，主要包括：建立质量成本责任控制体系、进行过程控制、编制质量成本差异分析报告、进行质量成本构成和效益分析。

1.建立质量成本责任控制体系

实际工作中，要将质量成本控制落到实处，必须建立质量成本责任控制体系。该体系应明确质量成本控制的各级组织（如厂部、分厂、班组等）以及各归口的职能管理部门（如财务、生产、技术、销售等），明确不同层次、不同管理部门的责任和权力。一般来说，预防成本由质量管理部门归口控制；鉴定成本由质量检验部门归口控制；内部损失成本由总工程师通过质量管理部门归口控制；外部损失成本由销售部门归口控制。在归口的同时，需要将责任分解至个人。另外在管理高层，应明确质量成本控制的总负责人，其主要职责是负责质量成本控制目标的完成及协调等工作。

2.进行过程控制

一个企业质量成本控制的重心是降低内部损失成本的发生，但这绝不意味着质量成本控制仅仅是对生产过程的控制。质量成本的形成涉及产品生产前，也涉及产品销售后，因此必须对产品质量成本形成的全过程进行控制。

首先，应在产品设计阶段进行质量成本控制。设计阶段会发生设计质量管理成本和设计质量故障成本两类，前者是设计本身发生的费用，包括设计调研费、情报搜集费、鉴定评审费等，后者是由于设计出现问题而导致的返工等损失。企业通过对产品设计的论证、评审、试制和试验等措施，尽量使设计方案科学合理，从而避免投产后因工艺等设计不合理而造成的损失。其次，在材料采购过程中，应关注供应商提供的材料品质，从材料的验收标准开始，制定一系列的工作规范，从而降低因购入材料不合要求而导致的损失，另外还应避免使用“质量过剩”的原材料，从而避免先天性消耗材料价高等现象。再次，生产过程中应加强对工人的技术指导，不断提高工人的生产技术水平，控制废品，将废品损失、返修损失和因质量而导致的停工损失降到最低或趋近于零。最后，产品销售后，应包修、包退、包换，对“三包”造成的损失应分析原因，及时反馈信息。

3.编制质量成本差异分析报告

质量成本差异应分部门按预防成本、鉴定成本、内部损失成本、外部损失成本四项内容列示，并反映各类内容明细项目的实际数、预算数及实际脱离预算的差异。通过差异分析，寻找原因并采取措施。

质量成本差异分析的前提是进行质量成本的日常核算。由于目前会计制度中没有专门核算质量成本的会计科目，因此日常核算中可以借助正常的会计核算原始凭证，将质量成本核算与其分开，同时进行质量成本和正常核算，采用“双轨制”。期末按照部门编制差异分析报告，并根据差异的高低选择重要明细项目进行分析。

4.进行质量成本构成和效益分析

按照质量管理专家的观点，预防成本、鉴定成本、内部损失成本、外部损失成本具有一定的合理比例关系，如10%、25%、57%、8%等。因此一个企业质量成本控制水平的高低，可以通过计算质量成本各项内容的占比并看其构成是否适宜来确定。实务中，从产品功能质量来看，产品的功能越多，成本越高，高质量常常与高成本同方向变动。然而追求高质量不是目的，目的是实现收益，因此从这个意义上看，必须将质量成本与收益挂钩进行分析，通常可以采用的分析指标是销售收入质量成本率。该指标是质量成本总额与销售收入的比值，通常质量管理专家认为，最优的质量成本水平应为销售收入的2%～4%。

第三节　存货成本控制

本节阐明存货成本控制的内涵，存货成本控制的定性控制及定量控制方法。

一、存货成本控制的内涵

存货包括原材料存货、在产品存货和产成品存货。通常它在企业的流动资产中所占比例较高，因此存货利用与管理水平的高低，直接对流动资金的周转和企业财务状况产生影响，如何降低存货成本是每一个企业成本控制的工作重心之一。

（一）存货成本控制的概念及目标

存货成本控制是指按照一定的标准和方法，通过一定程序对企业的存货成本进行的控制。实际工作中，过高的库存不仅会增加资金占用量，而且会增大产品成本；过低的库存可能导致企业生产周转中断。只有适度的库存，才能确保供产销的顺畅流转，因此存货成本控制的目标是：在确保企业生产经营活动正常有序进行的前提下，尽可能地降低存货的资金占用额，即降低存货成本。

（二）存货成本控制中的相关概念

在存货成本控制中，需要考虑一些相关的成本，包括购置成本、订货成本、储存成本、缺货成本等。

1.购置成本

购置成本是指存货本身的价值，即存货的买入成本，包括存货的买价、运费以及运输过程中的正常损耗，常常用数量与单价的乘积来确定。如果存货的年需要量用D表示，U代表存货的购入单价，购置成本用TC_0表示，则存货的购置成本计算公式为：

$$购置成本（TC_0）=存货年需要量×购入单价=D\cdot U \quad （13.3.1式）$$

2.订货成本

订货成本是指取得订单的成本。通常企业在一定期间内为订购原材料会发生各项费用，包括采购人员的工资、采购部门的一般经费以及采购业务费，如办公费、差旅费、邮资、电话费等。根据该类成本与订货次数之间的依存关系可将其分为固定和变动两部分。前者与订货次数多少无关，是维持采购部门正常业务活动所必需的费用；后者则随订货次数的增减而成正比例变动，但它与每次的订货批量无直接关系。如果存货的年需要量用D表示，每次材料的采购批量用Q表示，每次订货的变动性订货成本用K表示，每次订货的固定性订货成本用F_1表示，全年订货成本用TC_1表示，则订货成本的计算公式如下：

$$\frac{订货成本}{（TC_1）}=\frac{每次订货的}{变动性订货成本}\times\frac{存货年需要量}{采购批量}+\frac{每次订货的}{固定性订货成本}=K\cdot\frac{D}{Q}+F_1 \quad （13.3.2式）$$

3.储存成本

储存成本是指为保存存货而发生的成本。通常企业在一定期间内为储存存货需要发生各项费用，包括支付给储运公司的费用以及企业仓储发生的各种费用，如搬运费、仓储费、保险费、占用资金发生的利息、存货破损或变质损失等。依据该类成本与存货数量的关系区分为固定成本和变动成本两部分。前者与存货数量的多少无关，如仓库的折旧费、仓库职工的固定月工资等；后者则与存货数量直接相关，如存货资金的应计利息、存货的破损和变质损失、存货的保险费用等。储存成本既可以发生在材料采购过程，也可以发生在生产过程。如果用C表示单位存货年平均变动性储存成本，每次材料的采购批量用Q表示，用F_2表示固定性储存成本，全年储存成本总额用TC_2表示，则储存成本的计算公式如下：

$$\frac{储存成本}{（TC_2）}=\frac{单位存货年平均}{变动性储存成本}\times\frac{采购批量}{2}+\frac{固定性}{储存成本}=C\cdot\frac{Q}{2}+F_2 \quad （13.3.3式）$$

4.缺货成本

缺货成本是指由于存货供应中断而造成的损失。这种损失包括由于材料供应中断造成的停工损失、由于产成品库存缺货造成的拖欠发货损失和丧失销售机会的损失。如果生产企业通过紧急采购代用材料解决库存材料中断之急，此时缺货成本表现为紧急采购额外的购入成本。如果单位缺货年平均成本用S表示，年平均缺货量用Q_S表示，全年缺货成本总额用TC_3表示，则缺货成本的计算公式如下：

$$缺货成本（TC_3）=年平均缺货量×单位缺货年平均成本=Q_S\cdot S \quad （13.3.4式）$$

（三）存货成本控制的方法

概括而言，存货成本控制的方法有两类：定性控制方法与定量控制方法。这两类方法并不相互排斥，而是相互补充的，它们从不同层面为降低存货成本服务。

存货成本控制的定性方法是指通过分析进行控制的一类方法。此类方法不需要建立数学模型，通过因素分析、过程分析、结果分析等进行控制，其控制范畴涵盖存货形成的全过程，包括对各类存货的控制。具体方法包括因素控制法、ABC分类法和适时制控制法。

存货成本控制的定量方法是指通过建立数学模型进行控制的一类方法。此类方法是在分析耗用量或生产量的基础上，建立相关数学模型并实施控制。具体方法包括经济采购批量控制法、最优生产批量控制法和定期采购控制法等。其中最优生产批量控制法解决的是一定时期，某种产品全年应该生产几批、每批生产多少的问题。此类问题既可以视为一种存货控制分析，也可以视为一种日常生产决策分析，本教材在经营决策分析中对其进行阐述，这里不赘述。

二、存货成本的定性控制

由于存货一般在流动资产中所占比例较高，因此人们很早就开始探讨存货成本的控制方法，而这种探索从来没有间断过。从存货成本定性控制方法出现的先后顺序来看，最早出现的是因素控制法和ABC分类法，适时制控制法是近几年流行的一种成本控制方法。然而无论是早期的控制方法还是近期的控制方法，都对存货成本控制具有十分重要的意义。

（一）因素控制法

因素控制法是指分别从成本项目的数量和价格因素进行控制的一种定性存货成本控制方法。虽然存货涉及原材料存货、在产品存货和产成品存货三类，但无论是在产品还是产成品，都是由料、工、费三个成本项目构成，因此只要降低了三个成本项目，存货成本自然随之降低。由此可见，存货成本的定性控制应着眼于这三个项目的成本降低。然而无论是材料成本项目还是其他两个成本项目，都由价格和数量两个因素构成，因此实际工作中，可以从这两个因素着手控制。

具体来讲，对于材料成本，不仅要控制材料的购入成本，还要控制生产中材料的使用数量；对于人工成本，不仅要控制用工的人数，还要控制工资的增长速度；对于制造费用，应该区分固定性制造费用和变动性制造费用两类并采用不同的方式进行控制，前者应从各明细项目的总量控制，而后者应从各明细项目的单位数额进行控制。

（二）ABC分类法

ABC分类法是指对存货按照类别划分进行控制的一种定性存货控制方法。此法由意大利经济学家巴雷特于19世纪首创，故也称为巴雷特控制法。其基本原理是以存货成本比重和实物量比重共同为存货类别划分的标志，将存货区分为A、B、C三类，不同类别存货采取不同的控制方式。这种控制方式的基本出发点是：抓住关键少数，区别对待。其具体操作步骤如下：一是计算每一种存货在一定期间内（通常为1年）的资金占用额。二是计算每一种存货资金占用额占全部资金占用额的百分比，并按大小顺序排列。三是将存货占用资金巨大、品种数量较少的确定为A类；将存货占用资金一般、品种数量相对较多的确定为B类；将存货品种繁多，但价值金额较小的确定为C类。四是对不同类别的存货采取不同的控制措施。

一般A类存货，由于其种类少，但占用资金较多，因此应对其进行认真规划，计算经济批量并逐项重点控制；而对于C类存货，虽然种类繁多，但占用资金很少，不必耗费过多的精力，可以对其进行简单控制；B类存货介于A类和C类之间，也应给予一定程度的重视，但不必像A类那么严格，可以对其进行次重点控制。至于A、B、C三类的界定没有绝对的标准，企业可以灵活掌握，一般的划分标准及适用范围见表13-5。

表13-5 **ABC分类法划分标准、控制方式及适用范围表**

类别	划分标准		控制方式	适用范围
	成本比重	实物量比重		
A类	70%~80%	不超过20%	重点控制	品种少、单位价值高的存货
B类	15%~20%	不超过30%	一般控制	介于A类与C类之间的存货
C类	5%~10%	不低于50%	简单控制	品种多、单位价值低的存货

从表13-5可以看出，ABC分类法简便易行，不仅适用于单一品种存货的成本控制，也适用于多品种存货的成本控制，亦可用于某项成本的具体内容的分类控制，它是一种既经济又合理的成本控制方法。

（三）适时制控制法

适时制控制法是指存货在需要时才取得并进入生产过程的一种存货定性控制方法。此法首创于日本的丰田汽车公司。

1.适时制控制法的基本思想及目标

其基本思想是，以顾客（即市场）为中心，根据市场需求来组织生产和供货，实施拉动式的生产管理，即逆着生产工序，由顾客需求开始，按照订单→产成品→组件→配件→零件和原材料→供应商的顺序，由后向前，逐个向前逼进，上道工序提供的正好是下道工序所需要的，且时间上不早不迟，数量上不多不少正好，恰好满足顾客的需要。其控制理念是，存货是一种浪费，应该消除从产品设计到产品销售各个环节的一切浪费；其控制目标是，实现零存货和零缺陷。

2.适时制控制法对传统存货控制体系的变革

适时制控制法从其产生至今，内容不断充实与完善，经过多年的发展，已成为近几年来理论界与实务界最为推崇的一种存货控制方法。它具有先进性，是对传统存货控制方法的一种彻底变革，其变革主要表现在以下几方面：

（1）改变了订货方式。

在传统的存货控制体制下，往往先由原材料供应商报价，然后生产商根据自身所掌握的数据以及报价的高低进行选择。而原材料供应商常常为了防止生产商的生产变动给自己造成损失，通过与生产商签订严格的协议来约束生产商的行为。这种订货方式虽然有利于供应商，但不利于生产商，生产商一方面不能根据市场需求状况的变动及时调整生产计划，另一方面需要花费人力、物力管理预购的存货。而在适时制控制法下，首先生产商提出要求，供应商按照生产商的要求及时供货，订货价格得到双方的认可。这样生产商由被动变主动，供应商与生产商实现了双赢。

（2）改变了投料方式。

在传统存货控制体制下，原材料的投放是由计划决定的，前一道工序的生产状况不受后面工序的制约，相反后道工序却取决于前道工序的在产品完成状况。为了保证生产的正常进行，各道工序都设有大量的库存。而在适时制控制法下，企业推行“看板生产”，成功地解决了存货投放时间点和投放量的问题。所谓“看板生产”，就是要求生产线的各道工序只在必要的时候，按必须的数量生产必要的相关产品，后道工序的需要量制约前道工序的生产量。这样使得每道工序的生产量与需要量保持一致，从而尽量地减少了在产品的库存量，提高了生产效率并降低了储存成本，基本实现了零存货的目标。显然适时制控制法的投料方式是按需投放的。

（3）改变了仓库设置方式。

在传统存货控制体制下，企业为了保证生产不中断，会设置多个半成品仓库，仓库与生产部门并列于企业总经理的领导之下，实施存货管理上的权利统一，企业通过计划指导生产和仓储，生产计划通过初始工序贯穿于整个生产线，从而决定了一定时期原材料的需要量。而在适时制控制法下，订货量与需要量保持一致，生产量与需要量保持一致，各个工序按需供货，因此企业仓库转入物流中心，中间的半成品仓库取消，存货基本上停留在生产线上。

3.适时制控制法实施的前提条件

适时制控制法大大地降低了企业的储存成本，而要推行“零存货”管理，企业必须具备一定的前提条件，其要求有两点：一是要求企业与供应商保持良好的合作关系。适时制控制法在降低储存成本的同时，由于采购次数的增加，会导致采购费用的提高，因此，企业与供应商必须良好合作，结为战略联盟，订立长期合同，这样一方面可降低采购费用，另一方面可确保供应商适时供货。二是要求供应商的产品质量必须过关，达到“零缺陷”，只有这样才能保证生产的顺畅进行。

4.适时制控制法应注意的问题

适时制控制法虽然要求供产销各个环节在时间上和数量上紧密衔接，倡导“零存货”，但我们必须看到“零存货”应该是一种存货的控制理念。20世纪70年代，由于适时制控制法的极大成功，丰田公司一度把库存压得很低，结果在80年代初的一次地震后，当市场需求突然大增时，丰田公司由于不能及时供货而遭受了损失，此后丰田公司适度增加了存货。实践证明，库存为零的做法在市场稳定的情况下，在中小企业也许能够做到，但对大公司则是不现实的，因此实际工作中，保持适度的产成品库存是必要的。

三、存货成本的定量控制

出现较早且应用较广的存货成本定量控制方法是经济采购批量控制法。

（一）经济采购批量控制法的概念

经济采购批量控制法是指通过确定经济采购批量和再订货点控制材料库存的一种定量存货控制方法。此法依据微分极值原理确定经济采购批量，根据再订货点判定是否应该采购。如果企业的实际库存达到了再订货点，则应按照计算的经济采购批量进行采购，从而补充库存。

（二）经济采购批量的确定

实际工作中，企业存在某种材料全年采购几次，每次采购多少的问题，这就涉及经济采购批量的确定问题。

1.经济采购批量的内涵

所谓采购批量，是指企业每次从外部购买材料的数量，用Q表示。所谓经济采购批量，又称经济订货批量，简称经济批量，是指在保证生产经营需要的前提下能使全年材料相关总成本最低时的采购批量，用Q^*表示。经济采购批量通过建立数学模型确定，不同模型下的相关成本不同。

与经济采购批量相关的指标是经济订货次数和全年相关最低总成本。经济订货次数建立在经济采购批量的基础上，它是指材料全年需用量与经济采购批量的比值；全年相关最低总成本也建立在经济采购批量的基础上，由于经济采购批量在不同情况下建立的模型不同，考虑的相关成本也不同，因此全年相关最低总成本必须结合具体模型予以确定。

2.经济采购批量的基本模型

经济采购批量的基本模型建立在以下假设前提基础之上：一是假设采购条件中没有规定商业折扣条款，即没有规定数量折扣，采购价格不变；二是假设生产过程中不存在缺货现象；三是假设每批订货均能一次到货。在此假设下，全年的相关成本只涉及订货成本和储存成本，其总成本（用TC表示）模型如下：

$$年存货总成本（TC）=年订货成本+年储存成本=TC_1+TC_2$$

$$=\left(K\cdot\frac{D}{Q}+F_1\right)+\left(C\cdot\frac{Q}{2}+F_2\right) \quad (13.3.5式)$$

根据13.3.5式，利用微分极值原理可以进行推导（推导过程略），结论如下：当年储存成本与年订货成本相等时，全年相关总成本最低；此时经济采购批量Q^*的基本模型、经济订货次数（即全年最佳采购次数）和全年最低相关总成本TC^*的计算公式如下：

$$经济采购批量（Q^*）=\sqrt{\frac{2\times某种存货年需要量\times每次订货变动成本}{单位年变动储存成本}}=\sqrt{\frac{2DK}{C}} \quad (13.3.6式)$$

$$经济订货次数（N^*）=\frac{某种存货年需要量}{经济采购批量}=\frac{D}{Q^*} \quad (13.3.7式)$$

$$全年最低采购成本（TC^*）=\sqrt{2DKC} \quad (13.3.8式)$$

从13.3.5式可以看出，在一定假设前提下，经济采购批量控制必须考虑的相关总成本只包括变动性订货成本和变动性储存成本，虽然固定性订货成本和固定性储存成本属于全部成本的范畴，但它们的发生与经济采购批量的高低无关，它们属于确定经济采购批量的无关成本，因此不予考虑。

[例13-11] 经济采购批量基本模型应用

已知：MC制造公司全年需用甲材料4 000千克，甲材料的采购单价是20元，按经验数据估算的每次订货的变动性订货成本为60元，单位材料年平均变动性储存成本为3元。

要求：计算甲材料的经济采购批量、经济订货次数和全年最低的相关总成本。

解：依据所给条件进行计算：

$$Q^*=\sqrt{\frac{2\times4\,000\times60}{3}}=400（千克）$$

$$N^*=\frac{4\,000}{400}=10（次）$$

$$TC^*=\sqrt{2\times4\,000\times60\times3}=1\,200（元）$$

3.存在商业折扣条件下的经济采购批量模型

在基本模型中，假定不存在数量折扣，则购置成本与采购批量无关，因而基本模型中的相关成本不涉及购置成本。如果放松此假设，假定采购合同中规定有商业折扣条款，在这种情况下，就必须将购置成本纳入相关成本范畴，因为此时采购批量的大小直接决定采购价格的高低，进而影响到采购成本的水平。由此决定与经济采购批量模型相关的成本有三类：购置成本、变动性订货成本和变动性储存成本，全年相关成本计算公式如下：

TC=年购置成本+年变动性订货成本+年变动性储存成本

$$=D\cdot U+K\cdot\frac{D}{Q}+C\cdot\frac{Q}{2} \quad (13.3.9式)$$

实际购销活动中，数量折扣分区间确定。假定存在商业折扣，采购数量越高，采购价相对零售价越低。如采购数量低于100件，售价为10元；高于100件，售价为9元。在这种情况下，不同数量折扣下的全年购置成本不同，如果要确定经济采购批量，需要按以下步骤确定：

第一步，按13.3.6式计算没有商业折扣约定时的经济采购批量，据此按商业折扣条款查出相应的采购价格，一并代入13.3.9式，计算出此时的相关成本总额。

第二步，按照商业折扣条款中其余各档次的采购量与相应价格分组代入13.3.9式，计算出每一档次下的相关总成本。

第三步，比较所有情况的相关总成本，相关总成本最低时的采购批量即为存在商业折扣条件下的经济采购批量。

［例13-12］经济采购批量相关模型应用（存在商业折扣条件）

已知：仍按例13-11的资料。假定供货方规定：当甲材料的一次订货量小于1 000千克时，购货单价是20元；当每次订货量等于或大于1 000千克、小于2 000千克时，价格优惠2%；当每次订货量等于或大于2 000千克时，价格优惠3%。

要求：计算甲材料的经济采购批量和全年最低的相关总成本。

解：依题意

如果不考虑商业折扣，每次的采购量是400千克，适用的单价是20元，则全年相关总成本为：

$$TC_{400}=20\times4\,000+\frac{4\,000}{400}\times60+\frac{400}{2}\times3=81\,200（元）$$

如果每次的采购量为1 000千克，适用的价格优惠比例是2%，则全年相关总成本为：

$$TC_{1\,000}=20\times（1-2\%）\times4\,000+\frac{4\,000}{1\,000}\times60+\frac{1\,000}{2}\times3=80\,140（元）$$

如果每次的采购量为2 000千克，适用的价格优惠比例是3%，则全年相关总成本为：

$$TC_{2\,000}=20\times（1-3\%）\times4\,000+\frac{4\,000}{2\,000}\times60+\frac{2\,000}{2}\times3=80\,720（元）$$

比较各种批量下的相关总成本：由于每次采购量是1 000千克时的总成本最低，为80 140元，因此经济采购批量是1 000千克，经济订货次数是4次，全年最低相关成本总额是80 140元。

4.允许缺货条件下的经济采购批量模型

在基本模型中，假定不允许缺货现象出现，但在实际生产经营活动中，经常会因供货方或运输部门的问题而导致所采购的材料无法及时到达企业，发生缺货现象。在这种情况下，如果放宽对缺货的假设，缺货会影响年平均储存量，进而影响储存成本的计算，另外缺货成本也需要单独考虑，计算缺货成本时需要按经验估算缺货年平均成本S。假设平均缺货量用Q_S表示，此时与经济采购批量模型相关的成本有三类：变动性订货成本、变动性储存成本以及缺货成本。全年相关总成本TC的计算公式如下：

TC=年变动性订货成本+年变动性储存成本+年缺货成本

$$=K\cdot\frac{D}{Q}+C\cdot\frac{Q-Q_S}{2}+Q_S\cdot S \quad (13.3.10式)$$

对13.3.10式进行推导（推导过程略），在允许缺货条件下与经济采购批量相关的计算公式如下：

$$Q^*=\sqrt{\frac{2DK}{C}}\cdot\sqrt{\frac{C+S}{S}} \quad (13.3.11式)$$

$$TC^*=\sqrt{2DKC}\cdot\sqrt{\frac{S}{C+S}} \quad (13.3.12式)$$

［例13-13］经济采购批量模型的应用（允许出现缺货）

已知：仍按例13-11的资料。假设甲材料允许出现缺货，MC公司依据经验数据估算的单位缺货年均成本值为0.375元。

要求：计算甲材料的经济采购批量和全年最低的相关总成本。

解：依题意

$$经济采购批量（Q^*）=\sqrt{\frac{2\times 4\,000\times 60}{3}}\times\sqrt{\frac{3+0.375}{0.375}}=1\,200（千克）$$

$$TC^*=\sqrt{2\times 4\,000\times 60\times 3}\times\sqrt{\frac{0.375}{3+0.375}}\approx 400（元）$$

5.每批订货陆续到货条件下的经济采购批量模型

实际生产经营中，由于种种原因，常常会出现货物陆续交货、陆续到达的现象。如果在经济订货批量基本模型中，放松对每批订货均能一次到货假设，即假定货物陆续交货、陆续到达，在这种情况下，陆续到货会使材料的年均储存量发生变动，进而使储存成本模型有所改变，此时与经济采购批量模型相关的成本有两类：变动性订货成本和变动性储存成本。如果材料每日到货量为e，每日耗用量为d，则相关的全年总成本计算公式如下：

TC=年变动性订货成本+年变动性储存成本

$$=K\cdot\frac{D}{Q}+C\cdot\frac{Q\cdot(1-\frac{d}{e})}{2} \quad (13.3.13式)$$

如果对13.3.13式进行微分求导，就可以得出陆续到货条件下的有关计算公式：

$$Q^*=\sqrt{\frac{2DK}{C\cdot(1-\frac{d}{e})}} \quad (13.3.14式)$$

$$TC^*=\sqrt{2DKC\cdot(1-\frac{d}{e})} \quad (13.3.15式)$$

［例13-14］经济采购批量模型的应用（陆续到货）

已知：仍按例13-11的资料。假定MC公司的甲材料订货陆续到货，每日到货量为22千克，每日耗用量为11千克。

要求：计算甲材料的经济采购批量、经济订货次数和全年最低的相关总成本。

解：依题意

$$Q^*=\sqrt{\frac{2\times 4\,000\times 60}{3\times(1-\frac{11}{22})}}\approx 566（千克）$$

$$TC^*=\sqrt{2\times 4\,000\times 60\times 3\times(1-\frac{11}{22})}\approx 849（元）$$

6.经济采购批量不同模型的比较

比较经济采购批量的基本模型和放松假设后的三个扩展模型，我们不难得出以下几个结论：

（1）在不同的条件下，经济采购批量模型所考虑的相关成本的具体构成内容不同，但有两项内容存在于各种条件下，它们是变动性订货成本和变动性储存成本。

（2）固定性订货成本和固定性储存成本虽然存在，但由于这两类成本与采购数量无关，具有固定不变性，因此属于无关成本，所确定的不同条件下的经济采购批量模型均对其不予考虑。

（3）基本模型一旦扩展，哪怕只是对某一因素放松假设，随着制约因素的不断增加，原有的结论将被重新认识。

（4）事实上，无论是经济采购批量的基本模型还是扩展模型均假设一定时期材料的存货需要量能够确定，即需要量是常量。如果实际工作中，该值具有不确定性，则此类模型不适用。

（5）无论是经济采购批量的基本模型还是扩展模型都建立在单一材料的基础上，企业要进行材料控制，可以区分重点材料，对此类材料通过模型计算并实施控制。

（三）再订货点的确定

所谓再订货点是指材料的最低库存标准。它是企业应否采购的标志，如果实际库存达到了再订货点，企业就应该组织采购，低于再订货点，则无须采购。再订货点用R表示，达到再订货点时的采购量应为经济采购批量Q^*。

影响再订货点的因素主要有交货期、材料的每日平均耗用量和保险储备量。其中，交货期也称提前期，是指从办理采购起，到货物验收入库可以使用为止的时间间隔，包括办理订购手续、发运、在途、验收入库等所需的时间；材料的每日平均耗用量又称每日平均发货量，是指按365天计算的平均耗用量。它是材料全年需用量与365天的比值；保险储备量是指在前两个因素不稳定的情况下，为保证不至于缺货或将缺货限制在允许的范围内而准备的安全储备量。再订货点的计算公式如下：

再订货点（R）=某种材料每日平均耗用量×交货期天数+保险储备量　（13.3.16式）

13.3.16式中的保险储备量存在适度问题。实际工作中，如果加大保险储备量，虽然可以避免材料因短缺而造成的损失，但同时会增大材料的储存成本，因此合理的保险储备量应该能使由其引起的储存成本与一定的缺货量所引起的缺货成本之和达到最小。具体而言，该值的计算方式有三种：一是按经验估计或采用概率方法进行估算；二是按每日平均耗用量乘以保险日数计算；三是以交货期为基础，按算式“（预计每日最大耗用量-每日平均耗用量）×交货期天数”来计算。

［例13-15］再订货点的计算

已知：MC公司生产甲产品需要的丙材料全年需用量为3 600件，材料的单位成本为10元，每次订货成本为25元，单位材料年均储存成本为2元，交货期为5天，保险日数为1.5天，平均每天耗用量为10件。

要求：（1）计算丙材料的经济采购批量和再订货点；

（2）当丙材料的实际库存储备分别达到72件和65件时，请分析是否需要组织采购，采购多少？

解：依题意

（1）$Q^*=\sqrt{\dfrac{2\times 3\,600\times 25}{2}}=300$（件）

R=10×（5+1.5）=65（件）

（2）当丙材料的实际库存是72件时，由于72>R，所以不需要组织采购；当实际库存量是65件时，由于实际库存=R，所以应该马上组织采购，采购量就是经济采购批量300件。

知识拓展13-3

定期采购控制法

在经济采购批量控制法下，为了保证存货不中断，需要及时盘点库存，否则一旦出现低于再订货点而未采购的情况，可能会给企业造成损失。

存货成本还有一种定量控制方法，可参见知识拓展13-3：定期采购控制法。

第四节　作业成本控制

本节阐明作业成本控制的基本原理、作业价值分析、作业执行水平评价以及作业链优化。

一、作业成本控制概述

作业成本控制是一种先进的成本控制方法，此法打破了传统成本控制方式的局限性，对成本的控制不再仅仅局限于成本项目，而是深入到作业层面实施全面控制，有助于企业核心竞争力的培养及长期发展。

（一）作业成本控制的概念

作业成本控制是指围绕着作业展开分析，通过采取措施优化作业链，从而实现成本降低的一种成本控制方法。作业即活动，作业成本控制是围绕着企业发生的每一项基本活动所进行的控制。

伴随着作业成本法的出现及发展，人们逐渐认识到，企业本身是一个由此及彼、由内到外的作业链。从价值的形成过程来看，作业链又表现为价值链，作业耗费与作业产出配比的结果，就是企业得到的经济效益，而作业链-价值链形成过程中，并非所有的作业都能增加企业的价值，有些作业是客户必需的，而有些作业却会降低企业的价值，降低产品成本最有效的途径就是消除这些无效的作业，同时提高有效作业的利用率，因此围绕着作业所进行的控制就成为作业成本控制的关键。

（二）作业成本控制的适用范围

作业成本控制起源于作业成本法，即起源于成本计算的精确性，但围绕着作业进行的控制实际上并不受作业成本核算的影响。也就是说，无论是否采用作业成本法，每一个企业都可以从作业角度进行控制。因为作业是企业发生的一项最基本的活动，分析每一项活动是否可以消除是不受核算限制的，因此作业成本控制具有广泛的适用性，它不仅适用于所有类型的企业，也适用于各类事业单位。从西方国家来看，这种控制方式在许多大型制造业、金融机构、科研机构、中小企业、会计师事务所、营销部门、非营利单位等已广泛应用。

（三）作业成本控制的目的和目标

从企业整体来看，企业组织本身就是一条由一系列作业组成的作业链，作业的前后有序衔接过程，也是价值的逐步形成过程，一切价值都由这条作业链创造。既然作业链能够表现为价值链，那么企业管理的着眼点就应该放在这条作业链上，可以将生产经营过程中的供应商、销售商、企业内部生产过程的一切活动细化为一个个单独的作业单元，通过对各项作业的性质分析以及作业耗费与作业产出配比结果的分析，就可以采取措施减少作业的资源消耗和不必要的作业，提高作业的产出效率，这一管理过程实质上就是作业链与价值链的优化过程。

事实上，优化作业链、实现价值增值不可能一步到位，这是一个长期的任务，而作业成本控制从最初产生之时就以其为工作环节；另外，作业链与价值链之间存在着因果关系，作业链优化是因，价值链增值是果，因此我们将不断优化和改进作业链界定为作业成本控制的目的，而将提升企业价值作为作业成本控制的目标。

（四）作业成本控制的内容

作业成本控制是作业成本管理的一个组成部分，主要涉及以下几项内容：

1.作业价值分析

企业的生产经营过程是由各项独立并相互联系的作业构成的，各项作业按一定顺序井然有序地进行，如果各项作业均有效，则每一项作业都可以创造价值；同时，伴随着各项作业的依次完成，这些价值也实现了转移。要提高企业的价值，必须对作业进行价值分析，区分增值作业和非增值作业，分析成本动因，分析作业链的衔接。

2.评价作业执行的水平

企业应定期将作业执行的实际结果与作业预算进行对比，分析作业成本水平的高低以及作业的利用效果。只有这样，才能及时发现问题并采取措施，从而降低成本、合理配置企业资源。进行此类分析的前提是编制合理、可行的作业预算。

3.优化作业链

要优化作业链，需要全方位采取措施。适时制是消除非增值作业的较为理想的方法，除此之外，企业还可以从其他角度采取措施，如实施全面质量管理、改进工艺等。在实务中，优化作业链的方法不能仅局限于单纯的成本控制方面，只要能够达到消除非增值作业、提高增值作业利用率的目的，即优化作业链的目的，一切方法都可以采用，包括会计的方法和非会计的方法。另外，优化作业链是长期性工作，它需要企业持之以恒，不断改进。

（五）作业成本控制与传统成本控制的区别

作业成本控制比传统成本控制更为先进，它是一种全新的成本控制方法，二者的区别主要表现在以下几方面：

1.理论依据不同

作业成本控制建立在现代企业观的基础之上，现代企业观认为：现代企业是一个为最终满足客户需要而设计的一系列作业的集合体，各种作业前后有序衔接，构成一个整体，最终为企业的外部客户服务，其核心是作业。此观点为优化作业链奠定了坚实的理论基础。而传统成本控制建立在传统企业观的基础上，传统企业观认为：企业是一个为社会提供产品的营利性经济组织，其核心是产品。此观点为降低产品成本提供了依据。

2.控制对象不同

在现代企业观的指导下，企业存在一条从供应商直至消费者的内部作业链，作业链又可以表现为价值链，这意味着每项作业都是作业链中的一个环节，且每项作业都可以创造价值。这说明作业控制中，营利的基点是作业，因此作业控制的对象自然是作业；而在传统企业观的指导下，营利的基点是产品，因此传统成本控制的对象自然是产品。

3.控制性质不同

如果从作业链来看，产品的研发、设计、供应商、销售商等都是作业链中的一环，深入到这一层面进行分析，将成本的前馈性控制放到了重要的地位，将供应商视为企业的战略联盟，这种分析有助于企业的长期发展，因此作业成本控制具有战略性；而传统成本控制仅局限于企业的生产过程，从未站在客户与供应商的角度进行控制与分析，也不强调成本的前馈性控制，不强调成本避免，因此这种控制不具有战略性。

4.分析的内容不同

作业成本控制关注成本动因和作业链，从资源动因、作业动因、作业链的优化等角度进行价值分析，这种分析具有全面性；而传统成本控制仅强调生产过程的控制，从成本项目角度进行分析，这种分析缺乏深度和广度。

5.分析的基础不同

作业成本控制按照业务活动量将作业细分为单位层作业、批量层作业、产品层作业和公司层作业，由此将所有的成本划分为短期变动成本、长期变动成本和综合变动成本三类，以变革后的成本性态分析为基础；而传统成本控制将所有的成本区分为固定成本和变动成本两大类，以传统成本性态分析为基础。

6.成本降低的方式不同

作业成本控制通过作业链的优化来达到降低成本的目的，作业链的优化意味着非增值作业的消除，因此成本降低效果显著；而传统成本控制常常通过料、工、费三个成本项目的节约来达到降低成本的目的，由于生产过程中的成本降低是有限的，因此这种成本降低效果比作业成本控制降低效果要差。

二、作业价值分析

既然作业能够创造价值，分析作业价值就成为作业成本控制不可缺少的一项重要内容。所谓作业价值分析，是指对作业及其性质和成本动因等进行的分析，包括资源动因价值分析和作业动因价值分析等内容。

（一）资源动因价值分析

由于资源动因反映作业量与资源耗费之间的因果关系，因此进行资源动因价值分析时，要求以单一作业为核心，重点关注以下三个问题：一是判别每一项作业的性质；二是分析资源动因的合理性；三是分析作业耗费资源的水平。

1.区分增值作业与非增值作业

从顾客价值角度讲，作业有两类：一类是增值作业（value-added activity），另一类是非增值作业（nonvalue-added activity）。作业成本控制围绕作业展开，而优化作业链前必须弄清楚每一项作业的性质，对于不同性质的作业，控制的侧重点是不同的。

增值作业是指可以满足客户需求、能够形成价值增值的作业。对于此类作业，客户愿意支付价格，它属于增加顾客价值的必要作业，是企业获利的源泉，如生产加工中的各项作业。凡增值作业企业必须保持，不能消除，否则会降低企业的价值。

非增值作业是指客户不需要且不能形成价值增值的作业。此类作业，属于顾客的不必要作业，即使发生，客户也不愿意支付其价格，因此不能给企业带来利润。在不降低产品质量、企业价值的前提下可以将其消除。

增值作业与非增值作业的判断标准是：如果去掉某项作业，仍然能够为客户提供与以前同样的效果，则该项作业为非增值作业，否则为增值作业。

在理想状态下，企业生产经营过程中只有产品设计、产品加工、产品交付为增值作业。常见的非增值作业包括：存货中的存储、整理和搬运；生产中的待料停工以及机器维修停工；因质量问题出现的返修、重复检测等。实际工作中，如果要彻底消除这些非增值作业，企业必须进行流程再造，打破现有的生产组织体系，按制造单元组织生产，从而实现零存货、零缺陷的目标。然而，由于这种变革的成本昂贵，且具有一定的阻力，大部分企业可能无法做到，在这种情况下，企业可以维持原有体系，将适时制的管理理念应用于经营过程，尽可能地将非增值作业降到最低。

分析作业的性质必须对企业的整个作业链的每一个环节进行分析，包括企业的上游和下游，增值作业的判定应结合企业的现实生产条件来确定。如通用汽车集团为降低零部件的外购成本，认为其零部件供应商的非增值作业有：过量生产、过量库存、移动、过多的生产步骤、等待、返工、设备闲置、空间闲置、生产顾客不需要的产品等。

2.分析资源动因的合理性

如果进行作业成本核算，需要依据一定的标准将资源分配给各作业中心，资源动因是否合理决定着成本计算结果的准确性，因此应对其进行分析。

在现实工作中，资源动因必须使作业量与资源耗费之间存在因果关系，如人工成本的资源动因是人工小时；材料费用的资源动因是材料消耗数量；机器设备的资源动因是机器小时等。表13-6列示了美国电话电报公司的新河谷厂，将各种资源成本分配给作业中心时所选择的多种资源动因，可供借鉴。

表13-6　**美国电话电报公司新河谷厂的资源动因**①

资　源	资源动因
人事	营业部工人人数
仓库	营业部耗用的挑选整理次数
工程师	在营业部或为营业部工作的时间
材料管理	在营业部或为营业部工作的时间
会计	在营业部或为营业部工作的时间
研究开发	为产品而开发的新型号码
质量	在营业部或为营业部工作的时间
公用事业	场地大小

3.分析作业消耗资源的水平

分析作业消耗资源的水平即分析作业所耗资源成本的高低。从理论上讲，非增值作业应该消除，但从实践的角度来看，完全消除是不可能的，因此对此进行分析，涉及企业保留的所有作业。但需要特别指出的是，在实际工作中，一个企业划分出的作业可能多达上百种或更多，要想对这些作业逐一进行价值分析，计算其消耗是不可能的，也是没有必要的。合理

①GREEN F B，AMENKHIENAN F，JOHNSON G.Performance measures and JIT［J］. Management Accounting，1991，(2)：53.

的做法是，对那些相对于顾客较为重要的作业展开价值分析。因为企业80%的成本通常是由20%的作业引起的，将作业按其成本大小排列，凡排列在前面的作业就是应分析的重点，而对于排列在后、对成本影响不大的作业则可以不分析。

在具体分析作业所耗资源成本时，可以开展以下问题的调查与分析：完成该项作业花费了多少时间？需要多少人？作业时间可以缩短吗？作业人数可以减少吗？可否用廉价的材料代替昂贵的材料？可否改变生产工艺？可否提高材料及机器设备的利用率？能源消耗可否降低？除此之外，还应对间接影响资源耗费的相关问题进行调查与分析，包括职工对工作环境、劳动条件及待遇是否满意？职工工作是否有热情？职工是否献计献策等。

对于增值作业本身，可以进一步分析增值作业的效率性。如果某项作业是必需的，而且所耗资源少，完成的作业量多，就可将其归属为高效作业；否则，就应归属于低效作业。具体确认作业的资源利用效率时，可以将本期的作业水平与上期的作业水平或历史上最好的作业水平或同行业先进的作业水平等进行比较，这样就可以进行直观的判断与确认。另外，还可以将作业实际消耗水平与其约定能力作业消耗水平进行对比，这样就可以确定二者之间的差距，这一差距表明作业的利用程度，是企业今后提高作业效率的努力方向。

（二）作业动因价值分析

作业动因反映的是产品与作业之间的因果关系。作业动因价值分析是以客户的需求为出发点，对作业的汇集中心及产品成本驱动因素的合理性进行分析。具体分析中，可以从以下两个方面进行：

1.分析作业中心建立的合理性

从理论上讲，企业建立的作业中心应该是具有同类性质分配标志的不同作业的合并。虽然每一个企业的作业数量较多，但考虑到核算的简化性，作业中心的数量并不多。实务中建立的作业中心是否合理，需要首先分析构成作业中心不同作业的性质，只有相同性质的作业才可以合并。进行此类分析还需要将作业按其等级进行分类，可分为单位层作业、批量层作业、产品层作业和公司层作业四种类型。

事实上，不同层次的作业所采用的动因标志是不同的，如生产批次与检验次数虽然都属于批量层作业，但其动因不同，此时二者就不可以合并。因此一般而言，凡同一层次的作业才可以合并；而同一层次中，凡具有相同成本动因的作业才可以合并。表13-7列示了John Deere组件厂的作业动因，可供读者学习与借鉴参考。

表13-7　John Deere组件厂的作业动因

作　业	作业等级	作业动因
材料采购	单位层	材料成本
直接人工供应	单位层	直接人工成本
机器运行	单位层	机器小时
调整准备	批量层	调整小时
生产指令	批量层	指令单份数
材料整理	批量层	卸货次数
零部件管理	产品层	零部件数量
一般行政管理	公司层	增值额

从降低成本的角度来看，不同种类的作业中心，具有不同的特点，所采取的成本控制措施也不同。对于单位层作业，其作业成本的高低与产品产量成正比例变动，所以应从单位角度考虑降低其成本；而对于批量层作业，成本与批数的变动有关，要降低这类成本，只能设法减少作业的批数；对于产品层作业，其作业成本常常与市场开发有关，而对于公司层作业，其成本则大多与企业的生产能力相联系，因此对于后两类作业成本，在消减成本时应特别慎重，以免影响市场规模的扩大或降低企业的生产能力。

2.分析作业动因的合理性

实际工作中的作业动因具有较强的隐蔽性，它不容易被判定。但为了核算产品成本，在作业成本计算中必须明确作业中心，也必须确认作业动因，从而导致作业中心和作业动因的确定具有较高的人为因素。为了确保作业成本核算结果的准确性，可以依据历史资料，通过计算作业动因与作业成本二者之间的相关系数和可决系数进行检验。如果用r表示相关系数，R表示可决系数，则二者的计算公式如下：

$$\text{相关系数（r）}=\frac{n\sum xy-\sum x\sum y}{\sqrt{[n\sum x^2-(\sum x)^2]\cdot[n\sum y^2-(\sum y)^2]}} \quad (13.4.1式)$$

$$\text{可决系数（R）}=r^2 \quad (13.4.2式)$$

相关系数反映两个变量之间的线性相关程度，一般认为相关系数在0.8~1之间，二者具有较强的线性相关性；可决系数反映自变量对因变量的影响程度，取值在0~1之间，其值越接近于1，表明自变量引起的变动占总变动的百分比越高，但好坏没有明确的界限，常常取决于主观态度。

［例13-16］作业动因分析

已知：MD公司设立了八个作业中心，机器调整准备是其中的一个作业中心，机器调整次数是该作业中心的成本动因。7~12月份的相关历史资料见表13-8。

表13-8　**作业动因与作业成本资料**

月份	7	8	9	10	11	12
作业动因（机器调整次数）	3	4	2	5	6	8
机器调整成本（元）	300	400	180	400	450	540

依据历史资料，通过计算得出，$\sum xy$等于11 880、$\sum x$等于28、$\sum y$等于2 270、$\sum x^2$等于154、$\sum y^2$等于936 500。

要求：分析以机器调整次数作为分配机器调整准备成本的作业动因是否合理。

解：依题意计算得

$$\text{相关系数（r）}=\frac{6\times 11\,880-28\times 2\,270}{\sqrt{[6\times 154-28^2]\times[6\times 936\,500-2\,270^2]}}\approx 0.96$$

可决系数 $R=0.96^2=0.9216=92.16\%$

计算结果表明，相关系数为0.96，接近于1，说明机器调整次数和机器调整成本之间具有十分强的线性相关性；可决系数为92.16%，说明有92.16%的机器调整成本随机器调整次数的变动而变动，但有7.84%的成本受其他因素的作用，与机器调整次数无关，但总体来看，相关系数与可决系数都超过0.9，因此以机器调整次数作为分配机器调整准备成本的作业动因是合理的。

知识拓展13-4

作业链的联结价值分析

作为单项作业价值分析的补充，还需要进行作业链的链接价值分析详见知识拓展13-4：作业链的联结价值分析。

三、作业执行水平评价

在作业控制条件下，传统的分析评价方法同样适用于作业评价。要合理评价作业执行的水平，需要编制作业预算，并对作业预算的执行结果与其进行比较、分析。

（一）编制作业预算

作业预算的编制与实际作业成本计算十分相似，资源动因和成本动因与核算保持一致，不同之处表现为以下两点：一是作业预算的编制是逆生产流程编制的，即：按照“客户需求→产品→作业中心→资源耗费→目标成本”顺序进行编制；二是所用数据是预计值而不是实际值。实际编制中，分析客户需求是编制作业预算的起点，编制过程以资源的供需平衡为核心。

按照预算制定的生产环境不同，可以将作业预算分为理想作业预算和现实作业预算两类。

理想作业预算是以企业现有的生产技术和经营管理水平处于最佳状态为基础制定的最低作业成本。这种理想状态要求消除一切浪费，操作中不存在废品损失和停工现象，机器按照约定的生产能力满负荷运转等。具体编制时，需要区分增值作业和非增值作业，区分高效作业与无效作业，计算增值作业高效运转状况下的成本。显然，以此为基础编制的预算，虽然先进，但可行性不大。编制理想作业预算的真正意义在于，它为企业提供了一个理想的目标，可以揭示实际成本或正常预算成本距离理想作业成本的差距，它明确了企业未来奋斗的方向，也反映了现实作业成本降低的最低标准或下降的潜力。

现实作业预算是在企业正常有效的经营条件下，以下一期改进作业后应该发生的资源耗用量、资源预计价格和预计生产经营能力为基础编制的。正常有效的经营条件是指将生产经营中的一些难以避免的非增值作业，如一定量的废品、一定的存储等也计算在内，以此编制的作业预算，该种预算既具有先进性，也具有可行性，通常每年年末编制一次。

（二）分析评价

作业控制中的分析评价是指按照一定的标准对作业执行的实际结果进行计算与分析。

1.利用作业预算进行分析评价

将作业预算的实际执行结果与其预算相比，可以揭示实际脱离预算的差额，如果实际值大于预算值，说明作业成本超支，在这种情况下，应分析作业差异产生的原因。如果实际值小于预算值，说明作业成本节约，这是企业期望的结果，但如果节约差很大，则应反思预算制定的标准是否过时，如果标准过时，则应及时修订标准。

具体分析时对于短期变动成本和长期变动成本，可以采用传统的变动成本差异的分析方法，即分别计算各项目的价格差异和数量差异，因为它们十分相似；对于综合性变动成本，由于其与企业整体管理水平相关，作业动因通常较难确定，短期内具有不变性，因此可以仿照传统固定成本的思路分析。

为了更深入地分析作业中心成本的高低，除进行成本动因差异分析外，还应在此基础上，分析各作业中心的资源耗费状况。在分析时，对于非专属的资源成本，分析方法类似于短期变动成本的分析；对于专属成本可以直接比较，以揭示差异，并直接分析差异出现的原因。

2.利用约定能力预算进行分析评价

在作业控制中，编制约定能力预算的目的是分析企业资源的利用程度。约定能力预算是指在企业现有资源得到充分利用条件下的数量预算。如按照说明书中的规定，机器正常运转每月可以提供的机器小时数；正常情况下，订单处理作业中心每月可以处理的订单份数；检验作业中心每月的常规检验次数等。

约定能力预算既不同于理想作业预算，也不同于现行的作业预算。它反映在某项资源充分利用前提下可提供的总量，实质是理想作业预算中单纯数量角度的预算；另外这种预算并不涉及所有的作业中心，因为有些作业中心的作业动因并没有约定能力之说，如公司层作业、单位层作业中的直接材料等。

如果用现行作业预算中的价格标准乘以约定能力预算，就可以计算出约定能力条件下的预计成本总额。企业的作业按其利用程度不同，可以分为提供作业、已耗用作业和未耗用作业三种类型。其中，提供作业就是约定能力预算值，它是指现有资源充分利用时的作业水平；已耗用作业是指企业生产经营过程中实际发生的作业水平；未耗用作业是指提供作业与已耗用作业的差额。显然，通过对某种具体的作业类型进行分析评价，可以发现企业该种作业中哪些已经得到充分利用，哪些被闲置，进而为合理配置企业资源提供信息，以便提高资源的总体利用效果。

3.进行综合评价

事实上，利用作业预算进行分析评价以及利用约定能力预算进行分析评价，并不是孤立进行的，由于二者是从不同角度对实际作业执行结果的分析，因此可以结合考虑，通过编制作业综合分析报告进行评价。作业综合分析报告是基于不同作业反映的实际作业与约定能力预算相比、与正常预算相比的差异值，通过对此类差异的分析就可以确定现有资源的利用效率。作业综合分析报告的一般格式见表13-9。

表13-9　**作业综合分析报告**　单位：元

作业名称	作业层次	约定能力预算		正常预算		实际预算		作业量差异		预算成本差异	
		提供的作业量	预算成本	预算作业量	预算成本	实际作业量	实际成本	与能力预算比	与正常预算比	与能力成本比	与正常成本比
		（1）	（2）	（3）	（4）	（5）	（6）	（7）	（8）	（9）	（10）
作业1 作业2 ⋮											
合计											

注：（7）=（5）-（1）；（8）=（5）-（3）；（9）=（6）-（2）；（10）=（6）-（4）；（7）反映未利用的资源量；（9）反映成本的最大降低值。

四、作业链优化

优化作业链是一个长期的任务，企业必须持续改善。虽然企业本身是一系列作业的集合体，但这并不意味着所有的作业都是改进的重点，企业应区分主次，在辨别增值作业与非增值作业的基础上，从一些关键作业或重点环节入手采取措施，主要包括：

（一）从产品设计角度优化作业链

产品设计是作业链中最重要的一项作业，因为它与产品性能、所耗材料、生产流程及成本等密切相关。降低成本的关键不是在产品生产过程，而是在设计阶段。

事实上，在作业控制没有出现之前，人们也在分析产品设计阶段的成本降低问题，如利用价值工程、目标成本管理等方式降低成本。应该说这些方法仍然可行，而且有效，问题在于如何与作业有机结合并加以利用。传统的价值工程与目标成本管理等方法停留在“产品”或“在产品”这个环节，这些环节较粗，不利于设计阶段成本的降低。作业控制下的产品设计应该深入到“作业”层面，在设计阶段就应该反映产品的作业链并进行计算分析，确定每一项作业的目标成本和设计成本，并将设计成本控制在目标成本的范围内。

另外，考虑到客户的需求多变，产品的设计应该具有弹性，应该围绕着基本产品，在功能、外观等方面实施多种变形，或采用模块化形式设计，从而满足不断变动的市场需求。为了确保产品设计具有弹性，相应要求生产加工中的机器设备也应具有弹性，这就需要开发多功能的生产设备。如果企业有能力自主开发，就可以自行解决，否则就应该和制造商联手，一起开发应对多变需求的加工设备。

应该说，产品设计属于纯技术问题，通常由技术人员完成，而技术人员一般只懂技术不懂财务，这与社会发展不相适宜。要优化作业设计，必须要求技术人员与经济有机结合，即不仅要懂技术，还要了解会计，在设计的同时，能够大体估算产品的设计成本，从而提升新产品的成本竞争力。

（二）从生产布局角度优化作业链

在传统生产方式下，各类生产设备是按照职能安排的，即所有能完成一项职能的机器设备安排在一起。例如，凡是进行粗加工的机器都安排在粗加工车间，凡是进行精加工的机器都安排在精加工车间。在这种生产设备布局下，每一个机器都可以生产不同种类的产品，每一个产品都需要经过若干个步骤或若干个工序的连续加工才能最终完成，其显著缺陷是，工序之间必须设立半成品存货，以备下道工序加工时领用。

作业控制条件下，将存货视为非增值作业，必须消除。要消除存货，最理想的方式是采用适时生产系统（just-in-time production system，JIT）。适时生产系统，简称适时制，由日本丰田汽车公司首创，在实践中不断完善。其实施有两个重要的要求：一是适时地销货、生产和采购，这就是存货控制中所倡导的适时制控制法；二是变革生产布局，它是实现适时存货控制的前提条件。变革企业传统的生产布局，要求按照“制造单元”式的生产组织体系组织生产。所谓制造单元，即生产中心，也可以看成生产车间，是按产品类型设立的，凡同类产品生产所需的不同设备都汇集在同一个制造单元中。如果一个企业有N种产品，理论上应设置N个生产中心，不过，由于生产场所的限制可将类似的产品归由同一生产中心来生产。在制造单元生产布局条件下，每一个制造单元类似一个小工厂，各工序之间的同类产品加工无须等待，也无须保留在产品库存，在产品只停留在流水线上，从而实现“零存货”。

（三）从生产组织角度优化作业链

传统生产方式下，生产的组织是一种生产工序由前向后“推进式”的生产组织方式。它是从一份由生产进度表决定的工作单开始的，先由原材料仓库向第一道工序供应原材料，把它们加工成在产品、半成品，然后送到下一道工序，或者转入半成品库成为存货，如此由前向后顺序推移，直至最终完成全部生产工序，再转入产成品库，等待对外发运销售。显然，传统的“推进式”生产组织方式，前面的生产工序居于主导地位，后面的生产工序只是被动地接受前一生产工序转移下来的加工对象并继续完成。这种方式的显著缺陷是，不可避免地产生工序之间的大量在产品或半成品存货。

要消除存货，生产组织方式也应变革，采用“拉动式”的生产组织方式。这种方式主张由后向前逆向安排并落实生产任务。具体来讲，在这种方式下，企业需要根据顾客提出的有关产品数量、质量和交货时间等特定要求作为组织生产的出发点，生产的前阶段按生产的后阶段要求安排生产并进行加工，供应商也需要按照第一工序的要求，及时将原材料、外购零部件送到生产现场，直接交付使用。显然，“拉动式”生产组织形式，强调供应商、生产各道工序、各个环节之间紧密地协调配合，要求适时交货、适时生产、适时供应，由此导致生产过程中无须建立原材料、外购件的库存储备，在产品存货几乎消除，从而为实现“零存货”目标奠定坚实的基础。

（四）从质量角度优化作业链

传统质量观认为，产品质量的提升会引发产品成本的上升，因此允许一定数量的缺陷产品存在。在这种观念影响下，管理人员的关注点在于机器设备和人工的利用率，为了不让机器与工人空闲，常常满负荷安排本生产中心的生产，结果在提高生产工序效率的同时，却增加了该生产中心的在产品或产成品的库存。

与传统质量观相对立的是全面质量管理观。如前所述，全面质量管理观彻底否定了传统质量观，认为生产过程中的任何缺陷产品都会阻碍“拉动式”生产组织形式的实施，因此倡导产品“零缺陷”。在这种观念作用下，要求管理人员将注意力集中在产品的质量上，加大产品质量预防成本的投入，将产品质量问题控制在萌芽之中。另外全面质量管理还主张站在客户的角度，提高产品的功能、可靠性、耐用性和服务性。虽然在目前条件下，我国大部分企业实现产品的零缺陷存在难度，但多样化的产品功能、产品的持久耐用、优良的售后服务还是可以做到的，因此要求企业不断技术创新，产品功能不断完善，服务质量不断改进。

（五）从供应角度优化作业链

原料供应虽然发生在企业的外部，却是企业作业链中不可忽视的一个环节。如前所述，传统采购方式下，供应商完全独立于企业，订货往往先由供应商报价并进行采购，此种采购方式企业必然会进行存货储备。避免材料库存的最好方式是企业与供应商结为战略联盟，供应商按照生产商的要求及时供货。为了实现零库存，企业应该稳定与供应商的关系，尽量缩减供应商的家数，另外既然是合作伙伴，如果企业发现材料的采购价格过高，应考虑帮助供应商改进生产工艺，从而降低采购成本。

（六）从时间角度优化作业链

时间控制是基于适时生产系统提出的一种全新的控制方法。适时生产系统的支持者认为：传统的生产过程是间断的，产品生产总时间等于加工时间、整理与运送时间、等待时间和检验时间之和，而大多数企业的产品生产加工时间不足产品生产总时间的10%，恰恰只有加工时间才是增值时间，因此主张消除所有的非增值时间，进而提出“零存货”与“零缺陷”的控制思想。虽然适时生产系统为人们描述了一个理想的生产系统，一般很难实现，但时间控制观念的提出得到了世人的肯定，在此基础上，人们发展了该思想，提出生产周期时间概念。

生产周期时间（cycle time）是指从产品设计直至产品最终交给顾客的整个过程所涉及的时间。当今社会，时间已经成为企业取胜的关键因素之一，强调时间管理，是符合时代发展需要的。企业发生的每一项作业，都可以用时间尺度进行度量，而时间是最基本的生产资源，它可以衡量作业链的效率，说明生产周期时间内所耗费的资源是否增加了价值以及在多大程度上增加了价值，这就需要计算用于增值作业所发生的时间以及耗用在非增值作业上的时间，通过计算增值作业时间所占比重，就可以揭示作业链的效率。

（七）从资源配置角度优化作业链

如果作业控制分析报告中显示的资源利用率较低，说明企业资源浪费严重，存在闲置的人员、闲置的机器设备等现象。对此应进行深入分析。

如果企业的生产能力闲置较多，应从以下几个方面进行分析：产品是否适销对路？产品没有销路的原因在哪里？客户喜欢怎样的产品？工人工作是否全力以赴？产品应否转产等？

如果闲置的人员较多，应从以下几方面进行分析：作业中心时间利用情况如何？人员配备是否合理？应否精简人员等？

通过上述分析，确定企业资源配置方面存在的问题并采取相应的措施，由此可以提高企业资源的利用效率，进而达到优化作业链的目的。

（八）从人员角度优化作业链

员工是企业赢得客户价值的基础和条件，从人员角度入手优化价值链是企业长期发展战略必须关注的重要环节之一，主要应重视以下几项工作：

一是不断提高员工的素质。员工的素质包括观念的转变和技能的提高。企业应将作业控制要求采用的方法，与其说是方法，不如说是思想，传递给每一位职工，诸如增值作业观、适时生产观、时间管理观、全面质量管理观等，也就是说，用新的管理理念为每一位职工“洗脑”，从而形成良好的企业文化；另外企业一旦采用先进的生产技术或工艺，或按制造单元进行生产，这些都要求对职工事先进行培训，使他们了解新技术、新工艺，掌握相应机器的操作，并能够凭借经验感觉到可能出现的问题，将一切隐患消除在萌芽状态，从而确保生产进度和交货时间。

二是倡导以人为本的柔性管理。柔性管理（flexible management）体现企业管理的艺术层面，它重视人格独立与个人尊严，在提高全体员工对企业的向心力和凝聚力与归属感的基础上，实行分权化民主管理，从而激发员工的内在潜力、主动性和创造精神。从本质上看，这种管理是一种以人为本的管理。在这种管理方式下，要求企业由原来的纵向专制独裁式的集权化管理，转向横向的分权化的民主管理，并确立全体员工的主体地位，赋予他们充分的自主权、知情权和发言权，而不是一味地强调命令和控制。企业的非增值作业消除有待于职工的努力，而职工的努力应该是主动的，这种主动性与人本管理密切相关。

□ 思政课堂

中国式现代化的五大鲜明特征和九大本质要求

习近平总书记在学习贯彻党的二十大精神研讨班开班式上指出，概括提出并深入阐述中国式现代化理论，是党的二十大的一个重大理论创新，是科学社会主义的最新重大成果。中国式现代化是我们党领导全国各族人民在长期探索和实践中历经千辛万苦、付出巨大代价取得的重大成果，我们必须倍加珍惜、始终坚持、不断拓展和深化。这突出了中国式现代化的战略地位。全面建成社会主义现代化强国，实现中华民族伟大复兴的中国梦，需要我们深刻认识和正确把握中国式现代化的丰富内涵。

一、中国式现代化的五大鲜明特征

党的二十大报告强调，中国式现代化，是中国共产党领导的社会主义现代化，既有各国现代化的共同特征，更有基于自己国情的中国特色。

中国式现代化五大鲜明特征包括：第一，是人口规模巨大的现代化；第二，是全体人民共同富裕的现代化；第三，是物质文明和精神文明相协调的现代化；第四，是人与自然和谐共生的现代化；第五，是走和平发展道路的现代化。

这些鲜明特征表明，中国式现代化不是西方的现代化，不走"封闭僵化的老路"与"改旗易帜的邪路"，坚定走自己的路；中国式现代化实现了对以往现代化理论与实践的重构与超越，打破了现代化等于西方化的思想认知误区，向国际社会证明了西方化并非人类文明迈进现代化的唯一道路；中国式现代化丰富了人类对现代化的认识和思考，拓宽了后发国家走向现代化的新路径新选择新参考，为人类文明进步贡献了中国智慧中国力量；中国式现代化深刻体现了现代化发展的一般规律、社会主义现代化发展的普遍规律、中国特色社会主义现代化建设的特殊规律，实现了马克思主义现代化理论的新突破和新发展。

二、中国式现代化的九大本质要求

党的二十大报告全面、系统地指出了中国式现代化的本质要求，为我们系统擘画了中国式现代化的立体图景和多维主题，展现出中国共产党对于中国式现代化理论与实践的最新思考和理论总结。

中国式现代化的九大本质要求包括：第一，坚持中国共产党领导；第二，坚持中国特色社会主义；第三，实现高质量发展；第四，发展全过程人民民主；第五，丰富人民精神世界；第六，实现全体人民共同富裕；第七，促进人与自然和谐共生；第八，推动构建人类命运共同体；第九，创造人类文明新形态。

资料来源：胡胜.认识把握中国式现代化本质要求［EB/OL］.［2023-04-10］. https://baijiahao.baidu.com/s?id=1762749853353085574&wfr=spider&for=pc.作者有删改.

复习思考题

1.什么是标准成本制度？其具体包括哪些内容？

2.标准成本有哪些类型？在实际工作中，经常采用哪些？

3.如何制定标准成本？

4.实际工作中，对混合差异是怎样处理的？

5.变动成本中的数量差异有哪些？价格差异有哪些？

6.固定成本的两差异法与三差异法的内在联系何在？

7.什么是质量成本？其构成内容有哪些？

8.如何理解传统质量观和现代质量观？

9.在传统质量观指导下应当怎样进行质量成本控制？

10.在现代质量观指导下应当怎样进行质量成本控制？

11. 什么是存货成本控制？其包括哪些相关概念？

12. 存货定性控制方法有哪些？

13. 如何利用经济采购批量法控制存货成本？

14. 什么是作业成本控制？其包括哪些内容？

15. 作业成本控制与传统成本控制有什么区别？

16. 作业价值分析包括哪些动因？怎样分析各种动因？

17. 应当从哪些角度采取优化企业作业链的措施？

第十四章

责任会计

第一节　责任会计概述

19世纪末20世纪初，为适应泰罗制的推广与应用，责任会计在西方发达国家产生和发展起来，但直到20世纪40年代以后，责任会计的理论和方法才不断成熟并在企业管理实践中得以真正应用。第二次世界大战后，随着各国经济的复苏和快速发展，企业经营规模不断扩大，经营范围和业务种类日益复杂，市场竞争日趋激烈。同时，企业内部的管理层级逐渐增多，股份制公司、跨行业公司、跨国公司兴起并迅速发展，子公司、分支机构遍布世界各地，公司管理者已没有足够的时间与精力去直接处理公司的所有事务，也就难以对企业瞬息万变的内外部环境作出及时、有效的反应。这也在客观上要求企业转变管理模式，将一部分经营管理权下放给基层管理者，实施分权管理。在此过程中，为避免分权过度、失去对下属单位或员工的管理与控制，还应注意在适度放权的同时，划小责任单位；在赋予其相应的责任、权力与利益的同时，加强对其责任履行情况的考核与评价。可以说，在某种程度上，正是分权管理的需求推动了责任会计的产生与发展，并使其理念与方法越来越多地得到人们的认可、重视与应用，得以不断完善和发展。

虽然20世纪80年代我国才引入“责任会计”这一概念，但随着经济改革的不断深化，责任会计在我国经济发展过程中越来越发挥出积极的作用。

一、集权管理与分权管理

（一）集权管理

在传统的企业组织中，企业往往实施集权管理。在这一管理模式下，企业的经营权、决策权大都集中在决策层。公司高层管理者直接参与公司的生产经营，拥有公司的管理决策权，并直接掌管公司内部的所有部门与人员，下属部门及其管理者只负责执行这些决策。这一管理层级少、管理宽度大的集权管理模式有其自身的优势。它不仅有助于加强对各职能部门职责与行为的协调和控制，使其更好地与企业目标达成一致，而且有助于提升资源的配置与使用效率，推动企业经济效益的提升与改善。然而，集权管理也有一些不足。由于决策权高度集中，既不利于调动和发挥下级部门及其管理人员的积极性、主动性和创造性，甚至会限制级别低的管理者的职业发展，也不利于企业迅速决策、及时应对突发事件，有时甚至会导致错失销售或盈利的良机，使公司蒙受不必要的损失。随着经济的发展和企业经营管理形势的日益复杂，这些不足对企业的不利影响越来越大，并在一定程度上阻碍和限制企业的进一步发展与进步。

（二）分权管理

分权管理是相对集权管理存在的一种管理模式，在此模式下，将一部分经营管理决策权适度授予下层单位及其管理者，各个部门相对独立、各司其职，分别作出各自的决策，从而让熟悉公司业务与经营的各职能部门及其管理者都能够参与公司的经营管理，从而激发其工作的积极性、主动性和创造性，增强员工对企业的忠诚度和贡献度。不仅如此，分权管理也有助于将高层管理者从繁琐的日常事务中解放出来，让其能够集中精力去处理关系公司长远发展和整体利益的重大事项，进而真正实现企业内部“人尽其才、才尽其用”，提升公司的管理决策效率。目前，分权管理已在许多大中型企业，尤其是跨国企业中广泛应用。美国通用公司（GE）等国际知名企业都是分权管理的成功实践者，我国美的集团设计并实施的分权管理体系也被业界誉为中国最厉害、最成功的分权范例。

然而，我们也应清醒地看到，尽管分权管理能够让企业下属机构、部门及其管理者有各自独立的决策权，提高企业的管理与决策效率，但由于部门管理者受其自身能力的局限，有时出于对自身利益的考虑，可能会在行使自己决策权的同时发生损害公司整体利益的现象。如为追求本部门更好的业绩，可能会放弃虽然能增加公司整体利润，但不能直接提升本部门收益水平的投资机会或项目；为使本部门的业绩超越其他部门，决策仅仅从本部门的自身利益出发不注意与企业内部其他部门的协调与合作，从而引发部门之间不必要的矛盾与冲突。因此，为最大限度地发挥分权管理的优势，协调和统一企业内部各部门、各分公司、子公司等的利益，使其与企业整体利益最大化目标一致，就需要采用一定的方法，在赋予其相应权力的同时，明确划分其责任，并加强对责任落实情况的考核和评价。责任会计就是顺应此要求发展和完善起来的一种行之有效的企业内部控制制度。

二、责任会计的含义与内容

（一）责任会计的含义

作为现代分权管理模式的产物和现代管理会计的重要内容，责任会计（responsibility accounting）是指为适应企业内部经济责任制的要求，在企业内部设立多个责任中心，并对其分工负责的经济业务进行规划与控制，对其责任落实情况即业绩表现进行考核与评价的一种内部会计控制制度。其本质是利用会计信息对各责任单位及其负责人的责任落实情况即业绩表现进行计量、控制与考核评价，从而实现核算业绩的会计与管理上的责任有机结合。

责任会计的建立和实施需要一定的基础和条件。它首先要依据权、责、利统一的原则将企业划分为不同形式的责任中心，然后通过对各责任中心负责的经济业绩编制责任预算，对其实施过程进行跟踪反馈，并对其实施结果进行业绩考核，实现对各责任中心的监督与控制，最终达到使其利益协调一致的目的。

（二）责任会计的内容

具体来说，责任会计主要包括以下四个方面的内容。

1.合理设置责任中心，明确其责权利范围

合理设置责任中心是实行责任会计的首要条件。也就是说，责任会计的实施首先要求将企业内部各部门、各单位划分成若干个责任中心，并依据各责任中心经营活动和经济业务的特点，明确规定这些中心及其负责人的权力与职责范围，允许其在自己的权责范围内，独立自主地行使经营管理决策权，而且要对其责任的完成情况进行考核和评价。

2.编制责任预算，确定考核标准

与企业的全面预算不同，责任预算是在全面预算所确定的企业生产经营的总体目标和任务的基础上，按照各责任中心的权责范围进行层层分解，进而落实到各个责任中心，以明确各责任中心的目标和任务，也使企业未来在考核各责任中心工作职责的完成情况时有据可依。

3.建立跟踪系统，加强过程控制

责任预算一旦开始实施，每个责任中心就需要建立用于记录、计算和积累有关预算执行情况的信息跟踪系统，通过定期编制“业绩报告”或“责任报告”等，将责任预算的实际执行情况与预算标准相比较，以发现二者之间的差异并分析其产生的原因，进而通过上报上级部门找出相应的调节经营活动的措施等，保证责任预算目标乃至企业发展总体目标的实现。

4.考核评价业绩，建立奖罚制度

预算期末，需要根据预定的责任预算考核标准对各责任中心的实际工作成效进行考评，在发现二者之间存在差异的同时，分析原因，判明责任，并根据实际考核结果的好坏对各责任单位进行奖励或惩罚，以做到奖罚分明、奖惩有度，最大限度地调动各个责任中心的积极性，促进其协调一致地为实现企业发展的总体目标而努力。

三、责任会计的核算原则

不同企业的责任会计制度会因企业内外部环境、所处行业等的不同而有所不同，同一企业的责任会计制度也会因企业外部环境与内部条件等的变化存在差异。一般而言，企业在设计和实施责任会计制度时，都应遵循以下原则。

（一）责任主体原则

责任会计应以企业内部各个责任单位为对象，责任会计资料的搜集、记录、整理、计算对比和分析等工作，都必须按照责任中心进行，以保证责任预算、责任控制和责任考核的正确进行。

（二）目标一致原则

无论是划分各责任单位的权责范围，还是编制、执行或考核责任预算，都应注意保持各责任中心的目标与企业的整体目标一致，避免因片面追求本单位的局部利益而损害企业的整体利益，应引导和推动各责任中心协调一致地为实现企业的总体目标和战略发展而努力工作。

（三）反馈原则

责任预算执行过程中，必须及时、准确、可靠地反馈各责任单位经营过程中的各种信息，以便及时发现问题，并采取有效措施加以控制和解决。这里的反馈有两方面的含义：一是向各责任中心反馈，以帮助其及时了解预算的执行情况，发现其中存在的问题，并及时采取有效措施加以纠正，以保证预算目标的实现；二是向各责任中心的上层单位反馈，以帮助上层单位及时了解其权限范围内的情况，并及时作出恰当的安排与调整，确保企业整体目标的实现。

（四）可控原则

对责任中心权责范围的划分及预算执行情况的考核，都应以其能够控制为前提。在责任预算和责任报告中，各责任中心只对其能够控制的项目负责。在考核责任中心业绩时，也应尽可能排除责任中心不能控制的项目，以真正做到责、权、利统一。

（五）激励原则

责任会计的目的是激发各责任单位及其管理人员工作的积极性，激励其为实现本单位的预算目标而努力工作，进而为企业总体目标的实现提供保障。因此，责任预算的目标应合理、切实可行；既不能定得太高、遥不可及，无论怎样努力都不能实现；又不能定得太低，唾手可得，不做任何努力就能够得到报酬与奖励，否则就失去了实施责任会计的意义。

四、责任会计的核算模式

责任会计的核算模式大致可分为双轨制和单轨制两种模式。

（一）双轨制

这一模式是指在不影响和改变原有的财务会计核算的前提下，根据企业内部责任管理的要求，在原来的财务会计核算体系之外，构建一套独立的责任会计核算体系，对各责任中心的责任成本、责任收入、责任利润等进行核算。

具体来说，在组织责任会计核算时，首先应设立专门的责任会计账户和账户编号。在此基础上，由各责任中心指定专人把各中心日常发生的成本、收入以及各中心相互间的结算和转账业务记入单独设置的责任会计相应的编号账户内。期末，根据企业内部管理需要，核算盈亏，反映各责任中心履行责任的好坏。

在双轨制模式下，财务会计核算体系与责任会计核算体系独立运行，互不影响。不仅能够满足企业内部管理需要，而且能够满足外部报表使用者的需求。双轨制存在的不足之处在于：一方面，双重核算体系的设置会加大日常账务处理的工作量，造成重复性劳动；另一方面，由于两套核算体系之间相互独立、两套数据之间缺乏直接联系，不利于管理当局将企业的整体财务状况、经营成果和各责任中心的责任履行情况整合起来，进行综合分析。

（二）单轨制

这一核算模式是指将责任会计核算纳入财务会计核算体系内，用一套核算体系完成财务会计和责任会计两套核算任务。

具体来说，首先，企业在传统的财务会计核算体系下，增设新的内部核算账户，或在正常的财务会计账户下，按对各责任中心的考核内容增设二级或三级明细分类账户，进行日常的登记和核算。然后，根据企业内部管理需要，随时核算和考察各责任中心的经营业绩，或与财务会计报告系统保持一致。期末时，计算盈亏，考察责任中心责任预算的完成情况。

与双轨制相比，单轨制不仅能够减轻企业会计核算的工作量，而且能够在提供传统的财务会计信息的同时及时反馈责任考核与控制信息，便于管理者及时掌握企业内部单位的责任履行情况，对责任单位的业绩进行考评与激励。

第二节　责任中心

本节在介绍责任中心的定义与特征基础上，分别讨论了成本中心、利润中心和投资中心的含义、特点和考核指标。

一、责任中心的定义与特征

（一）责任中心的定义

责任中心（responsibility center）是企业内部拥有一定的管理权限、承担相应的经济责任，并享有相应利益的企业内部单位或管理层级。

企业为了保证预算的贯彻落实，需要将预算目标层层分解，落实到企业内部各级单位，并设定特定的指标，对其预算落实情况和业绩表现进行考核评价。因此，责任中心是企业责任会计核算的主体。建立分工明确、相互协调的责任中心，是推行责任会计制度，确保企业预算目标实现的前提和基础。

在具体设置上，凡是管理上可以分离、责任可以辨认、工作成果可以单独考核的企业内部组织或个人，无论其规模大小，都可以划分为相对独立的责任中心，大至整个企业、分公司小至企业内部各部门、车间和班组，乃至某位员工个人。

（二）责任中心的特征

1.责任中心是一个责、权、利相结合的实体

作为责任会计的主体，每个责任中心都承担着落实和完成一定的预算目标的责任，拥有与其管理职能相适应的权限，设有与其责任、权利配套的业绩考核标准和利益分配机制。

2.责任中心之间既相互独立又相互合作

在实施责任会计时，每个责任中心都拥有一定的独立自主权，彼此之间相互独立、互不干涉。为取得好的业绩表现，各责任中心会在各自的经营管理与责权范围内，各尽所能。尽管如此，各责任中心毕竟是同一企业的下属单位，彼此之间存在着不可分割、千丝万缕的联系，尤其是企业的预算目标更需要所有责任中心齐心协力、相互支持与配合方能实现。因此，各责任中心之间又必须相互协调、紧密合作，共同服从和服务于企业整体目标的实现。

3.责任中心所承担的责任都是可控的

可控性原则是责任会计的基本原则。在对责任中心的责任落实情况进行考核时，一个很重要的原则就是对责任中心而言，每个责任中心都只对自己权责范围内可以控制或可以施加影响的成本、收入、利润或投入资金的使用效益与效果等承担责任；那些超出责任中心的可控范围、责任中心不能控制或不能施加影响的责任或考核指标，不能用于考核评价责任中心业绩。

4.责任中心有定期的业绩考核与评价

责任中心预算目标与责任的落实离不开对其业绩的考核与评价。企业在实施责任会计过程中，需要选择合适的评价指标或指标体系，运用一定的方法，定期对责任中心的工作成果

进行考核、评价与分析，在了解责任中心预算目标完成情况的同时，提高企业内部各项经营活动的经济效率与效益，并有助于实现责任中心的局部利益与公司整体利益的协调，保证公司整体预算和战略目标的实现。

（三）责任中心的类型

根据责任对象的权责范围和业绩考核内容的不同，责任中心可分为成本中心、利润中心和投资中心三大类型。

二、成本中心

（一）成本中心的含义

成本中心处于企业的基础层次，只发生成本或费用，不取得收入，因此，成本中心是只对企业的成本费用负责的责任中心。也正是因为成本中心只发生成本费用，不产生收入或利润，更无权进行投资，因此，成本中心不需要对收入、利润或投资负责。在组织形式上，成本中心往往不具备独立的法人资格。

成本中心在企业中分布最广。工业企业中，凡是有成本费用发生、只对成本负责并能对成本实施控制的企业内部单位，都可以设置为成本中心，上至工厂，下至车间、工段、班组，甚至是个人等。一般来说，成本中心不仅包括负责产品生产的生产部门，而且包括提供劳务或服务的部门，以及给予一些费用指标的管理部门等，如维修部、人力资源部、财务部，这些部门的运营虽然能够为企业提供机器维修、人力资源管理或财务管理服务等，但这些活动都不能直接创造销售收入，会引起薪酬、办公费等成本费用。

当然，不同的成本中心，其规模大小、工作内容、业务复杂性、成本费用项目等不尽相同。规模较大的成本中心，会涉及料工费等各项开支，如工厂的生产车间；规模较小的成本中心，可能只涉及某个或某几个成本项目，甚至是某个成本项下的明细项目，如质检部门、维修部门等。同时，几个规模较小的成本中心可以构成一个规模较大的成本中心，几个规模较大的成本中心又共同构成一个更大的成本中心，从而在企业内部形成一个层层控制、逐级负责的成本中心体系。规模大小不一和层次不同的成本中心，其控制和业绩考核的内容也不尽相同。

（二）成本中心的特点

相对于其他类型的责任中心而言，成本中心具有以下特点：

1.成本中心只对成本费用负责

成本中心大都没有销售权、经营权和投资权，因此，只发生成本费用，不产生收入，也无须对收入、利润和投资效益负责。相应地，成本中心的业绩考核指标只能是成本费用，而不是收入、利润或投资效益。

2.成本中心只对可控成本负责

如前，可控成本是指其发生与否、发生的金额大小等受某一责任单位控制或影响的成本。具体来说，可控成本必须同时满足以下条件：

（1）可以预知。有关的责任单位或个人可以预先知道将会发生哪些成本以及金额的大小。

（2）可以计量。有关责任单位或个人能够对发生的成本费用进行计量。

(3) 可以施加影响。有关责任单位或个人能够通过自身的行为调节成本的发生与否、金额的大小等。

只有同时满足上述条件的成本才属于某一成本中心的可控成本，不满足上述条件的则是不可控成本。某一成本中心的各项可控成本之和构成该成本中心的责任成本，即对其进行业绩考核的依据。

知识拓展14-1

可控成本与不可控成本的相对性

需要注意的是，可控与不可控的划分是相对的，二者可以在一定的时空条件下相互转换。这一特点详见知识拓展14-1：可控成本与不可控成本的相对性。

(三) 成本中心的业绩考核指标

成本中心的业绩考核对象是责任成本，即某一成本中心各项可控成本之和。对成本中心的业绩考核，主要就是通过对成本中心的实际责任成本与预算责任成本进行比较，确定其成本发生和控制的业绩，并采取相应的奖惩措施予以激励。

具体来说，在对成本中心的工作成果进行考核时，应从全部成本中区分可控成本并加总得到责任成本，进而将其实际发生额同预算额进行比较，揭示二者之间的差异及其金额、性质、形成的原因，并根据此差异分析的结果，对各责任中心的工作成果进行奖惩，以促进预算责任目标的完成。

成本中心的业绩考核指标主要包括责任成本差异额和责任成本差异率。其计算公式分别为：

责任成本差异额=实际责任成本-预算责任成本　(14.2.1式)

责任成本差异率=责任成本差异额÷预算责任成本×100%　(14.2.2式)

由于成本的高低会因业务量的不同而不同，因此，在对成本中心进行业绩考核时，如果预算产量与实际产量不一致，应首先按照弹性预算的方法调整预算责任成本，然后再进行上述计算。

[例14-1] 成本中心考核指标的考核与评价

已知：某企业有A、B、C三个成本中心，分别生产三种产品。各种产品的相关资料见表14-1。

表14-1　**成本中心的有关数据**

成本中心	标准单位材料成本（元/件）	预计产量（件）	实际单位材料成本（元/件）	实际产量（件）
A	50	6 500	51	6 000
B	60	7 000	60	6 500
C	70	9 000	65	9 000

要求：计算各成本中心责任成本的变动额和变动率，并分析、评价其成本控制情况。

解：依题意

A成本中心的预算责任成本=50×6 000=300 000（元）

A成本中心的实际责任成本=51×6 000=306 000（元）

因此，A成本中心的责任成本差异额=306 000-300 000=6 000（元）

A成本中心的责任成本差异率=6 000÷300 000×100%=2%

同理，可得到B、C成本中心的责任成本差异额和差异率，具体见表14-2。

从表14-2中数据不难看出，在这三个成本中心中，C成本中心的业绩表现是最好的，实际责任成本比预算降低7%，而A成本中心的成本控制业绩是三个中心中最差的，实际责任成本超出预算2个百分点。这主要是因为，C成本中心的实际单位材料成本比标准单位材料成本降低了5元，A成本中心的实际单位材料成本却超出预算1元，达到了51元。

表14-2 **责任成本预算完成情况**

成本中心 ①	标准单位材料成本（元/件）②	实际单位材料成本（元/件）③	实际产量（件）④	预算责任成本（元）⑤=②×④	实际责任成本（元）⑥=③×④	差异额（元）⑦=⑥-⑤	差异率（%）⑧=⑦÷⑤
A	50	51	6 000	300 000	306 000	6 000	2
B	60	60	6 500	390 000	390 000	0	0
C	70	65	9 000	630 000	585 000	-45 000	-7

需要注意的是，党的二十大报告中明确指出，要加快发展方式绿色转型，“实施全面节约战略，推进各类资源节约集约利用，加快构建废弃物循环利用体系”。这些都应在对成本中心进行的业绩考核中得以体现。

三、利润中心

（一）利润中心的含义

利润中心是既发生收入，又发生成本，因此既对收入负责，又对成本负责，并最终对利润负责的责任中心。

利润中心的责权利范围高于成本中心，它不仅要控制成本，而且要寻求收入增长，并使其超过成本增长。相应地，在进行业绩考核时，主要分析利润中心的利润目标实现情况。利润中心往往处于企业内部管理的较高层次，如分厂、分公司、独立的营销机构等。

知识拓展14-2

自然利润中心与人为利润中心

实践中，按照利润中心收入来源性质的不同，可以将利润中心进一步细分为自然利润中心和人为利润中心。两类利润中心的含义与特征详见知识拓展14-2：自然利润中心与人为利润中心。

（二）利润中心的责任考核

利润中心是最终对利润负责的一类责任中心，因此，在对利润中心的业绩进行考核评价时，应以责任利润的完成情况为考核依据。通过比较一定时期内的实际利润与预算利润，可以评价其责任履行情况。具体到考核指标上，由于不同类型、不同层次的利润中心的可控范围不同，用于评价利润中心的责任利润指标也就有多种表现形式。常见的有修正的贡献边际总额、营业利润等。

1.利润中心修正的贡献边际总额

修正的贡献边际总额指标的计算公式如下：

某利润中心修正的贡献边际总额=该利润中心的销售收入净额-该利润中心的可控成本总额 （14.2.3式）

需要说明的是，如果该利润中心的可控成本中只有变动成本，无可控固定成本，14.2.3式中的“可控成本总额”就等于变动成本总额，在此情况下，修正的贡献边际总额与未经修正的贡献边际总额计算口径完全一致。

应用修正的贡献边际总额指标考核利润中心的业绩，优点有两点：其一是将利润中心可以影响和控制的那部分成本费用计入责任中心的业绩，使得这部分成本费用的增减变动直接影响责任单位贡献边际的高低，有助于推动该责任单位的管理者加强成本的控制与分析，进而提高企业利润。其二是有助于企业管理者进行部门间的横向比较和取舍。当一个部门亏损，不能为企业带来利润时，只要它能够创造正值的贡献边际总额，在没有更好的方案可以选择时，就应该继续保留此部门。

修正贡献边际总额指标也有不足之处。可能会导致部分利润中心为了自身取得更好的业绩，而忽略对不可控成本的控制，使得整个企业的总成本费用大幅度增加。例如，一个企业租赁一批机器设备供内部单位使用。如果对使用该设备的各责任单位只考核贡献边际，设备租赁费作为共同费用或各使用单位的不可控费用，不予以考核。则个别责任单位可能会为了追求本中心对该设备使用的便利、实现自身效用最大化而无节制地使用，不考虑能否充分满足其他单位的需求，也不顾能否达成企业整体节约成本费用的目的。这样势必损害企业整体目标的实现。因此，此指标主要适用于共同成本难以合理分摊或无须对共同成本进行分摊的企业对内部利润中心的业绩考核，尤其是对人为利润中心的考核与评价。

[例14-2] 利润中心的业绩评价（基于贡献边际总额）

已知：GM公司有两个利润中心A、B，以贡献边际总额为考核指标。20×7年的有关成本费用指标见表14-3。其中，变动成本为各利润中心的可控成本，租金、折旧费为共同成本（不可控成本）。

表14-3 **利润中心的业绩比较表** 单位：万元

利润中心	A	B	合计
销售净额	500 000	400 000	900 000
减：变动成本	290 000	150 000	440 000
贡献边际	210 000	250 000	460 000
减：固定成本			15 000
其中：租金			60 000
折旧费			90 000
营业利润			310 000

要求：评价各利润中心的经营业绩。

评价：从表14-3中可以看到，B的成本费用控制工作好于A。尽管利润中心B的销售净额低于A，但由于成本费用控制得好，该中心的贡献边际明显高于A利润中心。因此，在用贡献边际总额指标对这两个利润中心的业绩进行考核时，B的业绩显著好于A。

2.利润中心的营业利润

营业利润是利润中心的贡献边际总额扣除不可控成本后的余额。其计算公式为：

利润中心的营业利润=利润中心的贡献边际总额-该利润中心的不可控成本 （14.2.4式）

将此指标作为利润中心业绩的考核指标，有助于克服贡献边际总额指标对不可控成本忽略的不足，实现利润中心目标与企业整体目标的一致。在适用范围上，本方法更适合对自然利润中心业绩的考核评价。

以营业利润作为利润中心业绩的考核指标虽然有优势，但同样也有不完善之处。利润中心的不可控成本往往是由整个企业引发，能够为多个责任单位的生产和销售提供服务的共同成本，在将其直接确认、归属至某一个单位时有一定难度，需要根据企业以及各利润中心的实际情况，采用合适的方法进行分配。

实践中，企业的不可控成本通常由上级责任中心按照各利润中心的收益比例进行分配，或者按照各利润中心已签订合约的责任进行分配，有时还可能依据各利润中心的销售比例进行硬性分配。当然，考虑到这些成本费用对各利润中心而言的不可控性，也可以留在整个企业或者上级责任单位，不对下属利润中心进行分配。

[例14-3] 利润中心业绩评价（基于营业利润）

已知：仍按例14-2的资料。GM公司按照1：2的比例，对租金、折旧费在A、B两个利润中心之间进行分摊，得到的有关评价指标见表14-4。

表14-4 **利润中心的业绩比较表** 单位：万元

利润中心	A	B	合计
销售净额	500 000	400 000	900 000
减：变动成本	290 000	150 000	440 000
贡献边际	210 000	250 000	460 000
减：固定成本	50 000	100 000	150 000
其中：租金	20 000	40 000	60 000
折旧费	30 000	60 000	90 000
营业利润	160 000	150 000	310 000

要求：对各利润中心业绩进行评价。

评价：从表14-4中可以看到，在将利润中心A、B均不可控的固定成本进行分摊后，尽管二者的贡献边际总额未发生改变，但计算得到的营业利润的大小与贡献边际的大小方向相反，A的营业利润大于B的营业利润。因此，在依据营业利润进行考核评价时，A的业绩优于B。

当然，在考核评价利润中心业绩时，除比较分析各利润中心贡献边际总额或营业利润的实际完成额，还应将该评价指标的实际额与预算额进行比较，以确定各利润中心完成责任预算的情况，分析二者之间存在的差异及其具体原因。必要时，可应用因素分析法，分析确定销售数量、销售价格、销售品种结构、销售费用等因素变动对考核指标的具体影响。

四、投资中心

（一）投资中心的含义

投资中心是对投资负责的责任中心，是既对成本、收入、利润负责，又对投入资金或占用资产的使用效果负责的责任中心。

由于投资的目的是获取利润，因此，投资中心属于利润中心，但它又不同于一般的利润中心，二者的区别主要有两点：一是权力不同。利润中心只是运用企业已形成的生产能力开展生产经营，没有投资决策权；投资中心不仅具有一般利润中心所拥有的生产决策权、产品销售权和价格制定权，而且有权决定企业资金的投放方向与金额，能够独立作出购建或处理固定资产、扩大或缩减现有生产能力的决策。二是业绩考核的内容不同。在考核利润中心业绩时，重点考察其创造贡献边际和产生营业利润的情况，不涉及投资多少或占用资金的情况；考核投资中心业绩时，需要综合考察其投入产出情况，即需要将所获得的利润与所占用的资产进行比较。

作为企业中管理层次最高的责任中心，投资中心具有很大的决策权，也承担最大的责任。大型集团下辖的子公司往往都是投资中心。在组织形式上，不同于成本中心一般不是独立法人，利润中心可以是也可以不是独立法人，投资中心一般都具有独立法人资格。

（二）投资中心的业绩考核

投资中心的考核评价不仅关注产出情况，而且关注投入与产出之间的关系。因此，在对投资中心进行业绩考核时，不仅要关注其实现利润的高低，而且要结合其投入资金情况，考核其投资报酬率和投资效果的优劣。实践中，常通过计算、比较和分析投资利润率、剩余收益等财务指标，考核与评价投资中心的经营业绩。

1.投资利润率

投资利润率（return on investment，ROI）又称投资收益率，是投资中心获得的息税前利润与投资额之间的比值。其计算公式为：

$$投资利润率=\frac{息税前利润}{投资额}\times 100\% \qquad (14.2.5式)$$

投资额是投资中心可以控制并使用的总资产，因此，投资利润率又称总资产利润率。其中，息税前利润是扣除利息和企业所得税前的利润，因为无论是税金还是利息，都与资金如何投放、资产如何使用无关，属于投资中心的不可控因素，应被排除在投资中心经营利润之外。同时，由于利润是期间性指标，为保持分子、分母计算口径一致，在考察投资中心投入的资金或占用的资产时，应按照平均投资额或平均占用额计算。

投资利润率指标可以反映投资中心每运用一元资产对创造利润的贡献大小，主要用于考核和评价由投资中心掌握、使用的全部资产的盈利能力。在具体考核评价时，可将某投资中心的投资利润率的实际值与预算值进行比较，或者与其他利润中心的投资利润率指标进行比较，以发现存在的差异，并对产生此差异的原因进行深入分析。

为进一步说明影响投资利润率指标的各个因素，可进一步将投资利润率指标分解为：

$$投资利润率=\frac{销售收入}{投资额}\times\frac{息税前利润}{销售收入}$$

$$=总资产周转率\times 销售利润率 \qquad (14.2.6式)$$

或

$$=\frac{销售收入}{投资额}\times\frac{成本费用}{销售收入}\times\frac{息税前利润}{成本费用}$$

$$=总资产周转率\times 销售成本率\times 成本费用利润率 \qquad (14.2.7式)$$

不难看出，提高投资利润率的有效途径有：增加销售，降低成本费用，加快占用资产的周转等。

[例14-4] 投资利润率的计算

S公司是SM集团的下属子公司，拥有独立的投资决策权。20×7年该公司总资产的年初规模为370万元，年末规模为430万元。该年的利息费用为10万元，税后利润为70万元，所得税税率为25%。SM集团要求旗下公司的投资利润率为20%。

要求：计算20×7年S公司的投资利润率。

20×7年S公司的平均投资额=（370+430）÷2=400（万元）

20×7年S公司的息税前利润=70÷（1−25%）+10=103.33（万元）

20×7年S公司的投资利润率=103.33÷400×100%=25.83%>20%

由于S公司实际的投资利润率为25.83%，显著高于集团要求的20%，因此，S公司圆满完成了预算责任目标。

作为广泛应用的评价投资中心经营业绩的指标，投资利润率指标有助于反映投资中心在增加销售、控制成本费用、加快资产周转等方面的综合盈利能力；有助于分析、比较多个投资中心的经营业绩，实现对多个投资中心经营业绩的优劣比较与分析评价；也有助于引导各投资中心选择有利的投资机会，调整资产存量，盘活闲置资产，减少不合理资产占用，实现资源的优化配置和有效使用。

当然，我们也应清醒地认识到，投资利润率指标存在一定的不足，尤其是投资利润率的财务指标属性，会使得个别投资中心为了获得高的投资利润率指标而减少投资，或者放弃对整个企业有利的投资项目，从而作出错误的投资决策。这不仅造成投资中心自身的本位主义和短视行为，而且会损害企业的整体利益和长远发展。为克服投资利润率的这一缺陷，有必要采用其他指标，如剩余收益等，对投资中心的业绩进行评价。

2.剩余收益

剩余收益（residual income，RI）是投资中心获得的息税前利润扣减其按要求或预期获取的最低投资收益后的余额，也是一个绝对值指标。其中，最低投资收益是为保证生产经营的正常、持续进行，投资中心必须达到的最低收益水平，具体等于投资额与规定或预期获取的最低投资收益率的乘积。最低投资收益率一般可按整个企业各投资中心的加权平均投资收益率计算得到。相应地，剩余收益的计算公式为：

剩余收益=息税前利润−最低投资收益 （14.2.8式）

=息税前利润−投资总额×规定或预期获取的最低投资收益率 （14.2.9式）

结合投资利润率的计算公式，14.2.9式可进一步调整为：

剩余收益=投资总额×投资收益率−投资总额×规定或预期获取的最低投资收益率

$$=\text{投资总额}\times\left(\text{投资收益率}-\text{规定或预期获取的最低投资收益率}\right) \quad (14.2.10式)$$

作为一个绝对值指标和越大越好的正向指标，只有当剩余收益的金额大于0时，才说明被评价的投资中心有好的业绩表现，反之，则说明该投资中心的业绩未达到预期，经营业绩表现不佳。进一步说，对某一投资项目而言，只要该项目的投资收益率高于规定或预期的最低收益率水平，就会给选择该项目的投资中心增加剩余收益，也会给企业带来利润，从而保证投资中心的决策行为与企业总体目标一致，推动投资中心作出有利于企业整体利益和长远发展的投资项目决策，避免投资中心本位主义和短视行为。这也是剩余收益相对于投资收益率指标最大的优势。

［例14−5］投资中心考核指标的计算与比较

已知：XY集团下设X和Y两家子公司，每家公司都有独立的投资决策权。该集团要求各下属公司应达到的最低投资收益率为10%。集团正在考虑由X或者Y中的某一家来承担一个新项目。该项目所需投资额为100万元、投资利润率为11%。有关资料见表14−5。

表14-5　**投资中心考核指标的计算与比较**　单位：万元

项目		投资额	息税前利润	投资利润率	剩余收益
不追加投资	X	400	48	12%	48-400×10%=+8
	Y	200	16	8%	16-200×10%=-4
	小计	600	64	10.67%	64-600×10%=+4
X接受该项目	X	400+100=500	48+11=59	11.8%	59-500×10%=+9
	Y	200	16	8%	16-200×10%=-4
	小计	500+200=700	59+16=75	10.71%	75-700×10%=+5
Y接受该项目	X	400	48	12%	48-400×10%=+8
	Y	200+100=300	16+11=27	9%	27-300×10%=-3
	小计	400+300=700	48+27=75	10.71%	75-700×10%=+5

根据表14-5的数据，如果继续以投资利润率作为考核指标，追加投资后，X公司的利润率会由12%下降到11.8%，Y公司的利润率会由8%提高到9%。因此，站在各投资中心角度考虑，Y公司接受该投资项目更为合算，也会更加主动，因为这会显著改善其经营业绩。相反，X公司可能不会接纳该投资项目，因为接受该项目后，其通过投资利润率反映的经营业绩会下滑，不利于其业绩表现。然而，站在整个集团角度，无论是哪家子公司接受该投资项目，集团整体的投资利润率都会从10.67%上升至10.71%，对集团而言都是有利的。此种情况下，X公司作出的投资决策可能会导致集团错失一个好的投资机会，不利于集团整体利益最大化目标的实现。

如果以剩余收益作为考核指标，上述问题将不再存在。接受新的投资项目后，X公司的剩余收益将由原来的8万元增加至9万元，Y的剩余收益则由原来的-4万元变为-3万元。也就是说，如果X公司接受该项目，不仅该公司自身的经营业绩会改善，而且会给整个集团带来更多的利润。如果Y公司接受该投资项目，虽然Y公司可以支配或占用的投资规模有所扩大，但它仍然不能为集团创造利润，而且还会造成集团资源的非有效使用和浪费。因此，无论从投资中心自身业绩考虑，还是从集团整体利益出发，都应由X公司承担该项目的投资任务。

当然，各类责任中心业绩考核效果的充分发挥还需要辅之以公平合理的薪酬与分配制度。正如党的二十大报告中所指出的，我们要实现好、维护好、发展好最广大人民根本利益，紧紧抓住人民最关心最直接最现实的利益问题；要完善分配制度，坚持按劳分配为主体、多种分配方式并存。

五、责任报告

（一）责任报告的含义

责任报告又称业绩报告、绩效报告，是根据责任会计的有关记录编制而成，用于揭示责任预算与预算实际执行结果之间差异的内部会计报告，也是对责任中心进行业绩考核与评价的依据和基础。

通过编制和分析责任报告，可以揭示预算与实际执行结果之间的差异、产生此差异的原因及其责任承担，从而有助于对各责任中心的业绩进行考核评价，有助于责任中心的上层管理者实现对其经营活动的及时了解、控制与调节，从而最大限度地提高责任中心的工作业绩。

其中，责任预算属于企业预算的范畴，具体以责任中心为主体，以责任中心可控的成本、收入、利润和投资额等为对象编制而成。

（二）责任报告的形式

责任报告的具体形式因责任中心的业务内容、业务性质、报告对象和使用情况的不同而不同。常见的责任报告形式有：书面报告、口头说明等。其中，书面报告既可以呈现为报表，也可以呈现为数据分析或文字说明。实际编制过程中，企业往往将这几种形式的责任报告结合起来使用，并按照自下而上的程序，由各个责任中心逐级编制、分析汇总而成。

（三）责任报告的内容

责任中心所处的管理层级不同，责任报告的内容，尤其是报告的侧重点和详略程度等，也会有差异。一般而言，低层次责任中心的责任报告往往只涉及本身的可控成本，而且最具体、最详细，具体包括预算成本、实际成本、预算成本与实际成本之间的差异等。随着管理层次的提高，责任报告的内容有所扩展，不仅包括该层次责任中心的可控成本，而且包括下属责任中心的可控成本，并在表达上更为概括。

当然，无论是哪个管理层级责任中心的责任报告，在将责任预算的执行差异及其原因和影响因素通过责任报告予以呈现时，需要遵循“例外管理原则”对导致差异产生的关键因素而不是所有因素进行分析，以便将报告使用者的注意力成功地吸引到那些严重脱离预算的关键原因或项目上，提高责任报告的使用效率。

（四）责任中心的责任报告举例

［例 14-6］各中心责任报告样例

表 14-6、表 14-7 和表 14-8 分别列示了 20×7 年度 A 成本中心、B 利润中心和 C 投资中心的责任报告。

表14-6 **20×7年度A成本中心责任报告** 价值单位：万元

项目	实际	预算	差异*
下属单位转来的责任成本			
甲车间	450	400	50（不利）
乙车间	380	400	-20（有利）
A成本中心自身的可控成本			
直接材料	910	900	10（不利）
直接人工	720	730	-10（有利）
水电费	55	70	-15（有利）
其他	25	20	5（不利）
小计	1 710	1 720	-10（有利）
A成本中心责任成本	2 540	2 520	20（不利）

*对企业有利为正值，对企业不利为负值，加括号表示。

表14-7 20×7年度B利润中心责任报告 价值单位：万元

项 目	实 际	预 算	差 异
销售收入			
批发	1 400	1 100	300（有利）
零售	1 000	800	200（有利）
小计	2 400	1 900	500（有利）
可控成本			
变动生产成本	1 500	1 300	200（不利）
变动销售及管理费用	350	300	50（不利）
小 计	1 850	1 600	250（不利）
贡献边际	550	300	250（有利）
不可控成本			
固定生产成本	200	120	80（不利）
固定销售及管理费用	100	80	20（不利）
小 计	300	200	100（不利）
营业利润	250	100	150（有利）

表14-8 20×7年度C投资中心责任报告 价值单位：万元

项 目	实 际	预 算	差 异
销售收入			
A产品	2 000	1 500	500（有利）
B产品	1 500	700	800（有利）
小计	3 500	2 200	1 300（有利）
可控成本			
变动生产成本	1 580	980	600（不利）
变动销售及管理费用	770	430	340（不利）
小 计	2 350	1310	940（不利）
贡献边际	1 150	890	260（有利）
不可控成本			
固定生产成本	580	460	120（不利）
固定销售及管理费用	210	160	50（不利）
小 计	790	620	170（不利）
息税前利润	360	270	90（有利）
净资产平均占用额	3 000	3 000	0
投资利润率	12%	9%	3%

第三节 内部转移价格与内部结算

本节集中介绍内部转移价格的含义与意义，内部转移价格的制定原则与具体制定方法，以及如何进行内部结算。

一、内部转移价格

（一）内部转移价格的含义及意义

在实施分权管理的企业中，各责任单位的责、权、利是相对分开和独立的。但在企业实际运营中，不少责任单位的产品却是企业内部其他责任单位需要的原材料或进一步加工的半成品。此时，一个非常现实的问题是，当某一责任单位向同一企业内的其他单位提供产品或劳务（即发生内部交易）时，如何才能保障交易双方的经济利益、准确划分双方的经济责任？如何才能将各责任单位的业绩考核建立在客观、公正、可比的基础之上？内部转移价格应运而生。

1.内部转移价格的含义

内部转移价格又称“调拨价格”，是指企业内部责任单位或部门因相互提供产品或劳务而进行内部交易结算或内部责任结转时，需要的计价标准。其中，内部交易结算是指在发生内部交易时，由接受产品或劳务的责任中心向提供产品或劳务的责任中心支付报酬引起的一种结算行为；内部责任结转又称责任成本结转，是在生产经营中，对于不同原理造成的各种经济损失，由承担损失的责任中心对实际发生损失的责任中心损失赔偿的处理过程。因此，进一步说，当企业内部某单位因接受其他责任单位提供的产品或劳务而向提供方支付报酬时，或当企业内部某经济损失的实际承担者向该损失的发生单位或发现者进行损失赔偿时所使用的计价标准，就是内部转移价格。

显然，在内部交易结算中，内部转移价格对提供产品或劳务的部门而言是收入，对接受产品或劳务的部门而言则是成本；在内部责任结转中，内部转移价格对损失赔偿接受者而言是收入，对损失实际承担者而言则是成本。在其他条件不变，尤其是企业内部各单位适用的所得税税率相同的情况下，内部转移价格的增减变动，会引起作为交易双方或损失涉及双方的相关责任中心的收入或成本朝相反方向变化。但从企业整体而言，一方增加的收入恰恰是另一方增加的成本，反之亦然。因此，从理论上讲，内部转移价格只能引起企业内部各责任中心利润分配份额的变化，但不会引起企业利润总额的变动。

2.内部转移价格的意义

内部转移价格的制定和使用具有重要的现实意义。

通过制定和使用内部转移价格，企业内部发生交易的双方责任单位都处于一个类似于外部市场的氛围和压力之下。为获取更多的利润、有好的业绩表现，产品或劳务的提供方会采取各种措施，改善经营管理，提高产品质量，降低成本费用，扩大利润空间；产品或劳务的接受方也会在以合理的价格与成本取得产品或劳务后，千方百计地控制和降低自身的成本费用，提高产品或劳务的质量，提高自身的盈利能力，而这些都有助于企业整体长远目标的实现。

内部转移价格的制定与使用，也有助于明确划分各责任中心的经济责任，有助于在客观、可比、公正的基础上对责任中心的业绩进行考核、评价与奖惩，从而推进各责任中心利益关系的协调，便于统筹安排企业内部的各项业务活动，实现责任单位局部利益与企业整体利益的一致。

（二）内部转移价格的制定原则

在确定内部转移价格时，需遵循以下原则：

1.全局性原则

制定内部转移价格必须强调企业的整体利益高于各责任中心的边际利益。由于内部转移价格直接关系到各责任中心经济利益的大小，每个责任中心都会最大限度地为自己争取最大的价格优势，这种对自身利益的维护行为可能会引发不必要的矛盾和价格上的相互倾轧。当交易双方发生局部利益冲突时，企业和各责任中心都应站在全局的高度，本着对企业整体利益有利的原则，通过友好协商等方式，合理地制定内部转移价格。

2.公平性原则

内部转移价格如果能够被交易双方接受和使用，一个很重要的前提就是这一价格的制定公平合理，对双方都有利，没有偏袒其中的任何一方。也就是说，内部转移价格应充分体现各责任中心的工作态度和经营业绩，应有助于实现各责任单位的努力程度与所得收益的有效匹配，既不会使某些责任中心因价格优势而获得额外的利益，也不会使某些责任中心因价格劣势而遭受额外损失。

3.自主性原则

内部转移价格的使用双方都是企业内部在权、责、利等方面相对独立的责任单位，因此，内部转移价格应在确保企业整体利益的前提下，在各责任中心自愿的基础上制定。交易双方都应有讨价还价的权利，有选择产品、供应者和客户的自由，企业最高管理当局不宜过多地采取行政干预措施。

4.重要性原则

内部转移价格的制定并不是事无巨细地对企业内部交易中涉及的所有产品或劳务一一制定详细的内部转移价格，而应体现“抓大放小”的原则，区分产品或劳务的性质和重要程度，对原材料、半成品、产成品等重要物资或劳务的内部转移价格花大力气制定详细的内部转移价格，而对低值易耗品等数量庞杂、价值低廉的物资，从简制定内部转移价格，以节约成本，提高内部结算或内部责任结转工作的效率。

（三）内部转移价格的制定方法

常见的内部转移价格的制定（简称转移定价）方法有四种：基于市场价格的转移定价、协商定价、成本转移定价以及双重定价。

1.基于市场价格的转移定价

基于市场价格的转移定价，简称市场价格转移定价法，是指依据企业内部交易中转移的产品或劳务的外部市场价格，将其作为进行内部结算或内部责任结转时使用的计价标准。

在企业内部各责任单位进行内部交易时，如果被转移的产品或提供的劳务有明确的市场价格，市场价格的客观性、公正性将会使其成为制定内部转移价格的最好依据。基于市场价格进行内部转移定价能够将外部市场机制引入企业，促使并推动各责任单位在市场竞争的氛围和压力下，努力改善经营管理，降低成本费用，以最终获得好的经营指标和业绩表现。

在依据市场价格进行内部转移定价时需注意以下几点：

（1）此方法并不适用于所有的内部交易结算或内部责任结转，而是需要具备一定的前提条件。如被转移的产品或劳务有完全竞争或接近完全竞争的外部市场，或这些产品或劳务提供方的生产或服务能力已经饱和，不能生产或提供更多的产品或服务；在这些产品或劳务对外销售或进行企业内部转移均可时，在不损害企业整体利益的情况下，首先应保证满足企业内部责任单位对该产品或劳务的需求。

（2）此定价方法同样需遵循外部交易的公平性、合理性、科学性等原则，应充分保障交易双方的权益。具体来说，在不损害企业整体利益的前提下，如果提供方愿意对内销售，且售价不高于市价，使用方有购买的责任与义务；如果提供方的售价高于市场价格，使用方有转向外部市场的权利与自由。相反，如果提供方更愿意在企业外部市场销售，则企业不能限制其对外销售。

（3）应用此方法时，不是直接将外部市场价格用于内部交易结算或内部责任结转，而是在对此价格进行必要调整后才能作为内部交易价格，包括扣除内部交易时不需要发生的销售费、广告宣传费、运输费等。因为虽然这些费用是影响对外销售价格的重要因素，但当产品或劳务在企业内部责任单位之间流转时，它们不会发生，也不需要支付或承担。如果对这些费用不扣除，因内部交易而节约的广告、运输等方面的费用会完全成为内部交易产品或劳务提供者（销售方）的经营成果，使用者（内部交易购买方）并不能得到因进行内部交易而节约了费用支出的好处，这一结果既不利于维持企业内部责任单位之间利润分配和业绩考核的公平性，也不利于调动交易双方的积极性。

2.协商定价

（1）协商定价的含义。

协商定价又称议价，是指在正常的市场价格基础上，企业内部交易的供求双方通过定期协商，确定一个双方都能接受的内部转移价格的定价方法。

通常而言，协商价格要比市场价格低一些。这是因为：一是内部转移价格中包含的广告宣传和管理费普遍低于外部市场价格；二是内部交易的产品或劳务一般数量较大，单位成本自然可以更低；三是内部交易的产品或劳务的提供方大多拥有剩余生产能力，对提供方而言，只要内部转移价格高于单位变动成本就是合算的，不需要像外部市场价格那样在单位变动成本之外附加其他成本支出。进一步说，协商定价时确定内部转移价格的最高上限是市价，下限是单位变动成本，具体水平由买卖双方在这个范围内协商确定。

通过协商定价确定内部转移价格的一个前提是：内部交易涉及的产品或劳务能够在非竞争性市场上买卖，而且交易的双方都有权自行决定是否买卖该产品或劳务。当然，对交易双方自主决策权的强调并不是对企业高层管理者参与内部转移定价的完全禁止。当价格不能由买卖双方自行决定、协商的双方发生矛盾、不能自行解决或者交易双方协商确定的价格不符合企业的利润最大化要求时，企业的高层管理者应进行必要、有限而得体的干预，但绝不能包办或决定一切。

（2）协商定价的优缺点。

协商定价的优点在于：在定价过程中，供求双方都有讨价还价的权利，能够在模拟的市场环境下充分发表意见，统一和协调双方的利益，有利于调动各方的积极性、主动性。

协商确定价格也存在一定的不足。协商过程中，交易双方都要花费大量的人力、物力和时间；协商的交易双方也可能会因各持己见而相持不下，需要企业高层领导进行裁定。这样不仅难以发挥对各责任单位的激励作用，而且会弱化分权管理的作用。

(3) 协商定价的适用范围。

在内部交易的产品或劳务有非竞争性市场，提供方有闲置的生产或服务能力，能够生产或提供更多的产品或劳务，产品或劳务的变动生产或服务成本低于市场价格，以及交易的相关责任中心都有讨价还价权利的情况下，可通过协商方式确定内部转移价格。

3.成本转移定价

成本转移定价就是以内部交易中产品或劳务的成本为基础制定内部转移价格。由于人们对成本的概念有多种理解，实践中应用较多的成本转移定价方法具体可分为实际成本定价法、实际成本加成定价法、标准成本定价法、标准成本加成定价法等多种类型。

(1) 实际成本定价法。

以产品（半成品）或劳务的实际成本作为内部转移价格，此方法主要用于成本中心之间产品（半成品）或劳务转移的内部结算或内部责任结转。

实际成本定价法简单、易用，对经营规模小、内部管理水平和会计核算能力不高的企业来说较为适合。但从严格意义上讲，此方法只是实际成本的计算与转嫁过程，并不能发挥内部价格所具有的划清经济责任、调节企业内部利润份额的作用。因为在按照实际成本进行内部结算或内部责任结转时，产品或劳务提供方的工作业绩或缺陷会毫无保留地全部转移给接受方，由接受方承担由此产生的所有经济责任，提供方则不承担任何的经济后果。受此影响，这一定价方法不利于激励和约束产品或劳务的提供方降低成本，也不利于整个企业成本费用的控制与节约。

(2) 实际成本加成定价法。

按产品（半成品）或劳务的实际成本加计一定的合理利润作为内部转移价格定价方法的基础，此方法适于对利润中心或投资中心之间产品或劳务转移时的内部结算与内部责任结转。

此方法的优点是：让产品或劳务的提供方能够取得一定的利润，有助于激励其努力工作。然而，由于此价格中也包含了实际成本，提供方的经营业绩与缺陷的转嫁问题依然不能消除。因此，此方法仍然不利于划清经济责任，也不利于调动提供方降低成本、增加利润的积极性。再加上确定加成利润率时有一定的主观随意性，难以实现对交易双方经营业绩的正确评价。

(3) 标准成本定价法。

以产品（半成品）或劳务的标准成本作为内部转移价格的定价方法。它同样适用于成本中心之间产品（半成品）或劳务转移的内部结算或内部责任结转。

此方法的优点是：能够将日常管理和会计核算工作结合起来，有利于克服实际成本定价法存在的产品或劳务提供方经营业绩与缺陷转嫁的问题，也有助于划清责任，调动供需双方降低成本的积极性。

(4) 标准成本加成定价法。

按产品（半成品）或劳务的标准成本加计一定的合理利润作为计价的基础，适用于利润中心或投资中心之间产品或劳务转移的内部结算与内部责任结转。

此方法融合了标准成本定价法与实际成本加成定价法的优点，既有利于划清买卖双方的经济责任，激励双方降低成本、增加利润，也有利于正确评价双方的经营业绩。但在确定加成利润率时，仍存在一定的主观随意性，需由管理当局妥善制定，避免主观随意性。

4.双重定价

双重定价就是对内部交易的双方分别采用不同的价格进行内部结算与内部责任结转的定价方法。如对产品或劳务的供应方按协商价格计价，对使用方按产品或劳务的单位变动成本计价，即采用“双重内部转移价格”；又如在产品或劳务存在不同的市场价格时，提供方采用最高的市价作为内部转移价格，使用方则按最低的市价作为计价基础，即采用“双重市场价格”。双重价格之间的差异可以记录在专门的结算账户中。

双重定价的好处在于：它能够使内部交易双方有一定的灵活性，从而满足供求双方的不同需要，提高二者在生产经营上的主动性和积极性；有利于推动内部交易活动，提高企业资源的使用效率与效益，避免使用方因内部定价过高而拒绝从内部“购买”或提供方因内部定价过低而拒绝向内部“销售”导致部分生产能力闲置等情况。此方法的不足在于：由于交易双方都按照最有利于自己的价格进行核算，会产生利润重复计算的问题，而且这一问题会随企业内部交易的增多而日益突出。同时，双重定价方法还会导致有关责任无人承担或责任不明的问题。

相应地，双重定价方法不适用于所有企业的内部转移定价。只有当企业内部转移的产品或劳务有外部市场，提供方有剩余生产能力，而且采用单一的内部转移价格不能达到激励各责任单位的生产经营、保证责任中心与整个企业的经营目标一致时，方可考虑采用这一方法。

[例14-7] 成本转移价格的确定

已知：某企业有甲、乙两家子公司，均为利润中心。甲公司生产的A半成品既可以直接在市场上出售，也可以作为乙公司生产B产品的一种配件，B产品加工完毕后作为最终产品在企业外部市场上公开销售。A半成品、B产品的投入产出比为4：1，甲公司要求的利润率为20%。甲、乙两家公司产品的有关单价和部分成本资料见表14-9。

表14-9 **相关收入、成本与产销量资料**

产品	A	B
市场价格（元/件）	10	32
单位变动生产成本（元/件）	5	
单位深加工费用（元/件，不含A配件成本）		10
单位销售及管理费用（元/件）	2	8
小计	7	18
最大产量（件）	400 000	20 000
预计最大对外销量（件）	350 000	22 000

要求：请选择合适的内部定价方法确定A半成品的内部转移价格。

解：根据表14-9的信息，A半成品的最大产量为400 000件，甲公司尚有闲置的生产能力为乙公司额外生产A半成品50 000件（400 000−350 000），满足B产品12 500件（50 000÷4）的生产，且外部市场可以容纳这些产品（12 500件<22 000件），A的单位变动成本也小于其市场价格（7元<10元）。此时，企业可考虑采用实际成本加成定价法或双重内部转移定价确定内部转移价格。

（1）在实际成本加成定价法下，A半成品的内部转移价格=7×（1+20%）=8.4（元）。此价格是甲、乙两公司使用的唯一的内部转移价格。

（2）在双重内部转移定价法下，提供方甲公司选择和适用的内部转移价格=A半成品的市场价格=10（元）；接受方乙公司选择和适用的内部转移价格=A半成品的单位变动成本=7（元）。甲、乙两公司分别适用不同的内部转移价格进行内部结算或内部责任转账。

二、内部结算

在责任会计制度下，为明确各责任中心的业绩，为考核、评价与奖惩提供依据，企业内部各责任中心之间的经济业务往来，除了要以内部转移价格作为计价标准进行计量外，还必须按照一定的方式进行内部结算。

（一）内部结算方式

按照内部结算采用的手段不同，企业内部结算的方式通常包括以下几种：

1.内部支票结算

内部支票结算是指在发生内部交易后，由付款单位根据有关原始凭证或业务活动证明向收款单位签发内部支票，收款单位审核无误后将支票送存内部结算中心或内部银行，通知其从付款单位账户中转账划拨款项的内部结算方式。

在设立内部结算中心的企业中，由财务部门核定各责任中心的资金及其费用定额，然后由内部结算中心或内部银行分别为各单位开立存款账户，把核定的定额资金和费用存到各开户单位的存款户上，并向各责任单位签发统一的企业内部支票。

内部支票通常为一式三联，第一联为收款凭证，第二联为付款凭证，第三联为内部结算中心或内部银行的记账凭证。

内部支票结算主要适用于收、付款双方直接见面进行经济往来的业务结算，如车间到仓库领用原材料、上游部门将半成品交由下游部门进一步深加工、车间将完工产品交付入库等。这一结算方式可以使收付款双方一手“钱”，一手“货”，明确双方责任，避免由于产品数量、质量、价格等在结算过程中发生纠纷，影响责任中心正常的资金周转。

2.转账通知单结算

转账通知单结算是指收款单位提供产品或劳务后，根据有关原始凭证或业务活动证明签发转账通知单，通知企业内部结算中心或内部银行将转账通知单转给付款单位，让其付款的一种内部结算方式。

与内部支票类似，转账通知单通常也为一式三联，第一联为收款单位的收款凭证，第二联为付款单位的付款凭证，第三联为企业内部结算中心或内部银行的记账凭证。

转账通知单结算手续方便，结算及时，但因转账通知单是单向传递的，付款方如对产品或劳务的数量、质量或价格有异议，可能拒付。因此，这一结算方式适用于经常性的、质量与价格相对稳定的往来业务，如辅助车间向生产车间供气、供电、供水等业务。

3.内部货币结算

内部货币结算方式是指使用在企业内部发行的、仅限于在本企业内部流通的货币，如内部货币、资金本票、流通券、资金券等进行内部往来结算的一种内部结算方式。

作为最为典型的一手“钱”一手“货”的企业内部结算方式，内部货币结算比内部支票结算更为直观，更易被各责任单位及其员工接受，也有助于强化他们的经济责任意识和成本节约观念。但是，内部货币也具有携带不便、清点麻烦、保管困难等不足。因此，内部货币结算方式主要适用于企业内部小额往来业务的结算。

（二）内部结算中心

无论是内部支票结算、转账通知单结算，还是内部货币结算，都离不开企业内部结算中心的规范和有序运行。内部结算中心是指由企业集团或控股公司内部设立的、用于处理集团或企业内部往来结算、资金调拨、资金筹集与运用等的企业内部资金管理机构。内部结算中心的设立，有助于完善企业的内部责任核算，明确各责任中心的经济责任，也有助于强化企业的资金管理，降低筹资成本，提高资金使用效率，改善企业内部经济效益。

内部结算中心的主要业务有：

（1）设立内部结算账户，即为企业内的每一个责任中心在内部结算中心开立账户。

（2）发行内部支票、内部货币等结算工具，即根据企业实际需要印制和发行各种结算凭证。

（3）制定结算制度，实施内部控制，即通过制定统一的内部结算方式、规定统一的结算程序和结算时间，加强对各责任中心结算内容与结算行为的监督、规范与控制。

（4）发放内部贷款，即根据财务部门核定的资金和费用定额及有关规定，在企业范围内统一调配资金余缺，对各责任中心所需的资金发放有偿贷款，或全额贷款有偿使用，或只是超出定额部分的贷款有偿使用。

（5）筹措资金，即以整个集团或企业的名义，通过各种渠道、运用各种融资手段取得所需资金。

（6）建立信息反馈系统，即定期或不定期地将企业资金流通与余缺的情况以报表的形式反馈给各责任中心以及企业管理部门，以实现资金信息的及时传递与有效沟通。

此外，企业内部各责任中心在生产经营过程中，经常会出现发生责任成本的责任中心与实际承担责任成本的责任中心不是同一中心的情况。为划清责任、合理奖罚，就需要将这种责任成本按照一定的方式进行结转。如企业的生产车间与供应部门都是成本中心，如果生产车间多耗用的原材料是由于供应部门购入不合格的材料导致的，则生产车间多耗用的材料成本或发生的相应损失，应结转至供应部门，由供应部门承担。再如，前后工序所在的生产车间都是成本中心，由于前道工序流转下来的半成品不合格造成的后道工序的残次品损失、废品损失等，都应由前道工序的成本中心承担。

知识拓展14-3

责任成本结转

有关责任成本结转的具体介绍参见知识拓展14-3：责任成本结转。

□ 思政课堂

新征程上要增强青年的志气骨气底气

习近平总书记指出：“新时代的中国青年要以实现中华民族伟大复兴为己任，增强做中国人的志气、骨气、底气，不负时代，不负韶华，不负党和人民的殷切期望！”面向新征程，以伟大建党精神引领青年增强志气、骨气、底气具有重要意义。

志气、骨气、底气各有其具体的内涵，又构成一个相互联系的整体。志气，与理想相关，是追求符合社会历史发展规律的目标并力求实现此目标的决心和抱负。骨气，与意志相连，是在奋斗中百折不挠的精神风骨。底气，与实力相伴，是以力量为基础的应对能力和敢于直面挑战的自信沉稳。志气、骨气、底气统一于青年良好精神状态的系统，其中，志气是面对外界诱惑的定心丸，骨气是不畏艰难努力奋斗的助推器，底气是坚定从容向前迈的地基石。中国青年的志气、骨气、底气，在充满硝烟的革命战争年代，表现为为救亡图存建立新中国而舍生忘死；在充满挑战的建设与改革年代，表现为为推动国家繁荣发展而全力拼搏。对新时代中国青年来说，志气、骨气、底气是立足于巨大发展成就、向实现中华民族伟大复兴目标全力迈进的使命感与行动力。

伟大建党精神作为一种精神现象，是伟大建党实践的客观反映，激励着中国共产党人不断奋勇前行。在新的赶考之路上，伟大建党精神更是增强青年志气、骨气、底气的强大精神力量。

伟大建党精神以“坚持真理、坚守理想”为基石，是引领青年树立理想信念、增强志气的内驱动力。作为推进中国式现代化的中坚力量，当代青年要自觉用马克思主义和中国化时代化的马克思主义武装头脑，让真理之光照亮前行之路。伟大建党精神正是帮助青年领悟真理、崇尚马克思主义的精神资源。伟大建党精神不仅蕴含着中国共产党人在比较中选择真理、确立理想的过程，也昭示着马克思主义如何深刻改变中国。伟大建党精神以“践行初心、担当使命”为情怀坚守，是锻造青年政治定力、增强底气的力量之源。

习近平总书记指出：一百年来，在应对各种困难挑战中，我们党锤炼了不畏强敌、不惧风险、敢于斗争、勇于胜利的风骨和品质。伟大建党精神激励下的百余年奋斗实践和中国共产党人的刚毅品格，为新时代中国青年磨炼意志、增强骨气，有效应对风险挑战提供了最鲜活的榜样。伟大建党精神以“对党忠诚、不负人民”为价值指向，指明了中国青年增强志气、骨气、底气的出发点与落脚点，那就是坚持人民立场。党的宗旨是全心全意为人民服务，因此青年对党的忠诚和对人民的忠诚是一致的，“对党忠诚、不负人民”归根到底就是坚持人民至上。尊重人民、造福人民、凝聚人民是当代青年的庄严责任。伟大建党精神所蕴含的人民立场指引青年向着为了人民幸福、为了人类解放的正确方向前进。

今天，青年处在中华民族发展的最好时期，面临着难得的建功立业的人生际遇，同时也担负着神圣的时代使命。要充分发挥伟大建党精神的指引、激励与支撑作用，引领青年长志气、硬骨气、厚底气，朝着中华民族伟大复兴的中国梦奋力前进。

要用伟大建党精神坚定“长志气”的立场。引导青年通过伟大建党精神追溯马克思主义改变中国的历程，感悟真理的力量进而坚定马克思主义立场和信仰。

要用伟大建党精神丰富“硬骨气”的内容。中国共产党创立的峥嵘历程，以及伟大建党精神引领下的革命、建设和改革各个历史时期的红色故事是磨砺青年意志、增强青年骨气的鲜活教材。要强化实践体验和文化熏陶的融合，使情感教育扎实落地。让青年体悟先辈不怕牺牲、艰苦奋斗的风骨，引导青年保持头脑清醒，敢于斗争、善于斗争、敢于胜利。

要用伟大建党精神阐明“厚底气”的归属。引导青年领悟国家强大与党的领导的关系，帮助青年认识我们的底气不仅来自发展成就，更源自取得发展成就的根本原因即中国共产党的坚强领导，让青年树立坚定不移听党话、跟党走的主体自觉。

资料来源：洪静.新征程上要增强青年的志气骨气底气［EB/OL］.［2023-04-06］.https：//baijiahao.baidu.com/s？id=1762395802412101379&wfr=spider&for=pc.

□ 复习思考题

1.什么是责任会计？分权管理与责任会计有何关系？

2.责任会计制度包括哪些内容？建立责任会计制度应遵循哪些原则？

3.什么是责任中心？责任中心包括哪些基本形式？各责任中心的特征是什么？

4.成本中心的评价考核标准有哪些？如何对成本中心的业绩进行考核？

5.成本中心怎样才能转化为利润中心？

6.利润中心的评价考核标准有哪些？如何对利润中心的业绩进行考核？

7.投资中心的业绩评价标准有哪些？如何对投资中心的业绩进行考核？

8.ROI作为投资中心业绩指标的主要缺点是什么？剩余收益指标如何消除这一缺点？

第十五章

企业绩效评价

第一节　绩效评价与绩效评价系统

随着世界经济一体化和经济全球化步伐的加快，以及信息技术、网络技术的飞速发展，企业面临着来自全球的市场竞争，企业的战略、管理方式、管理方法等也随着企业内外部环境的变化而不断变化。绩效评价是现代企业管理的重要方法和手段，正确运用企业绩效评价方法评判企业经营效绩，对于促进企业健康发展、提升企业管理水平、增强竞争力，具有重要的现实意义。

一、绩效评价

（一）绩效、评价与绩效评价

绩效又称企业绩效、业绩，①是指特定期间内某一组织的经营管理效率、效益或某个人的工作表现。其中，企业绩效是一个综合的概念，是企业的盈利能力、资产营运水平、偿债能力和持续发展能力等财务绩效，以及顾客满意度等非财务绩效的综合体，也是短期绩效与长期绩效的统一体。由于在国家颁布的相关评价制度中采用“绩效”这一术语，故本章中也统称“绩效”。

评价是一种判断，是指为达到一定的目的，运用特定的指标，比照统一的标准，采取规定的方法，对事物作出价值判断的一种认识活动。评价也是评价主体发现、揭示和运用客体价值的一种有效方法。正是因为人们对客观事物及其运动规律有了正确的认识，才使得社会各项经济活动不断地向前发展，人们的评价水平也随之不断提高。

绩效评价又称绩效考核、绩效评估，是指运用一定的评价方法，选择特定的定性或定量评价指标，对照既定的评价标准，遵循特定的程序，对组织为实现其职能所确定的绩效目标的实现程度以及为实现这一目标所安排预算的执行结果作出客观、公正的综合评判。

（二）绩效评价的分类

根据不同的标准，可以将绩效评价分为不同的类别。

---

①第十四章中的“业绩”与本章中的“绩效”属于同义词。目前在国家层面的相关法规制度中，这两个术语被同时使用，并行不悖。本书将“业绩”限定在责任会计范畴内使用，对“绩效”则不作这种限定。之所以这样安排，只是为了避免这两个术语之间的冲突，属于权宜之计，并不代表作者赞同或主张在理论上强行推行这种处理方式。

根据绩效评价的不同主体，绩效评价可分为外部评价和内部评价。其中，外部评价就是企业外部的相关评价主体，如政府部门、投资者、债权人等，对组织或个人绩效作出的评价；内部评价是由企业内部的有关评价主体，如经营管理者、员工等，对绩效作出的评估。

根据绩效评价的不同客体，绩效评价可分为企业绩效评价、部门绩效评价和个人绩效评价三个层次。其中，企业绩效评价是对企业的整体绩效进行评价；部门绩效评价是对企业内部的生产部门、营销部门、财务部门、人力资源管理部门等某个或某几个部门的绩效进行评价；个人绩效评价是对企业内部的某位员工，包括公司的高层管理人员、部门经理、一线员工等的工作表现与绩效进行评判。

根据绩效评价的不同侧重点，绩效评价可分为财务评价和非财务评价。财务评价主要是运用成本、收入、利润以及资产占用回报率等可以量化的财务指标，对企业财务方面的绩效，如盈利能力、偿债能力、营运能力和持续增长能力等，进行评价。非财务评价主要是通过定性描述或可以量化的非财务指标，如市场份额、客户满意度、产品质量、员工满意度等，对企业在满足客户需求、提高内部流程与管理效率、追求创新与成长等非财务方面的绩效表现，进行评价与分析。

根据绩效考核的实施时间，绩效评价可分为日常的绩效考核和年终的绩效考核两类。日常的绩效考核通常在企业的生产经营期内随时开展，目的在于通过绩效考评和信息反馈，及时控制和调节责任单位的行为，确保既定预算目标的实现。年终的绩效考核通常在年末进行，旨在了解和归纳各责任单位在整个经营年度内完成既定目标的效果，为奖惩部门及其员工、编制下一年的预算提供依据。

（三）绩效评价的作用

从理论上说，绩效评价具有认识、考核、预测、导向等一系列功能，其中，考核功能是绩效评价最基本的功能，导向功能是从考核功能中派生出的最重要功能。

1.认识功能

绩效评价有助于认识被评价单位的基本情况，且这种认识有较客观的定量依据，可以避免主观印象的负作用。

2.考核功能

评价的过程就是对企业绩效进行价值判断的过程。它通过对各种评价指标的测算，反映企业经营管理的状况，并将测算的指标值与评价标准进行综合比较后对企业的经济效益、社会效益等方面作出价值判断，从而客观、全面、公正地反映和衡量企业经营管理的水平。

3.预测功能

了解过去、认识现在是为了预测未来。绩效评价的重要功能之一是通过对企业当前绩效的评价去预测和判断企业未来经营活动的发展趋势，从而使企业相关利益主体更好地作出规划和计划，调整和把握企业的发展方向。

4.导向功能

绩效评价的结论不管是好是坏，对企业行为都会产生深刻的影响。一方面，依据评价结果对经营者和职工实施的奖惩，可以引导企业采取有效措施弥补差距，争创先进。另一方面，将企业绩效评价的真实情况提交给有关方面或公之于众，可以强化对企业的外部监督，促进企业经营观念与发展战略的转变。

此外，充分发挥绩效评价的导向作用，也有助于落实党的二十大报告精神，我们要坚持以推动高质量发展为主题，把实施扩大内需战略同深化供给侧结构性改革有机结合起来，增强国内大循环内生动力和可靠性，提升国际循环质量和水平，加快建设现代化经济体系，着力推进城乡融合和区域协调发展，推动经济实现质的有效提升和量的合理增长等目标的实现。

当然，企业绩效评价的上述功能是否可以正常发挥，取决于评价指标体系的合理性和先进性。而要让企业成为贯彻落实科学发展观的主力军，需要与科学发展观相适应的绩效评价指标体系充分发挥其导向作用。

二、绩效评价体系

绩效评价体系是一个能够对组织或个人的绩效表现进行评判与分析，从而为后续的薪酬设计与奖惩奠定基础的有机系统，又称绩效评价系统、绩效评估体系、绩效考评系统等，包括评价主体、评价客体、评价目标、评价指标、评价标准、评价方法、评价结论等构成要素。

（一）评价主体

评价主体就是组织和开展评价的单位或个人，解决的是“由谁进行评价”的问题。从理论上讲，企业的每一位利益相关者，如经营管理者、政府部门、投资者、债权人等，都会出于不同的目的，成为企业绩效的评价主体。

具体来说，企业的经营管理者可以借助绩效评价，为战略性、经营性决策的制定获取辅助性信息，可以通过与既定评价标准的对比分析，了解、掌握决策的执行情况，保证企业管理系统的有效运行，及时发现并解决企业运行中存在的问题，提高企业的运营管理效率与效益。

政府相关部门作为国家股东、国有资本的出资人，可以借助绩效管理，对国有资本的使用效率以及国有企业领导班子的绩效进行考核，进而制定区域经济发展政策及支持企业发展的政策措施。

企业现有及潜在的投资者出于对自身投资风险和预期收益的关心，通过对企业绩效的评价，获取有关企业持续经营、赚取利润、支付红利和实现资本增长的信息，以作出正确的投资决策。

企业的债权人最关心的是企业的偿债能力和抗风险能力。而企业的偿债能力反映为企业资产的短期变现能力，以及企业持续经营和偿还长期借款能力的高低。因此，债权人会通过对企业绩效的评价来获取信息，以便作出关于该企业的授信额度、付款条件、利率水平、保证条款等问题的信用决策。

此外，企业的员工、社会、供应商等也可以作为企业绩效评价的主体，组织开展企业绩效评价活动。

（二）评价客体

评价客体是绩效评价的对象，具体指被评价的单位或个人，它解决的是“对谁进行评价”的问题。由于绩效评价系统的运行以评价对象为单位搜集和分析信息，而且评价结果对绩效评价对象必然产生影响，甚至可能改变该评价对象未来的发展方向。因此，评价客体的确定非常重要。如前，绩效评价的客体可以是整个企业，也可以是企业内部的部门或个人。本章重点关注的是如何对企业的整体绩效进行评价。

在评价整个企业的绩效时，作为评价对象的企业，一般应具备以下条件：一是独立的法人实体，能够承担民事责任，并编制完整的财务报表；二是该企业正常、依法开展各项生产经营活动；三是该企业的持续经营时间至少为一个会计年度。对企业绩效的评价，主要关注并考核一定经营期间内企业的经营绩效、经营效果及社会影响等，具体表现在盈利能力、资产运营水平、偿债能力、持续发展能力以及顾客满意度、社会贡献度、社会责任等方面。

（三）评价目标

评价目标是评价的目的和动机，解决的是“为什么进行评价”的问题。评价目标也是整个绩效评价系统设计运行的指南和中枢，决定了对企业绩效的哪些方面进行评价。没有明确的目标，整个绩效评价系统将会处于混乱状态。

企业绩效评价系统的目标，是在评价分析企业发展的绩效水平及影响因素与成因的基础上，为企业经营者制定最优战略及实施战略目标提供有用的信息。具体来说，这些目标主要有：一是为企业的战略制定提供辅助性信息。在战略制定过程中，需要对企业内外部环境进行分析，摸清对企业经营有利和不利的因素并对其进行分析，找出本企业的优势与劣势，进而分析确定适用于本企业的最佳战略。二是为企业战略的有效实施提供控制性信息。企业战略目标的实现需要组织内各部门、各单位的共同努力，共同建立科学的组织结构和有效的行政管理系统，制定支持战略实施的预算、设计与绩效密切相关的奖惩与激励系统、营造有利于战略目标实现的企业文化等。企业绩效评价是其中必不可少、十分重要的一环。

（四）评价指标

评价指标是评价目标的具体化和量化体现，解决的是“依据什么进行评价”的问题。这里的评价指标可以是单个的财务或非财务指标，也可以是由多个指标共同构成的指标体系。如果是后者，评价主体需要选择和使用一定的方法，确定各指标在整个指标体系中的地位与相对比重，即指标权重。

企业绩效评价系统应通过科学合理的评价指标体系设计，对预算的内容具体化、量化，并以此为基础对预算的执行情况进行及时反馈，以监督和推动企业内部各部门、员工按照预算的相关规定开展工作，及时发现战略实施中的问题，采取有效的措施确保战略目标的实现。

（五）评价标准

评价标准是评价的参照体系，也是判断评价对象经营绩效优劣的标杆，它解决的是“依据什么评判绩效的优劣”的问题，直接影响评价结论的合理性。只有将通过各种途径获得的企业经营绩效信息与预先确定的评价标准进行对比，才能评判企业经营状况的高低优劣。而评价对比的标准不同，判断得出的评价结论自然各不相同。

企业绩效评价标准的选定应与绩效的评价目标相适应。实践中，常用的企业绩效评价标准有：年度预算目标、历史最优水平、行业平均水平、国内或国外最优水平等。为提高绩效评价系统的适应性、全面发挥绩效评价的功能，同一评价系统可同时使用两种或两种以上不同的标准进行对比判断。具体选择哪一类评价标准，需要结合评价目标进行判断。一般来说，对同一企业某段时期的持续发展绩效进行评价，宜采用年度预算标准或本企业历史最优水平作为评价标准，并与行业平均水平、国内或国外先进水平相比作出评价；为某企业相对于另一企业绩效的相对优劣进行评价，可直接以被比较企业的绩效作为评价标准，也可选择行业平均水平对企业的绩效水平进行评判。

（六）评价方法

绩效评价方法是绩效评价体系的重要组成部分，也是获取绩效评价信息，取得评价结果的手段，它解决的是“依据何种模式进行绩效评价”的问题，直接决定着绩效评价结果的客观性和公正性。有了评价指标与评价标准，就需要采用科学、合理的评价方法对评价客体进行评价，否则评价指标和评价标准就成了孤立的评价要素，也失去了其本身的意义。

随着绩效评价的发展与演变，绩效评价方法先后经历了观察法、成本绩效评价法、财务绩效评价法、财务与非财务绩效相结合的综合评价法等几个发展阶段；每个阶段的绩效评价与分析，分别通过主观观察与评判、计算并分析单位成本等成本指标、评价权益净利率等财务指标、评价权益净利率与顾客满意度等财务与非财务指标等来实现。目前，财务与非财务指标相结合的综合绩效评价法是最为常用的评价方法。

（七）评价结论

绩效评价结论是绩效评价系统运行后最终输出的信息，也是绩效评价体系职能与作用的直接体现，它解决的是“评价客体的绩效究竟如何”的问题。

绩效评价过程中，评价主体会依据评价目标，选择恰当的绩效评价指标，运用科学、合理的绩效评价方法，对评价客体的财务与非财务绩效进行评判，比较并发现实际绩效水平与预定绩效目标之间的差异，进而通过差异分析找出产生差异的原因，明确差异产生的影响及其责任承担者，并最终得出被评价对象绩效优劣的评价结论，供企业管理者或其他利益相关者进行决策时参考。也正是通过绩效评价结论的得出、分析与使用，绩效评价体系的功能才能真正得以有效地发挥。

一般来说，企业绩效的评价结论会以书面的绩效评价报告或图表的形式呈现出来。

第二节　企业财务绩效评价

财务绩效评价即运用专门的财务指标或指标体系，对企业在某段时期内的财务绩效进行评判与分析。目前比较流行的财务绩效评价方法主要有：杜邦分析法、沃尔综合评分法、经济增加值绩效评价系统、国有企业绩效评价体系等。其中，从评价对象看，前三种评价都是针对上市公司的，最后一种评价是针对我国国有企业的；从评价指标的具体构成看，除经济增加值评价法属于单维评价方法外，其余三种均属于多维评价方法。

一、杜邦分析法

杜邦分析法是通过展开杜邦财务分析体系，从财务角度评价企业绩效的一种经典方法。其基本思想是：将反映企业获利能力和股东回报水平的核心指标——权益净利率逐级分解为多个财务指标的乘积，进而利用这几种主要财务指标之间的关系来综合评判和分析企业的财务状况与经营成果。

（一）杜邦财务分析体系

杜邦财务分析体系因由美国杜邦公司的经理创造出来而得名。这一体系从反映企业财务绩效最具综合性和代表性的指标“权益净利率”出发，将其层层分解至反映企业筹资、投资、运营等效率的多个指标，如销售净利率、总资产周转率、权益乘数等，从而能够在经营目标发生异动时帮助经营者快速查明原因并加以修正，能够为投资者、债权人及政府部门等了解企业的经营状况和财务状况，作出正确决策等提供依据。

杜邦财务分析体系的结构，如图15-1所示。

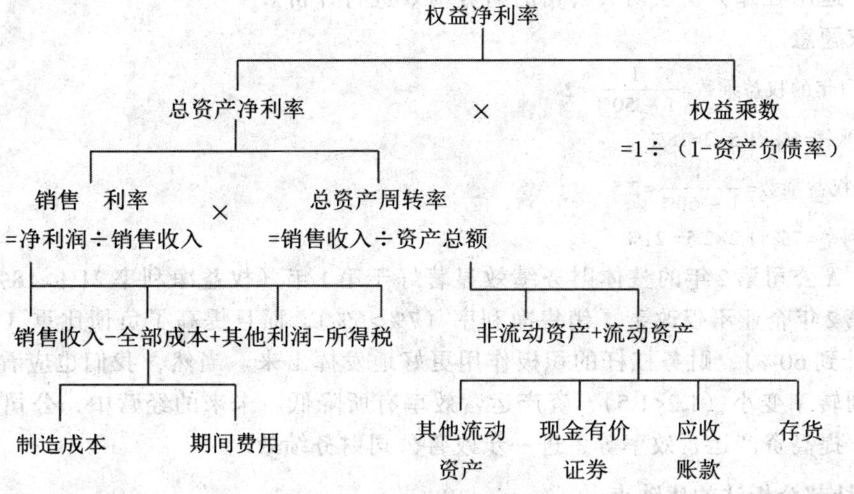

图15-1　杜邦财务分析体系

不难看出，权益净利率居于整个杜邦财务分析体系的核心，其他指标都是围绕此指标分解而形成的。权益净利率与其他指标之间的关系为：

权益净利率=总资产净利率×权益乘数　（15.2.1式）

=销售净利率×总资产周转率×权益乘数　（15.2.2式）

从15.2.1式中可见，总资产净利率是影响权益净利率的最重要指标，具有很强的综合性，而该指标又受到销售净利率和总资产周转率的影响与制约。其中，前者反映企业的经营能力，后者反映企业的运营效率。这两个指标与反映企业融资能力和风险的权益乘数，共同决定了权益净利率的高低。

深入分析还可以发现，净利润、销售收入、总资产和资产负债率等是引起权益净利率变动的直接原因，制造成本上升、期间费用增加、销售收入减少、增发股票、负债减少等事项的发生，则是引起权益净利率变动的根本原因。

在具体运用杜邦分析法时，一般可遵循以下步骤进行：

（1）根据会计报表中的数据，计算权益净利率、总资产净利率、销售净利率、总资产周转率、权益乘数等财务指标。

（2）将计算得出的指标填入杜邦财务分析表或分析图中，确定各指标之间的关系。

（3）将各指标分别与既定的评价标准，如本企业的历史最高水平、同业先进水平等进行比较，综合评价并深入分析企业财务绩效的高低、变动趋势及其原因。

（二）杜邦分析法的应用

［例15-1］杜邦分析法在财务绩效评价中的应用

已知：A公司自成立以来第1年、第2年的主要财务指标见表15-1。

表15-1 A公司主要财务指标

年份（甲）	销售净利率 ①	总资产周转率 ②	总资产净利率 ③=①×②	资产负债率 ④	权益乘数 ⑤=1÷（1-④）	权益净利率 ⑥=③×⑤
1	6%	1.5	9%	50%	2	18%
2	7%	1.2	8.4%	60%	2.5	21%

要求：运用杜邦分析法对A公司的财务绩效进行评价。

解：依题意

A公司第1年的权益乘数$=\frac{1}{1-50\%}=2$

权益净利率=6%×1.5×2=18%

第2年的权益乘数$=\frac{1}{1-60\%}=2.5$

权益净利率=7%×1.2×2.5= 21%

评价：A公司第2年的整体财务绩效显著好于第1年（权益净利率21%>18%）。这主要是因为，第2年企业不仅改善了销售净利率（7%>6%），而且提高了负债比重（资产负债率由50%上升到60%），财务杠杆的积极作用更好地发挥出来。当然，我们也应看到，A公司的总资产周转率变小（1.2<1.5），资产运营效率有所降低。未来的经营中，公司应通过加强资产管理，提高资产运营效率等，进一步改善公司财务绩效。

（三）杜邦分析法的优缺点

杜邦分析法是最典型的基于会计利润指标等财务绩效进行评价的方法。它通过分解权益净利率，对影响企业盈利能力和股东回报水平的各财务指标的构成与变动进行了深入细致分析，在形象、直观地展现这些指标之间的内在联系、分析思路的同时，全面评价了经营者在经营获利、资产营运、融资与风险管理等方面的工作绩效。

当然，杜邦分析法也存在一些不足。首先，此方法只涉及公司短期、过去的信息，这既可能助长企业管理层的短期行为，又可能导致企业忽略长期的价值创造；其次，此方法仅仅关注公司的财务信息，从而可能忽视当今社会对企业经营绩效影响越来越大的顾客、供应商、雇员、技术创新等非财务因素的影响，不能综合反映企业的竞争实力；最后，在目前的市场环境中，企业的无形资产对提高核心竞争力至关重要，但此方法却不能反映无形资产的估值和评价问题。

综合而言，尽管杜邦分析法并不是评价企业绩效的理想方法，但由于此方法依托的财务数据易于获得，指标便于计算、理解和分析，因而此方法至今仍被广泛使用。

二、沃尔综合评分法

1928年，财务绩效综合评价的先驱者之一亚历山大·沃尔在其出版的《信用晴雨表研究》和《财务报表比率分析》等著作中，提出了沃尔综合评分法。

（一）沃尔综合评分法的含义

沃尔综合评分法是杜邦分析法之外常见的另一种企业财务绩效评价方法。它是指将选定的七个财务比率，包括流动比率、产权比率、固定资产比率、存货周转率、应收账款周转率、固定资产周转率、自有资金周转率等，用线性关系结合起来，并分别给定各自的分数比重，然后通过与标准比率进行比较，确定各项指标的得分及总体指标的累计分数，从而对企业的信用水平作出评价。

实践中，沃尔综合评分法通常按照以下步骤进行：

第一步，选定财务比率，按其重要程度确定分值，即确定重要性权数，分值总和为100分。

第二步，确定各个指标的标准值——可以是行业平均值，也可以是企业的历史先进水平、国家有关标准或国际公认的基准等。

第三步，计算各指标的实际值，并与所确定的标准值进行比较，计算一个相对比率，进而将各项指标的相对比率与其重要性权数相乘，得出各项比率指标的指数。

第四步，将各项比率指标的指数相加，最后得出企业的综合指数。将此指数与企业自身历史数据或其他企业的同类数据进行比较，即可以判明企业财务状况的优劣。

（二）沃尔综合评分法的应用

［例15-2］沃尔综合评分法在财务绩效评价中的应用

已知：仍按例15-1的资料。

要求：用沃尔综合评分法对A公司的财务绩效进行评价。

解：依题意

（1）确定相关财务指标，并确定权重，见表15-2中的甲栏和①列。

（2）指标的标准值见表15-2中②列。

（3）将指标的实际值填入表15-2中③列。

（4）计算指标得分，填列表15-2中④列。

（5）加总④，求得综合评价总分为97.6。

表15-2　**沃尔综合评分法财务评价指标的得分**

财务指标	权重（%）	标准值	实际值	指标得分
（甲）	①	②	③	④=③÷②×①
流动比率	18	1.8	1.91	19.1
产权比率	12	40%	36.66%	11.0
固定资产比率	10	0.6	0.58	9.7
存货周转率	18	6	5.45	16.4
应收账款周转率	18	12	10.35	15.5
固定资产周转率	12	4	4.74	14.2
自有资金周转率	12	2	1.96	11.8
合　计	100	—	—	97.6

（6）评价结论。因为A公司的财务绩效综合得分为97.6，略低于100分，说明该企业的财务状况有待提高。仔细分析后可以发现，得分低的原因主要是该公司的固定资产比率、存货周转率、应收账款周转率、自有资金周转率以及产权比率等财务指标略低于标准值。下一

步，公司应注意改善和提高资产的运营效率。

（三）沃尔综合评分法的优缺点

沃尔评综合评分法的优点在于：能够综合考察企业财务绩效的高低，通过与同行业其他公司进行比较，了解自身的竞争优势与不足。这一点使该方法得到了实务界的广泛欢迎。

然而，沃尔综合评分法也存在明显的缺陷：第一，从理论上讲，该方法未能证明为什么要选择7个指标，而不是更多或更少，或者为何要选择这7个财务比率而不是其他财务比率，也未能证明各指标所赋权重的合理性；第二，从技术上讲，在使用原始的沃尔综合评分法过程中，如果某个指标严重异常，会对总评分结果产生不合逻辑的重大影响。

在现代企业中，沃尔最初提出的七项指标已难以完全适应当前对企业绩效进行评价的需要。所以，企业或有关部门往往依据不同报表使用者对财务信息需求的关注点的不同，在沿用沃尔综合分析法的基础上，对所选取的指标进行重新选择，形成并使用新的沃尔综合分析法。

知识拓展15-1

我国国有企业绩效评价体系

在某种程度上，我国的国有资本金绩效评价体系就可以看作沃尔综合评分体系的新发展。相关的介绍参见知识拓展15-1：我国国有企业绩效评价体系。

三、经济增加值绩效评价系统

针对传统财务指标未考虑权益资本成本的缺陷，美国思腾思特（Stern Stewart）咨询公司于1982年正式提出了经济增加值绩效评价系统。美国管理之父彼得·德鲁克在《哈佛商业评论》中指出："作为一种全要素生产率的关键指标，经济增加值反映了价值管理的所有方面。"许多世界知名的跨国公司，如宝洁、通用电气、联邦快递等，都已先后采用该系统评价企业及企业内部各部门的经营绩效。

（一）经济增加值的内涵

经济增加值（economic value added，EVA）又称经济附加值，是基于税后净营业利润和产生这些利润所需资本投入的总成本（即资本成本）的一种企业财务绩效评价方法，也是企业资本收益与资本成本，即企业税后营业净利润与全部资本成本之间的差额。

经济增加值源于剩余收益和经济利润，是对剩余收益加以调整后的结果。经济增加值的基本理念为：只有在企业的资本收益超过为获取该收益所投入资本的全部成本时，才能认为该企业为股东创造了财富。具体来说，如果EVA指标为正值，说明企业获得的收益超过了金融市场的一般收益，企业为股东创造了财富；反之，则表示企业收益尚不能弥补投入的资金成本，股东财富未增加。从这一角度讲，EVA度量的是企业的资本利润，而不是通常的企业利润。进一步说，EVA度量的是资本的社会利润，而不是个别利润。因为它在实际计算时，考察的是已投入全部资本的加权平均资金成本，而不是有着不同来源的单项资本对获利的个性化要求。EVA度量的是资本的超额收益，即高出正常利润的那部分剩余利润，而不是通常的利润总额。

使用EVA指标评价企业绩效，不仅可以直观地看到企业是否为股东创造了财富，创造的财富有多少，而且可以引导被评价企业及其管理者在关注生产经营和利润增加的同时，关注对资金占用及其资本成本的控制，以不断增强自身的股东财富和价值创造能力。

（二）经济增加值的计算

根据经济增加值的概念，经济增加值指标的计算公式为：

经济增加值（EVA）=调整后净营业利润-调整后资本总额×加权平均资本成本 （15.2.3式）

其中，调整后净营业利润是以现金流为基础的经济利润。为了消除会计谨慎性原则及权责发生制原则对会计信息的影响，它需要在报告期营业利润的基础上作相应的会计调整；调整后资本总额是企业使用的全部资本，既包括股本资本，也包括债务资本；加权平均资本成本（WACC）是企业股本资本、债务资本的资金成本进行加权、加总求和后得到的综合资本成本。事实上，对企业财务报表上的营业利润、资本进行调整是经济增加值的一大特色。正是这些调整项目的存在，才消除了长久以来存在于经济利润和会计利润之间的鸿沟，也有助于消除根据会计准则编制的财务报表对企业经济现实的扭曲。实践中，结合企业实际，进行5～10项的会计调整即可。

1.调整后净营业利润

调整后净营业利润是对会计报表中税后净利润进行必要调整后的结果。这种调整主要扣除了固定资产折旧、无形资产研究开发费用的摊销、培训支出、存货估值、坏账准备、经营租赁、税收等项目的影响。

调整后净营业利润的计算公式为：

$$\text{调整后净营业利润}=\text{主营业务利润}+\text{其他业务利润}+\text{当年计提或冲销的坏账准备}-\text{管理费用}-\text{销售费用}+\text{长期应付款、其他长期负债所隐含的利息}+\text{投资收益}-\text{EVA税收调整}$$

（15.2.4式）

其中：

$$\text{EVA税收调整}=\text{利润表上的所得税}+\text{企业所得税税率}\times\left(\text{财务费用}+\text{长期应付款、其他长期负债所隐含的利息}+\text{营业外支出}-\text{营业外收入}-\text{补贴收入}\right)$$

（15.2.5式）

之所以要加回“长期应付款、其他长期负债所隐含的利息”，是因为思腾思特公司在计算长期负债的利息支出时，所用的长期负债中包含了其实不用支付利息的长期应付款、其他长期负债，即高估了长期负债的利息支出，所以要加回。

2.调整后资本总额

调整后资本总额是在考虑流动负债、研发费用资本化等项目对资产价值影响的基础上，对资产负债表中的资产价值进行必要调整后的结果。

调整后资本总额的计算公式为：

调整后资本总额=债务资本+股本资本-在建工程-库存现金和银行存款 （15.2.6式）

其中：

债务资本=短期借款+一年内到期非流动负债+非流动负债合计 （15.2.7式）

$$\text{股本资本}=\text{股东权益合计}+\text{少数股东权益}+\text{坏账准备}+\text{存货跌价准备}+\text{累计税后营业外支出}-\text{累计税后营业外收入}-\text{累计税后补贴收入}$$

（15.2.8式）

15.2.8式中的累计税后营业外支出指标等于从上市时算起的累计营业外支出与（1-所得税税率）的乘积；该式的后两个指标，分别等于从上市时算起的累计营业外收入（或补贴收入）乘以（1-所得税税率）。

之所以要计算累计税后营业外支出（或收入），是因为营业外支出（或营业外收入、补贴收入）不属于主营业务范围，而应看作公司的资本投入和收回，从而将其累计税后值算作股本。同时，在建工程、库存现金和银行存款可看作闲置部分（尚未产生收益），从而在评估公司绩效时不被作为资本计算，而是从资本总额中扣除。

3.加权平均资本成本

加权平均资本成本是对所占用或使用资金中的债务资本成本、股本资本成本分别按其在全部资金中所占的比重进行加权计算后的结果。其中，债务资本成本一般采用3～5年期中长期银行贷款基准利率，股权资本成本则是运用资本资产定价模型（CAPM）计算出来的，计算公式为：

$$\text{加权平均资本成本}=\text{股本资本成本}\times\frac{\text{股本资本}}{\text{资本总额}}+\text{债务资本成本}\times\frac{\text{债务资本}}{\text{资本总额}} \quad (15.2.9\text{式})$$

$$\text{股本资本成本}=\text{无风险收益率}+\beta\text{系数}\times\left(\text{市场预期收益率}-\text{无风险收益率}\right) \quad (15.2.10\text{式})$$

15.2.10式中，无风险收益率可以以上海证券交易所交易的当年最长期的国债年收益率为准；β系数可通过公司股票收益率对同期股票市场指数（上证综指）的收益率回归计算得出；市场预期收益率可采用中国A股市场的年平均收益率。

（三）经济增加值分析的应用

［例15-3］EVA在企业绩效评价中的应用

已知：SY公司计算EVA的相关基础数据见表15-3。

表15-3 SY公司EVA计算表

项目	20×3年	20×4年	20×5年	20×6年	20×7年
调整后净营业利润（万元）	122 330	106 702.25	144 256	147 062.5	135 358
调整后资本总额（万元）	904 925	936 721	1 080 837	1 218 477	1 420 325
加权平均资本成本（%）	7	7.6	8.19	8.75	9.6

要求：根据以上数据，计算SY公司20×3—20×7年的经济增加值，并据此对该公司的绩效进行评价。

解：依题意

20×3年的EVA=122 330-904 925×7%=58 985.25（万元）

20×4年的EVA=106 702.25-936 721×7.6%=35 511.45（万元）

20×5年的EVA=144 256-1 080 837×8.19%=55 735.45（万元）

20×6年的EVA=147 062.5-1 218 477×8.75%=40 445.76（万元）

20×7年的EVA=135 358-1 420 325×9.6%=-993.2（万元）

可以看到，20×3—20×6年，SY公司连续4年的EVA均为正数，说明在此期间SY公司能够持续地为股东创造财富，公司的价值创造能力持续增强。然而，到20×7年时，情况出现逆转，SY公司的EVA为-993.2万元，说明该公司当年不仅没有继续为股东创造财富，而且还使公司价值下降993.2万元。仔细观察后可以发现，这主要是因为公司在出现调整后净营业利润下滑这一不利局面的同时，加权平均资本成本也从20×6年的8.75%增到20×7年的9.6%。为此，下一步，需结合影响SY公司会计利润创造能力的因素，以及影响加权平均资本成本的债务融资、股本融资及其成本的内外部环境等因素，进行详细而全面的分析，以了解公司20×3—20×7年财务绩效出现上述波动的深层次原因，并采取有效措施，提升SY公司的价值创造能力。

（四）经济增加值的优缺点

与传统评价指标相比，EVA指标不仅考虑了债务资本的成本，而且考虑了股东投入资本的最低收益率，能够更准确地考察和反映企业实现资本保值增值和价值创造的能力，有助于更好地实现股东财富最大化和企业持续增长与发展。同时，由于计算EVA时需要根据每个企业的实际情况对财务会计数据进行有针对性的调整，这也使得EVA的评价结果与企业绩效的真实状况更为相符，能够比会计利润更准确地测定企业的经营绩效。

尽管如此，EVA指标也存在一定的局限性。首先，EVA是一个经过多项调整后计算出来的财务数字，受到收入实现、费用确认等会计处理方法及会计估计等因素的影响，也就难以避免企业的盈余操纵，从而影响公司战略目标的实现。其次，虽然EVA在考虑债务资本成本的同时也考虑了权益资本成本，有助于防止企业和管理者的短期行为，但管理者在企业都有一定的任期，他们可能只管自己任期内各年的EVA。因此，如果仅仅以EVA为绩效评价指标，会使企业管理者在保持或扩大市场份额、进行必要的研发项目投资等方面缺乏积极性，从而不利于企业未来价值的持续增长和财富的持续创造。最后，EVA本身在计算方面存在的不确定性，如资本成本计算方法纷繁多样、难以统一，会计调整项目需要因公司实际情况的不同而有所差异等，都增加了该绩效评价系统在实践中的操作难度。

第三节　企业综合绩效评价

随着全球经济一体化趋势的加强，市场信息瞬息万变，市场竞争日益激烈，战略决策对企业的发展更是不可或缺，而单纯的财务绩效评价方法已不能全面考察和反映新形势下企业发展的真实水平、发展潜力和竞争实力。因此，20世纪末至21世纪初，出现了许多各具特色的融入战略和非财务指标的新型绩效评价系统。其中，有代表性的有克罗斯和林奇的绩效金字塔模型，卡普兰和诺顿的平衡计分卡模型以及绩效三棱柱模型等。

一、绩效金字塔模型

为了凸显公司总体战略与绩效指标之间的重要联系，凯文·克罗斯（Kelvin Cross）和理查德·林奇（Richard Lynch）于1990年提出了一个把企业总体战略与财务、非财务信息结合起来的绩效金字塔模型。

（一）绩效金字塔模型

在绩效金字塔（performance pyramid）模型中，企业分为四个层次：公司战略位于最高层，由此产生企业的具体战略目标，并在企业内部逐级传递，直到最基层的作业中心。有了具体的战略目标，作业中心就可以建立需要完成的经营绩效指标，以满足战略目标的要求。战略执行完毕后，这些指标的完成情况将反馈给企业高层管理人员，作为企业制定未来战略目标的基础。绩效金字塔模型的结构如图15-2所示。

绩效金字塔模型中共有五个层级。在第一层级，管理层规划出公司的发展远景和战略目标，并传递给第二层级——“事业部”；在第二层级，战略目标细化为事业部的市场目标和财务目标，产生市场满意度、财务绩效指标等，战略目标也继续向下传至第三层级——“运作系统”；在第三层级，经营运作系统的目标用顾客满意度、灵活性、生产效率等指标表示，

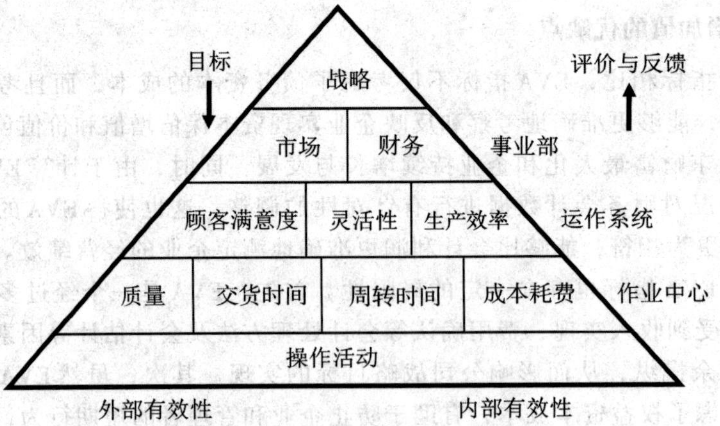

图15-2 绩效金字塔模型的结构

其中，顾客满意度和灵活性构成市场目标，生产效率构成财务目标；到第四层级——“作业中心”时，目标用质量、交货时间、周转时间和成本耗费等指标表示，其中，质量和交货时间共同构成顾客的满意度，交货时间和周转时间共同构成灵活性，周转时间和成本耗费共同构成生产效率；第五层级是生产经营的具体操作活动。

在此过程中，绩效信息呈多级瀑布式渗透到整个企业的各个层面，并由下而上逐级汇总。企业的高层管理者可以依据这些信息，确定未来的战略目标。

（二）绩效金字塔模型的优缺点

绩效金字塔模型着重强调了组织战略在确定绩效指标中所扮演的重要角色，揭示了战略目标自上而下和经营指标自下而上逐级重复运动的层级制度。这个逐级循环的过程也揭示了企业的持续发展能力，对正确评价企业绩效有十分重要的意义。同时，在绩效评价指标的设计上，绩效金字塔模型从战略管理角度给出了绩效指标体系之间的因果关系，反映了战略目标和绩效指标的呼应性，对评价指标体系的设计具有启发性。该系统还将财务指标与非财务指标一起纳入其中，从而突破了单一财务指标评价企业绩效的不足。顾客满意度等指标也首次作为企业战略目标的实现手段在绩效评价中得到体现，从而在一定程度上为平衡计分卡的出现奠定了基础。

绩效金字塔模型也有一些不足之处。第一，绩效金字塔模型对企业利益相关者的考虑不全面，员工作为企业的关键利益相关者，在此模型中未得到重视和考虑。第二，绩效金字塔模型中的非财务指标不是针对财务指标的不足而提出来的，而是作为对财务指标的解释和具体体现提出来的，二者之间缺乏逻辑上的互补性，也就不能对企业绩效进行逻辑严谨、全面周到的考核与评判。第三，在竞争日益激烈的经济环境下，学习和创新能力对企业的生存、发展至关重要；而绩效金字塔模型虽然揭示了企业的持续发展能力，但它对影响企业长远发展的学习和创新这一要素几乎没有考虑。因此，虽然这一模型从理论上看较为成熟，但在实际工作中，被采用的概率较低。

二、平衡计分卡模型

20世纪90年代，哈佛商学院的会计教授罗伯特·卡普兰（Robert Kaplan）和战略复兴集团总裁大卫·诺顿（David Norton）在一项研究中发现，财务绩效评价法主要是对过去情况的描述，不能说明未来的潜力，也不利于企业的持续提升和创新。因此，在设计合理的绩效评价体系时，应在评价股东所关注的财务表现的同时，注意考核企业是否达到顾客的要求、企业的内部业务流程有无改进、质量和效率的目标有无达成，以及企业的学习能力和发展能力如何等。为此，他们设计并于1992年首次提出了平衡计分卡（balanced score card，BSC）模型，提出从财务、顾客、内部流程、创新与学习等四个重要方面全面考核企业绩效。作为具有里程碑意义的绩效评价系统，平衡计分卡模型一经推出就受到各类组织的追捧。数据显示，仅到1996年，60%的大银行已经使用平衡计分卡模型；在《财富》杂志公布的世界排名前100位的公司中，有70%的公司采用了平衡计分卡模型，50%以上的北美企业将平衡计分卡模型作为自己的内部绩效评价方法。

（一）平衡计分卡模型的理论框架

平衡计分卡模型是一个围绕企业的战略目标制定的针对企业各个部门的综合评价系统，包括财务、顾客、内部流程、创新与学习等四个层面，其基本框架如图15-3所示。

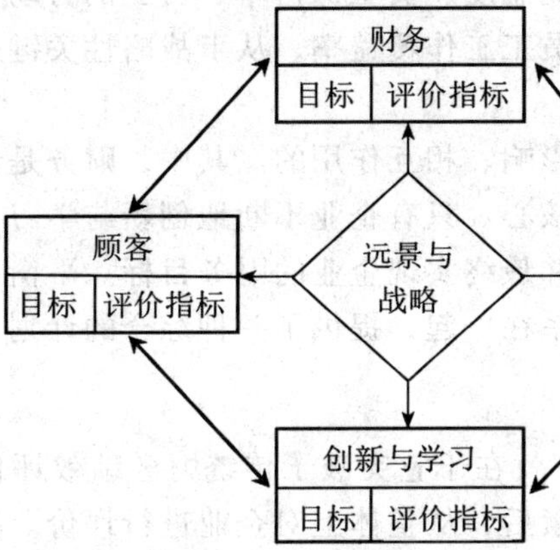

图15-3 平衡计分卡模型的基本框架

1.财务层面：我们怎样满足股东

财务绩效是绩效评价的焦点，能够直接显示企业战略的实施与执行是否对创造股东财富有贡献。从财务角度看，企业有成长、维持与获利三大战略方向。与此相适应，企业有收入增长、提高生产率并降低成本、资产的有效使用三个财务主题。企业重视的战略方向及战略主题不同，其财务目标与财务衡量指标及重点也会发生变化。财务目标通常与获利能力有关，如快速的销货增长或产生现金流量等，而典型的衡量财务绩效高低的评价指标有营业收入增长率、资本报酬率、现金流量、经济增加值、投资报酬率、流动资产周转率、固定资产周转率等。

2.顾客层面：顾客如何看待我们

顾客是企业获利的主要来源，如果无法满足或达到顾客的需求，企业的战略及目标将难以实现。因此，满足顾客的需求便成为企业追求的目标。在顾客层面，管理层确立自己需要竞逐的顾客和市场区隔，随时监督和调控自己的表现，并协助企业明确地传达自己的价值主张，以吸引和保留目标顾客。

典型的顾客层面的评价指标包括：顾客满意度、顾客保持率、顾客获得率、市场占有率、重要顾客的购买份额等。

3.内部流程层面：我们必须在哪些方面做得更好

企业对外提供产品或服务的质量完全取决于企业内部价值链的各个环节是否真正创造价

值。因此，内部流程层面用于反映企业组织是否较好地完成了其核心工作，以满足股东要求并达成顾客层面的目标。因此，在制定这个层面的目标与量度标准时，应先进行企业价值链分析，以建立一个能够解决目前及未来需求的完整的企业内部流程价值链。

典型的内部流程层面的评价指标包括：供应商评价、战略客户数量、对顾客需求的反应时间、生产周期、存货周转率、产品返工率、产品残次率、环保指数、员工健康与安全、研发费用增长率、交货时间等。

4.创新与学习层面：我们能否持续提升并创造价值

企业的创新与学习能力与企业的价值直接相连，是持续推动企业发展的动力。只有通过持续不断地开发和出售新产品，企业才能提高生产效率并为顾客提供更多、更好的服务，才能打入新市场、增加收入和利润，才能壮大发展，从而增加股东价值。

典型的创新与学习层面的指标有开发新产品所需时间、产品成熟所需时间、新产品上市时间、员工人均培训时间、员工工作满意度、员工保留率、员工的劳动生产率、职工每年申请的专利或研制出的非专利技术数、员工工作覆盖率、从事战略性关键工作的合格雇员的百分比、信息覆盖率等。

上述四个层面是紧密联系、相互影响、相互作用的。其中，财务是最终目标，顾客是关键，内部流程是基础，创新与学习是核心。只有企业不断地创新与学习，才能持续改善企业内部流程，才能更好地为顾客服务，并最终实现企业的财务目标。平衡计分卡模型的重要作用就在于将战略、过程和管理人员联系在一起，提供了一种综合的计划、控制和评价系统。

（二）平衡计分卡模型的特征

平衡计分卡模型之所以“平衡”，就在于它突破了传统财务绩效评价方法的不足，在综合了对组织绩效产生影响的各方面因素后，从整体上对企业进行评价。具体来说，平衡计分卡模型的“平衡”具体体现在以下几个方面：

1.财务与非财务的平衡

传统的企业绩效评价方法一般只注重财务方面的绩效，这对工业时代的企业来说是足够的。然而，随着内外部环境的日益复杂和企业竞争程度的加剧，通过改进企业内部业务流程、创新与学习，改善与股东、顾客的关系，对企业获得长期的竞争优势、实现价值创造变得至关重要。平衡计分卡模型不仅有效地保留了财务指标中的有益成分，而且还将非财务指标补充进来，使企业绩效评价指标体系更加完整，进而实现了对企业的全面评价。

2.内部和外部的平衡

传统的绩效评价往往只注重企业内部财务评价，平衡计分卡模型则将评价的视线由企业内部扩大到企业外部，包含了股东、顾客等外部因素，实现了对企业经营的全方位评价，以不断获取和保持竞争优势。同时，平衡计分卡模型也以全新的视角重新认识企业内部，将以往只看重最终结果扩展到既看重结果又重视内部流程及创新与学习，重视企业运营的效率，以适应知识经济和现代企业发展的要求，促进企业持续发展。

3.短期和长期的平衡

权益净利率、经济增加值等单一财务评价指标往往会导致企业追求短期利益，忽视长远发展。平衡计分卡模型则将财务指标与非财务指标结合起来，从利润等短期目标的实现与客户满意度、员工的培训与提升等长期目标的实现两个方面共同评价和考核企业，从而实现了对企业长、短期绩效的全方位评价，推动企业明确自己的发展方向与位置，并在经营过程中自觉保持短期目标与长期目标的均衡，在获取眼前利益的同时，也注意追求未来的长远发展。

4.战略与行动的平衡

企业通常都有自己的战略和目标，但并非所有的企业都能够把它们的战略目标转化为企业具体部门或个人的目标或评价指标（即转化为企业的行动力），这是制约许多企业长远发展的一个关键因素。平衡计分卡模型很好地解决了这一问题。

它在对企业的战略目标进行指标描述的基础上，将此目标进行分解，进而细化到事业部、作业中心等各个层面乃至个人。这一方式不仅可以确保企业内部所有员工了解企业的战略目标，也有助于把企业和部门的目标传达给每一位员工，促使其把这些目标转化为自己的任务和具体目标，并采取实际行动，确保企业战略和目标的完成。

5.成果和动因的平衡

企业所取得的成果都有相应的驱动因素，企业应当清楚其追求的成果与产生这些成果的关键因素，即动因，以及代表该动因的指标等，分别都是什么？只有找到正确的动因，才能采取有效措施实现目标，也才能建立科学的评价指标体系，对企业的绩效进行合理评估。

平衡计分卡模型通过分析确定实现战略目标的动因以及能够代表该动因的指标等，在指标与指标之间建立了一种驱动关系。比如，员工素质是内部流程方面的指标，顾客满意度是顾客方面的指标，二者之间就存在着驱动关系：员工素质高，服务质量就高，顾客满意度也会相应提高，而顾客满意度的提高又可以提高产品的销售利润率，从而提高企业投入资本的回报率，进而周而复始、良性循环下去，实现公司长远、可持续发展的目标。

（三）平衡计分卡模型的实施步骤

企业在实施平衡计分卡模型时，可遵循以下步骤进行：

1.确定公司的战略与目标

公司需要先制定明确的战略目标，同时成立平衡计分卡绩效评价委员会，由该委员会专门负责平衡计分卡模型设计与实施的相关事宜，并推动企业内部对战略达成共识。在此基础上，根据战略目标明确财务、顾客、内部流程、创新与学习四个维度的具体目标。

2.设计并确定评价指标体系

根据战略目标及各维度的具体目标，分别确定各个维度的关键成功因素，找出最有衡量意义的关键绩效评价指标，并采用合适的方法设定四个维度各评价指标的权重，建成完整的企业绩效评价指标体系。

3.加强企业内部传递与沟通

利用各种不同的沟通渠道，让企业内部各阶层的管理人员及普通员工了解公司的战略和绩效衡量指标，获得他们的认可，确保该评价指标体系的顺利推行。

4.确定目标值或评价标准值

确定每月、每季、每年的绩效评价指标的目标值或评价标准，使其与公司的长短期计划相一致，与企业的经营预算、资本预算、财务预算相吻合。

5.反馈与修正

在绩效评价指标体系实施前，多听取并吸收员工的合理化建议，对平衡计分卡模型的初始评价指标进行修正，并结合企业运行的实际情况改进公司策略，调整评价指标。对不全面的地方要加以补充，对不合理之处要改进或取消，从而完善和提高绩效评价体系，确保绩效评价工作的科学性与有效性。

(四) 平衡计分卡模型的评价

与以往的绩效评价方法不同，平衡计分卡模型不仅把绩效评价与战略紧密联系在一起，有助于从整体角度评价企业绩效，推动企业战略目标的实现，而且在传统财务绩效评价指标的基础上纳入了能够反映绩效动因或改善绩效关键因素的非财务指标，有助于对企业的长期发展潜力与实力进行评价。同时，平衡计分卡模型也使得企业绩效评价更有针对性，有助于分析人员从创造企业绩效的驱动因素入手发现问题，更有助于企业管理人员采取有针对性的措施解决问题，为企业创造更多的利润与价值。

当然，平衡计分卡模型也并不是十全十美的。首先，在公司的利益相关方中，平衡计分卡模型着眼于股东、客户和员工，但却忽略了其他重要利益相关方，如供应商、监管方等，对公司的作用和影响。其次，就评价指标而言，此模型虽然将非财务指标纳入其中，但非财务指标的主观性较强，当指标之间或指标的评价标准之间发生冲突时，就难以作出取舍，而且会因企业的不同而不同，无法进行跨公司、跨行业比较；同时，数量众多的评价指标增加了企业信息搜集与整理的难度，需要耗费大量的资源和精力。再次，在指标权重方面，平衡计分卡模型目前仍缺乏一套客观、行之有效的指标权重确定方法，从而不可避免地使权重的分配具有很大的主观色彩，并在一定程度上削弱了平衡计分卡模型在实践中的可操作性。最后，随着内外部环境的变化以及企业所处生命周期阶段的不同，平衡计分卡模型四个层面的评估手段、评估指标等也应有所变化，动态的绩效评价才更符合企业运营与发展的实际状况。但目前平衡计分卡评价系统尚不能满足这一要求，还需要在实践中不断完善和提高。

三、绩效三棱柱模型

随着信息技术、网络技术的飞速发展，企业与利益相关方的时空关系彻底改变，供应商、公司、客户等利益相关方之间的依赖程度加大，证监会等监管方对企业的影响同样不可忽视。而传统的绩效评价体系仅仅考虑了股东利益，平衡计分卡也只考虑股东、顾客、员工三大利益相关者的利益。针对这些不足，2000年，英国克兰菲尔德大学（Cranfield University）管理学院的安迪·尼利（Andy Neely）教授和安达信咨询公司联合开发了一个包含五个角度的三维模型——绩效三棱柱（performance prism）模型。

(一) 绩效三棱柱模型概述

作为一种基于利益相关者理论的绩效评价体系，绩效三棱柱模型的逻辑思路是：在当今的经营环境下，企业要想取得长远的成功，必须非常清楚地了解谁是他们的主要利益相关者，他们想得到什么？同时，为满足这些利益相关者的要求，企业必须有能够有效发出命令和执行命令的流程；企业也需要从他们的利益相关者那里获得一些东西，如来自投资者的资金和信用，来自顾客的忠诚和利润，来自员工的想法和技术，以及来自供应商的原料和服务等。

相应地，绩效三棱柱模型首先关注投资者、客户和中介、供应商、监管方、社区等利益相关群体的需求，然后再分析满足这些需求所需的最佳战略。绩效三棱柱模型如图15-4所示，包含五个相互联系的方面，即五个角度，具体如下：

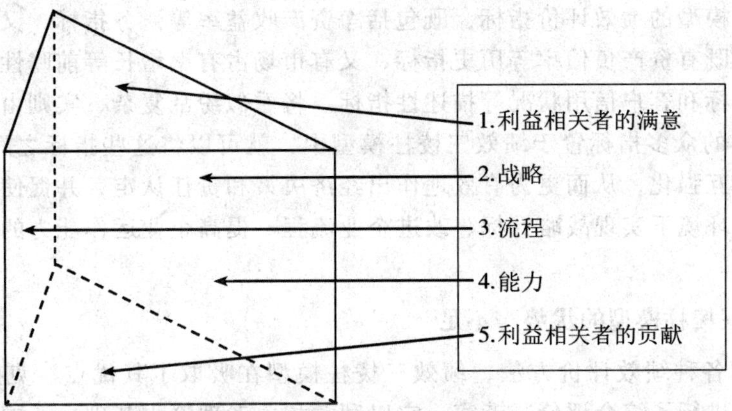

图15-4 绩效三棱柱模型

(1) 利益相关者的满意——谁是我们的主要利益相关者，他们的愿望和要求是什么?

(2) 战略——我们需要采用哪些战略来满足利益相关者的要求?

(3) 流程——我们需要什么流程来执行这些战略?

(4) 能力——我们需要什么样的能力来运作这些流程?

(5) 利益相关者的贡献——我们要从利益相关者那里得到什么?

其中，利益相关者的满意和利益相关者的贡献构成了绩效三棱柱的两个底面，战略、流程和能力构成了绩效三棱柱的三个侧面。各个层面之间以及各个层面与价值创造这一最终目标之间环环相扣、共生互动。

(二) 绩效三棱柱绩效评价指标体系

根据绩效三棱柱模型五个内在联系紧凑的纵向维度，可以分别对不同的企业战略绩效测量主体设计可描述的关键绩效指标 (KPI)，从而构建一个以利益相关者价值最大化为目标、具有战略导向作用的完整的绩效评价指标体系，见表15-4。

表15-4 绩效三棱柱绩效评价指标体系

利益相关者	股东	债权人	员工	政府	顾客
利益相关者的满意	总资产收益率、净资产收益率、经济增加值	资产负债率、流动比率	员工满意度、员工工资福利增长率	社会贡献率、就业安置率	客户满意度、客户投诉率
战略	市场占有率增长、研究开发费用率、产品价值链效率	债权人参与度、项目利润率	员工在权力机构中的人数/比重、员工离职率	环保投资比重、公益捐助比重、企业形象系数	市场占有率、新客户获得率、客户保持率
流程	主要流程改进方案的成本收益比、标准化流程比率	财务相机治理优化度、还贷及时性	员工违规比率、生产循环效率、产品交易时间占用率	独立董事护权率、会计责任履行率	产品交货及时率、产品合格率、售后服务率
能力	核心业务投资比、战略事业单位产品收益率、总资产周转率	利息保障倍数、债务契约履约率、对外担保比重	知识产品贡献率、员工劳动生产率、员工社会保险计提率	环保支出率、信息披露延误率、罚项支出率	需求与能力对比水平、客户交易契约履约率
利益相关者的贡献	股东权益比率、资本保值增值率	产权比率、长期债务比率	员工建议采纳率、人力资源优势贡献率	企业法治健全性、公务员参与率	客户忠诚度、客户利润率、客户信用状况

绩效三棱柱模型的绩效评价指标，既包括净资产收益率等财务指标，又包括顾客满意度等非财务指标；既有资产负债率等历史指标，又有市场占有率增长等前瞻性指标，还有经济增加值等数量指标和客户信用状况等描述性指标。将看似纷乱复杂、实则由因果关系有机地串成决策价值链的众多指标置于绩效三棱柱模型中，就可以将这些指标之间的关系明晰化，并相互依存、相互强化，从而更为有效地作出经济决策和责任认定，并促使经营者满足企业自身在战略管理环境下实现战略目标、改进企业流程、提高企业运作能力的需求，从而提高企业的竞争能力。

（三）绩效三棱柱模型的优势与不足

针对之前的各种绩效评价方法，绩效三棱柱模型在吸取了其优点、克服其缺点的基础上，对企业绩效进行了综合评价与考察。它以利益相关者理论为基础，考虑了所有关键的利益相关者并进行监测，从而保证了更多利益相关者的利益；它以战略为核心，并利用流程的构建和能力的培养等多种手段来实现企业的战略目标，从而在考虑利益相关者利益的同时确保了企业自身利益。此外，绩效三棱柱五个方面的环环相扣、紧密联系，也使其因果逻辑关系更加明确，整个绩效评价体系更容易理解。

尽管绩效三棱柱模型为企业绩效评价工作提供了新的思路，但也引发了一些新的问题。例如：没有详细规定各层面指标的确定原则和方法；财务指标与非财务指标的权衡和搭配缺乏明确的原则或制度；实际选择时需要进行更多的主观判断和选择，从而影响其客观性和可操作性；衍生指标过多，可能分散管理者的注意力，甚至令其无所适从，从而可能产生对企业绩效的不利影响等。

□ 思政课堂

凝心铸魂奋进新征程

理论创新每前进一步，理论武装就要跟进一步。注重思想建党、理论强党是我们党的鲜明特色和光荣传统。推动习近平新时代中国特色社会主义思想主题教育扎实深入开展，要牢牢把握“学思想、强党性、重实践、建新功”总要求，坚持学思用贯通、知信行统一，以实干担当书写党和人民满意的新答卷。

以学铸魂，在精神上接受洗礼。为学之先，须明方向。政治上的坚定，源于理论上的清醒。要深刻认识开展主题教育的重大意义，锚定凝心铸魂筑牢根本、锤炼品格强化忠诚、实干担当促进发展、践行宗旨为民造福、廉洁奉公树立新风的目标，在深学细悟中经受思想淬炼、精神洗礼，不断增强政治判断力、政治领悟力、政治执行力，筑牢信仰之基、补足精神之钙、把稳思想之舵，做到始终以党的旗帜为旗帜、以党的意志为意志、以党的使命为使命，心往一处想、劲往一处使，共同把党锻造成一块攻无不克、战无不胜的坚硬钢铁。

以学增智，在本领上拓展提升。为学之道，必本于思。推动事业发展，必须练就过硬“看家本领”。要聚焦面临的形势任务、风险挑战和自身存在的短板不足，坚持多思多想、深学细悟，全面领会习近平新时代中国特色社会主义思想的科学体系、精髓要义、实践要求，深入把握贯穿其中的马克思主义立场观点方法，不断提高运用党的创新理论分析问题、解决问题的能力，善于结合工作实际从党的创新理论中找方向、找思路、找举措、找办法，以实招、硬招、新招推动高质量发展行稳致远。

以学正风，在作风上实现转变。为学之要，贵在自胜。发扬彻底的自我革命精神，才能把好传统带进新征程，将好作风弘扬在新时代。要把纠治形式主义、官僚主义摆在更加突出的位置，坚持不懈把全面从严治党向纵深推进，通过开展批评和自我批评、大兴调查研究之风，当好良好政治生态和社会风气的引领者、营造者、维护者，把惠民生、暖民心、顺民意的工作做到群众心坎上，以共产党人的政治品格、价值追求、精神境界、作风操守，推动主题教育走深走实，凝聚出磅礴力量。

以学促干，在履职上创新突破。为学之实，固在践履。深学细悟，为的是明初心、勇担当，开启追梦新征程。要坚持用党的创新理论指导工作实践，知责于心、担责于身、履责于行，紧紧围绕新时代新征程党的中心任务，扑下身子真抓实干、聚焦问题攻坚克难，以更高政治站位、更强使命担当、更大推进力度、更实工作举措主动识变应变求变，以统一的思想、坚定的意志、协调的行动、强大的战斗力推动高质量发展取得新成效，为党和人民履好职、尽好责，让中国式现代化道路越走越宽广。

往昔已展千重锦，明朝更进百尺竿。置身于民族复兴的关键一程，我们要以主题教育为契机，用党的创新理论武装头脑，坚定信仰信念、把握历史主动，不惧惊涛骇浪、坚定勇毅前行，为全面建设社会主义现代化国家、全面推进中华民族伟大复兴而努力奋斗。

资料来源：李吉明.凝心铸魂奋进新征程［EB/OL］.［2023-04-11］.http：//www.sxdygbjy.gov.cn/sjzx/art/2023/art_47a804bf965e41c1be5fbe2e9c6837f6.html.

□ 复习思考题

1.什么是绩效评价？什么是绩效评价体系？它包括哪些构成要素？

2.企业为什么要进行绩效评价？绩效评价对企业有什么作用？

3.杜邦分析体系涉及的指标有哪些？具体步骤是什么？

4.绩效金字塔有什么特点？有哪些优势与不足？

5.平衡计分卡有什么特点？实施步骤是什么？有哪些优势与不足？

6.绩效三棱柱有什么特点？有哪些优势与不足？

第十六章

管理会计专题

专题一 战略地图

本专题在简要介绍企业战略及其分类的基础上，分别讨论了战略地图的含义和作用、内容框架、绘制原则和绘制方法。

一、企业战略及其分类

“战略”（strategy）一词最早诞生在军事方面。在西方，“战略”一词起源于希腊语，意为军事将领、地方行政长官；后来演变成军事术语，专指军事将领指挥军队作战的谋略。

习近平总书记指出：“战略上判断得准确，战略上谋划得科学，战略上赢得主动，党和人民事业就大有希望”“正确的战略需要正确的策略来落实”。新时代新征程，我国发展面临新的战略机遇、新的战略任务、新的战略阶段、新的战略要求、新的战略环境。增强主动识变应变求变的信心和能力，必须科学把握战略和策略的辩证统一关系，把战略的坚定性和策略的灵活性结合起来。

战略问题是一个政党、一个国家的根本性问题。主动识变应变求变，必须以正确的战略把方向、抓大事、谋长远，在正确战略指引下制定科学合理的策略抓落实、促发展。我们党是一个大党，领导的是一个大国，进行的是伟大的事业，推动党和国家事业发展必须树立战略思维，善于从战略上看问题、想问题。进入新时代，以习近平同志为核心的党中央坚定战略自信，保持战略清醒，统筹中华民族伟大复兴战略全局和世界百年未有之大变局，统筹推进“五位一体”总体布局，协调推进“四个全面”战略布局，推动党和国家事业取得历史性成就、发生历史性变革。实践证明，在战略机遇和风险挑战并存、不确定难预料因素增多的时期，从全局、长远、大势上作出正确判断，战略上判断得准确、战略上谋划得科学、战略上赢得主动，就能以强大的自信心和凝聚力引领全党全国各族人民心往一处想、劲往一处使，推动党和国家事业不断从胜利走向胜利。

战略不仅对国家有重要意义，对于企业经营也有重要意义。迄今为止，战略已被普遍地应用于商业竞争的环境中。

（一）企业战略的含义

企业战略（enterprise strategy），是企业基于如何为股东、客户和社会创造价值的基本思路与目标，对企业自身整体性、长期性、基本性问题的谋划或谋略的统称。企业战略是企业整体经营管理的核心和重点，也是企业整体经营管理的“指向标”。

（二）企业战略的类型

企业战略按其谋划问题的层次与角度不同，可分为不同类型。

从战略对象的角度看，可将企业战略分为竞争战略、营销战略、品牌战略、融资战略、技术开发战略、人才开发战略、资源开发战略等。

从战略的具体特征看，企业战略又可分为发展型战略、稳定型战略、收缩型战略、并购战略、成本领先战略、差异化战略和集中化战略等。

二、战略地图的含义及作用

经过长期的管理实践，人们逐渐认识到：战略管理是企业管理的重要组成部分，只有企业的长期目标与企业战略保持一致，企业才可能长远发展下去。于是，战略地图应运而生。

（一）战略地图的含义

战略地图（strategy map），是以平衡计分卡的四个层面目标为核心，通过分析财务、顾客、内部流程、创新与学习四个层面目标之间的相互关系，而绘制的一种反映企业战略因果关系的图形。它是为方便企业员工充分理解和精准执行企业的各种战略，进行战略管理的一种管理会计工具。

战略地图是罗伯特·卡普兰和大卫·诺顿两人在长期研究平衡计分卡的过程中，通过总结与300多家单位长期合作经验而创建的一种战略工具。在2004年由两人合作出版的《战略地图——化无形资产为有形成果》一书中，首次提出了战略地图的相关理论。

作为一种战略描述工具，战略地图能够引导企业做正确的事，提高管理者与员工之间的沟通效率，确保战略能够在企业得到更好的贯彻执行，促进企业长期持续发展。战略地图不是机械地将战略按不同层面划分成彼此孤立的指标，而是生动地描述了各层面各指标之间的相互作用机制，它将原本零星的、看似无关的指标联系在一起。在战略地图产生之前，对集团公司下不同业务的竞争战略无法进行比较。战略地图出现以后，就可以使用这种相同或类似的框架来描述战略，从而为比较和分析不同业务的竞争战略提供了有效的方法。因此，战略地图被普遍认为是“平衡计分卡的持续之旅”。

（二）战略地图的作用

任何企业的资源都是有限的，因此企业只能将有限的资源和精力聚焦到相对重要的环节。但是，要清晰地识别战略目标与企业的经营管理重心间的逻辑关系，是一件非常困难的事情。战略地图的出现解决了这一棘手的问题。战略地图对企业的作用主要体现在以下三个方面。

第一，有助于企业内部协调一致。战略地图以清晰、富含逻辑的图表方式，将战略转化为执行语言，使决策层更容易梳理战略，把握方向，并更有利于企业各层级对战略的沟通、理解、推广和执行；通过战略地图，使“高深”的企业战略转化为企业内各个部门都能够理解的语言。

第二，有助于目标量化衡量控制。战略地图提供了一个描述战略的统一方法，从而使战略目标和衡量指标都可以被制定和管理，这一点在业务多样化的集团公司制定战略时效果更为显著。

第三，有助于无形资产价值创造。战略地图关注无形资产（包括人力资本、信息资本和组织资本）。无形资产与企业战略协调一致，才能创造企业的未来价值。

三、战略地图的内容框架

通用的战略地图内容框架，不仅继承了平衡计分卡的四个层面维度，而且还补充设计了两个新的层次：一是颗粒层，说明每一个层面下都可以进一步分解为更多的具体要素；二是动态层，表明战略地图是动态的，必须结合战略规划过程来绘制。因此，战略地图的内容框架被称为“2-3-4-3战略框架”，具体框架如图16-1所示。

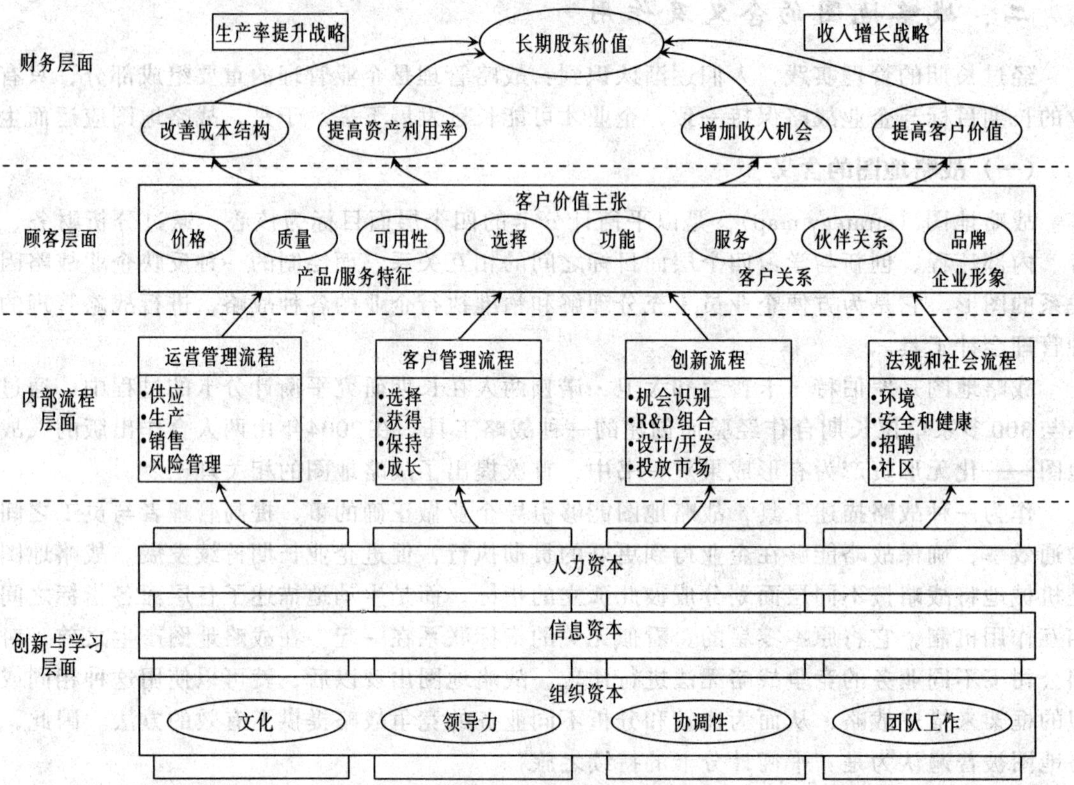

图16-1 战略地图内容框架示意图

说明：

①由于收入增长战略与生产率提升战略之间存在冲突，财务层面必须注意协调长短期财务目标之间的矛盾。

②在顾客层面中，关键点是如何清晰地反映客户价值主张。在进行战略描述时，应充分考虑差异化的客户价值主张。

③内部流程层面各个流程的高效协调有助于持续创造更多价值。只有抓住那些能为企业创造价值的少数关键流程，才能突出企业的战略主题。

④企业要想同时具备较高的组织准备、有较强的动员能力和很好的战略执行力，必须确保创新与学习层面中的三种无形资产（人力资本、信息资本和组织资本）都能与企业战略协调一致。在企业变革时期，这种协调尤为重要。

在战略地图中，财务层面和顾客层面侧重于描述战略执行的结果，内部流程层面和创新与学习层面则集中反映战略的驱动力。

四、绘制战略地图应遵循的原则

通过绘制战略地图，可以更好地描述企业战略关系。由于企业战略受到诸多关系复杂的因素影响，因此，在绘制战略地图的过程中，应遵循如下原则。

（一）以平衡各种力量矛盾为起点的原则

企业进行长期资产投资是为了增长长期收入，而削减成本则是为了实现短期财务业绩，但这两者往往是冲突的。私营企业的主要目标是创造持续增长的股东价值，它意味着一种长期承诺。同时，企业必须展示不断改善的短期业绩。短期结果就是以牺牲长期投资为代价来实现的，通常采用隐性的方法。因此，描述战略应以平衡并连接短期财务目标（削减成本和提高生产率）和长期目标（盈利收入的增长）为起点。

（二）以差异化客户价值主张为基础的原则

获得客户的满意，是企业进行持续价值创造的重要源泉。企业战略要求在目标细分客户和令客户愉悦的价值主张之间建立起清晰的联系。清晰的价值主张是一个最重要的战略维度。四个主要的价值主张和客户战略包括：总成本最低、产品创新和领先、全面客户解决方案和系统锁定。每个价值主张都清晰地界定了它们的特征，即每种价值主张都是实现客户满意而必须传递的价值。

（三）通过内部业务流程创造价值的原则

战略地图的财务和顾客层面描述了企业希望实现的目标：通过收入增长和生产率提高来增加股东价值；通过客户获得率、满意度、保持率、忠诚度和成长性来增加客户在本公司的消费额。战略地图的内部流程和创新与学习层面描述企业如何实施其战略。高效协调的内部流程保障了价值的持续创造。企业必须关注少数几个关键内部流程，因为这些流程不但传递了差异化的价值主张，而且对提高生产率和维持企业的运营至关重要。这些少量的关键流程被称为战略主题。

（四）各战略主题并存且相互补充的原则

战略包括并存的、相互补充的主题。每一类内部流程在不同时点带来益处。运营流程的改善常常通过节约成本和提高质量带来短期业绩。来自客户关系增强的收益，会在最初对客户管理流程改善后的6～12个月内逐步显现出来。创新流程通常要花费更长的时间来提高客户收入和经营利润。加强法规与社会流程的益处可能要发生在未来，那时企业将免遭诉讼并且社会声望也将得以提高。战略应该是平衡的，在四类内部流程中，每类至少有一个战略主题被包含进来。这样四个内部流程都有战略主题，企业将会逐步认识到它们的好处，即创造持续的股东价值增长。

（五）战略须与无形资产价值协调一致的原则

平衡计分卡战略地图的第四个层面，即创新与学习层面，描述了企业的无形资产及其在战略中的作用。无形资产可以细分为如下三类：

（1）人力资本：员工技能、才干和知识。

（2）信息资本：数据库、信息系统、网络和技术基础设施。

（3）组织资本：文化、领导力、员工协调一致、团队工作和知识管理。

这些无形资产的价值不可能被独立衡量出来。它们的价值来自它们帮助企业实施战略的能力。然而，有研究显示三分之二的企业没有在战略和人力资源、信息技术计划之间建立起牢固的、协调一致的关系。这些不能实现协调一致的企业，在人力资源和信息技术计划上投入的巨资将脱离目标。它们不能促进企业提高战略实施的能力，并且这些企业不可能在人力资源和信息技术投资上获得回报。下面是三个使无形资产与战略协调一致的方法：

（1）战略工作组织的人力资本能力与战略主题高度协调一致。

（2）信息资本提供至关重要的基础设施和战略信息技术应用，协助人力资本在其战略主题中创造卓越业绩。

（3）文化、领导力、协调一致和团队工作加强了战略执行所要求的组织氛围的变革。

总之，为企业的独特战略量身定制的战略地图描述了无形资产如何驱动企业内部流程业绩的提高，在向客户、股东和社会传递价值时发挥最大的杠杆作用。

五、战略地图的绘制方法

绘制战略地图一般需要经过以下六个步骤：

第一步，确定股东价值差距（财务层面）。例如，股东期望5年之后销售收入能够达到5亿元，但是公司只达到1亿元，距离股东的价值预期还差4亿元，这个预期差就是企业的总体目标。

第二步，调整客户价值主张（顾客层面）。要弥补股东价值差距，应对现有的客户进行分析，调整客户价值主张，其主要包括总成本最低、产品创新和领先、提供全面客户解决方案和系统锁定。例如，要实现4亿元销售额的增长，就要对现有的客户进行分析，调整客户价值主张，提供具体的解决方案。

第三步，确定价值提升时间表。需要针对股东价值差距的目标来具体确定提升的时间表。例如，5年实现4亿元股东价值差距的目标，第一年、第二年、第三年各需要提升多少，将提升的时间表确定下来。

第四步，确定战略主题（内部流程层面）。寻找企业关键的流程，确定企业短期、中期、长期工作内容。有四个关键内部流程：运营管理流程、客户管理流程、创新流程和社会流程。

第五步，提升战略准备度（创新与学习层面）。分析企业现有无形资产的战略准备度，判断其是否具备支撑关键流程的能力。如果不具备支撑关键流程的能力，找出具体的提升办法。

第六步，形成行动方案。根据前面确定的战略地图以及相对应的不同目标和指标，制订一系列的行动方案，配备资源，形成预算。

专题二　环境管理会计

随着全球变暖，自然资源枯竭、生态多样性被破坏、气候异常等环境危机频发，环境与人、环境与企业之间的相互作用越来越受到世界各国政府、企业界及社会公众的关注。

我国始终强调加强生态环境保护，健全生态文明制度体系，推进生态优先、节约集约、绿色低碳的高质量发展方式。党的二十大报告中提出：“大自然是人类赖以生存发展的基本条件。尊重自然、顺应自然、保护自然，是全面建设社会主义现代化国家的内在要求。必须牢固树立和践行绿水青山就是金山银山的理念，站在人与自然和谐共生的高度谋划发展。”由此可见，对企业或其他组织来说，保护自然，与自然环境和谐共生，既是使命，也是谋求长期发展的必由之路。

企业或其他组织在经营过程中都会对周遭的自然环境造成不同程度的影响，同样地，环境的变化也会反作用于企业或其他组织。企业的管理者除了履行传统的受托责任，以企业价值或股东价值最大化为目标外，也逐渐接纳了以可持续发展为目标的经营理念。因此，当管理会计在实施预测、决策、规划、控制、考核评价等活动时，也须将环境因素纳入考量范围，由此便产生了环境管理会计（environment management accounting，EMA）的概念。本专题介绍环境管理会计的相关概念、相关理论及其在企业中的应用。

一、环境管理会计概述

本部分主要介绍环境管理会计的概念、内容以及企业实施环境管理会计的意义。

（一）环境管理会计的概念

环境管理会计中的“环境”一词，主要是指与企业经营产生交互作用的自然环境。企业在生产经营的过程中，会向周遭环境排放废气、废水、废料等，一些重污染企业的排放物甚至会对大气、水质和土壤造成难以修复的污染。在世界各国政府极力倡导可持续发展的背景下，企业不仅要对股东负责，也要对周遭的自然环境负责。关于环境管理会计的概念，不同的专业组织和团体给出了相似的定义。国际会计师联合会（IFAC）认为，环境管理会计是“通过生成、分析并利用财务与非财务信息，以优化公司环境和经济绩效，实现可持续发展经营的系统”；联合国在其发展报告中曾将环境管理会计定义为“通过对能源、水和材料等实物流信息、环境成本信息及其他货币信息进行搜集、估计、确认并编制内部报告，以实现组织内部的传统决策和环境决策”。从上述不同组织给出的定义可以看出，环境管理会计处理的信息除了传统的财务和非财务信息，还包括与环境相关的“实物流信息”，实施环境管理会计的最终目标，不仅是实现企业的经济绩效，而且要保证企业的可持续发展经营。而环境管理会计在评价企业绩效时要将环境绩效纳入考核范畴。

本书将环境管理会计定义为：通过将环境信息纳入管理会计的预测、决策、规划、控制和考核评价等工作框架，以充分考虑环境的成本和效益对组织影响的一种现代管理会计活动。环境管理会计关注组织的经济活动对组织外部的影响，从而扩展了组织（尤其是企业）的受托责任范围。

（二）环境管理会计的内容

知识拓展16-1

三重底线的含义

将环境因素纳入管理会计工作框架，就是要把与环境相关的非财务信息（包括：原料、能源、水等自然资源消耗；废气、废水、废料等排放物；企业环境污染治理成本，以及与环保法律相关的合规性支出）纳入会计核算和列报体系。因此，许多国际组织或团体一直向各国企业提出倡议，建议采用涵盖财务信息、环境信息以及社会信息的可持续发展报告。例如，全球报告倡议组织（GRI）制定的《可持续发展报告指南》将企业绩效指标分为财务、环境和社会指标。这类反映和评价三类绩效的报告也被称为“三重底线”报告。所谓三重底线，详见知识拓展16-1：三重底线的含义。

环境管理会计以达成企业股东效益最大化和企业可持续发展为双重目标，以搜集、加工、处理和利用财务、环境和社会三类信息为主要手段，进而将环境因素纳入管理会计的规划、决策、控制工作之中。其具体工作内容包括：考虑环境因素的经营决策和投资决策、环境效益与成本的预测与规划、环境成本的管理和控制以及环境绩效的评价等。环境管理会计的内容如图16-2所示。

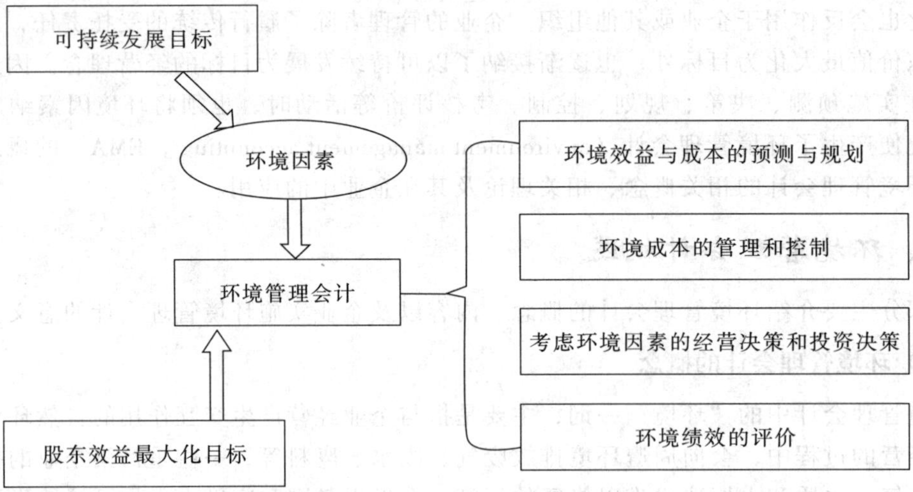

图16-2 环境管理会计的内容

（三）实施环境管理会计的意义

如前所述，环境管理会计的应运而生与各国倡导的可持续发展理念息息相关。具体而言，企业实施环境管理会计具有以下几个方面的重要意义：

第一，实施环境管理会计有助于企业进行科学决策。环境管理会计能够为企业管理层提供与决策相关的环境信息。根据《中华人民共和国环境保护法》立法的基本原则——开发者养护、污染者治理，当企业进行涉及环境活动的管理决策时，如生产流程或产出物是否符合环境质量标准、稀缺自然资源的消耗和利用、环保生产机会的识别、碳排放权的交易等，需充分考虑环境成本与环境效益，进而作出更为科学有效的决策。

第二，实施环境管理会计有助于提高企业的环境绩效和财务绩效。企业的环境绩效越来越受到资本市场与社会大众的关注。取得较好环境绩效的企业能够收获良好的社会声誉。环境管理会计能够为企业达成环境管理的目标实施控制，确保目标实现并持续改进。而环境绩效的提升也会对财务绩效产生积极影响，如企业对环境的治理和废弃物利用能够获得税收减免以及政府补助。同时，在环境绩效为企业带来良好声誉的同时，也会吸引投资者、客户等其他利益相关者的关注。

第三，实施环境管理会计能够积极促进企业保护生态环境，顺利实现可持续发展。越来越多的企业意识到，短期内追求利润最大化，会将人类赖以生存的自然资源消耗甚至破坏殆尽。这种对短期收益的盲目追求是以牺牲后代人的生存环境和资源换取的。为了实现可持续发展，需确保当代人的消耗模式不会对后代人的生活质量产生消极影响，保证“世代间的公平”。企业是社会系统中的重要个体，通过实施环境管理会计可以制定环境管理目标、控制环境成本并提升环境绩效，最终实现可持续发展。

二、环境管理会计的相关理论

环境管理会计的产生和发展，主要基于合法性理论、利益相关者理论和企业的外部性理论。

（一）合法性理论

合法性理论（legitimacy theory）认为，企业必须不断地确保其在各自的社会边界和规范中运作。即企业试图确保外部的相关者将其活动视为"合法的"。"合法性"可以看作是一个企业的价值体系与其所在的社会制度之间的一致性。一个企业如果看上去不能信奉社会所认同的目标、方法和结果的话，那么这个组织是不可能被公众认可的，也无法获得成功，甚至无法生存下去。

组织所需遵循的社会认同的目标、方法等是在不断进化之中的。传统上，利润最大化曾被认为是最全面的标准。然而随着环境问题愈演愈烈，公众对企业的期望逐渐转变为期待企业能够修复被破坏的环境；确保客户、员工以及居住在产品生产、废弃物排放地区居民的健康安全。合法性理论强调企业必须考虑普遍的公众利益，而不仅仅是企业投资者的利益。企业为了确保持续经营和生产下去，就需要尽力达成公众的期望。

（二）利益相关者理论

利益相关者理论（stakeholder theory）认为，现代企业是由各个利益平等的相关利益者组成，股东只是其中一员，从而否定了公司是由持有公司普通股的个人和机构"所有"的传统观念。企业的管理者在活动时应平衡各利益相关者的利益诉求。与传统的唯股东至上的理论相比较，该理论认为任何一个公司的发展都离不开各利益相关者的投入或参与。企业应追求利益相关者的整体利益，而不仅仅是某些主体的利益。

企业的利益相关者包括股东、债权人、员工、客户、供应商等业务伙伴，此外还包括政府、本地居民、社区、媒体、环保组织等压力集团，甚至包括自然环境以及人类后代等受到企业经营活动直接或间接影响的客体。企业的生产和发展依赖于企业对各利益相关者利益诉求的回应质量，而不仅仅取决于股东。利益相关者理论决定了企业的经营目标不应仅是实现股东价值的最大化，还应考虑对自然环境的影响。

（三）企业的外部性理论

企业的外部性理论（externality theory）是指企业在经营过程中对外部其他经济主体的福利施加的影响，而企业并未因此付出成本或得到补偿。前者被称为负外部性，后者被称为正外部性。当企业经营过程中对环境造成了污染，而又不需承担责任，便产生了负外部性。根据经济学的观点，解决负外部性的方式有两种，一种是由政府向产生负外部性的企业强制征税；另一种是交由市场解决，即由企业和相关经济主体自愿协商，如碳排放权和排污权的交易。这两种方式都会增加企业的成本，因此，不论负外部性以哪种方式解决，管理会计都需将其纳入分析框架之中。

（四）三个理论的比较

合法性理论和利益相关者理论有许多相似之处，都将企业定位于一个更广泛的社会系统的一部分。企业对这个系统产生影响，也受系统中其他群体的影响。合法性理论强调社会整体的期望，而利益相关者理论则认为每类利益相关者都有各自的诉求。在支持与解释企业实施环境管理会计时，两种理论互为补充。

相对企业的外部性理论而言，前两个理论都强调企业的主动性和自觉性，而第三个理论则突出外界的强制性或企业的被动性。

三、环境管理会计的应用

环境管理会计主要应用于以下几个方面。

（一）编制环境财务预算

企业通过编制预算将企业的经营目标分解落实，对其资源进行合理化的统筹安排，以保证目标的顺利实现。当企业将可持续发展目标纳入总体经营目标，以期满足公众对企业在社会责任方面的期望时，企业编制的全面预算就应包括体现环境因素的环境预算。环境预算由环境投资预算、环境经营预算以及环境筹资预算等构成，并最终在企业的现金预算、预计利润表和预计资产负债表中得以反映。

环境投资预算主要指企业在环境方面所做的资本性支出（包括企业对环境污染长期治理的投入，对节能减排设施、质量检测设备、污水和废弃物处理系统等环保设施的投入，以及设备的更新改造等）预算。

知识拓展16-2

绿色贷款与绿色债券

环境经营预算是指反映预期取得的环境效益和付出的环境成本的预算。环境效益的内容包括政府的补助收入、碳排放权交易收入、对所排废弃物二次利用节约的成本；环境成本的内容包括环境污染的罚款和诉讼费、碳排放权交易支出、环保的研发投入、排放废弃物的处理成本、质量认证成本、环保公益支出以及环境信息披露成本等。

环境筹资预算主要包括企业因环保达标取得的“绿色贷款”以及为投入环保项目或实施可持续发展而发行的“绿色债券”。上述相关术语的含义，参见知识拓展16-2：绿色贷款与绿色债券。

（二）控制环境成本

对环境成本的控制是实施环境管理会计的重要内容，有效地控制环境成本能够提高企业的环境绩效，进而有助于可持续发展目标的实现。

环境成本由内部环境成本和外部环境成本构成，其示意图如图16-3所示。

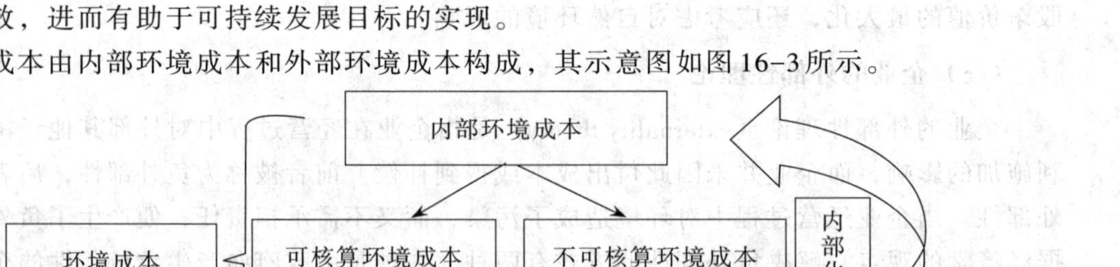

图16-3 环境成本构成示意图

内部环境成本包括企业主体发生的，由传统财务会计核算反映的成本，如企业需支付的环保税、质量监督成本等；此外，还包括财务会计难以计量和估算的成本，如预计会发生的诉讼成本（未来成本）以及因败诉可能产生的赔偿金和罚款（或有成本）。后者虽不符合会计确认成本费用的定义，但与企业的决策相关，因此需要予以恰当反映和控制。

外部环境成本主要是指在理论部分中提到的企业对环境产生的负外部性。企业因污染对环境造成负面影响，却并未因此付出成本。随着环保法律制度的不断完善，这部分外部环境成本逐渐内部化，即企业需对造成的污染环境进行治理，对受影响的其他利益相关方进行补偿或赔偿。

在实际应用中，企业可以基于标准成本法实施环境成本控制。标准成本法主要强调事中和事后控制，且主要适用于能够可靠计量或估计的环境成本。

事前控制需基于企业的可持续发展目标及相应的环境管理目标制定标准环境成本，包括对企业污染治理方案的成本效益分析，估算环保设施的建造运营成本等。

事中控制是在实施环境相关的决策方案过程中，确保采用对环境有利的新技术和新工艺、选择对环境影响较小的材料、跟踪监测企业各个生产环节和生产流程按照事先确定的标准进行生产。

事后控制主要是对可量化、可估算的环境成本进行成本差异计算和成本差异分析。分析产生各类差异的原因，并作出相应的反馈和改进。

对于难以量化和估算的环境成本，需要从这类环境成本产生的源头进行控制，例如可能发生的诉讼、赔偿等，须在生产过程中确保企业对废弃物的排放符合环保标准，避免产生负外部性。

（三）考虑环境因素的企业决策

传统的企业决策在对备选方案进行成本效益或投入产出分析时，很少将环境因素纳入决策分析框架。而环境管理会计要求企业从制定经营战略到长期投资决策，再到日常的生产经营决策，都需充分考虑环境的收益和成本。

企业在进行长期投资决策时，传统的方法是计算投资项目的财务可行性，通过计算和比较项目的净现值、内部收益率等财务指标进行决策。环境管理会计进行长期投资项目的决策时，一方面应将能够可靠估算的环境效益和成本计入估算项目的净现金流量；另一方面需要考虑项目未来在建设和运营过程中对环境可能产生的影响，以及项目是否符合环保标准和环保法律的规定。

对于短期经营决策，传统的决策方式主要是进行成本效益分析，比较方案的相关收入与相关成本，选择对企业利润产生最大贡献的方案。而在实施环境管理会计后，短期内利润的最大化不是评价方案的唯一标准。从产品设计、材料采购、生产流程到包装运输与售后服务，企业价值链的各个环节都会与周围环境产生相互作用。在进行具体决策时，需要将可计量的环境成本与环境效益作为相关成本与相关收入纳入决策分析。例如，在产品设计时可采用环保材料，降低对有限资源的依赖；在选择生产工艺时，选择符合环保规定或质量标准的生产工艺；对排放物进行回收再利用，节约成本同时减少排放。

除了传统的生产经营决策和长期投资决策，环境管理会计还拓宽了决策的范畴，企业可考虑环保项目、环保研发的投入，以从整体上提高环境绩效，实现可持续发展。

（四）评价环境绩效

环境绩效是指企业通过努力减少对外部环境的影响而取得的结果，既包括企业的生产经营对外部环境造成的直接影响，也有企业努力维持、修复、改善自然环境取得的成果。因此，狭义的环境绩效主要指企业各项环保指标的达标程度，而广义的环境绩效则包括了企业进行污染防治、改善生态环境的贡献以及对资源有效利用等方面的综合成效。

环境绩效和财务绩效并不矛盾。企业取得环境绩效并非以牺牲财务绩效为代价。相反，已有研究表明，二者之间存在正相关关系，即良好的环境绩效也会促进财务绩效的提高。企业在环境保护方面取得的成绩，不仅提高了企业的声誉，能够获得投资者、合作伙伴、客户、债权人等利益相关者的信赖，而且为企业带来了竞争优势。例如，对废弃物的二次利用能够降低成本，环保达标避免受到行政处罚或诉讼，在产品设计或生产工艺中考虑环保因素，提高了市场进入的"绿色门槛"。不仅如此，企业通过追求可持续发展目标，实现了企业长期价值的增长。

环境绩效评价指标既包括财务指标，也包括非财务指标；既包括反映企业管理层努力程度的过程指标，也包括反映环境管理结果的指标。例如，全球报告倡议组织发布的环境绩效指标中，包含材料，能源，水，生物多样性，废气、污水及废弃物，产品和服务，合法性，交通运输以及整体情况等九个模块的指标；国际标准化组织发布的环境管理体系 ISO 14000 系列标准中包括 ISO 14031 环境绩效评价体系，其中涵盖了管理绩效指标（方案和政策的实施、合法性、财务绩效以及与社区的联系）和经营绩效指标（材料，能源，支持企业经营的服务、厂房设施、供应及送货，产品，组织提供的服务，排放物，向土地或水的排放以及其他排放）。两类指标体系相似度较高，国际标准化组织设计的指标体系中还重点强调了代表管理层努力程度的指标。

企业在选取指标时，可以根据自身经营和行业特点，同时考虑信息处理的成本效益，选取和构建环境绩效评价指标体系，实施环境绩效评价。同时，环境绩效指标并不是孤立存在的。在实施环境绩效评价时，企业可借鉴平衡计分卡构建包含环境因素的综合评价指标体系，如图 16-4 所示。

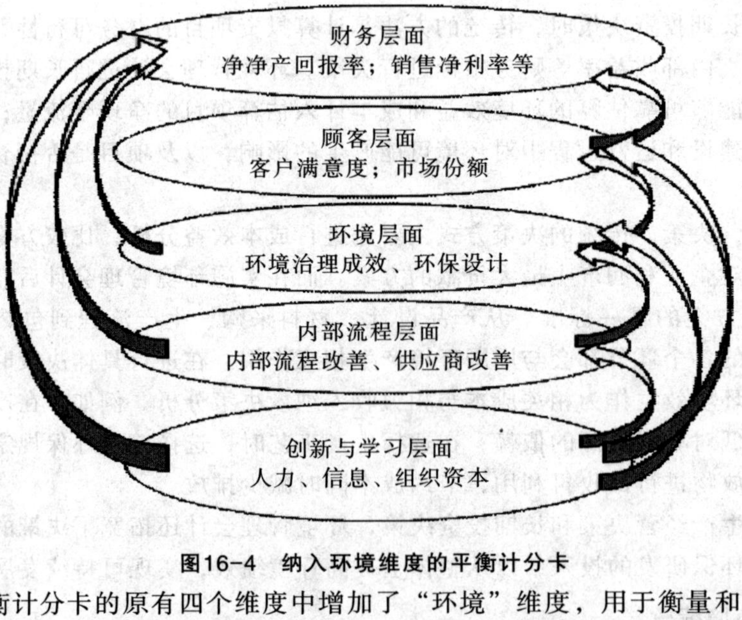

图16-4 纳入环境维度的平衡计分卡

该图在平衡计分卡的原有四个维度中增加了"环境"维度，用于衡量和评价企业在环境方面取得的成效。企业的内部流程层面和创新与学习层面的改善会影响环境绩效，例如企业在环保方面的研发投入及取得的成效，企业价值链各环节质量的达标等都会提升环境绩效，而环境绩效也会对客户层面以及财务层面的绩效产生影响。

专题三　人力资源管理会计

创新是推动社会经济发展的第一动力，而驱动创新的主要因素便是人力资源。对于企业来说，尤其是以人力资本为主要生产要素的轻资产企业，只有有效地配置人力资源，最大化发挥人力资源优势，才能使企业永葆竞争优势，在激烈的市场竞争中脱颖而出。在此背景下，人力资源管理会计应运而生。本专题主要介绍人力资源管理会计的相关概念、相关理论以及在企业中的具体应用。

一、人力资源管理会计概述

为明确人力资源管理会计的概念，需要先介绍"人力资源"、"人力资本"和"人力资产"等相关概念。

（一）人力资源、人力资本与人力资产

1.人力资源

经济学把为了创造社会财富而投入生产活动中的一切要素通称为资源。人力是创造物质财富不可或缺的经济资源。人力资源是指在一段时期、一定社会区域内，具有劳动能力的人口及其所拥有的、可创造社会财富的能力总和。其中，能力是指劳动者所具有的体力、智力、知识和技能。

2.人力资本

从人力资源的概念中可以看出，人力资源包括劳动者的体力、智力、知识和技能。其中，体力和智力是先天获得的自然人力，而知识和技能是通过后天的投资，如教育和培训获得的。而这些后天通过投资形成的人力资源便是人力资本，具体体现为劳动者素质的提高。

3.人力资产

人力资产是人力资源概念与会计资产概念相结合的产物。具体而言，人力资产是"企业所拥有或控制的，可望向企业流入未来经济利益的人力资源本身，它包括直接和间接增加企业的现金或其他经济利益的潜力"[①]。定义中的人力资源既包含自然人力，也包含人力资本，但相较于自然人力，人力资本能够在未来为企业创造更多经济利益，企业应重视和加强人力资本的投入。

从以上的概念介绍可以看出，三个与人力相关的概念既相互联系也略有区别：人力资本属于人力资源的一种，而人力资源所具有的属性和特征符合资产的概念，因此，人力资产是企业对其所拥有或控制的那部分人力资源的资产化界定。

（二）人力资源管理会计的含义

传统管理会计基于企业占有的全部资源，通过对财务信息与非财务信息的深加工和再利用，向管理层提供有关企业的经营管理活动的预测、规划、控制、决策以及考核评价的相关信息。而人力资源管理会计则是基于企业拥有或控制的人力资源，以人力相关活动为分析对

---

①闫达五，徐国军．关于人力资源会计的框架［J］．会计研究，1996（11）．

象，通过向管理层提供对人力资源的预测、规划、决策、考核等相关信息，以实现企业人力资源的最优配置，并最终有助于实现企业经营目标的一种现代管理会计活动。

（三）实施人力资源管理会计的意义

企业实施人力资源管理会计，有以下意义：

第一，实施人力资源管理会计有助于企业重视和提高人力资源水平，通过加大人力资本投入提高员工素质。人力资源管理会计能够向管理层提供有关人力资源成本效益、预测、规划、决策考核等方面的信息，借此凸显人力资本投入对人力资源水平的促进作用，促使企业重视员工的培训和教育，提高人员的整体素质。

第二，实施人力资源管理会计有助于企业发挥人力资源的最大效用，提升企业价值。借助人力资源管理会计，企业能够合理地规划、利用人力资源，充分激发人力的效能，将智力、知识转化为生产力，为企业带来更多的经济利益，进而创造和提升企业价值。

第三，实施人力资源管理会计有助于提高企业的创新能力，进而有利于我国实现创新驱动发展战略。这一点最有意义。党的二十大将科技和人才定位为全面建设社会主义现代化国家的基础性、战略性支撑，并将人才强国战略和创新驱动发展战略摆在国家发展全局的核心位置。而企业是重要的创新主体，企业的人力资源又是企业创新的基础。人力资源管理会计的有效实施，能够充分发挥人力资源的有效价值，提高企业的创新质量和创新产出，进而带动产业技术不断革新和进步，最终实现国家的创新驱动发展战略。

二、人力资本理论

人力资本理论主要阐述人力资本对经济增长的重要促进作用。美国经济学家西奥多·舒尔茨认为，体现在人身上的知识和技能的存量可以看作一项资本，即人力资本。通过对人力资源的投资可以形成人力资本。排除自然资源、物质资本和劳动力投入数量这些基本因素，人力资本才是决定经济发展和国家贫富的关键。人力资本能够促进经济增长和实现社会富裕。另一位美国经济学家保罗·罗默认为，知识是推动经济增长的重要源泉。当企业取得专业化的人力资本时，这种人力资本所产生的专业化知识能够为企业带来递增的收益，当这种专业化知识从企业内部溢出后，可以使所有企业都获得规模经济效益，进而促使整个经济的规模收益递增并保证产出的长期增长。这两位经济学家均因对人力资本驱动经济增长理论所作的贡献获得了诺贝尔经济学奖。

根据人力资本理论，加大人力资源投入，进而形成人力资本，是企业获取更高经济效益的重要途径。这既阐明了人力资源的重要性，也为企业实施人力资源管理会计提供了理论依据。

三、人力资源管理会计在企业的应用

人力资源管理会计在企业的具体应用领域包括人力资产的估值、人力资源的预测、人力资本的投资决策和人力资源的考核评价等。

（一）人力资产的估值

人力资产是对人力资源的会计界定。对于企业来说，正确地评估人力资产的价值，有助于将员工安置在能发挥其最大价值的岗位上，吸引或留住有价值的员工，进而实现企业人力资源结构、人力资源配置的不断优化。同时，对人力资产的估值又将影响人力资源管理会计科学地进行预测、决策和考核评价。因此，正确地对人力资产估值对企业来说至关重要。

人力资产的价值指的是员工通过发挥其体力、智力、知识与技能而为企业创造的价值。在进行人力资产估值时，可按照确认资产现值的方式进行估值，即评估人力资产在企业的存续期限内，预计会为企业带来的未来净现金流量的现值合计。需要注意的是，与其他资产不同，因分工合作、协同效应的存在，人力资产的单独价值合计通常小于群体的总价值。因此，在评估中应注意个体价值与个体在群体中的价值差异，便于后续的决策。此外，鉴于人力资产估值的难度较高，在反映其价值时可以采用财务信息与非财务信息结合的方式。

（二）人力资源的预测

人力资源的预测是从企业的经营战略出发，通过充分考虑各种影响因素，运用定性和定量的预测方法，合理推断和预判企业未来对人力资源的需求量和需求结构。企业自成立之初，对各级各类人员的需求就在不断的变化之中，包括人员的数量、结构、人员具备的技术能力等。因此，企业需要结合所处行业特点、企业生命周期、经营状况等诸多因素对人力资源的需求状况进行预测，便于企业后续对人力资本投入进行决策。人力资源本身包括数量和质量两个维度，因此，与销售预测、利润预测等传统管理会计的预测内容略有不同，人力资源预测要从数量和质量两个维度进行。与管理会计的预测职能一样，人力资源的预测也是开展人力资源管理会计的前提和基础。

（三）人力资本的投资决策

如前文所述，人力资本指的是通过后天的教育、培训获得的知识和技能。人力资本的投资是指企业根据其战略目标，通过在员工培训、支持员工深造等方面的投入，提高企业员工的职业素质以增强企业竞争力的一种投资活动。在传统的财务会计核算体系中，将员工培训费视为企业的日常支出，纳入管理费用核算。而根据人力资本理论以及人力资源管理会计的观点，对企业人力的再投入能够形成人力资本，并预期能够为企业带来递增的经济效益，人力资本符合资产的定义。因此，对人力资本的投入是一项形成长期资产的投资活动。人力资本的投资决策是通过估算企业对人力资本投入导致的现金流出与人力资本为企业未来可能带来的现金流入，比较投资的付出与收益，作出相应决策的管理会计活动。在进行决策的过程中会涉及大量的假设和估计，提高了决策的难度。对人力资本的正确决策有助于企业获取优势人力资源，提升人力资源总体价值，进而发挥其为企业创造价值的作用。

（四）人力资源的考核评价

人力资源的考核评价，指的是在企业拥有或控制的人力资源范围内，对不同人员的业绩表现进行考核、评价的过程。传统管理会计的责任考核评价是以责任中心为考核评价对象，而人力资源管理会计不仅要考核各部门的业绩完成情况，还应以不同岗位、不同职级的人员作为考核评价对象。在考核过程中，根据不同考核对象的职责、工作属性，有针对性地选择考核内容和方法。同时，企业应结合市场的不断变化来调整人力资源的考核标准和要求，根据实际情况和人才的特点，制定出有利于执行、有针对性且行之有效的考核措施，科学地反映人力资本的价值。

人力资源的考核评价可以纳入企业的综合业绩评价体系之中。例如在平衡计分卡中，创新与学习层面的指标包括人员生产效率、人员申请专利数、人员培训时长等，体现了对人力资本投入、人力资源价值创造以及创新能力等方面的衡量和评价，人力资源的考核评价可以在此基础上进行分部门的绩效考核以及个人绩效考核，并将考核结果反馈给各部门及员工。对人力资源的考核评价有利于加强各个部门的责任意识，增强团队的合作精神，调动员工的工作积极性。同时，考核评价的结果可以作为设计薪酬奖励的依据，进一步激励员工发挥智力和能力，共同为实现企业的战略目标而努力。

专题四 管理会计信息系统

在信息技术快速发展的今天，互联网+、大数据、人工智能等信息技术方法，正在改变着我们的生产和生活环境，与此同时会计的发展也遇到了前所未有的新的发展机遇与挑战。如今，会计发展正在经历着由传统的核算型向战略导向型和价值创造型的转变。而在这一巨大的变革中，管理会计信息系统发挥着越来越重要的作用，企业也越来越重视管理会计信息化工作。财政部自2016年起，陆续印发了《管理会计应用指引第100号——战略管理》等一系列管理会计应用指引，内容不仅包括战略管理、预算管理、成本管理和营运管理等管理会计主要内容，同时也包括了管理会计信息系统应用指引。管理会计应用指引的发布，标志着管理会计从国家顶层政策设计走向具体实际操作、从理论宏观指导走向企业落地实践，将对企业提高管理效率、加速转型升级起到实质性的助推作用。而其中的《管理会计应用指引第 802 号——管理会计信息系统》也为管理会计信息系统的建设和发展指明了方向。本专题主要介绍管理会计信息系统的相关内容。

一、管理会计信息系统概述

（一）管理会计信息系统概念

管理会计信息系统是指以财务和业务信息为基础，借助计算机、网络通信等现代信息技术，对管理会计信息进行搜集、整理、加工、分析和报告等操作处理，为企业有效开展管理会计活动提供全面、及时、准确信息支持的各功能模块的有机集合。

在管理会计信息系统这个定义中，重点强调了以下几个内容：

1.以财务和业务信息为基础

财务会计信息和业务活动信息是管理会计信息生成的基础，管理会计信息是对财务会计信息和业务活动信息进行深加工的结果。因此，管理会计信息系统也将有助于业财融合的发展。

2.以现代信息技术为手段

开展管理会计信息化工作要充分利用计算机及网络技术、现代通信技术。现代信息技术是一个内容十分广泛的技术群，包括网络技术、通信技术、计算技术等。现代信息技术正以其他技术从未有过的速度向前发展，并以其他技术从未有过的深度和广度介入社会的方方面面。管理会计信息系统的建设和应用将充分利用现代信息技术的发展成果，并考虑技术迭代的影响。

3.以管理会计信息处理为根本

管理会计本质上是一个信息系统，对管理会计信息进行搜集、整理、加工、分析和报告等操作是管理会计信息系统的核心工作。

4. 以提供有用的信息为目标

管理会计信息系统主要目的是为企业管理层提供有用的决策信息。管理会计信息系统是企业的决策支持系统，它能够为企业有效开展管理会计活动提供全面、及时、准确的信息支持。同时，全面性、及时性和准确性也是管理会计信息系统强调的主要信息质量特征。

5. 以提供有用的信息为目标

管理会计信息系统包括很多具体的功能模块，如成本管理、预算管理、绩效管理、投资管理、管理会计报告以及其他功能模块。管理会计信息系统的构建和应用要注意整体性和系统性，各个功能模块之间应进行有机集成，不能割裂，才能更好地实现管理会计信息系统建设和企业经营管理的目标。

（二）建设和应用管理会计信息系统的原则

企业建设和应用管理会计信息系统，不能是杂乱和无序的，在建设过程中只有遵循了一定的原则，才能取得较好的建设效果。管理会计信息系统建设一般应遵循以下五项原则：

1. 系统集成原则

所谓系统集成，就是通过结构化的方式将各个分散的设备、系统、数据等集成到一个互联、统一和协调的系统之中，使资源达到充分共享，实现集中、高效、便利的管理。管理会计信息系统各功能模块应集成在企业整体信息系统中，与财务和业务信息系统紧密结合，实现信息的集中统一管理及财务和业务信息到管理会计信息的自动生成。这将涉及多供应商、多协议、面向各种应用的体系结构。最终，通过系统集成可能实现资源共享、管理高效、节能降耗和优化服务的目的。

2. 数据共享原则

数据共享就是使不在同一地方，使用不同计算机、不同软件的用户能够读取他人数据并进行计算和分析。进行数据共享，需要在系统建设时就使系统具有科学性、统一性、扩展性和安全性的特征。企业建设管理会计信息系统应实现系统间的无缝对接，通过统一的规则和标准，实现数据的一次采集，全程共享，避免产生信息孤岛。

3. 规则可配原则

规则可配是指在系统的设计开发过程中充分考虑到系统的灵活性，对设计业务规则的管理功能实现规则的可配置化，以适应各种管理变化，从而降低管理变化带来的系统风险和系统运行维护与二次开发的成本。管理会计信息系统各功能模块应提供规则配置功能，实现其他信息系统与管理会计信息系统相关内容的映射和自定义配置。

4. 灵活扩展原则

灵活扩展是指系统设计开发时的灵活扩展弹性以及对新技术的适应性。随着人工智能的发展，未来管理会计信息系统将面临新的变化，其中灵活可扩展是重点之一。管理会计信息系统应具备灵活扩展性，通过及时补充有关参数或功能模块，对环境、业务、产品、组织和流程等的变化及时作出响应，满足企业内部管理需要。

5. 安全可靠原则

安全可靠是在系统开发保持先进性的同时，保证技术的稳定性、安全性和可靠性。系统能够长时间稳定运行，整个系统模块化、智能化设计，中间环节出现问题不影响整体运行，从而更好地保障系统的安全性和可靠性。因此，应充分保障管理会计信息系统的设备、网络、应用及数据安全，严格进行权限管理，做好数据灾备建设，使系统具备良好的抵御外部攻击能力，保证系统的正常运行并确保信息的安全、保密、完整。

二、管理会计信息系统的应用环境

企业建设管理会计信息系统，一般应具备以下环境条件：

（1）对企业战略、组织结构、业务流程、责任中心等有清晰定义。

（2）设有具备管理会计职能的相关部门或岗位，具有一定的管理会计工具方法的应用基础以及相对清晰的管理会计应用流程。

（3）具备一定的财务和业务信息系统应用基础，包括已经实现了相对成熟的财务会计系统的应用，并在一定程度上实现了经营计划管理、采购管理、销售管理、库存管理等基础业务管理职能的信息化。

三、管理会计信息系统的建设和应用程序

管理会计信息系统的建设和应用程序既包括系统的规划和建设过程，也包括系统的应用过程，即输入、处理和输出过程。图16-5列示了管理会计信息系统的建设和应用程序。

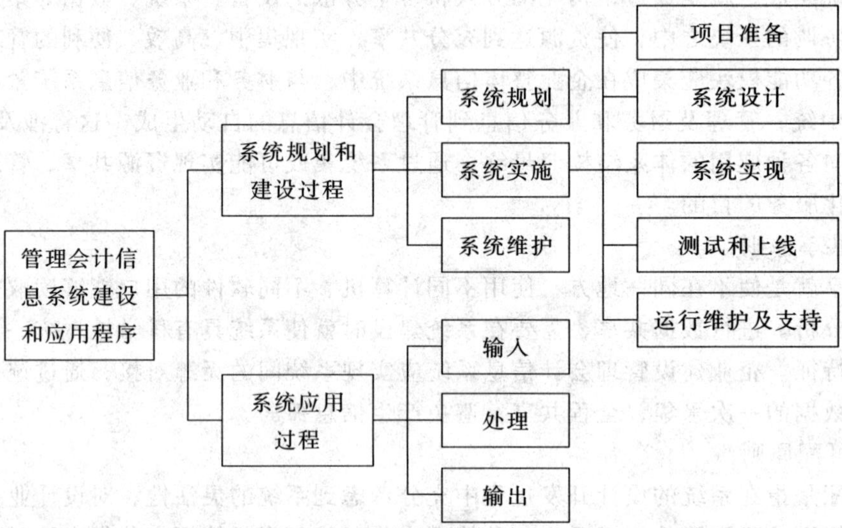

图16-5 管理会计信息系统的建设和应用程序

（一）管理会计信息系统规划和建设过程

如图16-5所示，管理会计信息系统规划和建设过程一般包括系统规划、系统实施和系统维护等环节。

1.系统规划环节

在管理会计信息系统的规划环节，企业应将管理会计信息系统规划纳入企业信息系统建设的整体规划中，遵循整体规划、分步实施的原则，根据企业的战略目标和管理会计应用目标，形成清晰的管理会计应用需求，因地制宜逐步推进。

2.系统实施环节

在管理会计信息系统实施环节，企业应制订详细的实施计划，清晰划分实施的主要阶段、有关活动和详细任务的时间进度。实施阶段一般包括项目准备、系统设计、系统实现、测试和上线、运行维护及支持等过程。

（1）在项目准备阶段，企业主要应完成系统建设前的基础工作，一般包括确定实施目标、实施组织范围和业务范围，调研信息系统需求，进行可行性分析，制订项目计划，制定资源安排和项目管理标准，开展项目动员及初始培训等。

（2）在系统设计阶段，企业主要应对组织现有的信息系统应用情况、管理会计工作现状和信息系统需求进行调查，梳理管理会计应用模块和应用流程，据此设计管理会计信息系统的实施方案。

（3）在系统实现阶段，企业主要应完成管理会计信息系统的数据标准化建设、系统配置、功能和接口开发及单元测试等工作。

（4）在测试和上线阶段，企业主要应实现管理会计信息系统的整体测试、权限设置、系统部署、数据导入、最终用户培训和上线切换过程。必要时，企业还应根据实际情况进行预上线演练。

（5）在运行维护及支持阶段，企业主要应实现管理会计信息系统的日常运营和支持。

3.系统维护环节

企业应做好管理会计信息系统的运行维护和支持，实现日常运行维护、支持及上线后持续培训和系统优化。

（二）管理会计信息系统应用过程

管理会计信息系统的应用程序一般包括输入、处理和输出三个环节。

1.输入环节

输入环节是指管理会计信息系统采集或输入数据的过程。管理会计信息系统需提供已定义清楚数据规则的数据接口，以自动采集财务和业务数据。同时，系统还应支持本系统其他数据的手工录入，以利于相关业务调整和补充信息的需要。

2.处理环节

处理环节是指借助管理会计工具模型进行数据加工处理的过程。管理会计信息系统可以充分利用数据挖掘、在线分析处理等商业智能技术，借助相关工具对数据进行综合查询、分析统计，挖掘出有助于企业管理活动的信息。

3.输出环节

输出环节是指提供丰富的人机交互工具，集成通用的办公软件等成熟工具，自动生成或导出数据报告的过程。数据报告的展示形式应注重易读性和可视化。最终的系统输出结果不仅可以采用独立报表或报告的形式展示给用户，也可以输出或嵌入到其他信息系统中，为各级管理部门提供管理所需的相关、及时的信息。

四、管理会计信息系统模块

管理会计信息系统的模块包括成本管理、预算管理、绩效管理、投资管理、管理会计报告以及其他功能模块。

（一）成本管理模块

成本管理模块应实现成本管理的各项主要功能，一般包括对成本要素、成本中心、成本对象等参数的设置，以及成本核算方法的配置，从财务会计核算模块、业务处理模块以及人力资源等模块抽取所需数据，进行精细化成本核算，生成分产品、分批次（订单）、分环节、分区域等多维度的成本信息，以及基于成本信息进行成本分析，实现成本的有效控制，为企业成本管理的事前计划、事中控制、事后分析提供有效的支持。

1.成本核算

成本核算主要完成对企业生产经营过程各个交易活动或事项的实际成本信息的搜集、归纳、整理，并计算出实际发生的成本数据，支持多种成本计算和分摊方法，准确地度量、分配实际成本。

成本核算的输入信息一般包括业务事项的记录和货币计量数据等。企业应使用具体成本工具方法（如完全成本法、变动成本法、作业成本法、目标成本法、标准成本法等），建立相应的计算模型，以各级成本中心为核算主体，完成成本核算的处理过程。成本核算处理过程结束后，应能够输出实际成本数据、管理层以及各个业务部门需要的成本核算报告等。

2.成本分析

成本分析主要实现对实际成本数据分类比较、因素分析比较等，发现成本和利润的驱动因素，形成评价结论，编制各种形式的分析、评价指标报告等。

成本分析的输入信息一般包括成本标准或计划数据、成本核算子模块生成的成本实际数据等。企业应根据输入数据和规则，选择具体分析评价方法（如差异分析法、趋势分析法、结构分析法等），对各个成本中心的成本绩效进行分析比较，汇总形成各个责任中心及企业总体成本绩效报告，并输出成本分析报告、成本绩效评价报告等。

3.成本预测

成本预测主要实现不同成本对象的成本预测。

成本预测的输入信息一般包括业务计划数据、成本评价结果、成本预测假设条件以及历史数据、行业对标数据等。企业应运用成本预测模型（如算术平均法、加权平均法、平滑指数法等）对下一个工作周期的成本需求进行预测，根据经验或行业可比数据对模型预测结果进行调整，并输出成本预测报告。

4.成本控制

成本控制主要按照既定的成本费用目标，对构成成本费用的诸要素进行规划、限制和调节，及时纠正偏差，控制成本费用超支，把实际耗费控制在成本费用计划范围内。

成本控制的输入信息一般包括成本费用目标和政策、成本分析报告、预算控制等。企业应建立工作流审批授权机制，以实现费用控制过程，通过成本预警机制实现成本控制的处理过程，输出费用支付清单、成本控制报告等。

5.成本分摊方法

成本管理模块应提供基于指标分摊、基于作业分摊等多种成本分摊方法，利用预定义的规则，按要素、按期间、按作业等进行分摊。

（二）预算管理模块

预算管理模块应实现的主要功能包括对企业预算参数设置、预算管理模型搭建、预算目标制定、预算编制、预算执行控制、预算调整、预算分析和评价等全过程的信息化管理。

1.预算目标和计划制订

预算目标和计划制订主要完成企业目标设定和业务计划的制订，实现预算的启动和准备过程。

预算目标设定和计划制定的输入信息一般包括企业远景与战略规划、内外部环境信息、投资者和管理者期望、往年绩效数据、经营状况预测以及公司战略举措、各业务板块主要业绩指标等。企业应对内外部环境和问题进行分析，评估预算备选方案，制订详细的业务计划，输出企业与各业务板块主要绩效指标和部门业务计划等。

2.预算编制

预算编制主要完成预算目标设定、预算分解和目标下达、预算编制和汇总以及预算审批过程，实现自上而下、自下而上等多种预算编制流程，并提供固定预算、弹性预算、零基预算、滚动预算、作业预算等一种或多种预算编制方法的处理机制。

预算编制的输入信息一般包括历史绩效数据、关键绩效指标、预算驱动因素、管理费用标准等。企业应借助适用的预测方法（如趋势预测、平滑预测、回归预测等）建立预测模型，辅助企业制定预算目标，依据预算管理体系，自动分解预算目标，辅助预算的审批流程，自动汇总预算。最终输出结果应为各个责任中心的预算方案等。

预算管理模块应能提供根据业务需要编制多期间、多情景、多版本、多维度预算计划的功能，以满足预算编制的要求。

3.预算执行控制

预算执行控制主要实现预算信息模块与各财务和业务系统的及时数据交换，实现对财务和业务预算执行情况的实时控制等。

预算执行控制的输入信息一般包括企业各业务板块及部门的主要绩效指标、业务计划、预算执行控制标准及预算执行情况等。企业应通过对数据的校验、比较和查询汇总，比对预算目标和执行情况的差异；建立预算监控模型，预警和冻结超预算情形，形成预算执行情况报告；执行预算控制审核机制以及例外预算管理等。最终输出结果为预算执行差异分析报告、经营调整措施等。

4.预算调整

预算调整主要实现对部分责任中心的预算数据进行调整，完成调整的处理过程等。

预算调整的输入信息一般包括企业各业务板块及部门的主要绩效指标、预算执行差异分析报告等。企业对预算数据进行调整，并依据预算管理体系，自动分解调整后的预算目标，辅助调整预算的审批流程，自动汇总预算。最终输出结果为各个责任中心的预算调整报告、调整后的绩效指标等。

5.预算分析和评价

预算分析和评价主要提供多种预算分析模型，实现在预算执行的数据基础上，对预算数和实际发生数进行多期间、多层次、多角度的预算分析，最终完成预算的业绩评价，为绩效考核提供数据基础。

预算分析和评价的输入信息一般包括预算指标及预算执行情况，以及业绩评价的标准与考核办法等数据。企业应建立差异计算模型，实现预算差异的计算，辅助实现差异成因分析过程，最终输出部门、期间、层级等多维度的预算差异分析报告等。

（三）绩效管理模块

绩效管理模块主要实现业绩评价和激励管理过程中各要素的管理功能，一般包括业绩计划和激励计划的制订、业绩计划和激励计划的执行控制、业绩评价与激励实施管理等，为企业的绩效管理提供支持。绩效管理模块应提供企业各项关键绩效指标的定义和配置功能，并可从其他模块中自动获取各业务单元或责任中心相应的实际绩效数据，进行计算处理，形成绩效执行情况报告及差异分析报告。

1.业绩计划和激励计划制订

业绩计划和激励计划制订主要完成绩效管理目标和标准的设定、绩效管理目标的分解和下达、业绩计划和激励计划的编制过程，以及计划的审批流程。

业绩计划和激励计划制订的输入信息一般包括企业及各级责任中心的战略关键绩效指标和年度经营关键绩效指标，以及企业绩效评价考核标准，绩效激励形式、条件等基础数据。处理过程一般包括构建指标体系、分配指标权重、确定业绩目标值、选择业绩评价计分方法以及制订薪酬激励、能力开发激励、职业发展激励等多种激励计划，输出各级考核对象的业绩计划、绩效激励计划等。

2.业绩计划和激励计划的执行控制

业绩计划和激励计划的执行控制主要实现预算系统与各业务系统的及时数据交换，实现对业绩计划与激励计划执行情况的实时控制等。

业绩计划和激励计划的执行控制的输入信息一般包括绩效实际数据以及业绩计划和激励计划等。企业应建立指标监控模型，根据指标计算办法计算指标实际值，比对实际值与目标值的偏差，输出业绩计划和激励计划执行差异报告等。

3.业绩评价和激励实施管理

业绩评价和激励实施管理主要实现对计划的执行情况进行评价，形成综合评价结果，向被评价对象反馈改进建议及措施等。

业绩评价和激励实施管理的输入信息一般包括被评价对象的业绩指标实际值和目标值、指标计分方法和权重等。企业应选定评分计算方法计算评价分值，形成被评价对象的综合评价结果，输出业绩评价结果报告和改进建议等。

（四）投资管理模块

投资管理模块主要实现对企业投资项目进行计划和控制的系统支持过程，一般包括投资计划的制订和对每个投资项目进行及时管控等。

投资管理模块的基本要求包括：应与成本管理模块、预算管理模块、绩效管理模块和管理会计报告模块等进行有效集成和数据交换；应辅助企业实现投资计划的编制和审批过程，企业可以借助投资管理模块定义投资项目、投资程序、投资任务、投资预算、投资控制对象等基本信息，并在此基础上制订企业各级组织的投资计划和实施计划，实现投资计划的分解和下达；应实现对企业具体投资项目的管控过程，企业可以根据实际情况，将项目管理功能集成到投资管理模块中，也可以实施单独的项目管理模块来实现项目的管控过程。

投资管理主要通过投资项目实施管理，协调好项目的成本、质量与收益三者之间的关系。因此，项目管理模块主要实现对投资项目的系统化管理过程，一般包括项目设置、项目计划与预算、项目执行、项目结算与关闭、项目报告以及项目后审计等功能。

1.项目设置

项目设置主要完成项目定义（如项目名称、项目期间、成本控制范围、利润中心等参数），以及工作分解定义、作业和项目文档等的定义和设置，为项目管理提供基础信息。

2.项目计划与预算

项目计划与预算主要完成项目里程碑计划、项目实施计划、项目概算、项目利润及投资测算、项目详细预算等过程，并辅助实现投资预算的审核和下达过程。项目里程碑计划，一般包括对项目的关键节点进行定义，在关键节点对项目进行检查和控制，以及确定项目各阶段的开始和结束时间等。

3.项目执行

项目执行主要实现项目的拨款申请，投资计量，项目实际发生值的确定、计算和汇总，以及与目标预算进行比对，对投资进行检查和成本管控。

4.项目结算与关闭

项目结算通过定义的结算规则，运用项目结算程序，对项目实现期末结账处理。结算完成后，对项目执行关闭操作，保证项目的可控性。

5.项目报告

项目管理模块应向用户提供关于项目数据的各类汇总报表及明细报表，主要包括项目计划、项目投资差异分析报告等。

6.项目后审计

企业可以根据实际需要，在项目管理模块中提供项目后辅助审计功能，依据项目计划和过程建立工作底稿，对项目的实施过程、成本、绩效等进行审计和项目后评价。

（五）管理会计报告模块

管理会计报告模块的基本要求包括：

（1）管理会计报告模块应实现基于信息系统中财务数据、业务数据自动生成管理会计报告，支持企业有效实现各项管理会计活动。

（2）管理会计报告模块应为用户生成报告提供足够丰富、高效、及时的数据源，必要时应建立数据仓库和数据集市，形成统一规范的数据集，并在此基础上，借助数据挖掘等商务智能工具方法，自动生成多维度报表。

（3）管理会计报告模块应为企业战略层、经营层和业务层提供丰富的通用报告模板。

（4）管理会计报告模块应为企业提供灵活的自定义报告功能。企业可以借助报表工具自定义管理会计报表的报告主体、期间（定期或不定期）、结构、数据源、计算公式以及报表展现形式等。系统可以根据企业自定义报表的模板自动获取数据进行计算加工，并以预先定义的展现形式输出。

（5）管理会计报告模块应提供用户追溯数据源的功能。用户可以在系统中对报告的最终结果数据进行追溯，可以层层追溯其数据来源和计算方法，直至业务活动。

管理会计报告模块可以独立的模块形式存在于信息系统中，从其他管理会计模块中获取数据生成报告，也可内嵌到其他管理会计模块中，作为其他管理会计模块重要的输出环节。

管理会计报告模块应与财务报告系统相关联，既能有效生成企业整体报告，也能生成分部报告，并实现整体报告和分部报告的联查。

□ 思政课堂

在问题破解中建好思政课堂

问题是时代的声音，回答问题是理论的根本任务。思想政治理论课是用党的创新理论铸魂育人的主渠道，课堂所含“教”与“学”成为提升思政课教学质量的重要抓手。2019年3月18日，习近平总书记在学校思想政治理论课教师座谈会上的重要讲话指出：“思政课的教学目标、课程设置、教材使用、教学管理等方面有统一要求，但具体落实要因地制宜、因时制宜、因材施教，结合实际把统一性要求落实好，鼓励探索不同方法和路径。”因此，建好思政课堂教学主渠道，需要全面厘清教学症结、积极回应学生需求、科学把握评价实质，在问题破解中落实立德树人的根本任务。

一、深刻认识"讲好思政课不容易"的科学判断

思政课教学涉及学科广、方面多，这种特殊性对教师综合素质要求高。思政课阐释的是党的创新理论，讲述的是国内外急剧变化的形势，教学内容要切实推进"三进"，需要常讲常新。同时，思政课上学生会提一些尖锐敏感的问题，往往涉及深层次理论和实践问题，把这些问题讲清楚讲透彻并不容易。基于这样的实际，习近平总书记指出："讲好思政课不容易，因为这个课要求高。"

讲好思政课要求"高"。一是"高"在教学研究功夫要专。思政课教学需要厘清教材的重难点问题，教学实施过程要突出重点问题、突破难点问题，在问题研究、宣传和阐释中尤忌囫囵吞枣。二是"高"在"三进"工作自觉要足。思政课教学需要将党的最新理论成果、重大方针政策及时融入教材和课堂，进入学生头脑；在授课过程中要主动关注、研究党的重大方针政策，自觉践行思政课教师的使命和责任。三是"高"在改革创新能力要强。课程改革创新需要对形势及时准确把握、对问题背景深度挖掘、对思政课三大规律研究强化、对学生实际切实关注，在加强思想性、理论性、针对性和亲和力等方面要有硬招实招，因事而化、因时而进、因势而新，不断改革创新。四是"高"在高水平综合性成果要多。目前思政课教学有点的突破，比如以情动人、讲述故事等，都有优秀代表，但情背后的"理"、事后面的"道"讲述仍旧存疑。整体而言，当前思政课把"情感""故事""道理"结合起来的整体性、综合性、标志性的教研创新成果还不够。五是"高"在问题阐释的理论功底要深。面对复杂国际国内环境，对问题的敏感度、解释力要深，要改变表皮化、浮躁化的倾向。六是"高"在平台资源的有效供给要够。平台汇聚资源，无论有多么丰富的资源，随时、及时对学生产生正面影响的资源才是有效资源。因此，要深度挖掘高质量资源，改变热闹太多、有效供给太少的情况。七是"高"在教师教学的社会阅历要广。回应时代问题需要有社会阅历的支撑，没有阅历难以阐释现实社会中涌现的众多新问题，开展教师社会实践活动是路径选择，但不是唯一路径，甚至不是最有效的路径，需要不断探索建构新的方式和媒介。

自2008年中宣部、教育部印发关于思政课教师队伍建设的文件后，经过10余年的努力有了很大的改观。正如习近平总书记所说："有了我们这支可信、可敬、可靠，乐为、敢为、有为的思政课教师队伍，我们完全有信心有能力把思政课办得越来越好。"这是对思政课教师的高度肯定和信任。但也有一部分教师面对"高"要求时，教学上或多或少存在这样那样的问题，主要表现在：不敢去碰问题而只敢照本宣科，以致思政课少了"思想性"；只能讲知识、讲经历，但不能进行价值导向，以致少了"政治性"；强调方式方法的改革，而少了理论的阐释，以致少了"理论性"；注重了理论传授而忽略了实践环节，以致少了"真体验"。这是需要破解的"讲好思政课不容易"的教学症结。

二、扣好"人生的第一粒纽扣"任务的学习要求

习近平总书记十分关心青年群体的价值引导工作。2014年考察北京大学时，他就勉励青年："人生的扣子从一开始就要扣好"。思政课是落实立德树人根本任务的关键课程，要给学生心灵埋下真善美的种子，引导学生扣好人生的"第一粒扣子"。学生是学习的主体，目前，思政课教学改革创新把着力点放在了"管"和"教"方面，对"学"的关注相对来说还不够。破解"学"的前提和关键是要了解学生的需求和落实学习要求的各种纠结。

学生对思政课的"需求"和"纠结"在哪里？一是期待兼顾学业的"需求"和"纠结"

投入精力时间的问题。大学生学习科目多、专业任务重，在兼顾所有课程出现矛盾时，往往重心偏向专业课程，因而投入思政课的精力相对较少，其“需求”就是投入精力限于上课时间，由此必然导致教学内容多与学习时间少之间的矛盾。二是期待夯实知识基础的“需求”和“纠结”强化理论素养的问题。大学生大多数在理工医（农）专业，培养方案偏重专业学习，以致对思政课的学习准备不够。即使是文科生，学习基础也是参差不齐。学生在学习过程中有补充基础知识的“需求”，但大学阶段更有强化理论素养的要求，由此出现大学教学与基础教育之间的矛盾。三是期待课程生动的“需求”与“纠结”思考问题深度的问题。大多数学生对思政课是充满期待的，特别希望彰显课堂有更多的故事和“八卦”构成的生动性，其“需求”就是少动脑、不思考，部分学生仅满足于学分的获得，由此出现学习表面化与思维能力培养不足之间的矛盾。四是期待表现自我的“需求”与“纠结”学业质量规定的问题。学生对学业质量是有要求的，期待有好的学业评价，自我表现的意识较强，但思政课对学生有认知、情感和行为倾向一致性的学习质量要求，因而，学生学习中存在内在的较为激烈的冲突，由此出现在大是大非面前多了情绪而少了理性的矛盾。

人的黄金时期在青年，青年更多的时间在学校。习近平总书记寄语青年：“广大青年要如饥似渴、孜孜不倦学习。”在学习中，他还特别强调，思政课老师“要给学生心灵埋下真善美的种子，引导学生扣好人生第一粒扣子”。参差不齐的学生状况带来的学习问题就是：一部分学生不习惯理论思考，因此而少了思维自觉；期待感性体验，多了故事八卦和娱乐至上，而少了批判主动；把思政课当成休闲娱乐课，而少了如专业课学习一样的专注；因知识体系散，以致能力提升慢、三观养成难，内心可能还会产生一些厌恶情绪。但每一个学生都有自我肯定和积极向上的需求，因此，思政课要成为立德树人的关键课程，既要了解学生需求，更要解决学生问题，让学生在思政课的学习中投入时间、夯实基础、勤于思考、追求质量成为自觉行为，破解涵育学生“时常用真善美来雕琢自己”的自觉养成的问题。

三、着力“用好课堂教学这个主渠道”的关键点

面对思政课“教”的“判断”与“要求”、“学”的“需求”与“纠结”，以及由此带来的矛盾，一部分教师手足无措，可能带来思政课纯度不够、克数不足的情况，难以成为学生心目中的“金课”。怎么办？应着力课堂教学，抓关键点。

从学生问题入手。首先是“回到学生中间”，通过学情平台研究学生实际、通过专业分析了解学生知识背景、通过“开学第一课”构建师生信任机制、通过课堂互动实现师生心灵交互等，了解学生实际，关注学生的需要和变化，在不变中把握学生的变化，以便于开展有针对性的教学活动。其次是“看到学生正面”，通过思政课堂，回应学生问题的主体是教师，这是用时最多、用力最强、影响最深的场域。最后是“深入学生背后”，通过同学、辅导员、专业课老师、家庭、社会等影响因素，用好学生背后的各种力量，开展“大思政课”，提升思政课的针对性和时效性。

从教师关键着手。办好思政课的关键是教师，是根本。课是教师讲的，与学生交流的是教师。教师的问题，谁来解决？教师本人是内因，教师所在的各类平台是外因。教师用心教的痛点是能力焦虑，而解决教师能力的核心在建设“两队”，即梯队和团队。梯队应由领军人才、骨干教师、青年才俊构成。建设路径是团队，通过团队练梯队解决教师理论功力不够的核心问题，旨在加强教师的理论宣传力、阐释力来回应问题，思路是通过教学提问→科研答题→学科定向的推进，实现在教学中沟通心灵、启智润心、激扬斗志的目标。最后，评判教师“用心教”的标准就是教师在思政课上是否讲了道理，是否注重方式方法，是否把道理讲深、讲透、讲活了。

从考试环节应手。经过长期的实践积淀，思政课建设基本上形成了一套相对成熟的考核方案，但也存在问题，例如，考试目标不清，较少聚焦到“立德树人”的目标上；考试重点不全，基本上放在了教材，而忘了能力检验和价值形成；考试主题离散，在思想、政治、理论培养上还不够。因此，考试要点应包括常识、能力、价值、践行等内容，由此构成了四个科学的考试环节：第一环节是以基本原理为核心的常识考核，以考试试卷来进行，单个的任课教师就可以完成；第二环节是以运用理论分析问题、解决问题的能力考核，通过研究报告、小论文等形式进行，单个的任课教师或者课程组成员共同完成；第三环节是以社会主义核心价值观为核心的三观养成考核，通过主题活动、社会实践进行，原则上应以教研室为单位完成；第四环节是在大是大非面前的践行情况考核，通过重大事件和关键时刻的表现来评定，需要用“大思政”理念推动，集合相关力量来完成。

资料来源：刘吕红.在问题破解中建好思政课堂［EB/OL］.［2023-04-12］.https：//baijiahao.baidu.com/s？id=1762937339442378512&wfr=spider&for=pc.

□ 复习思考题

1.什么是企业战略？它包括哪些类型？

2.什么是战略地图？它对企业有哪些作用？

3.战略地图内容框架包括哪几个层面？这些层面与企业战略的关系如何？

4.绘制战略地图应遵循哪些原则？

5.现代企业为什么要实施环境管理会计？环境管理会计在企业中能发挥何种作用？

6.环境管理会计包括哪些内容？

7.什么是合法性理论？什么是利益相关者理论？二者有何联系？

8.环境财务预算包括哪些内容？

9.在实施环境成本控制时，需要注意哪些问题？

10.什么是环境绩效？环境绩效与财务绩效有何关系？

11.简要解释人力资源、人力资本、人力资产的概念，并进行概念辨析。

12.企业实施人力资源管理会计有哪些重要意义？

13.什么是人力资产的价值？在评估时有哪些注意事项？

14.人力资源预测的内容有哪些？

15.人力资源的考核评价与传统管理会计的考核评价有何区别？对人力资源的考核评价能发挥何种作用？

16.什么是管理会计信息系统？其建设和应用的原则有哪些？

17.管理会计信息系统建设和应用过程应遵循怎样的程序？

18.管理会计信息系统常用模块有哪些？

附　表

复利终值系数表　　(F/P, i, n) = $(1+i)^n$

i \ n	1	2	3	4	5	6	7	8	9	10	11	12	13	14	n / i
1%	1.01000	1.02010	1.03030	1.04060	1.05101	1.06152	1.07214	1.08286	1.09369	1.10462	1.11567	1.12683	1.13809	1.14947	1%
2%	1.02000	1.04040	1.06121	1.08243	1.10408	1.12616	1.14869	1.17166	1.19509	1.21899	1.24337	1.26824	1.29361	1.31948	2%
3%	1.03000	1.06090	1.09273	1.12551	1.15927	1.19405	1.22987	1.26677	1.30477	1.34392	1.38423	1.42576	1.46853	1.51259	3%
4%	1.04000	1.08160	1.12486	1.16986	1.21665	1.26532	1.31593	1.36857	1.42331	1.48024	1.53945	1.60103	1.66507	1.73168	4%
5%	1.05000	1.10250	1.15763	1.21551	1.27628	1.34010	1.40710	1.47746	1.55133	1.62889	1.71034	1.79586	1.88565	1.97993	5%
6%	1.06000	1.12360	1.19102	1.26248	1.33823	1.41852	1.50363	1.59385	1.68948	1.79085	1.89830	2.01220	2.13293	2.26090	6%
7%	1.07000	1.14490	1.22504	1.31080	1.40255	1.50073	1.60578	1.71819	1.83846	1.96715	2.10485	2.25219	2.40985	2.57853	7%
8%	1.08000	1.16640	1.25971	1.36049	1.46933	1.58687	1.71382	1.85093	1.99900	2.15892	2.33164	2.51817	2.71962	2.93719	8%
9%	1.09000	1.18810	1.29503	1.41158	1.53862	1.67710	1.82804	1.99256	2.17189	2.36736	2.58043	2.81266	3.06580	3.34173	9%
10%	1.10000	1.21000	1.33100	1.46410	1.61051	1.77156	1.94872	2.14359	2.35795	2.59374	2.85312	3.13843	3.45227	3.79750	10%
12%	1.12000	1.25440	1.40493	1.57352	1.76234	1.97382	2.21068	2.47596	2.77308	3.11585	3.47855	3.89598	4.36349	4.88711	12%
14%	1.14000	1.29960	1.48154	1.68896	1.92541	2.19497	2.50227	2.85259	3.25195	3.70722	4.22623	4.81790	5.49241	6.26135	14%
16%	1.16000	1.34560	1.56090	1.81064	2.10034	2.43640	2.82622	3.27841	3.80296	4.41144	5.11726	5.93603	6.88579	7.98752	16%
18%	1.18000	1.39240	1.64303	1.93878	2.28776	2.69955	3.18547	3.75886	4.43545	5.23384	6.17593	7.28759	8.59936	10.1472	18%
20%	1.20000	1.44000	1.72800	2.07360	2.48832	2.98598	3.58318	4.29982	5.15978	6.19174	7.43008	8.91610	10.6993	12.8392	20%
22%	1.22000	1.48840	1.81585	2.21533	2.70271	3.29730	4.02271	4.90771	5.98740	7.30463	8.91165	10.8722	13.2641	16.1822	22%
24%	1.24000	1.53760	1.90662	2.36421	2.93163	3.63522	4.50767	5.58951	6.93099	8.59443	10.6571	13.2148	16.3863	20.3191	24%
26%	1.26000	1.58760	2.00038	2.52047	3.17580	4.00150	5.04190	6.35279	8.00451	10.0857	12.7080	16.0120	20.1752	25.4207	26%
28%	1.28000	1.63840	2.09715	2.68435	3.43597	4.39805	5.62950	7.20576	9.22337	11.8059	15.1116	19.3428	24.7588	31.6913	28%
30%	1.30000	1.69000	2.19700	2.85610	3.71293	4.82681	6.27485	8.15731	10.6045	13.7858	17.9216	23.2981	30.2875	39.3738	30%
32%	1.32000	1.74240	2.29997	3.03596	4.00746	5.28985	6.98261	9.21704	12.1665	16.0598	21.1989	27.9825	36.9370	48.7568	32%
34%	1.34000	1.79560	2.40610	3.22418	4.32040	5.78934	7.75771	10.3953	13.9297	18.6659	25.0123	33.5164	44.9120	60.1821	34%
36%	1.36000	1.84960	2.51546	3.42102	4.65259	6.32752	8.60543	11.7034	15.9166	21.6466	29.4393	40.0375	54.4510	74.0534	36%
38%	1.38000	1.90440	2.62807	3.62674	5.00490	6.90676	9.53133	13.1532	18.1515	25.0490	34.5677	47.7034	65.8306	90.8463	38%
40%	1.40000	1.96000	2.74400	3.84160	5.37824	7.52954	10.5414	14.7579	20.6610	28.9255	40.4957	56.6939	79.3715	111.120	40%
42%	1.42000	2.01640	2.86329	4.06587	5.77353	8.19842	11.6418	16.5313	23.4744	33.3337	47.3338	67.2141	95.4440	135.530	42%
44%	1.44000	2.07360	2.98598	4.29982	6.19174	8.91610	12.8392	18.4884	26.6233	38.3376	55.2061	79.4968	114.475	164.845	44%
46%	1.46000	2.13160	3.11214	4.54372	6.63383	9.68539	14.1407	20.6454	30.1423	44.0077	64.2512	93.8068	136.958	199.959	46%
48%	1.48000	2.19040	3.24179	4.79785	7.10082	10.5092	15.5536	23.0194	34.0687	50.4217	74.6241	110.444	163.457	241.916	48%
50%	1.50000	2.25000	3.37500	5.06250	7.59375	11.3906	17.0859	25.6289	38.4434	57.6650	86.4976	129.746	194.620	291.929	50%

续表

n / i	15	16	17	18	19	20	21	22	23	24	25	26	27	28	n / i
1%	1.16097	1.17258	1.18430	1.19615	1.20811	1.22019	1.23239	1.24472	1.25716	1.26973	1.28243	1.29526	1.30821	1.32129	1%
2%	1.34587	1.37279	1.40024	1.42825	1.45681	1.48595	1.51567	1.54598	1.57690	1.60844	1.64061	1.67342	1.70689	1.74102	2%
3%	1.55797	1.60471	1.65285	1.70243	1.75351	1.80611	1.86029	1.91610	1.97359	2.03279	2.09378	2.15659	2.22129	2.28793	3%
4%	1.80094	1.87298	1.94790	2.02582	2.10685	2.19112	2.27877	2.36992	2.46472	2.56330	2.66584	2.77247	2.88337	2.99870	4%
5%	2.07893	2.18287	2.29202	2.40662	2.52695	2.65330	2.78596	2.92526	3.07152	3.22510	3.38635	3.55567	3.73346	3.92013	5%
6%	2.39656	2.54035	2.69277	2.85434	3.02560	3.20714	3.39956	3.60354	3.81975	4.04893	4.29187	4.54938	4.82235	5.11169	6%
7%	2.75903	2.95216	3.15882	3.37993	3.61653	3.86968	4.14056	4.43040	4.74053	5.07237	5.42743	5.80735	6.21387	6.64884	7%
8%	3.17217	3.42594	3.70002	3.99602	4.31570	4.66096	5.03383	5.43654	5.87146	6.34118	6.84848	7.39635	7.98806	8.62711	8%
9%	3.64248	3.97031	4.32763	4.71712	5.14166	5.60441	6.10881	6.65860	7.25787	7.91108	8.62308	9.39916	10.2451	11.1671	9%
10%	4.17725	4.59497	5.05447	5.55992	6.11591	6.72750	7.40025	8.14027	8.95430	9.84973	10.8347	11.9182	13.1100	14.4210	10%
12%	5.47357	6.13039	6.86604	7.68997	8.61276	9.64629	10.8038	12.1003	13.5523	15.1786	17.0001	19.0401	21.3249	23.8839	12%
14%	7.13794	8.13725	9.27646	10.5752	12.0557	13.7435	15.6676	17.8610	20.3616	23.2122	26.4619	30.1666	34.3899	39.2045	14%
16%	9.26552	10.7480	12.4677	14.4625	16.7765	19.4608	22.5745	26.1864	30.3762	35.2364	40.8742	47.4141	55.0004	63.8004	16%
18%	11.9737	14.1290	16.6722	19.6733	23.2144	27.3930	32.3238	38.1421	45.0076	53.1090	62.6686	73.9490	87.2598	102.967	18%
20%	15.4070	18.4884	22.1861	26.6233	31.9480	38.3376	46.0051	55.2061	66.2474	79.4968	95.3962	114.475	137.371	164.845	20%
22%	19.7423	24.0856	29.3844	35.8490	43.7358	53.3576	65.0963	79.4175	96.8894	118.205	144.210	175.936	214.642	261.864	22%
24%	25.1956	31.2426	38.7408	48.0386	59.5679	73.8641	91.5915	113.574	140.831	174.631	216.542	268.512	332.955	412.864	24%
26%	32.0301	40.3579	50.8510	64.0722	80.7310	101.721	128.169	161.492	203.480	256.385	323.045	407.037	512.867	646.212	26%
28%	40.5648	51.9230	66.4614	85.0706	108.890	139.380	178.406	228.360	292.300	374.144	478.905	612.998	784.638	1 004.34	28%
30%	51.1859	66.5417	86.5042	112.455	146.192	190.050	247.065	321.184	417.539	542.801	705.641	917.333	1 192.53	1 550.29	30%
32%	64.3590	84.9538	112.139	148.024	195.391	257.916	340.449	449.393	593.199	783.023	1 033.59	1 364.34	1 800.93	2 377.22	32%
34%	80.6440	108.063	144.804	194.038	260.011	348.414	466.875	625.613	838.321	1 123.35	1 505.29	2 017.09	2 702.90	3 621.88	34%
36%	100.713	136.969	186.278	253.338	344.540	468.574	637.261	866.674	1 178.68	1 603.00	2 180.08	2 964.91	4 032.28	5 483.90	36%
38%	125.368	173.008	238.751	329.476	454.677	627.454	865.886	1 194.92	1 648.99	2 275.61	3 140.34	4 333.67	5 980.47	8 253.05	38%
40%	155.568	217.795	304.913	426.879	597.630	836.683	1 171.36	1 639.90	2 295.86	3 214.20	4 499.88	6 299.83	8 819.76	12 347.7	40%
42%	192.453	273.284	388.063	551.049	782.490	1 111.14	1 577.81	2 240.49	3 181.50	4 517.73	6 415.18	9 109.55	12 935.6	18 368.5	42%
44%	237.376	341.822	492.224	708.802	1 020.67	1 469.77	2 116.47	3 047.72	4 388.71	6 319.75	9 100.44	13 104.6	18 870.7	27 173.8	44%
46%	291.939	426.232	622.298	908.555	1 326.49	1 936.68	2 827.55	4 128.22	6 027.20	8 799.71	12 847.6	18 757.5	27 385.9	39 983.4	46%
48%	358.035	529.892	784.240	1 160.68	1 717.80	2 542.34	3 762.67	5 568.75	8 241.75	12 197.8	18 052.7	26 718.0	39 542.7	58 523.2	48%
50%	437.894	656.841	985.261	1 477.89	2 216.84	3 325.26	4 987.89	7 481.83	11 222.7	16 834.1	25 251.2	37 876.8	56 815.1	85 222.7	50%

复利现值系数表

$(P/F, i, n) = (1+i)^{-n}$

i \ n	1	2	3	4	5	6	7	8	9	10	11	12	13	14	n / i
1%	0.99010	0.98030	0.97059	0.96098	0.95147	0.94205	0.93272	0.92348	0.91434	0.90529	0.89632	0.88745	0.87866	0.86996	1%
2%	0.98039	0.96117	0.94232	0.92385	0.90573	0.88797	0.87056	0.85349	0.83676	0.82035	0.80426	0.78849	0.77303	0.75788	2%
3%	0.97087	0.94260	0.91514	0.88849	0.86261	0.83748	0.81309	0.78941	0.76642	0.74409	0.72242	0.70138	0.68095	0.66112	3%
4%	0.96154	0.92456	0.88900	0.85480	0.82193	0.79031	0.75992	0.73069	0.70259	0.67556	0.64958	0.62460	0.60057	0.57748	4%
5%	0.95238	0.90703	0.86384	0.82270	0.78353	0.74622	0.71068	0.67684	0.64461	0.61391	0.58468	0.55684	0.53032	0.50507	5%
6%	0.94340	0.89000	0.83962	0.79209	0.74726	0.70496	0.66506	0.62741	0.59190	0.55839	0.52679	0.49697	0.46884	0.44230	6%
7%	0.93458	0.87344	0.81630	0.76290	0.71299	0.66634	0.62275	0.58201	0.54393	0.50835	0.47509	0.44401	0.41496	0.38782	7%
8%	0.92593	0.85734	0.79383	0.73503	0.68058	0.63017	0.58349	0.54027	0.50025	0.46319	0.42888	0.39711	0.36770	0.34046	8%
9%	0.91743	0.84168	0.77218	0.70843	0.64993	0.59627	0.54703	0.50187	0.46043	0.42241	0.38753	0.35553	0.32618	0.29925	9%
10%	0.90909	0.82645	0.75131	0.68301	0.62092	0.56447	0.51316	0.46651	0.42410	0.38554	0.35049	0.31863	0.28966	0.26333	10%
12%	0.89286	0.79719	0.71178	0.63552	0.56743	0.50663	0.45235	0.40388	0.36061	0.32197	0.28748	0.25668	0.22917	0.20462	12%
14%	0.87719	0.76947	0.67497	0.59208	0.51937	0.45559	0.39964	0.35056	0.30751	0.26974	0.23662	0.20756	0.18207	0.15971	14%
16%	0.86207	0.74316	0.64066	0.55229	0.47611	0.41044	0.35383	0.30503	0.26295	0.22668	0.19542	0.16846	0.14523	0.12520	16%
18%	0.84746	0.71818	0.60863	0.51579	0.43711	0.37043	0.31393	0.26604	0.22546	0.19106	0.16192	0.13722	0.11629	0.09855	18%
20%	0.83333	0.69444	0.57870	0.48225	0.40188	0.33490	0.27908	0.23257	0.19381	0.16151	0.13459	0.11216	0.09346	0.07789	20%
22%	0.81967	0.67186	0.55071	0.45140	0.37000	0.30328	0.24859	0.20376	0.16702	0.13690	0.11221	0.09198	0.07539	0.06180	22%
24%	0.80645	0.65036	0.52449	0.42297	0.34111	0.27509	0.22184	0.17891	0.14428	0.11635	0.09383	0.07567	0.06103	0.04921	24%
26%	0.79365	0.62988	0.49991	0.39675	0.31488	0.24991	0.19834	0.15741	0.12493	0.09915	0.07869	0.06245	0.04957	0.03934	26%
28%	0.78125	0.61035	0.47684	0.37253	0.29104	0.22737	0.17764	0.13878	0.10842	0.08470	0.06617	0.05170	0.04039	0.03155	28%
30%	0.76923	0.59172	0.45517	0.35013	0.26933	0.20718	0.15937	0.12259	0.09430	0.07254	0.05580	0.04292	0.03302	0.02540	30%
32%	0.75758	0.57392	0.43479	0.32939	0.24953	0.18904	0.14321	0.10849	0.08219	0.06227	0.04717	0.03574	0.02707	0.02051	32%
34%	0.74627	0.55692	0.41561	0.31016	0.23146	0.17273	0.12890	0.09620	0.07179	0.05357	0.03998	0.02984	0.02227	0.01662	34%
36%	0.73529	0.54066	0.39754	0.29231	0.21493	0.15804	0.11621	0.08545	0.06283	0.04620	0.03397	0.02498	0.01837	0.01350	36%
38%	0.72464	0.52510	0.38051	0.27573	0.19980	0.14479	0.10492	0.07603	0.05509	0.03992	0.02893	0.02096	0.01519	0.01101	38%
40%	0.71429	0.51020	0.36443	0.26031	0.18593	0.13281	0.09486	0.06776	0.04840	0.03457	0.02469	0.01764	0.01260	0.00900	40%
42%	0.70423	0.49593	0.34925	0.24595	0.17320	0.12197	0.08590	0.06049	0.04260	0.03000	0.02113	0.01488	0.01048	0.00738	42%
44%	0.69444	0.48225	0.33490	0.23257	0.16151	0.11216	0.07789	0.05409	0.03756	0.02608	0.01811	0.01258	0.00874	0.00607	44%
46%	0.68493	0.46913	0.32132	0.22008	0.15074	0.10325	0.07072	0.04844	0.03318	0.02272	0.01556	0.01066	0.00730	0.00500	46%
48%	0.67568	0.45654	0.30847	0.20843	0.14083	0.09515	0.06429	0.04344	0.02935	0.01983	0.01340	0.00905	0.00612	0.00413	48%
50%	0.66667	0.44444	0.29630	0.19753	0.13169	0.08779	0.05853	0.03902	0.02601	0.01734	0.01156	0.00771	0.00514	0.00343	50%

续表

i \ n	15	16	17	18	19	20	21	22	23	24	25	26	27	28	n / i
1%	0.86135	0.85282	0.84438	0.83602	0.82774	0.81954	0.81143	0.80340	0.79544	0.78757	0.77977	0.77205	0.76440	0.75684	1%
2%	0.74301	0.72845	0.71416	0.70016	0.68643	0.67297	0.65978	0.64684	0.63416	0.62172	0.60953	0.59758	0.58586	0.57437	2%
3%	0.64186	0.62317	0.60502	0.58739	0.57029	0.55368	0.53755	0.52189	0.50669	0.49193	0.47761	0.46369	0.45019	0.43708	3%
4%	0.55526	0.53391	0.51337	0.49363	0.47464	0.45639	0.43883	0.42196	0.40573	0.39012	0.37512	0.36069	0.34682	0.33348	4%
5%	0.48102	0.45811	0.43630	0.41552	0.39573	0.37689	0.35894	0.34185	0.32557	0.31007	0.29530	0.28124	0.26785	0.25509	5%
6%	0.41727	0.39365	0.37136	0.35034	0.33051	0.31180	0.29416	0.27751	0.26180	0.24698	0.23300	0.21981	0.20737	0.19563	6%
7%	0.36245	0.33873	0.31657	0.29586	0.27651	0.25842	0.24151	0.22571	0.21095	0.19715	0.18425	0.17220	0.16093	0.15040	7%
8%	0.31524	0.29189	0.27027	0.25025	0.23171	0.21455	0.19866	0.18394	0.17032	0.15770	0.14602	0.13520	0.12519	0.11591	8%
9%	0.27454	0.25187	0.23107	0.21199	0.19449	0.17843	0.16370	0.15018	0.13778	0.12640	0.11597	0.10639	0.09761	0.08955	9%
10%	0.23939	0.21763	0.19784	0.17986	0.16351	0.14864	0.13513	0.12285	0.11168	0.10153	0.09230	0.08391	0.07628	0.06934	10%
12%	0.18270	0.16312	0.14564	0.13004	0.11611	0.10367	0.09256	0.08264	0.07379	0.06588	0.05882	0.05252	0.04689	0.04187	12%
14%	0.14010	0.12289	0.10780	0.09456	0.08295	0.07276	0.06383	0.05599	0.04911	0.04308	0.03779	0.03315	0.02908	0.02551	14%
16%	0.10793	0.09304	0.08021	0.06914	0.05961	0.05139	0.04430	0.03819	0.03292	0.02838	0.02447	0.02109	0.01818	0.01567	16%
18%	0.08352	0.07078	0.05998	0.05083	0.04308	0.03651	0.03094	0.02622	0.02222	0.01883	0.01596	0.01352	0.01146	0.00971	18%
20%	0.06491	0.05409	0.04507	0.03756	0.03130	0.02608	0.02174	0.01811	0.01509	0.01258	0.01048	0.00874	0.00728	0.00607	20%
22%	0.05065	0.04152	0.03403	0.02789	0.02286	0.01874	0.01536	0.01259	0.01032	0.00846	0.00693	0.00568	0.00466	0.00382	22%
24%	0.03969	0.03201	0.02581	0.02082	0.01679	0.01354	0.01092	0.00880	0.00710	0.00573	0.00462	0.00372	0.00300	0.00242	24%
26%	0.03122	0.02478	0.01967	0.01561	0.01239	0.00983	0.00780	0.00619	0.00491	0.00390	0.00310	0.00246	0.00195	0.00155	26%
28%	0.02465	0.01926	0.01505	0.01175	0.00918	0.00717	0.00561	0.00438	0.00342	0.00267	0.00209	0.00163	0.00127	0.00100	28%
30%	0.01954	0.01503	0.01156	0.00889	0.00684	0.00526	0.00405	0.00311	0.00239	0.00184	0.00142	0.00109	0.00084	0.00065	30%
32%	0.01554	0.01177	0.00892	0.00676	0.00512	0.00388	0.00294	0.00223	0.00169	0.00128	0.00097	0.00073	0.00056	0.00042	32%
34%	0.01240	0.00925	0.00691	0.00515	0.00385	0.00287	0.00214	0.00160	0.00119	0.00089	0.00066	0.00050	0.00037	0.00028	34%
36%	0.00993	0.00730	0.00537	0.00395	0.00290	0.00213	0.00157	0.00115	0.00085	0.00062	0.00046	0.00034	0.00025	0.00018	36%
38%	0.00798	0.00578	0.00419	0.00304	0.00220	0.00159	0.00115	0.00084	0.00061	0.00044	0.00032	0.00023	0.00017	0.00012	38%
40%	0.00643	0.00459	0.00328	0.00234	0.00167	0.00120	0.00085	0.00061	0.00044	0.00031	0.00022	0.00016	0.00011	0.00008	40%
42%	0.00520	0.00366	0.00258	0.00181	0.00128	0.00090	0.00063	0.00045	0.00031	0.00022	0.00016	0.00011	0.00008	0.00005	42%
44%	0.00421	0.00293	0.00203	0.00141	0.00098	0.00068	0.00047	0.00033	0.00023	0.00016	0.00011	0.00008	0.00005	0.00004	44%
46%	0.00343	0.00235	0.00161	0.00110	0.00075	0.00052	0.00035	0.00024	0.00017	0.00011	0.00008	0.00005	0.00004	0.00003	46%
48%	0.00279	0.00189	0.00128	0.00086	0.00058	0.00039	0.00027	0.00018	0.00012	0.00008	0.00006	0.00004	0.00003	0.00002	48%
50%	0.00228	0.00152	0.00101	0.00068	0.00045	0.00030	0.00020	0.00013	0.00009	0.00006	0.00004	0.00003	0.00002	0.00001	50%

年金终值系数表

$(F_A/A, i, n) = [(1+i)^n - 1]/i$

i \ n	1	2	3	4	5	6	7	8	9	10	11	12	13	14	n / i
1%	1.00000	2.01000	3.03010	4.06040	5.10101	6.15202	7.21354	8.28567	9.36853	10.4622	11.5668	12.6825	13.8093	14.9474	1%
2%	1.00000	2.02000	3.06040	4.12161	5.20404	6.30812	7.43428	8.58297	9.75463	10.9497	12.1687	13.4121	14.6803	15.9739	2%
3%	1.00000	2.03000	3.09090	4.18363	5.30914	6.46841	7.66246	8.89234	10.1591	11.4639	12.8078	14.1920	15.6178	17.0863	3%
4%	1.00000	2.04000	3.12160	4.24646	5.41632	6.63298	7.89829	9.21423	10.5828	12.0061	13.4864	15.0258	16.6268	18.2919	4%
5%	1.00000	2.05000	3.15250	4.31013	5.52563	6.80191	8.14201	9.54911	11.0266	12.5779	14.2068	15.9171	17.7130	19.5986	5%
6%	1.00000	2.06000	3.18360	4.37462	5.63709	6.97532	8.39384	9.89747	11.4913	13.1808	14.9716	16.8699	18.8821	21.0151	6%
7%	1.00000	2.07000	3.21490	4.43994	5.75074	7.15329	8.65402	10.2598	11.9780	13.8164	15.7836	17.8885	20.1406	22.5505	7%
8%	1.00000	2.08000	3.24640	4.50611	5.86660	7.33593	8.92280	10.6366	12.4876	14.4866	16.6455	18.9771	21.4953	24.2149	8%
9%	1.00000	2.09000	3.27810	4.57313	5.98471	7.52333	9.20043	11.0285	13.0210	15.1929	17.5603	20.1407	22.9534	26.0192	9%
10%	1.00000	2.10000	3.31000	4.64100	6.10510	7.71561	9.48717	11.4359	13.5795	15.9374	18.5312	21.3843	24.5227	27.9750	10%
12%	1.00000	2.12000	3.37440	4.77933	6.35285	8.11519	10.0890	12.2997	14.7757	17.5487	20.6546	24.1331	28.0291	32.3926	12%
14%	1.00000	2.14000	3.43960	4.92114	6.61010	8.53552	10.7305	13.2328	16.0853	19.3373	23.0445	27.2707	32.0887	37.5811	14%
16%	1.00000	2.16000	3.50560	5.06650	6.87714	8.97748	11.4139	14.2401	17.5185	21.3215	25.7329	30.8502	36.7862	43.6720	16%
18%	1.00000	2.18000	3.57240	5.21543	7.15421	9.44197	12.1415	15.3270	19.0859	23.5213	28.7551	34.9311	42.2187	50.8180	18%
20%	1.00000	2.20000	3.64000	5.36800	7.44160	9.92992	12.9159	16.4991	20.7989	25.9587	32.1504	39.5805	48.4966	59.1959	20%
22%	1.00000	2.22000	3.70840	5.52425	7.73958	10.4423	13.7396	17.7623	22.6700	28.6574	35.9620	44.8737	55.7459	69.0100	22%
24%	1.00000	2.24000	3.77760	5.68422	8.04844	10.9801	14.6153	19.1229	24.7125	31.6434	40.2379	50.8950	64.1097	80.4961	24%
26%	1.00000	2.26000	3.84760	5.84798	8.36845	11.5442	15.5458	20.5876	26.9404	34.9449	45.0306	57.7386	73.7506	93.9258	26%
28%	1.00000	2.28000	3.91840	6.01555	8.69991	12.1359	16.5339	22.1634	29.3692	38.5926	50.3985	65.5100	84.8529	109.612	28%
30%	1.00000	2.30000	3.99000	6.18700	9.04310	12.7560	17.5828	23.8577	32.0150	42.6195	56.4053	74.3270	97.6250	127.913	30%
32%	1.00000	2.32000	4.06240	6.36237	9.39833	13.4058	18.6956	25.6782	34.8953	47.0618	63.1215	84.3204	112.303	149.240	32%
34%	1.00000	2.34000	4.13560	6.54170	9.76588	14.0863	19.8756	27.6333	38.0287	51.9584	70.6243	95.6365	129.153	174.065	34%
36%	1.00000	2.36000	4.20960	6.72506	10.1461	14.7987	21.1262	29.7316	41.4350	57.3516	78.9982	108.437	148.475	202.926	36%
38%	1.00000	2.38000	4.28440	6.91247	10.5392	15.5441	22.4509	31.9822	45.1354	63.2869	88.3359	122.904	170.607	236.438	38%
40%	1.00000	2.40000	4.36000	7.10400	10.9456	16.3238	23.8534	34.3947	49.1526	69.8137	98.7391	139.235	195.929	275.300	40%
42%	1.00000	2.42000	4.43640	7.29969	11.3656	17.1391	25.3375	36.9793	53.5106	76.9850	110.319	157.653	224.867	320.311	42%
44%	1.00000	2.44000	4.51360	7.49958	11.7994	17.9911	26.9072	39.7464	58.2348	84.8582	123.196	178.402	257.899	372.374	44%
46%	1.00000	2.46000	4.59160	7.70374	12.2475	18.8813	28.5667	42.7073	63.3527	93.4950	137.503	201.754	295.561	432.519	46%
48%	1.00000	2.48000	4.67040	7.91219	12.7100	19.8109	30.3201	45.8737	68.8931	102.962	153.383	228.008	338.451	501.908	48%
50%	1.00000	2.50000	4.75000	8.12500	13.1875	20.7813	32.1719	49.2578	74.8867	113.330	170.995	257.493	387.239	581.859	50%

续表

i \ n	15	16	17	18	19	20	21	22	23	24	25	26	27	28	n / i
1%	16.0969	17.2579	18.4304	19.6147	20.8109	22.0190	23.2392	24.4716	25.7163	26.9735	28.2432	29.5256	30.8209	32.1291	1%
2%	17.2934	18.6393	20.0121	21.4123	22.8406	24.2974	25.7833	27.2990	28.8450	30.4219	32.0303	33.6709	35.3443	37.0512	2%
3%	18.5989	20.1569	21.7616	23.4144	25.1169	26.8704	28.6765	30.5368	32.4529	34.4265	36.4593	38.5530	40.7096	42.9309	3%
4%	20.0236	21.8245	23.6975	25.6454	27.6712	29.7781	31.9692	34.2480	36.6179	39.0826	41.6459	44.3117	47.0842	49.9676	4%
5%	21.5786	23.6575	25.8404	28.1324	30.5390	33.0660	35.7193	38.5052	41.4305	44.5020	47.7271	51.1135	54.6691	58.4026	5%
6%	23.2760	25.6725	28.2129	30.9057	33.7600	36.7856	39.9927	43.3923	46.9958	50.8156	54.8645	59.1564	63.7058	68.5281	6%
7%	25.1290	27.8881	30.8402	33.9990	37.3790	40.9955	44.8652	49.0057	53.4361	58.1767	63.2490	68.6765	74.4838	80.6977	7%
8%	27.1521	30.3243	33.7502	37.4502	41.4463	45.7620	50.4229	55.4568	60.8933	66.7648	73.1059	79.9544	87.3508	95.3388	8%
9%	29.3609	33.0034	36.9737	41.3013	46.0185	51.1601	56.7645	62.8733	69.5319	76.7898	84.7009	93.3240	102.723	112.968	9%
10%	31.7725	35.9497	40.5447	45.5992	51.1591	57.2750	64.0025	71.4027	79.5430	88.4973	98.3471	109.182	121.100	134.210	10%
12%	37.2797	42.7533	48.8837	55.7497	63.4397	72.0524	81.6987	92.5026	104.603	118.155	133.334	150.334	169.374	190.699	12%
14%	43.8424	50.9804	59.1176	68.3941	78.9692	91.0249	104.768	120.436	138.297	158.659	181.871	208.333	238.499	272.889	14%
16%	51.6595	60.9250	71.6730	84.1407	98.6032	115.380	134.841	157.415	183.601	213.978	249.214	290.088	337.502	392.503	16%
18%	60.9653	72.9390	87.0680	103.740	123.414	146.628	174.021	206.345	244.487	289.494	342.603	405.272	479.221	566.481	18%
20%	72.0351	87.4421	105.931	128.117	154.740	186.688	225.026	271.031	326.237	392.484	471.981	567.377	681.853	819.223	20%
22%	85.1922	104.935	129.020	158.405	194.254	237.989	291.347	356.443	435.861	532.750	650.955	795.165	971.102	1 185.74	22%
24%	100.815	126.011	157.253	195.994	244.033	303.601	377.465	469.056	582.630	723.461	898.092	1 114.63	1 383.15	1 716.10	24%
26%	119.347	151.377	191.735	242.585	306.658	387.389	489.110	617.278	778.771	982.251	1 238.64	1 561.68	1 968.72	2 481.59	26%
28%	141.303	181.868	233.791	300.252	385.323	494.213	633.593	811.999	1 040.36	1 332.66	1 706.80	2 185.71	2 798.71	3 583.34	28%
30%	167.286	218.472	285.014	371.518	483.973	630.165	820.215	1 067.28	1 388.46	1 806.00	2 348.80	3 054.44	3 971.78	5 164.31	30%
32%	197.997	262.356	347.309	459.449	607.472	802.863	1 060.78	1 401.23	1 850.62	2 443.82	3 226.84	4 260.43	5 624.77	7 425.70	32%
34%	234.247	314.891	422.954	567.758	761.796	1 021.81	1 370.22	1 837.10	2 462.71	3 301.03	4 424.38	5 929.67	7 946.76	10 649.7	34%
36%	276.979	377.692	514.661	700.939	954.277	1 298.82	1 767.39	2 404.65	3 271.33	4 450.00	6 053.00	8 233.09	11 198.0	15 230.3	36%
38%	327.284	452.652	625.659	864.410	1 193.89	1 648.56	2 276.02	3 141.90	4 336.83	5 985.82	8 261.43	11 401.8	15 735.4	21 715.9	38%
40%	386.420	541.988	759.784	1 064.70	1 491.58	2 089.21	2 925.89	4 097.24	5 737.14	8 033.00	11 247.2	15 747.1	22 046.9	30 866.7	40%
42%	455.841	648.294	921.578	1 309.64	1 860.69	2 643.18	3 754.31	5 332.13	7 572.62	10 754.1	15 271.8	21 687.0	30 796.6	43 732.1	42%
44%	537.219	774.595	1 116.42	1 608.64	2 317.44	3 338.12	4 807.89	6 924.36	9 972.08	14 360.8	20 680.5	29 781.0	42 885.6	61 756.3	44%
46%	632.477	924.417	1 350.65	1 972.95	2 881.50	4 207.99	6 144.67	8 972.22	13 100.4	19 127.6	27 927.4	40 774.9	59 532.4	86 918.3	46%
48%	743.823	1 101.86	1 631.75	2 415.99	3 576.67	5 294.47	7 836.81	11 599.5	17 168.2	25 410.0	37 607.8	55 660.5	82 378.5	121 921	48%
50%	873.788	1 311.68	1 968.52	2 953.78	4 431.68	6 648.51	9 973.77	14 961.7	22 443.5	33 666.2	50 500.3	75 751.5	113 628	170 443	50%

年金现值系数表

$(P_A/A,\ i,\ n) = [1-(1+i)^{-n}]/i$

n / i	1	2	3	4	5	6	7	8	9	10	11	12	13	14	n / i
1%	0.99010	1.97040	2.94099	3.90197	4.85343	5.79548	6.72819	7.65168	8.56602	9.47130	10.3676	11.2551	12.1337	13.0037	1%
2%	0.98039	1.94156	2.88388	3.80773	4.71346	5.60143	6.47199	7.32548	8.16224	8.98259	9.78685	10.5753	11.3484	12.1062	2%
3%	0.97087	1.91347	2.82861	3.71710	4.57971	5.41719	6.23028	7.01969	7.78611	8.53020	9.25262	9.95400	10.6350	11.2961	3%
4%	0.96154	1.88609	2.77509	3.62990	4.45182	5.24214	6.00205	6.73274	7.43533	8.11090	8.76048	9.38507	9.98565	10.5631	4%
5%	0.95238	1.85941	2.72325	3.54595	4.32948	5.07569	5.78637	6.46321	7.10782	7.72173	8.30641	8.86325	9.39357	9.89864	5%
6%	0.94340	1.83339	2.67301	3.46511	4.21236	4.91732	5.58238	6.20979	6.80169	7.36009	7.88687	8.38384	8.85268	9.29498	6%
7%	0.93458	1.80802	2.62432	3.38721	4.10020	4.76654	5.38929	5.97130	6.51523	7.02358	7.49867	7.94269	8.35765	8.74547	7%
8%	0.92593	1.78326	2.57710	3.31213	3.99271	4.62288	5.20637	5.74664	6.24689	6.71008	7.13896	7.53608	7.90378	8.24424	8%
9%	0.91743	1.75911	2.53129	3.23972	3.88965	4.48592	5.03295	5.53482	5.99525	6.41766	6.80519	7.16073	7.48690	7.78615	9%
10%	0.90909	1.73554	2.48685	3.16987	3.79079	4.35526	4.86842	5.33493	5.75902	6.14457	6.49506	6.81369	7.10336	7.36669	10%
12%	0.89286	1.69005	2.40183	3.03735	3.60478	4.11141	4.56376	4.96764	5.32825	5.65022	5.93770	6.19437	6.42355	6.62817	12%
14%	0.87719	1.64666	2.32163	2.91371	3.43308	3.88867	4.28830	4.63886	4.94637	5.21612	5.45273	5.66029	5.84236	6.00207	14%
16%	0.86207	1.60523	2.24589	2.79818	3.27429	3.68474	4.03857	4.34359	4.60654	4.83323	5.02864	5.19711	5.34233	5.46753	16%
18%	0.84746	1.56564	2.17427	2.69006	3.12717	3.49760	3.81153	4.07757	4.30302	4.49409	4.65601	4.79322	4.90951	5.00806	18%
20%	0.83333	1.52778	2.10648	2.58873	2.99061	3.32551	3.60459	3.83716	4.03097	4.19247	4.32706	4.43922	4.53268	4.61057	20%
22%	0.81967	1.49153	2.04224	2.49364	2.86364	3.16692	3.41551	3.61927	3.78628	3.92318	4.03540	4.12737	4.20277	4.26456	22%
24%	0.80645	1.45682	1.98130	2.40428	2.74538	3.02047	3.24232	3.42122	3.56550	3.68186	3.77569	3.85136	3.91239	3.96160	24%
26%	0.79365	1.42353	1.92344	2.32019	2.63507	2.88498	3.08331	3.24073	3.36566	3.46481	3.54350	3.60595	3.65552	3.69485	26%
28%	0.78125	1.39160	1.86844	2.24097	2.53201	2.75938	2.93702	3.07579	3.18421	3.26892	3.33509	3.38679	3.42718	3.45873	28%
30%	0.76923	1.36095	1.81611	2.16624	2.43557	2.64275	2.80211	2.92470	3.01900	3.09154	3.14734	3.19026	3.22328	3.24867	30%
32%	0.75758	1.33150	1.76629	2.09567	2.34521	2.53425	2.67746	2.78595	2.86815	2.93041	2.97759	3.01332	3.04040	3.06091	32%
34%	0.74627	1.30319	1.71880	2.02895	2.26041	2.43314	2.56205	2.65824	2.73003	2.78361	2.82359	2.85342	2.87569	2.89231	34%
36%	0.73529	1.27595	1.67349	1.96580	2.18074	2.33878	2.45498	2.54043	2.60326	2.64945	2.68342	2.70840	2.72676	2.74027	36%
38%	0.72464	1.24974	1.63024	1.90597	2.10578	2.25056	2.35548	2.43151	2.48660	2.52652	2.55545	2.57641	2.59160	2.60261	38%
40%	0.71429	1.22449	1.58892	1.84923	2.03516	2.16797	2.26284	2.33060	2.37900	2.41357	2.43826	2.45590	2.46850	2.47750	40%
42%	0.70423	1.20016	1.54941	1.79536	1.96856	2.09054	2.17643	2.23693	2.27952	2.30952	2.33065	2.34553	2.35601	2.36338	42%
44%	0.69444	1.17670	1.51160	1.74416	1.90567	2.01783	2.09571	2.14980	2.18736	2.21345	2.23156	2.24414	2.25287	2.25894	44%
46%	0.68493	1.15406	1.47539	1.69547	1.84621	1.94946	2.02018	2.06862	2.10179	2.12451	2.14008	2.15074	2.15804	2.16304	46%
48%	0.67568	1.13221	1.44068	1.64911	1.78994	1.88509	1.94939	1.99283	2.02218	2.04202	2.05542	2.06447	2.07059	2.07472	48%
50%	0.66667	1.11111	1.40741	1.60494	1.73663	1.82442	1.88294	1.92196	1.94798	1.96532	1.97688	1.98459	1.98972	1.99315	50%

续表

i \ n	15	16	17	18	19	20	21	22	23	24	25	26	27	28	n / i
1%	13.8651	14.7179	15.5623	16.3983	17.2260	18.0456	18.8570	19.6604	20.4558	21.2434	22.0232	22.7952	23.5596	24.3164	1%
2%	12.8493	13.5777	14.2919	14.9920	15.6785	16.3514	17.0112	17.6580	18.2922	18.9139	19.5235	20.1210	20.7069	21.2813	2%
3%	11.9379	12.5611	13.1661	13.7535	14.3238	14.8775	15.4150	15.9369	16.4436	16.9355	17.4131	17.8768	18.3270	18.7641	3%
4%	11.1184	11.6523	12.1657	12.6593	13.1339	13.5903	14.0292	14.4511	14.8568	15.2470	15.6221	15.9828	16.3296	16.6631	4%
5%	10.3797	10.8378	11.2741	11.6896	12.0853	12.4622	12.8212	13.1630	13.4886	13.7986	14.0939	14.3752	14.6430	14.8981	5%
6%	9.71225	10.1059	10.4773	10.8276	11.1581	11.4699	11.7641	12.0416	12.3034	12.5504	12.7834	13.0032	13.2105	13.4062	6%
7%	9.10791	9.44665	9.76322	10.0591	10.3356	10.5940	10.8355	11.0612	11.2722	11.4693	11.6536	11.8258	11.9867	12.1371	7%
8%	8.55948	8.85137	9.12164	9.37189	9.60360	9.81815	10.0168	10.2007	10.3711	10.5288	10.6748	10.8100	10.9352	11.0511	8%
9%	8.06069	8.31256	8.54363	8.75563	8.95011	9.12855	9.29224	9.44243	9.58021	9.70661	9.82258	9.92897	10.0266	10.1161	9%
10%	7.60608	7.82371	8.02155	8.20141	8.36492	8.51356	8.64869	8.77154	8.88322	8.98474	9.07704	9.16095	9.23722	9.30657	10%
12%	6.81086	6.97399	7.11963	7.24967	7.36578	7.46944	7.56200	7.64465	7.71843	7.78432	7.84314	7.89566	7.94255	7.98442	12%
14%	6.14217	6.26506	6.37286	6.46742	6.55037	6.62313	6.68696	6.74294	6.79206	6.83514	6.87293	6.90608	6.93515	6.96066	14%
16%	5.57546	5.66850	5.74870	5.81785	5.87746	5.92884	5.97314	6.01133	6.04425	6.07263	6.09709	6.11818	6.13636	6.15204	16%
18%	5.09158	5.16235	5.22233	5.27316	5.31624	5.35275	5.38368	5.40990	5.43212	5.45095	5.46691	5.48043	5.49189	5.50160	18%
20%	4.67547	4.72956	4.77463	4.81219	4.84350	4.86958	4.89132	4.90943	4.92453	4.93710	4.94759	4.95632	4.96360	4.96967	20%
22%	4.31522	4.35673	4.39077	4.41866	4.44152	4.46027	4.47563	4.48822	4.49854	4.50700	4.51393	4.51962	4.52428	4.52810	22%
24%	4.00129	4.03330	4.05911	4.07993	4.09672	4.11026	4.12117	4.12998	4.13708	4.14281	4.14742	4.15115	4.15415	4.15657	24%
26%	3.72607	3.75085	3.77052	3.78613	3.79851	3.80834	3.81615	3.82234	3.82725	3.83115	3.83425	3.83670	3.83865	3.84020	26%
28%	3.48339	3.50265	3.51769	3.52945	3.53863	3.54580	3.55141	3.55579	3.55921	3.56188	3.56397	3.56560	3.56688	3.56787	28%
30%	3.26821	3.28324	3.29480	3.30369	3.31053	3.31579	3.31984	3.32296	3.32535	3.32719	3.32861	3.32970	3.33054	3.33118	30%
32%	3.07644	3.08822	3.09713	3.10389	3.10901	3.11288	3.11582	3.11805	3.11973	3.12101	3.12198	3.12271	3.12326	3.12369	32%
34%	2.90471	2.91396	2.92087	2.92602	2.92986	2.93273	2.93488	2.93648	2.93767	2.93856	2.93922	2.93972	2.94009	2.94036	34%
36%	2.75020	2.75750	2.76287	2.76681	2.76972	2.77185	2.77342	2.77457	2.77542	2.77604	2.77650	2.77684	2.77709	2.77727	36%
38%	2.61059	2.61637	2.62056	2.62359	2.62579	2.62738	2.62854	2.62938	2.62998	2.63042	2.63074	2.63097	2.63114	2.63126	38%
40%	2.48393	2.48852	2.49180	2.49414	2.49582	2.49701	2.49787	2.49848	2.49891	2.49922	2.49944	2.49960	2.49972	2.49980	40%
42%	2.36858	2.37224	2.37482	2.37663	2.37791	2.37881	2.37944	2.37989	2.38020	2.38043	2.38058	2.38069	2.38077	2.38082	42%
44%	2.26315	2.26608	2.26811	2.26952	2.27050	2.27118	2.27165	2.27198	2.27221	2.27237	2.27248	2.27255	2.27261	2.27264	44%
46%	2.16647	2.16881	2.17042	2.17152	2.17227	2.17279	2.17314	2.17339	2.17355	2.17367	2.17374	2.17380	2.17383	2.17386	46%
48%	2.07751	2.07940	2.08068	2.08154	2.08212	2.08251	2.08278	2.08296	2.08308	2.08316	2.08322	2.08326	2.08328	2.08330	48%
50%	1.99543	1.99696	1.99797	1.99865	1.99910	1.99940	1.99960	1.99973	1.99982	1.99988	1.99992	1.99995	1.99996	1.99998	50%